D.AMÉLIA

D.AM

Cláudia Thomé Witte

ÉLIA
A história não contada

neta de Napoleão que se tornou imperatriz do Brasil

Com prefácio de Paulo Rezzutti,
curador da coleção "A história não contada"

LeYa

Copyright © 2023 Cláudia Thomé Witte
© 2023 Casa dos Mundos/LeYa Brasil

Todos os direitos reservados e protegidos pela Lei 9.610, de 19.02.1998.
É proibida a reprodução total ou parcial sem a expressa anuência da editora.

A autora agradece aos detentores de direitos autorais pela cessão das imagens deste livro e afirma que todos os esforços foram enviados no sentido de garantir o devido crédito. No caso de um detentor se identificar, faremos com prazer constar o crédito nas impressões e edições seguintes.

EDITORA EXECUTIVA
Izabel Aleixo

PRODUÇÃO EDITORIAL
Ana Bittencourt, Carolina Vaz e Rowena Esteves

REVISÃO
Carolina M. Leocadio
Thiago Braz

DIAGRAMAÇÃO
Alfredo Loureiro

CAPA
Kelson Spalato

IMAGENS/CRÉDITO DE CAPA
Primeira capa: D. Amélia. Joseph Stieler, 1829. Óleo sobre tela, Palácio Nacional da Ajuda/Lisboa. Foto de DGPC/ADF/Nuno de Albuquerque Gaspar.
Quarta capa: Casamento de d. Pedro I e d. Amélia no Rio de Janeiro em 1829. Litografia a partir do original de Jean-Baptiste Debret. Coleção da autora.
Capa do caderno de imagens: Brasão da família Leuchtenberg. Foto de Josef Schönwetter.

Dados Internacionais de Catalogação na Publicação (CIP)
Angélica Ilacqua CRB-8/7057

Witte, Cláudia Thomé
    D. Amélia : a neta de Napoleão que se tornou imperatriz do Brasil / Cláudia Thomé Witte. – São Paulo : LeYa Brasil, 2023.
    604 p. : il., color. (A história não contada)

ISBN 978-65-5643-275-5

1. Leuchtenberg, Amélia de, 1812-1873 - Biografia 2. Brasil - História I. Título

23-2824   CDD 920.72

Índices para catálogo sistemático:
1. Leuchtenberg, Amélia de, 1812-1873 - Biografia

LeYa Brasil é um selo editorial da empresa Casa dos Mundos.

Todos os direitos reservados à
CASA DOS MUNDOS PRODUÇÃO EDITORIAL E GAMES LTDA.
Rua Frei Caneca, 91 | Sala 11 – Consolação
01307-001 – São Paulo – SP
www.leyabrasil.com.br

Para Isabela Witte,
a melhor de todas as melhores partes da minha vida.

É uma velha história. E, no entanto, ela permanece sempre nova.[1]
Heinrich Heine, "Intermezzo lírico".

Convivi com ela durante meses, procurei sua alma entre as linhas frias dos historiadores. Escutei sua voz nas cartas que o seu punho firme traçou. Olhei seu rosto nas gravuras. Ouvi os elogios e as críticas dos seus contemporâneos. E, de tudo isso, saíram estas páginas.
Ester de Lemos, *D. Maria II, a rainha e a mulher.*

Litografia de d. Amélia por Ignaz Fertig, 1830. Coleção da autora. Foto de Andreas Witte.

Sumário

Prefácio
A imperatriz Amélia redescoberta   15

Introdução   23

Parte I: Princesa de Leuchtenberg (Europa, 1812-1829)
Sob a estrela de Napoleão   31

Herdeiros de um império   45

Crescendo na Baviera   60

O Brasil procura uma nova imperatriz   74

O casamento   103

Parte II: Imperatriz do Brasil (Brasil, 1829-1831)
A caminho do Brasil   131

Primeiros tempos   148

Vivendo no Rio de Janeiro   194

A perda do trono   219

Parte III: Duquesa de Bragança (Europa, 1831-1873)
Futuro incerto   239

Esposa do Libertador   277

Senhora do seu destino   303

Novas perdas   372

"Um lugarzinho em teu coração" 403

Guardiã da memória 412

Parte IV: Muito além de d. Amélia

Heranças e legados 463

Duas vezes embalsamada 485

Últimas palavras 495

Cronologia 497

Cronologia dos locais onde d. Amélia de Leuchtenberg viveu 504

Agradecimentos 507

Notas 513

Bibliografia 532

Prefácio

A imperatriz Amélia redescoberta

PAUL VALÉRY, em sua obra *Eupalinos ou o arquiteto*, colocou o espírito de Sócrates pronunciando um dos mais belos pensamentos que eu já li: "De todos os atos, o mais completo é o de construir. Uma obra exige amor, meditação, obediência ao teu mais belo pensamento, invenção de leis pela tua alma e muitas outras coisas que ela extrai maravilhosamente de ti e que não suspeitavas possuir".[1] Essa ideia me retornou à mente ao terminar de ler este livro que o leitor agora tem em mãos.

Esta obra sucede algumas poucas já escritas a respeito de d. Amélia de Leuchtenberg (1812-1873), a segunda imperatriz do Brasil. De mais recente sobre ela, existe uma ficção, *Imperatriz do fim do mundo*, de Ivanir Calado (1992), mas biografia mesmo foram publicadas apenas duas: *Imperatriz dona Amélia*, de Lygia Lemos Torres (1947), e *A segunda imperatriz do Brasil: Amélia de Leuchtenberg*, de Maria Junqueira Schmidt (1927). Somam-se a essas também *A imperatriz desterrada*, de Lauro Barreira (1979), um livro que utiliza os dois anteriores numa tentativa de justificar o traslado do corpo de d. Amélia para o Brasil, que ocorreu no início da década de 1980. Além desses, existem ainda alguns artigos publicados em revistas de institutos históricos e em anuários de museus que não fazem parte da leitura do público geral e, muitas vezes, acrescentam bem pouco a respeito da personagem em questão.

Cláudia Thomé Witte, para a nossa sorte, não se limitou a ler três livros e cinco artigos e dar uma busca na internet para escrever uma quarta obra sobre d. Amélia. Muito menos ficou restrita à documentação da segunda imperatriz existente no Brasil. Aí está, em grande parte, o seu mérito e o nosso ganho.

A autora demonstra ao longo de seu trabalho que, definitivamente, a vida de d. Amélia não foi comum, como não foi comum a de nenhum outro membro da família Bonaparte. Sua infância em berço de ouro na Itália seria interrompida com a queda do império napoleônico. Fugindo entre os escombros, Amélia, ainda bebê, junto com a sua família, cruzaria os Alpes cobertos de neve para chegar à Baviera em busca de proteção. Todo esse colorido de ações, emoções, aventuras e tragédias da vida da nossa segunda imperatriz chega ao leitor por meio da escrita brilhante da autora.

Cláudia pesquisou durante vinte anos, viajou por dez países e traduziu em cinco idiomas. Pensou, repensou, construiu análises, desconstruiu personagens, entrou em minúcias e conseguiu sair delas, feito raro para quem se debruça sobre o mesmo tema há décadas. O resultado é um mergulho ao longo do século XIX em dois continentes e em vários países que nos traz, revivida, d. Amélia de Leuchtenberg. Sua passagem pelo Brasil foi rápida como a de um cometa, porém o seu efeito foi muito menos fugaz que a falsa ideia de sua não permanência entre nós nos faz julgar a princípio.

Uma das questões levantadas pela autora nesta obra é a importância de d. Amélia na criação dos filhos órfãos de d. Leopoldina. D. Pedro II, d. Januária e d. Francisca nunca foram esquecidos por ela. Mesmo distante, em seu exílio na Europa, d. Amélia foi uma presença constante na vida dos enteados, que, ao longo dos anos, tiveram oportunidades de rever a sua mãe de criação. Além de influenciar na escolha dos maridos de suas netas, as princesas d. Isabel e d. Leopoldina, filhas de d. Pedro II, d. Amélia também o aconselhou diversas vezes sobre outros temas. Durante o exílio na Inglaterra, imposto a d. Francisca devido à queda do sogro, o rei Luís Filipe, do trono da França, d. Amélia abriu para a enteada uma linha de crédito para que ela tivesse como se sustentar. D. Pedro II, numa carta, lamentaria a morte da ex-imperatriz, afirmando que ela fora a única mãe que ele conheceu.

A maternidade de d. Amélia, como demonstra Cláudia, também levou a ex-imperatriz a enfrentar os entraves de sua época a respeito da educação superior para o sexo feminino. Sua única filha biológica, d. Maria Amélia, uma princesa brasileira, foi a primeira mulher a estudar física e a prestar os seus exames na Universidade de Munique, na Baviera.

O legado de d. Amélia também se estendeu à filha que d. Pedro I teve com a marquesa de Santos, Isabel Maria. Reconhecida pelo pai e feita duquesa de Goiás em 1826, ela contou com a proteção da ex-imperatriz para terminar a sua educação na Europa e se casar dentro da nobreza germânica. Ainda no quesito "ser mãe no século XIX", são importantíssimas as cartas que Cláudia descobriu escritas pela duquesa Augusta de Leuchtenberg para a filha d. Amélia. Nelas, vemos por escrito os conselhos, que normalmente eram passados por voz e no dia a dia, sobre o que a jovem devia esperar do casamento e da vida conjugal, como deveria se preparar para um parto e quais os cuidados com o corpo antes, durante e depois dele.

Mas a nora de Napoleão não se restringiu somente a conselhos domésticos. Numa outra carta, também publicada neste livro pela primeira vez, Augusta tece considerações políticas e ensina a filha como ser uma imperatriz. D. Amélia serviu-se deles, conforme demonstra a pesquisadora, até mesmo influenciando na formação de um ministério no Brasil. A imagem de nossa segunda imperatriz aparece nesta obra como uma personagem que efetivamente teve participação política nos destinos do Brasil e da Europa.

A biógrafa conseguiu a proeza de nos contar essa história de maneira tão viva por saber muito bem o idioma alemão, tendo chegado a dar aulas dessa língua numa universidade na Alemanha. Isso é um dos grandes diferenciais desta obra. Todos os autores anteriores que se dedicaram a falar de d. Amélia fizeram isso com base em documentos escritos em português ou francês. A aptidão com o idioma natal da biografada e de sua família imediata abriu para Cláudia portas que até então permaneciam fechadas.

Uma dessas portas foi a do Arquivo do Estado da Baviera. Ali, Cláudia teve acesso total ao arquivo da família Leuchtenberg e, com isso, a cartas e diários da duquesa Augusta. Também consultou as cartas dos irmãos de d. Amélia, entre os quais estava o mais velho, Augusto de Leuchtenberg, seu grande confidente, para quem contava coisas sobre as quais não falava com a mãe, para não a preocupar. Isso foi extremamente valioso, uma vez que a maior parte do arquivo pessoal de d. Amélia foi destruído, provavelmente por desejo dela própria.

Outro arquivo a que Cláudia teve acesso foi o do visconde de Almeida, o brasileiro Paulo Martins de Almeida, o "Paulinho", ajudante de ordens de d. Pedro I. Com a morte do nosso primeiro imperador, Paulo Almeida passou a trabalhar com a rainha d. Maria II de Portugal e, posteriormente, para d. Amélia. A imperatriz-viúva ajudou-o a se casar com uma prima dela, a condessa Francisca Sofia de Bayerstorff. Seus descendentes mantiveram por mais de 130 anos, na Alemanha, o arquivo desse antepassado brasileiro. Ao descobri-lo, ainda intacto, surgiram gratas informações inéditas para esta obra.

Cláudia também se debruçou sobre as memórias de membros da comitiva que trouxe d. Amélia da Baviera para o Brasil, como o diário de viagem do conde Frederico de Spreti e o diário de Anton Adolph Friedrich Seweloh. Este já se encontrava no Rio de Janeiro quando d. Amélia chegou e, por ser alemão, acabou se envolvendo com membros da comitiva e deixando algumas histórias registradas. Pelos olhos desses personagens, podemos observar todas as estranhezas e deslumbramentos que fizeram parte dos primeiros dias de d. Amélia e seu séquito no novo país. Podemos notar, nessas memórias, como o Brasil mudou e também como permanece o mesmo em se tratando de falta de planejamento, onde o efêmero se sobrepõe e o que devia ser eternizado desaparece.

Nas andanças da autora pelo mundo atrás do rastro deixado por d. Amélia e seus legados, que se espalharam pela Europa, ela conseguiu autorização da família real da Suécia para pesquisar no Arquivo Real em Estocolmo. Lá, ela encontrou muitos dos documentos e pertences de d. Amélia que foram legados por testamento a sua irmã Josefina de Leuchtenberg, rainha da Suécia. Algumas dessas peças, entre tantas outras inéditas, figuram nas ilustrações desta obra. Cláudia também realizou diversos levantamentos em museus e arquivos no Brasil, em Portugal continental, na ilha da Madeira, França, Inglaterra e Itália.

Ao longo do texto, Cláudia conduz o leitor não apenas pela vida da sua biografada, mas pela aventura da pesquisa, relembrando, por exemplo, a invasão de um palácio abandonado na Itália, onde assustou o zelador, porque queria saber como era o interior da residência dos pais de d. Amélia na época em que eram vice-reis da Itália e ela era um bebê. Uma das mais emblemáticas questões envolvendo biógrafa e biografada está no fato de Cláudia, assim como eu, ter participado da exumação do corpo de d. Amélia, sepultado na Cripta Imperial, no Monumento à Independência, em São Paulo. Ela descreve essa experiência em primeira pessoa neste livro.

Finalmente, depois de tanta dedicação e aventura em busca de fontes e material primário sobre d. Amélia, o fruto surgiu. Cláudia dá voz aos personagens por meio de relatos, cartas e documentos inéditos que chegam ao leitor neste livro publicado dentro da minha coleção "A história não contada". É a primeira vez que abro a coleção para outro autor publicar, e é com muito orgulho que esse trabalho seja uma produção de tão grande mérito.

Paulo Rezzutti
Março de 2023

Introdução

DIFICILMENTE NA escola alguém terá estudado sobre uma imperatriz do Brasil chamada Amélia. Com sorte, terá aprendido sobre d. Leopoldina e sua participação no processo da Independência do Brasil e saberá diferenciar os reinados de d. Pedro I e II. Mas Amélia?

    A verdade é que durante os anos escolares não é possível aprender tudo. Mas sempre podemos continuar descobrindo histórias fascinantes. Por exemplo, que tivemos uma imperatriz que era neta de Napoleão Bonaparte. Que ela aceitou, aos dezesseis anos, vir para o Brasil se casar com d. Pedro I, mesmo quando diversas outras princesas tinham recusado essa proposta. E não é que ela tenha sido forçada ou iludida. Plenamente consciente do "passado pouco recomendável do imperador", a princesa entendia perfeitamente a natureza comercial dos casamentos dinásticos, sabia que a mercadoria em causa era ela própria, e negociou com a diplomacia brasileira para conseguir o que queria em troca.

    Essa mesma d. Amélia, por mais breve que tenha sido sua permanência no Brasil, chegou a influenciar a nomeação de um ministério que acabou conhecido como Ministério da Imperatriz por causa dela. Embora pouco se saiba, ela teve um importante papel político no Brasil ao aproximar d. Pedro I do partido brasileiro e, com isso, possivelmente adiar a inevitável abdicação do imperador. Se, por um lado, todas as questões políticas nas quais d. Amélia se envolveu tiveram resultados efêmeros, ela trouxe para o país um hábito que permanece até hoje: foi a comitiva da nova imperatriz a responsável pela introdução no Brasil do hábito de tomarmos um cafezinho logo depois do almoço.

D. Amélia também se tornou a única mãe de quem d. Pedro II se lembraria, e, mesmo de longe, foi responsável em grande parte pela educação do jovem imperador, por sua formação moral, emocional e até política. Ao longo de quarenta anos, ela escreveu mais de oitocentas cartas para aquele que ela nomeava e considerava seu filho. Embora as respostas tenham se perdido, ele respondeu a todas elas.

A imperatriz também teve grande influência nas escolhas de com quem d. Pedro II e depois suas filhas deveriam se casar, entre outras tantas decisões que ele tomou motivado por seus conselhos e reflexões. Como o próprio imperador afirmou, d. Leopoldina, a mãe a quem ele devia sua existência, ele só conhecia pelo que lhe tinham contado, ao passo que d. Amélia era a "mãe que consagrava-me seu amor".[1]

Nascida na Itália, criada na Alemanha e imperatriz do Brasil por apenas um ano e meio, d. Amélia teve que sair do país quando d. Pedro I abdicou do trono. Pelo resto da vida, em suas próprias palavras, ela lamentaria ter deixado o Brasil, país que tanto amava e para onde nunca mais voltou.

Quando d. Amélia ficou viúva tinha 22 anos, era linda e poderia facilmente ter se casado de novo. Porém, preferiu devotar sua vida a cuidar de sua única filha, se dedicar às crianças órfãs e zelar pela memória e pelo legado de d. Pedro I. A escolha de permanecer viúva, no entanto, não era apenas abnegação, foi o que também lhe permitiu tomar as rédeas de sua vida, o que não era possível para moças solteiras ou mulheres casadas. Ela, então, investiu a fortuna herdada do pai comprando terras e um palácio na Baviera, uma rentável cervejaria e uma estação hidromineral, onde mandou implementar modernas terapias holísticas. Passou a viajar, educar a filha como considerava correto e se dedicar às causas que lhe tocavam o coração.

Após anos pleiteando o reconhecimento de seu título como imperatriz-viúva do Brasil e de sua filha, d. Maria Amélia, como princesa brasileira, finalmente ambas foram assim reconhecidas. Por isso, quando a filha quis estudar física e astronomia, o apoio incondicional de d. Amélia permitiu que a jovem princesa, uma brasileira, se tornasse uma das primeiras mulheres na história a serem aprovadas num exame universitário.

Amante dos animais, d. Amélia não apenas tinha cachorros e cavalos, como foi das únicas pessoas em sua época que se posicionou contra as touradas em Portugal e que se tornou membro de uma das primeiras sociedades protetoras de animais fundada na Europa.

D. Amélia financiava e administrava os Asilos da Infância Desvalida em Portugal, que era como se chamavam os orfanatos da época, responsáveis pelo acolhimento, educação e formação profissional de milhares de crianças. Ela também mandou construir e manteve um hospital na ilha da Madeira para o tratamento de doentes de tuberculose carentes, instituição que, embora com outros objetivos, continua existindo até hoje. Foi parte da herança que ela legou para sua irmã, na época rainha-mãe da Suécia e Noruega, que possibilitou a continuidade desta fundação através dos séculos.

Embora d. Amélia nunca tenha retornado em vida para o Brasil após a abdicação do marido, ela manteve o título de imperatriz, depois de imperatriz--viúva, até o fim de seus dias. Quando os restos mortais de d. Pedro I foram trasladados de Portugal para a cripta do Monumento à Independência, em São Paulo, lembraram-se de que ela tinha pedido para ser sepultada junto à filha e ao marido. Alguns anos depois, d. Amélia também foi levada para o mesmo lugar, passando a repousar junto com d. Pedro I e d. Leopoldina, reassumindo, assim, seu lugar como segunda imperatriz do Brasil.

Um dia, em Lisboa, d. Amélia escreveu: "Espero retornar para o Brasil, aquela terra selvagem, mas deliciosa. E, neste caso, tudo ficará bem".

A partir de 1982, ela passou a estar, de fato, de volta ao Brasil, mas nem tudo estava bem na cripta onde d. Amélia estava sepultada. Havia problemas de inundações e infiltrações, o que levou à necessidade de uma intervenção.

E então, no carnaval de 2013, a imprensa brasileira revelou ao mundo os trabalhos de preservação e o estudo que vinham sendo feitos ali havia um ano, sob sigilo acadêmico. Os remanescentes humanos do primeiro imperador e das imperatrizes do Brasil tinham sido estudados pela arqueóloga Valdirene do Carmo Ambiel e uma equipe multidisciplinar ao longo dos meses anteriores e, com a publicação de sua tese de mestrado, o segredo pôde ser, então, finalmente revelado.

Em meio a várias descobertas, uma das que mais chamou a atenção dos brasileiros foi o fato de que o corpo de d. Amélia, que havia sido embalsamado quando ela faleceu, continuava intacto. Não faltaram manchetes divulgando a notícia. A última vez que a segunda imperatriz do Brasil tinha ocupado as primeiras páginas dos jornais havia sido em sua chegada ao país, 184 anos antes.

Após uma década estudando a vida de d. Amélia em diversos arquivos de muitos países, eu tinha sido convidada para participar do projeto da exumação ao longo de 2012 como consultora da equipe histórica.

Escrevendo estas linhas dez anos mais tarde, é impossível não me emocionar ao relembrar. Após a exumação de d. Leopoldina e de d. Pedro I, finalmente, no dia 26 de julho de 2012, chegara a vez de d. Amélia. Eu tinha sido convidada para o evento, mas não sabia de grandes detalhes. Valdirene tinha me telefonado na véspera decidida a fazer uma surpresa e mencionou apenas que não era para eu ir de saia ou vestido, pois era muito importante que eu estivesse de calça comprida. Achei inusitada a recomendação e imaginei que haveria andaimes, como das outras vezes, e que se tratava apenas de um cuidado caso as fotografias fossem feitas de baixo para cima. Não me passou qualquer outra coisa pela cabeça. Mas eu sabia que estaria na segunda exumação da "minha" Amélia.

E isso foi suficiente para que eu não conseguisse dormir e, no dia seguinte, estivesse horas antes do combinado já na porta da cripta imperial. Valdirene, que passava dias e noites ali, estava me esperando. Ela me deu, então, uma roupa que parecia de astronauta, proteção necessária caso houvesse fungos no ar dentro do caixão, e só aí compreendi que abriríamos o esquife de d. Amélia juntas. Era uma grande incógnita se a imperatriz continuava tão preservada como nos relatos de 1982, se o contato com o oxigênio trinta anos antes teria feito com que ela tivesse se decomposto, ou como seu corpo estaria após ter sido uma vez exposto ao ar atmosférico.

Contudo, a fórmula usada para embalsamá-la tinha sido tão poderosa, que, mesmo um século e meio depois, não só d. Amélia continuava perfeitamente preservada, como, apesar de toda a proteção daquele traje espacial, o cheiro das substâncias era insuportável. Mas quem estava preocupado com os odores de formol? A nossa alegria foi imensa, eu e Valdirene nos abraçamos, e me lembro perfeitamente dela me dizendo: "Arqueologia é adrenalina pura. Bem-vinda ao nosso mundo!". A fotografia do nosso abraço correu o mundo, com a legenda de que os pesquisadores estavam eufóricos porque não sabiam que d. Amélia estava mumificada. Não era verdade, sabíamos que ela tinha sido mumificada, a emoção era por constatar que continuava tão bem preservada.

Procedeu-se imediatamente à análise de fungos e micro-organismos e, na sua ausência, logo pudemos tirar a roupa especial, manter apenas máscaras cirúrgicas e luvas e deixar que todos os outros presentes se aproximassem.

D. Amélia estava exatamente como o diplomata marquês de Resende relatara em 1873 e como o embaixador Manuel Côrte-Real a encontrara em 1982. O caixão de 1,80m era grande, pois d. Amélia media, em vida, por volta de 1,65m, o que era bastante para a época.

Eu reparava nos detalhes e me lembrava dos relatos e dos retratos: o vestido preto de "luto aliviado", em que a gola, os punhos e a touca com fitas brancas em renda quebravam o negro absoluto; o sapato de seda, o crucifixo de madeira em suas mãos, o nariz aquilino, os dedos longos, as unhas perfeitas, as sobrancelhas, os cílios, os cabelos castanhos lisos, tudo exatamente como nos documentos.

Em memória do marido e da filha, falecidos tão antes dela, d. Amélia tinha decidido se vestir assim: de preto, para sempre. Vê-la como nos quadros – cujos detalhes, a essa altura, eu já conhecia de cor – era como se a imperatriz, naquele momento, saltasse para o século XXI e se postasse diante de nós.

Quando acabaram as sessões de fotografias e as outras pessoas começaram a se afastar, pedi para tirar as luvas e tocá-la. Coloquei minhas mãos nas de d. Amélia e pensei no privilégio que representava estar ali naquele momento e poder dar a mão à minha biografada, falecida quase cem anos antes de eu ter nascido.

Eu me comprometi, naquele momento, a contar sua história e tentar fazê-la reviver por meio de minhas linhas. Desse esforço, que acabou durando, no total, vinte anos, nasceu este livro. Ele se baseia em centenas de documentos inéditos e conta, sem que nenhuma linha tenha sido inventada, uma história que parece ficção. A vida de d. Amélia começa em Milão, no auge do poder e do esplendor da corte napoleônica, passa por histórias de princesas crescendo nos palácios da Baviera, até ela unir seu destino ao do primeiro imperador do Brasil. Seguem-se os inesquecíveis meses como imperatriz, a queda do trono, o exílio em Paris, a vida em Portugal após as guerras liberais, as perdas e as novas missões que ela abraça. É uma história que abrange boa parte do século XIX, muitos países e diferentes cortes, reis e imperadores. Quem irá nos conduzir nesta viagem é ela mesma: a até agora pouco conhecida imperatriz d. Amélia de Leuchtenberg.

Parte I
Princesa de Leuchtenberg
(Europa, 1812-1829)

Sob a estrela de Napoleão

QUEM VIVEU na Europa na virada do século XVIII para o XIX provavelmente teve seu destino afetado de alguma forma pelas guerras travadas por Napoleão Bonaparte. Inúmeros soldados perderam suas vidas, populações inteiras foram subjugadas pelos exércitos napoleônicos, alguns novos reinos foram criados, enquanto outros simplesmente desapareceram. Napoleão fazia e desfazia o mapa europeu e, depois dele, nada continuou como antes.

As novas leis francesas, baseadas nos princípios que subverteram a antiga ordem absolutista, se espalhavam por quase todos os países europeus, enquanto seus reis e imperadores procuravam alianças para tentar manter suas coroas e as cabeças abaixo delas.

Napoleão foi um furacão que varreu a Europa, e, no olho desse fenômeno avassalador, como satélites em torno do Sol, estavam seus principais generais e os irmãos Bonapartes, a quem foram distribuídos tronos, títulos régios e fortunas. Entretanto, ao lado do grande líder, havia uma presença a quem ele, misticamente, creditava sua sorte e seu sucesso: a esposa, que ele próprio fez questão de coroar imperatriz.

Josefina e Napoleão tinham se casado em 1796. Na época, o jovem general de 28 anos desposara a viúva viscondessa de Beauharnais, quatro anos mais velha que ele e mãe de duas crianças que Bonaparte imediatamente acolheu como suas: Eugênio e Hortênsia.

Logo, Eugênio passou a seguir os passos do padrasto, acompanhando-o em suas campanhas militares. Com dezesseis anos, quando partiram para a conquista do Egito, Eugênio já tinha dois anos de experiência no Exército e era uma das pessoas da confiança de Napoleão.

Aos 24 anos, Eugênio já acumulava os títulos de general de brigada, coronel general dos cavaleiros da guarda e grande oficial da Legião de Honra, tornando-se um dos homens mais poderosos da França. Sua renda anual nessa época equivalia a atuais quinhentos mil euros e ele vivia no palácio mais suntuoso de Paris, a atual residência do embaixador alemão nessa capital.

O Palácio Beauharnais era tão deslumbrante e sua decoração tinha custado tanto dinheiro, que, em determinado momento, Bonaparte questionou se Eugênio não estaria sendo ludibriado pelos fornecedores. Parecia impossível que os interiores pudessem ter sorvido o que hoje seriam quatro milhões de euros. Mas o orçamento astronômico não era engano, os enfeites das paredes eram de ouro, as pinturas do chão ao teto eram obras de arte de primeira grandeza e os móveis alternavam madeiras nobres com mármores raros e pedras semipreciosas. Era um verdadeiro palácio das mil e uma noites, onde não faltava sequer uma banheira com água corrente, luxo inimaginável dois séculos atrás.

Em fevereiro de 1805, Eugênio ainda seria elevado a príncipe e arquichanceler de Estado. A partir de então, ele passou a ser tratado por Alteza Imperial, o segundo título máximo da nobreza europeia, abaixo apenas de Majestade Imperial, reservado para os monarcas reinantes.

No mesmo ano, Eugênio tornou-se vice-rei da Itália em nome de Napoleão. O que se chamava de Itália, nessa época, correspondia ao território conquistado durante a campanha napoleônica italiana. A área abrangia o Norte do país, com capital em Milão, e aproximadamente quatro milhões de habitantes, uma população considerável para a época.

Foi quando Napoleão decidiu que estava em tempo de Eugênio se casar. Jovem, poderoso, riquíssimo, bonito e bem-educado, bastava escolher a noiva.

O casamento de "uma Vênus e de um Marte"*

Para Napoleão que, por essa época, já havia subjugado diversos países, passava a ser uma questão vital a conquista de aliados para não perder suas vitórias. Ele precisava de governantes de confiança que estivessem ao lado da França e o ajudassem a manter suas conquistas e, nesse contexto, a região da Baviera tinha se tornado estrategicamente interessante. Entre a França e a Áustria, o belo Sul do que um dia viria a ser a Alemanha pareceu o aliado ideal para Napoleão.

O candidato para essa aliança era o príncipe-eleitor da Baviera, Max José, que, desde o início de seu governo, vinha enfrentando grandes dificuldades com tropas francesas em seu território. O Exército Francês, no entanto, recebia apoio por parte da população local, que via Napoleão como libertador da dominação austríaca na região. Entre os austríacos e os franceses, os bávaros preferiam os segundos.

Max José sabia que, naquele momento, o futuro da Baviera se encontrava nas mãos de Napoleão, que tinha a seu favor o poderio militar e a simpatia do povo bávaro. Por outro lado, Max José possuía um trunfo para negociar com Bonaparte que nenhum outro príncipe-eleitor tinha: sua filha Augusta. A rainha Luísa da Prússia, ela mesma tida como uma das mulheres mais belas de seu tempo, considerara Augusta como "a maior beldade germânica" e o poeta August von Platen a definiu como "um modelo de beleza celestial".[1]

Napoleão, do alto da posição que ocupava, ao saber da fama da filha de Max José, decidiu que queria em sua família a tal princesa mais bonita da Europa. Para o imperador da França, no entanto, não era só a beleza da princesa bávara que estava em causa. A casa Wittelsbach era uma das mais antigas dinastias europeias e o casamento de Augusta com Eugênio legitimava a família de Bonaparte. Por este motivo, ele afirmou que esse matrimônio representava um sucesso não menos significativo que a vitória de Austerlitz.

---

* Parte de um soneto de d. Pedro I em comemoração ao aniversário de dezoito anos de sua esposa, d. Amélia, em 31 de julho de 1830, ao se referir aos seus pais, príncipe Eugênio e princesa Augusta, como deuses da guerra e da beleza.

A beldade de sangue impecável se chamava Augusta Amália Ludovica Georgina e tinha perdido a mãe, Augusta Guilhermina de Hessen-Darmstadt, aos oito anos, quando passara a ser criada por sua madrasta, Carolina de Baden.

Carolina tinha seus próprios planos e pretendia que Augusta se casasse com seu irmão, o príncipe Carlos, se tornando ferrenha opositora à ideia de permitir que a princesa se unisse ao príncipe Eugênio. Não era apenas o ponto de preferir o irmão a um estranho. O problema do casamento de Augusta com um membro da família de Napoleão era a grande desonra que isso representava. Não se tratava de uma questão de amor, dinheiro ou poder. As dinastias europeias simplesmente não reconheciam os títulos de nobreza atribuídos por Bonaparte e não pretendiam misturar seu sangue nobre com o de um militar corso que se autoproclamara imperador. Menos ainda com o de seu enteado. Carolina cultivava ainda uma animosidade pessoal contra Napoleão, pois fora ele quem ordenara o assassinato de seu primeiro pretendente, o duque de Enghian. Sequestrado de seu exílio em Baden e fuzilado uma semana depois, sem direito a defesa nem a um padre para se confessar, a ordem de Bonaparte era algo que Carolina nunca perdoaria.

Mais acostumado aos campos de batalha que às sutilezas da corte, ao perceber que havia uma grande resistência à dissolução do noivado de Augusta com o irmão da madrasta, Bonaparte se dirigiu diretamente à preceptora da princesa e lhe perguntou, sem rodeios, se por acaso Augusta já havia dormido com o príncipe de Baden, único motivo, a seu ver, que justificaria tanta indignação. Como a baronesa quase desmaiou com a indagação, Napoleão considerou que a resposta era negativa e que, portanto, não havia impedimento algum para anular a promessa existente entre eles. Qualquer outra objeção à sua família nem foi levada em consideração por Bonaparte.

A verdade é que, naquele momento, não existia a menor possibilidade da Baviera dizer não a ele. Se isso ocorresse, Napoleão poderia colocar um de seus irmãos ou amigos no trono e exilar toda a família bávara, ou, encontrando outro reino vizinho disposto a selar o acordo, a Baviera poderia facilmente ser anexada ao Império Francês.

Max José, no entanto, não teria coragem de obrigar a filha a se casar contra sua vontade. Embora dependesse de Augusta o futuro da Baviera e de sua família, era seu destino que entrava como moeda de troca na negociação, e o pai lhe escreveu uma carta implorando para que ela aceitasse o casamento: "Reflita, minha filha, que tu estarias fazendo a felicidade não só de teu pai, mas também de teus irmãos e do país que deseja ardentemente este enlace".[2]

Alguma princesa, criada como todas elas eram, para obedecer ao pai acima de tudo e colocar os interesses de sua família e de seu país antes dos seus, diria não a um pedido desses? No mesmo dia, Augusta redigiu a resposta para o pai:

> Sou forçada a romper a palavra que havia dado ao príncipe Carlos de Baden, mas eu concordo, mesmo que isto muito me custe, se desta decisão dependem a paz de meu pai querido e a felicidade de um povo. [...] Meu destino vai ser amenizado pela consciência de ter me sacrificado por minha pátria, meu pai e minha família.[3]

Com o consentimento de Augusta, selava-se o acordo franco-bávaro. Napoleão, cumprindo sua parte, chegou a Munique no dia 1º de janeiro de 1806 e, imediatamente, proclamou a Baviera como reino. Max José, que em 1799 já havia se tornado príncipe-eleitor da Baviera por uma sucessão de mortes em sua família, passava, assim, a ser seu primeiro rei, sob o título de Maximiliano I José.

Para que o enteado não ficasse hierarquicamente abaixo da esposa, Napoleão adotou Eugênio oficialmente como seu filho e herdeiro da coroa italiana: "Sua Majestade, o imperador dos franceses e rei da Itália, tratará Sua Alteza Imperial, o príncipe Eugênio, como filho da França".[4] A "França", no caso, era o próprio imperador. O decreto, assinado no dia 12 de janeiro de 1806, transformava Eugênio em seu filho, e seus descendentes em netos de Napoleão. O enteado, agora filho, passava a se chamar Eugênio Napoleão.

Satisfeito após fazer prevalecer sua vontade, Napoleão não mediu esforços para agradar, distribuindo presentes maravilhosos, joias deslumbrantes e fazendo com que até mesmo as aias de Augusta recebessem lembranças de grande valor. Acima de todos os presentes, estavam os diamantes que Napoleão deu para Augusta, avaliados em cinco milhões de florins. Além dessas pedras avulsas, um patrimônio para seu futuro, ele ofereceu ainda um deslumbrante conjunto de diadema, colar e brincos, muito provavelmente em esmeraldas, pois era hábito do imperador presentear as noivas da família com joias feitas dessa gema.

No dia 13 de janeiro de 1806, realizou-se o casamento civil entre Augusta e Eugênio no salão verde da Residência de Munique. No dia seguinte, foi celebrada a cerimônia religiosa na capela real da Residência e as comemorações continuaram até a partida dos noivos uma semana depois: espetáculos, um grande baile de máscaras, apresentações de teatro* e despedidas efusivas. Para a população de Munique, aquela jovem e bela princesa que se despedia havia lhes possibilitado um acordo pacífico e vantajoso após anos de luta contra o exército napoleônico. As aclamações populares eram, sem dúvida, sinceras e calorosas. Afinal, como a própria Augusta escreveu alguns anos depois para seu irmão: "Toda a Europa sabe que, através do meu casamento com o vice-rei da Itália, a Baviera se tornou um reino e seu território foi consideravelmente aumentado".[5] O pai nunca se esqueceria do sacrifício que a filha fizera.

Casamento dos pais de d. Amélia. À esquerda, sentados, os imperadores franceses Napoleão e Josefina e os reis bávaros Maximiliano I José e Carolina. À direita, em pé, os noivos Eugênio e Augusta. Pormenores do óleo sobre tela de François Guillaume Ménageot, 1806. Palácio Nacional de Versalhes. Fotos da autora.

A chegada a Milão, capital do Reino da Itália, no dia 12 de fevereiro de 1806, também foi festivamente comemorada pelos súditos dos jovens vice-reis.

Ao contrário do que se temia, o tal sacrifício de Augusta, afinal, não seria assim tão cruel. Eles definitivamente não eram a Bela e a Fera: Eugênio era mesmo um príncipe, extremamente carinhoso com Augusta, e o casamento entre eles seria muito feliz. Em nenhuma linha de seus diários, ela

---

* A marcha matrimonial tocada no dia 16 de janeiro de 1816 no teatro da corte pode ser ouvida em: https://www.hdbg.eu/koenigreich/index.php/objekte/index/herrscher_id/1/id/1240.

lamentaria a troca de noivos em seu destino. Pelo contrário, onze anos depois de casada, Augusta escreveria: "Eu nunca me sinto tão feliz como quando estou com ele".[6] Eugênio também foi muito feliz com sua esposa e escreveria numa carta para ela: "O casamento é uma loteria e nem todos tiram a sorte grande como eu".[7]

Encantados com a harmonia e a popularidade do jovem casal na Itália, Napoleão e Josefina lhes enviavam presentes ímpares: Augusta recebeu da sogra um criado de quarto que era exímio cabeleireiro, para que ela pudesse estar todos os dias impecavelmente penteada.[8] Já Napoleão encomendou uma grande biblioteca com livros ricamente encadernados e brasonados de presente para a nora. Os livros, com o monograma AA, de Augusta Amália, um dia seriam de sua filha Amélia Augusta, já que ela usaria as mesmas iniciais da mãe.

Augusta e Eugênio passaram a habitar a Villa Bonaparte em Milão, atual Villa Belgiojoso, hoje sede da Galeria de Arte Moderna da cidade. Já os meses de verão eram passados na Villa Real de Monza, nos arredores da capital, onde Eugênio havia mandado construir jardins e um gigantesco parque, no qual atualmente se encontra o famoso autódromo de Monza. Contudo, havia outras residências: alguns quilômetros mais ao norte, bem próximo ao lago de Como, ficava o antigo Palácio do marquês de Molza, às margens do lago Pusiano, hoje conhecido como Palácio Beauharnais. Adquirido por Eugênio, era um refúgio onde o jovem casal às vezes passava alguns dias distante da corte. De tempos em tempos, eles também visitavam Veneza, a segunda mais importante cidade de seus domínios, e a bela região da Ístria, que atualmente integra a Croácia. Em Stra, a família possuía outro palácio, atualmente conhecido como Villa Pisani. Não por acaso, as paisagens do Norte da Itália, onde eles viviam, foram escolhidas pela produção da série cinematográfica Star Wars como cenário onde os personagens Anakin e Padmé se casam, pois poucos lugares no mundo são tão idílicos e românticos como esses lagos aos pés dos Alpes.

Logo começaram a nascer os filhos de Augusta e Eugênio e a paz doméstica da jovem família no Norte da Itália contrastava com as guerras que Bonaparte continuava encabeçando pela Europa. E, no entanto, era justamente o poder napoleônico garantido pelas armas que permitia a tranquilidade e a segurança dos vice-reis em Milão.

O único que enganou Napoleão

Por essa altura, Bonaparte já havia conquistado quase todo o continente europeu, com exceção de Portugal, da Inglaterra e da Rússia. Mas o grande espinho que lhe incomodava não era o pequeno reino no extremo da Península Ibérica ou o gigante a leste. O que realmente lhe faltava era a conquista da Inglaterra. Se, por terra, o exército napoleônico era imbatível, o mesmo não se podia dizer de sua frota naval. A Inglaterra mantinha a supremacia nos mares, e, por mais que tentasse, Napoleão não conseguia vencer a frota britânica. Lorde Nelson dominava o Mediterrâneo, o Almirante Sidney Smith controlava o Mar do Norte e Lorde Keith, toda a costa francesa até o Golfo de Biscaia.

Percebendo que, militarmente, a França apenas desgastaria seus recursos e sua imagem tentando vencer a marinha britânica, Napoleão decidiu atingir a Inglaterra em seu ponto fraco, ou seja, comercialmente. A Inglaterra do início do século XIX era um país já bastante industrializado, que consumia matérias primas de diversas regiões europeias e vendia produtos manufaturados para todo o continente. O comércio com a Europa continental era, por assim dizer, como o sangue que nutria a vida econômica inglesa. Como Napoleão já dominava quase todos os países, o plano traçado foi impedi-los de negociar com a Inglaterra, a fim de asfixiá-la comercialmente, para que, enfraquecida, sucumbisse aos franceses. O plano, conhecido como Bloqueio Continental, foi imposto a todos os territórios subjugados por Napoleão.

Porém, havia uma brecha por onde a Inglaterra conseguia penetrar no continente e continuar com o comércio: por meio de um antigo aliado britânico, o pequeno país ibérico governado por d. João. Os produtos desembarcados nos portos portugueses eram facilmente contrabandeados para os outros países, burlando, dessa forma, o Bloqueio Continental. Naquele ano de 1807, portanto, a conquista de Portugal se tornou para Napoleão uma questão estratégica para que seu plano de sufocar a Inglaterra funcionasse.

Em outubro, Napoleão se associou à Espanha por meio do Tratado de Fontainebleau, dividindo Portugal entre os dois países e repartindo inclusive as colônias ultramarinas lusitanas. Por esse documento, Portugal desapareceria do mapa europeu e o Brasil seria retalhado entre França e Espanha.

Portugal vinha sendo governado pelo príncipe regente d. João desde 1792, quando sua mãe, a rainha d. Maria I, se mostrara incapacitada para a função. A nomeação oficial como príncipe regente tinha ocorrido apenas em 1799, quando as esperanças de que ela pudesse se recuperar se esgotaram completamente. Após perder o marido, a filha e o filho primogênito, a soberana portuguesa mergulhara num processo irreversível de declínio mental.

D. João e seus conselheiros de Estado passaram, então, a considerar um antigo plano, em que a família real e o governo português deveriam se mudar para o Brasil, principal colônia do império. Com a instalação do governo português no Rio de Janeiro, seriam lançados os fundamentos de um novo grande império, com sede na América e laços na Europa e na África. Era uma decisão ousada, sem precedentes na história das potências colonialistas, mas, naquele momento, a melhor opção para um pequeno reino encurralado entre o exército napoleônico e o Império Britânico.

Com a aproximação do exército de Napoleão, decidiu-se pela transferência imediata da corte para o Brasil. E assim, na manhã de 29 de novembro de 1807, entre dez a quinze mil pessoas deixaram Portugal.

Era a primeira vez na história que um monarca europeu iria pisar no Novo Mundo. Mais do que isso, a sede do governo português mudava de continente. Foi uma manobra audaciosa e bem-sucedida. Anos depois, Napoleão comentaria em suas memórias que d. João havia sido o único a conseguir enganá-lo em todos os tempos.

Na realidade, fora muito mais que enganação; d. João foi o primeiro governante a perceber que a Europa não era o mundo todo e que, um dia, países da América poderiam se tornar tão importantes quanto as potências europeias. Com a visão de quem comandava um império ultramarino, a mudança para o Rio de Janeiro permitiu que d. João preservasse a soberania de Portugal e garantisse a continuidade de sua dinastia no trono. Para o Brasil, seria o início do longo processo que levaria à Independência.

Nasce uma futura imperatriz

Eugênio e Augusta, mesmo sendo apenas vice-reis, criaram uma corte brilhante em Milão. Acostumado ao esplendor napoleônico parisiense e responsável por abrigar uma coleção de arte fabulosa, composta por peças confiscadas pelo padrasto durante a conquista italiana, Eugênio tinha, novamente, um dos palácios mais luxuosos de seu tempo. A felicidade doméstica era completa para a família, composta em 1810 pelo lindo casal e três adoráveis crianças, Josefina, Eugênia e Augusto, o tão esperado varão. Nem mesmo o divórcio de Napoleão e Josefina no final de 1809, motivado pela necessidade de que Bonaparte tivesse um herdeiro, afastara Eugênio e sua família do poder.

No entanto, a vida cor-de-rosa em que viviam acabou dois anos depois. Não que o príncipe Eugênio soubesse que a decisão de Napoleão de invadir a Rússia seria o princípio do fim para o imperador da França, mas, havia tempos, ele temia o futuro de um império tão vasto, sabendo que os territórios ocupados nunca seriam aliados confiáveis.

Augusta, grávida novamente em 1812, além de preocupada com o futuro a longo prazo do império, estava também angustiada com a iminente partida do marido para a Campanha da Rússia. Para acalmá-la, a imperatriz Josefina decidiu visitá-la e estar presente para o nascimento da criança. Napoleão consentiu que sua ex-mulher fosse à Itália: "Eu não vejo obstáculo em você ir para Milão ver a vice-rainha [...] mas terá que suportar muito calor".[9] Josefina chegou à capital italiana no dia 27 de julho de 1812. Segundo Augusta, "se ela fosse minha mãe verdadeira, não seria mais carinhosa do que tem sido para comigo e jamais esquecerei sua bondade".[10] Era uma avó, imperatriz,* testemunhando o nascimento de uma neta, que também se tornaria imperatriz.

A gravidez de Augusta daquela vez tinha sido sobressaltada e ela revelava nas cartas que dormia mal por se sentir muito apreensiva em relação ao marido. A invasão da Rússia, como ela temia, não só representava um imenso risco, como se revelaria um grave erro. Dos quase setecentos mil homens, entre franceses, italianos, poloneses, suíços e bávaros que marchavam contra o czar Alexandre, apenas dez mil sobreviveriam. Conhecendo a superioridade do inimigo, os russos não ofereceram resistência ao exército napoleônico; a estratégia adotada foi recuar e queimar tudo que eles encontrariam pela frente. Assim, antes mesmo de combater, o exército invasor já estava aniquilado. Após dois meses, ao chegar a Moscou, Bonaparte encontrou a cidade destruída e não havia ninguém com quem negociar a paz. Ele não tinha saída a não ser voltar. Mas o inverno parecia estar do lado dos russos e chegou muito mais

---

* Josefina, mesmo divorciada, mantivera o título de imperatriz. Essa havia sido uma das condições da separação.

cedo, surpreendendo os soldados exaustos. A retirada foi trágica, em meio a nevascas, lobos, fome, frio e cansaço extremo.

Pouco antes da chegada a Moscou, no final de agosto de 1812, Eugênio recebeu uma carta de sua mãe contando sobre o nascimento da filha:

> Tua filha é magnífica e se estiveres lamentando não ter tido um filho, eu te asseguro que isso passará quando a vir. [...] As dores do nascimento aumentaram à meia-noite e, a partir desse momento, não deixei mais de estar perto de Augusta. [...] Como ela te ama! No auge das dores mais fortes, ela não parava de te chamar e chorar que tu não estivesses ali. [...] entre as quatro e cinco horas da manhã tua filha veio ao mundo.[11]

Amélia nasceu na Villa Bonaparte,[12] em Milão. Na quente madrugada do dia 31 de julho de 1812, Augusta foi assistida durante o parto por sua sogra, a imperatriz Josefina, duas damas e uma parteira. Os dois médicos chamados se atrasaram e, quando chegaram, horas depois, o bebê já tinha nascido. A ama de leite contratada também não compareceu, porque estava com muita febre, mas logo encontraram outra, cujo filho, de dois meses, se tornou irmão de leite da princesa. Na tarde do próprio dia 31, fizeram um pequeno batizado na capela do palácio, onde diversas autoridades compareceram, mas a criança não recebeu nenhum nome, constando apenas como quarta descendente dos príncipes vice-reis da Itália. A cerimônia oficial de batismo, quando o bebê receberia seu nome, foi adiada para quando o pai retornasse da Rússia. Até lá, ela seria apenas Amélie, como continuaria sendo chamada em família por toda sua vida.

Augusta costumava passar os meses mais quentes do ano em sua residência de Verão, a Villa Real de Monza, onde seu lugar preferido era um pequeno palacete, de nome Villa Augusta, localizado sobre um morro no parque desse palácio. No final de julho de 1812, no entanto, quando a imperatriz Josefina chegou de Paris, Augusta foi receber a sogra em Milão e, por esse motivo, Amélia acabou nascendo poucos dias depois nessa cidade, e não em Monza, onde sua mãe estava até então.

Durante anos, toda a documentação conhecida sobre essas semanas se baseava nas cartas de Augusta, escritas em Monza, tanto antes quanto algumas semanas após o nascimento, levando a crer que Amélia teria nascido ali em Monza. O palacete onde se acreditava que ela teria vindo ao mundo, a Villa Augusta, tinha sido um presente de Eugênio para a esposa cinco anos antes.

Atualmente, quase em ruínas, essa casa encontra-se interditada por risco de desabamento, mas suas paredes internas e o teto ainda guardam vestígios das pinturas do período napoleônico. Era o que eu queria comprovar quando invadi o imóvel para ver por dentro o palacete onde se acreditava que Amélia teria nascido. Abandonado desde a Segunda Guerra, a construção tinha janelas quebradas e não foi muito difícil ignorar as faixas de "perigo" para tentar subir por uma delas e entrar. Até hoje não sei como me fiz entender com o meu italiano macarrônico quando o alarme tocou e um segurança do parque me surpreendeu. No final, ele acabou me deixando olhar tudo, fotografar e ainda fui convidada para almoçar com sua família e mostrar para sua esposa os retratos que tinha na carteira das imperatrizes "Giuseppina e Amalia".

Foi só quando localizei uma carta de Augusta escrita muitos anos depois, contando para a filha sobre seu nascimento,[13] que descobri meu erro. Amélia tinha nascido na Villa Bonaparte, em Milão, e não na Villa Augusta, em Monza. Ou seja, eu tinha invadido o palácio errado.

Villa Augusta, onde a família Beauharnais passava boa parte do verão, no parque do Palácio de Monza, e onde se acreditava que Amélia tivesse nascido. Foto da autora.

Logo após o nascimento, orgulhosa do novo bebê, Augusta escreveu para seu marido: "A imperatriz Josefina me mima o tempo todo [...] A pequena Amélia fica mais bonita a cada dia".[14] De Moscou, Eugênio enviou uma pele e chás de presente para a esposa, enquanto o grande exército já preparava sua volta em poucos dias.

A tomada de Moscou não fora absolutamente como Napoleão idealizara. Ele provavelmente pretendia ser coroado no Kremlin, como todos os monarcas russos e, de lá, assegurar o acesso para as rotas do Oriente, continuando a conquistar o mundo.

Como nada saiu conforme o previsto, o imperador decidiu partir e passou o comando para seu cunhado Murat, que deveria conduzir os soldados de volta à França. Murat, no entanto, desertou e passou o posto de lugar-tenente da fronteira oriental para Eugênio. O enteado de Bonaparte liderou, então, a malfadada retirada do território russo. Na travessia do rio Beresina, toda a retaguarda de suas tropas foi dizimada pelos cossacos e as perdas já somavam meio milhão de vidas. Entre mortos, prisioneiros e desertores, cerca de outros 150 mil soldados pereceram antes de atravessar a fronteira polonesa.

Em meio à tragédia que se abatia sobre as tropas napoleônicas, Eugênio vivenciou uma experiência sobrenatural. Conforme narraria posteriormente em suas memórias,[15] ele e seu regimento pernoitaram em certa ocasião perto de um mosteiro, nas proximidades da cidadezinha de Zvenigorod. Ao se recolher, Eugênio teve uma visão: um monge entrava em sua tenda e lhe pedia para poupar o mosteiro de pilhagens, prometendo em troca que ele seria um dos poucos a retornar são e salvo para casa e que, futuramente, seus sucessores serviriam à Rússia. No dia seguinte, na dúvida de se aquilo tinha sido sonho ou realidade, Eugênio começou a perguntar pelo estranho visitante, mas ninguém soube lhe dar informações, pois ele fora o único a vê-lo. Ainda intrigado com o acontecido, Eugênio entrou na igreja ortodoxa do mosteiro e, para sua surpresa, reconheceu entre as imagens expostas o monge que tinha visto: era são Sava, o santo que fundara o local séculos antes. Muito impressionado, Eugênio ordenou que respeitassem o templo e ele realmente sobreviveu à retirada da Rússia.

No início de 1813, Eugênio conseguiu sair da fronteira russa com o que sobrou do grande exército e se reencontrou com Napoleão. Em agradecimento, o imperador lhe deu de presente a propriedade da Villa Bonaparte em Milão, onde Amélia tinha nascido.

Em maio, há mais de um ano longe de casa, Eugênio pediu férias para visitar a família. Ele se despediu de Napoleão em Dresden e aquela acabou sendo a última vez em que os dois se viram. A ligação entre o imperador e o enteado que ele adotara se manteve, no entanto, inabalável.

Na primavera de 1813, quando Eugênio retornou a Milão, a cidade fez menção de festejá-lo como o salvador do exército, mas não havia uma única casa que não estivesse de luto e ele, então, recusou qualquer homenagem. Augusta o recebeu na Villa Bonaparte, que agora oficialmente lhes pertencia. Nesse palácio, ele reviu os três filhos mais velhos, bastante crescidos após mais de um ano de ausência, e conheceu a pequena Amélia, já com dez meses.

Algumas semanas depois, antes que o marido partisse novamente, foi celebrado o batizado da caçula no dia 15 de agosto de 1813, na capela do Palácio Real de Monza. Comemorava-se seu aniversário de um ano, ocorrido quinze dias antes, e o aniversário de Napoleão. A futura imperatriz do Brasil então, finalmente, recebeu seu nome completo e oficial: Amalia Augusta Eugenia Napoleona. Sua madrinha, a rainha da Saxônia Amália Augusta,* tia paterna de sua mãe, foi representada pela baronesa de Wurmb, mas a criança continuou a ser chamada na família de Amélie, constando a forma latina *Amalia* apenas em sua certidão de batismo e futuros documentos religiosos.

---

* Amália Augusta de Zweibrücken-Birkenfeld era irmã de Max I José, nasceu em 1752 e faleceu em 1828. Foi casada com o rei Frederico Augusto I da Saxônia, tendo sido a primeira rainha deste país. O casal deixou descendência.

Herdeiros de um império

NA ITÁLIA, os primeiros filhos de Augusta e Eugênio cresciam entre palácios magníficos e seus lindos jardins, sem suspeitar que esse mundo perfeito estava desabando. A pequena Amélia viveu apenas os dois primeiros anos de sua vida como princesa italiana e, certamente, não guardou lembranças dessa época. Já seus pais se recordariam para sempre dos anos mais felizes de suas vidas, quando Eugênio era filho do dono do mundo e o poder do padrasto lhes assegurava uma existência protegida e privilegiada.

O período em que Augusta, Eugênio e seus primeiros filhos viveram no Norte da Itália foi um hiato na época em que a Áustria ocupou a Itália quase ininterruptamente, de 1707 a 1866. Esse "quase" se deve justamente aos anos entre 1796 e 1814, quando a França assumiu o domínio sobre a península. Foi durante a maior parte desse tempo que Eugênio esteve à frente do reino em nome de seu padrasto.

Porém, após a desastrosa retirada da Rússia em 1812, não foram apenas os exércitos, mas também a imagem de invencibilidade de Napoleão que acabou destruída. E, no final de 1813, um desmoralizado Bonaparte acabou vencido pelos exércitos da Áustria, Prússia e Rússia.

A partir de então, a situação de Eugênio deixava de ser estável e garantida. Ao ser informado, pouco tempo depois, de que o padrasto havia sido preso e seria deportado, ele chamou a mulher e os filhos para encontrá-lo em Verona, onde as quatro crianças e Augusta, novamente grávida, se reuniram com Eugênio e, após 36 horas juntos, se separaram novamente. Não era possível saber se algum dia eles voltariam a se ver.

O enteado de Bonaparte tinha razões para temer por sua sorte, pois, apenas alguns dias antes, ele se recusara pela última vez a aderir à aliança dos países contrários a Napoleão. O rei da Baviera, seu sogro, enviara um mensageiro de confiança, o príncipe de Thurn e Taxis, para encontrá-lo secretamente num lugar remoto. Escolheram como ponto de encontro as ruínas da igrejinha de são Michel, num lugar ermo perto de Verona.* Ali, Eugênio recebera uma carta em que lhe era oferecida a coroa da Itália, independente do trono da França, caso ele apoiasse a Rússia, a Áustria e a Prússia. O mensageiro tentou persuadi-lo, afirmando que não se tratava apenas de defender seus interesses ou de sua família, que também para o povo italiano seria melhor tê-lo como rei e dessa forma se tornar um Estado independente, do que voltar para o domínio austríaco e futuramente enfrentar rebeliões sangrentas.[16]

Eugênio respondera que não trairia o padrasto: "A estrela do imperador se apaga, mas esta é uma razão a mais para permanecer leal a ele".[17] Ele, então, enviara uma carta para o czar, onde explicava que não poderia deixar de herança para seus filhos o nome de um traidor.

A essa altura, embora Eugênio não soubesse, os próprios irmãos de Napoleão já o haviam atraiçoado, assinando acordos com a Áustria para manter seus tronos. A irmã, Carolina Bonaparte, e o cunhado, Murat, por exemplo, asseguraram, assim, o Reino de Nápoles. Contudo, Eugênio, que passara mais da metade dos seus 32 anos de vida a serviço de Bonaparte, preferiu perder a Itália a renegar o padrasto.

Conforme Eugênio temia, os territórios conquistados à força de baionetas não eram aliados confiáveis. Com a queda de Bonaparte, o império criado por ele imediatamente desmoronou como um jogo de dominó derrubado. O próprio rei da Baviera, pai de Augusta, se colocou contra Napoleão, apoiando a Rússia. A França voltava a combater em duas frentes simultaneamente: nas Guerras Peninsulares a oeste e contra os russos a leste. A decisão de Max José

---

* A Chiesa de San Michele fica a quatorze quilômetros do centro de Verona, num lugar chamado Pescantina.

salvou a Baviera do triste fim da Saxônia, que, se mantendo ao lado de Bonaparte até o último momento, foi depois retalhada pelas potências vencedoras.

Ao saber da decisão do marido de permanecer fiel a Napoleão, Augusta o apoiou, mesmo que isso os transformasse em inimigos de seu pai, rei da Baviera. Foi quando ela escreveu para ele explicando sua posição: "Com certeza é difícil ser abandonada por um pai, ter que renunciar à pátria e à família. Muito mais dolorido, no entanto, seria se meu marido agisse de outra forma".[18] E continuava, afirmando que preferia viver com os filhos numa cabana do que eles terem motivo para se envergonharem do pai.

Augusta defendia Napoleão e recriminava o próprio pai por haver mudado seu apoio, ao que o rei da Baviera respondeu que sua decisão fora tomada após a retirada da Rússia, quando, dos 27 mil soldados bávaros enviados, apenas 223 sobreviveram. Mais de 99% do Exército Bávaro tinha desaparecido durante a tentativa de conquistar a Rússia. Um rei não podia transformar seu vínculo familiar com Bonaparte numa atitude suicida para seu reino, por mais que amasse a filha.

Eugênio escreveu para o sogro lamentando que estivessem em lados opostos, explicando, porém, que preferia vê-lo da próxima vez sem títulos, como uma pessoa comum, mas com honra, do que como soberano, mas traidor. E acrescentou que respeitaria o lema que escolhera, "Honra e Fidelidade", mantendo sua consciência tranquila e legando um nome imaculado para os filhos.[19] A fidelidade de Eugênio e Augusta, ao se manterem do lado perdedor num mundo que colapsava, representava, no entanto, um risco gigantesco.

Ao redigir suas memórias no futuro, Napoleão deixaria claro que admirou a atitude do filho adotivo quando escreveu que "nesta guerra, todos cometeram erros, apenas Eugênio não os teve".[20] Entretanto, Bonaparte também sabia que apenas uma ordem vinda dele poderia salvar o filho e sua família naquele momento. Assim, em fevereiro de 1814, apesar de já se encontrar na ilha de Elba exilado e espionado pelos inimigos, Napoleão ainda conseguiu enviar uma carta cifrada alertando o enteado, que continuava em Milão. Nessa mensagem, Bonaparte o prevenia de que, se o rei de Nápoles, seu cunhado Murat, o traísse e declarasse guerra à França, Eugênio deveria deixar a Itália, já que esta era parte do Império Francês e ele certamente também seria atacado. Conforme Napoleão desconfiava, em março, Murat, de fato, o traiu e atacou as tropas de Eugênio, deixando-o encurralado entre inimigos ao norte e ao sul.

O plano elaborado por Napoleão, nesse caso, era que Eugênio e sua família deixassem a Itália e seguissem para Munique, onde ele pediria asilo ao rei da

Baviera, pai de Augusta. Era o que Eugênio pretendia fazer, mas a esposa estava grávida e prestes a dar à luz, e, em tais circunstâncias, não era possível atravessar os Alpes. Eles tiveram que se abrigar em Mântua e a criança nasceu no dia 13 de abril, no Castelo dos Gonzagas, local escolhido por ser uma fortaleza segura.

O bebê recebeu o nome de Teodolinda, assim como a rainha dos lombardos que, muitos séculos antes, cingira a coroa de ferro com a qual Carlos Magno, vários reis italianos e depois Napoleão tinham sido coroados. Mas, para Augusta e Eugênio, não haveria nenhuma coroa italiana. Em Mântua, do outro lado das muralhas onde a família estava, os canhões já saudavam o imperador da Áustria e Eugênio temia receber a qualquer momento uma ordem de prisão.

Através dos Alpes

A 16 de abril de 1814, três dias após o nascimento de Teodolinda, um enviado do rei da Baviera, seu sogro, entregou uma mensagem para Eugênio sugerindo que eles deviam aproveitar a boa vontade dos aliados e se apressar, antes que fosse tarde demais. Assim, apenas nove dias após o parto, Eugênio levou sua esposa, Augusta, a recém-nascida, as outras quatro crianças e alguns poucos criados através dos Alpes ainda cobertos de neve rumo a Munique. Além de dinheiro e joias, eles levavam quatro caixotes de livros, uma arca com roupas e um quadro. Era tudo que podiam carregar e Eugênio não queria se arriscar a demorar mais tempo na travessia por causa de bagagens. Era urgente que saíssem da Itália o quanto antes; mesmo que o rei da Baviera também apoiasse a Áustria contra Eugênio, pelo menos as crianças eram suas netas e estariam em segurança na corte do avô.

Não é de se espantar que, entre tão pouca bagagem, constassem quatro caixotes de livros. Um dos maiores bibliófilos de seu tempo, Eugênio reunia em sua biblioteca alguns tesouros dos quais certamente não queria se separar. Segundo leilões realizados na década de 1920,[21] ainda restavam dessa inestimável coleção diversos manuscritos medievais, 34 incunábulos, 270 aldinos (manuscritos em pergaminho de origem francesa do século XIV), diversos mapas em grande formato de todas as grandes batalhas napoleônicas e muitas obras gregas milenares trazidas da Campanha do Egito.

A perigosa jornada pelos Alpes foi a primeira aventura da vida da pequena Amélia, ainda um bebê de menos de dois anos. Da próxima vez que ela tivesse que mudar de país, quinze anos depois, a princesa também enfrentaria uma longa travessia, mas seria cruzando o oceano Atlântico para chegar ao Brasil.

Por doze dias eles atravessaram a cordilheira, até Eugênio e sua família finalmente conseguirem alcançar a capital bávara. No alto das montanhas ainda havia muito gelo, fazendo com que eles constantemente escorregassem, e neve, na qual os pés dos caminhantes afundavam e se molhavam. A neve muitas vezes também cobria completamente o caminho, dificultando que seguissem a direção correta. Tudo contribuía para atrasar a jornada, deixando-os ainda mais expostos ao vento e ao frio. Para salvar a recém-nascida Teodolinda, o casal e o bebê foram na frente, mais rápido, enquanto as outras crianças, que tinham entre sete e dois anos, seguiram escoltadas pelo barão Darnay. Todos sobreviveram. O pior havia passado. Chegando a Munique, o rei os recebeu carinhosamente e assegurou que, assim como o reino pudera contar com o sacrifício de Augusta no momento que fora necessário, agora não lhes negaria abrigo.

Era início de maio, começava a primavera e Augusta estava de volta a sua casa. A travessia, o frio, o medo e o risco tinham ficado para trás. Seu pai lhes ofereceu um pequeno palácio perto do seu para eles viverem, e, como o rei da Baviera já fora ele próprio um exilado, compreendia a situação do genro e da filha. Max José ofereceu até para Hortênsia, irmã de Eugênio, um refúgio em seu reino, colocando à sua disposição uma casa em Augsburgo.

Começava um novo período na vida da família: seria na Baviera que a pequena Amélia e seus irmãos iriam crescer.

Adotado pelo inimigo

Na primavera de 1814, Napoleão se encontrava preso em Elba, Josefina se escondia numa propriedade afastada de Paris e Eugênio, que escapara por pouco, passara a viver de favor na corte do sogro na Baviera. O futuro não parecia nada promissor para qualquer um deles.

Mas Napoleão, mesmo preso e derrotado, continuava fazendo aquilo que melhor sabia fazer: dispunha das pessoas como num tabuleiro de xadrez, manipulava invejas e vaidades e jogava estrategicamente a favor de quem queria. Ele orientou Josefina para que voltasse para sua propriedade na Malmaison, perto da capital francesa, e se colocasse sob a proteção do czar. A estratégia funcionou. Josefina conseguiu que o czar se tornasse seu admirador e, no calor da tragédia de uma iminente morte inesperada, ela obteve, em seu leito de morte, a promessa do czar de que protegeria seu filho e os interesses de sua família.

Assim, quando as potências vencedoras decidiram se reunir num congresso em Viena para discutir os acordos de paz e o perfil que as fronteiras deveriam adotar dali para frente, Eugênio, a convite do czar, compareceu para tentar definir sua posição na nova Europa que seria delineada pelos vencedores de seu padrasto.

Num total de mais de vinte mil pessoas, estavam presentes no Congresso de Viena dois imperadores, cinco reis, 209 príncipes reinantes, além de centenas de marechais, ministros e diplomatas. Entre todas elas, apenas Eugênio pertencia à família de Napoleão, o grande vilão da história.

Porém, a situação de Eugênio se tornou ainda mais delicada quando, em meio ao Congresso de Viena, no início de março de 1815, chegou a notícia de que Napoleão havia deixado a ilha de Elba para se dirigir a Paris, onde acabaria sendo novamente coroado. Em Viena, era difícil acreditarem que o filho de Josefina não soubesse de nada e seu padrasto não pretendesse tê-lo novamente a seu lado, afinal, Eugênio fora uma das únicas pessoas a permanecer fiel a Bonaparte quando de sua queda.

Durante os cem dias da volta de Napoleão ao poder, Eugênio permaneceu observado e espionado e, que se saiba, sem contato com o imperador. Com a derrota em Waterloo, Bonaparte acabou definitivamente exilado na ilha de Santa Helena, onde morreria seis anos mais tarde.

O fato de Eugênio não ter procurado se unir ao ex-imperador durante seu efêmero retorno ao poder foi regiamente remunerado. Graças à intervenção do czar russo, Eugênio recebeu uma indenização pela perda da Itália que o transformava num dos homens mais ricos de sua época. A esse valor se acrescentavam ainda as propriedades em Ancona, um território nas terras do Vaticano, os bens herdados de Josefina na França, que incluíam dois palácios com seus inestimáveis recheios e todas suas magníficas joias, sem esquecer os juros do capital aplicado por ela.

Para se ter uma ideia do que representava a fortuna de Eugênio, na Baviera, só a indenização de trinta milhões de francos equivalia a 2,5 milhões de gulden, quando o salário anual do principal ministro do governo não ultrapassava dezesseis mil gulden. Só parte do patrimônio de Eugênio representava 150 vezes o salário anual do funcionário mais bem pago do governo bávaro. Tudo isso, no futuro, seria herdado por seus filhos.

Com os dois pés na Baviera

Passava a ser bastante interessante para a Baviera que esse dinheiro fosse investido em seu reino e não em qualquer outro lugar. O rei Max José também apreciava a proximidade de sua filha e netos e gostava sinceramente do genro. Não havia por que não os manter em sua corte. E, assim, Eugênio recebeu autorização real para adquirir o título de duque de Leuchtenberg, propriedade do reino bávaro desde que essa antiga dinastia se extinguira muitos anos antes.

A vantagem dessa escolha é que o título "Von Leuchtenberg" dava para Eugênio e Augusta não apenas o estatuto ducal, abaixo apenas do da família real, como também direito ao tratamento como Altezas Reais. No entanto, esse tratamento não se estendia a seus filhos: as crianças permaneceriam apenas como príncipes e princesas. Augusta, como filha do rei, era a única reconhecida como pertencente à primeira casa do reino, enquanto seus filhos também não teriam nenhum direito à coroa bávara, mesmo em caso da morte de seu irmão e descendentes.

Na prática, embora ricos e titulados, os Beauharnais haviam perdido o status do que se chamava na época de "cabeças coroadas", ou, pelo menos, "coroáveis". E essa perda influenciava diretamente a maneira como eram vistos e tratados na corte. Por esse motivo, Eugênio decidiu comprar terras que lhes garantissem maior distinção social.

Ele investiu, então, parte de sua fortuna comprando propriedades na Baviera, entre as quais a mais importante seria o principado de Eichstätt, uma vasta extensão de terras propícias para caça, onde uma antiga residência episcopal foi transformada em luxuoso palácio para receber a família. Os filhos se tornaram, a partir de então, príncipes de Leuchtenberg e Eichstätt.

Era costume entre a nobreza que as famílias se deslocassem várias vezes por ano, habitando por alguns meses ou semanas cada uma de suas residências. Onde quer que estivessem, mantinham sua rotina de passeios, caçadas, saraus musicais, bailes e visitas. Por esse motivo, era necessário que uma família abastada tivesse várias propriedades em diferentes locais. As crianças, naturalmente, acompanhavam os pais. Como seus professores moravam com a família, eles também se deslocavam junto com seus pupilos e a rotina de aulas podia continuar sem interrupções.

Em janeiro de 1816, nasceu mais uma filha de Eugênio e Augusta, a pequena Carolina Charlotte, que morreu cinco meses depois. Inconformada com a perda da filha, Augusta decidiu se mudar do palácio que habitavam na Schwabinger Gasse no centro de Munique, onde tudo lhe trazia recordações do bebê morto. Eles foram, então, morar provisoriamente no Palacete de Berg,* às margens do lago Starnberg. Foi uma estadia feliz para as crianças, que puderam aproveitar passeios pelos lagos, pelas florestas, ilhas e montanhas da região.

No entanto, no inverno de 1816-1817, enquanto a família passava uma temporada em Eichstätt, a felicidade familiar de Augusta e Eugênio sofreu um duro golpe. Ele se envolveu num relacionamento com a ama das crianças, a srta. Caumont. Profundamente decepcionada, Augusta anotou em seu diário:

> Eu posso pregar e repetir para mim mesma que todos os homens traem suas mulheres, mas meu coração se revolta com o pensamento de que meu marido, por quem eu sacrificaria tudo e a quem sempre fui tão afetuosa, possa ter esquecido tudo que ele me deve como esposa e mãe de seus filhos.[22]

A criada foi despedida e Eugênio deve ter conseguido convencer a esposa da sinceridade de seu arrependimento. Na reconciliação, Augusta engravidou do último bebê que o casal teria.

Como presente para Augusta em seu 29º aniversário, Eugênio tinha adquirido o pequeno Palácio de Ismaning, cerca de quinze quilômetros ao norte de Munique, a fim de que se tornasse a residência de verão da família. Possivelmente tentando se redimir da traição que tanto magoara a esposa, Eugênio se esmerou para caprichar na decoração do palácio que ele iria lhe oferecer. Ismaning devia combinar a lembrança da perdida Villa Augusta de Monza com a sofisticação de Paris. A célebre escultura das Três Graças de Canova, que pertencera à imperatriz Josefina, fora trazida especialmente da

---

* Foi na frente do Palacete de Berg, no lago Starnberg, que, anos depois, o famoso rei Luís II da Baviera seria encontrado morto. No local, hoje, há uma cruz assinalando onde ele faleceu.

Malmaison. Os dois salões nobres, ornamentados em estilo neorrenascentista, foram decorados com as cores vermelha e azul, as mesmas do brasão da família. Para as crianças, foi construído um pavilhão no jardim, ao lado de uma estufa, onde laranjeiras e outras plantas exóticas podiam sobreviver ao inverno. Nos jardins dessa propriedade, as crianças tinham, cada uma, um canteiro onde podiam cultivar o que preferissem. Na inauguração do palácio, comemorada com fogos de artifício, a população de Ismaning prestou suas homenagens levando uma ovelhinha de presente para os filhos dos duques. Rapidamente, Ismaning se tornou a residência preferida da família.

Palácio de verão da família Leuchtenberg, em Ismaning. Aquarela de Ferdinand le Feubure. Gemeinde Ismaning, Schlossmuseum. Foto de Wilfried Petzi.

O último filho do casal, Maximiliano, nasceu logo depois, no outono de 1817, e foi na festa do seu batizado que o rei, seu avô e padrinho, entregou oficialmente a Eugênio o título de duque de Leuchtenberg, o qual vinha se somar aos de príncipe de Eichstätt e comandante do Sexto Regimento de Cavalaria.

A partir dessa data, ele deixava de ser Eugène, conforme seu batismo em francês, e passava a ser chamado de Eugen, versão germânica de seu nome.

Os Beauharnais se tornavam nitidamente cada vez mais bávaros. Poucos dias depois da entrega oficial do título e da germanização do nome de Eugênio, foi assentada a pedra fundamental para a construção de um novo palácio na capital.

O Palácio Leuchtenberg em Munique foi, então, planejado para ser tão grande e luxuoso quanto uma residência real, e, para isso, começaram a ser contratados centenas de operários e artistas. Eles deviam garantir que nada ficasse a dever ao esplendor das cortes napoleônicas de Paris e Milão, onde Eugênio e Augusta tinham vivido.

Três anos e meio depois de sua fuga da Itália através dos Alpes nevados, os novos duques de Leuchtenberg fincavam definitivamente os dois pés na Baviera.

"Somos um espinho no teu olho"

Com estabilidade financeira, o encantador Palácio de Ismaning pronto, a elegante residência de Eichstätt, um título ducal garantindo prestígio e um luxuoso palácio em Munique em construção, parecia que a família Leuchtenberg havia encontrado um lar na Baviera e ali viveriam, como nos contos de fadas, felizes para sempre. Mas a realidade, como quase sempre, estava distante do aparente idílio.

O príncipe herdeiro Luís da Baviera, irmão de Augusta, odiava visceralmente os franceses desde a infância. Durante a Revolução Francesa, o rei Luís XVI, seu padrinho e de quem ele herdara o nome, fora brutalmente assassinado na guilhotina em 1793. No ano seguinte, as propriedades do pai de Luís foram tomadas pelas tropas revolucionárias francesas. Após dezesseis horas de bombardeios na véspera do Natal de 1794, aos oito anos de idade, correndo risco de vida e sob temperaturas muito abaixo de zero, ele e seus irmãos menores tiveram que fugir para o exílio. Pouco tempo depois, sua mãe, que já sofria de tuberculose, faleceu. O trauma foi tão grande, que ele nunca perdoaria os franceses, a quem culpava por todas as suas perdas.

O príncipe herdeiro da Baviera não apenas não simpatizava com seu cunhado francês, como temia que Eugênio viesse a desempenhar um papel político no reino. Com o apoio dos diversos simpatizantes napoleônicos, acolhidos em Munique como refugiados por seu pai, Luís intuía que não seria difícil para Eugênio, caso quisesse, roubar seu trono no futuro. Instalou-se um clima hostil entre os dois e, sempre que podia, Luís humilhava o cunhado. Após um episódio em que isso ocorreu publicamente e a situação se tornou insustentável, Augusta se retirou para Ismaning e escreveu uma carta contundente para seu irmão:

> Ismaning, 3 de junho de 1818
>
> [...] muito eu tenho sofrido e suportado em silêncio. Não se deve, no entanto, considerar fraqueza o que ocorreu por amor filial: pois eu não queria afligir meu bom pai, nem o fazer sentir quanto eu fiz pela Baviera. Pois toda a Europa sabe que, através do meu casamento com o vice-rei da Itália, a Baviera se tornou reino e foi muito aumentada. [...]
>
> Quem veio a mim para pedir que eu me sacrificasse pela Baviera, pela tua felicidade e de teus filhos? Foste tu, meu irmão! E tu sabes que eu me esqueci de mim mesma e dei meu consentimento, sem saber se sorte ou azar esperavam por mim. Eu me orgulho disso! A posteridade vai nos julgar e me conceder a justiça negada.
>
> Nós vivemos sossegados e retirados e, mesmo assim, somos um espinho no teu olho. O que nós fizemos? Nada além de coisas boas e grandiosas enquanto tínhamos um reino! Nada além de bondade, desde que o destino nos atingiu tão duramente.
>
> Não havia vergonha em ter Eugênio como cunhado enquanto ele estava na Itália, mas agora que nós estamos desgraçados, querem nos jogar no pó.
>
> Irmão, tu te enganas, a injustiça que nos é feita não nos humilha, mas sim àqueles que nos atormentam.
>
> As potências unidas nos deram cinco milhões. Eu desejava ficar na Baviera, pois acreditava encontrar paz e felicidade no seio da minha família; especialmente já que com a nossa fortuna nós nunca seríamos um peso e, para minha pátria, este valor não seria pouco ganho. [...]
>
> Como tu podes temer um homem [Eugênio] cujo nobre caráter é tão conhecido e que poderia ter sido coroado com a coroa a ele destinada, se ele não houvesse permanecido fiel a seus princípios e privilegiado a consciência tranquila, sua honra e seu nome íntegro a todas as vantagens do mundo?
>
> O que teria prejudicado teu futuro poder e de teus filhos, se nós fôssemos reconhecidos como terceira linha da família? Mas mesmo a isso nós renunciamos e desejávamos ser apenas a primeira família nobre abaixo da família do rei e, assim, manter enquanto vivêssemos a posição que nosso pai

nos deu. E até isso nos foi negado porque meu marido nasceu francês! Irmão, isso é terrível demais! Meus olhos estão bem abertos e agora vejo o que havia me forçado a não ver e que considerava impossível: o teu ódio contra nós, o que nos prepara um futuro sofrido.

Mas ainda não chegamos ao ponto de sermos obrigados a depender de ti. Portanto, não te espantes se ouvires que Eugênio não vai continuar a construir sua casa; pois nós seríamos grandes tolos se desperdiçássemos nosso dinheiro num lugar, no qual após a morte de nosso bom e amado pai, nós não pudéssemos mais viver decentemente.

Quem teria pensado que, enquanto eu rezava pela tua vida, tu estavas amargurando a minha e rejeitando meu amor fraternal. [...] As preocupações constantes destruíram minha saúde e lágrimas amargas brotam de meus olhos. Esta é a tua obra! E mesmo assim, irmão, peço a Deus que Ele te proteja de um destino como o nosso. Se bem que ele nunca seria tão duro, pois tu encontrarias uma irmã que manteria o mesmo coração e compartilharia o teu sofrimento e te consolaria e te ajudaria no que estivesse ao seu alcance.[23]

A capacidade de expressão de Augusta é admirável, mas o final da carta, em que ela termina dizendo que o irmão nunca estaria tão sozinho, porque ao menos ela não o teria abandonado, é brilhante. Esse texto nos permite entender qual era o clima na corte bávara onde a pequena Amélia crescia e, cada vez mais, compreendia o quanto a posição de sua família era alvo de intrigas e humilhações.

Dois museus em casa

Embora a situação entre o príncipe Eugênio e seu cunhado fosse extremamente desagradável, a vida da família Leuchtenberg em sua própria casa era bastante harmoniosa e a convivência com o rei, avô das crianças, e as filhas de seu segundo casamento era muito próxima. Os duques de Leuchtenberg mantinham uma pequena corte paralela à da Residência Real, onde o requinte, a arte e a instrução eram muito valorizados. Sua nova casa em Munique foi construída para refletir os valores da família.

Após quatro anos de obras dirigidas pelo renomado arquiteto Leo von Klenze, em 1821, finalmente, o Palácio Leuchtenberg ficou pronto e a família passou a ter uma residência oficial na capital. Praticamente vizinho ao primeiro palacete emprestado a eles pelo rei, este era significativamente maior e mais luxuoso.

O Palácio Leuchtenberg que o pai de Amélia mandara construir foi destruído durante os bombardeios da Segunda Guerra Mundial e reconstruído apenas parcialmente nas décadas seguintes. O que vemos hoje em dia corresponde a um terço do tamanho original e sedia o Ministério das Finanças da Baviera. Embora a fachada seja bastante fiel à original, o interior do edifício contemporâneo é um moderno prédio com repartições públicas.

O palácio, na época em que os Leuchtenbergs ali viviam, era constituído por três andares principais e um mezanino. No térreo, havia uma cozinha dividida numa parte para cozidos e assados, uma câmara fria para os alimentos perecíveis, diferentes despensas e sala de refeições para os empregados. Entre o térreo e o primeiro andar, havia um mezanino para as rouparias e alojamentos dos funcionários. Também no nível da rua ficavam a capela, dedicada a são José, com pé direito duplo, e um espaçoso teatro, onde, além das representações familiares, por vezes, artistas também se apresentavam para os convidados.

No último andar, ficavam os aposentos das crianças e de seus acompanhantes e, no primeiro piso, os aposentos mais luxuosos do palácio: os cômodos do casal de duques, que contavam cada um com uma antecâmara, uma sala de vestir e um quarto de dormir; além dos salões de bilhar, de baile, de jantar e de banho. Assim como em seu palácio em Paris, o príncipe Eugênio havia mandado construir um espaço para que a família pudesse se banhar com todo o conforto e modernidade que só se tornariam habituais muitas décadas depois. A sala de banho do Palácio Leuchtenberg devia ser parecida com a do Palácio Beauharnais, em Paris, que ainda hoje pode ser vista, já que o edifício parisiense se encontra impecavelmente preservado.

A capela e os salões nobres do Palácio Leuchtenberg eram suntuosos e, na sala de jantar, o habilidoso escultor dinamarquês Bertel Thorwaldsen executou um friso retratando as façanhas de Alexandre, o Grande.* Segundo Augusta anotou em seu diário: "Os grandes salões são muito ricos e meus aposentos de extraordinário bom gosto. A elegância foi reunida com o luxo".[24]

---

* Na antecâmara do salão de Hércules, na Residência de Munique, há uma cópia deste friso.

No primeiro andar ficavam ainda a biblioteca, o arquivo da família e um museu familiar, chamado de "gabinete de memórias", com objetos que haviam pertencido a Napoleão, como sua espada, seu manto, sua poltrona e até uma amostra enquadrada do papel de parede de seu último quarto em Santa Helena.* A memória e o culto a Bonaparte eram parte da tradição da família, fazendo com que as crianças crescessem orgulhosas de descenderem da imperatriz Josefina. Napoleão e o príncipe Eugênio eram apresentados como ídolos e os objetos da família reverenciados como relíquias.

Tendo como modelo o Palácio Farnésio,** em Roma, a construção neoclássica passou a ser um ponto de referência na cidade de Munique. Rivalizando em luxo com a própria residência real, os 253 cômodos do Palácio Leuchtenberg foram decorados com móveis franceses, muitos que haviam pertencido à imperatriz Josefina, e tantos outros encomendados no ateliê Werner em Paris.

O aquecimento do palácio era feito por inovadores fornos de azulejos, mais eficientes e menos perigosos que os modelos anteriores. Para a iluminação, candelabros sustentavam velas cuja chama se refletia em espelhos e cristais para melhor aproveitamento da luz. As paredes eram revestidas com papéis, sedas estampadas ou pintadas com afrescos neoclássicos. Tudo que havia de melhor e mais moderno fora escolhido para esse palácio.

Os jantares, bailes e apresentações eram dos mais bonitos e concorridos, revivendo, em Munique, o fausto e o luxo da corte napoleônica em que Eugênio havia vivido. Reis, príncipes, artistas, diplomatas, generais, bispos e ministros eram convidados assíduos. Ainda assim, o protocolo e a etiqueta eram menos rígidos que na residência real, e o rei Maximiliano José frequentemente visitava a filha, apreciando os jogos de cartas e de bilhar com o genro, com quem se entendia muito bem e podia conversar à vontade em francês.

A decoração alternava duas tendências: nos grandes salões sociais, mais cerimoniosos, prevalecia o estilo do Império Francês; já nos salões e quartos privados, menores e mais acolhedores, reinavam os interiores Biedermeier, um estilo pré-vitoriano típico dos reinos germânicos.

Extraordinário era o fato de o palácio contar também com uma galeria de arte aberta ao público. Desde Milão, Eugênio se tornara um importante colecionador

---

* Este quadro foi herdado pela irmã mais nova de d. Amélia, a princesa Teodolinda, e se encontra atualmente no museu da cidade de Singen.

** O Palácio Farnésio é atualmente a embaixada da França na Itália.

de arte, tendo recebido permissão durante o Congresso de Viena de mandar enviar para Munique suas obras que haviam ficado na Itália. Acrescentou-se a esse significativo acervo a fabulosa coleção de Josefina que se encontrava na Malmaison quando ela faleceu. Grande parte das obras que Napoleão amealhara durante suas conquistas foram, dessa maneira, reunidas em Munique na galeria do príncipe Eugênio.* Além de telas europeias, a exposição apresentava ainda algumas esculturas, entre as quais, outra obra célebre esculpida por Canova: Santa Maria Madalena ajoelhada. Chegou a ser feito, na época, um catálogo com reproduções das telas, o que nos permite ter ideia do esplendor da coleção.[25]

Para que a população tivesse acesso a esse museu particular, o palácio contava com uma entrada separada que permanecia aberta às segundas e quintas-feiras, quando qualquer pessoa podia entrar e admirar as cerca de 150 obras gratuitamente, recebendo até mesmo um guia explicativo para melhor aproveitar a visita.

Foi nesse palácio suntuoso, moderno, francês e bonapartista que Amélia viveu até se casar.

Palácio Leuchtenberg, no centro da cidade de Munique, atual Ministério das Finanças da Baviera. Foto da autora.

---

* A maior parte das obras de arte da galeria Leuchtenberg se encontra atualmente no Museu Hermitage, em São Petersburgo, inclusive a célebre escultura de santa Maria Madalena ajoelhada.

Crescendo na Baviera

AS CRIANÇAS Leuchtenbergs foram criadas na corte de Munique convivendo com a família real e sendo educadas para, um dia, ocuparem seu papel na nobreza europeia. Com o título de príncipes e princesas de Leuchtenberg e Eichstätt, mesmo a contragosto do príncipe herdeiro, eles eram a segunda família mais importante do reino, abaixo apenas dos filhos e netos do rei.

Os detalhes da vida dos pequenos príncipes e princesas chegaram até nós principalmente por meio dos diários da princesa Josefina,[26] a irmã mais velha de Amélia. Criados como franceses bonapartistas, seus princípios morais eram católicos e os encarregados por sua educação, predominantemente franceses: a srta. Maucomble, chamada carinhosamente pelas crianças de Fanny, o cavaleiro Louis Planat de la Faye e o conde Pierre Étienne Mejan. Este, escolhido por Napoleão para conselheiro do casal e responsável pela administração da casa, vivia com Eugênio desde que ele ainda era solteiro em Paris. Havia acompanhado seu protegido a Milão e, depois, a Munique. Chamado carinhosamente de Papa Mejan pelas crianças, era considerado um avô na família Leuchtenberg. Sua netinha Stéphanie, da mesma idade de Amélia, convivia com as meninas mais novas e partilhava de muitas de suas aulas e atividades.

As principais damas daquela corte eram Frederica de Wurmb, que criara Augusta desde a morte de sua mãe, e a condessa de Sandizell, uma senhora da nobreza bávara. Todos se comunicavam em francês, a língua oficial no palácio.

As crianças foram acostumadas desde muito pequenas a beber cerveja ou vinho tinto diluído, mas raramente tomavam água. Embora os príncipes e princesas na Baviera normalmente comessem batatas, repolho, cenoura, salsichas, linguiças e presunto, no Palácio Leuchtenberg a alimentação era predominantemente francesa, e mesmo os pratos bávaros eram designados por seu nome francês. Um preceptor das crianças relatou que, uma vez, lhe serviram uma iguaria de nome *quenelles*, que ele viria a descobrir, ao provar, que nada mais eram que prosaicas almôndegas. Já adulta, Amélia iria sempre preferir batatas e aspargos a outros pratos. E as refeições para as crianças eram sempre servidas com talheres de prata, pois acreditava-se que a prata tinha a propriedade de prevenir contra doenças.

O dia a dia dos pequenos Leuchtenbergs

É também graças aos diários da princesa Josefina que ficamos sabendo como era o dia a dia das crianças Leuchtenbergs. A rotina era rígida: elas acordavam às 6h30, tomavam café da manhã às sete e podiam ver os pais por uma hora, entre as oito e nove horas. Era, então, a vez da missa matinal. Imediatamente depois, iniciavam seus estudos. Muito devotas, principalmente Eugênia, as crianças tinham aulas de religião com o capelão real Hauber, que publicara um livro de orações muito popular. Além de religião, as meninas estudavam alemão, francês, italiano, latim, história, desenho, aquarela e piano. O primeiro professor de música das crianças foi Franz Beutler, renomado compositor, violinista e pianista da corte. A partir do verão de 1818, quando Amélia tinha seis anos, música e artes plásticas passaram a ser ministradas pela baronesa Rosa de Aretin, exímia aquarelista e pianista. As aulas se estendiam por toda a manhã e após o passeio do início da tarde.

Desenho feito por Amélia em 1826, aos quatorze anos.
Coleção particular. Foto de Bernhard Graf.

As meninas usavam roupas iguais: pela manhã, vestidos de xantungue colorido com avental preto. O cabelo permanecia enrolado com papelotes para formar cachos quando soltos. Os sapatos de couro combinavam com uma bolsinha, também de couro, presa ao avental por um lenço. Elas quase nunca usavam colares e os brincos, pequenos, deviam ser apenas de ouro, pérolas ou pedras preciosas sem diamantes. Essas pedras, anéis e relógios só podiam ser usados após a Primeira Comunhão, celebrada aos doze anos.

Como era hábito, a educação das crianças era feita aos pares: as duas irmãs mais velhas, Josefina e Eugênia, dividiam o quarto, a preceptora e os professores. As duas mais novas, Amélia e Teodolinda, partilhavam o mesmo entre si. Já Augusto tinha seus próprios aposentos e mestres, entre eles, o famoso linguista Johann Andreas Schmeller, autor do primeiro dicionário bávaro. Max, nascido em 1817, ainda era muito pequeno e não tinha a rotina de estudos dos irmãos.

Após o almoço, as meninas soltavam os papelotes do cabelo, os cachos eram arrumados e podiam, então, trocar de roupa e usar vestidos de algodão branco com lenços coloridos. Até os doze anos, os vestidos eram curtos, com calças brancas bordadas por baixo. Fora de casa, as meninas podiam usar chapéus, mas sem flores ou plumas. Sobre o vestido, um xale ou pelerine. Porém, havia rígidas regras morais, por exemplo, elas não podiam mais se olhar no espelho após estarem arrumadas, para evitar que se tornassem vaidosas.

Todas as tardes, mesmo no inverno, os príncipes Leuchtenberg passeavam de mãos dadas no Englischer Garten, parque próximo ao palácio onde viviam. Os irmãos mais velhos levavam os menores pelas mãos. Raramente as crianças iam ao centro da cidade. E, em qualquer saída, tinham que estar sempre acompanhados por seus lacaios e damas.

Voltando do passeio, os estudos continuavam normalmente durante toda a tarde. No final do dia, havia outra refeição, uma hora livre, orações e, às nove da noite, impreterivelmente, as crianças tinham que estar dormindo.

Uma vez por semana, elas tomavam banho. Para nós, hoje, isso pode parecer pouco, mas, para a época, era um exagero que alguém enchesse uma banheira e se lavasse todas as semanas. Um banho anual na primavera costumava ser o padrão para a maior parte das pessoas, que se contentavam com paninhos úmidos durante o resto do ano.

A rotina e o vestuário das crianças só eram alterados quando havia visitas: nessas ocasiões, os vestidos das meninas costumavam ser de musselina bordada com rendas e os sapatos, brancos. Elas também eram, então, autorizadas a usar colares de coral, de pérolas ou um medalhão com o retrato da madrinha, dos pais ou dos avós.

Amelisebibimalolo

As visitas mais esperadas pelas crianças eram as das tias, filhas do segundo casamento do avô Max I José com a rainha Carolina. As tias eram seis meninas, com idades próximas às dos pequenos Leuchtenbergs, que moravam no palácio em frente ao deles. Eram dois pares de gêmeas e mais duas meninas mais novas.

Quando a família de Amélia se mudou para Munique, em 1814, as tias mais velhas, as gêmeas Amélia Augusta e Elisabeth Luísa, tinham treze anos. Mais novas que elas, vinham Sofia e Maria Ana, o outro par de gêmeas, com nove. Eram as mais próximas de Josefina e Eugênia Leuchtenberg, que tinham, a essa altura, sete e seis anos.

Maria Ana era o ídolo da pequena Amélia Leuchtenberg, a quem ela chamava de "querida Maria" e em tudo queria imitar. Bastava dizerem que a Maria já estava dormindo, que Amélia obedecia imediatamente e ia para a cama também. Se ela não se comportava, diziam que a Maria nunca faria aquilo e ela logo tentava se corrigir.

Tias de Amélia e suas companheiras de infância: Maria e Sofia (1805), Ludovica (1808), Elisabeth Luísa e Amélia Augusta (1801) e a caçula, Maximiliana Carolina (1810). Litografias a partir de desenhos de Joseph Stieler. Coleção particular, Baviera. Foto cedida para a autora.

As duas tias mais novas eram Ludovica, com seis, e Maximiliana Carolina com quatro anos, que logo se tornaram as companheiras de brincadeiras mais próximas de Augusto, que também logo completaria quatro, e da pequena Amélia Leuchtenberg, que chegou a Munique com dois anos. Teodolinda, conforme foi crescendo, se agrupava com esses quatro mais novos.

Quando estavam todos juntos, as tias eram "Amelisebibimalolo", junção das iniciais de seus apelidos, e, como havia duas Amélias, a Leuchtenberg era chamada de "pequena Amélie". Ela era também a mais carinhosa entre todas, querendo sempre abraçar e beijar os irmãos e as tias, a quem adorava.

Juntas, elas eram onze crianças, seis Wittelsbach e cinco Leuchtenberg, entre as quais, apenas um menino, Augusto, já que Maximiliano, nascido em 1817, não tinha idade para se juntar a eles. Os encontros eram regulares e ocorriam nos dois palácios. Juntos, eles brincavam de cabra-cega, esconde-esconde, jogos, bonecas, encenavam casamentos, viagens, aulas e, a atividade preferida da pequena Amélia, faziam encenações de pequenas peças de teatro, normalmente representando cenas da mitologia grega. Às vezes, até apresentavam as produções para a família no teatro do palácio. Para completar a alegria das crianças, havia ainda um papagaio negro de Madagascar e um macaco, presenteados ao rei Max I José e inseparáveis companheiros de seus netos e filhas.

De janeiro a janeiro

A rotina de estudos e passeios ao ar livre era mantida tanto em Munique, quanto em Eichstätt e Ismaning. A exceção eram os dias de festa, entre os quais as datas religiosas católicas, com tradições ansiosamente esperadas. No Dia de Reis, a 6 de janeiro, as crianças partilhavam o bolo de reis. Com uma amêndoa inteira assada junto com a massa, quem recebesse a fatia com ela se tornava o rei daquele dia. Era um antigo costume francês mantido entre a família e que Amélia preservaria mesmo depois de casada.

Assim que passava o Dia de Reis, era aberta a temporada de patinação no canal e nos lagos do Palácio Nymphenburg. Apesar do frio intenso, com temperaturas negativas ao longo de semanas, havia bailes no gelo e o inverno acabava sendo uma época bastante divertida para as crianças nobres.

Já o Carnaval, muito comemorado na Baviera, envolvia toda a família Leuchtenberg nos preparativos para os bailes da corte, quando normalmente havia quadrilhas e os convidados se apresentavam fantasiados com lindos trajes temáticos. Chegou até nossos dias um álbum, hoje no Museu Municipal de Ismaning, com os figurinos de uma quadrilha em que cada casal se vestia com roupas típicas de um país ou continente, dando uma ideia do luxo e capricho com que essas fantasias eram confeccionadas. Mesmo para as crianças, havia bailes infantis, e seus trajes não eram menos elaborados.

Logo após o Carnaval, era observado o jejum de carnes da quaresma, que durava até a Páscoa. As comemorações pascais começavam na quinta-feira anterior, a chamada "quinta-feira verde", que recebeu esse nome pela tradição de se servir uma sopa de sete ervas nessa data. Era também quando o rei lavava os pés de seus súditos, rememorando o ato de Jesus nesse dia, tradição compartilhada com outros países católicos.

Na Sexta-Feira Santa, as crianças iam à igreja visitar os túmulos sagrados na cripta real. Medo e curiosidade tornavam a visita absolutamente fascinante. No domingo de Páscoa, as crianças recebiam tirinhas de papel numa cor diferente para cada uma, e se punham a procurar os seus pequenos ninhos com bolachinhas em formato de coelho, doces e um pequeno presente, todos embrulhados naquelas mesmas cores.

Em junho, quando os dias em Munique eram mais quentes e longos e os troncos de árvores cortados para a construção civil desciam o rio Isar, as crianças podiam passear em suas margens e fazer piqueniques nos bancos de areia que se formam nessa época.

No dia 15 de agosto, a festa de ascensão de Nossa Senhora era um dos dias mais festejados na igreja, assim como a procissão das lanternas de são Martinho, em 11 de novembro, mês já frio e escuro.

No dia de são Nicolau, 6 de dezembro, alguém fantasiado de vermelho como o lendário bispo de Mira passava com seu trenó pelas ruas, distribuindo maçãs, nozes, castanhas e pães de mel para as crianças. E, durante o mês de dezembro, quando se montava o mercado natalino perto da Igreja de São Miguel, em meio ao aroma de castanhas e vinho quente, as crianças Leuchtenbergs podiam visitar os presépios e assistir às apresentações de marionetes.

Futuramente, Amélia sempre teria cachorros e cavalos à sua volta e procuraria defender os direitos dos animais, o que ainda não era uma preocupação de muitas pessoas na época. Essa paixão por bichos provavelmente começou cedo, e não é de se estranhar que, quando ela tinha seis anos, seu maior desejo fosse ter um cachorro. Em dezembro de 1818, quando todas as crianças reunidas esperavam por São Nicolau, seu sonho se realizou. De dentro do saco vermelho de presentes, saiu um Dachshund, o cachorrinho que conhecemos como "salsicha" e ela, extasiada, não queria mais tirá-lo do colo. Mas logo a pequena Amélia começou a se coçar e perceberam que ela estava toda picada por pulgas. Tiveram primeiro que cuidar do animal antes que ele pudesse voltar para os braços da nova dona. Provavelmente, ele é o cãozinho Otello mencionado nas cartas de Teodolinda para suas primas a partir do ano seguinte.[27]

Durante todo o Advento, era tradição que a família visitasse instituições sociais como asilos, hospitais e orfanatos, levando roupas e comidas especiais para seus moradores. As crianças acompanhavam a mãe e suas damas.

Já o Natal era comemorado com uma árvore para cada membro da família. Numa sala grande, ficavam dispostas várias mesas, sobre cada uma era colocado um pinheirinho natural e, embaixo dele, ficavam os presentes para cada pessoa. As crianças preparavam pequenas lembranças feitas por elas mesmas para presentear e se incumbiam de providenciar presentes e roupas para as crianças carentes.

Amélia costumava levar donativos para as crianças do orfanato central, enquanto Teodolinda apoiava as crianças de um abrigo em Haidhausen, bairro operário do outro lado do rio Isar. Cada uma tinha a "sua instituição", a qual protegeriam por toda a vida. Quase toda a mesada que as princesas recebiam, no valor de vinte gulden por mês, era usada para caridade.

A Amazônia em Munique

No inverno de 1820, quando Amélia tinha oito anos, houve um dia inesquecível na corte bávara. No dia 10 de dezembro daquele ano, os cientistas Carl Friedrich Philipp von Martius e Johann Baptist von Spix retornaram da expedição que haviam feito pelo Brasil desde 1817 e chegaram à corte bávara levando diversos presentes para o rei e a rainha. Entre eles, 57 animais exóticos, como macacos, araras e papagaios, que fizeram enorme sucesso.

Despedidas

No século XIX, na Europa, a infância quase sempre terminava cedo. Nos casos mais trágicos, simplesmente porque as crianças não sobreviviam a um mundo sem higiene, nem vacinas ou antibióticos. Foi o caso da pequena tia e grande companheira de brincadeiras de Amélia, Maximiliana Carolina, que faleceu de tifo aos dez anos.

Para os que sobreviviam, havia alguns poucos anos despreocupados. Nos campos e nas fábricas, não era raro que crianças começassem a trabalhar com cinco, seis ou sete anos. Para os príncipes e princesas, a situação era, naturalmente, diferente. Mas, por volta dos quatorze anos, uma menina já podia ser considerada apta a se casar e seu futuro costumava ser, então, negociado como uma aliança vantajosa para sua família. Para isso elas eram criadas e preparadas, e, a partir de então, sua principal tarefa passava a ser gerar herdeiros.

A primeira das meninas Leuchtenbergs a ser dada em casamento foi, como seria de se esperar, a mais velha. Josefina tinha quinze anos em 1822 quando o príncipe Eugênio recebeu uma proposta irrecusável para casar sua primogênita com o herdeiro do trono sueco.

O noivo, o príncipe Oscar, tinha 23 anos e era o único filho do general francês Bernadotte, que se tornara o rei Carlos XIV da Suécia. Para Bernadotte, a noiva precisava reunir "os antigos e os novos interesses", ou seja, descender de uma antiga dinastia que legitimasse os herdeiros de seu filho, mas provir de um reino que também fosse uma monarquia constitucional. Alguns reis sondados negaram a mão de suas filhas por considerarem Bernadotte um usurpador, não querendo se indispor com a Santa Aliança.

Eugênio e Augusta, no entanto, ao serem procurados em fevereiro de 1822 por um enviado do rei da Suécia, consideraram a possibilidade do casamento de Josefina com o príncipe herdeiro uma excelente oportunidade. Acreditavam que, além do trono, o casamento da filha mais velha com um herdeiro real abriria portas para as futuras uniões do restante da prole.

Josefina, por sua parte, era inquestionavelmente um bom partido para a Casa Real Sueca. Além da nobreza Wittelsbach por parte de mãe, que remontava à antiga dinastia Vasa,[*] ancestral casa reinante sueca, ela possuía como dote o ducado da Galliera e um palácio em Bolonha. As posses tinham sido presentes de seu padrinho Napoleão. Anualmente, isso lhe garantia uma renda de 150 mil francos sobre um patrimônio avaliado entre dois e três milhões de francos, uma verdadeira fortuna, mesmo para uma família de reis.

Porém o clima de festa pelos preparativos foi bruscamente interrompido pouco antes do casamento, quando, na quinta-feira da Páscoa de 1823, durante uma missa celebrada na capela da Residência de Munique, Eugênio sofreu um acidente vascular cerebral. Três semanas depois, na madrugada de 13 para 14 de abril, ele sofreu novo derrame, dessa vez mais violento.

Amélia e seus irmãos, sem nada poderem fazer para ajudar, foram enviados pela mãe para uma igreja pública, a Herzog-Spital Kirche, onde uma multidão de pessoas se uniu a eles, lotando a igreja para rezar durante toda a noite pelo príncipe Eugênio.

Josefina, desesperada com a situação do pai, pediu mais tempo para a celebração de seu casamento por procuração, que foi remarcado para o dia 22 de maio, pois, uma vez casada, ela teria que partir imediatamente para Estocolmo.

Eugênio conseguiu se levantar alguns dias antes e, na data combinada, conduziu, junto com Augusta, a filha ao altar da capela do Palácio Leuchtenberg. Logo após o casamento, Josefina partiu, sabendo que a separação de seu pai seria para sempre.

Amélia tinha dez anos quando viu a irmã mais velha se casar por procuração na capela do Palácio Leuchtenberg e partir para um novo país, longe e exótico como eram considerados os reinos escandinavos. Elas se escreveriam até o fim da vida e conseguiriam se reencontrar por três vezes nas cinco décadas seguintes.

Após a recepção como princesa real em junho de 1823, o casamento protestante foi celebrado em Estocolmo, e, apesar da diferença de religião, Josefina foi calorosamente recebida. Ela tinha completado dezesseis anos, e, como suas irmãs, era alta, magra e tinha os olhos azuis e os cabelos castanhos.

---

[*] A avó materna de Josefina, Augusta Guilhermina, era descendente de Catarina, por sua vez, neta de Gustavo Vasa, fundador da nação sueca. Desta forma, Josefina descendia da dinastia que havia precedido a dos reis substituídos por Bernadotte.

Josefina se tornaria rainha quase vinte anos mais tarde, em 1844, quando seu sogro falecesse, e de seus filhos descendem hoje os atuais reis da Suécia, Noruega, Dinamarca, Bélgica, o grão-duque de Luxemburgo e diversos outros nobres europeus.

Nos meses seguintes, a saúde de Eugênio voltou a piorar, e, em fevereiro de 1824, ele sofreu um novo acidente vascular. Na madrugada de 20 de fevereiro, a mãe chamou todos os filhos para abraçarem o pai e se despedirem dele. Foi a tempo, pois, no dia seguinte, o príncipe Eugênio faleceu. Amélia tinha onze anos. Ela guardaria pelo resto da vida um retrato que foi feito do pai em seu leito de morte.

Embora a missa tenha sido celebrada na capela real, o príncipe herdeiro Luís não permitiu que o cunhado fosse enterrado na cripta da família Wittelsbach, na Theatinerkirche, e, por esse motivo, Eugênio teve que ser sepultado na Igreja Jesuíta de São Miguel. Novamente, foi contratado o escultor Bertel Thorwaldsen, que ficou encarregado de fazer um monumento em mármore para a nave da igreja e o coração de Eugênio, embalsamado, foi colocado numa urna na capela do Palácio Leuchtenberg, iniciando uma tradição na família. Seus aposentos seriam preservados exatamente como se encontravam no momento em que ele morreu durante todo o tempo em que o palácio permaneceu como propriedade da família.

Ao saber da morte de Eugênio, o célebre autor Johann Wolfgang von Goethe, que havia estado com ele pouco tempo antes nas termas de Marienbad, escreveu:

> Ele era um homem de grande caráter, o que é cada vez mais raro, e o mundo ficou mais pobre pela falta de um ser humano marcante. Era um belo homem, de cerca de 42 anos, mas parecia mais velho e isso não admirava se pensarmos no que ele fez e como, na sua vida, campanhas e grandes proezas se seguiram umas às outras.[28]

Augusto, embora tivesse apenas treze anos, como filho mais velho e novo duque de Leuchtenberg, recebeu a maior parte da herança paterna, o que incluía os Palácios de Munique, Ismaning e Eichstätt. A outra metade foi dividida entre os demais filhos.

As propriedades que Eugênio herdara da mãe na França, tanto a Malmaison quanto o Castelo de Navarra, na Bretanha, foram vendidas nos anos seguintes pela duquesa Augusta. Viúva aos 36 anos e mãe de seis filhos menores de idade, inconsolável, ela escreveu em seu diário: "Nada neste mundo pode substituir o meu Eugênio! Eu me sinto como uma sombra, que está neste mundo, mas não pertence mais a ele. [...] Perdi meu esposo adorado, sem o qual para mim não há mais felicidade sobre a terra. Mas tenho que viver por meus pobres filhos".[29]

Em junho de 1824, Amélia e Augusto tiveram sarampo, mas melhoraram antes do final de julho, quando ela completou doze anos e fez sua primeira comunhão, rito de passagem para a juventude, o que, finalmente, lhe permitia usar saias longas, anéis e relógios.

Foi já de vestido comprido que Amélia se encontrou, pela única vez em sua vida, no dia 9 de novembro de 1824, com aquele que seria seu cunhado e futuro inimigo: o infante d. Miguel de Portugal. O príncipe, na época com 22 anos, fez uma visita à família Leuchtenberg e, pelo que Augusta anotou em seu diário, não deixou boa impressão:

O infante d. Miguel de Portugal chegou acompanhado pelo marquês do Rio Maior. Eu o recebi acompanhada por todas as crianças. Ele fala um pouco de francês. Diz ser o melhor filho do mundo e outras pretensões. Nota-se que sua educação foi muito negligenciada. Após o casamento de minha irmã Sophie, ele seguirá para Viena.[30]

D. Miguel permaneceria pelos quatro anos seguintes em Viena, de 1824 a 1828, oficialmente para completar sua educação, mas, na realidade, fora afastado de Portugal após ter se insurgido contra o pai, tentando restaurar o absolutismo no país num movimento que passou para a história com o nome de Vilafrancada.

Passado o período de um ano de luto pela morte de Eugênio, era hora de tratar do casamento da segunda filha, Eugênia, que, em dezembro de 1824, completara dezesseis anos. Assim, no início de 1825, a princesa foi a seu primeiro baile e, em julho, o príncipe Frederico Guilherme Constantino de Hohenzollern-Hechingen pediu sua mão em casamento e, "como ele não lhe desagradasse",[31] iniciaram-se as tratativas. O príncipe de Hechingen tinha a grande vantagem de ser católico e herdeiro de um principado não tão distante da Baviera.

Em meio às negociações do casamento, para o qual Augusta pedira o consentimento de seu pai, rei da Baviera, ela escreveu uma carta no dia

13 de outubro de 1825, de Eichstätt, suplicando ao rei para que seus filhos pudessem manter o título e o brasão de armas de Eugênio, falecido no ano anterior. Entretanto, seu pai nunca chegou a ler essa carta, que se encontra, até hoje, junto com os papéis que estavam em sua escrivaninha na noite do dia 12 de outubro, quando, ao voltar de um baile em Munique, subitamente sentiu-se mal e faleceu.

Com a morte do rei, Augusta se tornava, além de viúva, órfã. Se ela havia sido a filha preferida, para o novo rei, seu irmão Luís I, ela era a viúva de um francês indesejado e seus filhos, potenciais ameaças.

Por causa do luto pela morte do avô, o casamento de Eugênia foi adiado e só se realizou no ano seguinte, no dia 22 de maio de 1826. O jovem casal passou a viver em Hechingen, onde compartilhavam sua grande paixão pela música.

Além da partida da segunda irmã, em 1826, Amélia sofreu outra perda muito sentida quando a camareira-mor do palácio, Frederica de Wurmb, faleceu. Havendo praticamente substituído a mãe de Augusta após sua morte, ela havia sido como uma avó para as crianças. Sem a sua presença, no entanto, Augusta se tornou mais livre. Passou a assumir a administração da casa, encomendou vestidos mais joviais e, muito bonita em seus 38 anos, acabou chamando a atenção de um antigo pretendente. Inesperadamente, Augusta recebeu um pedido de casamento por parte do príncipe de Croy, que já havia tentado se casar com ela antes de seu matrimônio com o príncipe Eugênio. Novamente, ele seria recusado.

Não só Augusta, provavelmente, não pretendia abrir mão de sua liberdade como viúva, como, pelo que se sabe por meio dos comentários de uma parente,[32] nessa época, a duquesa estava apaixonada pelo cavaleiro Planat de la Faye. Esse antigo oficial do príncipe Eugênio vivia no palácio como acompanhante de Augusto. A partir do outono de 1827, Planat de la Faye seria substituído em suas funções pelo conde Spreti e assumiria o cargo de secretário de Augusta, quando provavelmente já mantinham um relacionamento íntimo. Tornando-se seu secretário, passava a haver motivos para que pudessem se encontrar com maior frequência e privacidade e para que ele, inclusive, a acompanhasse em viagens.

Para as mulheres da realeza e da nobreza do século XIX, havia uma regra tácita que lhes permitia escolher mais livremente seu segundo marido ou companheiro. Havendo, geralmente, se casado muito jovens para o bem de seu país ou de suas famílias, com homens que muitas vezes nem conheciam, após se tornarem viúvas, passavam a gozar de uma liberdade que as outras mulheres, solteiras e casadas, não tinham. Claro que isso pressupunha certa independência financeira.

Augusta tinha recursos, era órfã e viúva e, após a morte de sua antiga preceptora, livre de possíveis recriminações. Podia ter escolhido se casar novamente, mas preferiu manter a relação com Planat de la Faye em segredo e nunca a assumiu perante a corte. Publicamente, ele nunca seria mais que um funcionário de grande confiança da família. Pesavam nessa escolha, certamente, a autonomia que a viuvez lhe conferia e a diferença social entre eles. É de se notar que também Amélia, ao se ver viúva e independente, assim como sua mãe, não voltaria a se casar.

Augusto, que começara aos dezessete anos a cursar geologia e botânica na Universidade de Munique, iniciou por essa época uma grande coleção mineralógica que ainda pode ser vista, em parte, no Museu de Mineralogia em Munique. Seu novo aio, o conde Frederico Spreti, era filho de um falecido herói das guerras napoleônicas contra a Áustria. Ele foi escolhido pela duquesa Augusta para transmitir ao filho os valores militares que haviam sido tão caros ao príncipe Eugênio e esteve a serviço da família de 1827 até 1831, quando Augusto chegou à maioridade.

Amélia, nessa época, passava seu tempo entre aulas e cavalgadas, sua grande paixão. Sempre que podia, ela corria para sua montaria. Em abril de 1825, aos doze anos, ao sofrer uma queda do cavalo, ela chegou a fazer um corte na cabeça, mas se recuperou rapidamente. Segundo uma carta de Teodolinda, nem mesmo nevascas eram capazes de impedir que a irmã saísse para cavalgar, embora tivesse que estar sempre acompanhada por um oficial e por sua professora de desenho e piano, Rosa de Aretin.[33] Alguns meses depois, no dia 5 de agosto do mesmo ano, com treze anos recém-completados, a princesa Amélia assistiu a um concerto com seus irmãos no teatro da corte, o que foi uma de suas primeiras aparições públicas.[34]

No Palácio Leuchtenberg, restavam, no final de 1826, quatro dos sete filhos: Augusto, chefe da família aos dezesseis anos, as duas irmãs mais novas, Amélia e Teodolinda, e o pequeno Max. Muito apegada a seu irmão mais velho, Amélia decidiu que não queria se casar para que sua parte da herança pudesse ficar para Augusto. Mas, poucos anos depois, surgiria uma oportunidade para que ela, casando-se, elevasse a posição do irmão de outra maneira, ainda melhor que apenas financeiramente.

O Brasil procura uma nova imperatriz

ENTRE 1807 e 1808, d. João VI já havia transferido a sede do governo português para o Rio de Janeiro com o apoio britânico e, durante alguns anos, a Inglaterra tivera generosos privilégios comerciais no Brasil. Com a retomada das relações diplomáticas com a França em 1814, após a queda de Napoleão, um primeiro passo havia sido dado para que Portugal não estivesse exclusivamente sob influência inglesa. Mas, para contrabalançar o poderio britânico, d. João precisava de um aliado tão forte quanto a Grã-Bretanha e a melhor alternativa naquele momento era a Áustria, potência que reorganizara a Europa pós-napoleônica, sediando o Congresso de Viena. Um casamento entre os filhos dos soberanos era a forma tradicional de se fazer esse tipo de alianças.

A arquiduquesa disponível para selar o acordo entre Portugal e Áustria tinha vinte anos, quase dois a mais que o príncipe herdeiro d. Pedro, e se chamava Leopoldina. Muito culta, ela sabia latim e falava fluentemente, além do alemão, francês e italiano e logo se dedicou a aprender português. Interessada por botânica, zoologia e, sobretudo, mineralogia, viver por algum tempo no Brasil parecia a realização de seus sonhos: "A viagem não me assusta. Creio ser predestinação, pois sempre tive uma inclinação singular pela América e, ainda criança, dizia constantemente que desejava visitá-la".[35]

Para o imperador da Áustria, a aliança dinástica Habsburgo-Bragança unia grandes vantagens: politicamente, permitia assegurar a monarquia em Portugal e no Brasil. Simultaneamente, lhe oferecia a oportunidade única para que seu país enviasse pela primeira vez uma missão científica a fim de estudar a América do Sul e lhe revelar os potenciais de tão longínquas terras. Economicamente, o que fosse descoberto durante as explorações naturalistas pelo Brasil poderia render oportunidades para novos negócios entre Portugal e Áustria.

Entre a chegada de d. Leopoldina em 1817 e o retorno de d. João VI para Portugal em 1821, nem ela, nem d. Pedro, príncipes herdeiros do Reino Unido, tiveram grande protagonismo político no Brasil. Como era esperado, logo d. Leopoldina passou a gerar herdeiros para a família Bragança e o casal de príncipes procurava conviver pelas afinidades, apesar das diferenças de temperamento.

D. Leopoldina, a primeira imperatriz do Brasil

A situação mudou em 1821, quando d. João VI voltou para a Europa pressionado por uma revolução que exigia seu retorno. Ele partiu, mas, ao contrário do que os portugueses esperavam, deixou d. Pedro e d. Leopoldina no Brasil. A ideia era clara: se não fosse possível manter o Reino Unido de Portugal, Brasil e Algarves efetivamente unido, que o filho pelo menos salvasse o Brasil para si e garantisse para a dinastia uma continuidade no poder também do outro lado do Atlântico.

D. Pedro e d. Leopoldina acabaram, de fato, por abraçar a causa da Independência brasileira. Não foi uma decisão fácil ou precipitada. Mas a insatisfação no Brasil com a conjuntura que se estabeleceu após o retorno do rei teria levado a um rompimento com Portugal quer o príncipe regente se envolvesse no processo ou não. Antes que o Brasil estivesse perdido para Portugal e, principalmente, para a família Bragança, d. Pedro seguiu as instruções que seu pai lhe dera antes de partir: "Pedro, se o Brasil se separar, antes seja por ti, que me hás de respeitar, do que para algum desses aventureiros".[36]

Assumindo os riscos que a decisão implicava, d. Pedro capitaneou a separação das duas nações. A Independência feita por ele era a única forma de salvar o Brasil como uma monarquia constitucional para seus filhos e a oportunidade de transformar o país numa nação próspera e unida. D. Leopoldina vislumbrava a possibilidade de um futuro glorioso para a dinastia e o império que estava sendo fundado. Convictamente, ela apoiou o movimento separatista brasileiro, contrariando os princípios da Santa Aliança defendidos por seu pai, imperador da Áustria. Foi d. Leopoldina, ao instigar o marido, quem mais o influenciou a se decidir pela Independência: "Com o vosso apoio ou sem o vosso apoio o país fará a sua separação. O pomo está maduro. Colhei-o já, senão apodrece. [...] Pedro, o momento é o mais importante de vossa vida".[37]

E d. Pedro, no histórico dia 7 de setembro de 1822, conforme seu pai e sua esposa já o haviam encorajado, colheu o pomo maduro: "Pelo meu sangue, pela minha honra, pelo meu Deus, juro fazer a liberdade do Brasil".[38]

Três meses depois, no dia 1º de dezembro, d. Pedro foi coroado imperador. A data não fora escolhida ao acaso, celebrava-se o aniversário da libertação de Portugal do jugo espanhol no século XVII e a coroação, neste dia, enfatizava a continuidade da Casa de Bragança no poder. No entanto, apenas d. Pedro foi coroado, nem d. Leopoldina, nem futuramente a segunda imperatriz o seriam.

Embora d. Leopoldina tenha sido a maior incentivadora do marido e lhe prestado irrestrito apoio durante todo o processo da Independência, nada disso impediu que d. Pedro se afastasse dela. O brilhante futuro que ela sonhara para o Brasil, cada vez menos a incluiria.

A outra

Por uma triste ironia, justamente durante a viagem a São Paulo em que proclamou a Independência, d. Pedro I conheceu uma paulista por quem se apaixonou. Por sete anos, eles manteriam um relacionamento que se tornaria cada vez mais explícito e escandaloso. Domitila de Castro Canto e Melo, separada de seu marido, se mudou com a família no início de 1823 para o Rio de Janeiro, onde, a princípio, viveu discretamente. D. Leopoldina deve ter logo sabido do envolvimento do marido, mas, possivelmente, acreditou que seria mais um caso passageiro, como tantos outros.

No entanto, Domitila teve uma filha do imperador em 1824, que foi legitimada por ele dois anos depois, recebendo o título de duquesa de Goiás e o direito ao tratamento como Alteza Imperial. A criança também logo passou a ser educada junto com os filhos do imperador com d. Leopoldina no Palácio de São Cristóvão. A amante recebeu os títulos de viscondessa em 1825 e, um ano depois, de marquesa de Santos. Além da titulação, d. Pedro a nomeou dama camarista da imperatriz, abrindo as portas do Palácio de São Cristóvão para Domitila. Ela passava a ter direito de se colocar ao lado da imperatriz (e do imperador) nos eventos oficiais, de acompanhá-los em todas as viagens e excursões, à igreja e ao teatro, aonde quer que eles fossem.

O caso se tornou público. Ela recebia casas, chácaras, vestidos, joias, carruagens e cavalos. O prestígio de Domitila na sociedade e seu poder junto ao imperador cresciam a cada dia. E, junto com eles, a humilhação e o sofrimento da imperatriz.

Em dezembro de 1825, d. Leopoldina finalmente cumpriu seu primeiro e maior dever como imperatriz ao gerar um novo descendente masculino para o Império Brasileiro, já que o filho anterior do casal, d. João Carlos, havia falecido com um ano de idade. Embora a Constituição Brasileira não impedisse uma mulher de ascender ao trono, seria muito difícil, naquela altura, que o país aceitasse uma imperatriz como segunda governante do Brasil. D. Pedro II veio se juntar a quatro irmãs: d. Maria da Glória, nascida em 1819, d. Januária, em 1822, d. Paula Mariana, em 1823, e d. Francisca, em 1824. A vinda do novo bebê assegurava a continuidade dinástica brasileira por um homem. Embora as irmãs fossem mais velhas, a Constituição previa que um herdeiro masculino, independente da ordem de primogenitura, sempre teria precedência sobre suas irmãs.

Porém, nem o sucesso de finalmente terem um futuro imperador para o Brasil reaproximou o casal. Sem respeito algum pela esposa, d. Pedro forçava a convivência de d. Leopoldina com Domitila a ponto de o barão de Mareschal, diplomata austríaco, comentar que o imperador se comportava como se a poligamia estivesse oficialmente instituída no país.[39]

As sucessivas ofensas à imperatriz eram extremamente malvistas pela população, que muito admirava sua soberana. D. Leopoldina, por sua vez, procurava fingir que de nada sabia, pois qualquer escândalo de sua parte apenas prejudicaria a imagem da família imperial e em nada resolveria sua situação. O custo de se manter impávida, no entanto, se refletiu na saúde de d. Leopoldina, que passou a adoecer física e psicologicamente.

A questão da sucessão do trono português

Aos problemas pessoais da família imperial brasileira, se acrescentaria uma delicada questão dinástica. Quando d. João VI faleceu em Lisboa, aos 59 anos, no dia 10 de março de 1826, teve início uma controversa sucessão. Como regente, assumia sua filha, a infanta d. Isabel Maria. Era necessária uma regência porque, embora reconhecido como herdeiro legítimo do trono português, além de estar fisicamente distante de Portugal, d. Pedro não podia reunificar as duas coroas, sob risco de desmantelar toda a autonomia conquistada pelo Brasil. Cinco dias depois de saber da morte do pai, a 29 de abril de 1826, d. Pedro promulgou a Constituição que redigiu para Portugal. Junto com o documento, ele enviou para Lisboa também uma composição sua, o "Hino da Carta", que seria, até a proclamação da República, em 1910, o hino oficial português.

Três dias depois, d. Pedro abdicou em favor de sua filha primogênita, que, a partir de 2 de maio, apesar de seus sete anos, passava a assinar como rainha d. Maria II.

Com sua abdicação ao trono português em 1826, d. Pedro decidiu chamar seu irmão, d. Miguel, para retornar ao Brasil e se casar com sua filha primogênita, a já rainha d. Maria da Glória. Em 1827, d. Miguel completaria 25 anos, idade exigida pela Constituição criada por d. Pedro para assumir a regência. Naturalmente, devido à pouca idade da noiva, seria uma união no papel, para garantir a fidelidade do irmão, e a consumação só ocorreria muitos anos depois.

Ficava decidido que d. Miguel governaria Portugal como lugar-tenente de d. Pedro durante a minoridade da rainha e, após o casamento, reinariam juntos, assim como os avós de d. Pedro e d. Miguel, os reis d. Pedro III e d. Maria I, também tio e sobrinha, haviam feito anos antes.

Litografia de d. Pedro e d. Maria da Glória quando ela se tornou rainha de Portugal, aos sete anos de idade. Coleção da autora. Foto de Andreas Witte.

D. Leopoldina, mãe da noiva, parecia ser a única que não se alegrava com a decisão. Conhecendo bem demais a sogra e o cunhado, temia por sua filha. Numa de suas últimas cartas, ela escreveu para a irmã: "Deus permita que seja uma união feliz, [...] nós, pobres princesas, somos tais quais dados, que se jogam e cuja sorte ou azar depende do resultado".[40]

A perda da primeira imperatriz

Além da apreensão pelo futuro da filha, ainda tão pequena e já objeto de disputas e tratados, o final do ano de 1826 no Brasil se revelaria um período trágico para a imperatriz. Vendo seu marido se afastar dela cada vez mais, e sua participação ser cada vez menor em qualquer decisão política referente ao projeto do novo país que ela defendia, d. Leopoldina passou a sofrer de uma severa depressão. Após uma briga entre o casal muito comentada na corte, em novembro, d. Pedro deixou o Rio de Janeiro para se fazer presente na Guerra da Cisplatina, um movimento separatista no Sul do país, que acabaria dando origem ao Uruguai.

Ao retornar, ele não encontraria mais a esposa viva. D. Leopoldina adoeceu do que os médicos consideraram uma "febre biliar",* muito provavelmente o que hoje conhecemos como febre tifoide. Logo, certamente em consequência da doença, a imperatriz sofreu um aborto espontâneo e, após todas as tentativas fracassadas de salvá-la, acabou por falecer no dia 11 de dezembro de 1826.

Nos anos e até séculos seguintes, passaria a circular uma versão de que d. Leopoldina teria morrido em decorrência de um pontapé que o marido teria lhe desferido. Além dos estudos mais recentes, que atribuem sua morte a uma doença infecciosa, d. Pedro sabia que a imperatriz estava grávida. Como chefe de uma dinastia, na qual havia apenas um único bebê do sexo masculino vivo, ele jamais arriscaria a vida da criança que estava sendo gestada. No entanto, o boato logo se espalhou, inclusive fora do Brasil, contribuindo para a má fama do imperador.

A população do Rio de Janeiro sentiu profundamente a perda da imperatriz. Procurando achar um responsável pela morte de alguém tão jovem, afinal, 29 anos era cedo até para o século XIX, não foi difícil para o povo encontrar contra quem direcionar sua frustração e raiva.

A casa da marquesa de Santos chegou a ser apedrejada, já que muitos a consideravam culpada pelos sofrimentos de d. Leopoldina. Por mais que o

---

* Segundo estudos do dr. Pedro de Freitas a partir dos boletins médicos e documentos da época, publicados pela primeira vez na reedição da biografia de d. Leopoldina de Paulo Rezzutti, de 2022, a imperatriz muito provavelmente contraiu febre tifoide, o que acabou por causar o aborto e sua morte.

imperador continuasse apaixonado e possivelmente até tenha cogitado se casar com Domitila, ficou claro que isso nunca seria possível.

A imperatriz Leopoldina tinha personificado de tal forma a imagem de imaculada mãe da nação, que pelo menos sua memória teria que ser respeitada. Compreendendo as limitações que sua posição como chefe de Estado impunha, logo o imperador instruiu seus diplomatas a procurarem uma noiva para ele na Europa. Os brasileiros só aceitariam uma princesa jovem, pura e inocente para criar os filhos de d. Leopoldina e ocupar o lugar da tão amada primeira imperatriz.

As recusas das princesas

Em meados de 1827, d. Pedro escolheu dois experientes diplomatas, Felisberto Caldeira Brant Pontes, o marquês de Barbacena, e Antônio Telles da Silva Caminha e Meneses, o marquês de Resende, para se dedicarem à procura de uma noiva entre as casas reinantes europeias. Barbacena foi nomeado embaixador extraordinário com ampla autoridade para resolver o assunto e recebeu até um modelo de beleza para a princesa que d. Pedro gostaria que ele encontrasse.*

Antes mesmo da partida de Barbacena para a Europa, o imperador já tinha procurado adiantar o assunto enviando cartas para Viena para aqueles que ele considerava possíveis aliados em sua empreitada de encontrar uma segunda esposa. D. Pedro I concentrava seus esforços na Áustria, onde o imperador, pai de sua falecida esposa, supostamente estaria preocupado em encontrar uma madrasta para seus netos. Assim, d. Pedro escrevera para Francisco I, para seu primeiro-ministro, o príncipe de Metternich, e para a imperatriz solicitando ajuda, pois pretendia desposar uma das duas filhas do rei da Baviera ainda solteiras. A imperatriz, meia-irmã das princesas bávaras, logo abraçou fervorosamente a missão que lhe fora confiada, indo inclusive pessoalmente a Munique conversar com as pretendentes.

Metternich, que, por sua vez, não simpatizava com o imperador que concedera uma Constituição ao Brasil e outra a Portugal, traindo os princípios da

---

* A pessoa indicada como modelo para a procura da noiva foi a marquesa de Gabriac, Catarina Davydov, casada com um diplomata francês a serviço no Rio de Janeiro.

Santa Aliança, trataria de conspirar para que ele não conseguisse noiva nenhuma e ainda fosse humilhado por sucessivas recusas. D. Pedro e seus diplomatas, no entanto, não imaginavam que haviam incumbido a pessoa errada para auxiliá-los.

As princesas cogitadas, as pequenas tias de Amélia que, por essa altura, tinham crescido, eram Maria Ana e Ludovica, que contavam, respectivamente, 22 e dezenove anos. A mais velha, no entanto, alegou já estar comprometida com o duque de Nassau (embora só viesse a se casar seis anos depois com o rei da Saxônia), enquanto a mais nova, apaixonada por d. Miguel havia três anos e ainda nutrindo esperanças de se casar com ele, justificou sua recusa explicando que "tinha o coração penhorado de maneira a não convir".[41] Ludovica tinha conhecido d. Miguel em Viena, nos festejos pelo casamento da princesa Sofia, sua irmã, na época em que o infante português vivia ali em exílio, e ambos tinham intenção de se casar. Mas, acima de tudo, nenhuma das duas princesas pretendia se mudar para o Brasil, ainda mais com as notícias que circulavam de que a primeira imperatriz havia falecido devido aos maus-tratos do marido.

A mais velha, a princesa Maria Ana, horrorizada com a ideia, escreveu para a mãe em outubro de 1827:

> Que coisa horrível esta proposta! Eu não posso aceitá-la e uma recusa será uma ofensa para o imperador, que já está tão seguro, que até enviou um navio para me buscar. Esse navio é um verdadeiro pesadelo para mim! [...] Deixar a senhora, querida mamãe, para o resto da minha vida, casar-me com um homem que eu absolutamente não conheço, que decisão cruel![42]

Não era possível forçar uma princesa a um casamento nessas condições e ambas as recusas foram respeitadas.

Procurando consolar d. Pedro, Barbacena mencionou que elas deviam ser estéreis, já que suas três irmãs já casadas ainda não haviam tido filhos. De fato, Elise, casada com o rei da Prússia, não teria filhos. Sua irmã gêmea, Amélia, casada na corte da Saxônia, levaria dez anos para engravidar, e Sofia, gêmea de Maria Ana, também demoraria seis anos para ter seu primeiro filho. Efetivamente, em 1827, nenhuma princesa bávara ainda havia gerado descendência.

Francisco I, influenciado por sua esposa, que estava empenhada em achar uma noiva para d. Pedro, propôs sua sobrinha, uma outra Maria Ana, princesa da Sardenha, como candidata. Metternich, misteriosamente, definiu um prazo de dois meses para que a noiva embarcasse. Nesse meio-tempo, surgiram notícias, verídicas, de que a marquesa de Santos não só continuava vivendo com d. Pedro, como ainda lhe dera uma segunda filha, nascida no dia 13 de agosto de 1827, a quem ele pretendia conceder o título de duquesa do Ceará. Além disso, quatro dos irmãos da marquesa e vários outros parentes haviam recebido cargos públicos ou promoções imperiais. Nem a princesa, nem sua mãe concordariam com um casamento em tal corte.

O marquês de Barbacena, começando a desconfiar de que pudesse haver um boicote por parte de Metternich, se aproximou da sogra do primeiro-ministro, a baronesa de Leykam. Prometendo um título brasileiro para sua filha, ele conseguiu arrancar dela a confissão das intrigas do genro.[43] Mas o estrago já estava feito.

A princesa das Duas Sicílias, Maria Cristina, ao descobrir sobre o pedido feito a sua prima na Sardenha, e sabendo que corria o risco de se tornar a próxima candidata, adiantou-se em recusar um eventual pedido do imperador. Era uma humilhação tão grande ser recusado por uma princesa que nem sequer tinha sido pedida em casamento, que Barbacena sugeriu ao imperador que suspendesse as negociações.

Nesse meio-tempo, Francisco I já havia escrito à corte de Württemberg, onde havia três sobrinhas do rei em idade núbil, Paulina, Elisabeth e Maria Antonieta. Como elas eram protestantes e não queriam se converter ao catolicismo, as negociações não avançaram.

Dessa forma, no final de 1827, sete princesas, das quais três oficialmente, já haviam se recusado a desposar o imperador do Brasil. Isso fez com que Barbacena desistisse da missão e voltasse no início de 1828 para o Rio de Janeiro.

Escapando de uma gaiola dourada

D. Miguel, oficialmente já comprometido por procuração desde outubro de 1826 com a sobrinha, d. Maria da Glória, e tendo jurado a Constituição promulgada por d. Pedro para Portugal, desembarcou, em fevereiro de 1828, em Lisboa após quatro anos passados em Viena. Se, ao chegar, ele já pretendia se tornar um monarca absoluto, e não o marido de uma rainha constitucional, é difícil afirmar. De qualquer forma, ao longo dos meses seguintes, diversos setores da sociedade viram nele uma alternativa a d. Pedro e à Constituição, que prejudicava os interesses da alta nobreza e da igreja.

Quatro meses depois de sua chegada, d. Miguel se fez aclamar rei. Rasgando a Carta Constitucional, que declarava nula, alegava que d. Pedro, ao proclamar a Independência do Brasil e se tornar seu primeiro imperador, tinha se tornado brasileiro, e, portanto, estrangeiro. Além disso, ao manter residência fora do reino, contrariava também as ordens das Cortes de Tomar, de 1641. Assim sendo, d. Pedro não poderia ser reconhecido como rei de Portugal e todos os seus atos se tornavam inválidos.

Era um argumento que agradava aos portugueses, ainda inconformados com a perda do Brasil. Parecia uma vingança merecida: Portugal tivera que abrir mão do Brasil, mas d. Pedro pagaria por isso com o trono português. A população, extremamente católica, e em grande parte composta por camponeses, foi facilmente influenciada pelo clero, que via seus interesses mais bem defendidos por um rei absolutista do que por d. Pedro. Havia ainda acusações de que a maçonaria estaria, na verdade, por trás do governo liberal e uma forte propaganda conservadora conseguiu convencer boa parte do povo de que d. Miguel era a melhor opção para o trono de Portugal.

Sem saber dos acontecimentos de julho, d. Pedro, acreditando que seu irmão ainda governava sob suas ordens, fazia os últimos preparativos para enviar, conforme combinado, a filha para Viena. O plano traçado por Metternich estava prestes a se concretizar. Com a jovem rainha na corte austríaca, ela se tornaria refém do próprio avô, garantindo que o governo absolutista de d. Miguel prosseguisse em Lisboa conforme a Santa Aliança pregava. Antes dela, o filho de Napoleão e da arquiduquesa Maria Luísa já caíra na mesma armadilha, passando a viver numa gaiola dourada. D. Maria da Glória só sairia da tutela do avô se aceitasse se casar com algum príncipe escolhido pela corte de Viena e renunciasse a seus direitos como herdeira do trono português.

Sem que se suspeitasse de nada disso no Brasil, o marquês de Barbacena embarcou com d. Maria da Glória no início de julho de 1828 para levá-la até a Áustria. Após dois meses de viagem, quando o navio chegou ao Estreito de Gibraltar, um mensageiro trouxe a notícia da usurpação do trono português por parte de d. Miguel. Ficava claro o perigo que representava continuarem a jornada até Viena.

Barbacena, tomado pela surpresa com a mudança brusca da situação e tendo que tomar uma decisão imediata do que fazer, cogitou seguirem para a ilha da Madeira, ou para os Açores, onde d. Maria da Glória poderia se abrigar. Mas por quanto tempo esses bastiões resistiriam ao novo governo português hostil à rainha? Numa jogada brilhante, ele mandou que o navio rumasse para a Inglaterra. Em território britânico, sua protegida estaria a salvo de d. Miguel, inacessível para a Áustria e de lá, onde vários exilados liberais já se encontravam, ele tentaria apoio para reconduzi-la ao trono. Barbacena contava com a certeza de que a Inglaterra não se indisporia com d. Pedro para não perder a vantajosa situação comercial de que gozava por meio de seus tratados com o Brasil. Em Londres, a pequena rainha estaria a salvo.

Embora em segurança, d. Maria da Glória era uma visitante incômoda para a política inglesa. Se eles tomassem o partido da rainha, romperiam relações com o Portugal miguelista; se apoiassem Portugal, perdiam o Brasil. Nenhuma das opções era desejável para a bolsa de comércio inglesa.

Como a situação não se definia, a jovem rainha acabou ficando por quase um ano na Inglaterra, onde passou a ter uma rígida rotina de estudos, incluindo muitas aulas de inglês, idioma que não costumava fazer parte das línguas que os príncipes e princesas aprendiam. Ela também conheceu a princesa Vitória, futura rainha da Inglaterra, nascida no mesmo ano que d. Maria da Glória. As duas se tornariam amigas para o resto da vida.

Quatro condições

Além de zelar pela segurança e pelo reconhecimento da pequena rainha de Portugal, Barbacena tinha outra incumbência que o havia levado à Europa em 1828 e que consistia em encontrar uma nova esposa para d. Pedro. Após as muitas recusas do ano anterior, o diplomata sabia que precisava superar três obstáculos, como tão bem explicou Lacombe:

> O primeiro [obstáculo] era o exotismo do país para o qual se teria de exilar a princesa. A imagem do Brasil, na imaginação da maior parte dos europeus, era ainda uma nebulosa e selvagem taba de índios, combinada com uma senzala africana, povoada de cobras. Outro obstáculo era a posição nitidamente liberal de d. Pedro, outorgante de duas constituições. A atmosfera reacionária da San-

ta Aliança considerava a posição do imperador brasileiro de um extremismo perigoso. Finalmente, a infidelidade conjugal escandalosa do imperador, que já extravasara na imprensa europeia.[44]

A penúltima questão inviabilizava qualquer noiva vinda de um país absolutista ou sob domínio austríaco, baluarte da Santa Aliança. E, preferencialmente, a princesa deveria ser católica.

Como se já não bastassem todas essas restrições, d. Pedro ainda estipulou quatro condições que a noiva deveria preencher: nascimento, formosura, virtude e instrução. Nascimento significava, na prática, que ela deveria ser filha ou neta de um soberano reinante, constando da primeira parte do célebre *Almanaque Gotha*. Essa publicação trazia todos os anos a listagem dos nobres vinculados às casas reinantes, estando dividido em partes: a primeira, dos reis e imperadores e os descendentes diretos deles, a segunda, dos irmãos dos soberanos e seus filhos e netos e a terceira, dos nobres sem qualquer direito a sucessão. D. Pedro, como imperador do Brasil, não só estava na primeira parte do almanaque, como foi o monarca retratado na primeira página da edição de 1828, o que o apresentava como o mais interessante noivo disponível naquele ano, provavelmente por seu título de imperador. Para os jovens casadoiros da nobreza e da realeza, o almanaque funcionava como um catálogo onde podiam se informar sobre os pretendentes disponíveis, já que cada corte normalmente ficava distante das outras e poucos eram os príncipes e princesas que se conheciam pessoalmente.

Quando d. Pedro I compreendeu que seria quase impossível encontrar uma noiva que reunisse todas as quatro condições e aceitasse se unir a ele apesar de todas as desvantagens, o imperador avisou a Barbacena que aceitaria concessões quanto ao nascimento e à instrução, desde que a princesa fosse bonita e virtuosa.

A primeira candidata nesse segundo round de procura foi a princesa Cecília da Suécia, filha do rei deposto Gustavo IV. Embora sua família vivesse em exílio na corte de Viena, não se imaginou que essa possibilidade fosse outra cilada de Metternich para desmoralizar d. Pedro. Na imprensa, já circulavam notícias do enlace e o imperador brasileiro chegou a escrever para o pai e o irmão da noiva, concedendo-lhes a Grã-Cruz de Pedro I. Mas, assim que o marquês de Resende foi se encontrar com o príncipe Gustavo, irmão de Cecília, recebeu uma inesperada nova recusa. Ainda cogitou substituir a princesa por sua irmã mais velha, mas, ao saber que ela sofria de sérias deformidades na coluna, o marquês abandonou a ideia imediatamente. Barbacena, então, escreveu para d. Pedro:

> [Tudo que aconteceu] serviu para convencer aos mais incrédulos da perfídia de Metternich, que, longe de ser o instrumento para fazer, tem sido o mais enérgico em desfazer qualquer casamento para Vossa Majestade. [...] Quem haverá que, em seu juízo perfeito, possa persuadir-se que a filha de um rei destronado, e que vive à mercê, inteiramente dependente do Império da Áustria, recusasse a mão do imperador do Brasil, a não ser para isso obrigada pelo gabinete austríaco?[45]

Retrato de d. Pedro I no *Almanaque Gotha* de 1828 por Barakhan del Bolt. Essa foi, provavelmente, a primeira imagem que Amélia viu de seu futuro marido. Coleção de Paulo Rezzutti.

Para o Ministro dos Negócios Estrangeiros, o marquês explicava: "As perfídias de Metternich excedem a [tudo] quanto há de mais atroz e indigno. Basta dizer que as recusas das princesas foram publicadas na *Gazeta de Viena*, redigida por um oficial de seu gabinete".[46]

A partir de então, Barbacena passou a fazer um jogo duplo. Para o imperador da Áustria, ele escrevia como se acreditasse que Viena ainda pudesse ajudá-lo. Mas, na realidade, passou a procurar sigilosamente por alguém fora da esfera absolutista manipulada por Metternich, conforme explicou para d. Pedro: "Enquanto a Áustria me supuser [...] cuidando de fazer viagem para Viena, ajustarei o casamento de V.M. com alguma das princesas que não estão debaixo da tutela da Áustria, e sem lhe dar tempo para intrigar".[47]

Entretanto, na realidade, embora Barbacena não admitisse, a culpa não era apenas de Metternich. O diplomata brasileiro havia sido ingênuo ao agir precipitada e publicamente. Na Europa, via de regra, as negociações matrimoniais dos soberanos ocorriam sempre sob sigilo e um pedido só era feito quando já se tinha certeza de que seria aceito. D. Pedro também tinha avaliado mal ao pedir justamente à Áustria que intermediasse a negociação de seu segundo casamento. Sem a malícia das intrigas das cortes europeias, ele confiara que as relações familiares que o uniam ao imperador estariam acima das convicções políticas que os separavam.

No entanto, enquanto Barbacena estava ocupado na Inglaterra defendendo os interesses de d. Maria da Glória e nenhuma negociação avançava, o visconde de Pedra Branca, Domingos Borges de Barros, ministro do Império Brasileiro em Paris, decidiu ajudar na difícil missão. Em seu círculo de conhecidos, havia um antigo militar que servira na Guarda Imperial sob Napoleão e que poderia contatar a grã-duquesa Estefânia de Baden,* sobrinha do primeiro marido da imperatriz Josefina e mãe de três lindas princesas. Tratava-se do coronel Antoine Fortuné de Brack, que logo deu grandes esperanças aos brasileiros, reiterando a notável beleza das filhas da grã-duquesa, entre as quais a mais velha, Luísa, de dezessete anos, seria a opção mais apropriada.

O marquês de Barbacena não aprovou a interferência não solicitada, a começar pelo fato de que as princesas não faziam parte diretamente de nenhuma família reinante, o que as tornava indignas de uma aliança com um soberano legítimo, descendente de uma dinastia antiga como a da Casa de Bragança. De qualquer maneira, um casamento na Casa de Baden necessitaria da aprovação de seu chefe, o grão-duque Luís, que negou peremptoriamente uma união com

---

* Estefânia Luísa Adriana de Beauharnais (1789-1860) fora adotada em março de 1806 por Napoleão e havia se casado com o príncipe Carlos, ex-noivo de Augusta, mãe da futura imperatriz Amélia.

o imperador brasileiro. Segundo suas palavras, o desejo de ver uma princesa de Baden imperatriz não o induziria a sacrificar uma criança de sua família.

O marquês de Barbacena, diplomata incumbido de encontrar uma segunda esposa para d. Pedro I. Coleção da autora. Foto de Andreas Witte.

Cogitou-se ainda a realização do casamento de d. Pedro com Augusta, princesa de Saxe-Weimar; com Guilhermina, princesa da Dinamarca; e com Luísa, filha mais velha do duque de Orleans, o futuro rei Luís Filipe da França. Nenhuma das negociações avançou.

O imperador do Brasil virava motivo de chacota na Europa e o jornal *Le Drapeau Blanc* chegou até mesmo a publicar, em tom irônico, a notícia que d. Pedro desposaria uma princesa negra, filha do rei do Haiti, já que esta não destoaria da população descendente de escravizados que vivia no Brasil.[48]

"A que melhor convém"

Entretanto, da recusa em Baden, surgiu uma esperança: se a segunda imperatriz do Brasil pudesse ser sobrinha de um monarca reinante, e não necessariamente sua filha ou neta, e se d. Pedro não se incomodasse por ela ser descendente de Josefina Beauharnais, havia uma opção a ser considerada: a princesa Amélia da Baviera, sobrinha do rei Luís I, filha do príncipe Eugênio de Beauharnais, que reunia as condições necessárias para o casamento. Católica, bonita, jovem, oriunda de um reino constitucional fora da esfera de influência austríaca, ela poderia ser a solução para o impasse em que os diplomatas brasileiros se viam.

O coronel de Brack, motivado pela possibilidade de uma futura recompensa por parte do Império Brasileiro, deu prosseguimento aos contatos com a família Beauharnais encorajado pela carta da grã-duquesa Estefânia: "Se d. Pedro faz justiça à glória de Napoleão, por que minha sobrinha da Baviera, a filha de Eugênio, não tomará o lugar da minha Luísa? Creio que aqueles de quem ela depende não são tão inflexíveis; o coronel de Brack, que é nosso amigo, pensará, sem dúvida, como eu".[49]

Pronto, a ideia estava lançada. De Baden, Brack se dirigiu à irmã do príncipe Eugênio, Hortênsia, a quem ele protegera em junho de 1815 durante a fuga da Malmaison quando Napoleão caíra.[50] Hortênsia, de imediato, reagiu positivamente à ideia: "A que melhor convém é a princesa Amélia, que, além de uma beleza notável e de uma educação perfeita, professa a mesma religião que a do pretendente".[51] Ao desejar que sua sobrinha cingisse uma coroa imperial, havia, na realidade, um interesse pessoal por trás de seu apoio. Em carta para sua amiga

Églé Auguié, Hortênsia explicou que "se um dia meus filhos estiverem mal na Europa, eles poderão se posicionar perto de sua prima (na corte brasileira)".[52]

Animado com o progresso de suas tratativas, Brack escreveu ao secretário da duquesa de Leuchtenberg, o cavalheiro Planat de la Faye. Toda essa correspondência era copiada por Brack para futuramente poder provar que fora ele o responsável pelas negociações.

Augusta, logicamente, acalentava a ideia de um ótimo casamento para seus filhos e sabia que bons partidos eram raros. Em relação ao casamento de sua meia-irmã Sofia alguns anos antes, ela havia comentado a respeito do pretendente: "Dizem que o arquiduque é culto, mas ele não agrada nem à rainha [Carolina, mãe da noiva], menos ainda a minha irmã. Mesmo assim, o casamento se realizará, pois há poucos príncipes disponíveis".[53] Na realidade, não era nem uma questão de agradar ou não: o arquiduque Francisco Carlos da Áustria sofria, sabidamente, de hidrocefalia e de transtornos do desenvolvimento intelectual. Mesmo assim, a jovem, bela e inteligente princesa teve que se casar com ele por falta de opção melhor.

Para os príncipes Leuchtenberg, que não faziam parte da primeira seção do *Almanaque Gotha*, descendentes da imperatriz Josefina numa Europa que desprezava tudo que tivesse sido ligado a Napoleão, a situação era ainda mais delicada, e uma oportunidade de se tornar imperatriz não era para se desprezar.

Ainda assim, em 1828, Amélia mal completara dezesseis anos e a apreensão da duquesa a levou a escrever para sua irmã, imperatriz da Áustria, de quem pretendia receber informações confiáveis, uma vez que nesta corte estariam melhor informados sobre o que acontecera com a primeira imperatriz, d. Leopoldina. A carta retrata a angústia da mãe frente à difícil decisão:

> Minha querida Charlotte,[*]
> Poderás imaginar o que se passou na minha alma ao ler a tua boa carta datada do dia 19. Perpassou no meu coração um pequeno instante de vaidade, ao pensar em todas as vantagens que poderiam resultar para os meus filhos de um casamento tão brilhante. Mas o amor maternal bem depressa se inclinou à recusa; e perguntei a mim própria: "A minha filha será feliz?". Eis o que pergunto também, não à sogra de d. Pedro, mas a minha amiga, a minha doce

---

[*] Embora continuasse sendo chamada de Charlotte em família, ela era conhecida na Áustria como imperatriz Carolina Augusta.

irmã. Diz-se que a imperatriz [d. Leopoldina] teria morrido em consequência dos desgostos e maus-tratos que sofreu; diz-se também muito mal do caráter e dos modos do imperador! A ser isso verdade, como poderei ter a coragem de enviar a minha Amélia para o outro lado do mundo, para uma corte cheia de intrigas, onde estaria para sempre separada da sua família e privada de qualquer conforto? Seria também necessário saber as condições propostas, quem pagaria as despesas do matrimônio e da viagem, pois afirma-se que o da arquiduquesa [d. Leopoldina] custou uma soma muito elevada, e tu sabes que o patrimônio de meus filhos não poderia suportar tal despesa.

Devo também prevenir-te que a minha Amélia é muito jovem, que não está completamente formada, que só há pouco tempo começou a perder a figura infantil e que é impossível pensar em casá-la antes de fazer dezessete anos. Espero que esteja, então, moral e fisicamente desenvolvida e que possua todas as qualidades para ter o direito de aspirar à ternura e à confiança de um marido.

Outra coisa que também me preocupa é a quantidade de filhos: aos dezessete anos ter cinco [enteados] é demasiado, e isso poderia ser um novo entrave para a felicidade doméstica.

Enfim, minha irmã, estou numa agitação e numa angústia terríveis, não sei mais o que decidir e espero a tua resposta – mas absolutamente franca – para refletir verdadeiramente na opção a tomar. Porque se tu me asseguraves que os boatos são falsos e que a minha filha encontrará a felicidade nessa união, resignar-me-ei com coragem a despedir-me dela para sempre.

Amélia tem um caráter amoroso, mima-me acima de tudo, e ama tanto o seu irmão, que dizia outro dia: "Não quero me casar, quero ficar com a minha mãe, e deixarei a minha fortuna para Augusto aumentar a dele"; tu vês, que, se esta querida filha não for amada, sucumbirá bem depressa à sua dor.[54]

Difícil decisão a que Augusta tinha pela frente. Mesmo a resposta animadora da imperatriz da Áustria, sua irmã, não foi suficiente para convencê-la. Em dezembro de 1828, aos dezesseis anos, nas festas de final de ano, Amélia foi oficialmente apresentada à corte, o que nos leva a crer que, provavelmente, só naquele ano ela tenha menstruado pela primeira vez. Na ceia de Natal, seu irmão Augusto a acompanhou em seu primeiro baile na residência de Munique, onde os dois chamaram a atenção dos presentes por suas maneiras e beleza. E, com isso, no início de 1829, a princesa entrava oficialmente no mercado das alianças matrimoniais.

Enquanto a diplomacia brasileira demorava para encontrar uma segunda esposa para o imperador, d. Pedro não esperava castamente por ela. Como ele havia escrito alguns meses antes: "[...] diga a meu sogro que moro num país quente, tenho 29 anos, e que se lembre dos seus tempos para calcular a necessidade em que estarei".[55]

Como se pode imaginar, a "necessidade" logo levou o imperador a iniciar um novo romance, dessa vez com a modista francesa Clémence Saisset. Poucos meses depois, ela confirmou estar grávida e, em dezembro de 1828, foi obrigada por d. Pedro I a voltar para a França, onde o filho nasceria em agosto de 1829. Tudo que o imperador não precisava naquele momento era de mais um escândalo amoroso. Sabendo disso, em maio de 1829, ao descobrir que o pai de seu bebê estava tentando se casar de novo, Saisset ameaçou comprometer d. Pedro I publicamente e chantageou os diplomatas brasileiros em Paris para permanecer calada.[56]

O caso foi abafado e, só anos depois, a existência dessa criança chegaria ao conhecimento da família de Amélia.

"É preciso coragem"

No início de 1829, após a apresentação formal da princesa Amélia na corte de Munique, Augusta se tornou mais receptiva à possibilidade do casamento da filha com o imperador do Brasil, que continuava sem nenhuma noiva à vista. Após tantas recusas, d. Pedro I também se tornava mais propenso a aceitar uma princesa que não tivesse a genealogia tão impecável, afinal, ele já admitira flexibilidade no quesito "nascimento" desde a ida de Barbacena para a Europa.

No século XIX, as redes dinásticas se espalhavam sem limite de fronteiras, numa interligação que hoje conhecemos graças à tecnologia, mas que, na época, ocorria pela intensa troca de correspondências entre seus membros. Fazia parte das obrigações das famílias nobres, principalmente das mulheres aristocratas, manter contatos epistolares contínuos. Muitas dessas cartas eram apenas protocolares, meras manifestações por aniversários, casamentos, nascimentos, coroações ou morte, as chamadas cartas de gabinete. Contudo, essa era a forma pela qual os vínculos entre essas famílias se mantinham firmes e confiáveis.

Os reis, imperadores e duques se tratavam nas cartas por "irmãos", já que todos eles compartilhavam os privilégios, deveres e riscos de serem monarcas. Já seus filhos ou sobrinhos deviam se dirigir a outros nobres como primos. Quase sempre a língua das cartas era o francês, idioma internacional da época, o que permitia que nobres russos, alemães ou brasileiros se comunicassem sem problemas.

Dentro de uma "casa", ou seja, descendentes de uma mesma família que assim se consideravam, havia sempre um chefe, reconhecido por todos os seus membros. Era a ele que se pediam autorizações para casamentos e outras decisões que pudessem impactar o futuro daquela família. Houve casos interessantes ao longo do século XIX, como o da Casa de Coburgo, cujo chefe era um duque a quem reis como os da Bélgica e de Portugal deviam obediência.

Dentro dessa lógica, as filhas da grã-duquesa Estefânia, primas de Amélia, dependiam da aprovação do tio, chefe da Casa de Baden, para se casarem, assim como qualquer casamento dentro da família Leuchtenberg dependia da autorização do rei da Baviera.

Foi nesse clima de "negócio de família" que se seguiram as negociações em 1829 para o casamento de Amélia e d. Pedro. Unindo parentes de todos os lados, a grã-duquesa Estefânia de Baden, a ex-rainha Hortênsia e a imperatriz da Áustria se puseram de penas em punho para ajudar a duquesa de Leuchtenberg a decidir o futuro de sua filha.

Por seu lado, a Casa de Leuchtenberg também se mobilizou: incumbido de se informar sobre o imperador do Brasil, Planat de la Faye contatou informantes e trouxe informações positivas a seu respeito:

> O imperador é um homem bonito, forte e saudável, dedicado a todos os exercícios físicos, ama caçar e tem paixão por cavalos. Ele é um bom músico, até mesmo compõe. D. Pedro tem um bom coração, mas é impulsivo e se deixa inflamar. Uma esposa suave e virtuosa poderá conduzi-lo. A finada imperatriz era muito indiferente e pouco vaidosa. [...] A fortuna do imperador perfaz de seis a sete milhões de francos, além de rendas privadas. Apesar de orgulhoso, o imperador é econômico e aumenta sua fortuna a cada ano.[57]

Mas a informação que mais deve ter influenciado Augusta a se decidir sobre o casamento de Amélia foi a carta de sua irmã, imperatriz da Áustria, em resposta a suas indagações ainda no ano anterior sobre d. Pedro e seu primeiro casamento com d. Leopoldina. Charlotte era sincera: afirmava que a imperatriz não tinha sido feliz, que o imperador havia legitimado duas filhas de sua amante, e a nomeação da mais velha como duquesa de Goiás havia sido baseada no exemplo de Luís XIV da França e noticiada por todos os jornais. As crianças eram criadas no palácio como se fossem princesas de sangue, junto a seus meios-irmãos. A mãe [a marquesa de Santos] estava afastada, mas fazia de tudo para voltar, o que certamente conseguiria se o imperador não se casasse novamente. A mãe da futura imperatriz teria que colocar como condição que essa mulher deixasse o país, já que ela parecia tão intrigante quanto ele parecia fraco em relação a ela. De resto, prosseguia a imperatriz da Áustria sobre d. Pedro:

> Ele é enérgico, sincero, esperto e bom. Sua esposa teria que ter coragem para não se deixar intimidar. A grande capacidade de perdoar de Leopoldina tinha levado à sua infelicidade. [...] Ela havia contraído dívidas e assumido a regência não apenas *pro forma* durante a guerra contra a república de Buenos Aires. [...] d. Pedro é carinhoso, um bom pai e dizem que muito bonito. Porém, se Amélia não pudesse se casar antes dos dezessete anos, dificilmente ela seria considerada, dada a grande impaciência de d. Pedro.[58]

Como se vê, o problema não era o fato de d. Pedro I ter uma amante ou filhos com ela, mas, sim, o de haver assumido o caso e as crianças oficialmente. O importante era afastar a marquesa da corte para eliminar o risco de que ela voltasse a exercer influência sobre ele.

Por ocasião do casamento das três irmãs de Amélia, sabia-se que todos os noivos já haviam tido amantes e filhos anteriormente e isso não fora impedimento algum. O príncipe herdeiro Oscar da Suécia, ao se casar com Josefina em 1823, já tinha uma filha de quatro anos chamada Oscara, fruto de seu relacionamento com Jaquette Gyldenstolpe Löwenhielm. Ele teria ainda mais dois filhos com a atriz Emilie Högquist após o casamento com a princesa Josefina. Eugênia, quando se casou com o príncipe herdeiro Constantino de Hohenzollern-Hechingen, talvez soubesse que ele tinha uma filha de dois anos chamada Ludovica Sophia, nascida de sua relação com Sophie Scherer. E o conde Guilherme de Württemberg, quando se casou com Teodolinda, já tinha um filho ilegítimo vivendo no Castelo de Lichtenstein. A mãe, Elisabeth Strohbach, se casou com o administrador da propriedade, Johann Ziegler, e a criança cresceu muito próxima das filhas que Teodolinda e seu marido teriam. Mesmo assim, o relacionamento de d. Pedro I com a marquesa de Santos era mais preocupante, porque ele havia legitimado a filha que tivera com ela, e a permanência da criança na corte mantinha uma porta aberta para que a mãe se reaproximasse do imperador.

Em fevereiro de 1829, ainda indecisa, Augusta recebeu uma carta do coronel Brack perguntando se a jovem princesa Amélia aceitaria partilhar com d. Pedro I o trono imperial do Brasil. O secretário Planat de la Faye respondeu que a princesa era ainda muito jovem e que, para tratar de tão delicado assunto, não deveria ser esquecido o protocolo real.[59] O militar, reconhecendo que não tinha poderes para negociar em nome do imperador do Brasil, contatou a embaixada brasileira em Paris pedindo que o negócio ficasse apenas entre ele e o visconde de Pedra Branca, sugerindo que d. Pedro fizesse o pedido diretamente à duquesa de Leuchtenberg.[60]

Hortênsia, em 25 de fevereiro, escreveu a Brack inocentando d. Pedro de qualquer acusação moral:

> Creio que minha cunhada concederia com prazer sua filha Amélia àquele que reúne tantas vantagens. Eu não duvidarei da felicidade de minha sobrinha, porque todos os atos que vêm do seu pretendente trazem a marca de um espírito distinto e de um nobre caráter, e, se alguma calúnia pesou sobre ele, é porque ela pesa sempre sobre os espíritos mais ilustres. Também não duvidarei da felicidade dele com uma pessoa de sentimentos tão meigos e tão angelicais como os de minha sobrinha.[61]

Era, sem dúvida, um incentivo para que Brack continuasse as tratativas.

No dia 25 março de 1828, a duquesa de Baden se encontrava em Paris quando convidou Brack e Pedra Branca para lhes comunicar a decisão da Casa de Leuchtenberg. A data era aniversário da Constituição Brasileira, o que, para os diplomatas, pareceu muito promissor quando souberam que, justamente naquele dia, d. Pedro tinha, finalmente, conseguido uma segunda esposa. A carta de Augusta para a duquesa de Baden tinha sido um consentimento:

> Querida Estefânia, [...] não podeis imaginar até que ponto vossa carta me emocionou. Decidir a sorte de uma filha é coisa terrível para uma mãe! Entretanto, pelo bem que ouvi falar da pessoa em questão, asseguro que desa-

pareceram as impressões desagradáveis que tinha e, ao mesmo tempo, é-me permitido acreditar que minha filha Amélia será feliz nessa união. Não hesitei em vos falar; embora ela seja muito moça, tem um raciocínio espantoso. Eu não quis influenciá-la em nada, lhe disse as coisas tais quais eram.[62]

A ovelha que não temeu o lobo

Apesar de sua pouca idade, Amélia compreendia perfeitamente a natureza comercial de uma negociação de casamento entre famílias nobres e sabia que era ela o objeto negociado. Após quatro dias de reflexão, dando a devida solenidade à resposta de uma futura imperatriz a um pedido de casamento, a princesa enviou para sua mãe, por escrito, sua decisão:

> Aceito [o casamento com d. Pedro I], querida mamãe; mas, separando-me da senhora e entregando o meu futuro a um homem que não me é conhecido, e do qual me disseram uma quantidade de coisas que não são recomendáveis, creio fazer um grande sacrifício, e peço que me seja permitido impor uma condição. Repito, contudo, que, não acreditando em tudo que me disseram, aceito, mas com a condição única de que o meu casamento seja em proveito da minha família, isto é, que o imperador, por si mesmo ou por sua mediação, restitua a meu irmão o título que pertencia a meu pai.[63]

O título, conforme Augusta explicava na carta para a duquesa de Baden, deveria ser algo que transformasse Augusto em "Alteza Real" ou "Imperial". Ela admitia que, mesmo que um título brasileiro talvez não fizesse muita diferença para Augusto na Europa, com esse gesto, ao atender seu pedido, d. Pedro conquistaria o coração de Amélia. E ela, então, lhe seria eternamente grata, o que seria bom para o casamento deles.[64]

Eugênio fora príncipe de Veneza, com tratamento de Alteza Real e, ao ser adotado por Napoleão, tornara-se Alteza Imperial, mas, na Baviera, isso não era reconhecido, e seus filhos haviam sido rebaixados a apenas Altezas Sereníssimas. A consequência disso era que, por exemplo, nos banquetes reais, Augusta, como filha e irmã de reis, tinha assento à primeira mesa, onde se comia com talheres de ouro. Já seu marido, separado da esposa, era colocado numa mesa secundária, onde os talheres eram de prata, para evidenciar a inferioridade dos segundos em relação aos primeiros. Com o casamento de Amélia, ela se tornaria Majestade Imperial, e seu irmão, a seu pedido, receberia um título ducal que também lhe conferiria a qualificação pessoal de Alteza Imperial. Era uma forma de tentar reparar as humilhações que sua família tinha sofrido, pois, ao fazer de Augusto alguém digno de se sentar à mesa do rei, ela devolvia ao irmão o que havia sido negado ao pai.

Nota-se, claro, a ingenuidade de Amélia em seus dezesseis anos ao tentar reproduzir o sacrifício de sua mãe, se oferecendo para se casar em proveito de sua família. Assim como Augusta, que, ao aceitar o enteado de Napoleão como marido, possibilitara que seu pai e futuramente o irmão se tornassem reis da Baviera, também Amélia acreditava que se casava para o bem de sua família, ao restituir ao irmão um título perdido por seu pai. A seu ver, suportar a distância transatlântica e arriscar-se a conviver com alguém de comportamento "pouco recomendável" equivaliam à abnegação da mãe, anos antes, quando abrira mão do casamento com um príncipe de sangue azul. Mas nota-se, também, sua astúcia de perceber que era negociada como mercadoria num mercado de alianças e estabelecer ela própria seu preço. Ao pretender abrilhantar o ducado de Leuchtenberg, do qual Augusto era o representante, pesava sua contribuição para o status da família, mas também seu amor fraternal, já mencionado pela mãe em correspondência com sua irmã em Viena.

Conforme se comentou na época, ao aceitar a oferta de um trono que outras não quiseram e negociar o que exigia por isso, Amélia foi a ovelha que não temeu o lobo.[65]

Alguns dias depois de receber a carta da filha aceitando a proposta de casamento, conforme havia sido solicitado, Augusta providenciou um pintor para fazer um retrato de Amélia a fim de ser enviado ao Brasil e um da filha mais nova, Teodolinda. Segundo uma carta de Teodolinda para sua prima, percebemos que ela foi informada de que o retrato era para ser enviado à irmã na Suécia, possivelmente por ainda não saber do iminente casamento: "Eu estou um pouco entediada, porque há três dias faço meu retrato, pois há um pintor muito habilidoso que está em Munique por algum tempo, e, como isso é raro, mamãe aproveitou para nos fazer pintar, para Josefina. Começamos por mim, porque Amélia está muito encatarrada".[66]

Uma vez prontos os retratos, Augusta enviou o de Amélia no dia 12 de abril junto com o seu consentimento formal para o casamento.

A duquesa, a partir de então, a fim de manter o clima de sigilo nas negociações, passou a usar um código em sua correspondência a respeito do casamento: Madame de Cohorn era ela própria, o "jovem homem" era d. Pedro I, Pedra Branca era Pierre Blanche, o Brasil era o Condado de Franche, e assim por diante.[67]

A partir do sim de Amélia, mesmo considerando o tempo que as cartas levavam para atravessar as diversas estradas que separavam Munique de Paris e da Inglaterra, os acontecimentos se sucederam inexplicavelmente devagar. No dia 5 de maio, Planat de la Faye se encontrou com Brack e com o veador Ernesto Frederico de Verna Magalhães em Paris, e o visconde de Pedra Branca partiu imediatamente para Londres a fim de se encontrar com Barbacena, o único com plenos poderes para assinar qualquer documento. Mas, a partir de então, aparentemente sem motivo, tudo ficou em suspenso até o final do mês.

"A princesa que ousa passar os mares"

O que os bávaros não sabiam é que as negociações estavam sendo atrasadas de propósito. O casamento não podia ser concluído enquanto não se tivesse certeza da beleza da noiva. La Faye, sem fazer ideia, se espantava com a demora das reuniões com os diplomatas brasileiros durante o mês de maio em Paris.[68]

O representante da duquesa de Leuchtenberg era embromado enquanto Barbacena esperava o retorno de Verna Magalhães, enviado à Baviera a fim de se assegurar pessoalmente da beleza da pretendente. Enquanto ele não retornasse com a confirmação, nada podia prosseguir. Como o diplomata justificou a d. Pedro: "[…] o veador Ernesto Frederico de Verna Magalhães, além do segredo que sabe guardar, temeria faltar à verdade e comprometer-se com V.M.I. garantindo a formosura de uma princesa que tal não a possuísse".[69]

D. Pedro, que conhecia bem os meandros das negociações dinásticas, não queria se fiar apenas em retratos, daí a importância de um testemunho de confiança. Além disso, Verna Magalhães devia levar uma carta para a duquesa de Baden e conversar com a duquesa de Leuchtenberg para acalmá-las a respeito das notícias chegadas do Rio de Janeiro, onde se lia que d. Pedro havia desistido de se casar e chamara a marquesa de Santos de volta à capital. A instrução era afirmar que isso eram calúnias e realizar o casamento o mais rapidamente possível.

Verna Magalhães encontrou a princesa em maio no Palácio de Ismaning e reportou suas impressões:

> Tenho a honra de participar que, tendo felizmente alcançado o objetivo de minha missão, vi a princesa no quarto do aio do seu augusto irmão, e posso afirmar debaixo de minha palavra de honra, que S.A.R. me pareceu muito mais formosa que o retrato que entreguei e que foi tirado em duas sessões, e está justamente trajada como eu tive a honra de a ver.[70]

O encontro se deu fora de Munique por sugestão de Brack, que muito se empenhava para manter o caráter secreto das negociações. Pelo visto, o primeiro retrato não ficara mesmo tão bom, não apenas Magalhães o afirmava, como o próprio la Faye, ao vê-lo em Paris, comentou com a duquesa Augusta: "O retrato ficou bem parecido, mas não muito lisonjeiro".[71] Era preciso um depoimento de alguém da confiança do imperador para compensar o retrato desfavorável e garantir que d. Pedro não estava sendo ludibriado.

Amélia, descrita por um contemporâneo como tendo belos cabelos castanhos, olhos cor de safira e um ar puro e angelical,[72] não decepcionou o enviado brasileiro. Ao receber a chancela da beleza da pretendente, o marquês de Barbacena escreveu no dia 22 de maio, da Inglaterra, para d. Pedro I:

> Aí tem o retrato da linda princesa que [...] ousa passar os mares para se unir a um soberano que todos os ministros austríacos pintam como assassino de sua mulher. O original é muito superior ao retrato, que foi feito às pressas, em duas sessões, quando a princesa se levantava de uma febre que sofreu por alguns dias. Espero outro acabado com mais vagar, que remeterei no seguinte paquete.[73]

Não há certeza sobre o nome do pintor desse primeiro retrato, executado no início de abril e enviado em maio com o relato de Verna Magalhães assegurando que a princesa ao vivo era mais bonita. Também não se conhece seu paradeiro, mas é provável que fosse uma miniatura, mais fácil de se transportar. Da mesma época, existe uma litografia da princesa Amélia, feita talvez a partir desse primeiro retrato, executada em Viena por Johann Nepomuk Ender e publicada no raríssimo almanaque bávaro *Vergiss mein nicht* para o ano de 1830. Interessante que esse Ender era irmão gêmeo de Thomas Ender, que viera por ocasião do casamento de d. Leopoldina para o Brasil e que tantas aquarelas deixou retratando o país.

Gravura de Amélia de Beauharnais, princesa de Leuchtenberg e Eichstätt, durante as negociações para o casamento, em 1829, gravada por Franz Xaver Stöber e publicada no almanaque *Vergiss mein nicht*. Coleção da autora. Foto de Andreas Witte.

Alfinetadas diplomáticas

Barbacena se tornava, a partir de então, e duplamente, um desafeto de Metternich: além de haver desviado a rainha d. Maria da Glória de Viena para a segurança na Inglaterra, agora negociava o casamento de d. Pedro com uma princesa oriunda de um reino constitucional, fora da esfera austríaca e ainda descendente da família de Napoleão. Era o oposto de tudo que a Santa Aliança procurava defender sob o lema da legitimidade. Como o próprio Barbacena escreveu ao imperador, orgulhoso de haver cumprido suas duas importantes missões: "[...] o principal é que volto no mês seguinte, levando a V.M.I. uma filha e uma noiva, a despeito da conspiração austríaca contra ambas".[74]

Quando Metternich finalmente ficou sabendo do casamento, furioso e com muito despeito, comentou sobre a escolha da noiva em carta para o diplomata austríaco no Rio de Janeiro:

> O imperador colocou-se a par com o príncipe Oscar da Suécia, que, após procurar em vão uma mulher em todas as cortes da Europa, foi igualmente forçado a casar-se com uma filha da senhora duquesa de Leuchtenberg. É doloroso, penso eu, para o chefe da Casa de Bragança confraternizar com a filha de um general francês. Se pudesse imaginar que d. Pedro se contentaria com tão pouco, teríamos conseguido essa princesa há muito tempo. Afinal de contas, o nosso imperador [austríaco] procurava para o genro mulher condigna. Temos o direito de nos surpreender com o modo sigiloso como as negociações correram em Munique.[75]

Ao saber do desdém de Metternich, d. Pedro responderia à altura para o pobre diplomata, que tinha que reportar as alfinetadas de um e de outro: "[D. Pedro] também não compreendia que o imperador da Áustria tivesse sacrificado a filha [Maria Luísa] dando-a de concubina a Napoleão, que não estava habilitado a se casar, dado que já era casado [com Josefina Beauharnais]".[76]

O casamento

NICOLAS LOUIS Planat de la Faye, pessoa de maior confiança da duquesa Augusta, tinha todas as procurações necessárias para negociar as condições do contrato de casamento em nome da Casa de Leuchtenberg, mas, vendo que as semanas passavam e nada se concretizava, começou a hesitar. No dia 24 de maio, escreveu para Munique: "Essa criança [Amélia] é jovem, tímida, pouco autoconfiante. Será que defrontada com as grandes expectativas que recaem sobre uma imperatriz, sem guia e sem apoio, poderá ela preenchê-las?".[77]

Mas, de repente, se tornou tarde demais para dúvidas: a carta garantindo a beleza da noiva tinha acabado de chegar e, magicamente, todas as dificuldades desapareceram. Planat de la Faye foi à Inglaterra, onde Barbacena se encontrava por causa de d. Maria da Glória e, na qualidade de representante legal do imperador, o marquês agendou a assinatura do contrato de casamento para o dia 30 de maio de 1829, na cidade da Cantuária. Nesse dia, Planat de la Faye dava conta à duquesa:

> Madame, após três dias mortais que eu considero como os mais terríveis da minha vida, tudo está, enfim, honrosamente terminado. O grande segredo ainda é recomendável até meu retorno. Que a nossa jovem princesa não se assuste com

seu destino, ele será belo e doce. Parto para Dover sem perda de tempo e envio os detalhes um outro dia.[78]

Dois dias depois, ele enviou os termos do contrato e uma carta de Pedra Branca para Amélia sobre seu futuro como imperatriz.

Formalidades

O contrato, sobre o qual se debruçaram por quase um mês, procurava assegurar a posição da segunda esposa no Brasil.[79] Ficava acertado que o casamento se realizaria por procuração em Munique, onde o imperador seria representado por outra pessoa. Ao chegar ao Rio de Janeiro, Amélia e d. Pedro completariam a cerimônia segundo a forma prescrita pela Igreja Católica. A partir do casamento na Baviera, ela já se tornaria imperatriz do Brasil e teria assegurados todos os seus direitos previstos no contrato.

Como imperatriz, e segundo o artigo 108 da Constituição do Império Brasileiro, definido pela lei de 11 de agosto de 1827, ela teria direito à dotação de cem contos de réis anuais.

De sua parte, a duquesa Augusta se obrigava a providenciar enxoval, alfaias e joias para a noiva. O dote da princesa perfazia, como no caso de suas irmãs, duzentos mil florins, o equivalente a quinhentos mil francos franceses, a serem pagos metade em espécie, metade numa conta num banco parisiense, resgatáveis após um ano. O artigo quarto estipulava que a parte em dinheiro deveria ser aplicada em títulos da dívida pública brasileira e os juros seriam creditados ao principal, caso a imperatriz não quisesse empregá-los de outra forma.

O terceiro artigo determinava que a fortuna particular da imperatriz, composta por sua parte na herança dos bens móveis e imóveis de seu pai, e estimada em dois milhões de francos, ficaria expressamente reservada à sua legítima proprietária, com a condição de não poder aliená-la, caso viesse a ter filhos.

O sexto artigo lhe assegurava o direito de nomear todos os criados, damas e empregados de sua corte e de sua casa, embora os gastos com eles também fossem de sua responsabilidade, devendo sair de sua dotação.

E então vinham todas as situações possíveis, que procuravam precaver a jovem princesa em diferentes cenários futuros:

- se eles não tivessem filhos e d. Pedro falecesse antes da esposa, ela receberia a terça parte da herança dele, o dote pago por sua família de volta e poderia viver onde quisesse, tendo direito a uma pensão a ser definida pela Assembleia Brasileira;
- se eles não tivessem filhos e ela falecesse primeiro, d. Pedro receberia um terço de sua herança e o restante voltaria para a família Leuchtenberg, conforme as leis da Baviera, para seus parentes ascendentes ou colaterais;
- se eles tivessem filhos, mas estes falecessem antes dos pais, e d. Pedro falecesse antes da esposa, ela receberia metade da herança do marido e poderia dela dispor como quisesse, independente de estabelecer residência no Brasil ou no exterior; a outra metade da herança de d. Pedro iria para seus filhos do primeiro matrimônio com d. Leopoldina;
- se eles tivessem filhos, mas estes falecessem antes dos pais, e a imperatriz falecesse antes do marido, d. Pedro receberia metade da herança da esposa e, por testamento, ela definiria quem receberia a outra metade;
- se eles tivessem filhos vivos e o imperador falecesse primeiro, ela teria direito aos juros sobre o valor de seu dote e o usufruto dos juros e rendimentos sobre metade da herança dele, enquanto a outra metade pertencia, por direito, aos filhos tidos com a primeira imperatriz, d. Leopoldina; no entanto, os bens da sua metade não poderiam ser alienados, nem o capital consumido, uma vez que eram, por direito, dos filhos deste segundo matrimônio;
- se eles tivessem filhos vivos e a imperatriz falecesse primeiro, o imperador receberia metade de sua herança e os filhos de ambos, a outra metade;
- se o imperador falecesse, a imperatriz teria direito a continuar residindo no Brasil, tendo opção de habitar o Paço Imperial ou uma outra casa montada à custa do sucessor de seu esposo.

Anexo ao contrato, havia ainda uma cláusula separada e secreta que garantia à imperatriz que uma pensão de cinquenta contos de réis, no caso do falecimento do imperador, seria honrada pelos seus sucessores se o governo brasileiro não o fizesse, já que, segundo o artigo oitavo, o valor de sua pensão dependeria da decisão da Assembleia nessa situação.

No entanto, nenhuma cláusula previa o que aconteceria caso o imperador abdicasse. Apesar de todas as situações imaginadas, a abdicação não foi levada em consideração e não havia legislação a esse respeito.[80] De fato, quando d. Pedro abdicou em 1831, a imperatriz não tinha nenhum direito assegurado nem pelas leis brasileiras, nem por seu contrato de casamento.

"Afugentai dela uma falta passada"

Havia, no entanto, uma questão importantíssima que não constava do contrato, mas que fora um dos principais temas das negociações: o afastamento imediato da marquesa de Santos e de sua filha, a duquesa de Goiás. Na carta de 9 de julho em que Barbacena parabeniza d. Pedro pelo segundo casamento, ele também o alerta:

> Um tão grande sacrifício da mãe [Augusta, duquesa de Leuchtenberg] e da filha [Amélia], confiando ambas na palavra de V.M.I. a despeito das furiosas calúnias que de dia em dia crescem contra a fidelidade e o caráter de V.M.I., receberá sem dúvida a correspondente retribuição separando V.M.I. de sua vista e coração tudo quanto puder levemente alterar a paz e felicidade doméstica.[81]

Ele continuava:

> No dia 6 [de julho], quase todas as gazetas de Londres anunciaram o casamento de V.M.I. com a marquesa de Santos, e não sei que mais não farão para malograr as segundas núpcias. [...] Se retardo o embarque da imperatriz à espera das ordens de V.M.I., dou tempo ao engrossamento das notícias relativamente à marquesa de Santos.[82]

A própria mãe da princesa Amélia também escreveu ao imperador em termos bastante parecidos, embora sem citar nomes e muito delicadamente: "[...] assim, meu filho, pois que desde já ouso dar-vos este doce nome, afugentai dela [Amélia] tudo que possa lhe dar a ideia de uma falta passada, a fim de não assustar para o futuro este jovem e puro coração".[83]

Data também dessa época a correspondência conhecida entre Amélia e o visconde de Pedra Branca.[84] Natural da Bahia, o diplomata Domingos Borges de Barros foi o primeiro brasileiro a escrever para a nova imperatriz, parabenizando-a por seu novo status, ainda no próprio dia da assinatura do contrato de casamento.

Admirador de Rousseau e defensor da educação feminina desde jovem, Pedra Branca já havia traduzido *O mérito das mulheres*, de Ernest Legouvé, e dedicado o livro às "senhoras brasileiras". Entusiasmado com o papel que uma nova soberana poderia desempenhar para o desenvolvimento do Brasil, Pedra Branca lhe sugeriu diversas medidas que poderia tomar, mencionando, por exemplo, que ela poderia incluir em sua comitiva irmãs de caridade da Ordem Vicentina, reconhecidas educadoras, a fim de contribuir com a instrução feminina no Brasil. Ele pedia também que ela cooperasse para a criação de uma caixa de fundos para a alforria progressiva de escravizados africanos e que tomasse sob sua proteção crianças desvalidas, e lhe oferecia como presente um exemplar da Constituição Brasileira. Sem nenhum conhecimento didático, acreditava que seria o melhor livro para que a imperatriz aprendesse o idioma português. A esposa e a filha de Pedra Branca também enviaram um presente para d. Amélia, pelo qual ela agradeceu, mencionando ter sido o primeiro "adorno brasileiro" que recebia e afirmando que seu desejo era "fazer o bem ao país que a providência lhe tinha confiado".[85] É curioso que esse presente, provavelmente um arranjo para a cabeça, era feito em flores de penas de pássaros, uma técnica tipicamente brasileira.

O secretário da Casa de Leuchtenberg, Planat de la Faye, que convivera durante semanas com o visconde em Paris, escreveu para a duquesa Augusta comentando sobre as boas intenções do diplomata: "O senhor de Pedra Branca é um homem de infinito espírito e sabedoria, cheio de desejo de ver seu país elevado à altura dos grandes Estados europeus e nos mostrou toda a influência que a imperatriz poderá exercer para melhorá-lo".[86]

Barbacena dava notícia da assinatura do contrato e acrescentava: "O benemérito Oliveira chegou hoje de Munique, trazendo-me a desejada resposta e a certeza de ser a imperatriz a noiva mais linda e perfeita pessoa que tem visto".[87]

O secretário Isidoro da Costa Oliveira, membro da legação brasileira em Viena, fora incumbido de ir a Munique buscar os documentos assinados e aproveitar para retratar a princesa. Embora não fosse um pintor oficial, seria mais um a atestar a beleza de d. Amélia: "[...] segundo a pintura de Oliveira, em quem acredito absolutamente, nada pode exceder a beleza e a amabilidade da imperial noiva do nosso augusto amo".[88] O segundo retrato só chegaria ao Rio de Janeiro no dia 11 de setembro e dele tampouco temos notícia hoje em dia.

A data para a cerimônia matrimonial sugerida por Barbacena, 29 de junho, dia de são Pedro, acabou não sendo viável, já que, dentro de um mês a partir do contrato de casamento, seria impossível providenciar enxoval, joias, vestido de noiva e todos os preparativos para a viagem. Além disso, o contrato precisava ser ratificado pelo imperador do Brasil e pelo rei da Baviera, já que era a ele que a família Leuchtenberg estava vinculada. Como Barbacena tão bem explicava em correspondência para d. Pedro I: "Ninguém tem a vida em suas mãos e, se por desgraça da princesa e do império, a vida de V.M. faltasse antes da ratificação, é claro que a augusta noiva chegando ao Brasil, achar-se-ia sem marido, e sem direito à hierarquia ou aos vencimentos estipulados no tratado".[89]

Todos esses trâmites levavam tempo, e a princesa Amélia ganhou com isso dois meses para ainda estar com sua família.

Foi só no dia 20 de julho, de posse da ratificação assinada pelo governo brasileiro, que Barbacena partiu para Munique, onde assistiria à cerimônia de casamento por procuração e partiria com a nova imperatriz. Como Barbacena expunha para d. Pedro I, o casamento representava também uma vitória da Baviera contra a Áustria: "[...] a princesa [foi] aconselhada por seu tio, o rei da Baviera, inimigo capital de Metternich e doador, como V.M.I., de constituições liberais".[90] Assim, a última autorização que ainda faltava, do rei Luís I da Baviera, foi imediatamente assinada em 25 de julho de 1829, logo que a ratificação brasileira chegou a Munique, permitindo que o casamento pudesse ser agendado para dali a uma semana.

A salvadora de d. Pedro, a salvadora do Brasil

Apesar de tudo acertado e resolvido, os temores que assombravam a mãe de Amélia durante as negociações do casamento da filha não eram infundados. Enquanto as notícias sobre o sucesso das negociações na Europa não chegavam,

d. Pedro começava a achar que nunca conseguiria uma segunda esposa e, saudoso de Domitila, mandou que a amante voltasse para o Rio de Janeiro. Deve ter sido grande seu orgulho ao constatar que o imperador não a esquecera e seu retorno à capital foi em clima de triunfo. Ansioso, d. Pedro foi encontrá-la no caminho, em Itaguaí, e, após alguns dias juntos em Santa Cruz, entraram no Rio de Janeiro no início de maio: "O apogeu de Domitila deu-se no dia 24 de maio, no aniversário da duquesa de Goiás. [...] A guarda prestou-lhe as continências devidas, como se fosse ela a imperatriz do Brasil".[91]

À noite, foi servido um banquete para sessenta pessoas na residência da marquesa, seguido de um baile ao qual compareceram as pessoas mais importantes da corte brasileira. Sem saber que, menos de uma semana depois, seria assinado o contrato de casamento entre o imperador e a princesa Amélia da Baviera, o casal de amantes vivia abertamente seu romance.

A situação só mudou quando, em junho, finalmente chegou ao Rio de Janeiro o retrato da princesa Amélia feito em Munique. Percebendo que, dessa vez, as negociações para seu segundo casamento eram sérias, d. Pedro "parou de frequentar a casa da amante e mudou-se para sua propriedade de Botafogo, afastando-se o mais possível da tentação".[92] Seu secretário, o Chalaça, escreveu a respeito: "Nosso amo, depois da chegada do paquete [com o retrato], mudou de vida; não dorme fora de casa, faz suas visitas sempre acompanhado do camarista, e nada de novo [...]".[93]

No dia 24 de julho, chegou o contrato de casamento assinado a 30 de maio, na Cantuária, por Barbacena em nome do imperador. Era definitivo. Domitila tinha que deixar a corte. D. Pedro exultava que finalmente havia sido resolvido o drama de lhe arrumarem uma segunda esposa e escreveu para o diplomata: "Meu Barbacena, meu amigo [...] se fosse possível pintar-lhe nesta carta todo meu contentamento, [...] e mostrar à minha salvadora, à salvadora do Brasil, à minha adorada Amélia".[94]

Claro que havia algo do exagero próprio de d. Pedro nessas palavras, mas, entre os diversos diplomatas, também prevalecia a esperança de que uma nova imperatriz moralizasse a corte e resgatasse a imagem do imperador. D. Pedro pedia a Barbacena que transmitisse à noiva uma mensagem: "[...] para que ela veja e fique conhecendo a maneira por que pensa seu esposo, que realmente é homem de bem e de caráter, e que sabe e sempre saberá em fatos desmentir calúnias e provar o que diz".[95]

Não havia mais tempo, ele tinha que honrar sua palavra e afastar a marquesa de Santos. Ainda assim, levaria um mês para que d. Pedro conseguisse fazer Domitila deixar o Rio de Janeiro. Ela, por sua vez, procurava negociar o melhor possível o preço de seu sacrifício e não aceitaria deixar para trás todos os bens que recebera do imperador. Se, por um lado, para d. Pedro pesava um grande desfalque financeiro tendo que readquirir, mesmo que em prestações, todas as propriedades que ele lhe dera, do outro lado da balança pesavam ainda mais sua honra e a chance de recuperar sua popularidade havia muito perdida.

Finalmente, no dia 27 de agosto, a ex-amante embarcou de volta para São Paulo, grávida de sua última filha com d. Pedro e, como quem se despede do passado, deixando, no palacete vazio, apenas um retrato de grandes dimensões do ex-amante. Eles nunca mais se veriam. É curiosa a coincidência de que, nesse mesmo dia, do outro lado do Atlântico, d. Amélia embarcava no navio que a levaria para o Brasil.

No Rio de Janeiro, começavam os preparativos para a chegada da nova imperatriz. O imperador mandou embelezar o parque de São Cristóvão, instalando uma máquina inglesa para fazer funcionar a fonte, fez com que pintassem a fachada do palácio e encomendou novos móveis para os aposentos que ela habitaria.[96]

A ansiedade de d. Pedro esperando a chegada da nova esposa era incontrolável; mesmo sabendo que dificilmente a carta alcançaria Barbacena ainda antes de partir, ele pedia, em tom dramático, para dizer à imperatriz que:

[...] meu coração pertence à minha querida Amélia e, se eu não tivesse o prazer de ver esta negociação bem-sucedida, certamente a tumba seria meu eterno descanso, é meu coração quem fala, e o tempo vai me ajudar a provar isso. Meu entusiasmo é tão grande, que só me falta estar doido, eu não sossego, eu só suspiro pelo dia feliz, pelo dia, ou da minha salvação, ou da minha sentença de morte, se acaso falha. [...] Espero poder, à sua chegada, logo ser olhado, não só como esposo, mas, sim, como seu verdadeiro amo e até devoto.[97]

Poucos dias antes de a imperatriz chegar, d. Pedro recebeu um terceiro retrato seu, o único dos feitos antes da chegada de d. Amélia que sabemos onde se encontra. Assinado por Friedrich Wilhelm Spohr,* natural de Riga, e

---

* O pintor F. W. Spohr esteve em Munique entre os anos de 1824 e 1839.

datado de 1829, ele se encontra atualmente no Palácio Nacional de Queluz, em Portugal. Na parte de trás, d. Pedro escreveu em francês: "*Je vous dois Amour et Fidelité*", ou seja, "Eu lhe devo Amor e Fidelidade" e assinou, datando o recebimento: 7 de outubro de 1829.

Imediatamente após receber a miniatura, d. Pedro I incumbiu o pintor L. A. Boulanger* de desenhar e litografar o retrato recebido, a fim de divulgar a imagem da nova soberana.[98] No Instituto Histórico e Geográfico Brasileiro, ainda existe um álbum de desenhos do artista, onde um pequeno rascunho esboça o busto de d. Amélia com a data de 9 de outubro de 1829, que, indubitavelmente, foi baseado no retrato de Queluz. Ali, consta ainda a importante confirmação de que ela tinha cabelos castanhos e olhos azuis.

Reprodução de desenho feito por L. A. Boulanger a partir da miniatura com o retrato de d. Amélia recebida em outubro de 1829. Imagem gentilmente cedida por Maria Amélia Lemos Torres.

Procurando fazer mais uma homenagem oficial e, ao mesmo tempo, romântica para sua jovem esposa, o imperador decidiu criar uma nova ordem honorífica, a belíssima Ordem da Rosa. Além de ser uma condecoração que

---

* Luís Aleixo Boulanger (1798-1874), escrivão dos brasões e armas da nobreza e fidalguia do Império Brasileiro, nascido em Paris, se naturalizou em 1862 como cidadão brasileiro e foi professor de caligrafia e desenho de d. Pedro II e suas irmãs.

celebrava o casamento deles, o que já a fazia rara no mundo, a Ordem da Rosa evocava a família de d. Amélia, especificamente o pai e a avó dela, a imperatriz Josefina. As rosas lembravam Josefina, que as havia imortalizado em seus jardins da Malmaison, enquanto o lema do pai de d. Amélia, "Honra e Fidelidade", inspirou o da nova condecoração, "Amor e Fidelidade", a promessa que ele havia feito a d. Amélia alguns dias antes e que estava anotada no verso do seu terceiro retrato.

Em setembro de 1829, alguns artistas apresentaram seus projetos para a nova ordem, dentre os quais estava o de Eugène Humbert de la Michellerie,* que foi o escolhido.[99] A insígnia é formada por uma estrela branca de seis pontas em cujo centro se vê uma medalha de ouro com um monograma com as letras A e P entrelaçadas. Há uma orla azul com a inscrição "Amor e Fidelidade" de um lado e, do outro, a data do casamento em Munique, 2 de agosto de 1829, e os nomes "Pedro e Amélia". Entre as pontas das estrelas, contam-se dezoito pequenas rosas esmaltadas, simbolizando as dezoito províncias brasileiras. Ao alto, a coroa imperial em ouro.

Entre 12 de setembro, data de apresentação dos projetos, e 17 de outubro, dia em que foi assinado o decreto de criação da ordem, transcorreu praticamente um mês. Esse prazo prova que a versão fantasiosa de que d. Pedro teria se inspirado nas flores do vestido com o qual a nova imperatriz desembarcou para criar a ordem não é verdadeira. Mais provável é que um dos dois primeiros retratos que d. Pedro recebeu mostrassem a imperatriz usando rosas no cabelo ou no decote e que isso tenha servido de inspiração para a comenda, já que a terceira e última miniatura só foi recebida poucos dias antes da chegada de d. Amélia.

Preparativos

No final de julho de 1829, com todas as permissões, contratos e assinaturas em mãos, Barbacena chegou a Munique a tempo de comemorar o último aniversário da princesa Amélia antes de seu casamento. No dia 31 de julho, ao completar dezessete anos, ela recebeu dois presentes de seu noivo imperial das mãos do diplomata que o representava. Um conjunto de pérolas que Amélia

---

* E. H. de la Michellerie (1802-1875), artista francês que viveu no Rio de Janeiro entre 1826 e 1831.

usaria por toda sua vida e um retrato do imperador circundado por dezoito imensos diamantes. A coincidência do número dezoito parece não ser casual, já que este era o número de províncias brasileiras e aparecia, repetidamente, em elementos nos brasões e demais iconografia do Império Brasileiro. Este medalhão que Amélia recebeu, embora fosse outro, devia ser parecido com o que havia impressionado d. Leopoldina e a corte austríaca doze anos antes.

Como bem lembra a historiadora Patrícia Telles,[100] o primeiro retrato, mesmo que dentro do contexto de uma aliança dinástica com finalidades políticas, tinha um peso afetivo muito grande. Era a primeira vez que a princesa via o homem com o qual ela teria que passar o resto de sua vida.

Mas uma joia como aquela conseguia ainda causar a desejada impressão de poder; segundo o diplomata Schmitz-Grollenburg, da legação de Baden-Württemberg: "O retrato era circundado por quinze enormes diamantes que causaram muita admiração".[101] Vários jornais noticiaram o presente recebido pela princesa de Leuchtenberg. Novamente, como já acontecera em Viena nas primeiras núpcias de d. Pedro, uma joia feita com pedras tão magníficas criou a ilusão de que o Brasil fosse um país fabulosamente rico.

Litografia de Barbacena fazendo o pedido da mão da princesa Amélia para sua mãe, a duquesa Augusta, e o irmão, Augusto, duque de Leuchtenberg, chefe da família. Coleção Guilherme de Almeida. Foto da autora.

A verdade é que se sabia muito pouco sobre o Brasil. Ao procurar alguém que pudesse ensinar português para a filha, Augusta só encontrou quem falasse espanhol e a pessoa que acabou assumindo a tarefa de preparar a nova imperatriz para o país onde passaria a reinar foi o próprio Carl Friedrich von Martius, maior especialista em Brasil que havia na Baviera na época. Integrante da missão Bávaro-Austríaca que acompanhara a arquiduquesa d. Leopoldina em 1817, o cientista, médico, botânico e antropólogo passara três anos no Brasil, percorrendo diversas províncias do Norte e Nordeste. O livro que resultou dessa expedição, realizada em conjunto com o zoólogo Johann Baptist von Spix, foi publicado em três volumes, entre 1823 e 1831. Embora parte dos manuscritos ainda fosse inédita, é provável que a família Leuchtenberg tenha tido contato com pelo menos parte da obra. Durante o mês de julho de 1829, Carl Friedrich von Martius passou a proferir palestras diárias com uma hora de duração para a corte do Palácio Leuchtenberg a fim de ensinar-lhes o máximo possível sobre o Brasil.

Em paralelo, sabendo que de nada adiantaria conhecer de cor os nomes dos rios da Amazônia e dos pássaros tropicais brasileiros e nada conhecer sobre a corte carioca, Augusta providenciou contato com a condessa de Itapagipe, Ana Romana de Aragão Calmon. Essa nobre se encontrava na Inglaterra servindo à rainha d. Maria da Glória e Augusta pretendia, aproveitando a companhia dela na viagem da filha ao Brasil, que a condessa se tornasse a pessoa de confiança da futura imperatriz. A carta que Augusta escreveu para a dama brasileira começava dizendo:

> [...] eu envio para vossas mãos minha bem-amada filha e, se alguma coisa pode suavizar a dor de nossa separação, é a certeza de que esta querida criança irá encontrar em vós o bom senso e os conselhos de uma amiga. [...] O fato de o imperador vos haver encarregado de acompanhar à Europa a rainha sua filha, assegura o tanto de confiança e estima de que sois digna. [...] Minha Amélia é muito jovem e inexperiente, mas seu coração está repleto dos melhores e mais nobres sentimentos. Ela nunca antes havia deixado sua mãe.[102]

E continuou explicando que a condessa teria como missão aproveitar o tempo que durasse a viagem até o Brasil para esclarecer Amélia sobre as pessoas e costumes com quem ela iria conviver, as características dos principais membros da corte carioca, o protocolo vigente e, assim que possível, providenciar um professor de português para a nova imperatriz. Cabia a ela, também, traçar um perfil do imperador, com suas preferências e aversões, e ainda manter a duquesa de Leuchtenberg informada sobre a marquesa de Santos e suas filhas.[103]

Com palavras gentis e muito tato, Augusta tentava fazer de Itapagipe sua aliada e informante; em troca, se oferecia para proteger os filhos da nobre brasileira, que logo chegariam para estudar em Munique.

Conforme o final de julho se aproximava, mais divulgado ia sendo o casamento. No dia 25, o *Times* noticiava, em Londres, a novidade que logo foi traduzida e veiculada também no Rio de Janeiro: "A princesa Amélia, futura imperatriz do Brasil, já fez dezessete anos de idade. A sua beleza, a sua modesta graça, seu bom senso e o cuidado que a princesa sua mãe aplicou na sua educação a fazem presentemente uma das mais completas princesas da Alemanha".[104]

Os preparativos também envolviam todo o palácio: o enxoval, encomendado em Paris junto ao atelier Delille, chegou digno do cargo de imperatriz; no entanto, com o peso de tecidos que não haviam sido pensados para o clima do Rio de Janeiro. Entre as encomendas, um vestido de veludo caxemira com listras em verde-claro sobrepostas por desenhos góticos em preto e branco, outro vestido de veludo, roxo-cereja com flores de renda, e mais mantos de veludo e tantas outras roupas que a nova soberana certamente sofreria para usar no calor tropical. Predominavam os tecidos em tons de verde, uma das cores nacionais brasileiras desde setembro de 1822, alguns mais claros, outros mais escuros.

A jovem Amélia, sabendo que a viagem para o Rio de Janeiro seria, provavelmente, uma separação para toda a vida, fez questão de se despedir do túmulo de seu pai. Foi à Igreja de São Miguel na véspera de seu aniversário, onde repousavam o príncipe Eugênio e a pequena Caroline, sua irmã, falecida ainda bebê. Talvez Amélia tenha ido ainda a uma loja de brinquedos que existia ali perto escolher presentes para seus enteados, já que sabemos que, junto com sua bagagem, ela levava brinquedos para eles.

O marquês de Resende, nesse meio-tempo, também havia providenciado uma nova baixela para a noiva, composta por uma grande bandeja e peças anexas em bronze dourado e prata, com as armas imperiais brasileiras. Já Barbacena fora incumbido de comprar um valioso colar para a esposa de Carl Friedrich von Martius[105] e entregar a ele uma condecoração enviada por d. Pedro como agradecimento por sua dedicação em instruir d. Amélia a respeito do Brasil.[106]

D. Pedro havia ainda destinado uma soma avultada para que se comemorasse o casamento em Munique. Mesmo que infinitamente menos suntuosa que a memorável festa brasileira oferecida pelo marquês de Marialva no Augarten em homenagem à sua união com d. Leopoldina, as segundas núpcias deviam ser celebradas de acordo com a dignidade que as bodas de um casal de imperadores exigiam.

Contudo, decidiu-se de outra maneira. Já existia uma tradição na família, pois havia sido feita uma doação quando Augusta e Eugênio se casaram, beneficiando doze órfãs com o valor de um dote. Era o espírito da época, em que famílias nobres davam esmolas e faziam caridade para aliar alguma importante comemoração pessoal à sua generosidade. Von Martius, ao saber da decisão da duquesa de Leuchtenberg de destinar o valor da festa a uma doação, sugeriu que, em vez de um ato individual, o valor de quarenta mil florins poderia ser suficiente para que se instituísse uma fundação, celebrando perpetuamente o vínculo entre o Brasil e a Baviera. O que foi providencial, pois Augusta queria evitar constrangimentos com o irmão, rei da Baviera, caso fizesse uma grande festa.

Pela Fundação Brasileira, criada em prol do orfanato de Munique, o capital aplicado renderia quinhentos florins em juros que, todos os anos, na data do aniversário de casamento dos imperadores do Brasil, seriam utilizados para garantir o dote de quatro a cinco internas que completassem dezoito anos. Era, na época, um dos grandes problemas das meninas órfãs, pois, sem dote, não existia a possibilidade de contraírem matrimônio e constituírem família. Dessa forma, o dia 2 de agosto, além de constar na Ordem da Rosa, seria também eternamente lembrado em Munique. Interessante é que essa fundação ainda existe e continua a gerar bolsas de estudo ou outros benefícios todos os anos para as jovens que vivem nesse orfanato.* Quando a municipalidade de Munique decidiu transferir o orfanato do antigo centro para o bairro de Nymphenburg, em 1899, criou-se uma praça e uma rua com o nome de d. Pedro.

Além dessa grande doação, a família Leuchtenberg também distribuiu somas menores em nome dos noivos para instituições e famílias carentes em Munique, Eichstätt, Rueil, Navarra e até em suas propriedades na Itália.[107]

---

* A fundação instituída pelo casamento de d. Pedro I e d. Amélia é administrada pela Verwaltung der Landeshauptstadt München desde setembro de 1968 sob o número Wohltätigkeitsstiftungen Brasilianische Stiftung Nummer 134.

Praça perto do orfanato de Munique com o nome de d. Pedro I. Foto da autora.

Entre as cláusulas estipuladas pelo contrato de casamento, a nova imperatriz devia levar joias de aparato em seu enxoval e recebeu de sua mãe um conjunto de esmeraldas que, provavelmente, havia sido presente de casamento do imperador Napoleão para Augusta em 1806. Além do verde ter sido escolhido por Napoleão como a cor de sua dinastia,[108] havia ainda a crença, na época, de que as esmeraldas simbolizavam fidelidade e felicidade no amor, o que justifica sua preferência como presente nupcial.

Além disso, a escolha das esmeraldas por parte da duquesa de Leuchtenberg para a futura imperatriz do Brasil em 1829 se justifica por essas pedras terem a cor símbolo da Casa de Bragança, e uma das duas cores nacionais brasileiras. Além de que boa parte do enxoval de d. Amélia era também em tons de verde, o que é mais um motivo para imaginarmos que a opção pelas esmeraldas não tenha sido ao acaso. Assim como a duquesa havia escolhido safiras, pedras azuis, uma das cores nacionais da Suécia, quando a princesa Josefina se casou na casa real daquele país. Numa época em que a maioria da população era analfabeta, as cores desempenhavam uma função simbólica ainda maior do que supomos hoje em dia.

"Faça feliz a única princesa que o quis"

E, então, finalmente chegou o tão esperado dia 2 de agosto. Com o casamento, a princesa de Leuchtenberg e Eichstätt se tornava a 16ª duquesa de Bragança e segunda imperatriz do Brasil. Amélia passava a ser "dona Amélia" e "Alteza Imperial" para o resto de sua vida. Ao preço de se separar definitivamente da família e entregar seu futuro ao homem que conhecia apenas por meio dos elogios dos diplomatas brasileiros e de um retrato circundado por diamantes.

A cerimônia começou à uma da tarde na capela do Palácio Leuchtenberg. Segundo os jornais e testemunhas presentes, havia 55 convidados.[109] Do lado da família da noiva, compareceram a rainha viúva Carolina e sua filha, a princesa Maria Ana, única das tias de d. Amélia ainda solteira e a sua preferida desde sempre. Estavam, naturalmente, a mãe, e duas das três irmãs de Amélia: a caçula, Teodolinda, e Eugênia, acompanhada do marido, recém-chegados de Hechingen. Os dois irmãos da nova imperatriz, Augusto e Maximiliano, também lá estavam. Apenas a irmã mais velha, Josefina, não pôde vencer a longa distância que separava Estocolmo de Munique para completar a presença da família. Quase vizinhos, estavam também presentes o duque Max e a duquesa Ludovica, que se tornariam pais da famosa Sissi, futura imperatriz da Áustria. Ludovica, tia mais nova de d. Amélia, não pudera, afinal, se casar com d. Miguel e tinha se unido havia pouco tempo ao primo.

O príncipe Carlos da Baviera, tio preferido da noiva, representou d. Pedro perante o núncio apostólico Charles-Joseph-Benoît d'Argenteau, arcebispo de Tiro. Dois importantes representantes da corte bávara serviram como testemunhas: o conde Rechberg, primeiro camareiro do rei, e o conde Armansperg, ministro dos negócios estrangeiros. À saída da capela, d. Amélia, que tinha os olhos cheios de lágrimas, foi conduzida pelo membro mais velho da família paterna presente, o tio--avô, marquês Tascher de la Pagerie. Ele, então, a levou para a sala onde o marquês de Barbacena a recebeu oficialmente em nome do imperador, tornando-se, assim, o primeiro brasileiro a prestar homenagens à nova imperatriz. Ali, ocorreu a sua primeira cerimônia de beija-mão, na qual, um por um, todos os representantes brasileiros se ajoelharam e lhe beijaram a mão: o marquês de Resende, o diplomata Isidoro da Costa Oliveira, o veador Ernesto Frederico de Verna Magalhães, o cavaleiro Amaro e o camarista Paulo Martins de Almeida.

De todas as ausências, duas se fizeram notar. A primeira delas foi a do rei Luís I, que alegou uma indisposição, o que muito aborreceu sua irmã, a duquesa Augusta. Como imperatriz de um país amigo, o rei devia prestar homenagem à sua nova soberana. A atitude do irmão fez com que Augusta escrevesse para o rei expressando sua decepção: "Percebo com grande tristeza que minha filha não recebeu a mínima atenção que merecia no reino de meu irmão, mas que soberanos estrangeiros souberam lhe testemunhar".[110] Para Augusto, ela completava: "[…] todo o corpo diplomático está furioso com o rei, que poderia não querer ser amável com sua sobrinha, mas que tinha obrigação de não esquecer a consideração devida à imperatriz do Brasil".[111]

Tudo, certamente, se devia à questão do protocolo. Pelo casamento com o imperador do Brasil, d. Amélia atingia o topo da hierarquia dentro da realeza. Uma imperatriz estava acima de um rei, e ele teria que se curvar perante a sobrinha caso comparecesse à cerimônia do casamento. Era óbvio que Luís I tivera a intenção de evitar esse constrangimento.

A segunda convidada que declinou do convite foi uma parente mais distante, a princesa-eleitora da Baviera, Maria Leopoldina. Tendo sido dada em casamento aos dezenove anos para um parente que tinha 71, ela enxergava sem romantismo a crueldade dos casamentos arranjados. Em seu diário, ela anotou a respeito do enlace entre a jovem Amélia e o imperador: "É preciso coragem para que uma mãe envie a filha sozinha para o Brasil, sem saber se e quando ela vai voltar".[112] Para evitar o que a princesa-eleitora chamou de "teatro do casamento", ela deixou a cidade e alegou a viagem para justificar sua ausência. Mesmo sabendo que essa nobre não simpatizava com a duquesa de Leuchtenberg, os comentários que ela fez sobre o tema foram bastante ácidos:

> [...] a mãe enxuga as lágrimas com uma coroa e, de todas as paixões, a ambição é a que mais congela o coração, e é por ela que se sacrificam as mais doces inclinações.[113] [...] A Casa de Leuchtenberg parece estar no auge da felicidade por sacrificar uma filha à ambição de poder chamá-la de imperatriz.[114]

Entendemos melhor suas críticas ao lermos uma outra passagem de seus diários em que ela afirma:

> Pobres mortais que são chamados de príncipes e princesas. [...] Eu tenho compaixão por eles em sua riqueza, cercados de honras, dominados pelo tédio e perdendo a única verdadeira felicidade da vida, que, uma vez roubada, não pode ser substituída por nada, que são os verdadeiros relacionamentos.[115]

Também a rainha viúva da Baviera, Carolina, comentou em carta para sua filha em Berlim: "É verdade que nesta Casa [de Leuchtenberg] tem-se muita ambição, principalmente por parte de Mejan e Planat [de la Faye], que tiveram nas mãos toda a questão desse casamento".[116]

Se, da parte dos bávaros, havia restrições a acreditarem que a jovem Amélia pudesse ser feliz casando-se com d. Pedro e a decisão de sua mãe fosse duramente criticada, do lado da delegação brasileira, abundavam elogios para descrever a nova imperatriz. Sem desconfiar dos comentários maldosos, os diplomatas estavam orgulhosos por terem conseguido alguém que tão bem representaria o Brasil. O marquês de Barbacena, por exemplo, enfatizava:

Até aqui foi sobre o testemunho de outros que tenho dado a V.M.I. notícias de sua augusta noiva, hoje dá-las-ei fundado no testemunho próprio e na minha convicção. [...] É indubitavelmente a mais linda princesa e a mais bem-educada que presentemente existe na Europa, e, quando a vi emparelhada com as primas, que foram primeiramente pedidas,* dei muitas graças a Deus de haver V.M.I. escapado daqueles casamentos. [...] a imperatriz é linda como V.M.I. verá pelo seu retrato que vai nesta ocasião, mas a sua instrução, as suas virtudes excedem quanto posso dizer em seu elogio. V.M.I. gozará do prazer doméstico em maior grau do que nenhum dos seus súditos e isto é o que V.M. queria e quanto convém ao império.[117]

O marquês de Resende, com quem o imperador tinha mais amizade, reforçava a mensagem:

Senhor, eu não fui quem escolheu esta princesa e, por isso, posso e devo ser acreditado por V.M.I. Ela é bela e é este o seu menor predicado. É a única de tantas princesas pedidas que teve ânimo para desprezar intrigas, para passar o oceano e para ir unir a sua sorte à de V.M. Mas tudo isto é menos do que o fundo de virtude, de bondade, doçura, de dignidade e de juízo e instrução que a adornam. [...] O amigo da infância, da puberdade e da virilidade de V.M. assim lho diz. Faça feliz a única princesa que o quis e a que, pelo que vejo e sinto e creio, pode e há de encher as medidas do seu coração.[118]

Em outra carta, o mesmo Resende usou da intimidade que tinha com d. Pedro para lhe falar da noiva com menos eufemismos:

Passando a falar da [...] já hoje esposa de V.M., [...] chama sobretudo minha atenção [...]: um ar de corpo como o que o pintor Correggio deu nos seus quadros à rainha de Sabá e uma afabilidade que aí há de fazer derreter a todos fez com que eu exclamasse na volta para a casa: valham-me as cinco chagas de N. S. Jesus Cristo, já que pelos meus enormes pecados não sou imperador do Brasil. Que fará o nosso amo, na primeira, na segunda e em mil e uma noites?

---

* As princesas Maria Ana e Ludovica, irmãs do rei Luís I e de Augusta Amália, que haviam sido inicialmente cogitadas para se casar com d. Pedro e que estavam presentes à cerimônia.

Que sofreguidão! Os dedos hão de parecer-lhe hóspedes… Basta, quando não, onde me levará minha descrição?[119]

O marquês de Resende parecia realmente impressionado com as mulheres da família Leuchtenberg, pois continuava: "A sogra de V.M. não só desbanca sua augusta irmã a imperatriz da Áustria, o que é muito dizer, mas, a ser eu homem e particular, corria o risco de que eu pegasse nela e a levasse ao Brasil".[120]

A mãe da noiva provavelmente não suspeitava que estava arrebatando corações em pleno casamento da filha a ponto de suscitar fantasias de sequestro por parte de um diplomata brasileiro. Ou talvez não tenha sido à toa que ela fingia não compreender nada do que era falado em português, embora, por falar bem italiano, nem tudo lhe soasse incompreensível.

"Serás esposa, madrasta e soberana"

Preocupada com o futuro de sua filha, às vésperas da cerimônia, Augusta escreveu duas longas cartas para que d. Amélia lesse após a partida.

Uma delas, de cunho íntimo e feminino, continha informações sobre gravidez, parto e os primeiros tempos com um bebê. São hábitos e recomendações muito interessantes e que certamente deviam ser transmitidas oralmente de mães para filhas. Como d. Amélia partia para tão longe, a mãe se preocupava em preveni-la e prepará-la para aquela que era a principal função de uma imperatriz: dar herdeiros à coroa e continuar viva, saudável e atraente para continuar a fazê-lo. Considerando que a própria duquesa Augusta havia tido sete filhos e mantinha o peso de cinquenta quilos e a mesma cintura de quando era solteira, suas recomendações não parecem de todo inúteis. Entre elas, constava:

> Teus cuidados para com teu filho começam já durante a gravidez. Se não tiveres sintomas alarmantes, não é preciso seres mimada ou ficares preguiçosa, procura continuar tua vida habitual, o que também agradará teu marido. […]
> Arruma-te, mas não uses espartilho, nem barbatanas, nem colchetes. Eu os deixei sempre no terceiro mês e substituí por um pequeno *soutien* para sustentar

o peito. [...] Evita movimentos violentos e comer coisas fortes. [...] Poucos dias antes de completar o nono mês, toma um purgante, a fim de ter o corpo limpo e livre no momento da febre do leite. [...] Mostra coragem durante as dores e evita jogar a cabeça para trás. Teu pai sempre segurava a minha cabeça. [...]

Depois que a criança vier ao mundo, recomenda à parteira que friccione tua barriga bem suavemente, isso evita as dores subsequentes. Eu não as tive. E isso também evita que a barriga fique inchada. [...]

Quando estiveres deitada na tua cama após o parto, deves ficar durante os primeiros seis dias deitada de costas, o que contribui para que os órgãos voltem aos seus lugares e, assim, tu conservarás a tua cintura. Há pessoas que colocam coisas pesadas sobre a barriga, mas eu nunca fiz isso, apenas amarrei a barriga com uma faixa larga. É bom ficar esses primeiros dias no escuro e em tranquilidade, falar e comer pouco. Eu me levantava normalmente no oitavo dia por meia hora, mas me limpava sempre perto da cama. Nos dias seguintes, eu ficava mais tempo em pé e colocava um espartilho de preguiçosa. Mas, após quinze dias, colocava meu espartilho habitual. Eu só deixava meu apartamento normalmente após seis semanas, mas, num país quente como o Brasil, essa precaução não vai ser necessária. Quando eu te tive, [...] estava na Villa Bonaparte, era o mês de agosto e estava extremamente quente, e eu fiquei no jardim nas primeiras semanas. [...]

Quando começares a sentir as dores [do parto], farás bem em fazer várias tranças no teu cabelo para evitar que ele se embarace e faça volume. Sê prudente na escolha do que vais comer, mas não comas pouco demais.[121]

Ainda mais extensos são os conselhos que a mãe escreveu para d. Amélia a respeito de sua nova vida como imperatriz, esposa e madrasta, datados de 29 de julho de 1829. Além dos comentários que refletem o que se esperava de uma esposa no século XIX, é interessante como a mãe procurava alertar a filha para sua posição como soberana, comentava sobre a relação previsivelmente difícil com a enteada mais velha e os conflitos inevitáveis entre Portugal e Brasil:

Minha querida criança,
vais deixar uma vida doce, agradável e modesta por uma existência brilhante, mais ativa e talvez bem agitada. Teus deveres de filha e irmã eram fáceis de cumprir e, para fazer a felicidade de tua mãe, só precisavas seguir um coração puro. Mas, de hoje em diante, novos deveres bem mais difíceis te serão impos-

tos. Serás esposa, madrasta e soberana. É preciso te preparares para desempenhar dignamente o papel glorioso, mas difícil, que o destino te reservou.

Aqui estão os conselhos de tua mãe: [...]

Sê piedosa, mas sem fanatismo, sem exagero. A religião deve ser um apoio, um consolo, e não um tormento. Foi ela que me deu coragem e resignação nos terríveis infortúnios que me atingiram. [...]

Não te esqueças jamais que a reputação de uma mãe tem grande influência sobre o futuro dos filhos, sobretudo sobre o das filhas. [...]

Deves a teu marido amor e total confiança, mas é preciso que esses sentimentos sejam regulados e equilibrados pela prudência. [...]

Um pouco de charme em particular para teu marido é permitido, ele deve saber que o amas, que desejas a felicidade dele, que a indiferença dele causaria tua infelicidade, mas não é necessário seres submissa a teu marido como uma escrava, o que estaria abaixo da dignidade de uma esposa; porém, deves estudar seu caráter, seus gostos, para evitar que possas contrariá-lo. [...]

Quando teu marido vier aos teus aposentos, não te ocupes com nada que não seja ele, ele deve ver que sua presença te agrada. Escuta-o com atenção e interesse e não deixes de lhe dizer o que pensas, sem, no entanto, ferir o amor-próprio dele. [...]

Se alguma coisa te desgostar na conduta do teu marido, não demonstres acidez nem censuras, é pela doçura que as mulheres podem conservar sua influência. [...]

Os homens são levianos, [...] é preciso saber suportar seus erros com resignação e dignidade. [...] Todas as mulheres passam por isso. [...]

Sê sempre uma mãe amorosa para os filhos de teu marido, de maneira que eles não saibam jamais a diferença entre uma mãe e uma madrasta. As pobres crianças já são tão infelizes! [...]

A tua posição perante a pequena rainha de Portugal exige uma atenção particular. Se ela retornar ao Brasil, sabes que o ódio divide portugueses e brasileiros e que essa situação pode fazer de vossas cortes duas cortes inimigas. Mas, se for possível não tomar partido, poderás manter um bom entendimento com tua enteada. [...]

Como imperatriz do Brasil, deverás te mostrar brasileira antes de tudo. [...]

É preciso visitar frequentemente os estabelecimentos de beneficência e os institutos de educação e colocar alguns deles sob tua proteção pessoal.

É preciso encorajar os que se distinguem nessas duas áreas importantes por meio de palavras elogiosas, recompensas ou distinções. Sê boa com os desafortunados. Deus nos fez nascer numa alta posição para podermos fazer o bem e a felicidade dos outros. [...]

Sê doce, educada e gentil com todo mundo. [...]

Não te esqueças de que és francesa por parte de pai e bávara por parte de tua mãe. [...]

Já te disse que o ódio divide os portugueses e os brasileiros, deves colocar todos teus esforços para acalmar essa animosidade que tem sua origem no conflito entre os povos de uma colônia emancipada e de sua antiga metrópole. [...] Demonstra, no entanto, sempre interesse pelo desenvolvimento do Brasil.[122]

Augusta também escreveu uma carta com conselhos para o filho Augusto. Lembrava a ele que sua postura no Brasil teria influência sobre o juízo que o imperador faria de Amélia e que tivesse em mente que, por isso, parte da felicidade da irmã dependia dele. Pedia para Augusto não ser mulherengo e ter cuidado com as irresistíveis mulheres brasileiras. E também para não se esquecer de que "certas doenças que se apanham em países tropicais são incuráveis". Augusta, no final da carta, para ser mais enfática, ainda o ameaçava: "Se algo te acontecer, eu não sobreviveria, e o remorso de ter concordado com tua viagem iria ainda envenenar minhas últimas horas".[123]

Para um amigo na França, Augusta escrevia: "Amélia tem demonstrado um juízo e uma força de caráter muito acima da sua idade",[124] mas é difícil saber se ela tentava convencer ao seu interlocutor ou a si mesma de que a filha ficaria bem tão longe da família.

O dia seguinte ao casamento foi, segundo descrição do marquês de Barbacena, "um dia de lágrimas".[125] A nova imperatriz foi à residência real, em frente ao Palácio Leuchtenberg, para se despedir da rainha, da querida tia Maria Ana e de suas primas.

A partida da nova imperatriz estava marcada para o dia 4, apenas dois dias após a cerimônia do casamento, já que o marquês de Barbacena pretendia levar suas duas protegidas o mais rápido possível para o Brasil e, assim, encerrar a difícil missão de ser responsável pela filha e pela nova esposa de d. Pedro I. Resende, sabendo das preocupações de Barbacena com a segurança da nova imperatriz, ironizou: "O marquês de Barbacena, que por seu gosto transportaria nossa ama num balão, logo depois de findo o casamento, assentou, com razão, de apressar a saída de S.M."[126]

Depois de tantas dificuldades para conseguir casar novamente o imperador do Brasil, não é de se espantar que os diplomatas não quisessem correr qualquer risco até entregar a nova imperatriz para o esposo. Mas a imagem da jovem d. Amélia transportada de Munique ao Rio de Janeiro num balão é muito divertida. Na realidade, no entanto, esse percurso consumiria 74 dias entre estradas de terra, rios e a travessia do oceano.

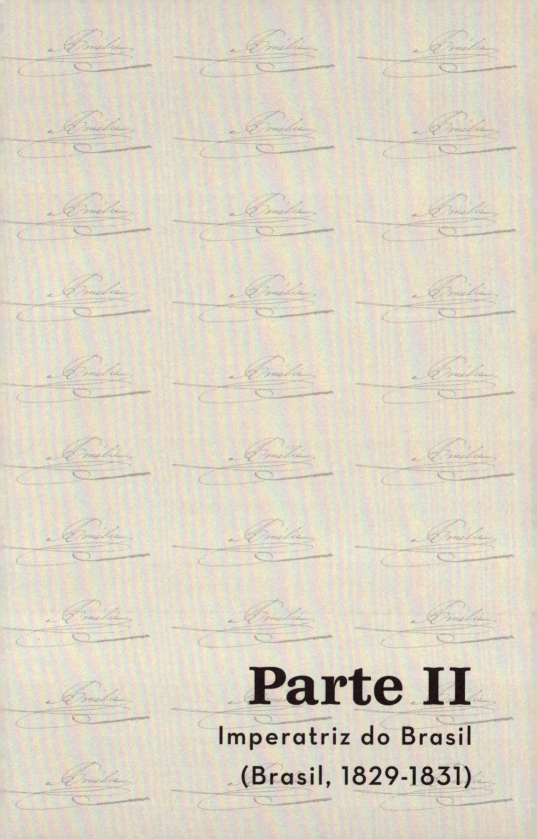

Parte II
Imperatriz do Brasil
(Brasil, 1829-1831)

A caminho do Brasil

NO DIA 4 de agosto, quase ao meio-dia, chegou a hora de dizer adeus. A probabilidade de que fosse uma separação para sempre, como acabara sendo para d. Leopoldina, era imensa. As tias Maria Ana e Ludovica, a rainha Carolina e os moradores do Palácio Leuchtenberg acompanharam d. Amélia até sua carruagem. Barbacena, responsável pelo casamento, ficou tão emocionado na despedida, que teve que ser consolado pela própria rainha. Esta, em carta para sua filha Elisabeth Luísa, contou os detalhes da dramaticidade do momento:

> Que despedida! Que manhã a de hoje e a tarde de ontem. Pobre criança querida! Sua profunda fineza de sentimento, modéstia e simplicidade me ligaram profundamente a ela e a minha dor, em vê-la partir para sempre, aumentou. Barbacena estava diluído em lágrimas, e eu também quando lhe recomendei, na despedida, esta pobre criança. Depois, ele a ajudou e Augusta a pegou pelo outro braço. Assim a levaram para a carruagem. A movimentação da massa foi tão grande, que eu não desci as escadas até embaixo e voltei, trêmula, com Maria para o andar superior. Ainda agora tenho que chorar quando penso neste pobre cordeiro imolado [...]. Todos estes brasileiros me deixaram uma boa impressão, têm um belo porte. Sobretudo Barbacena incute na sua maneira bastante

estranha de falar, pela sua bondade e franqueza, bastante confiança. Entre outras coisas, ele me disse: "Eu sou o homem mais infeliz do mundo, passo minha vida viajando por mares e por terras. Gosto de calma, mas tenho que proteger a pequena rainha d. Maria II e sou responsável por tudo. Muitas vezes tenho que agir por conta própria, assumindo a responsabilidade dos meus atos e arriscando desagradar meu amo". Amanhã ele deixará Amélia para retornar a Londres, a fim de saber o que acontecerá com a pequena [Maria da] Glória.[1]

O sentimento geral era de que d. Amélia estava sendo enviada para um sacrifício, e não para um alegre casamento. Além da distância, avassaladora para a época, o Brasil era tão desconhecido e exótico, que a população da cidade de Munique queria ver aquela princesa tão jovem, que se atrevia a superar todos os obstáculos para se tornar imperatriz de um país longínquo.

A caravana que a população viu partindo com a jovem imperatriz do Brasil era composta por oito carruagens e dois coches com bagagens. Alguns funcionários da Casa de Leuchtenberg seguiriam com ela só até a Bélgica, de onde voltariam para Munique. Era o caso das senhoras Sophie Sandizell e Fanny Maucomble, esta última, a responsável pela educação de d. Amélia e Teodolinda até então.

Além dos marqueses de Barbacena e Resende, Amélia contava com a presença de um médico, o dr. Francisco Stephan, uma dama de honra, a baronesa Fanny Sturmfeder, um confessor e um tesoureiro, além da assistência de quatro criadas de quarto, entre elas a srta. Nagher, e três criados de libré.

Já Augusto, que acompanhava a irmã, levava sua própria comitiva, composta pelo conde Mejan, pelo conde Frederico de Spreti, um secretário, quatro criados e um médico, o dr. Casanova, que havia sido cirurgião de seu avô, o rei Max José. O conde Mejan, que já servia a família havia décadas, tinha 63 anos em 1829 e era a pessoa de maior confiança da duquesa de Leuchtenberg.

O conde Frederico de Spreti era, desde 1827, o ajudante de campo de Augusto e assumia, durante o deslocamento, a função de garantir a segurança dos viajantes e administrar o dinheiro levado. Ele cuidava também do que se chamava, na época, de "preciosidades", ou seja, objetos de valor para serem dados de presente na corte brasileira. Sabemos que havia duas tabaqueiras de ouro e diamantes e três relógios. Seria pouco, e Augusto acabaria encomendando mais tabaqueiras após chegar ao Rio de Janeiro. Os brasileiros foram mais amáveis e solícitos do que a família Leuchtenberg previa e mais do que cinco pessoas acabariam merecendo presentes tão especiais.

Em Ostende, juntariam-se ao séquito a condessa de Itapagipe, a serviço da imperatriz, e o camarista José de Saldanha da Gama. A baronesa de Sturmfeder, que acompanhava d. Amélia, permaneceria com ela também no Brasil. Nenhuma mulher da nobreza podia prescindir de uma dama de honra 24 horas a seu lado. Como bem explica a princesa-eleitora Maria Leopoldina em seu diário:

> Nós, mulheres, especialmente em meu país, não conhecemos o hábito de nos deslocar sozinhas para nenhum lugar, e é uma espécie de costume estar sempre acompanhada. [...] Quando, pela primeira vez, eu me decidi a viajar solo, eu senti a felicidade de estar sozinha e dei valor ao prêmio da liberdade que a solidão propicia.[2]

Essa coragem, entre outros motivos, fez com que ela fosse considerada uma das mulheres mais audaciosas e independentes de seu tempo. Como imperatriz, d. Amélia nunca gozaria dessa prerrogativa, já que liberdade e privacidade eram privilégios vetados às nobres de alta estirpe, pelo menos enquanto não se tornassem viúvas.

As viagens nessa época eram morosas, cansativas e perigosas. Seria só a partir do final dos anos 1830 que começariam a ser construídas estradas de ferro que tornariam os deslocamentos menos desconfortáveis. Em 1829, quando d. Amélia deixou Munique para chegar ao canal da Mancha, de onde partiria para atravessar o Atlântico, era normal evitar ao máximo as estradas e aproveitar as vias fluviais para o deslocamento. Isso, nesse caso, só seria possível após a chegada ao rio Reno. Até lá, era preciso vencer vários trechos por terra. Quando as vias se tornavam intransitáveis por causa de lama ou muitas pedras, ou mesmo por um desnível mais acentuado, era necessário descer das carruagens e seguir a pé. Os carros que transportavam as bagagens iam por caminhos diferentes, para despistar possíveis assaltantes. Mesmo motivo pelo qual a própria imperatriz viajava incógnita sob o pseudônimo de duquesa de Santa Cruz. O uso de pseudônimos evitava também perder tempo com homenagens não planejadas e tentava desviar os viajantes de pessoas mal-intencionadas, que podiam considerá-los valiosos reféns.

Atravessando a Europa

No primeiro dia, a nova imperatriz e sua comitiva chegaram à cidade de Augsburgo, a aproximadamente sessenta quilômetros de Munique. Para compensar um pouco a separação de sua mãe e irmãos mais novos, lá a esperava sua tia, Hortênsia, que se ofereceu para acompanhar d. Amélia até Ulm, última cidade bávara antes da fronteira. Recebida pelo prefeito de Augsburgo, a comitiva se hospedou no tradicional Hotel Três Mouros e seguiu viagem logo na manhã seguinte.[3] A partir desse dia, o responsável pela comitiva passou a ser o marquês de Resende. Barbacena voltara para a Inglaterra a fim de reassumir a tutoria de d. Maria II, até se decidir se ela deveria voltar ao Brasil com a nova madrasta ou permanecer na Europa.

A viagem com a tia Hortênsia durou apenas um dia, debaixo de forte chuva, até chegarem à fronteira da Baviera, onde o rio Danúbio faz divisa com o Reino de Württemberg. Dali, Hortênsia voltou para a Suíça, mas não sem antes testemunhar as homenagens que sua sobrinha recebeu já como imperatriz do Brasil. Ao entrarem na cidade de Ulm, várias meninas usando vestidos nas cores bávaras, azul-celeste e branco, saudaram d. Amélia, lhe entregando guirlandas de flores. Enquanto isso, o prefeito oferecia à imperatriz a chave da cidade ao som de uma serenata executada pela banda militar. Foi uma despedida do reino no qual ela vivera os últimos quinze dos seus dezessete anos de vida e para onde acreditava que dificilmente voltaria.

O terceiro dia de viagem foi percorrido ainda por terra, até chegarem à capital de Württemberg, Stuttgart. O rei não estava, por isso quem recepcionou a comitiva foi o príncipe Frederico, que os ciceroneou pelo recém-inaugurado Palácio de Rosenstein, nos arredores da cidade. Augusto e d. Amélia aproveitaram para conhecer também o ateliê do famoso escultor Johann Heinrich von Dannecker e, no dia seguinte, continuaram a viagem até a cidade de Heidelberg, já por via fluvial, através do lindo vale do rio Neckar.

A partir de Heidelberg, ainda seguindo o mesmo rio, prosseguiram até Mannheim. Nessa cidade, d. Amélia foi recebida por sua tia, a grã-duquesa viúva Estefânia, que participara ativamente das negociações daquele casamento. Além da tia, Amélia reviu suas primas, as princesas Luísa, Josefina e Maria, originalmente cogitadas para que uma das mais velhas se tornasse noiva de d. Pedro I. A tia Estefânia fez questão de mostrar para d. Amélia e Augusto os jardins do Palácio de Schwetzingen, onde o avô de d. Amélia, o rei Max I José, nascera, e recebê-los com menos cerimônia e protocolo, para que pudessem descansar da jornada que já durava quase uma semana.

A viagem prosseguiu pelo rio Reno, passando pela cidade de Mainz, onde d. Amélia e Augusto visitaram a residência do príncipe de Nassau. Continuando a descer o Reno por seu trecho mais pitoresco, passaram pela pequena cidade de St. Goar até chegar a Coblença, onde a banda militar que os recebeu não apenas tocou, como os soldados também cantaram músicas populares. E ao desembarcarem em Bonn, cidade natal de Beethoven, foram saudados pela primeira vez por oficiais prussianos. Um dia, os diferentes reinos e ducados que d. Amélia atravessou durante sua viagem se unificariam sob a bandeira alemã, mas, em 1829, cada um deles ainda era um Estado independente que mantinha relações diplomáticas com o Brasil, e era a primeira vez que podiam render homenagens a um soberano desse país. Dessa forma, ao sair da Baviera, d. Amélia já assumia aquela que seria uma de suas responsabilidades dali para a frente: representar oficialmente o Brasil.

A próxima parada de d. Amélia seria a cidade de Colônia, onde visitaram a impressionante catedral, que ainda tinha uma boa parte de suas torres por terminar. A obra, que durou seiscentos anos, só seria concluída em 1880.

A viagem prosseguiu pela cidade de Aachen, mas, ao deixar o solo germânico e entrar em território belga, d. Amélia preferiu passar para a carruagem do irmão. Nos meses seguintes, ele seria seu único elo com a vida e a família que deixava para trás. A presença do irmão certamente a fazia se sentir menos sozinha e menos amedrontada.

Em 1829, a Bélgica, a Holanda e Luxemburgo faziam parte do Reino dos Países Baixos e seu rei, Guilherme I, havia mandado um convite para que d. Amélia e sua comitiva o visitassem na capital, Bruxelas. Mas os viajantes não queriam se atrasar para o encontro combinado com Barbacena e seguiram pelas cidades de Liège e Louvain, diretamente até a de Gante, hoje parte do território da Bélgica.

Em 15 de agosto, no dia em que se comemora a Ascenção de Nossa Senhora e, por causa disso, é considerado o dia do nome "Maria", d. Amélia escreveu sua primeira carta para a enteada, d. Maria da Glória, que se encontrava ainda na Inglaterra. Junto, enviou um retrato seu.[4]

A comitiva de d. Amélia acabou chegando à cidade de Gante antes dos diplomatas brasileiros e foi recebida pelo príncipe Bernardo de Saxe-Weimar, que já esperava por eles e fez questão de hospedá-los em seu palácio. Em 18 de agosto, o anfitrião levou os viajantes para conhecer o famoso Castelo de Welden, construído sobre uma pequena ilha num lago.

Quando voltaram do passeio, havia dezenas de pessoas esperando por eles em Gante: vários diplomatas e funcionários do governo brasileiro que tinham saído de Londres e Paris para render homenagens à imperatriz antes do embarque marítimo. Alguns importantes exilados portugueses também se encontravam entre eles, já que, desde o ano anterior, com a usurpação do trono por d. Miguel, tiveram que se refugiar na França e na Inglaterra.

Foi nessa ocasião que d. Amélia conheceu a nova dama que ficaria a seu serviço: a condessa de Itapagipe, Ana Romana de Aragão Calmon. Aos 45 anos, Itapagipe assumiria um papel maternal junto à nova soberana. Era o início de uma longa amizade: durante a viagem e o tempo em que d. Amélia fosse imperatriz do Brasil, ela estaria sempre a seu lado; depois, continuariam a se corresponder por toda a vida. Dos três filhos que Itapagipe tinha consigo em agosto de 1829, apenas a filha, a futura viscondessa de Nogueira da Gama, voltava com ela para o Brasil, por ser acompanhante de d. Maria II. Os dois rapazes mais velhos foram enviados com a comitiva que regressava a Munique, para ali concluírem sua educação, sob tutela da mãe de d. Amélia. A duquesa de Leuchtenberg e a condessa de Itapagipe praticamente trocavam os filhos, uma confiando que a outra os protegeria.

Além da condessa, d. Amélia também conheceu em Gante o futuro duque de Saldanha. Nos anos seguintes, ele seria uma das pessoas mais importantes para a história de Portugal e amigo próximo de d. Pedro. Até então cavaleiro de honra de d. Maria II, ele passava, naquele momento, para o serviço da imperatriz. Junto com Saldanha, estava também o presidente das Cortes de Portugal, o conde Sampaio, por cuja cabeça d. Miguel tinha oferecido um alto prêmio.

Nesse mesmo dia, d. Amélia foi apresentada também ao visconde de Pedra Branca, a sua esposa, Maria do Carmo Gouveia Portugal, e à filha deles, Luísa Margarida de Barros Portugal. Esta, que na época tinha apenas treze anos, tornaria-se a amiga mais íntima de d. Pedro II e tutora de suas filhas, já com o título de condessa de Barral. Foi delas que d. Amélia recebeu sua primeira tiara brasileira, não de diamantes ou de pedras preciosas, mas das penas de um pássaro que só existia no Brasil. A jovem imperatriz e Pedra Branca haviam se correspondido nos meses anteriores e, para demonstrar que havia gostado do presente que sua família tinha lhe enviado, ela fez questão de usá-lo no jantar de gala para trinta convidados do qual todos eles participaram na noite seguinte.

O visconde de Pedra Branca, sua esposa e filha, a futura condessa de Barral.[5] Tela de Domingos António de Sequeira. Fundação Maria Luísa e Oscar Americano, São Paulo.

Nesse jantar, comemoravam não só a partida iminente de d. Amélia para o Brasil, como a vitória conquistada uma semana antes, em 11 de agosto, pelos liberais nos Açores. Por causa dessa conquista, a capital da ilha Terceira passaria, no futuro, a não se chamar apenas Angra, mas Angra do Heroísmo. O casamento de d. Amélia coincidia com a data em que o arquipélago dos Açores se tornava o baluarte dos liberais que defendiam a causa de d. Maria II. Seria ali que começaria, três anos depois, a reconquista de Portugal.

Quem conta os detalhes de como a imperatriz se apresentou para sua primeira festa brasileira é a condessa de Sandizell, acompanhante de d. Amélia e dama da duquesa de Leuchtenberg, em carta para sua sobrinha:

> [D. Amélia] usava um vestido de renda branco, adornado com lindas flores coloridas feitas das penas de um pássaro que só se encontra no Brasil. O enfeite foi presente do visconde de Pedra Branca. A imperatriz tinha as mesmas flores nos cabelos. Ela estava coberta de joias, tinha, no pescoço e nas orelhas, as esplêndidas pérolas que o marquês de Barbacena lhe deu por parte do imperador pelo seu dia de nascimento. Elas são das mais belas e de tamanho prodigioso. O retrato do imperador cercado de quinze grandes solitários e encimado por uma coroa em diamantes lhe cobre o peito. Ela tinha várias pulseiras, uma com o retrato da senhora sua mãe, circundado por pérolas e diamantes, uma segunda da rainha-viúva da Baviera [a rainha Carolina, viúva de Max I José], também envolto por diamantes, uma terceira com o retrato do príncipe Carlos [irmão mais novo da mãe da imperatriz], igualmente circundado por diamantes, uma quarta com o retrato da imperatriz Josefina, também com diamantes, e uma em ouro da princesa da Suécia [sua irmã].[6]

Os dias seguintes foram passados na cidade de Gante na expectativa de que chegassem notícias da Inglaterra para procederem ao embarque. A demora se devia ao fato de que fora decidido que d. Amélia iria para o Brasil junto com sua enteada, d. Maria II, e esta, antes de partir, precisava cumprir todos os protocolos para se despedir da corte e do rei da Inglaterra, país onde se encontrava havia quase um ano. Houve, ainda no dia 20 de agosto, a exibição da ópera *La Gazza Ladra*, de Rossini, em homenagem à imperatriz, mas a impaciência começava a tomar conta da comitiva.

Após quase uma semana de espera, finalmente puderam seguir até o porto de Ostende, onde chegaram no dia 24 de agosto. Ali, se reencontraram com Barbacena, que acabara de vir de Londres. Naquele porto belga acabava a Europa continental e as damas da duquesa de Leuchtenberg se despediram da imperatriz. Elas voltavam para Munique, levando cartas e notícias dos filhos para Augusta, e, para d. Amélia e Augusto, começava uma grande aventura.

Tentando fazer com que a despedida do continente fosse menos melancólica, Barbacena havia contratado uma banda para tocar músicas alegres. Segundo o testemunho do conde Spreti, em meio às lágrimas, foi ainda pior o fundo musical destoante.

De Ostende, era necessário primeiramente cruzar o canal da Mancha, no meio do qual foram surpreendidos por uma inesperada tempestade que os fez passarem 36 horas de terror no navio *La Superbe*, quando o normal teria sido uma travessia de 22 a 24 horas. Era a primeira vez de d. Amélia no mar. Não foi uma apresentação feliz, ela enjoou muito e certamente temeu pelo que seriam as próximas semanas a bordo de uma embarcação atravessando o oceano Atlântico inteiro. Felizmente, após terem deixado a Bélgica no dia 25 de agosto, chegaram sãos e salvos à cidade de Portsmouth, na Inglaterra, a 27 e, embora o tempo continuasse ruim, o mar estava mais calmo e d. Amélia fez questão de passar imediatamente para bordo da fragata *Imperatriz*, onde o vice-almirante Manuel Antonio Farinha, conde de Souzel, lhe prestou as primeiras homenagens em "solo brasileiro". Para passar de um navio ao outro em segurança, um marinheiro foi incumbido de levá-la no colo.

Souzel tinha experiência em transportar princesas, rainhas e imperatrizes de um lado para o outro do Atlântico. Já havia levado d. Leopoldina em 1817, desde o porto de Livorno, na Itália, até o Rio de Janeiro e, em 1828, fora o responsável pela travessia de d. Maria II do Brasil para a Europa. Agora, era a vez de entregar a segunda imperatriz do Brasil ao imperador, antes que ele se aposentasse em 1832 e encerrasse sua carreira na marinha.

A frota era composta por três embarcações que navegariam o tempo todo juntas, pois nenhum capitão se arriscaria a atravessar sozinho o oceano levando tão preciosos passageiros. Podiam surgir temporais, calmarias, doenças ou outro imprevisto que seriam difíceis de enfrentar sem ajuda. Além da nau *Imperatriz*, cujo capitão se chamava João Carlos Pedro Pritz, outra fragata, de nome *Isabella*, levaria a maior parte da bagagem e os passageiros que não cabiam na primeira. O capitão da fragata *Isabella*, James Norton, era responsável pela embarcação construída nos Estados Unidos e comprada pelo governo brasileiro. Com seus 64 canhões, ela garantia a escolta da imperatriz. Completando a frota, havia ainda uma corveta, menor e mais rápida, de nome *Maria Isabel*, com 24 canhões, também construída nos Estados Unidos e comprada pelo governo brasileiro. Seu capitão, John Pascoe Grenfell, tinha lutado nas guerras da Independência do Brasil. Tanto Grenfell quanto Norton eram britânicos e, na última guerra de seu país contra Buenos Aires, ambos haviam perdido um braço.

Há relatos, porém, de que outra embarcação aproveitou a proteção da frota que transportava a imperatriz. Tratava-se do veleiro *Cecilia*, que tinha sofrido, em 1827, um acidente durante uma terrível tempestade, no qual perdera todos os seus mastros, e fora abandonado no canal da Mancha pelo capitão, que considerou a nau perdida. No entanto, ela logo teria sido encontrada por um barco inglês que a rebocou até o porto de Plymouth. Os náufragos, em sua maioria migrantes alemães, passaram os dois anos seguintes trabalhando para sobreviver nessa cidade e conseguir reparar o navio, até que uma nova oportunidade se apresentasse para que pudessem finalmente chegar ao Rio de Janeiro, seu destino original. Ao saber dessa situação, d. Amélia teria intercedido, pedindo para que seus compatriotas os encontrassem em Portsmouth e pudessem acompanhá-los durante a travessia. E assim, dois anos depois de terem deixado suas casas, os colonos alemães aportaram em segurança no Brasil. A maioria dos passageiros se estabeleceu no Rio Grande do Sul, aos pés da serra gaúcha, nas colônias de Dois Irmãos e São José do Hortêncio, onde até hoje comemoram o sucesso da épica história de sua imigração.[7]

No mesmo dia da chegada de d. Amélia à costa da Inglaterra, pouco mais tarde, d. Maria da Glória chegou também a Portsmouth e quis imediatamente conhecer a madrasta. O mar estava revolto, e desaconselharam que ela embarcasse para chegar à fragata, ancorada um pouco distante da costa, mas ninguém conseguiu convencê-la a esperar. Ansiosa e curiosa como d. Pedro I, d. Maria da Glória queria finalmente se encontrar com aquela que se tornara a nova esposa de seu pai.

Quando a embarcação que transportava d. Maria II se aproximou o suficiente para que as duas se vissem, elas começaram a acenar seus lenços e, assim que a jovem rainha subiu a bordo, as duas se abraçaram efusivamente, enquanto a orquestra de bordo entoava o Hino Nacional Brasileiro composto por d. Pedro. A música era responsabilidade de uma banda formada por quinze músicos, vários deles alemães. As salvas de artilharia saudavam as duas soberanas: uma rainha de dez anos e uma imperatriz de dezessete. Embora quisessem começar a travessia o mais rápido possível, era preciso esperar que o tempo melhorasse, o que só aconteceu no dia 30 de agosto, quando o vento sudoeste finalmente arrefeceu e puderam levantar âncoras.

Cruzando o Atlântico

Começava, então, a verdadeira travessia do Atlântico, inevitável para se alcançar o país do qual d. Amélia já era imperatriz. Os três jovens, d. Amélia, d. Maria da Glória e Augusto, tinham a seu favor a força e a coragem da juventude e, destemidos, não sabiam que seus destinos estariam, a partir daquele momento, para sempre entrelaçados. Para cada um, no entanto, a viagem tinha um significado completamente diferente. Enquanto para d. Maria da Glória a viagem para o Brasil representava uma volta para casa, para Augusto, seria uma aventura de poucos meses. Já para d. Amélia, a ida para o Brasil significava uma missão sem prazo que a comprometia pelo resto da vida.

A comitiva vinda de Munique, aumentada pela corte que acompanhava a rainha e os passageiros que voltariam ao Brasil, estava distribuída entre as três embarcações. Na fragata *Imperatriz* viajavam as duas soberanas, Augusto e o marquês de Barbacena. Eles dispunham de uma saleta com uma mesa para jogos e um pequeno piano, praticamente as únicas diversões que teriam nas semanas seguintes.

Na ida, d. Maria II tivera a cabine do comandante só para si; na volta, ela dividiu o espaço com d. Amélia. Os passageiros não dormiam em redes, como muitas vezes era habitual, mas em prateleiras pregadas nas paredes, sobre um colchão duro. Apenas a imperatriz e a rainha tinham camas de verdade.

Segundo conde Spreti, havia mais gente que espaço e tiveram que tirar metade da artilharia para abrirem lugar para mais cabines. Por todo lado, amontoavam-se as provisões, espalhadas entre muitos cestos, caixotes e parte delas na forma de animais vivos, que iam sendo abatidos ao longo da viagem. Só as galinhas eram poupadas até se ter certeza da proximidade do destino, pois garantiam ovos em casos de emergência. Quando começavam a servir galinhas nas refeições, sabia-se que faltava pouco para a chegada. Havia também uma grande reserva de água doce, que, no entanto, para tanta gente, não parecia ser abundante.

Desde o embarque de d. Amélia, foi instituída a etiqueta da corte brasileira por se entender que o navio era uma parte do território de seu novo país. Ela passou a fazer as refeições só com o irmão e a enteada, servidos pelos diplomatas mais importantes. As damas das soberanas ficavam presentes o tempo todo, mas em pé. Só após o término da refeição é que os funcionários podiam comer. O café da manhã era servido às oito, o almoço, às 14h30 e o jantar, às 20h30, sendo cada refeição anunciada por uma trombeta.

Os cozinheiros da comitiva de d. Maria da Glória assumiram a cozinha e as refeições passaram a ser portuguesas e brasileiras, possivelmente um dos primeiros choques culturais que d. Amélia teve que superar. Segundo os diários do conde Spreti, a culinária portuguesa seria uma mistura de todas as cozinhas europeias, fazendo com que, no final, não prevalecesse nenhum sabor específico, o que lhe parecia muito sem gosto. Ainda segundo sua descrição, de manhã eram servidos café e chocolate para beber junto com carne ou presunto. No almoço, sopas, carne de vaca ou de ovelha, legumes, frango cozido ou assado, carnes de porco, peixe, normalmente acompanhados por arroz ou, às vezes, macarrão. Segundo Spreti, a melhor parte das refeições era a sobremesa, composta por frutas frescas ou secas, compotas, algumas bolachinhas e, para finalizar, licor. De noite, normalmente havia sopa de arroz com frango ou assados de porco com batatas, seguidos por um chá.

Bebiam vinho do Porto ou Bordeaux, mas havia também alguns vinhos doces, outros do Reno e champanhe. Embora o cardápio não tenha agradado ao bávaro, e ele sentisse falta de limões e laranjas, é de se notar que havia uma variedade considerável de vinhos, carnes e até outras frutas frescas, o que, certamente, constituía um luxo raro em viagens transatlânticas.

Após saírem de Portsmouth, as embarcações navegaram ao largo da ilha de Wight até deixarem o canal da Mancha. Cada etapa era uma nova despedida. Desse ponto, o marinheiro que os guiara através do canal voltaria para a Inglaterra, levando cartas de quem quisesse dar a notícia de que, a partir dali, entravam em mar aberto. A travessia podia durar de quarenta a sessenta dias, ou até mais, pois, como não havia motores, tudo dependia do vento e das correntes marítimas.

O tempo a bordo era pautado pelo badalar de um sino na proa, que tocava a cada trinta minutos. Logo se estabeleceu uma rotina para os ilustres passageiros: acordavam às sete horas da manhã, tomavam o desjejum, se ocupavam com pinturas, leituras, estudos e duas horas diárias de lições do idioma português ministradas por d. Maria da Glória. Das pinturas que fizeram, conhecem-se duas: uma de autoria de d. Amélia, onde se vê uma rosa, oferecida a sua mãe com a inscrição "Terça-feira, 6 de outubro de 1829, a bordo da fragata *Imperatriz*. Amélie". E outra pintada por d. Maria da Glória, também com motivos florais. Ambas estão atualmente nas coleções reais da Suécia.

Ao meio-dia, d. Amélia passeava pelo convés e dava a mão a beijar aos oficiais. Almoçavam e à tarde se entretinham com música e mais leituras e estudos. Às quatro da tarde, novo passeio pelo convés, quando normalmente a imperatriz conversava com todos. Após a ceia, havia charadas, jogos e outros passatempos até se recolherem, por volta das dez horas da noite. Augusto preferia ocupar seu tempo com o capitão Pritz, que lhe explicava o ofício da marinha e à noite lhe dava aulas de astronomia.

O médico de d. Amélia, o dr. Stephan, sabia cantar e tocar violão, tendo com isso alegrado alguns momentos das sete semanas passadas em alto-mar. A imperatriz tocava piano, assim como a enteada, que, como seu pai, tinha dons musicais. Augusto se alegrava porque já conseguia se comunicar com os marinheiros com as duas horas diárias de aulas de português.

Para estes, o dia a dia a bordo era ainda mais regrado. A tripulação dividia-se entre grumetes e marujos, que se organizavam em dois grupos; os marujos se revezavam em turnos de quatro horas e executavam funções específicas de acordo com sua posição.

Poucas variações ocorriam nessa rotina, interrompida um dia por um peixe-voador que entrou pela cabine e aterrissou aos pés de Augusto ou um pássaro que pousou a bordo quando navegavam ao largo de Cabo Verde. A viagem decorreu sem pausas, nem a escala habitual para reabastecimento na ilha da Madeira foi feita, tendo a frota passado ao largo do arquipélago durante a noite de 11 de setembro. Eles tiveram sorte com a travessia, que transcorreu sem tempestades, nem calmarias. Segundo a carta que Augusto enviou para a mãe: "O tempo não podia estar melhor. As noites e madrugadas de verão são magníficas e apenas por três dias fez muito calor. Eu estou animado como sempre e mais forte, mas não tanto quanto a imperatriz, que cresceu e engordou visivelmente. A jovem rainha é muito divertida".[8]

É preciso notar que d. Amélia foi, por toda sua vida, bastante magra, o que, para a época, não era uma qualidade como a entendemos no século XXI; assim, ao dar a notícia de que a irmã tinha engordado, Augusto tranquilizava a mãe de que ela estava com boa saúde.

Poucos animais tiveram a má sorte de cruzar o caminho da fragata. Os dois pássaros que Augusto avistou e acertou com uma arma deveriam ir para seu gabinete de ciências naturais em Eichstätt, mas afundaram antes que pudessem ser resgatados. Um tubarão foi pescado e só um peixe menor, que se escondera sob sua barbatana, foi poupado por d. Maria da Glória, que decidiu jogá-lo de volta ao mar. E, já quase chegando ao Rio, um golfinho foi capturado pela tripulação.

O ponto mais emocionante da travessia se deu a 1º de outubro, quando finalmente cruzaram a linha do Equador. Como era tradição, um marinheiro se fantasiou de Netuno, um grumete se fez de cavalo marinho para ser a montaria da divindade e a tripulação apresentou uma encenação teatral recompensada com muitas palmas e moedas. A passagem de um hemisfério para o outro era sempre um marco importante; para d. Amélia, o céu que ela conhecia desde a infância ficava para trás, e, como todo o resto na nova vida que a aguardava, até as estrelas se tornavam desconhecidas.

Festa comemorando a passagem pela linha do Equador. Aquarela de F. Frühbeck, 1817. Mercado de Arte. Foto cedida por Dutra Leilões.

No dia 3, após a passagem pela linha do Equador, decidiu-se adiantar a viagem da corveta *Maria Isabel*. Esta, menor e mais ágil, devia chegar com alguns dias de antecedência ao Rio de Janeiro para que os preparativos estivessem prontos quando a imperatriz e a rainha ancorassem. Entre as cartas e recomendações, seguia uma mensagem de Barbacena para Francisco Gomes da Silva, o Chalaça, implorando para que d. Pedro fosse sensato e não desapontasse a nova esposa:

> Não posso deixar de lembrar a V.S. o assunto da marquesa de Santos e duquesa de Goiás, e de lhe pedir que, se V.S. ainda conserva sua confiança [de

d. Pedro I], como eu suponho e muito desejo, queira contribuir para evitar qualquer circunstância que possa produzir alguma impressão desagradável ou funesta na ocasião do desembarque. [...] Ora, tudo quanto ele [o imperador] fez relativamente à marquesa de Santos e à duquesa de Goiás foram atos de paixão: não será tempo agora de vir a razão reparar o que for suscetível de reparação? Creio que sim. Prepare-se para ver um anjo na imperatriz. Formosura, juízo, virtudes, maneiras polidas, tudo enfim que há de mais amável, está reunido nesta princesa. [...] Uma só coisa pode fazer murchar tão linda flor, tão lisonjeiras esperanças, e não é mister que eu repita seus nomes.[9]

Barbacena não confiava completamente no bom senso do imperador e apelava para que Chalaça, seu amigo e conselheiro, lhe colocasse juízo na cabeça. O diplomata certamente se sentia responsável pela inocente e bem-intencionada princesa que levava, após conhecer sua família e lhes prometer que d. Amélia estaria em segurança consigo.

Faltando menos de dez dias para a chegada, pintaram todo o navio com tinta a óleo para que ele estivesse reluzente ao entrar na baía de Guanabara. O inconveniente dessa medida foi o cheiro fortíssimo que passou a prevalecer, fazendo com que vários passageiros enjoassem muito. A partir de então, todos foram proibidos de jogar qualquer coisa pelas escotilhas para não sujar a nova pintura.

A última semana da viagem foi muito mais animada que as seis primeiras: festejou-se a primeira vista da costa da Bahia, quando também começaram a aparecer muitos pássaros coloridos e pelicanos. No dia 11 de outubro, um navio dinamarquês que viajava em sentido contrário e deixara o Rio de Janeiro havia poucos dias contou que tudo já estava preparado para a chegada deles e levou a correspondência dos irmãos Leuchtenbergs com destino a Munique. No dia 12 de outubro, festejando o aniversário de d. Pedro I e dos sete anos de sua aclamação como imperador do Brasil, d. Amélia foi acordada por uma salva de 21 tiros de canhão. Os brasileiros se vestiram com seus uniformes de gala completos, ostentando todas as condecorações que possuíam e assim se apresentaram para a missa às dez horas. Ao final desta, ao meio-dia, mais uma salva de 21 tiros. À tarde, seguiram-se uma parada, salvas e a orquestra de bordo entoou novamente o hino de composição imperial. À noite, houve um jantar especial, uma longa cerimônia de beija-mão à imperatriz e os sete vivas aos imperadores.

No dia 14, eles começaram a avistar golfinhos, que passaram a escoltar a fragata. No dia seguinte, o telégrafo visual de Cabo Frio reconheceu a frota e avisou o Rio de Janeiro de que, em mais um dia, estariam na baía de Guanabara. E então, no dia 16 de outubro, a imperatriz chegou ao seu novo país. Como Augusto descreveu em carta para sua mãe, a emoção era imensa:

> É preciso imaginar o que significa ficar durante 45 a sessenta dias fechado numa gaiola sem poder sair de lá; e então, imagina-te a chegar, de repente, a um país magnífico; imagina-te, após ter visto apenas céu e água durante dois meses, deparar com uma floresta nativa entre duas cadeias de montanhas que não encobrem senão ligeiramente as casas que estão atrás e, ao aproximar-te, distinguir as bandeiras de todas as nações unidas pelo comércio; imagina-te, enfim, toda essa paisagem animada por uma imensa quantidade de aves novas para o europeu e por uma grande quantidade de canoas, pirogas, chalupas, evoluindo no porto, indo de um navio a outro.[10]

Ainda mais emocionado é o relato que nos deixou o conde Spreti quando avistaram o Rio de Janeiro:

> Uma cena como nunca vi, nem nunca mais verei. Está impressa profundamente em minha alma e lá ficará por toda a minha vida. Mas descrevê-la não consigo; qualquer pena, inclusive a minha, seria fraca demais para isso. Como estão longe da realidade todas as descrições dos diferentes viajantes. Quem não viu pessoalmente isso tudo, não consegue fazer ideia. Oh, Deus, quão linda e rica você criou a costa do Brasil! Eu tinha lido em algum lugar que só essa primeira vista na chegada já valeria toda a viagem e eu preciso concordar com quem fez essa afirmação.[11]

As palavras de Spreti lembram as da imperatriz d. Leopoldina, que doze anos antes, perante essa mesma paisagem, havia afirmado: "Nem pena nem pincel podem descrever a primeira impressão que o paradisíaco Brasil causa a qualquer estrangeiro".[12]

Após passarem a ilha Redonda, ainda na entrada da baía de Guanabara, a primeira coisa que quem estava a bordo da fragata viu foi uma nuvem negra vindo em direção a eles. Então reconheceram o estandarte imperial brasileiro içado no vapor que se aproximava, o que só podia significar que d. Pedro I estava a bordo. O imperador vinha, em pessoa, recepcionar a noiva.

Entrada da baía de Guanabara em aquarela de Richard Bate, 1836.
Reprodução em coleção da autora. Foto de Andreas Witte.

Primeiros tempos

IMEDIATAMENTE, COMEÇOU uma grande agitação: todos se preparando, tentando achar suas roupas de gala, colocando suas condecorações na lapela, chapéus, plumas, joias. Apenas d. Amélia não se movia. Paralisada pela emoção daquele momento, ela ignorou todos os preparativos e simplesmente esperou no lugar onde estava.[13]

Em poucos minutos, o homem a quem seu destino estaria para sempre ligado se materializaria na sua frente. O rosto do retrato ganharia vida. O imperador do Brasil se tornaria seu marido de fato. Talvez, sabendo que as emoções dos próximos momentos ficariam para sempre tatuadas em sua memória, ela simplesmente não se mexia.[14]

E então, tudo aconteceu rapidamente: em poucos minutos, o imperador já estava subindo com passos vigorosos para o convés da fragata, onde as tropas, perfiladas ao som de um apito, saudaram seu soberano com sete vivas. Ele, por sua vez, viu primeiro o marquês de Barbacena, a quem abraçou efusivamente, lançando apenas um olhar furtivo para a imperatriz, até notar a filha a seu lado. Ao vê-la, ele pegou d. Maria da Glória no colo e a abraçou com força em seu peito, enquanto lágrimas lhe caíam dos olhos.

Visivelmente emocionado, d. Pedro finalmente se dirigiu à imperatriz, que fez menção de lhe beijar a mão, conforme lhe haviam instruído. D. Pedro não deixou e, em vez disso, sussurrou-lhe algumas palavras em francês, mas, para espanto de todos que assistiam à cena, de repente, ficou mortalmente pálido e caiu a seus pés, praticamente desmaiado, e só não bateu a cabeça contra um dos canhões porque foi amparado rapidamente pelos presentes. Alguém mandou buscarem água, mas o imperador logo se recompôs.

Embora a lenda tenha se encarregado de dizer que ele teria perdido os sentidos perante a beleza estonteante de d. Amélia, provavelmente, a emoção do momento o fez ter alguma leve manifestação epilética, da qual imediatamente se refez.

Quando o imperador se recobrou, a primeira imagem que ele viu foi o rosto de d. Amélia: o marquês de Barbacena o tinha colocado no colo da esposa.

E então, gentilmente, d. Pedro deixou que a esposa lhe beijasse a mão e disse a d. Amélia que ela, ao vivo, superava em muito suas expectativas e até mesmo os retratos que tinham lhe enviado. Segundo o relato do marquês para o futuro duque de Palmela:

> O imperador meu amo foi encontrar as fragatas fora da barra, e tamanho foi o seu prazer abraçando a rainha, que perdeu quase os sentidos. A imperatriz, que estava mui tímida, e sem atrever-se a dizer palavra, tomou coragem ao ver aquele transporte de ternura paternal, e ajudou-me a prestar algum socorro ao imperador. Desde aquele momento eu vi os noivos tão ocupados um do outro, como se fossem namorados de muitos anos, e o recíproco entusiasmo tem subido a tal ponto que, neste momento, eu considero aqueles dois entes como os mais felizes do mundo.[15]

Os exageros sobre o encontro inusitado começaram já desde o primeiro instante. Um ministro brasileiro relatou ao visconde de Pedra Branca em Paris que d. Pedro, ao ver d. Amélia ainda a bordo, "tão linda como um anjo", perdera momentaneamente os sentidos. Pedra Branca contaria o relato para a duquesa Hortênsia, a quem encontrou em Roma, e ela se apressaria em dar a notícia a Augusta.[16]

Contudo, como era o homem que d. Amélia viu pela primeira vez naquela tarde e com quem deveria passar o resto de sua vida? Segundo relato de seu conterrâneo, Spreti:

O imperador é um homem jovem, forte, de estatura maior que mediana. Seu rosto tem uma testa alta, olhos vivos e um pouco projetados, o nariz antes grande que pequeno e fortemente curvo, a boca regular, o queixo arredondado. As bochechas são levemente caídas, mas não tanto como eu vi em alguns retratos. Os cabelos são bem escuros, quase negros e muito encaracolados, embora já apresente alguns indícios de calvície. Ele usa bigodes, barba e penteado visivelmente bem cuidados. Sua expressão denuncia espírito, vivacidade e energia. Ele tem uma pele totalmente europeia, mas sem vermelhidão, e poderia ser considerado bonito, não fosse pelas marcas de bexiga [cicatrizes de varíola]. Ele estava vestido com esmero, usando um uniforme de general azul-marinho ricamente bordado em ouro, assim como as calças. Estava enfeitado por suas condecorações, ricamente ornamentadas com diamantes.[17]

Segundo outro contemporâneo, o militar Carlos Teodoro Mansfeldt, "o imperador d. Pedro é, na verdade, um tipo de beleza máscula e, quer a pé, quer a cavalo, no seu todo se revela a majestade".[18]

E como era a jovem esposa que d. Pedro espreitou por entre os braços da filha? Segundo a rainha Vitória, que a conheceu alguns anos depois, a imperatriz era linda, alta, magra e tinha belos olhos azuis muito expressivos.[19] Os tais olhos cor de safira que já tinham mencionado a seu respeito.[20] Quando ela tinha quatorze anos, sua mãe previra que a filha crescia para se tornar uma beldade.[21]

Entre a comitiva que acompanhava d. Amélia, a reação de d. Pedro I foi completamente mal interpretada. Segundo Spreti, eles ficaram todos indignados pelo fato de o imperador não ter cumprimentado primeiro a esposa e ainda ter praticamente desmaiado ao vê-la. Longe de achar que ele estivesse deslumbrado por sua beleza, interpretaram exatamente o contrário: "Era como se tivessem lhe apresentado um dragão como esposa, o que não era absolutamente o caso. A imperatriz é jovem, excepcionalmente bonita e deslumbrante como uma flor desabrochando".[22]

Ainda segundo Spreti, d. Pedro falou com Barbacena, com o almirante Souzel, com oficiais e marinheiros num tom de voz rápido, severo e autoritário e decidiu que não esperariam a brisa das quatro horas da tarde para chegar ao porto, passando a ser, então, rebocados pelo vapor que trouxera o imperador. A beleza da paisagem era avassaladora, e, embora os brasileiros não parecessem tão espantados como os estrangeiros, observavam a admiração destes com um sorriso triunfante de orgulho.

PRIMEIROS TEMPOS

D. Amélia, então, pediu para admirar a vista da entrada da baía. D. Pedro subiu para o convés com ela, seu irmão e d. Maria da Glória, e os oficiais colocaram uma tábua entre dois canhões para que eles pudessem ter uma visão melhor. No entanto, havia diversas cordas sobre eles, o que impedia que a madeira assentasse. Alguns marinheiros começaram a desatar os nós, mas a demora impacientou d. Pedro, que, para susto geral, desembainhou a espada. Apesar do espanto, seu intuito era apenas cortar as cordas de uma vez.

De cima da tábua, d. Pedro mostrou para sua esposa, com orgulho, a baía, as ilhas e as montanhas daquela cidade onde ele vivia desde criança e que conhecia tão bem. O imperador, então, contou sobre a lenda de que seria possível fechar a entrada da baía com uma corrente, de tão próximas que seriam as duas extremidades da barra e apontou o contorno da serra da Tijuca, onde se reconhecia o perfil de um gigante adormecido. Conforme a fragata entrava na baía, ficavam mais nítidos a ferradura da praia de Botafogo, a Igreja de Nossa Senhora da Glória do Outeiro, os morros do Telégrafo, de Santo Antônio e de São Bento, a ilha das Cobras e a do Governador. O tempo todo os diversos fortes saudavam a entrada da fragata trazendo o casal de imperadores com o ressoar de tiros de canhão, seguidos pelos muitos navios de guerra no porto que faziam o mesmo e quase ensurdeciam os viajantes. Ao longe, ouvia-se ainda o repicar dos sinos de todas as igrejas reverberando nas encostas rochosas da cidade. O Brasil saudava pela primeira vez sua nova soberana.

D. Amélia era a segunda Beauharnais a se tornar imperatriz, mas, ao contrário de sua célebre antepassada, d. Amélia tinha deixado a Europa para reinar nos trópicos, enquanto sua avó Josefina deixara a América e acabara se transformando em imperatriz da França.

Às 14h30, a fragata *Imperatriz* lançou âncora no porto do Rio de Janeiro. A seu lado, o navio inglês *Warspite* os saudava. Como saber, no calor daquela recepção tão alegre, num dia tão lindo e auspicioso, que, menos de um ano e meio depois, eles estariam se refugiando como exilados nessa mesma *Warspite*?

Entretanto, naquele 16 de outubro, nada disso se fazia prever. Logo, as crianças, filhas de d. Pedro, acompanhadas por suas governantas, subiram a bordo para conhecer sua "nova mãe" e abraçar d. Maria da Glória, a irmã mais velha, que não viam havia mais de um ano. Segundo Spreti, as crianças eram lindas e educadas, tinham a pele muito branca e cabelos loiros, com traços mais germânicos que lusitanos. D. Paula, por estar doente, não estava entre eles. Já o caçula d. Pedro, o futuro d. Pedro II, lhe pareceu muito tímido e envergonhado em seus quase quatro anos de idade.

Imediatamente, o imperador se mostrou o pai zeloso que era. Criando os filhos havia quase três anos sem a presença de d. Leopoldina, ele era nitidamente carinhoso e devotado às crianças. Arrumou a roupa dos filhos, colocou-os no colo e, para surpresa dos alemães, tirou um pente de tartaruga do próprio bolso e penteou ele mesmo o cabelo deles.

A banda, então, começou a tocar uma música e a princesa d. Januária, sem nenhuma vergonha, apresentou uma dança que havia ensaiado para a ocasião. Sua precisão foi muito apreciada e, se ela parecia feliz, o pai certamente estava muito orgulhoso. E assim, em clima de família, fizeram a primeira refeição juntos ainda na própria fragata.

Logo chegaram diversas personalidades da corte para render homenagens à imperatriz, mas também subiram a bordo vendedores de frutas tropicais e d. Pedro ofereceu uma laranja para d. Amélia. Ela certamente teria se impressionado mais com uma manga ou jabuticabas, já que laranjas eram comuns nas estufas europeias. Mas como já não devia mais haver frutas frescas na mesa da imperatriz após tantas semanas de travessia, ela provavelmente apreciou esse primeiro presente recebido diretamente das mãos do esposo.

Ao final da tarde, as crianças e depois d. Pedro voltaram para terra e deixaram os viajantes a bordo para passarem sua última noite ainda no navio, conforme o protocolo exigia.

A noiva compenetrada

O dia seguinte, 17 de outubro, previsto para o desembarque, amanheceu exatamente o oposto da véspera. Em vez do sol e do céu exuberantes, chovia torrencialmente. Às nove horas da manhã, chegou uma delegação enviada pelo imperador perguntando se d. Amélia preferia que o programa fosse adiado para o dia seguinte, mas ela decidiu manter o cronograma. Por sorte, pois d. Pedro certamente teria odiado suportar a ansiedade de ter que esperar ainda mais um dia.

D. Amélia, então, colocou as joias de esmeraldas que sua mãe lhe dera e esperou pelas onze horas, quando d. Pedro e as crianças chegaram ao navio, todos vestidos em grande gala. Ele deu para a imperatriz a primeira comenda da Ordem da Rosa toda emoldurada em diamantes e lhe apresentou sua camareira-mor, a marquesa de Aguiar. Maria Francisca de Portugal e Castro havia sido dama da rainha d. Maria I e camareira de d. Leopoldina e era, em 1829, uma das pessoas mais influentes da corte.

Ao meio-dia em ponto, ainda sob chuva, o casal de imperadores embarcou numa galeota dourada, impulsionada por dezoito remadores, para alcançarem o Arsenal da Marinha. Recomeçou, então, a salva de canhões e repicar de sinos, como na véspera. No local onde d. Amélia pisaria no Brasil pela primeira vez, tinha sido erguido um arco do triunfo em madeira com colunas ornamentadas, mas, como o conde Spreti notou, elas ainda não estavam completamente prontas. Os oficiais da marinha com suas espadas, o batalhão de granadeiros e uma guarnição de archeiros compunham a guarda de honra que acompanhou o cortejo desde o local do desembarque até a capela imperial. Os ilustres membros da comitiva foram divididos em pequenos grupos que ocupavam, ao todo, nove carruagens. A quinta delas, puxada por oito mulas, levava a imperatriz, suas duas damas e o marquês de Barbacena. Já a carruagem do imperador, logo atrás da de d. Amélia, era a mais moderna e elegante, puxada por oito cavalos, onde seguiam ele, a filha d. Maria da Glória e o duque de Leuchtenberg. As demais eram todas puxadas por seis animais e pareceram ao conde Spreti antigas, decoradas com muito dourado e um gosto barroco já em desuso na Europa.

As vestimentas de todas as pessoas que acompanhavam o imperador eram em tons de verde, sobrepostas por casacas com bordas amarelas de lã, onde o brasão imperial havia sido ricamente bordado. Só os calções eram metade em verde, metade em branco. Os funcionários que seguiam a pé usavam meias de seda brancas com sapatos de fivelas, enquanto os cavaleiros usavam, em sua maioria, botas altas, com esporas. Na cabeça, usavam enormes chapéus em formato triangular com bordas douradas ou prateadas e muitos deles ornamentados por plumas. Para os alemães da comitiva de d. Amélia, tudo parecia um tanto antiquado, rebuscado e muito exótico.

Em especial deferência à noiva, d. Pedro mandara alterar o capacete de sua guarda de honra, adotando o estilo bávaro.

Enquanto o cortejo avançava pela rua Direita até a praça do Paço da Cidade, uma das mulas que puxavam a carruagem da imperatriz empacou e demorou algum tempo até ser convencida a continuar. Ao longo do caminho, sucediam-se monumentos neoclássicos erguidos para esse dia por iniciativa dos comerciantes ingleses, franceses e alemães, alternando colunas e três arcos enfeitados com flores e esculturas que atravessavam de um lado para o outro da rua. O projeto dos arcos era do arquiteto francês Grandjean de Montigny, que desenhara um deles representando Himeneu, deus do casamento na mitologia grega, e o outro, o Amor, segundo um modelo existente no Palácio de Versalhes. Ao passar pelo primeiro arco, algumas meninas vestidas em trajes festivos ofereceram um poema para a imperatriz, enquanto no segundo, duas meninas vestidas de gênio lhe deram guirlandas de flores.

Monograma P(edro) e A(mélia), segundo desenho de Wasth Rodrigues. Coleção da autora. Foto de Andreas Witte.

Às 13h45, os imperadores chegaram à capela imperial, dedicada à Nossa Senhora do Carmo e Sé do Rio de Janeiro, onde foram recebidos pelo bispo, José Caetano da Silva Coutinho. Ainda à entrada, o casal imperial beijou a cruz e foi, então, conduzido até o altar. D. Pedro e d. Amélia se posicionaram ajoelhados sobre almofadas vermelhas com dourado, de frente para um dos altares laterais, enquanto d. Januária e d. Francisca se posicionaram no outro lado e os religiosos ocuparam o altar central. D. Maria da Glória e o irmão da noiva, o duque de Leuchtenberg, assistiram à cerimônia de cima da tribuna imperial. D. Paula e d. Pedro, os outros dois filhos, estavam doentes e não compareceram à cerimônia.[23] Mesmo assim, quando Jean-Baptiste Debret retratou a cerimônia, ele incluiu as duas crianças, afinal, uma tela do casamento do imperador tinha que ser mais do que um registro real da cena, tratava-se da construção da memória da história nacional.

Foi, então, executado um longo hino litúrgico de ação de graças, o *"Te Deum Laudamos"*, de autoria do próprio d. Pedro I, cantado pelos professores da imperial câmara e capela e seguido por uma nova salva de 101 tiros de canhões.

A missa solene foi acompanhada por todos os convidados e pela guarda armada de archeiros, mas não foi aberta à população. A capela, ricamente ornamentada, exibia todo seu tesouro em ouro e prata, o que raras vezes aconteceu em sua história. Segundo relatos, d. Amélia estava muito compenetrada e parecia bastante devota, enquanto d. Pedro, entediado com a demora do serviço religioso, deixava transparecer sua impaciência se movimentando inadequadamente.[24]

Quando, finalmente, a benção nupcial terminou, todos atravessaram o convento contíguo, ligado ao Paço Imperial por um passadiço, e, assim, chegaram à sala do trono do paço sem precisarem sair novamente à rua. Ali, os imperadores se posicionaram sobre um estrado encimado por um baldaquim verde bordado em ouro, onde se iniciou a cerimônia do beija-mão. Segundo a antiga tradição portuguesa perpetuada no Brasil, a corte e o corpo diplomático beijavam a mão dos soberanos em sinal de respeito e submissão, mas, ficamos sabendo pelo relato da comitiva de Augusto, que os outros estrangeiros foram dispensados desse costume.

Em seguida, o marquês de Aracaty leu o decreto de criação da Ordem da Rosa, em que constava a seguinte explicação:

> Querendo perpetuar a memória do meu faustíssimo consórcio com a princesa Amélia de Leuchtenberg e Eichstätt por uma instituição útil, que, assinalando esta época feliz, a conserve com glória na lembrança da posteridade. [...] Hei por bem criar uma Ordem, militar e civil com a denominação de Ordem da Rosa.[25]

Até hoje uma das mais bonitas condecorações já criadas, a Ordem foi distribuída com generosidade durante o Império, principalmente por d. Pedro II durante seu reinado, a ponto de o visconde de Taunay chegar a mencionar que teriam dito: "Há tanto povo com essa teteia, que parece carnaubal de minha terra!".[26]

Muitos dos presentes naquela tarde foram os primeiros agraciados com a comenda em algum de seus graus, que variavam entre grã-cruzes, grandes dignitários, dignitários, comendadores, oficiais e cavaleiros.

A população carioca, encantada com a beleza da insígnia, pôde comprar uma reprodução feita de açúcar e vendida com sucesso pelos confeiteiros sob o nome de "bombom da imperatriz".[27]

Mais de um século depois, já derrubado o Império e em plena República, no ano de 1946, o Estado nacional praticamente plagiaria a Ordem da Rosa, criando a Ordem Nacional do Mérito, com as mesmas rosas esmaltadas, apenas substituindo as alusões ao casamento de d. Pedro I e de d. Amélia. Muitas vezes, os governos posteriores se apropriam de símbolos do regime anterior, assim como também foi feito com a bandeira nacional brasileira e a Imperial Ordem do Cruzeiro do Sul.

Mas voltemos ao dia 17 de outubro de 1829. Após a distribuição das comendas da Ordem da Rosa, seguiu-se uma parada militar e, então, a visita aos aposentos dos imperadores, sempre objeto de grande curiosidade. Novamente, é Spreti quem conta: todos haviam sido recentemente remodelados para receber a nova imperatriz e se encontravam revestidos e decorados com grande esmero.

Na véspera, Carolina Juanicó de Callado, esposa de João Crisóstomo Callado, marechal do Exército Imperial, já havia visitado os aposentos da imperatriz e, em carta para seu pai no Uruguai, dava conta do que tinha visto:

> De tarde, fui ver o palácio, que está ricamente enfeitado: a cama vestida de azul-celeste e branco e a maior parte das peças adornadas pela mesma cor, o toucador e os outros móveis eram do melhor gosto e muito delicados. [...] Por causa da rapidez com que a imperatriz chegou, parte dos trabalhos não estavam concluídos e só estarão neste fim de semana, quando haverá novas festividades.[28]

De todos os relatos da época, sabemos que os uniformes imperiais seguiam as cores nacionais, verde e amarelo, enquanto nos aposentos particulares preparados para a imperatriz predominavam o azul e branco da Baviera. E, no entanto, muitos livros do século XX afirmam que a cidade havia se engalanado em cor-de-rosa por ser esta, "sabidamente", a cor preferida da imperatriz. Não há, em toda a correspondência das negociações do casamento, qualquer menção a qual seria a cor de preferência de d. Amélia. Nenhum dos diplomatas, que se saiba, enviou essa informação para d. Pedro I. O livro *Antiqualhas e memórias do Rio de Janeiro*, de 1921, menciona que, com a instituição da Ordem da Rosa, passou a ser moda a cor rosa, presente nos vestidos das senhoras, nos coletes dos homens, nos laços de gravata, todos eles confeccionados em tecidos dessa cor.[29] Talvez daí tenha surgido a confusão de que a cidade estaria preparada para receber a nova imperatriz toda em tons de rosa, o que não consta em nenhum relato de 1829.

A imperatriz casou-se usando um vestido branco, guarnecido de rendas e bordado com ramos de folhas de ouro e prata, conforme a descrição do ateliê parisiense que o havia confeccionado. Na imagem imortalizada por Debret desse dia, é possível perceber alguns dos detalhes descritos pelo costureiro Delille.[30] O costume de usar branco para o vestido de noiva remontava aos tempos de Napoleão, que tinha predileção por essa cor. Essa tradição seria consolidada alguns anos depois, quando a rainha Vitória também se casou de branco, o que passaria a ser imitado até os dias de hoje.

Enfim, quase sós

Após a benção nupcial, o beija-mão, a parada militar e a visita aos aposentos imperiais, finalmente serviram o banquete para cerca de cinquenta convidados. Segundo o fiel informante conde Spreti, a mesa estava ricamente decorada, com um serviço composto por travessas com as comidas e muitas frutas exóticas. O imperador estava alegre e animado, falava muito e brindou com champanhe. E, então, assim como já havia sido a bordo do navio, só a família imperial e o duque de Leuchtenberg se sentaram, enquanto todos os outros apenas assistiam, em pé, em volta da mesa, enquanto os primeiros comiam. Retirados os pratos da sopa, que foram trazidos para cada um, os soberanos passaram a se servir à vontade das travessas sobre a mesa. Como a imperatriz e o irmão não estavam acostumados com esse sistema, pois no Palácio Leuchtenberg o serviço era sempre à francesa, eles acabaram quase não se servindo e devem ter saído com fome.

Quando a família se retirou, ainda segundo o conde Spreti, os outros convidados se atiraram à mesa "como lobos famintos" e faltou lugar para todos. Os estrangeiros, que não conheciam o costume, acabaram ficando de pé sem comer, o que fez com que o médico do duque de Leuchtenberg, o dr. Casanova, a partir daquele momento, tomasse total antipatia pelos hábitos da corte brasileira.

Ao fim do banquete, as crianças foram levadas de volta para São Cristóvão, os convidados foram se dispersando e a comitiva do príncipe Augusto ficou sem saber onde seriam alojados. Quando foram procurar o duque, entraram num aposento em que se depararam com uma cena inesperada. O imperador, que tinha se despido de seu garboso casaco do uniforme, estava apenas de calças e camisa de linho, deitado no chão tentando consertar o pedal de um piano para a imperatriz poder tocá-lo.

Para d. Pedro, a música era um dos aspectos mais importantes da vida. Ele tivera aulas com os melhores músicos que havia no Brasil em sua época: o brilhante brasileiro José Maurício Nunes Garcia, o maestro português Marcos Antônio Portugal e o compositor e maestro austríaco Sigismund Neukomm. O imperador dominava a flauta, o clarinete, o violino, o fagote, o trombone, o cravo e o piano. Mas não só de música sacra e clássica eram feitas as influências musicais de d. Pedro. No meio do povo, nas tavernas, ele tocava viola e conhecia as populares modinhas e os sensuais e escandalosos lundus, ritmos proibidos nas casas das "boas famílias". São de autoria do imperador diversas composições, em sua maioria hinos e obras litúrgicas, mas toda forma de música o fascinava.

Com a chegada de d. Amélia, descobrir se sua esposa seria sua parceira musical e poderia compartilhar dessa sua paixão foi uma das primeiras coisas que ele quis saber. D. Amélia, que certamente aprendera pelo menos o básico que se exigia na educação de uma princesa, escreveu pouco tempo depois para sua antiga professora de piano:

> Sou-lhe particularmente grata pelas aulas de música que me deu, procuro sempre me lembrar de seus conselhos, dos quais tenho me beneficiado. Tenho sempre tocado, seja sozinha, seja com a baronesa de Sturmfeder, a qual tem sido um grande apoio para mim. O imperador gosta muito de quando eu toco piano e ele acha que não toco mal, do que ainda não estou totalmente persuadida.[31]

Enquanto o casal de imperadores procurava afinidades e interesses em comum já na primeira tarde juntos, o restante da comitiva descobria que não havia lugar para eles passarem a noite na cidade e que deveriam ir para São

Cristóvão, embora já houvesse escurecido e nenhuma carruagem aparecesse para os levar. Quando d. Pedro I se inteirou da situação, se dirigiu à janela, colocou dois dedos na boca e assobiou bem alto. Apesar do espanto dos estrangeiros, o método funcionou e logo surgiu uma carruagem para os transportar.

Após uma hora de viagem, num caminho escuro e enlameado devido à forte chuva daquele dia, eles finalmente foram alojados numa casa próxima à Quinta da Boa Vista. Augusto ficou hospedado no primeiro andar, enquanto seus acompanhantes se distribuíram pelo segundo. Em toda a casa, havia apenas camas com cortinados contra mosquitos, mesas e cadeiras, e mais nada. A bagagem deles, que deveria ter sido levada com antecedência, ainda não estava lá. Nem na cozinha nem no porão havia qualquer sinal de comida e, como já não haviam conseguido se alimentar durante o banquete nupcial, estavam com muita fome. Em total desespero de causa, descobriram que havia laranjas no quintal do vizinho e, sem qualquer outra opção, roubaram as frutas para comer.

Essa casa onde eles se hospedaram havia pertencido ao médico Teodoro Ferreira de Aguiar e depois integrara as propriedades que foram da marquesa de Santos, tendo sido recomprada por d. Pedro pouco tempo antes. Claro que só mencionaram o primeiro proprietário para Augusto e seus acompanhantes.

Os alemães foram dormir um tanto irritados com as diferenças culturais e a falta de planejamento dos brasileiros, mas, quando acordaram na manhã seguinte, não conseguiram ficar indiferentes à beleza da paisagem que se descortinava perante seus olhos:

> Oferecia-se uma vista encantadora sobre o grandioso vale de São Cristóvão, de maneira que a imperial Quinta da Boa Vista fazia jus a seu nome. De um lado, o vale era limitado pela baía formada pelo saco do Alferes e pela montanha do Corcovado, do outro, um morro bloqueava a vista para a cidade e o porto.[32]

No Paço da Cidade, que não era visível dali, d. Amélia acordou pela primeira vez em terras brasileiras. Não há relatos de como transcorreu a noite de núpcias, o único comentário é do irmão Augusto que, após encontrá-los nesse dia, contou que "um e outro estavam muito contentes e ela estava com um jeito charmoso".[33] Sabe-se, de acordo com uma carta escrita pela duquesa Augusta para d. Pedro I, que d. Amélia embarcara para o Brasil "ciente de seus deveres como esposa e mãe e que os cumpriria todos".[34] Também d. Leopoldina havia sido esclarecida sobre a intimidade de um casal. Mas nem todas as mulheres no século XIX tinham essa sorte, muitas chegavam desprevenidas ao leito conjugal e havia histórias traumáticas a respeito da noite de núpcias. Não parece ter sido o caso das esposas de d. Pedro I.

"Festas, festas e mais festas"

Sem, no entanto, muito tempo para a lua de mel, as comemorações pelo casamento prosseguiram logo a partir do meio-dia do dia seguinte à benção nupcial. Uma nova cerimônia de beija-mão estava prevista, onde todo o corpo diplomático se perfilou para prestar homenagens aos imperadores mais uma vez. Saindo dali, cada diplomata pegou sua pena para informar os soberanos de seus países sobre a nova imperatriz. Depois das legações estrangeiras, entraram os funcionários civis, militares e da marinha, seguidos pelos eclesiásticos. Até que todos eles se ajoelhassem, beijassem as mãos dos imperadores e se retirassem, a cerimônia durou duas horas no total. D. Maria da Glória, como rainha de Portugal, tinha que ser homenageada separadamente:

> A rainha foi recebida como tal e, no primeiro dia, recebeu os cumprimentos dos brasileiros, estando entre o imperador e a imperatriz. Os [cumprimentos] do corpo diplomático recebeu-os em sala separada acompanhada dos dois irmãos e da sra. d. Leonor [da Câmara, preceptora de d. Maria II]. O imperador destinou uma casa para residência da rainha, mas não querendo a imperatriz separar-se de sua filha querida, companheira de viagem, e desejando o imperador conciliar as diferentes vontades e opiniões, resolveu que a rainha estivesse em particular com a imperatriz, passando porém para sua casa acompanhada de seus criados portugueses sempre que tivesse de receber os cumprimentos do corpo diplomático, ou quisesse dar audiência aos seus súditos e quaisquer estrangeiros que pretendam ou devam ser-lhes apresentados.[35]

Ou seja, era necessário que a rainha de Portugal tivesse corte e palácio próprios como afirmação política, dada a delicada situação de sua posição enquanto rainha de um trono usurpado. Por outro lado, como pai, d. Pedro compreendia que a filha, em seus dez anos, e após um ano afastada da família, quisesse estar novamente entre eles. É de se notar o carinho entre d. Amélia e d. Maria da Glória, que não queriam se separar após tantas semanas juntas dividindo a mesma cabine do navio.

Dessa forma, foi destinado como residência representativa para d. Maria II o antigo palacete da marquesa de Santos, ricamente ornamentado e com todos os confortos mais modernos da época. O projeto, executado três anos antes, tinha ficado a cargo do francês Pierre Joseph Pézerat, enquanto os acabamentos luxuosos tinham sido elaborados pelo habilidoso artista Francisco Pedro do Amaral e outros renomados artesãos. Única residência construída pela família imperial no Rio de Janeiro, esse palacete revela o gosto do imperador, que pôde ali expressar suas preferências e decorar a casa como preferia.

Como o mobiliário da ex-amante do imperador havia seguido com ela para São Paulo, o palacete encontrava-se vazio e d. Pedro destinou, então, os móveis, quadros, esculturas e luminárias que haviam pertencido a d. Leopoldina para rechear o palácio da filha.[36] Apenas uma tela, pintada por um artista francês, retratando d. Pedro I a cavalo em tamanho natural, havia permanecido no imóvel.* Talvez fosse grande demais para ser transportada pela marquesa de Santos, talvez o imperador tenha comprado o presente de volta.[37] Infelizmente, não se conhece seu paradeiro atualmente.

D. Amélia, instalada no Palácio de São Cristóvão, passava a ter a seu serviço um séquito com mais de vinte damas de honra. Presentes na cerimônia de beija-mão no dia seguinte ao seu casamento, todas usavam exatamente a mesma roupa: um vestido de corte em seda branca, bordado em ouro, sobre o qual assentava um manto verde também todo debruado em dourado. Muitas tinham joias esplêndidas e, na cabeça, usavam um turbante branco com plumas brancas e verdes. Embora fossem muitas, apenas as duas primeiras damas da imperatriz tinham permissão de permanecer na sala do trono. Segundo o relato do comandante Carl Seidler, que esteve presente nesse dia, "era digno de destaque o vestido branco da nova imperatriz, ricamente bordado".[38] Aparentemente, o mesmo que ela usara na véspera.

Findo o beija-mão, d. Pedro levou a jovem esposa para a igreja de sua devoção, no outeiro de Nossa Senhora da Glória. Recebidos pela irmandade que os esperava ao pé do morro, subiram todos juntos em cortejo para a

---

* O conde Spreti não especifica o artista. Havia dois prováveis pintores na corte que poderiam assinar essa obra desaparecida: Jean-Baptiste Debret ou Pallière.

missa.[39] A linda igreja barroca ficava, na época, logo acima do mar, já que não existiam ainda os aterros que seriam construídos no século seguinte. A vista que se descortinava era das mais belas do Rio de Janeiro, e, certamente, o imperador queria que sua esposa se encantasse com a cidade. Eles passaram alguns minutos juntos, contemplando a incomparável paisagem, enquanto d. Pedro detalhava para d. Amélia tudo quanto a vista alcançava.[40]

O dia seguinte, 19 de outubro, era novamente dia de festa. A comemoração de são Pedro d'Alcântara, onomástico de d. Pedro e de seu filho, era também dia de grande gala na corte. O onomástico é o dia do nome da pessoa, normalmente o dia do santo de mesmo nome; no século XIX, esse dia era mais importante que o aniversário. Por ser de grande gala, significava que havia nova missa na capela imperial, outra cerimônia de beija-mão para o corpo diplomático, mais um banquete, e, assim, com tantas solenidades seguidas, a imperatriz certamente começava a se acostumar com o cerimonial brasileiro.

Além da celebração no Paço da Cidade, houve também uma parada militar no Campo de Aclamação, para onde d. Amélia, d. Maria II e suas irmãs seguiram de carruagem, enquanto d. Pedro I e o cunhado, Augusto de Leuchtenberg, cavalgaram escoltados pela Guarda Imperial. Após a revista das tropas, a que as damas assistiram da sacada do palacete, uma nova saraivada de 101 tiros de canhão em homenagem ao casal imperial. D. Pedro I, muito garboso em seu uniforme militar, montava uma égua inglesa castanha que ele mandara buscar na América do Norte.[41] Foi assim, em sua montaria, que ele escoltou a carruagem da imperatriz até São Cristóvão, finda a cerimônia. Essa é a imagem que Pallière imortalizou na aquarela que conhecemos hoje como "Cortejo da chegada de d. Amélia à Quinta da Boa Vista, em 1829", pertencente ao Museu Imperial.

O ritmo do imperador era intenso e, já no dia seguinte, 20 de outubro, à tarde, d. Pedro levou d. Amélia para conhecer o Palacete de Botafogo. O palacete era a casa de campo do imperador, residência em que sua mãe, a rainha d. Carlota Joaquina, vivera boa parte do tempo que passara no Rio de Janeiro.* À volta da baía perfeita e da praia paradisíaca de Botafogo, situavam-se, naquela época, as casas mais bonitas do Rio de Janeiro, muitas delas residência de diplomatas estrangeiros, e dentre as quais, uma das mais belas era justamente a do imperador.

---

* Com o retorno da família real para Portugal em 1821, o palacete foi vendido. Em 1827, d. Pedro I o recomprou. Em 1842, a casa foi leiloada e arrematada pelo visconde de Abrantes. Décadas depois, ela seria demolida.

Para espanto da comitiva bávara que ali esperava por d. Pedro e d. Amélia, o imperador, ao chegar, foi, antes de mais nada, tomar banho e arrumar o cabelo, hábito que não era absolutamente corriqueiro para os europeus. O espanto só aumentou quando foram informados de que, em qualquer casa a que d. Pedro I chegasse, ele sempre tomava banho, de tal forma que todas as suas residências eram equipadas com um banheiro completo com utensílios para banho, mesmo que nos outros cômodos não existissem muitos móveis.[42]

Entre todas as diferenças culturais que causavam estranhamento entre os bávaros e d. Pedro I, provavelmente esse hábito era o mais excêntrico. Logo após o desembarque, d. Pedro tinha se dirigido à baronesa de Sturmfeder, dama camarista de d. Amélia, que não havia trocado de roupa durante os cinquenta dias de travessia, de forma muito direta: "Mas, minha boa baronesa, como a senhora está suja, realmente repugnante!".[43]

No Palácio Leuchtenberg, em Munique, havia uma grande sala de banho, e, conforme vimos pelos diários da irmã mais velha de d. Amélia, as crianças tomavam banho na luxuosa banheira todas as semanas, o que nos leva a crer que d. Amélia devia ter hábitos de higiene melhores que os habituais na Europa.

Em Botafogo, após o banho que tanto espantou a comitiva bávara, d. Pedro apresentou todo o palacete para a imperatriz e, então, com muito orgulho, fez questão de lhe mostrar as flores ali cultivadas para sua chegada, entre elas, rosas vermelhas. Eram espécies difíceis de se conseguir no clima tropical carioca, e ao saber que na Europa eram flores absolutamente comuns, o imperador ficou bastante decepcionado.[44]

Ao entardecer, todos voltaram para a Quinta da Boa Vista, onde estavam preparadas diversas ornamentações iluminadas ao longo do trajeto dos imperadores. A própria baía próxima à Quinta da Boa Vista estava resplandecente com dezoito grandes estrelas artificiais à sua volta, cada uma representando uma das províncias, assim como conhecemos no brasão imperial.

No portal da quinta havia uma inscrição em latim: *Caesare aeque manus ora tota labore refulgit*, o que, em português, significa: "Imperador, em cujas mãos, agora, todo o trabalho resplandece". Entrando pelo parque, também a fonte no meio do pátio e toda a fachada do palácio estavam igualmente iluminadas. Ao chegar à casa, a comitiva era esperada com um chá acompanhado por bolachas e manteiga.[45]

As comemorações se sucediam dia após dia, e, no dia 24 de outubro, houve o lançamento da corveta *Amália*. Grafada assim, em latim, como na certidão de batismo da imperatriz e nas alianças de casamento. Tratava-se do primeiro navio de guerra construído no Arsenal da Marinha do Rio de Janeiro, e não comprado de outro país. Guarnecido por 22 canhões, o navio foi admirado pela família imperial e toda a corte, presentes em uniformes de gala, sob um pequeno pavilhão erguido para protegê-los do sol. Houve um discurso do ministro da Marinha, uma cerimônia de beija-mão e, então, a corveta foi lançada ao mar.

Os festejos continuaram à noite, quando o Teatro Imperial São Pedro foi festivamente iluminado por seis lustres, dos quais pendiam sedas verdes e douradas e mais de duzentos pingentes de cristal que, assim como os espelhos, ajudavam a aumentar a luminosidade do local.*

Os imperadores, em seu camarote na primeira fila do teatro, sentaram-se, enquanto atrás deles diversas damas e oficiais permaneciam em pé. Quando abriram as cortinas verdes do camarote imperial, o público presente os saudou com abanar de lenços e ouviram-se trombetas e vivas. Os imperadores se levantaram para agradecer, e, quando se sentaram, todos fizeram silêncio para que o espetáculo pudesse começar. Tocaram, então, o Hino Imperial composto por d. Pedro e, em seguida, uma companhia italiana encenou a ópera *Agnese*, de Ferdinando Päer. No final, já bem depois da meia-noite, houve ainda uma apresentação de balé por bailarinos predominantemente franceses. Como o programa era longo, durante a pausa da ópera, as cortinas do camarote foram fechadas para que d. Pedro I e d. Amélia pudessem cear. Era hábito que as famílias levassem o jantar para ser degustado dentro do teatro, e assim também faziam os imperadores.

Após alguns dias de descanso, no dia 27 de outubro, finalmente as iluminações previstas para a chegada da imperatriz ficaram prontas. Embora com dez dias de atraso, o efeito que causaram compensou a espera. Os imperadores deixaram São Cristóvão nessa noite para receber as homenagens na cidade. As ruas e praças estavam todas iluminadas e a fachada do Paço da Cidade também. A praça da Constituição, atual praça Tiradentes, por iniciativa de seus comerciantes, ostentava um obelisco erigido em arquitetura

---

* O teatro era um recinto oval espaçoso, decorado com bom gosto, cujos camarotes eram protegidos por grades de ferro, mas onde só cabiam de duas a três pessoas na fileira da frente, embora fossem fundos e permitissem que vários acompanhantes assistissem das fileiras traseiras. As damas, sempre em toaletes elegantes, só eram vistas dentro dos camarotes, nunca na plateia.

efêmera. Os três arcos da rua Direita, sob os quais d. Amélia passara no dia do desembarque, também estavam ricamente iluminados. Os ingleses construíram, no Campo de Aclamação, um grande arco do triunfo, enquanto os franceses, rivalizando com os primeiros, construíram, no largo de São Francisco de Paula, uma coluna como a da praça Vendôme, em Paris. Segundo Debret, o projeto de Pierre Joseph Pézerat com ornamentação de Francisco Pedro do Amaral, os mesmos responsáveis pelo palacete da marquesa de Santos, tinha uma iluminação tão resplandecente, que se avistava da rua Direita.[46] Também os principais edifícios do centro se encontravam iluminados: o Arsenal da Marinha, a Polícia, os prédios da Artilharia e da Infantaria. Havia música na rua e toda a população, a pé ou a cavalo, prestigiava os imperadores gritando: "E viva!".

Tanto empenho e gasto não seria para durar apenas um dia, assim, nas noites seguintes, a iluminação e a festa se repetiram. A partir do dia 28, já prenunciando uma futura tradição carioca, várias pessoas mascaradas apresentaram danças para os imperadores, que assistiam a elas de um tablado colocado no Campo de Aclamação, lugar das festas públicas por excelência. Havia pessoas fantasiadas como turcos, ciganos, mouros, velhos e muitos outros trajes.[47] Não longe dali, anos depois, seria construído o sambódromo da rua Marquês de Sapucaí. A descrição das noites entre 27 e 31 de outubro, com danças e apresentações pelas ruas do Rio de Janeiro, aproveitando a iluminação em homenagem à nova imperatriz, parece demais um antecessor do carnaval como o conhecemos hoje em dia.

De qualquer forma, entre 17 de outubro, dia do desembarque de d. Amélia, e o final do mês, foram duas semanas de intensas comemorações. Como escreveu o marquês de Barbacena: "Por aqui tudo são festas, festas e mais festas".[48]

E não só no Rio de Janeiro comemorava-se o novo casamento do imperador. Sabemos de um côncgo baiano, de nome Benigno José de Carvalho e Cunha, que redigiu um elogio histórico aos imperadores.[49] Segundo o texto, a nação brasileira se tornava ainda mais abençoada porque seu soberano passava a contar com sua digníssima esposa para ajudá-lo a sustentar e reger as rédeas do governo. Ou, pelo menos, era o que os brasileiros esperavam. Discursos como esse seriam cada vez mais raros nos meses seguintes, mas, por algumas semanas, a chegada da imperatriz conseguira resgatar a simpatia e a popularidade do imperador.

Vislumbres de intimidade

Se, para sabermos o que acontecia em público, temos as informações divulgadas pelos jornais, noticiadas por diplomatas e acompanhantes da comitiva bávara, o que ocorria entre quatro paredes é muito mais difícil de se descobrir. Como d. Amélia e d. Pedro conviviam entre si, quais as impressões da imperatriz sobre seu novo país, sua nova família, seu esposo? Existem as cartas trocadas entre a família e as anotações dos diários da mãe da jovem, mas, infelizmente, não se conhecem cartas de próprio punho da imperatriz durante sua estada no Rio de Janeiro, nem qualquer anotação autobiográfica. Mesmo que houvesse cartas, elas provavelmente seriam pouco reveladoras, porque todos os soberanos sabiam que sua correspondência era violada e espionada. E, no caso específico de d. Amélia, seu cuidado em nunca preocupar a mãe fazia com que as poucas cartas enviadas por ela para Munique fossem sempre muito suavizadas.

Quem nos dá os detalhes mais íntimos do dia a dia nesses primeiros tempos é o irmão Augusto, que descreve para a mãe em tom idílico uma cena de convivência familiar que quase conseguimos enxergar como um quadro:

> Amélia está contente e feliz, o que, por enquanto, não quer dizer muita coisa, porque eles estão em lua de mel, mas eu creio poder esperar que ela será assim para sempre. O imperador é bom, franco e quer o bem. Ele fala de suas faltas passadas com muito desprendimento e arrependimento, fazendo crer que não recairá nelas. Amélia se dá muito bem com as crianças, que já a amam muito. Eu estou em muito alta conta entre eles, já que me deixo atormentar pelas crianças e sirvo de cavalo quando elas querem. Se eu fosse um pintor, eu representaria o imperador e a imperatriz num canapé de frente para um retrato de mamãe e papai [os duques de Leuchtenberg], no chão, o grande Augusto, sobre ele montado o pequeno Pedro, ao lado, Januária puxando minha orelha, a rainha mandando os irmãos me atormentarem e ajudando-os a fazer isso, e, finalmente, Diana, a cachorra de caça da finada imperatriz, encantada em ver um grande animal, como ela, de quatro patas, eu, e vindo me fazer carícias.[50]

Em outra carta, uma semana após a chegada, Augusto relata:

O imperador está louco por Amélia. Ela também acredita que ele a fará feliz, o que também é minha impressão. Ele a mima. Recentemente o imperador lhe deu duas voltas de 240 diamantes, todos igualmente grandes e belos. Mas o que mais me alegra é que ele leva o retrato de meu pai consigo para todo lado. Amélia está sempre com ele, mesmo em reuniões de Conselho de Estado ou em questões de negócios. Ele quer que ela participe de tudo. Mas o que mais prova que ele ama Amélia é a forma extremamente carinhosa como ele a trata, atendendo a todos os seus desejos. Se alguma coisa falta ao imperador, apenas ele não ter passado dois anos na Europa.[51]

Uma outra carta, da irmã de d. Amélia, a princesa Teodolinda, para uma prima, reproduz as notícias recebidas do Brasil:

Eu me apresso, querida Luísa, em contar a ti a nossa alegria: acabamos de receber as cartas do Brasil, hoje de manhã, às nove horas. Aqui, um pequeno extrato das novidades: a travessia do Atlântico foi muito feliz, eles não pegaram tempestades, nem calmarias, nem chuvas. Chegaram no dia 16 de outubro ao Rio, mas, como estava chovendo, as iluminações e festas não puderam acontecer logo. Amélia fez sua entrada na cidade no dia 17 com grande pompa, ela estava numa carruagem fantástica* com a baronesa de Sturmfeder e o marquês de Barbacena. O imperador seguia em outra com d. [Maria da] Glória e Augusto; em seguida, eles estiveram na igreja e de lá foram para um grande salão onde ocorreu um beija-mão para o público em geral.

O imperador é cheio de amabilidades e de cuidados para com Amélia. As quatro crianças pequenas são muito gentis, a terceira das filhas, d. Paula, está perigosamente doente, teme-se mesmo por sua vida, no entanto, não adianta se desesperarem, pois não há o que se possa fazer. A imperatriz reside em São Cristóvão, e Augusto está alojado não longe de lá. O imperador, entre outras amabilidades, mandou colocar nos aposentos de Amélia dois vasos extraordinários, um com o retrato do imperador Napoleão e outro com o de papai; uma atenção que emocionou muito Amélia.[52]

---

* A berlinda, construída no século XVIII, tinha sido levada em 1807 por d. João VI para o Brasil, ficara a partir de 1821 a serviço de d. Pedro I, permaneceria no Brasil para d. Pedro II e integra hoje o acervo do Museu Louis-Philippe no Castelo d'Eu, na França.

Talvez d. Pedro tenha se lembrado de seu primeiro casamento, quando o pai, d. João VI, mandara colocar um busto do imperador Francisco I e um álbum com retratos da família de d. Leopoldina em seus aposentos, e o quanto isso a agradara.

Mas a iniciativa de homenagear o imperador Napoleão e o príncipe Eugênio foram especialmente tocantes, porque essa ascendência era justamente o calcanhar de Aquiles da família Leuchtenberg. Eles haviam sido humilhados e espezinhados na corte bávara por essa relação com Bonaparte, e o príncipe Eugênio nunca fora reconhecido na Baviera como herói, como d. Pedro agora fazia. Além dos vasos e dos retratos, um pendurado em frente ao canapé, e o outro, possivelmente, uma miniatura que d. Pedro carregava consigo, ele ainda mandara preparar outro presente muito especial para a esposa.

Em abril de 1814, quando Napoleão já tinha perdido as últimas batalhas, o príncipe Eugênio recebera uma proposta para trair o padrasto e, em troca, ser coroado rei da Itália. Ele, então, entregara uma carta em resposta ao soberano russo explicando que não poderia manchar sua honra e que, mesmo perdendo tudo, permaneceria ao lado de Napoleão. D. Pedro I, sabendo dessa passagem da vida do pai de sua esposa, incumbiu o artista Aleixo Boulanger de fazer um quadro com o retrato do príncipe Eugênio e a transcrição dessa famosa carta. Anos depois, em correspondência para d. Pedro II já adulto, d. Amélia ainda se lembraria com carinho da delicadeza do marido em lhe preparar essa surpresa:

> Era um belo e nobre caráter o do meu pai [príncipe Eugênio], e ele foi sempre fiel à sua divisa "Honra e Fidelidade". Existe carta mais bonita que a que ele escreveu ao imperador Alexandre da Rússia? Foi uma coisa que me tocou da parte do teu pai [d. Pedro I], cuja alma sabia apreciar tudo que é bonito e nobre, de encontrar no meu apartamento em São Cristóvão uma gravura representando meu pai, sob a qual teu pai havia mandado gravar a carta ao imperador da Rússia.[53]

Quando li essa carta de d. Amélia contando sobre o tal presente que tanto a comoveu, a ponto de mencioná-lo mais de quarenta anos depois, tentei localizá-lo. Acabei por encontrar na reserva técnica do Museu Imperial, entre muitos outros quadros, um que se enquadrava exatamente na descrição da imperatriz: uma carta impressa sob o retrato aquarelado do príncipe Eugênio. Já o texto completo da carta, fui encontrar no arquivo histórico do mesmo museu, anotado com a caligrafia do próprio d. Pedro I. Para quem, como eu, ficou curioso com a resposta dada pelo príncipe Eugênio ao czar ante à tentativa deste de persuadi-lo a trair Napoleão, transcrevo uma parte aqui:

> Senhor, eu recebi as proposições de V.M., as quais, sem dúvida, me pareceram muito belas. Porém, [...] nem a perspectiva do ducado de Gênova, nem o prospecto de rei d'Itália valem para me familiarizar com a traição. Antes quero tornar a ser soldado do que envilecer-me para ser soberano. [...] A ele [Napoleão] devo tudo: dignidade, títulos, fortuna e, o que prezo mais que tudo, a ele devo aquilo que se dignou nomear a minha glória. Enquanto ele viver, o servirei. [...] Antes minha espada se rompa nas minhas mãos do que ser infiel ao imperador ou à França.[54]

Quadro com retrato do príncipe Eugênio e sua carta ao imperador da Rússia, que d. Pedro I mandou fazer para a chegada de d. Amélia. Museu Imperial. Foto da autora.

Além das demonstrações de apreço ao príncipe Eugênio, não podemos nos esquecer da divisa escolhida por d. Pedro para a Ordem da Rosa: "Amor e Fidelidade", nitidamente inspirada na do pai da imperatriz, "Honra e Fidelidade".

D. Pedro I também encomendara a Pedro Plancher-Seignot um pequeno livro, intitulado *Esboço da vida e campanhas do príncipe Eugênio de Leuchtenberg, augusto pai de nossa imperatriz*,[55] que passou a ser vendido no Rio de Janeiro. Sabemos ainda que o artista Marc Ferrez, da Academia Imperial de Belas-Artes, preparou um busto em mármore do pai de d. Amélia para integrar a decoração do Palácio de São Cristóvão.

Percebem-se os esforços do imperador em enaltecer a memória do príncipe Eugênio. Com essas medidas propagandísticas, procurava-se sublinhar publicamente o caráter heroico da ascendência paterna de d. Amélia. É preciso lembrar que, naquele momento, havia apenas um príncipe na família imperial, o pequeno d. Pedro II, e que, se algo lhe acontecesse nos anos seguintes e d. Amélia viesse a ter um filho varão, o próximo imperador seria um neto do príncipe Eugênio.

Se, no entanto, d. Pedro era tão delicado e atencioso com d. Amélia a ponto de homenagear seu pai pública e intimamente, por outro, muitas vezes, seu temperamento deve ter chocado a imperatriz. Sabemos que d. Pedro era muito espontâneo e sincero, dizendo o que pensava, para só depois perceber que podia ter ofendido as pessoas.

Anos antes, quando d. Leopoldina teve a garantia de um portador seguro para uma carta dirigida a sua irmã, ela foi sincera a respeito da personalidade do marido:

> Quero descrevê-lo [d. Pedro] com toda a franqueza [...], ele diz tudo o que pensa, e isso com alguma brutalidade; habituado a executar sempre a sua vontade, todos devem acomodar-se a ele; até eu sou obrigada a admitir alguns azedumes. Vendo, entretanto, que me chocou, chora comigo; apesar de toda a sua violência e de seu modo próprio de pensar, estou convencida de que me ama ternamente.[56]

Na verdade, o próprio imperador tinha plena consciência de seus defeitos, como na célebre frase em que se autodefiniu: "A fruta é fina, posto que a casca seja grossa".[57]

É provável também que a expectativa mais baixa de d. Amélia ao se casar com d. Pedro tenha sido uma proteção para ela. A segunda imperatriz aceitou o casamento informada de que a primeira esposa não tinha sido feliz e ciente de que o marido lhe havia sido publicamente infiel. D. Amélia não teve a ilusão de d. Leopoldina, que embarcara da Áustria apaixonada pelo marido, acreditando que encontraria um príncipe encantado no Brasil. Mesmo assim, o choque cultural e as decepções de uma jovem princesa germânica confrontada com a realidade devem ter sido imensos.

Embora, como já foi dito, não tenhamos diários nem cartas de próprio punho de d. Amélia sobre seus primeiros tempos no Brasil, sabe-se de um único documento que conta algo sobre a intimidade dos imperadores. O pesquisador suíço George Pierre Bauer descobriu, já no século XXI, na Biblioteca Nacional do Rio de Janeiro, um diário escrito por um militar alemão de nome Anton Adolf Friedrich von Seweloh. Não sabemos exatamente como Seweloh teve acesso a informações privadas como as que ele relata, mas suas anotações nos revelam a intimidade dos primeiros dias entre d. Pedro I e d. Amélia. Para além de diamantes, condecorações, festas e presentes, havia uma convivência permeada por diferenças culturais com a qual d. Amélia teve que lidar. Segundo as linhas do diário de Seweloh:

> Num dos primeiros dias em São Cristóvão, a imperatriz não estava se sentindo muito bem e não deixou a cama. Ela, então, pediu para FN [prováveis iniciais para *Fräulein*, srta., Nagher, uma das criadas de quarto que a acompanharam desde Munique] que espalhasse os retratos de seus familiares que havia trazido sobre o leito. A imperatriz gozava de momentos de lembrança das pessoas queridas de sua pátria quando o imperador bateu à porta. A criada perguntou, então, se deveria recolher os retratos, ao que a imperatriz negou, dizendo para deixá-los. O imperador se aproximou e observou as imagens, perguntando, em francês, quem seria um deles. D. Amélia respondeu que era seu avô, rei da Baviera, ao que d. Pedro comentou que ele não tinha ares de rei. Ela respondeu que, no entanto, ele tinha sido um excelente homem e muito amado por seu povo.

Ao que teria se seguido o diálogo abaixo, descrito exatamente assim por Seweloh:

> – Pode ser. E quem é essa?
>> – Esta é minha irmã, a princesa real da Suécia.
>> – Mas, minha boa amiga, ela é muito mais bonita do que ti!
>> A imperatriz sorriu dizendo que sabia disso. De repente, d. Pedro olhou mais vivamente, com olhos animados, comparando o retrato e a imperatriz e confirmou que achava a irmã mais bonita que a própria esposa.

– E esse retrato?

– É de minha tia, a grã-duquesa Estefânia de Baden.

– Ela tem um ar afetado.

– E este é de meu pai quando faleceu, vou colocá-lo aqui ao lado de minha cama.

– Ah, não vás fazer uma coisa dessas, eu não quero ter um retrato de alguém morto no quarto, podes colocar isso em qualquer outro lugar que queiras, mas não aqui.

A imperatriz, com lágrimas nos olhos, pediu, então, para a criada guardar os retratos.[58]

Em outra situação, Seweloh conta, novamente com detalhes, que, quando o imperador foi buscar d. Amélia para uma cerimônia de beija-mão, ela estava usando o conjunto de esmeraldas que havia sido presente de casamento de sua mãe e isso não agradou a d. Pedro, pois ele preferia que ela usasse as pérolas compradas em Londres que haviam sido presente dele:

– Mas por que não estás usando as pérolas?

– Elas não combinam com meu conjunto de tiara e colar de esmeraldas, eu usarei as pérolas amanhã com meu vestido prateado.

– Tu as usarás hoje.

– Mas, meu amigo, já estou penteada com a tiara de esmeraldas e ela não combina com o colar de pérolas.

– Não faz mal, é preciso sempre fazer o que o imperador deseja.

E a criada tirou o colar de esmeraldas e o substituiu pelo de pérolas.[59]

A mesma criada, ao se despedir da imperatriz meses depois, foi instruída a não contar nenhuma dessas cenas constrangedoras em Munique:

Não digas para minha mãe qualquer coisa que a possa preocupar. Nada que possa lhe causar o menor motivo de desassossego. Eu também sempre vou lhe dizer que estou feliz. Toda vez que alguém te perguntar como estou, incumbo--te de dizeres que estou contente, satisfeita e bem.[60]

O próprio Seweloh, ao voltar para a Europa e encontrar a duquesa Augusta em sua residência em Eichstätt, um ano mais tarde, relatou que ela teria lhe contado que pretendia visitar a filha no Brasil e que seu maior consolo frente à separação era saber que d. Amélia vivia feliz e satisfeita no Rio de Janeiro. Por essa afirmação, ficamos sabendo que funcionou o plano de d. Amélia de só enviar boas notícias a seu respeito para não preocupar sua mãe e não deixar que a acusassem de ter sacrificado a felicidade da filha por ambição.

Certamente, a vida no Rio de Janeiro não era o mar de rosas que a imperatriz queria que sua mãe imaginasse. Por exemplo, segundo Seweloh, quando d. Amélia e a srta. Nagher se despediram, ela deu a essa criada um pequeno passarinho, que a havia acompanhado desde Munique e que era uma recordação de sua pátria. A moça pediu para que a imperatriz lhe desse um nome, ao que d. Amélia respondeu: "Ele tem tanta sorte de voltar contigo para casa, por isso lhe dou o nome de Fortune".[61] Chamado Fortune, "fortuna" em francês, o pássaro seria, portanto, um "afortunado".

Ao que parece, o militar Seweloh, que escreveu essas linhas em seu diário, teve contato muito próximo com essa criada para poder estar tão bem-informado a ponto de reproduzir diálogos inteiros que teriam se passado entre os imperadores. Se forem verdade, mesmo que contendo algum acréscimo ou exagero do narrador, mostram como deve ter sido difícil para a jovem d. Amélia se acostumar com o gênio autoritário, e por vezes grosseiro, do marido. E isso ainda durante um período em que ele estava apaixonado e encantado pela esposa.

Contudo, não era só à difícil personalidade do marido que a imperatriz tinha que se acostumar. Também o clima, os mosquitos e a alimentação eram fatores que dificultavam sua adaptação. Quando d. Leopoldina chegara, em novembro de 1817, ela escrevera numa carta para a família que o Brasil seria o paraíso na Terra, não fosse pelo calor e pelos mosquitos. Doze anos mais tarde, certamente nem um nem outro tinham se tornado menos insuportáveis para alguém acostumado com o clima das planícies alpinas.

"O que será que estarão comendo?"

A questão da comida era especialmente complicada. Novamente é Seweloh quem nos conta: "[D. Amélia] não conseguia se acostumar à mesa imperial nem durante a viagem ao Brasil, nem no Rio de Janeiro, onde havia um cardápio fixo para os 365 dias do ano".[62] A imperatriz sentia falta dos pratos mais simples de sua pátria, o que se percebia quando ela perguntava: "O que será que estarão comendo agora lá em casa?".[63]

D. Amélia fora acostumada desde a infância a preferir batatas acima de tudo, e essa simples saudade muitas vezes a assolava durante a travessia do Atlântico. Ela, então, pedia para cozinharem ou assarem batatas ao meio-dia, convidando seu irmão para comê-las com ela, como se o estivesse convidando para um banquete. Barbacena, no entanto, comentou que, pelo fato de ela comer batatas ao meio-dia, "acabava por provar tão pouco do almoço, que lhe roubava a alegria de poder servi-la como ele gostaria".[64] Ao que d. Amélia explicou à srta. Nagher "que ela não podia mais comer as batatas, das quais ela tanto gostava, porque Barbacena assim havia [indiretamente] pedido. D. Amélia suportou a situação por dois dias e, então, pediu para lhe levarem secretamente batatas apenas cozidas com casca e tudo, mas apenas quando Barbacena não estivesse por perto".[65]

Também no Rio de Janeiro, Seweloh soube que d. Amélia teria comentado que adoraria comer carne de vitela, apesar de saber que não era costume no país. Ao que a srta. Nagher teria respondido que não devia ser difícil, já que havia bois e vacas ali. A imperatriz também teria comentado que sentia falta de aspargos e, quando a criada perguntou por que ela não pedia alguns, a imperatriz teria respondido: "Como eu poderia fazer isso?".[66]

Segundo registros do reverendo irlandês Robert Walsh, capelão da comunidade britânica carioca entre 1828 e 1829, havia também grandes diferenças entre a alimentação da população de um modo geral e o que se comia nas casas mais abastadas.

O consumo de aves era para os mais privilegiados, sendo as galinhas e seus ovos muitas vezes usados até como moeda de troca. O mesmo se dava com a carne de vaca, normalmente muito cara. Vitela era raramente consumida, pois havia uma antiga lei que proibia o abate de bezerros, daí provavelmente o motivo de d. Amélia se queixar a respeito da ausência desse tipo de carne.

O que se consumia nas ruas, com influências da culinária indígena e africana, era, de longe, mais diversificado do que aquilo que entrava nos palácios. Segundo o conde Spreti, que a tudo observava e anotava, a comida no palácio era pouco variada, onde os mesmos pratos se revezavam, embora ele reconhecesse que eram sempre complementados por uma profusão de esplêndidas frutas e deliciosas sobremesas.[67]

O café da manhã dos imperadores, servido entre as sete e as oito horas, contava com pés de porco, frango assado e outras especialidades que pouco combinavam com o chá ou café servidos com eles. É preciso lembrar que d. Pedro normalmente se levantava bem mais cedo, por volta das cinco horas da manhã, e só após algumas horas é que se alimentava, quando provavelmente já tinha fome para um desjejum tão reforçado.

A mesa do almoço imperial, servido por volta das duas da tarde, era normalmente posta com quatro travessas cobertas, contendo a carne, o arroz, os legumes e a sopa. As demais travessas com comida ficavam descobertas, mesmo que, sabidamente, atraíssem moscas e mosquitos, o que espantava os alemães.

A sopa, que obrigatoriamente antecedia o prato principal, geralmente era de pão ou de macarrão. Quando a carne era bovina, habitualmente era cozida ou assada. Temperava-se com muito alho e pimenta. Muitas vezes, havia couve, abóbora, pepino, batata ou batata-doce como acompanhamento. Os ragus podiam ser de galinha ou de porco, já os assados eram quase sempre de frango ou pernil. Por vezes, serviam-se também miolos e fígado. Muito apreciados eram os pastéis recheados, as empadas e as tortas.

A sobremesa, sempre aguardada, era composta por um prato com docinhos de pâtisserie francesa e frutas como laranjas, limões, abacaxis, melões, entre muitas outras. Para acompanhar, vinhos Bordeaux e do Porto.

Uma informação curiosa que o conde Spreti nos conta é que até 1829 não era costume tomar café depois das refeições no Rio de Janeiro. Segundo ele, o hábito foi introduzido pela comitiva bávara da imperatriz Amélia na corte e depois copiado.[68] Até então, o café era restrito ao café da manhã. Nosso famoso cafezinho após o almoço, quem diria, é um costume bávaro.

Em qualquer refeição, na mesma mesa, apenas os soberanos comiam, e só após estes se levantarem, seus convidados se sentavam, exatamente como nos banquetes dos primeiros dias. Os funcionários mais importantes os seguiam. Já os empregados de mais baixo escalão comiam na cozinha, e o que sobrava, no final, ia para os escravizados.

No horário mais quente do dia, entre o almoço e as quatro horas da tarde, as pessoas costumavam se recolher e repousar, até a chamada hora da viração, quando a brisa do mar entrava pela cidade, refrescando o ar.

O jantar para os imperadores era normalmente servido pelas oito horas da noite, consistindo quase sempre de uma canja de galinha e arroz, frango assado ou carne de porco e seguido por uma pequena sobremesa, exatamente como d. Amélia já havia aprendido durante a travessia do Atlântico.

Antes de se deitarem, era hábito tomarem chá acompanhado por torradas com manteiga salgada, o que surpreendeu os bávaros, que só conheciam manteiga sem sal.

Trocas de impressões

Quando d. Amélia chegou ao Rio de Janeiro e foi morar na Quinta da Boa Vista, d. Pedro tinha mandado pintar o palácio de amarelo e fazer algumas obras externas, como um pavilhão de dois andares em estilo italiano que acabara de ficar pronto, mas que ainda não estava habitável. A fachada principal, constituída por uma ala térrea arrematada por uma torre redonda em estilo mourisco, recebera uma escada externa dupla, feita de pedras e corrimões de ferro que conduzia diretamente ao primeiro andar.

Em meio a um amplo pátio com grandes arcos, elevava-se um chafariz, onde se chegava vindo do portão de entrada por uma alameda pavimentada e ornamentada por arbustos e flores, principalmente mimosas e acácias. Solto pelo jardim, passeava um pavão que havia pertencido à imperatriz d. Leopoldina.

Os jardins da quinta próximos ao palácio eram cultivados em estilo francês, com buxos aparados e arbustos de roseiras. No restante do terreno, predominavam cafeeiros e algodoeiros, entremeados por algumas laranjeiras. Havia ainda uma alameda de mangueiras grandes, único local onde havia sombra em toda a propriedade. No final do jardim, havia um edifício para as ferramentas e, mais ao longe, uma pequena vila com casebres pobres onde os negros que trabalhavam no palácio viviam.

Já do lado de fora da quinta, as estradas eram ladeadas por muitos cactos e arbustos de babosa, sob os quais viviam lagartos e muitos ratos. Aliás, segundo os relatos, o Rio de Janeiro todo era infestado por ratos.[69]

A comitiva alemã, embora não falasse português, conseguia se comunicar com os nobres brasileiros e portugueses designados para acompanhá-los já que uns e outros dominavam melhor ou pior o francês e o inglês. Mesmo com a dificuldade da língua, o conde Spreti expôs em seus diários muitas informações que ouviu a respeito das propriedades vizinhas à Quinta da Boa Vista. Segundo ele, várias chácaras fronteiriças ao palácio pertenciam ao imperador. A casa onde os bávaros estavam hospedados era vizinha ao palacete da rainha d. Maria II, sendo as duas propriedades separadas apenas por uma rua que levava ao porto de São Cristóvão.

Entretanto, havia também uma terceira propriedade, uma pequena casa cercada por um jardinzinho que tinha servido de residência para outras favoritas do imperador. Segundo contaram ao conde Spreti, d. Pedro I costumava dar a casa de presente para a mulher com quem estivesse se relacionando, o que podia durar poucos dias, semanas ou até alguns meses, e, do mesmo jeito que dava, também a tomava de volta, para repassá-la à sua próxima conquista amorosa. Segundo souberam, apenas uma francesa se revoltara com a situação, e, para evitar maiores escândalos, conseguira ser indenizada pela propriedade quando se viu expulsa dali.[70]

Com a chegada de d. Amélia, a tal casa das amantes de d. Pedro I estava vazia e acabou abrigando o médico da imperatriz, dr. Stephan, e o capelão Redlinger. Era ali que aconteciam saraus para os membros da comitiva, já que, além de exercer medicina, o doutor também pintava, cantava e tocava violão, como já havia feito durante a viagem marítima para o Brasil. Do relato destes encontros, ficamos sabendo que as damas vindas da Baviera estranhavam muito a vida na corte brasileira e achavam tudo abaixo de suas expectativas. Talvez tenha sido num desses momentos que Seweloh tenha conhecido a srta. Nagher e, assim, ficado sabendo dos detalhes que narra em seu diário.

Os alemães também pareciam bem-informados acerca do relacionamento que d. Pedro I tivera com a marquesa de Santos. Segundo comentários do conde Spreti, mesmo conhecendo-se a fama das mulheres paulistas serem as mais bonitas do Brasil, ainda assim era admirável que Domitila tivesse conseguido superar a mesquinhez do imperador, recebendo presentes tão valiosos como joias, carruagens e propriedades. Mais incrível ainda era que ela tivesse conseguido mantê-lo envolvido por tantos anos, conhecendo-se o quanto d. Pedro era volúvel. Eles sabiam também que, quando nascera o filho varão de Domitila, o imperador pretendia nomeá-lo duque de São Paulo, mas o menino morreu ainda criança. No entanto, ele deu uma joia no valor de quatro milhões de cruzados* de presente para a amante.[71]

---

* O cruzado era uma antiga moeda de ouro do tempo em que o Brasil ainda era colônia, mas que continuava circulando durante o império, valendo aproximadamente quatrocentos réis.

É de se imaginar que ninguém da comitiva bávara tenha contado esses detalhes para d. Amélia. O importante era que o novo casal construísse uma convivência harmoniosa e quanto menos ela soubesse da anterior vida amorosa do marido, tanto melhor.

Um importante ponto em comum entre os imperadores era a paixão que ambos nutriam por cavalos. D. Amélia era exímia amazona desde criança. Ela montava desde pequena, mesmo quando o tempo não estava propício,[72] e há registros de que, assim que se recuperou de uma escarlatina, aos treze anos, com tantas saudades que estava de cavalgar, galopou tanto, que chegou a se machucar.[73] Em 1860, aos 48 anos, d. Amélia ainda tinha treze cavalos a seu dispor em Lisboa.[74]

D. Pedro não só amava montar, como fazia questão de selar e ferrar os animais e de tratar de seus cavalos pessoalmente, tendo introduzido no Brasil vacinas e práticas veterinárias até então desconhecidas. Ele próprio uma força da natureza, d. Pedro explorava as trilhas e florestas do Rio de Janeiro, onde gostava de caçar e subir montanhas. Também não era raro que ele nadasse nu nas praias cariocas. D. Amélia logo passou a acompanhá-lo em seus passeios a cavalo, quando o marido aproveitava para lhe mostrar a cidade e seus arredores.

"A ordem começa a reinar"

Apesar dos passeios juntos, d. Amélia passava boa parte de seu tempo dentro dos portões do Palácio de São Cristóvão, como era natural para uma mulher e soberana na época. Ali, sua corte pessoal era composta por duas damas que a acompanhavam desde a Baviera, a baronesa Sturmfeder e a srta. Nagher, e por duas funcionárias brasileiras, a condessa de Itapagipe, sua dama camarista, e, acima de todas elas, a marquesa de Aguiar, camareira-mor da imperatriz. D. Amélia contava ainda com outras damas para servi-la, entre açafatas, moças de quarto e retretas, com as quais, no entanto, pouco contato real tinha, uma vez que elas não estavam autorizadas a lhe dirigir a palavra.

Tão importante quanto sua convivência com a corte que a cercava, era seu relacionamento com os filhos do imperador. Entre os cinco enteados assumidos pela imperatriz, d. Maria da Glória gozava de um status diferente dos demais, não só por seus dez anos, não tão distantes assim dos dezessete da madrasta, como por toda a cumplicidade que desenvolveram ao longo da viagem. Além disso, a pequena rainha acumulava experiências de vida que muitas mulheres adultas, como a própria d. Amélia, jamais teriam. D. Maria II havia perdido a mãe ainda pequena, havia convivido com a amante do pai e suas filhas, sabendo de quem se tratavam, tinha viajado sem a família para a Europa, vivido por um ano num país estrangeiro e até já havia representado um reino do qual era rainha mesmo sem conhecê-lo.

As outras três meninas, d. Januária, d. Paula e d. Francisca, na época com sete, seis e cinco anos respectivamente, e Pedro, com quase quatro, estavam, naturalmente, em outra categoria. Nenhum deles se lembrava realmente da mãe, falecida três anos antes, e eram ainda pequenos o suficiente para aceitarem sem reservas uma nova figura materna em suas vidas. D. Amélia se esforçou para seguir a tocante recomendação de sua mãe e cuidar deles de forma que "as crianças não saibam jamais a diferença entre uma mãe e uma madrasta".

Mas ser uma boa mãe não significava apenas carinho e alegrias. Era preciso cuidar da educação dos enteados e um dos aspectos negligenciados nesse quesito era a questão das línguas estrangeiras. Embora estudassem outros idiomas, no dia a dia, as crianças falavam apenas português, e d. Amélia sabia que, como príncipes e princesas, eles precisariam futuramente se comunicar sem dificuldade com outros membros da realeza europeia, incluindo seus futuros cônjuges. Para isso, precisariam falar perfeitamente, no mínimo, o francês. Sabendo também que eles só seriam fluentes nesse idioma se o praticassem diariamente, decidiu que essa seria a língua falada na corte. Como o francês era também sua língua materna e o idioma no qual se comunicava com o marido, essa passou a ser a língua oficial em São Cristóvão. Claro que a medida não agradou aos funcionários, que, em sua maioria, não dominavam tão bem outros idiomas além do português.

Para uma princesa criada na Baviera, era natural que as crianças crescessem segundo regras e limites estabelecidos pelos adultos. Assim, embora d. Amélia tenha levado muitos presentes e brinquedos para as crianças, ela instituiu que eles deviam ficar guardados num armário e que, conforme as crianças quisessem brincar, poderiam pegar aquilo, e apenas aquilo, que desejavam. Possivelmente, um dos primeiros choques culturais entre uma madrasta germânica e enteados latinos. Era uma ideia tão absurda que os príncipes tivessem que respeitar tais regras, que a intenção da imperatriz foi completamente mal interpretada pela corte e considerada como uma tentativa dela de monopolizar os brinquedos, que deviam estar à disposição das crianças, já que lhes haviam sido oferecidos.[75]

Mas, ao que consta, apesar das diferenças culturais, suas intervenções no palácio surtiram efeito benéfico. Segundo o ministro francês relatou um mês após as mudanças:

> Parece que a imperatriz continua a exercer a mesma influência sobre os filhos de d. Pedro. Felizes resultados já são aparentes, reformas consideráveis foram realizadas no interior do palácio, e a ordem começa a reinar por lá. A educação das jovens princesas é supervisionada e orientada pela imperatriz em pessoa.[76]

Mesmo com todos os mal-entendidos, ou talvez até por causa deles, d. Amélia considerou que não eram só os enteados que precisavam de mais disciplina. Também as regras de etiqueta na corte lhe pareceram muito displicentes e ela decidiu instituir novos cerimoniais.[77] Assim, por exemplo, a entrada nos aposentos das crianças passava a ficar interditada para os que não estivessem de serviço imediato, e a imperatriz também decidiu que faria as refeições sempre junto com o marido, servidos por seus empregados, e não sozinha com suas damas em seus aposentos, como ocorria até então no dia a dia da corte brasileira.[78]

Entretanto, nos hábitos do marido, d. Amélia, ao que parece, não tentou grandes modificações. Ele manteve sua rotina, apenas incluindo a esposa em muitas de suas atividades. Como às sextas-feiras, quando o imperador recebia a população em audiência pública, aberta a quem quisesse procurá-lo. Nos domingos, após a missa, havia sempre uma recepção ao meio-dia para o corpo diplomático, que se apresentava em uniforme com todas as ordens que possuíssem e à qual d. Amélia passou a acompanhar o marido.

Como passatempo, o imperador gostava de trabalhar numa sala de marcenaria que mantinha em São Cristóvão. Muito habilidoso desde criança, aos treze anos, a figura de proa da fragata que levava seu nome, lançada na Bahia em 1811, tinha sido esculpida pelo próprio príncipe. Quem nos conta sobre essa atividade é o reverendo Robert Walsh em seu livro sobre a vida no Rio de Janeiro em 1829:

PRIMEIROS TEMPOS

Os aposentos particulares [do imperador] são uma verdadeira oficina, dispondo de um torno e de uma bancada de carpinteiro, e ali ele já fabricou vários objetos. No teto, acima do torno, há uma plaqueta, aparentemente de sua inspiração e execução, mostrando um telescópio, uma corneta acústica e um cadeado, sugerindo com esses emblemas que todos que entrem no palácio devam ver, ouvir e calar.[79]

Para nossa sorte, Walsh ignorou o conselho de se manter discreto e continuou seu relato, que data justamente do período em que d. Amélia conviveu com d. Pedro I no Brasil e, assim, ficamos sabendo que:

Os hábitos do imperador são dinâmicos e moderados. Ele se levanta ao romper do dia e, por já estar acordado, não se mostra disposto a deixar os outros continuarem dormindo. Por conseguinte, começa a disparar a sua espingarda de caça pelo palácio, até que toda a família esteja de pé. Toma o café matinal às sete horas e se ocupa com o seu trabalho ou com divertimentos até as doze, quando então volta para a cama, onde permanece até 13h30. Levanta-se, então, e se veste para o almoço. Os brasileiros, pelo que pude observar, são muito cuidadosos com sua limpeza pessoal, e o imperador mais que todos. Ele nunca é visto trajando uma peça de roupa suja ou manchada. Ele almoça com a família às duas, come com moderação e raramente toma mais do que um copo de vinho. Em seguida, brinca um pouco com os filhos, aos quais é muito afeiçoado. É um pai exigente e severo, mas muito amoroso, e os filhos ao mesmo tempo gostam dele e o temem.[80]

De tarde, após o descanso habitual, d. Pedro muitas vezes saía de carruagem com os filhos e a imperatriz, depois tocava algum instrumento com eles, e apenas quando havia apresentações no teatro, iam para a cidade, residindo normalmente em São Cristóvão.

As crianças ceavam antes dos adultos, com suas respectivas damas, então tomavam a benção e se recolhiam mais cedo do que os imperadores.

A vida em família era harmoniosa e essas também foram as notícias que chegaram à Baviera. A duquesa Augusta, mãe de d. Amélia, só saberia do desembarque dos filhos no Rio de Janeiro quase três meses depois e ficou com certeza muito aliviada ao se inteirar das novidades. D. Pedro também lhe escreveu agradecendo por ter consentido no casamento e assegurava a felicidade do casal, o que fez com que a duquesa escrevesse para um membro da comitiva que estava no Brasil: "A carta que o imperador escreveu me levou às lágrimas. Deus me recompensou pela coragem. Se eu pudesse somente ter o tapete mágico das mil e uma noites, você me veria à mesa onde almoça com meus filhos".[81]

Segredos ocultados

Uma das questões que muito afligia a duquesa de Leuchtenberg dizia respeito à filha de d. Pedro I com sua favorita, a marquesa de Santos. A criança, reconhecida por ele e criada na corte até então, seria sempre um pretexto para que a ex-amante voltasse ao Rio de Janeiro e facilmente se imiscuísse novamente na vida do imperador. Uma das missões de Augusto era assegurar que isto não aconteceria. Em carta para a mãe, dois dias depois da chegada, ele a tranquilizava:

> A marquesa está longe do Rio de Janeiro. Para que ela não possa retornar, o imperador comprou todas suas casas e móveis. Também a jovem duquesa não está mais aqui. Ela foi levada um dia antes da nossa chegada para uma casa de campo afastada do Rio e será enviada para ser educada na França. Estás satisfeita? Eu estou e agradeci ao imperador em teu nome por isso. Amélia, que não fazia ideia de nada disso, teria ficado surpresa se encontrasse essa criança em sua casa.[82]

E, no entanto, houve quem dissesse que d. Amélia teria protagonizado uma cena cinematográfica em que d. Pedro, enternecido ao vê-la com seus filhos, teria pedido para que mandassem chamar a duquesa de Goiás, ao que a imperatriz teria respondido altivamente que estava ali para ser mãe dos filhos de d. Leopoldina e que "a senhora de Santos" que cuidasse dos seus. Muito embora o cinema e as telenovelas adorem repetir essa ficção, a carta do irmão de d. Amélia é clara: ela não fazia a menor ideia da presença da criança no palácio. Aliás, mesmo que soubesse, dificilmente uma esposa afrontaria o marido em público, ainda mais sendo ele o imperador e ela recém-chegada a um país e corte completamente desconhecidos.

Mesmo que essa cena não tenha ocorrido, passou a ser voz corrente no Rio de Janeiro que d. Amélia teria exigido o afastamento da pequena duquesa de Goiás, como o próprio conde Spreti ouviu: "A criança não foi apresentada junto com os outros filhos do imperador, e, por desejo da imperatriz, foi afastada do palácio".[83]

Embora possamos suspeitar que Augusto estivesse contando uma versão editada da realidade para não preocupar a mãe, a explicação sobre o início do boato está na correspondência entre o barão de Mareschal e o príncipe de Metternich. Ali, o diplomata menciona que d. Pedro, sem coragem para se separar da filha querida, a havia mantido na corte até o último momento. Ele só deu ordem para que ela deixasse a Quinta da Boa Vista com destino à Praia Grande, atual Niterói, quando d. Amélia acabava de desembarcar, e não na véspera, conforme informaram ao irmão da imperatriz e o que teria sido o mais sensato. Assim, a duquesa de Goiás apenas saiu do Palácio de São Cristóvão no próprio dia 17, às quatro horas da tarde, enquanto transcorriam as comemorações do casamento. A associação foi inevitável, obviamente acharam que a imperatriz teria exigido a partida da criança, o que foi muito negativo para sua imagem, já que a opinião pública considerou essa uma atitude cruel contra uma criança inofensiva. Segundo Mareschal:

> É possível ter ideia dos princípios e conveniências desse país pela falsa impressão que a saída brusca da duquesa de Goiás do palácio e seu próximo envio para a Europa produziram sobre o público contra a imperatriz, a qual culpam de um ato de vingança contra uma criança inocente, fazendo uma comparação com a paciência e a bondade da que a precedeu [obviamente uma alusão a d. Leopoldina que tolerara a convivência da filha bastarda com os seus].[84]

No dia seguinte ao casamento, 18 de outubro, a duquesa de Goiás foi levada através da baía de Guanabara à Praia Grande,[85] onde ficaria durante um mês no Palacete de São Domingos, até que tudo estivesse preparado para sua partida para a França. Certamente, nem ela, na ingenuidade de seus cinco anos, nem d. Amélia, que deve ter sido poupada de qualquer informação sobre a criança, faziam ideia do quanto se comentava a respeito. Três dias depois, o marquês de Barbacena já escrevia para o marquês de Resende, informando que a duquesa seguiria na fragata *Isabel* assim que possível.[86]

No Rio de Janeiro, começavam os preparativos para o enxoval da imperial duquesa: não pairavam dúvidas de que d. Pedro queria que a filha embarcasse com a dignidade de uma filha de imperador: nada menos que 32 pares de sapatinhos foram encomendados para a menina, dois vestidos de festa, um bordado em ouro e outro em prata, mais 46 vestidos em diferentes tecidos para diversas ocasiões e várias outras peças de roupa e alfaias, como xales, chapéus e uma colcha adamascada, e ainda itens de prata, como bandejas e talheres. Além dos baús com tudo isso, ela levava ainda as joias que sua condição pressupunha: um colar com 46 diamantes, brincos, botões, pulseiras e comendas. E, como também na Europa certamente haveria invejosos, foram incluídas umas tantas figas para protegê-la dos maus-olhados.[87]

Apesar dos paramentos de princesa, a intenção do pai era que ela fosse educada para oportunamente se tornar freira. As ordens que os diplomatas brasileiros receberam eram claras:

> V. Excelência escolherá o convento de maior crédito para educação desta natureza, seja em Paris, seja em qualquer outra cidade da França, para onde levará diretamente a sobredita senhora duquesa. [...] A história da França oferece muitos exemplos de igual educação dada aos bastardos de seus monarcas. [...] V. Excelência ganhará a abadessa ou superiora do convento para que tome a seu especial cuidado a educação de Sua Alteza, tendo sempre em vista a profissão religiosa a que ela é destinada, logo que a idade o permitir.[88]

D. Pedro, abalado por ter que se separar da filha, procurou fazer com que além do enxoval digno de uma princesa imperial, ela tivesse o conforto de não se sentir tão sozinha, designando, assim, que uma parente de sua mãe, Josefa Sant'Anna Lopes, e seu filho a acompanhassem até a França. O rapaz viajava como mensageiro, pois deveria voltar com a mesma fragata e contar ao imperador de viva voz sobre toda a travessia e a chegada à Europa. A duquesa e seu séquito, que contava ainda com Paulo Martins de Almeida e Isidoro da Costa e Oliveira, pessoas de total confiança de d. Pedro, partiram no dia 25 de novembro de 1829, sob o comando do capitão Pascoe Grenfell, com destino ao porto de Brest. Era a mesma embarcação e o mesmo capitão que haviam escoltado d. Amélia um mês antes. O imperador não teve coragem de se despedir da filha e foi para a imperial Fazenda de Santa Cruz naqueles dias para não estar presente em sua partida.

Claro que, para a esposa e seu irmão, d. Pedro deve ter justificado a viagem com outros motivos. Provavelmente usando o argumento de que a região era uma das melhores em todo o entorno da cidade do Rio de Janeiro para caçadas, uma das paixões de Augusto, e alegando que ele devia conhecer a propriedade com nome de Santa Cruz, já que carregaria essa denominação em seu novo título.

Na imperial Fazenda de Santa Cruz

Durante as primeiras semanas de estada no Rio de Janeiro, foi nascendo uma amizade entre os cunhados que conviviam quase todos os dias. Duas semanas após a chegada, Augusto escreveu para a mãe pedindo que ela providenciasse em Paris um serviço de porcelana para presentear o imperador: "Peço-te, mamãe, que me envies de Paris ou de Munique o mais rápido possível um serviço de mesa para quarenta pessoas em porcelana, com desenhos de paisagens ou de aves. Será suficiente um de segunda qualidade, pois aqui será magnífico. [...] quero fazer uma homenagem ao imperador".[89]

Mesmo não sendo muito simpático o pedido de um serviço de "segunda categoria", essa carta explica a origem do serviço que comumente se atribui ao casamento de d. Amélia.

Já d. Pedro, como imperador, agraciou o cunhado com um presente bem mais impressionante. No dia 5 de novembro, d. Pedro I foi pessoalmente à casa onde Augusto estava hospedado para lhe oferecer o título de duque de Santa Cruz e o direito ao tratamento de Alteza Real. Entregou-lhe ainda a Grã-Cruz da Ordem de Pedro I, que a duquesa de Leuchtenberg também receberia.

Mas d. Pedro sabia que não bastaria um título brasileiro se ele não fosse reconhecido na Baviera. Afinal, toda a grande questão que fizera com que d. Amélia concordasse em desposá-lo repousava justamente no tratamento desigual que a família Leuchtenberg recebia na corte do rei Luís I. E, assim, astutamente, d. Pedro escreveu para o rei:

Acabo de conferir ao meu querido cunhado e amigo, o príncipe Augusto, duque de Leuchtenberg, a grande condecoração da Ordem de Pedro I e o título de duque de Santa Cruz, acrescentando a este título a qualidade de Alteza Real. Espero que estas distinções sejam agradáveis a Vossa Majestade e que não se recuse a aprová-las. [...] Numa circunstância que vejo como a mais feliz para os meus povos e para mim, senti não poder fazer nada de menos do que assegurar ao meu cunhado, durante a sua vida, a fruição do estatuto e honrarias que o rei vosso pai, de gloriosa memória, tinha assegurado ao vosso [cunhado: o príncipe Eugênio].[90]

O argumento que d. Pedro I usava era tão irrefutável, que deve ter enfurecido o rei da Baviera: o imperador lembrava que o pai de Luís I, o falecido rei Max I José, havia igualmente agraciado o príncipe Eugênio, pai de d. Amélia e de Augusto, com um título ducal. E, assim sendo, não havia motivo algum para que o título brasileiro não fosse reconhecido na Baviera. Luís I levaria alguns meses para responder a d. Pedro I, mas acabaria por se ver obrigado a fazê-lo. Já quanto ao reconhecimento do título, o rei nunca daria o braço a torcer e trataria de ignorar o fato. Assim, Augusto acabou sendo reconhecido como duque de Santa Cruz apenas no Brasil e em Portugal.

O título de duque de Santa Cruz referia-se à Fazenda de Santa Cruz, distante cerca de 72 quilômetros do Rio de Janeiro, pela estrada que levava a São Paulo. Antigo convento e fazenda dos jesuítas, a sede da propriedade se situava sobre um morro cercado por florestas e próximo aos rios Guandu e Itaguaí. Desde os tempos de d. João VI, era costume da família real e depois imperial passar algumas semanas por ano ali, se dedicando a passeios a cavalo e caçadas. As antigas celas do convento haviam sido reformadas para abrigar tão ilustres hóspedes, mas, embora a natureza fosse exuberante, as acomodações deixavam a desejar. Segundo o marquês de Gabriac, diplomata francês que viveu no Rio de Janeiro nessa época, descreveu: "O interior é curioso pela falta de qualquer conforto. Uma antecâmara com quatro cadeiras de palha e uma velha mesa de jogo chama-se o salão do despacho; dela saí para ir ao pavilhão diplomático ainda mais relaxado e repugnante".[91]

O conde Spreti foi ainda menos lisonjeiro em sua descrição, mencionando que o palácio era sombrio e mal-acabado, guarnecido com pouquíssimos móveis, apenas algumas mesas de jogos, duas cômodas, alguns canapés, que também serviam para dormir, havendo apenas três camas propriamente ditas, cobertas por um dossel, porém duras. Acrescentou ainda que "em todo o edifício prevalece uma falta de limpeza, uma negligência que dá no geral a aparência de um castelo decadente e abandonado, de jeito nenhum um palácio imperial de lazer".[92]

Embora o conforto das acomodações deixasse muito a desejar, a natureza no entorno era exuberante. Por ser a única reserva de caça no país todo, concentrava animais que, em outros lugares perto do Rio de Janeiro, não eram tão facilmente encontrados. Havia garças, capivaras, tatus e até jacarés em abundância. Sendo a caça exclusiva para o lazer do imperador, a produção da fazenda se dava com plantações de café, mandioca, milho, abacaxi, banana e outras frutas. E a principal atividade econômica da propriedade era, na verdade, a criação de cavalos e gado. Nos estábulos se encontravam 210 cavalos e 120 mulas, dentre as quais, duas excelentes montarias e a famosa égua castanha de d. Pedro I, comprada na América do Norte. O restante dos animais pastava solto, assim como as cabras e os porcos, que vagavam entre as casas próximas.

Na vila ao redor do palácio viviam cerca de duas mil pessoas, em sua maioria negros que trabalhavam cinco dias por semana para a coroa e dois dias para o próprio sustento, recebendo pagamento em dinheiro ou em insumos para sua roça. Interessante a observação do conde Spreti em seu relato, de que os escravizados não se consideravam propriedade do imperador, e, sim, ainda dos padres jesuítas, permanecendo devotos de santo Ignácio de Loyola. As casas eram, em sua maioria, muito simples, de chão de terra batida e construídas em taipa de pilão, destacando-se as pertencentes aos homens brancos, estas caiadas e muito alvas. Contudo, apenas a do administrador era maior e mais bonita que as demais.

Em Santa Cruz, havia ainda um hospital, um cemitério, um posto de telégrafo, uma tecelagem e um instituto de música.

Para chegar até lá, em novembro de 1829, d. Pedro, com o cunhado a seu lado, conduziu ele próprio uma bonita caleche francesa onde viajaram, do lado de dentro, d. Amélia e a baronesa de Sturmfeder. De São Cristóvão até Santa Cruz a viagem levou sete horas e meia, o que era um tempo bastante curto para a distância de cerca de setenta quilômetros. Adepto da alta velocidade, o imperador fazia com que suas mulas galopassem, o que muito espantou os membros da comitiva bávara. Tendo saído do Rio de Janeiro ainda de madrugada, a família chegou a Santa Cruz às 11h15 da manhã e foi recebida por um *Te Deum* na igreja local.

Possivelmente, os visitantes foram surpreendidos naqueles dias pelo silêncio, já que, no Rio de Janeiro, ouviam-se permanentemente o badalar dos sinos das diversas igrejas, a salva dos navios de guerra e o gemer das rodas dos carros de boi. Como notara Augusto, "em geral, os ouvidos e os olhos do europeu custam a se acostumar ao barulho das carroças".[93] Em Santa Cruz, prevalecia uma calma maior. Ao anoitecer, apenas os sons das cigarras e dos muitos sapos, dado o terreno alagadiço que circundava a propriedade, invadiam o ambiente.

Num dos dias, houve uma excursão a um engenho de açúcar próximo, onde todos almoçaram e conheceram o processo de produção de aguardente. Também visitaram a costa e foram apresentados a espetáculos de laçar o gado. Havia uma forma tradicional, com um laço com o qual tanto cavalos como bois eram aprisionados, e uma outra modalidade, em que os animais eram apanhados pelos pés, chegando a tombar no chão.

À noite, d. Amélia e sua comitiva foram entretidas pelos alunos do instituto de música, que se apresentaram diversas vezes cantando, dançando e tocando vários instrumentos. A famosa orquestra de Santa Cruz era formada por jovens de ambos os sexos, escolhidos entre os escravizados do imperador por sua habilidade musical. Identificado seu talento, eles eram dispensados do serviço braçal, recebiam roupas e sapatos, eram alfabetizados e passavam a ter seis horas diárias de estudo de música. Futuramente, costumavam ser libertados e empregados como músicos na capela imperial no Rio de Janeiro, ou podiam passar a trabalhar livremente, se apresentando e dando aulas de música.

A orquestra era formada por violinos, violas, clarinetes, flautas, fagotes, trompetes e tambores turcos. Havia, naquele momento, além dos instrumentistas, também seis cantores e oito cantoras e, à noite, todos se apresentaram para os imperadores trajando roupas brancas e verdes e muitos enfeites de flores. Doze pares mostraram uma coreografia e encantaram os presentes. O diretor da orquestra era tão talentoso, que informaram aos visitantes que o imperador pretendia enviá-lo para completar sua formação musical na Europa.

Nos últimos dias da estada, d. Amélia e sua comitiva ainda presenciaram o início de uma festa que durava mais de uma semana e homenageava Nossa Senhora, incluindo beijos e esmolas para a santa.

É interessante, em relação a Santa Cruz, que o conde Spreti entendeu que a propriedade se tratava de um ducado. Como o irmão da imperatriz recebera o título de duque de Santa Cruz e, na Europa, os títulos eram vinculados à terra, ele acreditou que aquela fazenda e sua renda passariam a pertencer a Augusto. Não há menção de que o próprio duque tenha compreendido dessa maneira, mas é curioso como as diferenças culturais geravam mal-entendidos entre os brasileiros e os bávaros.

Da correspondência de Augusto a respeito dos oito dias passados no campo, só há menções às caçadas e à natureza, nunca críticas ou estranhamentos. Numa de suas cartas, por exemplo, ele diz:

> Que país esse aqui, minha boa mãe! E como gostaria de levar todas as riquezas que a natureza distribuiu aqui de mãos cheias para Tegernsee e Biederstein [palácios da família real bávara]. Não incluo nessas riquezas nem ouro, nem diamantes. Deus seja louvado que de nada disso precisas, mas as lindas árvores, essas magníficas flores, essas boas frutas, essas aves, cujas cores são tão variadas e cujas formas são tão elegantes, é isso que agradaria a ti.[94]

Já o conde Spreti, mesmo descontando seu atávico mau humor, deixa um depoimento bastante negativo a respeito dos dias em que conviveu mais de perto com d. Pedro I:

> A estada em Santa Cruz foi extremamente desagradável e foram dos dias mais tristes da minha vida desde que deixei o corpo de cadetes. A causa foi ter conhecido o imperador mais de perto, seu comportamento em vários aspectos e a forma como se vive na corte brasileira. Até então, só conhecia o imperador de vista e por histórias desvantajosas a seu respeito, mas que eu acreditava serem mentira ou exagero. A proximidade em Santa Cruz me deu oportunidade de me convencer que a opinião pública não tinha julgado o imperador de forma rígida demais.
>
> O imperador não tem educação, é bruto, rude e grosseiro. Não apenas com seus empregados, que às vezes sentem a força de seu braço, mas também com estranhos. Ele fala sem rodeios, é cruel com as pessoas que o cercam, usa um tom brusco e grita quando fala. À mesa, ele é indecoroso.[95]

O testemunho é tão pesado, que deixa a dúvida se aconteceu algum incidente pessoal envolvendo o conde Spreti e d. Pedro, se os bávaros tinham outros parâmetros de educação ou se o imperador era realmente uma pessoa tão difícil de se conviver.

De qualquer maneira, assim que chegou a notícia de que a duquesa de Goiás embarcara para a França, d. Pedro decidiu imediatamente voltar para o Rio de Janeiro, trajeto que fizeram ainda mais rapidamente que na ida.

Pelos arredores do Rio de Janeiro

O mês de novembro de 1829, além da viagem para Santa Cruz, foi a época também de muitos outros passeios pelos arredores do Rio de Janeiro. Querendo mostrá-lo à sua esposa, d. Pedro a levou para conhecer o Jardim Botânico. Chegar até lá era uma verdadeira excursão, o que era feito com mulas, primeiro ao longo das praias até Botafogo, dali contornando a lagoa Rodrigo de Freitas em direção à fábrica de pólvora, até chegar finalmente ao Horto.

Fundado pelo rei d. João VI, o local era um centro de aclimatação de espécies botânicas, onde se faziam experimentos com plantas frutíferas e outras que pudessem ter valor comercial. Na época da visita da imperatriz, os melhores resultados vinham sendo obtidos com o que se chamava fruta-pão, parente da jaca. Para a comitiva de d. Amélia, a grande surpresa foi o cultivo de cravo da Índia, especiaria asiática ainda muito cara e importada pelos países europeus. Nessa época, havia também cerca de treze mil pés de chá no jardim botânico, embora essa cultura acabasse por não se provar lucrativa. A alameda de palmeiras imperiais infelizmente ainda não existia, já que só seria iniciada quatorze anos mais tarde,[96] mas d. Amélia viu a *palma mater*, que daria origem às primeiras palmeiras no Brasil, que tinha sido plantada em 1809 por d. João VI com suas próprias mãos.

O responsável pelo Jardim Botânico, frei Leandro do Sacramento, tinha falecido recentemente, e, por isso, o próprio d. Pedro guiou a visita. Possivelmente, eles fizeram um piquenique na mesa de pedra, ainda existente, onde o imperador tantas vezes havia lanchado com sua primeira esposa. Logo apareceu um vendedor oferecendo um bicho-preguiça, que d. Pedro comprou de presente para o cunhado.

Num outro dia, outra longa excursão: a subida ao Corcovado. Para evitar o horário mais quente do dia, saíram de São Cristóvão às 4h30, seguiram de carruagem pelo vale das Laranjeiras e depois subiram a cavalo até onde era possível, para, então, continuarem com mulas. Lá em cima, em 1824, o imperador havia mandado colocar uma pequena ponte de madeira, a fim de que fosse possível subir ao rochedo mais alto sem que fosse necessário escalar a pedra. Ele mandara também instalar um pequeno abrigo caso o tempo virasse repentinamente e fosse preciso se proteger da chuva. Do alto, a vista que se descortinava permitia ver a lagoa, Botafogo, a Gávea, a serra dos Órgãos e até a Fazenda de Santa Cruz.

Poucos dias depois, o passeio foi de barco pelas ilhas da baía de Guanabara. Passaram pela ilha das Cobras, pelo Forte Villegagnon, pela Fortaleza de Santa Cruz na entrada da barra, por Praia Grande (atual Niterói), ponta da Armação, ilha do Governador, e, guardando o melhor para o final, pararam em Paquetá, considerada a mais bonita de todas as ilhas. Lá, fizeram um lanche e d. Pedro e o cunhado caçaram pássaros. O passeio foi tão longo, que só chegaram de volta ao cais de São Cristóvão já de noite.

Não faltaram, logicamente, visitas aos diversos conventos e mosteiros, e aos principais edifícios da capital, como a Academia Imperial de Belas-Artes e o Museu Imperial.* Assim chamado, esse novo edifício no Campo de Aclamação abrigava a coleção natural da família, reunindo curiosidades como uma rica amostra mineralógica, especialmente de diamantes, mas também animais e pássaros empalhados. A parte dedicada à cultura indígena exibia utensílios, armas, múmias, cabeças tatuadas e trabalhos artísticos feitos por diversas tribos com penas de aves raras. Havia ainda alguns quadros que seriam levados para o novo edifício da Academia Imperial de Belas-Artes.[97] Infelizmente, o que sobreviveu desse acervo foi em grande parte destruído pelo terrível incêndio que devastou o Museu Nacional em 2018. Já os diamantes devem ter tido outro destino muito antes disso...

Outro lugar do qual os cariocas se orgulhavam era de sua biblioteca, instalada numa casa antiga em estilo mourisco perto do Paço da Cidade, contendo quarenta metros quadrados de volumes ainda oriundos das obras levadas por d. João VI, em sua maioria sobre teologia. Ali havia uma ótima sala de leitura, onde uma das preciosidades mostrada à comitiva bávara foi um exemplar da viagem do príncipe de Neuwied pelo Brasil com suas belíssimas

---

* Embora com o mesmo nome, esse museu não tem relação com o atual Museu Imperial, em Petrópolis, fundado já no século XX. O Museu Imperial de 1829 assim se chamava por abrigar a coleção da família imperial e seu acervo daria origem, no futuro, ao Museu Nacional.

pranchas ilustrativas.[98] Esse primeiro acervo de livros seria o embrião da atual Biblioteca Nacional.

Talvez, d. Amélia também tenha conhecido (embora não tenham sido encontrados registros) a chácara imperial que se localizava na ponta do Caju. Era o local onde d. João VI costumava tomar banhos de mar terapêuticos e havia sido o lugar preferido da imperatriz d. Leopoldina.[99] Ali, estava cultivado o mais bonito jardim de todas as residências do imperador e onde se erguia a maior árvore do Rio de Janeiro, uma mangueira centenária que precisava de quatro pessoas para abraçá-la. Havia, na ponta do Caju, alguns edifícios, entre eles um que tinha sido designado para as reuniões da maçonaria, mas estavam todos abandonados e o lugar não costumava ser frequentado por d. Pedro.

O que o imperador não teria apresentado à esposa era o mercado da rua do Valongo, onde os escravizados eram expostos e vendidos. O irmão da imperatriz e seus acompanhantes foram até lá sozinhos e deixaram relatos do quão pessimamente impressionados ficaram com a experiência. Segundo Spreti, todas as casas da bonita e larga rua do Valongo eram destinadas ao comércio de negros. Cada loja tinha um único cômodo na parte de baixo do edifício, onde os escravizados ficavam sentados no chão e em bancos encostados na parede, enquanto no centro, entre eles, ficava o mercador, para o qual todos olhavam com medo. Praticamente nus, ou usando no máximo uma tanga, eles tinham a cabeça raspada. Era possível identificar os que haviam chegado mais recentemente por sua magreza, o que fazia com que a barriga de vermes sobressaísse ainda mais. Segundo o bávaro, quando entrava um comprador, eles eram examinados como gado.[100] A visita deixou os estrangeiros bastante chocados com a falta de humanidade com que aquelas pessoas eram tratadas e é de se imaginar que não tenha sido um lugar mostrado para a nova imperatriz.

Outro lugar não frequentado por mulheres era qualquer estabelecimento para alimentação fora de casa. As chamadas tratorias, equivalentes aos restaurantes atuais, e as casas de vinho, espécie de bares, eram frequentadas por homens de "boas famílias", já os chamados "cafés" eram refúgio de marinheiros e pessoas menos abastadas. Tendo entrado sem querer num deles procurando um refresco, os bávaros logo perceberam estar num lugar "mal frequentado". As mulheres, com exceção das prostitutas, só passariam a poder entrar em qualquer tipo de estabelecimento para comer ou beber alguma coisa fora de casa muitos anos depois.

O imperador quase nu

Passadas as primeiras semanas, com o fim das tantas festas e eventos em honra a d. Amélia, a vida noturna no palácio deve ter se revelado um tanto monótona. A imperatriz, então, sugeriu fazerem uma pequena reunião musical em São Cristóvão, para a qual os imperadores convidaram Augusto, d. Maria da Glória e mais algumas pessoas da corte e da comitiva bávara.

A imperatriz e a baronesa Sturmfeder tocaram piano a quatro mãos, acompanhadas por d. Pedro, que cantou uma ária italiana, além de outros convidados que também se apresentaram. D. Pedro ainda tocou flauta, e, a seguir, houve um jantar e o agradável encontro se estendeu das sete às nove horas da noite.

Empolgada com o sucesso de sua ideia, d. Amélia organizou novo sarau para a semana seguinte. Entretanto, da segunda vez, as coisas não correram tão bem. Tentando surpreender seus visitantes estrangeiros, d. Pedro preparou uma surpresa. No momento em que d. Amélia e a baronesa se apresentariam ao piano, o imperador surgiu seminu, vestido com um traje da tribo dos botocudos* todo em penas, que não cobriam completamente seu corpo, para constrangimento das damas e da comitiva de Augusto, a quem o imperador pareceu mais o Papageno da ópera *Flauta Mágica* de Mozart. A surpresa de d. Pedro não teve o efeito desejado. Ao final, o imperador ofereceu a indumentária como presente para o cunhado levar para Munique e enriquecer sua coleção de artefatos indígenas. Atualmente, essa roupa se encontra no atual Museu dos Cinco Continentes, na cidade de Munique. Se ela já causa espanto aos visitantes por seu exotismo, imagine se eles soubessem da cena protagonizada por d. Pedro e do escândalo que causou entre os primeiros bávaros que a viram.

---

* Estudos recentes do Museu dos Cinco Continentes contestam que o traje fosse realmente da etnia dos botocudos, acreditando que o nome "botocudo" fosse usado genericamente para designar povos indígenas.

Vivendo no Rio de Janeiro

O ÚLTIMO mês de 1829 começou com duas comemorações oficiais: 1º de dezembro, em homenagem aos sete anos da coroação de d. Pedro I e, no dia seguinte, pelo aniversário do príncipe imperial, futuro d. Pedro II, que completava quatro anos. Como em todos os dias de grande gala, houve uma cerimônia de beija-mão à tarde, seguida por ópera e ballet no teatro à noite. Mas o dia mais importante seria 4 de dezembro, quando d. Pedro I nomeou um novo ministério.

Ocorria um embate entre políticos naquele momento que se dividiam entre os "brasileiros liberais" e o que se considerava um partido português, encabeçado por Rocha Pinto e apoiado pelo grande amigo do imperador, o conselheiro Francisco Gomes da Silva, o Chalaça.

D. Amélia foi envolvida nessa questão política, que se saiba, pelo menos desde a visita de José Bonifácio aos imperadores pouco após sua chegada. Depois de alguns anos no exílio, Bonifácio voltara ao Rio em julho de 1829, e, ao conhecer d. Amélia, foi apresentado a ela por d. Pedro como seu melhor amigo. Nessa condição, ele explicou a situação como a via e pediu apoio da nova imperatriz para que se tornasse uma boa influência sobre o marido. A conjuntura econômica do país era trágica, com as notas emitidas pelo Banco do Brasil desvalorizadas em 190%

em relação ao ouro e a balança comercial totalmente desfavorável para o país. Segundo Bonifácio, era preciso que a imperatriz soubesse a verdade, sendo isso do interesse do imperador, de seus filhos e de toda a nação. E era urgente que d. Pedro se reconciliasse com os brasileiros.[101]

Ao que José Bonifácio dizia, somou-se a voz da condessa de Itapagipe, que o apoiava e em quem d. Amélia confiava desde a viagem para o Brasil, por ela ter sido escolhida pela duquesa de Leuchtenberg como sua conselheira pessoal. As recomendações que a imperatriz ouvia encontravam também respaldo nos conselhos que sua mãe lhe dera, quando escrevera que, na posição de imperatriz do Brasil, ela deveria sempre priorizar os interesses dos brasileiros.

O Ministério da Imperatriz

Foi então, sob influência de d. Amélia, que d. Pedro nomeou o ministério de 4 de dezembro, no qual o marquês de Barbacena se tornava praticamente o primeiro-ministro do império, escolhendo seus colegas de gabinete, embora sua função oficial fosse apenas de ministro da Fazenda. Por sua indicação, o marquês de Caravelas, o visconde de Alcântara e o marquês de Paranaguá assumiram as outras pastas mais importantes. Todos brasileiros. Todos liberais.

Os diplomatas estrangeiros logo trataram de informar seus países sobre as mudanças políticas. O barão de Mareschal, representante austríaco, afirmou: "A imperatriz exerce atualmente incontestável e considerável influência sobre o imperador".[102]

Como Metternich previra ao saber do casamento de d. Pedro e d. Amélia: "Há inconvenientes adicionais nesta aliança e surpreende-me que o imperador não tenha neles atentado. O casamento pode ser considerado uma vitória do partido liberal, já poderoso no Brasil".[103]

Outro diplomata, o barão Antonini, em despacho alguns meses depois, explicou a situação com toda a clareza:

> Segundo o que eu disse, nesse tempo, a criação do atual ministério foi uma concessão ao partido liberal brasileiro para a qual contribuíram as intenções e os conselhos estabelecidos pela nova imperatriz, segundo uma carta em jeito de

recordação que sua mãe, a princesa [duquesa] de Leuchtenberg, lhe dera quando de sua separação na Baviera. Na criação do atual gabinete da imperatriz, que nessa circunstância podia e tinha que ser aceito por todos, acabaram se comprometendo contra o partido português. O imperador, mesmo contra sua vontade, foi induzido a demitir o ministério anterior. Este já tinha preparado os meios para fazer frente aos liberais e até modificar a Constituição em prol de fortalecer o poder moderador. Mas o imperador manifestou-se positivamente pressionado para que houvesse um afastamento dos dois principais líderes do partido português, d. Giovanni Rocha Pinto e Francisco Gomes da Silva.[104]

É interessante a informação de que o ministério ficou conhecido como "gabinete da imperatriz" e que d. Amélia tenha exercido tanta influência sobre o marido. Também é de se observar que o diplomata estava muito bem-informado, a ponto de saber não apenas da existência de conselhos por escrito da duquesa de Leuchtenberg para d. Amélia, como também estar a par de seu conteúdo. Como já dizia Napoleão ao alertar o pai de d. Amélia durante seu governo na Itália, "ministros estrangeiros [não passam de] espiões requintados".[105]

De fato, nos meses seguintes, Rocha Pinto e Gomes da Silva seriam não só afastados do poder, como também do país. Acreditava-se na existência de um gabinete secreto, liderado justamente pelos dois portugueses. Esse gabinete teria sido responsável por fazer com que d. Pedro se dedicasse mais às questões relativas a Portugal em detrimento dos problemas brasileiros. Afastando as duas pessoas, o imperador apaziguava os ânimos. Como explicou d. Pedro para seu amigo Resende: "Gomes e Rocha lá vão passear, em suma ministerial e constitucionalmente postos fora, ao que anuí por interesse deles e meu; não que estejam fora da minha graça e a prova é que lhes dou pensões".[106]

Publicamente, o afastamento dos conselheiros impopulares foi creditado a d. Amélia, chegando a sair num jornal da época o seguinte soneto:

> Ele tem Amélia ao lado,
> Nossa augusta imperatriz,
> Que aborrece, que abomina,
> Toda orda dos servis.[107]

A vitória do partido brasileiro, no entanto, não duraria um ano, mas o caminho apontado pela jovem imperatriz, ainda que por orientação de José

Bonifácio e pelos conselhos de sua mãe, parecia mais acertado que o escolhido pelo imperador. Quando ele dissolvesse esse ministério e se reaproximasse do partido português em 1830, seu reinado duraria apenas mais seis meses.

A nomeação do novo ministério foi comemorada na noite de 4 de dezembro com um pequeno concerto em São Cristóvão, em família, e, no dia seguinte, o casal de imperadores fez uma visita à praia Vermelha.

Acidente

Embora a nomeação desse novo ministério desse um pouco de paz interna à nação, o irrequieto d. Pedro I colocaria sua família em grande risco ao causar um grave acidente conduzindo, ele próprio, uma carruagem. É de se imaginar o que o imperador seria capaz de provocar se vivesse num tempo em que os veículos têm motor.

No dia 7 de dezembro, d. Pedro entrou na rua do Lavradio comandando o veículo rápido demais, quando a parte dianteira do coche se quebrou e os cavalos se assustaram. O imperador tentou controlá-los com as rédeas, mas estas também não resistiram. O veículo ficou sobre duas rodas, se soltou dos cavalos e acabou por tombar, batendo contra uma casa e caindo numa vala. Uma escravizada foi atingida e faleceu no local. É triste constatar que nenhum relato da época menciona essa morte, apenas o conde Spreti registra o fato em seu diário.[108] Talvez fosse insignificante a morte de uma escravizada, ou talvez não se quisesse atribuir ao imperador tal responsabilidade.

D. Pedro foi bastante atingido pela queda, ficando cinco minutos inconsciente. Além de muitas contusões, ele quebrou duas costelas. Augusto quebrou o braço direito e deslocou o cotovelo. D. Maria da Glória bateu a cabeça e machucou o rosto. Apenas d. Amélia, que acabou caindo por cima dos outros, não sofreu nenhum ferimento.

D. Pedro, para evitar maiores riscos, foi transportado para a casa do marquês de Cantagalo, praticamente em frente ao local do acidente, onde convalesceu por mais de três semanas. Durante todo esse tempo, d. Amélia esteve dia e noite ao lado do marido. Como era costume na época, mesmo não tendo sofrido nada, ela foi sangrada por precaução.

Três dias depois, d. Amélia foi à Igreja da Glória rezar pela rápida recuperação do marido, prestando juramento como caríssima irmã na irmandade. Da última vez que d. Pedro tinha sofrido uma grave queda do cavalo, seis anos antes, d. Leopoldina também tinha pedido pela intercessão da mesma santa.

Spreti, a quem nada escapava, relata que talvez tenha havido um certo exagero por parte de d. Pedro permanecendo na cidade durante sua longa convalescença. Segundo o bávaro, comentava-se que o imperador já estaria apto a voltar para a Quinta da Boa Vista alguns dias após o acidente, mas que teria optado por permanecer tanto tempo acamado de propósito. Os médicos teriam exagerado um pouco a situação em seus boletins publicados na imprensa, pois, com isso, d. Pedro pretendia que a população se comovesse com o risco de vida que ele supostamente corria.[109]

Fosse necessário ou não, d. Pedro e d. Amélia só voltaram para a Quinta da Boa Vista no primeiro dia do ano. Como agradecimento à sua anfitriã, d. Amélia lhe ofereceu um retrato seu, pintado por Simplício Rodrigues de Sá, circundado por preciosos diamantes, o que foi até mesmo noticiado no jornal.[110] Por sua vez, d. Pedro concedeu ao marquês de Cantagalo o título e as insígnias de Grande Dignitário da Ordem da Rosa.

Lidando com dinheiro

No dia 1º de janeiro de 1830, os imperadores foram recepcionados por uma multidão que os aguardava na entrada da Quinta da Boa Vista. Aos poucos, d. Pedro foi retomando as atividades habituais. No dia 9 de janeiro, em comemoração aos oito anos do Dia do Fico, houve solenidade para o corpo diplomático. No dia 16, um *Te Deum* em agradecimento pela recuperação do imperador e, no dia seguinte, uma noite de gala no teatro para o casal imperial.

D. Amélia, que tinha esperanças de estar grávida, "acabou de ter aquilo que há mais de dois meses tinha cessado de vir",[111] desiludindo o imperador que já contava com um novo filho na ala infantil do palácio. A pressão por um descendente só aumentaria nos meses seguintes.

Augusto, que pretendia, no dia 3 de janeiro, partir numa viagem natural-científica por São Paulo e Minas Gerais, voltando apenas em março, viu seus planos ruírem dado o estado de seu braço, que não lhe permitia cavalgar.

O final de 1829 e início de 1830 foram em parte preenchidos pela questão "Brack". O coronel Antoine Fortuné de Brack, que participara das negociações do casamento de d. Amélia, decidiu ir pessoalmente ao Rio de Janeiro para pleitear uma remuneração pelos serviços prestados. Chegando ainda na primeira quinzena de dezembro e sabendo que o casal de imperadores se encontrava acidentado, Brack conseguiu primeiramente uma audiência com o príncipe Augusto, explicando que tinha todas as provas de seu papel como articulador do casamento entre d. Pedro e d. Amélia. O conde Mejan, então, pediu-lhe as cartas do secretário da duquesa de Leuchtenberg, Planat de la Faye, cuja assinatura ele reconheceria, podendo, assim, certificar-se da possibilidade ou não de acreditar no militar que se apresentava como amigo da tia de d. Amélia.

Provando ser quem dizia, Brack conseguiu uma audiência com os imperadores ainda antes do final do ano. Ao vê-lo, d. Amélia afirmou que não o conhecia, mas Brack explicou que, até poucos dias antes da assinatura do contrato de casamento, o marquês de Barbacena não sabia nem o nome da imperatriz. Que fora ele, em contato com Pedra Branca, que tratara de tudo, embora, depois, Barbacena tivesse tomado para si o mérito das negociações.

Alegando ter empregado dois anos e parte de sua fortuna a prestar esse grande serviço "de dar uma imperatriz ao Brasil", ele pleiteou suas reivindicações: duzentos mil francos para sua esposa e filha, um grande colar de alguma ordem honorífica brasileira, o título de general e o cargo de ajudante de campo do imperador. Para seu tio, para o artista Isabey e para os compositores Rossini e Meyerbeer, ele pedia ainda uma Cruz de Cavaleiro da Ordem do Cruzeiro para cada um. O que leva a uma questão em aberto: Isabey, Rossini e Meyerbeer seriam grandes amigos a quem ele gostaria de presentear, pessoas para quem Brack pretendia ostentar intimidade com o imperador brasileiro, ou credores de dívidas suas?

D. Pedro ofereceu, então, como contraproposta a Brack, o cargo de coronel no Exército Brasileiro, a condecoração como Grão-Dignitário da Ordem da Rosa e cem mil francos para sua esposa, a serem pagos pela legação brasileira em Paris. Em troca, d. Pedro queria que ele entregasse os documentos que possuía. O negócio não foi fechado e Brack vendeu sua espada para comprar a passagem de volta para Paris. O que complementa toda essa negociação é a mensagem de d. Pedro, no dia 4 de janeiro de 1830, para Barbacena: "Esta história de Brack ainda há de nos dar dor de cabeça. Dar dinheiro sem decretação, apensar a despesa às contas do casamento depois de dadas [...]".[112]

Entretanto, Barbacena, habilmente, fez com que a legação brasileira em Paris entregasse os cem mil francos à esposa de Brack como um presente do imperador, pedindo que ela retribuísse com os documentos relativos à negociação.[113] Se a esposa aceitou o que o marido não tinha aceitado no Rio de Janeiro, ou se ele mudou de ideia após chegar a casa, é difícil saber. De qualquer forma, o casal Brack acabou fechando o negócio e, por não ter feito isso ainda no Rio de Janeiro, ele acabou sem sua espada. Até hoje, esses papéis estão no Arquivo Histórico do Itamaraty provando que, realmente, quem negociou o casamento de d. Amélia foi o visconde de Pedra Branca com auxílio do coronel Brack. Barbacena, ao contrário do protagonismo do qual se arvorava, apenas desempenhou, brilhantemente, o papel final, por ser o procurador que podia assinar pelo imperador. Infelizmente, essa não seria a única nem a pior decepção de d. Amélia com o marquês de Barbacena.

Ao saber que Brack entraria em negociações com o imperador referentes a uma recompensa financeira por seu papel nas negociações do casamento, o conde Mejan, que acompanhava d. Amélia e Augusto como encarregado da duquesa de Leuchtenberg, pediu que ele interviesse numa questão também muito delicada envolvendo dinheiro e a imperatriz. O coronel, que não conseguiu de d. Pedro nem o que queria, não deve ter sequer tocado no assunto.

O problema era que uma imperatriz precisava arcar com diversos custos, desde o pagamento de sua corte pessoal, até esmolas e auxílios que eram esperados de sua posição. A lei de dotações para o casal imperial tinha entrado em vigor em 1827, definindo mil contos para o imperador e cem para a imperatriz. A falta dessa dotação própria tinha sido um dos motivos de maior desespero da imperatriz Leopoldina, que, vendo-se privada da entrada de recursos, acabou recorrendo a empréstimos e contraindo dívidas que só seriam honradas após sua morte.

D. Amélia, que chegara ao Brasil em outubro de 1829, constatou no final de dezembro que, após dois meses, ela ainda não havia recebido nada do que fora estipulado. Os salários dos integrantes de sua comitiva, que, segundo havia sido garantido pelo contrato de casamento, estariam a cargo do imperador, vinham sendo pagos pela própria imperatriz com dinheiro dado por sua mãe ainda na Baviera. Conforme o secretário da duquesa comentou ao ser informado do fato: "A situação é de uma injustiça flagrante".[114] Não há documentação conhecida sobre o desenrolar dessa questão.

Nevados no Rio de Janeiro

O imperador era sempre muito econômico e, se não pagava nem certas despesas que eram de sua responsabilidade, gastava menos ainda com festas. Durante o ano e meio em que d. Amélia viveu no Brasil, há menção a apenas dois bailes dos quais ela participou.

O primeiro deles ocorreu no dia 20 de janeiro de 1830. A data comemora o dia de são Sebastião, o santo padroeiro da cidade do Rio de Janeiro e era, segundo relata o reverendo Walsh, dos dias santos, o mais importante na capital. Foi, portanto, justamente o dia escolhido para homenagear a nova imperatriz. O baile, financiado por subscrição entre as famílias da nobreza, aconteceu no prédio do Senado, antigo Palacete dos Condes dos Arcos, onde atualmente funciona a Faculdade Nacional de Direito da Universidade Federal do Rio de Janeiro. Na época, pintado em verde e amarelo, as cores nacionais, o palacete foi reformado, decorado e iluminado para a festa.

Do lado de fora, a guarda de honra se posicionou naquela noite quente de janeiro para receber os convidados, que começaram a chegar entre as 19h15 e 20h45. Entre as damas mais resplandecentes, com vestidos e joias de gala, estavam as marquesas de Jundiaí, Inhambupe, Cantagalo, Paranaguá, Maceió, Jacarepaguá e a viscondessa de Cachoeira. Como em toda sociedade de corte, havia sutilezas determinando a posição de cada um: por exemplo, quanto mais tarde um casal chegasse, maior era a sua importância, e apenas os de hierarquia mais alta podiam participar das danças. As damas usavam, além de diamantes e outras pedras preciosas, penas, flores e pentes de tartaruga incrustados de diamantes nos cabelos. Os homens vestiam seus uniformes militares de grande gala e todas as condecorações que possuíam. O corpo diplomático e os oficiais dos navios de guerra estrangeiros ancorados no porto também foram convidados.

Por fim, às nove horas em ponto, começaram os fogos de artifício, na época chamados de girândolas, anunciando a chegada da família imperial. Os imperadores desembarcaram de sua carruagem e foram, então, conduzidos com tochas acesas até o salão do baile. Ali havia uma mesa sobre um tablado para eles, circundada por seis outras mesas para trinta pessoas cada uma, formando uma ferradura de frente para os imperadores. Além do casal, compareceram também a rainha de Portugal, as princesas, suas irmãs menores, e Augusto.

D. Amélia, a estrela da festa, chegou exuberante num vestido de gala, os cabelos castanhos presos no alto da cabeça adornados por um diadema, com cachos presos dos dois lados sobre as orelhas, de onde pendia um grande par de brincos. D. Pedro usava sua farda militar e as insígnias da Ordem da Rosa em diamantes.

A festa começou com o "Hino Nacional". Como o imperador ainda não podia dançar, devido às suas costelas quebradas, d. Amélia abriu o baile valsando com seu irmão. Depois disso, seguindo a etiqueta, a imperatriz devia permanecer o resto da noite sentada.

O baile alternava refrescos e chás com músicas executadas pela orquestra militar: contradanças francesas, espanholas e inglesas, muitas composições de Rossini e duetos e trietos de sopranos. Após a meia-noite, foi servida a ceia, elogiada até nos jornais do dia seguinte.

Houve apenas dois incidentes durante a festividade: d. Pedro assumiu a direção de uma das músicas que ele interrompeu por perceber que estava sendo tocada de maneira errada, e o conselheiro Gomes da Silva, desrespeitando o programa, introduziu uma nova quadrilha, apesar dos protestos da orquestra. Claro que os jornais simpáticos a Barbacena e Bonifácio trataram de transformar a informação num escândalo, acusando o secretário de comportamento desavergonhado e ofensivo. Eles mal podiam esperar que ele logo embarcasse para a Europa, conforme o previsto.

Mas nenhuma intriga superou a grande novidade da noite: pela primeira vez no Rio de Janeiro, foram servidos "nevados", um sorvete feito a partir de gelo por uma máquina, algo parecido com as raspadinhas, o que surpreendeu todos os presentes. A população ainda teria que esperar mais alguns anos até que, em 1835, abrisse a primeira sorveteria da cidade, o café Cercle du Commerce, na rua Direita. Até lá, apenas os convidados do baile da imperatriz podiam se gabar de conhecer a nova iguaria.

O baile foi um sucesso e d. Pedro, muito satisfeito, retribuiu a homenagem uma semana depois, com um espetáculo grandioso de fogos de artifício, na mesma praça da Aclamação onde se localizava o Palacete do Senado.

Na serra da Estrela

No dia 1º de fevereiro, para evitar o auge do calor do verão e as epidemias desse período, d. Pedro, d. Amélia e seu irmão subiram a serra da Estrela, atualmente mais conhecida como serra dos Órgãos. Chegar lá em 1830 era uma viagem em etapas. Primeiro, era preciso atravessar a baía de Guanabara num barco a vapor, para, então, numa pequena embarcação, subir por uma hora o rio Inhomirim até o porto da Estrela, uma pequena vila de apenas uma rua, onde os viajantes normalmente almoçavam no único restaurante do local, de nome Napoleão.

Dali, o caminho seguia por duas horas a cavalo até a Fazenda da Mandioca. Essa propriedade, que fora do barão de Langsdorff, havia sido vendida para o Estado alguns anos antes e havia intenção de usá-la para a instalação de uma fábrica de pólvora; mas, no verão de 1830, tudo que havia ali era mato e plantações abandonadas.

A partir desse ponto, o trajeto continuava em lombo de mulas para vencer as duas horas mais íngremes do trajeto, sobre um calçamento que d. João VI havia mandado fazer, atravessando pequenas pontes e pinguelas sobre os muitos cursos d'água que cruzam a serra. A parte assustadora era ver os esqueletos das mulas que caíam dessas pontes.

Depois do alto da serra, chegava-se a um vale pantanoso com uma aglomeração de casinhas, que faziam parte da Fazenda do Córrego Seco. Duas horas depois, alcançava-se a famosa Fazenda da Samambaia, onde eram plantados café, milho, açúcar, pêssego e maçãs em canteiros bem-cuidados, separados por babosas e cactos. Dali, em mais meia hora, chegava-se ao destino final da viagem. Saindo, como era de costume, por volta das cinco da manhã, era possível vencer todo o trajeto no mesmo dia e chegar antes do entardecer à Fazenda do Padre Correia.

A fazenda do padre Antônio Tomás de Aquino Correia ficava na confluência dos rios Piabanha e Morto, se estendendo desde o alto da serra até o vale onde hoje ainda existe a casa-sede, atual Colégio Vicentino Padre Corrêa, no distrito de Corrêas, em Petrópolis. Essa fazenda era um pouso importante para as tropas que ligavam o Rio de Janeiro a Minas Gerais. O padre havia falecido e a propriedade tinha sido herdada por sua irmã, d. Arcângela Joaquina da Silva. Ao contrário do que costuma ser dito, d. Pedro I não conheceu o local durante sua viagem a Minas em 1822, pois a fazenda já costumava hospedar a família real na época em que d. João VI ainda vivia no Rio de Janeiro e o hábito foi apenas mantido pelo filho.[115]

Fazenda do Padre Correia em Petrópolis atualmente. Foto de Paulo Rezzutti.

Assim como na fazenda vizinha, também ali eram cultivadas frutas tropicais e europeias, que rendiam bom dinheiro para seus proprietários. Havia pêssegos, figos, maçãs, laranjas, limões, bananas e abacaxis cuidados por mais de cem escravizados.

Embora a propriedade fosse lucrativa, as acomodações eram muito simples. A casa, completamente lotada com a comitiva do imperador, quase não deixava espaço para os residentes. Mesmo os acompanhantes dos imperadores ficavam mal acomodados; a dama da imperatriz, por exemplo, tinha que dividir um quarto pequeno, onde havia apenas uma cama, com mais três criadas.

Percebendo o quanto as visitas eram incômodas para os anfitriões e o quanto d. Pedro gostava do clima e das paisagens da serra, diz a tradição que d. Amélia teria incentivado o marido a tentar comprar a fazenda,[116] algo bem possível. O que se sabe é que d. Arcângela não quis se desfazer de sua propriedade e sugeriu que o imperador procurasse o dono da Fazenda do Córrego Seco, o major José Vieira Afonso, que poderia ter interesse em vendê-la.

De fato, no dia 26 de fevereiro de 1830, d. Pedro relatava ao ministro Barbacena já ter comprado o Córrego Seco por vinte contos de réis. Dias depois, o arquiteto francês Pézerat foi chamado para fazer as medições do terreno e começar a traçar um projeto para um futuro Palácio da Concórdia, que deveria ser construído sobre uma elevação de onde se avistava a baía de Guanabara. Futuramente, d. Pedro II construiria um palácio de verão nessa propriedade, mas não exatamente sobre o morro onde seu pai originalmente pretendia. Dessa residência imperial nasceria a cidade de Petrópolis.

D. Pedro I e d. Amélia passaram todo o mês de fevereiro na serra, onde o imperador e o cunhado foram diversas vezes caçar e coletar espécimes para o gabinete de ciências naturais de Augusto na Baviera, principalmente pássaros e borboletas. Augusto retornou para o Rio de Janeiro uma semana antes que o casal imperial, mas d. Pedro continuou procurando animais para ele: "Fiz uma coleção de borboletas magníficas e de insetos. Ela não é muito grande, acho, porém, que colhi borboletas e insetos que o senhor ainda não possui".[117]

Augusto levaria, dois meses mais tarde, uma significativa coleção de animais brasileiros empalhados para sua coleção, que passou a agrupar macacos, onça, morcegos, porcos-espinhos, tatus, tamanduás, bichos-preguiça, papagaios, tucanos, colibris, jacarés, tartarugas e lagartos.[118] Provavelmente, boa parte deles caçados em Santa Cruz e na serra da Estrela. O gabinete de Augusto se tornou tão interessante, que, em 1831, ele decidiria abri-lo para o público. Infelizmente, com os bombardeios da Segunda Guerra Mundial, uma grande parte do acervo se perdeu.

Na última semana de fevereiro, d. Pedro organizou uma excursão para, saindo da Fazenda do Padre Correia, visitar o outro lado da serra com d. Amélia. Eles seriam recebidos pelo sr. March, que tinha uma linda propriedade próxima de onde futuramente passaria a existir a cidade de Teresópolis. Era um local frequentado por vários diplomatas e conhecido por sua produção de frutas europeias, gado e cavalos. Aos pés do morro de Santo Antônio, dali era possível ver as elevações rochosas do Dedo de Deus e do Escalavrado. Infelizmente, poucos momentos antes de os imperadores partirem para a travessia da serra, que seria feita em dois dias, chegou a notícia da morte de d. Carlota Joaquina e o passeio foi cancelado.

A mãe de d. Pedro I, falecida em Queluz a 7 de janeiro, contava 54 anos e eles não se viam desde que a família real portuguesa voltara para Lisboa, deixando d. Pedro como príncipe regente nove anos antes.

De volta ao Rio

No dia 1º de março, d. Pedro e d. Amélia voltaram para o Rio de Janeiro, chegando já em plena quaresma. Eles se encerraram em São Cristóvão, onde até as janelas que davam para a rua foram fechadas em sinal de luto e só após oito dias apareceram para receber as condolências pelo falecimento de d. Carlota.

O luto foi seguido pela quaresma. Embora d. Amélia viesse de um reino católico, havia diferenças em como esses quarenta dias eram vivenciados na Baviera e no Brasil. No período entre o Entrudo e a Páscoa, não havia praticamente vida cultural na corte carioca, apenas algumas encenações católicas no teatro, repetidas a cada semana. O mais esperado nessa época do ano eram as procissões, nas quais cada irmandade usava cores próprias e as crianças das famílias mais poderosas participavam vestidas de anjos, enfeitadas com muitas joias e diamantes. O único santo permitido nas procissões era são Jorge, que era levado montado sobre um cavalo, deixando a Igreja de São Gonçalo Garcia, onde, no resto do ano, permanecia sobre um altar.

Apesar de quase sempre cair em plena quaresma, o dia 25 de março, aniversário da Constituição e data mais importante do calendário cívico, era uma exceção nas restrições impostas pela igreja. Além do *Te Deum* e do beija-mão no Paço da Cidade, havia ainda uma parada militar no Campo de Aclamação, à qual a família imperial comparecia. Contudo, assim que escurecia, o teatro voltava a apresentar alguma peça de temática religiosa, as únicas permitidas naquele período.

Na Sexta-feira Santa, normalmente o imperador participava da procissão do enterro do Senhor do Bom Jesus ajudando, ele próprio, a carregar a cruz, mas, por causa do acidente que sofrera três meses antes, em 1830, foi dispensado da tarefa.

Logo após a Páscoa, aportou na Guanabara um navio trazendo notícias da chegada de sua filha, a duquesa de Goiás, a Paris. A menina, que embarcara em novembro do ano anterior, tinha enfrentado uma travessia oceânica de dois meses e meio em que não faltaram sobressaltos. Tempestades fortíssimas avariaram as velas, fazendo com que vagassem à deriva por nove dias, para depois lutarem com ventos contrários e doenças a bordo. Quando finalmente atracaram a 8 de fevereiro de 1830 na Inglaterra, a bandeira no topo do mastro da embarcação anunciava a chegada de uma princesa estrangeira, e, como filha do imperador, ela foi recebida pelo almirantado britânico. Do porto, sua pequena comitiva seguiu para Londres, onde foram recebidos pela legação brasileira na capital.

Conforme o desejo do imperador, no entanto, Isabel Maria não ficaria na Inglaterra, mas, sim, na França, onde escolheram um colégio em que ela pudesse ser educada. O visconde de Itabaiana conseguiu que o Sacré-Coeur aceitasse Isabel Maria, apesar da sua pouca idade e de todas as exceções que tiveram que ser feitas para acolhê-la de acordo com os desejos de d. Pedro I. A duquesinha tinha um quarto para si, uma criada para servi-la, fazia as refeições em seus aposentos, recebia visitas semanais de um médico, de diplomatas e todos eles reportavam regularmente ao imperador o seu desenvolvimento. D. Pedro escrevia cartas carinhosas em que procurava incutir na filha a necessidade de se dedicar aos estudos e demonstrava, ao mesmo tempo, seu interesse por ela, mesmo à distância. A duquesa de Goiás viveria em regime de internato nesse requintado colégio de meninas da elite francesa dos cinco aos quinze anos.

Às vésperas da partida do irmão de d. Amélia para a Europa, Augusto recebeu uma carta anônima para ser entregue à imperatriz, alertando d. Amélia sobre como conservar a paz no Brasil e quais medidas adotar para isso. Nunca se descobriu o remetente, mas é interessante notar que a imperatriz continuava a ser considerada alguém capaz de influenciar a política do país.

Para d. Amélia, abril seria um mês difícil, após seis meses no Brasil, chegara a hora de seu irmão partir. Augusto era o último vínculo com sua família que ela ainda tinha perto de si e a separação foi muito difícil. A comitiva se despediu da família imperial já no dia 21, e como a princesinha d. Paula estava novamente acamada, tiveram que ir aos seus aposentos para lhe dizer adeus.

E então, d. Amélia e d. Pedro procuraram estender ao máximo as últimas horas com Augusto. A partida foi agendada para sair da enseada de Botafogo. O duque embarcou já na véspera da partida, no dia 23 de abril de 1830, e os imperadores jantaram com ele a bordo, visitando a cabine do capitão que tinha sido oferecida para Augusto. A fragata *Príncipe Imperial* foi disponibilizada para levar o cunhado e quase todos os bávaros que haviam acompanhado d. Amélia.

No Rio de Janeiro permaneceria apenas a baronesa de Sturmfeder. Além da comitiva bávara, seguiam para a Europa os amigos de d. Pedro afastados por razões políticas, Rocha Pinto e Chalaça, e ainda o militar Seweloh, aquele que parecia ser bastante íntimo da srta. Nagher, que também voltava no mesmo navio. Além dos passageiros, a fragata transportava ainda as centenas de animais empalhados para a coleção de Augusto e alguns outros vivos.

No dia seguinte, 24 de abril, às seis da manhã, d. Pedro e d. Amélia já estavam de volta à embarcação de Augusto para o último café da manhã com ele. Era a hora de um rebocador puxar o navio até a barra da baía, quando os três, então, decidiram passar para esse pequeno vapor para terem ainda uma última hora juntos. No último momento, já na barra, um bote foi baixado para levar Augusto para a fragata e o rebocador voltou com os imperadores para Botafogo. Mesmo tentando aproveitar a companhia do irmão até o último minuto, a separação era inevitável.

A despedida foi tristíssima e, se temos o relato de que Augusto estava arrasado, é de se imaginar o estado de d. Amélia.

Presentes imperiais

A vida de d. Amélia no Rio de Janeiro entrou, então, numa nova fase. Menos passeios, menos festas e, definitivamente, cercada praticamente só por portugueses e brasileiros. Dois dias depois da partida de Augusto, talvez tentando animar a esposa, d. Pedro decidiu lhe dar um presente deslumbrante.

O imperador escolheu os melhores diamantes que havia no Brasil para sua esposa. A questão é que, nessa época, já não havia mais uma significativa extração deles no país, o período áureo dos diamantes havia se dado entre o final do século XVIII e os primeiros anos do século XIX. Desde sua descoberta, segundo um decreto de 1734, qualquer diamante acima de vinte quilates (equivalente a quatro gramas) passava a ser propriedade da coroa, fazendo com que as maiores e melhores pedras encontradas tivessem passado para a família real portuguesa.

Quando d. Leopoldina chegou ao Brasil para se casar com d. Pedro I, ela recebeu de presente de d. João VI uma caixa com diamantes fabulosos e, nas imagens que conhecemos da primeira imperatriz, ela é muitas vezes retratada com um conjunto magnífico de brincos e colar também de diamantes. Com a sua morte, em 1826, todo esse patrimônio foi dividido entre seus filhos, e d. Pedro, provavelmente, não dispunha de nenhuma joia tão impressionante como as que os príncipes haviam herdado da mãe.

Assim, o imperador redigiu um documento comprando da herança dos filhos uma gargantilha de cem diamantes, pingentes, grandes brincos e pulseiras da mesma pedra. Essa determinação, existente no Arquivo Histórico do Museu Imperial, tem, no entanto, uma segunda parte. É nessa continuação do documento, localizada em 2019, no Arquivo do Paço Ducal de Vila Viçosa, que d. Pedro determina que, além dessas joias já prontas, ele também comprava o famoso medalhão com seu retrato que havia pertencido a d. Leopoldina e mandava desmontar a peça para usar os dezoito gigantescos diamantes que o formavam a fim de que fosse feito um presente para a imperatriz. É muito provável que o "presente para a imperatriz" tenha sido a fabulosa tiara Bragança, que hoje se encontra no tesouro real sueco, feita a partir dos diamantes desencastoados do medalhão.

D. Amélia manteria o outro medalhão com o retrato do marido circundado por diamantes que recebera de presente na ocasião de seu casamento em Munique e com o qual seria retratada no futuro.

Primeiras dificuldades

Na vida pública brasileira, por essa época, havia boas iniciativas, como a inauguração de um novo chafariz na praça da Carioca, garantindo um melhor abastecimento de água para a população do Rio de Janeiro por meio de um moderno sistema de quarenta torneiras. Ou a concessão de privilégios por parte do governo imperial para todos aqueles que inventassem ou melhorassem alguma indústria que pudesse ser útil ao país. Nesse caso, o obstáculo era concorrer com os produtos ingleses, que continuavam entrando sob condições muito vantajosas, o que não favorecia o desenvolvimento da manufatura nacional. Entretanto, as boas ideias implantadas eram quase gotas d'água no mar de problemas da relação entre o imperador e seu governo, cada vez mais cheia de conflitos.

Um desses desentendimentos levou a que, no dia 20 de maio, durante o café da manhã, d. Pedro se exaltasse com uma carta de seus ministros e acabasse sofrendo um forte ataque epilético. O episódio durou infinitos oito minutos, durante os quais d. Amélia, muito assustada, tentou em vão segurá-lo.

A epilepsia era uma doença que fazia parte da vida do imperador desde a infância, havendo registros de muitos episódios. Entre 1824 e 1829, no entanto, ele conseguira evitar novos casos graças a um remédio francês que lhe tinha sido recomendado pelo também francês conde de Gestas, que se encantara pela floresta da Tijuca, onde cultivava morangos. Difícil saber que remédio seria esse e o quanto poderia ter lhe danificado os rins ou mesmo o fígado, precocemente comprometidos, como se descobriria alguns anos mais tarde quando de sua autópsia.

Para se recuperar do ataque epilético, o casal imperial se retirou para a Fazenda de Santa Cruz, onde permaneceu durante todo o mês de junho e boa parte de julho. De lá, d. Amélia escreveu para d. Maria da Glória contando que estavam fazendo interessantes passeios aos rios Guandu e Itaguaí, mas que sentiam muitas saudades das crianças.

De Santa Cruz, d. Pedro continuava gerindo os negócios de Estado. No dia 10 de julho, dia do nome de d. Amélia, o imperador nomeou o marquês de Barbacena como mordomo-mor da imperatriz e a filha deste, na época ainda solteira, Ana Constança Caldeira Brant, como dama de d. Amélia. O filho primogênito de Barbacena recebeu o título de visconde com grandeza e o segundo filho se tornou camarista do imperador. Esse rapaz, o futuro conde de Iguaçu, se tornaria genro de d. Pedro I no futuro.

Perigosa, no entanto, era a informação que o imperador incluíra na carta para Barbacena, explicando que o visconde de Pedra Branca teria pedido à duquesa de Leuchtenberg que intercedesse junto à filha para que Barbacena fosse nomeado mordomo da imperatriz, e que o próprio d. Pedro tivera que convencer d. Amélia a se decidir por ele. Talvez a imperatriz já não confiasse tanto nele, desde que descobrira, por intermédio de Brack, que boa parte de sua alegada participação nas negociações do casamento fora um tanto exagerada. Mas, ao expor para Barbacena que ele já não era mais o protegido da imperatriz, o diplomata, possivelmente, também se sentiu desobrigado de continuar fiel a d. Amélia, mesmo que nomeado seu mordomo. A confiança entre eles se rompia, e isso teria graves consequências.

A relação do imperador com seu principal ministro era, de qualquer forma, controversa. Se, por um lado, ele o favorecia na nomeação para um importante cargo, o que significava prestígio, poder e salário condizentes, por outro, escrevia para seu amigo, o marquês de Resende: "Vamos vivendo mal e pobremente, para não dizer porcamente; mas Barbacena, que está ao leme e dirige tudo – abaixo de mim – está esperançado de alcançar vitória. *Hágase el miracolo! Hagalo el diablo!*".[119]

Aniversário no Brasil

A volta de Santa Cruz em julho foi a tempo de o casal imperial chegar para a comemoração do aniversário de dezoito anos da imperatriz no dia 31 de julho de 1830. Estava presente no dia um ministro argentino, que, sabendo o quanto sua esposa, ausente da festa, estaria curiosa para saber dos detalhes de uma cerimônia dessas, deixou um relato minucioso do evento.[120]

A festa começou com uma aglomeração de pessoas nas ruas, desde as oito horas da manhã, ao longo do caminho por onde os imperadores passariam. Às 12h30, o corpo diplomático, os grandes do império, generais, dignitários e membros de corporações se reuniram, todos trajando ricos uniformes. À uma em ponto, o casal imperial chegou de São Cristóvão ao Paço da Cidade numa grande carruagem escoltada pela cavalaria. Até os cavalos estavam ricamente paramentados. Salvas de artilharia no mar e na terra saudaram os imperadores, que se sentaram no trono para a cerimônia do beija-mão. Um por um se aproximava, prestava sua homenagem e se retirava andando para trás para não dar as costas aos imperadores.

D. Pedro I estava usando seu uniforme militar, com botas e calças brancas, casaca azul esplendidamente bordada e decorada com condecorações em diamantes. D. Amélia estava deslumbrante com um vestido roxo bordado em seda, com um manto de veludo da mesma cor, sendo o corpete de mangas curtas completado por rendas que desciam até o punho. Como devia estar um pouco frio, por ser inverno em julho, a imperatriz usava uma peça de veludo em formato de meia-lua sobre os ombros. Nos cabelos, flores e penas brancas. Mas o que mais impressionava eram as joias em diamantes: anéis, pulseiras, broche, grandes brincos e um magnífico colar. Provavelmente os que d. Pedro tinha

---

* Do espanhol: "Faça-se o milagre! Embora o faça o diabo!". (N. da E.)

comprado da herança de seus filhos alguns meses antes. A tiara, no entanto, ainda não devia estar pronta, pois não foi usada.

As imperatrizes d. Leopoldina e d. Amélia com as joias em diamantes, onde se reconhecem os brincos e o colar, mas o medalhão que d. Leopoldina usa, na imagem da segunda imperatriz, dá lugar à tiara. A partir de litografia de Jean--Baptiste Debret. Coleção particular, São Paulo. Fotos de Andreas Witte.

O marido também tinha preparado uma surpresa para a aniversariante e composto um soneto para a ocasião:

> Aquela que orna o solio majestoso
> É filha de uma vênus e de um marte!
> Enleia nossas almas e destarte
> É mimo do Brasil, glória do esposo!
>
> Não temeu o oceano proceloso,
> Cantando espalharei por toda parte,

Seus lares deixa Amélia por amar-te,
És mui feliz, oh! Pedro, és mui ditoso!

Amélia fez nascer a idade de ouro!
Amélia no Brasil é nova diva!
É Amélia de Pedro, um grão-tesouro!

Amélia Augusta os corações cativa!
Amélia nos garante excelso agouro!
Viva a imperatriz Amélia, viva![121]

À noite, os festejos se encerraram com a ópera *La Gazza Ladra* no teatro, onde todas as damas compareceram de branco e com os cabelos adornados por plumas. Essa encenação, que já tinha sido apresentada para d. Amélia na Bélgica, era um dos grandes sucessos de Rossini, ídolo de d. Pedro I.

Alguns dias depois, em 5 de agosto, era feita a tradicional troca das vestes de Nossa Senhora da Glória na igreja que a família imperial frequentava semanalmente. Em 1830, a honra coube à imperatriz, que doou, nessa ocasião, um precioso cálice e uma colher de prata dourada para a irmandade, em cujo museu se encontram até hoje.

Decepções

A tranquilidade das festas, no entanto, não duraria muito. Na Europa, duas revoluções alteraram o cenário político favorecendo a causa liberal, defendida por d. Pedro contra seu irmão em Portugal. A primeira, ocorrida em julho de 1830, depôs o rei Carlos X e levou ao poder o rei Luís Filipe e o constitucionalismo na França. Também na Inglaterra, o conservador duque de Wellington foi substituído por um novo ministro declaradamente liberal. A consequência disso foi o aumento das atividades dos exilados portugueses nesses dois países, que conseguiam se organizar melhor para perseverar na causa constitucional.

No Brasil, diversos oradores e jornalistas se exaltaram e passaram a comparar d. Pedro I com o monarca deposto, incitando a população contra o imperador.

Era quase irônico, pois enquanto lutava para colocar a filha no trono e reinstaurar a Constituição em Portugal, d. Pedro era acusado de ser absolutista no Brasil.

A situação política entornou no segundo semestre de 1830. Assim que se instalou em Londres, em junho de 1830, Gomes da Silva, o Chalaça, decidiu levantar suspeitas contra o responsável por seu exílio, o marquês de Barbacena. Para isso, publicou, anonimamente, uma acusação na qual afirmava que o marquês teria gastado indevidamente os recursos colocados à sua disposição para a manutenção da rainha d. Maria II na Inglaterra e também durante as negociações para o casamento de d. Pedro e d. Amélia. É difícil saber se Chalaça fazia isso à revelia de d. Pedro I, ou se fora incumbido pelo próprio imperador de, em Londres, levantar as despesas. Não parece que realmente havia dúvidas quanto às finanças. Barbacena tinha prestado contas de tudo que gastara, entregando inclusive os recibos e os livros de escrituração das despesas, pelos quais tinha recebido alvarás de quitação do próprio imperador.

É possível que Gomes da Silva, além de estar enciumado do prestígio que o marquês tinha alcançado, tenha feito a denúncia para derrubá-lo e, assim, fortalecer o partido português no Rio de Janeiro, como tão bem analisa o biógrafo de d. Pedro I, Paulo Rezzutti.

Há, porém, a hipótese de que d. Pedro quisesse se livrar de seu primeiro-ministro, ou porque não quisesse mais ter que dividir o poder como vinha, de fato, ocorrendo, ou porque havia uma grave divergência entre eles no que concernia ao tema da abolição do tráfico negreiro. O imperador, ao que parece, pretendia honrar o acordo com a Inglaterra e extinguir o comércio interatlântico de escravizados conforme previsto. Barbacena, como grande proprietário de terras e escravizados, defendia a manutenção do tráfico. Nesse caso, Chalaça teria seguido ordens de d. Pedro I ao iniciar uma acusação contra ele.

Falta documentação para saber, de fato, o que levou Chalaça a denunciar Barbacena. Entretanto, uma vez levantada a dúvida sobre sua honestidade, não era possível ignorar a acusação.

Assim, em setembro de 1830, o imperador decidiu mandar examinar novamente as contas e, para que Barbacena estivesse acima de qualquer suspeita, ele devia passar como ministro da pasta da Fazenda para a dos Negócios Estrangeiros. Barbacena se sentiu ofendido e preferiu deixar o governo, mas pediu um prazo de oito dias para isso. D. Pedro perdeu a paciência e ordenou que ele se demitisse imediatamente. Até porque poderiam alegar que ele teria tido, durante esses dias, oportunidade de destruir provas que o desabonassem.

Quer tenha sido o intuito do imperador ou vingança de Chalaça, o fato é que a partir desse confronto entre d. Pedro e Barbacena, eles se tornaram inimigos ferrenhos.

O que se seguiu foi o começo do fim do Primeiro Reinado. Dentro de algumas semanas, Barbacena revidou o ataque e a demissão publicando um panfleto de dez páginas que caíram como uma bomba. Ali, ele detalhava e justificava não apenas suas despesas, mas também revelava a correspondência pessoal trocada com d. Pedro durante as negociações para o casamento com d. Amélia no ano anterior. Nas cartas, Barbacena expunha até mesmo os requisitos exigidos pelo imperador para sua futura esposa, as recusas das diversas princesas que se negaram a se casar com ele e o fato de que só foi possível realizar o casamento, porque d. Pedro havia flexibilizado a questão da ascendência da nova imperatriz. Não satisfeito, ele divulgou ainda o valor do enxoval e dos presentes dados a d. Amélia, os custos de sua viagem e tantas outras intimidades comprometedoras. Para piorar, Barbacena ainda terminava dizendo que a imperatriz pelo menos tinha valido o que custara.

Os jornais se refestelaram com o material, até porque, dos 53 periódicos que circulavam na época, apenas onze ainda defendiam o imperador.

Claro que, rebaixando d. Amélia, Barbacena diminuía o prestígio que ela emprestava ao imperador e, com isso, conseguia atingi-lo duas vezes: divulgava sua humilhação nas cortes europeias e apresentava a imperatriz, seu trunfo, como uma princesa inferior, que tinha aceitado o que nenhuma outra quisera.

Para d. Pedro, o ataque foi uma exposição constrangedora dos bastidores das negociações, até então secretas, e que revelavam o total desprestígio do imperador do Brasil na Europa, onde as principais casas reinantes negaram-lhe uma noiva. Para d. Amélia, a traição de Barbacena deve ter tido um significado ainda mais profundo. Havia certamente a vergonha e a decepção com aquele que, até então, tinha sido o herói que a acompanhara desde Munique, mas havia algo muito pior: a sua exposição como mercadoria de segunda categoria. Era novamente a humilhação que sua família tinha sofrido por tantos anos na corte de seu tio, na Baviera, por serem descendentes de Napoleão e da imperatriz Josefina, e não de uma respeitável casa real. Nenhum vestido de gala, nenhum beija-mão, nenhum diamante poderiam compensar a mancha em sua dignidade.

Politicamente, os jornais passaram a disseminar a ideia de que, ao demitir Barbacena por causa das acusações de Chalaça, d. Pedro teria cedido ao famigerado gabinete secreto que, mesmo de longe, ainda regia suas decisões e, com isso, o país.[122]

D. Pedro publicou uma resposta desaforada a Barbacena, mas nada mais seria capaz de restaurar a confiança política no governo, nem o respeito pela figura dos imperadores, seriamente arranhada nesse episódio.

Décadas mais tarde, foi encontrado entre os documentos de Barbacena o rascunho de uma carta, datado de 15 de dezembro de 1830, em que ele teria feito um aviso de que o trono não duraria seis meses se d. Pedro não se reconciliasse com "os brasileiros". Não há certeza sobre a autoria da carta, nem se ela chegou a ser enviada ou lida pelo imperador, mas seu conteúdo é mais que uma ameaça, chega a ser uma premonição da abdicação quatro meses depois:

> Estes fatos, senhor, jamais aparecem reunidos senão no momento ou nas vésperas de uma revolução [...]. Um dos tios-avós de Vossa Majestade Imperial acabou seus dias numa prisão em Sintra. V.M.I. poderá acabar os seus em alguma prisão de Minas a título de doido, e realmente só um doido sacrifica os interesses de uma nação, da sua família e da realeza em geral aos caprichos e seduções de criados, caixeiros portugueses. [...] Ainda há tempo, senhor, de manter-se V.M.I. no trono como o deseja a maioria dos brasileiros, mas se V.M., indeciso, continuar com as palavras Constituição e brasileirismo na boca, a ser português e absoluto de coração, neste caso a sua desgraça será inevitável, e catástrofe que praza a Deus não seja geral, aparecerá em poucos meses; talvez não chegue a seis.[123]

Anos mais tarde, o Tribunal do Tesouro não só aprovaria as contas do marquês de Barbacena, como ainda lhe daria um crédito das 1.405 libras que tinham sido pagas de seu próprio bolso durante as negociações do casamento. Mas o problema não era o dinheiro. O escândalo e a instabilidade que o incidente suscitou tiveram proporções muito maiores. Barbacena representava não apenas os brasileiros contra os portugueses, ele era também um proprietário de terras respeitado por uma elite escravagista, apoiado por financistas no exterior e seu banimento foi um pilar do trono que ruiu.

Para piorar a situação, já extremamente instável para o imperador, no dia 20 de novembro, o jornalista ítalo-brasileiro liberal Líbero Badaró foi assassinado na cidade de São Paulo. Não faltou quem acusasse d. Pedro I de ser o mandante do crime, mesmo que o próprio jornalista, antes de falecer, tenha denunciado a pessoa que o atingira.

Tentando melhorar o clima provocado pelos últimos acontecimentos, d. Pedro levou d. Amélia para um almoço em forma de piquenique na bela ilha de Paquetá, no dia 26 de novembro de 1830. Deve ter sido difícil fazer de conta que estava tudo bem, fazendo apenas quatro dias que chegara a notícia da morte de Badaró.

A verdade é que a situação era bastante desfavorável para d. Amélia. Além do escândalo em que se vira envolvida com a publicação de Barbacena, ela ia, aos poucos, perdendo a influência que exercia sobre o marido. A pressão sobre ela era imensa e aumentava a cada mês que se passava sem a notícia de uma gravidez, o que, para a sociedade da época, era a sua principal função enquanto imperatriz.

Da Suécia, a irmã Josefina escrevia para a tia Elisabeth da Prússia: "Minha pobre irmã fica tão feliz que eu seja mãe, ela se queixa que não consegue ter filhos".[124] Ao contrário de d. Amélia, Josefina tinha gerado cinco crianças num espaço de cinco anos, entre 1826 e 1831.

D. Pedro I, já em abril de 1830, tinha escrito para o amigo Resende em tom de brincadeira, mas deixando transparecer que começava a se preocupar com a falta de novos herdeiros:

Em casa, por ora, nada, mas o trabalho continua e, em breve, darei cópia de mim e farei a imperatriz dar cópia de si, se ela não me emprenhar a mim, que é a única desgraça que me falta sofrer. [...] Tenho o propósito firme de não [ter relações sexuais] senão em casa, não só por motivos de religião, mas até porque para o pôr assim [desenhando um pênis ereto] já não é pouco dificultoso.[125]

O pobre Resende, diante de confissões tão explícitas e tentando animar o imperador, respondeu: "Não duvido nem posso duvidar de que quem teve estes e tantos outros filhos terá mais algum da augusta e bela esposa que o céu lhe concedeu, e, portanto, peço licença para duvidar das poucas forças que me diz que tem".[126]

Novamente, é o barão Antonini quem faz a melhor análise da mudança da situação de d. Amélia:

O imperador continua a fazer amigável exclusiva companhia à sua boa e sábia consorte [ou seja, permanecia fiel a ela], a qual, no entanto, vem perdendo a cada dia a pouca influência que teve no início sobre a personalidade do imperador. Para evitar os seus modos violentos que aparecem a qualquer oposição que lhe façam, ela não ousa fazer nenhuma observação e, se [a imperatriz] não tiver descendência, dificilmente poderá para o futuro defender-se dos ataques do partido português, contra o qual é considerada comprometida. É claro que, mesmo assim, a influência das maneiras da imperatriz teve um grande melhoramento nas do imperador, assim como nas do príncipe imperial e das duas pequenas princesas, estabelecendo não só uma maior organização na sua educação, mas também em todo o regulamento interno do palácio.[127]

A perda do trono

Minas Gerais

TALVEZ PROCURANDO melhores ares para que a esposa finalmente engravidasse, talvez tentando fugir do pesado clima político que se estabelecera na corte no final daquele ano, ou talvez se lembrando da acolhida carinhosa que recebera em 1822 durante sua estada na província de Minas Gerais, d. Pedro I decidiu empreender uma longa viagem a essa região, levando a esposa consigo.

Minas Gerais era também uma província bastante diferente das outras, pois tinha uma população predominantemente mestiça e muitos profissionais liberais, ao contrário do resto do Brasil, onde havia uma imensa maioria de escravizados e uma pequena parcela de brancos e mestiços. Essa condição fazia com que, em Minas, houvesse uma maior mobilização popular, e, nas circunstâncias de então, d. Pedro provavelmente temia uma revolta eclodindo entre os mineiros. Esperando que sua presença e a da bela e jovem imperatriz pudessem apaziguar os ânimos, o casal imperial e uma pequena comitiva passaram dez semanas em terras mineiras, partindo nos últimos dias de 1830:

Suas Altezas saem daqui no dia 29 [de dezembro de 1830]. Vão dormir na Fábrica da Pólvora e, no dia 30, sobem a serra. No dia 28, sai daqui a bagagem. É, portanto, necessário que, no dia 29 de manhã, estejam no porto da Estrela as seis bestas, [...] e, no dia 30, também de manhã, as duas liteiras na Fábrica da Pólvora.[128]

Os primeiros três dias da jornada não eram grande novidade para a imperatriz, pois, no verão anterior, a família já havia estado na Fazenda do Padre Correia. Contudo, a partir daquele ponto, a viagem seria muito diferente dos deslocamentos até Santa Cruz ou até a serra. A comitiva passaria semanas em marcha, pernoitando em fazendas, trocando montarias e atravessando paisagens até então desconhecidas para d. Amélia.

O itinerário seguiu passando pelo Registro de Paraibuna, Barbacena, São José do Rio das Mortes (atual Tiradentes), São João del Rei, Lagoa Dourada e Congonhas. Nesta cidade, houve uma festiva recepção no colégio de Matosinho, o que não se repetiu em quase nenhum outro lugar.

No dia 30 de janeiro, já há um mês viajando, d. Pedro decidiu ficar por uma semana em Cachoeira do Campo. O lugar certamente o agradou, pois o imperador comprou uma propriedade ali,[129] a qual seria, no entanto, alguns meses depois, colocada à venda. A viagem seguiu por Rio Acima, Sabará, Caeté, São João do Morro Grande, atual Barão de Cocais, e Santa Bárbara, até chegarem ao Imperial Seminário da Serra de Nossa Senhora Mãe dos Homens, hoje chamado Santuário do Caraça. Um dos lugares mais bonitos do Brasil onde d. Amélia esteve, o seminário ainda existe e é possível, atualmente, se hospedar em suas antigas instalações reformadas.

Ali, o casal de imperadores rezou na igreja consagrada a Nossa Senhora pela recuperação da princesa d. Paula Mariana, que completava oito anos naquele dia 17 de fevereiro, e para que d. Amélia finalmente engravidasse. Só o segundo pedido seria atendido. Mas, pelo menos, prontamente atendido, já que, fazendo as contas, a imperatriz provavelmente engravidou na semana seguinte à sua estada no Caraça.

Nos dois dias em que permaneceram no seminário, d. Pedro e d. Amélia assistiram a um torneio literário-filosófico, a uma defesa de tese, e o imperador aprendeu com os alunos um jogo precursor do tênis, o chamado jogo da péla. Usando uma bola dura e raquetes, o atlético soberano se divertiu com os jovens estudantes.

Descendo a serra, seguiram por Catas Altas, Camargos e Mariana até alcançarem Ouro Preto. Capital da província e cidade mais importante de seu percurso, d. Pedro e d. Amélia permaneceram apenas duas noites lá, logo voltando para a recém-adquirida propriedade de Cachoeira do Campo, onde já haviam estado semanas antes. A impressão que fica é a de que d. Pedro evitou contato com a população de Ouro Preto, permanecendo o mínimo possível na cidade e se limitando a ler uma proclamação contra a implantação do federalismo, que não foi bem recebida pela população.

Eles se decepcionavam sucessivamente com as demonstrações de frieza por onde passavam. Em diversos outros lugares, a recepção já havia sido bastante constrangedora, chegando a ter ocorrido a provocação de badalarem sinos em toques de finados o dia todo pela morte de Líbero Badaró.

O interessante é que justamente durante a estada em Ouro Preto, d. Pedro escreveu uma carta para sua filha d. Maria da Glória, no Rio, contando da viagem e dizendo que d. Amélia sentia "saudades, essas saudades cor-de-rosa"[130] das crianças. Não é possível saber exatamente o que ele queria dizer com isso, mas, segundo a estudiosa Adriana Moura, poderia ser uma menção à obra *Cândido, ou o Otimismo*, de Voltaire. Nessa narrativa, o preceptor da personagem principal tentava ensiná-la a procurar ver o mundo por uma perspectiva "cor-de-rosa", otimista, acreditando que os fatos sempre acontecem por um propósito maior. Talvez, durante a longa travessia entre a Europa e o Brasil, quando conviveram tão de perto, d. Amélia tenha tentado transmitir essa filosofia para sua enteada mais velha. E talvez ela se referisse ao fato de que saudade não deveria ser necessariamente um sentimento ruim, já que só sentimos falta de coisas que valeram a pena, por isso a menção às "saudades cor-de-rosa".

De qualquer forma, d. Amélia não passaria muito mais tempo com saudades dos enteados. Diante da gélida acolhida em Ouro Preto, d. Pedro decidiu antecipar a volta para o Rio de Janeiro. Fazendo a viagem de forma acelerada, passaram por Ouro Branco, Queluz, atual Conselheiro Lafaiete, e chegaram à capital no dia 11 de março, após 72 dias de ausência.

O início do fim

O regresso dos imperadores ao Rio de Janeiro foi saudado pelos portugueses da cidade com iluminações, fogos de artifício, danças e fogueiras. Já os brasileiros, menos satisfeitos com d. Pedro I, literalmente jogavam baldes com água para apagar os fogos das comemorações. Logo, obviamente, os dois lados começaram a se enfrentar nas ruas. Já havia uma animosidade entre brasileiros e portugueses, porque estes, em grande parte donos dos armazéns de mantimentos, se recusavam a vender fiado ou a receber dinheiro brasileiro, que se desvalorizava a cada dia. A situação rapidamente escalou para um conflito em que paus, pedras e garrafas se transformaram em armas, e a noite do dia 13 de março acabou ficando conhecida como a Noite das Garrafadas.

Os imperadores ficaram reclusos em São Cristóvão e só se atreveram a sair para um *Te Deum* na cidade, em agradecimento pela volta da viagem, quatro dias depois. Pouquíssimos brasileiros compareceram à cerimônia e ao beija-mão que se seguiu. Também quase nenhum oficial militar foi visto. O isolamento de d. Pedro se agravava a cada dia.

Sentindo-se ofendidos pelos insultos e agressões sofridos, os brasileiros exigiram que d. Pedro tomasse uma atitude contra os portugueses. Estes, por sua vez, justificavam-se dizendo que não haviam começado a briga, apenas se defendido. A petição, assinada pelo senador Vergueiro e outros 23 deputados, praticamente ameaçava o imperador, conclamando-o a tomar partido entre portugueses e brasileiros.

Numa tentativa pouco eficaz de apaziguar os ânimos, d. Pedro I trocou o ministério, mas não foi capaz de escolher nomes que agradassem aos insatisfeitos. Teria bastado nomear Vergueiro e mais alguns dos signatários da petição, mas o imperador não aceitava agir segundo o que considerava coação ou ameaça.

Dias depois, durante a procissão da Semana Santa, ao aparecer na janela, ocasião em que os imperadores costumavam ser homenageados pela população, que tirava o chapéu em sinal de respeito, quase ninguém fez isso.

D. Amélia, por sua vez, começou a apresentar os primeiros sintomas de gravidez nessa segunda quinzena de março, sofrendo com dores de cabeça e náuseas.[131] Era difícil ter certeza se o mal-estar era mesmo gerado pelo tão esperado motivo ou apenas devido às preocupações e dissabores desde a chegada da viagem. Também não seria a primeira vez que suas regras estariam atrasadas.

Motivos para dores de cabeça não faltavam. A distância entre o imperador, seu governo e a população se tornava cada dia mais intransponível. Reinava a convicção de que d. Pedro I procurava restabelecer o absolutismo no Brasil e de que negligenciava a causa nacional, por seu interesse pela questão da sucessão ao trono português.

Em meio a esse cenário, d. Pedro I tomou a decisão absolutamente imprudente de comemorar o aniversário da filha, rainha de Portugal, no dia 4 de abril,
com um beija-mão em seu palacete de soberana portuguesa. A cerimônia foi
compreendida como um insulto aos brasileiros e acirrou ainda mais os ânimos.

Recomeçaram os distúrbios nas ruas e d. Pedro chamou os ministros da
Guerra e da Justiça exigindo que restabelecessem a ordem. Quando eles tenta-
ram explicar para o imperador que os problemas eram muito mais profundos
do que simples arruaças, d. Pedro exonerou novamente seu gabinete e escolheu
nomes ainda mais impopulares que os anteriores. Esse foi o estopim para que a
imprensa, em grande parte contrária ao imperador, instigasse a população a se
reunir no Campo de Aclamação.

A conspiração era liderada por um jornalista, Evaristo da Veiga, e pelo
senador Vergueiro, que receberam o apoio do comandante de armas da corte,
Francisco de Lima e Silva, pai do futuro duque de Caxias. Nos bastidores, o
marquês de Barbacena também participava dos acontecimentos anonimamente, conforme seu filho confessou anos mais tarde.[132]

Lima e Silva pediu para que d. Pedro cedesse, demitisse o ministério
recém-nomeado e readmitisse o anterior. Para o imperador, o ponto se tornou
questão de honra, ele alegava que a Constituição lhe permitia escolher livremente seus ministros e que não seria coagido por ninguém. Foi então que
d. Pedro proferiu a famosa frase, "Tudo farei para o povo, mas nada pelo povo",
querendo dizer que as decisões seriam suas, e não forçadas por manifestações
populares. Previsivelmente, essa declaração seria deturpada e usada contra o
imperador para incriminá-lo como um tirano absolutista.

A abdicação

Ao longo do dia 6 de abril de 1831, a multidão reunida contra o imperador no
Campo de Santana só aumentava. À noite, o Exército se solidarizou à revolução
e até a guarda pessoal do imperador desertou.

Ao perceber que estava isolado e sua família, sitiada na Quinta da Boa Vista
e completamente desprotegida, d. Pedro fez seu irreversível pronunciamento:

Prefiro descer do trono com honra a governar desonrado e envilecido. Não nos iludamos. A contenda se tornou nacional. Todos quanto nasceram no Brasil estão no Campo e contra mim. Não me querem para governo porque sou português. Seja por que meio for, estão dispostos a se livrarem de mim. Espero por isso desde há muito. Durante a viagem a Minas, anunciei que o meu regresso ao Rio seria o sinal da luta entre nacionais e portugueses, provocando a crise atual. Meu filho tem uma vantagem sobre mim, é brasileiro e os brasileiros gostam dele. Reinará sem dificuldade e a Constituição lhe garante os direitos. Descerei do trono com a glória de findar como príncipe, constitucionalmente.[133]

Sabendo que fazia história, d. Pedro escolheu um papel de qualidade, uma pena especial e uma mesa específica, onde escreveu a curta e objetiva carta de abdicação:

Usando do direito que a Constituição me concede, declaro que hei muito voluntariamente abdicado na pessoa de meu muito amado e prezado filho, o sr. d. Pedro de Alcântara. Boa Vista, 7 de abril de 1831, décimo* da Independência e do Império.[134]

Sem títulos, sem honras, assinava simplesmente "Pedro".

Com lágrimas nos olhos, entregou o documento dizendo: "Aqui está a minha abdicação, desejo que sejam felizes! Retiro-me para a Europa e deixo um país que tanto amei e amo ainda".[135]

Embora o documento fosse sucinto, d. Pedro escolheu assiná-lo sobre uma mesa com a reprodução da cena mitológica em que o herói Aquiles, na *Ilíada*, arrasta o corpo sem vida do príncipe Heitor, derrotado. Nessa hora, Homero termina seus versos afirmando: "Porque eras tu, nobre Heitor, o único apoio destas muralhas".[136] Tendo sido proposital a escolha desse móvel, d. Pedro revelava o que realmente pensava ao abdicar.

Estrategicamente, a abdicação era a única opção que d. Pedro tinha naquele momento para salvar o trono brasileiro para sua família. Se ele tentasse enfrentar os revoltosos, não só perderia, como provavelmente arriscava perder

---

* Os anos eram contados incluindo o acontecimento em questão. Como a Independência datava de 1822, esse era considerado o primeiro ano do império, e, portanto, 1831 era o décimo.

também a coroa de seu filho para os republicanos. Dessa maneira, pelo menos havia uma esperança de que aclamassem o príncipe de cinco anos como imperador e seus descendentes dessem continuidade ao Império Brasileiro.

Abdicação de d. Pedro I ao trono brasileiro em favor de seu filho, d. Pedro II, representado no colo de d. Amélia. Óleo sobre tela, Amélio de Figueiredo, 1911. Palácio Guanabara, Rio de Janeiro. Imagem em domínio público.

D. Amélia, conhecendo já bastante bem o marido e procurando demonstrar sua compreensão e apoio, fez algo que muito emocionou d. Pedro, a ponto de que ele relatasse o ocorrido numa carta para seu amigo Chalaça: "Contar-te-ei o que a imperatriz fez [...] antes de se embarcar: pegou no meu busto, que tinha num pedestal e, pondo-o em cima da Constituição encadernada que lhe servia de base de pé, disse: 'Eis aqui como sai o imperador: homem honrado'".[137]

Com isso, ela queria dizer que ele saía de pé, com honra, e apoiado sobre os direitos que a Constituição lhe garantia. Essa pequena passagem prova o orgulho que ele sentia da esposa e o quão bem ela compreendia as motivações do marido. Há relatos de que, em seguida, d. Amélia tenha ficado muito abalada e chorado, e de que d. Pedro, então, tentando consolar a esposa, tenha pedido que ela se animasse, lembrando que voltariam para a Europa, onde poderia rever sua família. Não é improvável, mas, no momento da abdicação, ela, indiscutivelmente, apoiou a decisão do marido. Ao saber dos acontecimentos e da reação de d. Amélia, a duquesa Augusta comentou que sua filha, como sempre, tivera uma coragem e um bom senso admiráveis, raros na sua idade. A imperatriz tinha dezoito anos quando perdeu a coroa.

Era madrugada do dia 7 de abril, as crianças dormiam e d. Pedro não quis acordá-las. Despediu-se dos filhos que nunca mais veria. Com ele, seguiam apenas a esposa e d. Maria da Glória, a rainha por quem ele lideraria uma guerra.

Baía de Guanabara

Do Palácio de São Cristóvão, havia um caminho que levava diretamente a um cais, para onde eles se dirigiram ainda antes de amanhecer o dia 7 de abril. Quando d. Pedro entrou na carruagem que o levaria ao desembarcador, vários escravizados já haviam se levantado antes de raiar o dia. Percebendo o que acontecia, seguiram o carro que levava o imperador correndo, chorando e implorando para que pudessem ir com ele. Mas não havia espaço para tanta gente no navio britânico que ofereceu refúgio à família, nem recursos para mantê-los, e, assim, apenas seis escravizados seguiriam com eles para a Europa, dos quais sabemos o nome de quatro: Marcilino, Ignácio, Manuel e Lourindo.

Durante toda a madrugada do dia 7 de abril, d. Pedro estivera acompanhado por um diplomata francês, Pontois, e outro britânico, Aston. Ambos ofereceram apoio ao imperador, que acabou aceitando a oferta de embarcar num navio inglês, território estrangeiro, o que lhe garantia segurança após a assinatura da abdicação. D. Pedro, a esposa e a filha foram, então, levados até o navio capitânia inglês que estava ancorado diante da barra, o *Warspite*, o mesmo que estivera ao lado da fragata que trouxera d. Amélia ao Brasil um ano e meio antes. Segundo relatos, o navio era equipado com 74 canhões, muito limpo e confortável e, entre as embarcações no Rio de Janeiro, praticamente uma celebridade, pois fora o primeiro navio de linha a fazer a circum-navegação da Terra.

Foi necessário que d. Pedro e sua família pegassem um escaler, uma espécie de bote, que os levou do cais de São Cristóvão até o *Warspite*. Para subir a bordo, havia uma escada, e d. Pedro, preocupado com o decoro da imperatriz, queria que ela fosse erguida sentada numa cadeira, porque se lembrou que a esposa não usava calças por baixo do vestido, o que poderia permitir que lhe vissem as pernas. Afinal, não foi necessário, pois o próprio almirante Baker, responsável pelo navio, a ajudou a subir. É curioso termos esse tipo de detalhe, o que devemos ao relato de um cronista que entendia português e francês, membro da tripulação do *Warspite*, e que se preocupou em anotar todos os pormenores da estada da família a bordo.[138] Certamente, não era todo dia que marinheiros conviviam tão de perto com famílias imperiais.

Por oito dias, d. Pedro e seus acompanhantes permaneceram na baía de Guanabara, a bordo do *Warspite*, aguardando o desfecho de seus últimos atos. Era preciso decidir o destino de seus filhos menores, de seus bens e, principalmente, ter certeza de que d. Pedro II seria aclamado imperador e estaria em segurança, para só então partirem.

Entre os oficiais do *Warspite*, havia um antigo ajudante de campo do príncipe Eugênio, que conhecera d. Amélia ainda pequena. Esse almirante francês, Grivel, tentou acalmar a imperatriz contando sobre a campanha da Rússia, quando convivera com o pai da ex-imperatriz, pedindo que ela também fosse corajosa como o príncipe havia sido e que se resignasse. Porém, como o cronista descreve: "[D. Amélia] era incapaz de conter as lágrimas que caíam de seus olhos". D. Pedro, ao ver que a esposa continuava muito triste, tentou outra tática, falando como falaria com um dos seus filhos pequenos: "Fique tranquila, logo verás tua mãe".[139]

Aos poucos, instalou-se uma rotina a bordo. D. Maria da Glória passava horas pescando, atividade que devia acalmá-la por ter sido um dos passatempos preferidos de sua mãe, d. Leopoldina, o que talvez lhe trouxesse boas lembranças. D. Pedro organizava listas e cartas, checava as caixas que chegavam com sua prataria, livros e documentos e, à noite, gostava de observar o céu com o telescópio.

Exímio marceneiro, ele próprio reforçou os baús e caixas com proteções de madeira para melhor acondicionar a bagagem que levavam para a Europa. Contudo, boa parte de seu tempo a bordo, o imperador passou debruçado sobre um caderno, ao qual ele denominou "Miscelânea", no qual escrevia rascunhos de cartas, anotações de contabilidade e até desabafos.[140] Atualmente, estudando esse documento, conseguimos acompanhar seu raciocínio e as ideias que lhe passavam pela cabeça, e que iam sendo descartadas, riscadas e rasuradas, enquanto outras se tornavam cartas e decretos que conhecemos. Era preciso decidir o que fazer com suas propriedades particulares, cavalos e escravizados, organizar as contas públicas e privadas até a data da abdicação e ainda perdoar algumas dívidas, recompensar alguns fiéis servidores e decidir quem seriam as poucas pessoas que os acompanhariam na volta à Europa.

Diversos diplomatas estrangeiros passaram a ir a bordo se despedir do casal, entre os quais o representante do papa, o único perante o qual d. Pedro se curvou.

Além da esposa e da filha, também embarcou com d. Pedro sua irmã, a marquesa de Loulé, que havia chegado algumas semanas antes ao Rio de Janeiro, a convite do imperador. Essa infanta, a caçula dos irmãos Braganças, tinha tomado partido dos liberais e, por isso, tivera que fugir de Portugal para Paris, onde, sem meios para sobreviver, pedira auxílio financeiro a d. Pedro. Claro que, floreando o pedido, ela explicava que se encontrava novamente grávida e gostaria que o imperador e sua filha rainha fossem os padrinhos da criança, o que justificaria um apoio por parte do irmão. O imperador, sem imaginar que os eventos se sucederiam levando à abdicação, a convidara em outubro de 1830 para ir ao Rio de Janeiro, onde ele a receberia em sua corte. A infanta Ana de Jesus e seu esposo chegaram enquanto o casal imperial ainda estava em Minas Gerais e, dada a nova realidade no país, tiveram que embarcar de volta para a Europa poucas semanas depois.

Durante as semanas que passou no Rio de Janeiro, a marquesa de Loulé precisara fazer compras e o fizera em nome do imperador. Os credores, desesperados ao saber do embarque da família, passaram a peregrinar ao navio cobrando o que lhes era devido. Sem conseguir falar com d. Pedro, atormentavam d. Amélia, que, às vezes, se refugiava em sua cabine para escapar do constrangimento. Numa das vezes, ela teria pedido ao marido que pagasse alguém que a procurara, ao que ele, irritado, teria respondido que "é impossível, não posso fazer nada, em geral, nosso casamento só me tem custado muito dinheiro e és tudo quanto dele tenho agora".[141]

Essa resposta grosseira e cruel foi citada e copiada diversas vezes, mas é preciso cautela com essa carta. Daiser, seu redator, não era um correspondente neutro. Sabendo que seu superior em Viena, o ministro Metternich, não simpatizava com d. Pedro, ele sempre pintava o imperador com as cores mais fortes possíveis. Seus despachos não eram isentos de uma antipatia que fazia questão de revelar em sua correspondência. A versão contada pelo cronista do *Warspite* a respeito desse incidente é bem diferente; segundo ele, d. Amélia teria pedido ao marido que pagasse os credores, ao que primeiro d. Pedro teria dito que não era possível, para, em seguida, "dar um abraço na esposa e imprimir um beijo carinhoso diante de todos os espectadores e, então, ceder aos seus desejos e satisfazer mais um credor".[142] Não é impossível que tenham ocorrido alguns incidentes de mesma natureza e que, em diferentes momentos, o imperador tenha tido reações diversas. Entretanto, a verdade é que, a essa altura, ele já estava ciente da gravidez de seis semanas da esposa e dificilmente a teria acusado de não lhe dar um filho e apenas custar dinheiro.[143] Seja como for, é possível fazer ideia do clima desagradável daqueles dias a bordo.

"Se eu fosse tua verdadeira mãe"

Uma das grandes preocupações de d. Pedro durante aquela semana ainda na baía de Guanabara dizia respeito a seus filhos, naturalmente. Era indiscutível que d. Pedro II, como imperador do Brasil, teria que ficar no Rio de Janeiro. A questão era se as suas irmãs, as princesas d. Januária, d. Paula e d. Francisca, respectivamente com nove, oito e quase sete anos, permaneceriam com d. Pedro II ou iriam com o pai para a Europa. O ex-imperador se via num dilema, pois, enquanto pai, queria pelo menos as filhas consigo, mas, como chefe da dinastia, sabia que o correto seria as crianças ficarem no Brasil. Em seus rascunhos, ele hesitava: uma hora decidia levar consigo todas, outra hora, só as mais novas, até que prevaleceu a resignação de que as meninas não eram apenas suas filhas, mas princesas na linha de sucessão do trono brasileiro.

D. Pedro teve pelo menos o consolo de conseguir que a Assembleia aceitasse sua nomeação para o tutor das crianças. Em decreto posterior ao ato da abdicação e, portanto, contestável, o imperador nomeava "tutor de meus amados e prezados filhos, o muito probo, honrado e patriótico cidadão José Bonifácio de Andrade e Silva, meu verdadeiro amigo". Para Bonifácio, d. Pedro escrevia: "É chegada a ocasião de me dar mais uma prova de amizade, tomando conta da educação do meu muito amado e prezado filho, seu imperador".[144] O amigo aceitou, e, por dois anos, o governo da regência permitiu que a vontade de d. Pedro fosse respeitada.

Enquanto o pai, a madrasta e a irmã mais velha se refugiavam a bordo do *Warspite*, quando amanheceu o dia 7 de abril em São Cristóvão, as crianças acordaram sem saber de nada. Elas foram, então, levadas para assistir a uma missa em que todos estavam muito tristes, e o padre começou a chorar ao consagrar a hóstia. Sem entender o que estava acontecendo, ninguém tinha coragem de lhes dar a notícia de que a família tinha partido e que elas teriam que ficar sozinhas no Rio de Janeiro. Quem conta o que aconteceu a seguir é a princesa Francisca, anos depois, ao se lembrar da abdicação do pai: "Após a partida [do pai], nos deitaram os três na mesma cama e ouvíamos distintamente o som dos canhões e das lutas que se travavam por baixo das janelas do palácio, bem como o choro das amas junto de nós".[145]

Apesar da instabilidade do momento, o imperador de cinco anos e suas irmãs foram levados dois dias depois para o Paço da Cidade, onde chegaram à uma hora da tarde. Era preciso preencher o mais rápido possível o vácuo que a abdicação deixara, evitando que o movimento republicano tivesse tempo de agir. A população, felizmente, adotou em seu coração o pequeno "órfão da nação", como d. Pedro II logo passaria a ser chamado. A multidão, ao ver a carruagem de gala que transportava as crianças, soltou os animais e a carregou sobre seus ombros até a capela imperial. Depois da missa e dos cumprimentos do corpo diplomático, puxaram uma cadeira para que o pequeno imperador subisse e, assim, pudesse ser visto da sacada do Paço da Cidade pela população que o aplaudia.

Enquanto a situação em terra se consolidava favoravelmente em direção a um segundo reinado, d. Pedro resolvia as questões que ainda o prendiam ancorado no Rio de Janeiro, e cartinhas entre o pai e os filhos passaram a cruzar a baía. Assim como o irmão, a mais nova das meninas, a princesa d. Francisca, com seis anos, pedia cachos do cabelo do pai para guardar de lembrança: "Meu querido pai e senhor, tenho tido muitas saudades de Vossa Majestade Imperial e todos os dias choro pelo meu querido pai. Peço a Vossa Majestade Imperial um bocadinho do seu cabelo. De Vossa Majestade Imperial obediente filha, Francisca". D. Pedro lhe respondia: "Minha querida Chiquinha, tu não podes fazer uma ideia, nem a tua idade o permite, do que são saudades, elas me rasgam o coração a ponto que o meu consolo é chorar".[146]

Essa correspondência, hoje conservada no Arquivo Histórico do Museu Imperial, dá um pouco a ideia do quão difícil foi para d. Pedro a decisão política de salvar o trono para uma criança e ter que deixar os filhos tão pequenos enquanto partia para o exílio. Para d. Amélia, que durante um ano e meio tentara ser uma segunda mãe para as crianças, o desespero do marido e as cartas que os pequenos enviavam devem ter lhe cortado o coração.

Dentro desse espírito dramático, atribuiu-se a d. Amélia a autoria de um documento impresso e publicado no Rio de Janeiro logo após a abdicação. Com o título de *Adeuses da imperatriz Amélia ao menino imperador adormecido*, essa comovente carta começa com "Adeus, menino querido, [...] filhinho que meu coração tinha adotado". Prossegue afirmando que "se eu fosse tua verdadeira mãe, se minhas entranhas te tivessem concebido, nenhum poder valeria para me separar de ti". E então pede para que "mães brasileiras, vós que sois meigas, supri minhas vezes; adotai o órfão coroado e dai-lhe todas um lugar na vossa família e no vosso coração". E até as exortava à luta, se necessário fosse: "Se a maldade e a traição lhe prepararem ciladas, vós mesmas armai em sua defesa vossos esposos com a espada, o mosquete e a baioneta".[147]

Esse texto foi meu primeiro contato com a imperatriz d. Amélia, quando eu ainda era criança. Uma professora do antigo curso primário levou exemplos de cartas para que nós, alunos, as analisássemos: missivas contemporâneas, antigas, formais e informais, entre as quais, essa carta-panfleto. A leitura me arrebatou e foi o início do meu interesse por aquela mãe, que não era realmente mãe, mas que fora separada do filho-imperador e que escrevia de forma tão poética. Na biblioteca da escola, encontrei duas biografias antigas a respeito da imperatriz e, desde então, nunca mais deixei de pesquisar e procurar conhecer a pessoa que escreveu aquelas linhas.

Infelizmente, sou obrigada a confessar que hoje, quatro décadas mais tarde, duvido que tenha sido realmente d. Amélia quem escreveu essas páginas. A linguagem não condiz com outros documentos escritos por ela, o manuscrito original do texto nunca foi localizado e, sinceramente, o tom da mensagem é muito mais político que íntimo. A impressão que dá é que o próprio d. Pedro I, ou alguém próximo a ele, tenha escrito esse texto tão emocionante e, aproveitando a popularidade de que a imperatriz ainda gozava, especialmente entre os brasileiros, lhe tenha creditado sua autoria.

Nem o próprio d. Pedro II, a quem a mensagem era dirigida, acreditaria no futuro que a autoria da carta fosse de d. Amélia. Ao visitar um liceu, muitos anos depois, ele anotou em seu diário: "[...] o professor, [...] para lisonjear-me, explicou a sublimidade de uma despedida a mim, quando menino, atribuída a minha mãe Amélia".[148]

De qualquer forma, o objetivo era claro: usar a imagem positiva da imperatriz para comover a opinião pública a fim de que protegessem o jovem imperador, tão vulnerável sobre um trono tão instável.

Cruzando o Atlântico de volta

Após uma semana a bordo do *Warspite* sem sinais de partida, começaram rumores no Rio de Janeiro de que d. Pedro estaria tramando um retorno apoiado pelos portugueses e por tropas britânicas. Por seu lado, os diplomatas ingleses não faziam questão de partir levando a rainha d. Maria II, porque isso seria uma forma de tomar partido na contenda entre d. Pedro e d. Miguel.

Temendo represálias do governo português contra o comércio britânico, o almirante anfitrião de d. Pedro não queria ser responsável por um incidente diplomático que prejudicaria seu país. No fim, decidiram que d. Pedro e a esposa partiriam para a Europa numa outra embarcação inglesa, enquanto o *Warspite*, com todos os seus canhões, ficaria no porto carioca para garantir a segurança da população e do jovem imperador. Caso houvesse qualquer risco para as crianças, elas poderiam ser colocadas sob proteção britânica no mesmo navio que abrigara o pai naqueles dias.

Já a jovem rainha de Portugal era um problema mais complicado, porque transportá-la para a Europa adquiria um significado maior. Por fim, foram os diplomatas franceses que decidiram disponibilizar um navio francês para levá-la, contando com a simpatia do governo do rei Luís Filipe à causa constitucional. Eles não se enganaram.

Assim, no dia 13 de abril de 1831, d. Pedro e d. Amélia partiram para sempre do Brasil. Como d. Pedro diria, "após 23 anos, um mês e sete dias neste belo país onde fui criado e vivi".[149]

Foi oferecido a eles outro navio britânico, de nome *Volage*, comandado por lorde Colchester. A serviço da imperatriz, seguiam a baronesa Sturmfeder e seu novo médico, o dr. Tavares. No mesmo navio, os acompanhavam também a família do marquês de Cantagalo, o padre Malheiros, o diplomata Paulo Martins de Almeida e mais outros tantos fiéis apoiadores, num total de 31 pessoas.

D. Maria da Glória embarcou num navio francês, *La Seine*, cujo capitão, Tibault, tinha ordens expressas de não fazer escala em nenhum território português, dado o risco de que tropas miguelistas aprisionassem a rainha. Junto com d. Maria II, seguiam duas de suas damas; a tia da rainha, marquesa de Loulé, com família e criados, e o arquiteto Pézerat, que acabou nunca finalizando o projeto do Palácio da Concórdia na serra dos Órgãos. Assim como no

Volage, também no *Seine* viajaram 31 pessoas. Na véspera da partida, d. Pedro escreveu uma carta de despedida para o filho:

> Meu querido filho e meu imperador. Muito lhe agradeço a carta que escreveu. Mal a pude ler. As lágrimas eram tantas, que me impediam a ver. Agora, que me acho, apesar de tudo, um pouco mais descansado, faço esta para lhe agradecer a sua e certificar-lhe que, enquanto vida tiver, as saudades jamais se extinguirão em meu dilacerado coração. Deixar filhos, pátria e amigos, não pode haver maior sacrifício; mas levar a honra ilibada, não pode haver maior glória. [...] Eu me retiro para a Europa; assim é necessário para que o Brasil sossegue, e para que, permitindo Deus, possa para o futuro chegar àquele grau de prosperidade de que é capaz. Adeus, meu amado filho, receba a benção de seu pai que se retira saudoso e sem mais esperanças de o ver. D. Pedro de Alcântara. Bordo da nau *Warspite*. 12 de abril de 1831.[150]

E, assumindo um novo projeto para sua vida, d. Pedro cortou o bigode e as suíças que usava, jurando para si mesmo que só os deixaria crescer de novo quando encabeçasse a expedição portuguesa que restituiria o trono a sua filha. A viagem durou 58 dias e foi considerada relativamente tranquila, com exceção de uma forte tempestade já no final.

Para d. Amélia, no entanto, a travessia do Atlântico foi uma tortura; grávida de sete semanas quando embarcaram, ela passaria exatamente o período mais crítico dos enjoos gestacionais a bordo. Deve ter sido tão ruim, que d. Pedro chegou a mencionar a situação em algumas cartas: "A monotonia e os inconvenientes indesejáveis de uma longa travessia marítima fatigaram um pouco a imperatriz, que sofreu consideravelmente do mal do mar".[151] Ou ainda, em rascunho de carta em suas anotações na "Miscelânea": "Eu passei bem, a imperatriz, bastante incomodada, pois o seu estado de prenha aumentou os seus sofrimentos".

A tormenta já quase no final da viagem foi bastante assustadora, durou três intermináveis dias, 27, 28 e 29 de maio, e chegou até a alterar a rota do navio. D. Pedro, destemido como sempre e fascinado pela fúria do mar, relatou a aventura para seu filho, ilustrando as cenas com um desenho, que, infelizmente, separado da carta, se perdeu.

O problema prático da alteração da rota foi que o *Volage* acabou sendo arrastado até a costa da ilha do Faial, parte do arquipélago dos Açores. Dois meses mais tarde, todas essas ilhas estariam do lado da rainha d. Maria II e a situação ali estaria pacificada. Mas, no dia 30 de maio de 1831, quando d. Pedro e d. Amélia ali chegaram, o Faial ainda era dominado por tropas miguelistas e ocorriam batalhas entre os militares da ilha Terceira, liberal, e as demais ilhas do arquipélago, inclusive aquela.

Temendo um incidente com seu país, o representante diplomático britânico e o capitão do navio convenceram d. Pedro de que seria mais prudente não desembarcar. O ex-imperador não pretendia criar nenhuma situação constrangedora em relação à Inglaterra, ainda mais estando como convidado a bordo de um navio com a bandeira britânica. Sendo assim, ninguém desceu. Apenas reabasteceram a embarcação com água, frutas, alguns animais para abate e seguiram viagem.

Dez dias depois, alcançaram o extremo sul da costa britânica do canal da Mancha e, em comemoração à chegada, d. Pedro ofereceu a lorde Colchester, capitão do *Volage*, um anel de ouro com a assinatura de d. Amélia.[152] Chegando à Inglaterra, também sem desembarcar, aportaram brevemente em Falmouth, no dia 9 de junho, de onde d. Pedro achou conveniente dar satisfações ao rei Guilherme IV: "O mau estado de saúde da ex-imperatriz, proveniente dos incômodos inseparáveis de uma longa viagem pelo mar e o provável estado de gravidez em que ela se acha, me obrigam a conduzi-la o quanto antes ao centro de sua família".[153]

De fato, tanto na carta que d. Pedro enviou para Chalaça ainda a bordo do *Warspite*, como nessa para o rei da Inglaterra, ele confirmava a intenção de seguir para Munique, onde deixaria d. Amélia com sua família, até que a guerra estivesse ganha. Por alguma razão, esse plano não chegou a se realizar.

Também aproveitando estar na Inglaterra, d. Pedro escreveu novamente para seu fiel secretário, Gomes da Silva, o Chalaça, a fim de que ele divulgasse na imprensa britânica a versão que o ex-imperador queria que ficasse conhecida a respeito dos motivos de sua abdicação. O texto já estava pronto, pois, durante toda a viagem, d. Pedro já vinha preparando esse relato, assessorado por um jornalista, redator do jornal *O Moderador*, de nome Plasson, que fora incluído entre os passageiros com este objetivo. A carta para Chalaça não deixa dúvidas de que d. Pedro estava preparando o terreno onde em breve iria pisar:

> Envio-te este artigo escrito por *mr.* Plasson para que no jornal o mais acreditado seja imediatamente, depois de religiosamente traduzido, impresso quanto

A PERDA DO TRONO

antes, pois muito me convém que na Europa se saiba o que realmente se passou no Rio, a fim de que a minha honra salva lá (como é público) não padeça cá se, por acaso, os periódicos assalariados por meu infame e traidor irmão puderem por algum tempo ofuscar a minha glória.[154]

Atravessando o canal da Mancha, d. Pedro e d. Amélia finalmente chegavam ao continente europeu. O ex-imperador, que deixara a Europa ainda criança e passara a maior parte da vida no Brasil, começava ali, ainda que não soubesse, o último capítulo de sua história. Para d. Amélia, chegar à França, onde sua avó fora imperatriz e seu pai, francês, passara grande parte de sua vida, era quase uma volta para casa.

Parte III
Duquesa de Bragança
(Europa, 1831-1873)

Futuro incerto

D. PEDRO pretendia se organizar para retomar Portugal em nome de sua filha, a rainha d. Maria II, mas, para isso, era preciso que acreditassem em sua capacidade como líder e general. Sabendo que a própria imagem seria um de seus maiores patrimônios, d. Pedro desembarcou invocando um de seus antepassados mais ilustres. Acreditando, ou querendo acreditar, que o dia 10 de junho, data de sua chegada à Europa, coincidia com o aniversário do condestável d. Nuno Álvares Pereira, o ex-imperador decidiu, naquele momento, anunciar que adotava o título de duque de Bragança, que lhe era de direito e que fora transmitido pelos descendentes desse personagem idolatrado até hoje pelos portugueses. Um exímio militar, que seria canonizado no século XX. Ao assumir o consagrado título de duque de Bragança para si, d. Pedro fazia com que d. Amélia passasse a assinar como duquesa de Bragança. E assim ela faria pelo resto da vida.

Na verdade, d. Nuno tinha nascido em 24 de junho, mas provavelmente ninguém sabia disso e o importante era vincular a imagem de d. Pedro ao grande líder militar que levara Portugal a derrotar definitivamente os espanhóis mais de quatro séculos antes. A coincidência das datas ajudaria a construir a imagem de d. Pedro como um predestinado, e ele sabia o quanto isso poderia ajudá-lo a influenciar a população a seu favor.

D. Pedro e d. Amélia desembarcaram na França às 15h30 do mesmo dia 10 de junho em que chegaram e foram recebidos como heróis. O ex-imperador foi saudado como o soberano que doara duas cartas constitucionais, uma a Portugal e outra ao Brasil. Na França, que aclamara o rei Luís Filipe menos de um ano antes, justamente por ser um soberano liberal, a população recebeu d. Pedro como o mártir que abdicara para não deixar de ser constitucional. O casal foi hospedado no palácio da prefeitura e continuou recebendo diversas manifestações de simpatia nos dias que se seguiram. Entre desfiles militares e visitas das autoridades locais, houve uma homenagem que emocionou especialmente d. Amélia, por agrupar muitos oficiais já aposentados que haviam servido junto com seu pai, o príncipe Eugênio, e que se perfilaram para ela.

Embora a intenção dessa manifestação tenha sido a melhor possível, a situação gerou uma situação delicada para d. Pedro e d. Amélia, pois ainda vigorava na França uma lei de banimento para a família Bonaparte. Mesmo na condição de duquesa de Bragança acompanhando seu esposo, a ex-imperatriz era neta, ainda que adotiva, do imperador Napoleão, e a homenagem dos antigos militares tinha tornado isso público e notório.

Assim, apesar de d. Pedro já ter até dado ordem para que lhes providenciassem uma casa para alugar na *rue* de Saint-Honoré, distinto endereço da capital francesa, ele mudou seus planos e, em vez de irem para Paris, como planejava, deixou a esposa em Cherbourg e dirigiu-se para Londres. Com o marido na Inglaterra, d. Amélia ficou na costa francesa a convite da prefeitura da cidade e, procurando não chamar muita atenção, aproveitou para colocar a correspondência em dia. São conhecidas muitas cartas suas dessas semanas: para os enteados que tinham ficado no Rio de Janeiro, para a cunhada, marquesa de Loulé,[1] para d. Maria da Glória,[2] para sua família na Baviera, e, em todas elas, d. Amélia dava notícias da travessia, do seu mal-estar a bordo, da chegada a bom porto e da intenção de irem para Paris assim que possível.

As cartas para as crianças eram muito emotivas e normalmente direcionadas para d. Januária, a mais velha, que devia ler as mensagens para os irmãos menores. Mas d. Amélia também escrevia para o pequeno d. Pedro II, sempre com muitas saudades. Ela reafirmava que os amava muito, que não deixava de pensar neles e que tinha pavor de que se sentissem abandonados e esquecidos por ela e pelo pai.

O novo imperador do Brasil e suas irmãs retribuíam o carinho que recebiam de d. Amélia respondendo às cartas que chegavam, embora seja nítido o formalismo que seus tutores os faziam imprimir às linhas que escreviam. Saber escrever cartas impecáveis e protocolares era parte da educação de crianças da realeza, e os responsáveis por elas precisavam mostrar que estavam cumprindo bem o seu papel. Muitas dessas respostas são conhecidas pelos rascunhos que as crianças tinham que fazer até que seus escritos fossem aprovados e pudessem ser enviados.

Portugal não vale uma guerra europeia

Por um mês, d. Amélia aguardou o retorno de d. Pedro em Cherbourg. Não há uma razão clara que justifique por que ele partiu sem ela. Talvez tenha sido, por um lado, uma questão de economia, já que, não levando a imperatriz, d. Pedro podia abrir mão de suas damas e, assim, viajar com uma comitiva menor só para si. Por outro lado, a ausência da imperatriz poderia ser uma desculpa a ser dada ao rei da Inglaterra caso as coisas não corressem muito bem em Londres e ele preferisse voltar para a França. E a gravidez sempre podia ser usada como justificativa para que d. Amélia não tivesse acompanhado o marido.

D. Pedro chegou a Londres no dia 26 de junho e se hospedou no Hotel Clarendon. Três dias mais tarde, o rei Guilherme IV organizou uma recepção para o ex-imperador; no dia seguinte, foi a vez da rainha oferecer um baile em sua homenagem. As festas não paravam, todos tinham curiosidade de conhecer o exótico imperador do Brasil, que abdicara de duas coroas para dá-las a duas crianças. O lendário diplomata francês Talleyrand recebeu d. Pedro na embaixada de seu país; a prefeitura de Londres preparou uma festa; o rei convidou o ex-imperador para sua residência de Windsor, onde d. Pedro pernoitou no dia 21 de julho. Nenhuma dessas homenagens melhorou a situação concreta da causa da rainha.

Tanto a França como a Inglaterra aparentemente simpatizavam com o governo liberal constitucional proposto por d. Pedro, mas, na prática, não pareciam dispostas a financiar ou disponibilizar qualquer recurso real para ajudar d. Pedro a pegar em armas para depor o irmão. Por um lado, pesavam os interesses comerciais desses países com Portugal, mas, acima de tudo, havia uma consciência de que apoiar o duque de Bragança em sua contenda pela filha seria se indispor contra a Espanha, a Áustria e o Vaticano, favoráveis a d. Miguel. E Portugal não valia uma guerra europeia.

Compreendendo que dificilmente conseguiria levantar recursos para equipar uma frota e um exército junto aos soberanos apenas simpáticos à causa, d. Pedro tentou organizar uma subscrição entre os comerciantes portugueses estabelecidos em Londres. No dia 22 de julho, 44 deles, convidados pelo imperador, se reuniram para um encontro onde a ideia era passar o chapéu para recolher fundos. Dos 44, apenas seis se ofereceram para contribuir, e ainda assim com quantias insuficientes.

D. Pedro, constatando que nada conseguiria na Inglaterra e já planejando retornar para a França, recebeu um convite do rei Luís Filipe para acompanhá--lo nos festejos de aniversário de um ano da Revolução Liberal Francesa em Paris. D. Pedro, então, decidiu voltar para a França imediatamente, para conseguir chegar a tempo de rever sua filha, recém-chegada, e dali seguir para Paris a fim de atender ao convite do rei.

D. Maria da Glória havia chegado ao porto de Brest, na Bretanha, cinco semanas depois de seu pai e da madrasta, pois, sem água e mantimentos, o navio em que vinha teve que desviar até as ilhas Canárias. Mas o reencontro dela com o pai e d. Amélia foi em Cherbourg, onde d. Pedro deixou a esposa e a filha e imediatamente partiu sozinho para Paris, chegando tão rápido, que causou surpresa aos anfitriões. Os reis Luís Filipe e Maria Amélia o receberam calorosamente e, durante quatro dias, o rei fez questão de comparecer na companhia do ex-imperador a todos os desfiles e festejos referentes ao aniversário da revolução. Luís Filipe também condecorou d. Pedro com o grande colar da Legião de Honra, e os jornais noticiavam cada passo do ex-imperador. Enquanto isso, d. Amélia e d. Maria II continuavam aguardando na costa francesa.

O motivo pelo qual d. Pedro viajou sozinho para Paris era a questão da ascendência da esposa, sujeita à lei de banimento que ainda vigorava contra a família Bonaparte. Uma vez que já havia ocorrido o incidente do desfile militar em homenagem a d. Amélia, d. Pedro preferiu se hospedar na casa de seu amigo, o marquês de Resende, e se apresentar sozinho no palácio real perante os reis, para evitar impor a presença da esposa na corte. Ao perceber que o ex-imperador desviara da capital francesa e fora primeiro a Londres, o astuto Talleyrand logo adivinhou: "[...] d. Pedro via no nome da esposa, descendente de Josefina de Beauharnais, um obstáculo à ida a Paris".[3]

O rei Luís Filipe, no entanto, isentou d. Amélia de tal proibição e convidou tanto a ex-imperatriz como a jovem rainha para irem à capital. Transformado em herói pela opinião pública, "o imperador que abdicara por defender a Constituição" se transformara num conveniente aliado para o rei Luís Filipe. Mas d. Pedro tinha outros planos. Partindo de Paris a tempo de chegar de volta a Cherbourg no dia 31 de julho, aniversário de dezenove anos da imperatriz, ele decidiu voltar para a Inglaterra levando a família, apesar dos convites para que ficasse na França.

D. Amélia, acompanhada pelo marido e pela enteada, chegou pela primeira vez a Londres no dia do seu aniversário de dois anos de casamento, 2 de agosto de 1831, e ficou duas semanas na capital. Um dos principais motivos para a viagem era apresentar d. Maria II aos novos reis da Inglaterra, já que, em 1830, George IV tinha falecido, e seu irmão, Guilherme IV, assumira o trono. Não que d. Maria da Glória ainda não o conhecesse; quando ainda era apenas duque de Clarence, fora ele quem oferecera o primeiro baile de meninas em homenagem à pequena rainha em sua estada anterior na Inglaterra, quase três anos antes. Guilherme e sua esposa, Adelaide, seriam coroados no mês seguinte.

A situação política na Inglaterra quando os ex-imperadores chegaram não era das mais favoráveis: o Parlamento Britânico se encontrava em conflito por causa de reformas internas, e nem liberais nem conservadores iriam se envolver em mais uma questão que os antagonizasse, como certamente seria a discussão sobre o apoio a d. Maria II. Os reis, diplomaticamente, receberam os Braganças, a rainha deu de presente para d. Maria da Glória "umas lindas pulseiras em ouro e brilhantes com os nomes dos soberanos gravados",[4] e eles foram recebidos em Windsor. Mas não de forma oficial, apenas uma recepção privada para o que se chamava na época um "almoço ajantarado", em comemoração ao dia do nome de d. Maria, a 15 de agosto. Porém, o pior de tudo foi que o rei não tratou d. Maria II em público como "prima" ou "irmã", ou seja, deixava claro que não a reconhecia como soberana. Para amenizar o mal-estar, ele acompanhou os convidados pessoalmente até a carruagem tanto na chegada como na despedida, no dia seguinte, o que era uma grande deferência. Esses sinais sutis, que hoje nos parecem futilidades, definiam situações concretas e, nesse caso, significavam que a Inglaterra não se indispunha com a rainha, mas não apoiaria d. Pedro na luta pelo trono da filha.

Não tendo outra opção, o ex-imperador tratou do segundo motivo de sua viagem à Inglaterra: levantar um empréstimo junto a bancos londrinos para financiar a guerra contra d. Miguel. Para isso, foi necessário dispor da prata e dos diamantes que possuía, das joias da esposa e da filha, e entregar o patrimônio que trazia consigo como garantia. Era preciso dinheiro para comprar e armar navios, contratar soldados e financiar diversas despesas. Apesar de disponibilizar seus bens, não foi fácil achar quem se dispusesse a participar desse negócio, sendo a causa tão arriscada.

Finalmente, o financista espanhol Juan de Dios Álvarez Mendizábal se aliou a d. Pedro, não apenas pelo lucro que poderia obter com o empréstimo, mas também por suas convicções liberais e interesse pessoal de que d. Pedro vencesse a guerra contra d. Miguel.

Mendizábal, judeu de Cádiz e liberal convicto, já havia se envolvido na revolução constitucionalista espanhola de 1820, motivo pelo qual, com a contrarrevolução de 1823, vira-se forçado ao exílio em Londres. Para ele, a retomada de Portugal seria um primeiro passo para a mudança de regime na Península Ibérica, o que significava meio caminho andado para reaver seus bens confiscados. Além disso, a Constituição outorgada por d. Pedro para Portugal assegurava liberdade de culto, o que, sob a bandeira absolutista e hostil à tolerância religiosa, jamais ocorreria. Por esses motivos, Mendizábal não só empenhou boa parte de sua fortuna como acabaria se envolvendo pessoalmente nas lutas liberais.

Das trinta mil libras que d. Pedro conseguiu levantar, doze mil vinham em forma de crédito através do banqueiro Samuel Phillips, agente financeiro do ex-imperador no Rio de Janeiro, onde as propriedades de d. Pedro serviam de caução. As dezoito mil libras restantes foram liberadas através do empréstimo em Londres, garantido pelas joias e tesouros da família.[5] Com o dinheiro, d. Pedro conseguiu comprar uma fragata, uma corveta e mais dois antigos navios mercantes, rebatizados como *Amélia, Terceira, Rainha de Portugal* e *d. Maria II*. Embora pouco amedrontadoras, essas embarcações seriam o início da frota que deveria reconquistar Portugal.

Segundo Seweloh, que reencontrou d. Amélia e d. Maria da Glória nos meses seguintes em Paris,

> [...] todas as coisas preciosas parecem ter sido vendidas na Inglaterra, até mesmo o conjunto de esmeraldas da imperatriz, que ela recebeu de presente de casamento de sua mãe e do qual gostava tanto. São seu único tesouro agora apenas um único colar de ouro, um anel solitário de diamante e a joia

de pérolas de Londres [o presente de aniversário de d. Pedro para d. Amélia, comprado por Barbacena em Londres e oferecido a ela em Munique em 1829]. Com a rainha não é melhor, as pulseiras oferecidas pela rainha da Inglaterra são suas únicas joias.[6]

As duas semanas passadas em Londres permitiram que d. Amélia reencontrasse sua tia Hortênsia, que ali estava com o filho, o futuro imperador Napoleão III.

A preceptora de d. Maria II, d. Leonor da Câmara, não concordava absolutamente com a maneira como as coisas se desenrolavam em Londres, e, segundo ela, o tratamento que o próprio d. Pedro dispensava à filha também estava errado:

> Aqui vivemos correndo à desfilada, parecendo que tínhamos muito que fazer, mas era só para desmanchar o que podia já estar feito. Depois de estarmos aqui alguns dias, de ter andado a rainha sempre atrás da duquesa de Bragança, de ter aparecido em público sem distinção nenhuma, posta à mesa diante de todos, não só abaixo dos ditos duques, mas também de Hortênsia e de seu filho, acordou o imperador com a lembrança de que o governo inglês não a tratava como rainha.[7]

Num meio tão hierarquizado, "quem andava na frente de quem" tinha uma importância muito grande. Mas não apenas a corte particular da família Bragança percebeu a quebra de protocolo como até o ministro da Áustria, em Paris, comentou o fato de d. Amélia não dar precedência à enteada, o que achou gravíssimo:

> O Império do Brasil se encontra separado do Reino de Portugal. A [ex-]imperatriz do Brasil não pode ser considerada, portanto, membro da corte de Portugal, e, como estrangeira, deve seguir, por consequência, todos os membros da família Bragança que tenham direito à sucessão.[8]

Na prática, isso significava que, segundo o protocolo da realeza, d. Amélia devia submissão a d. Maria da Glória. Mas, enquanto d. Pedro fosse vivo, a ex-imperatriz teria o marido para assegurar que ela tinha autoridade para educar a enteada e nenhuma dessas regras que a subordinavam à rainha seria cumprida. Através desses comentários, no entanto, já é possível perceber que a corte portuguesa de d. Maria II questionava a ascendência da madrasta sobre a rainha. E a situação só iria piorar nos anos seguintes.

Assim como na França, a imprensa inglesa também se interessava pelos ilustres visitantes e até revistas de moda publicavam pequenas biografias de d. Pedro e d. Amélia, anexando imagens dos soberanos.[9]

Ilustração de d. Pedro e d. Amélia publicada na imprensa inglesa em 1831. Coleção da autora.

Mas a intenção não era fixar residência na Inglaterra, como d. Pedro explicava:

> A rainha está boa e mui crescida; a sua causa não sei como vai. Dentro de sete dias parto para a França, pois [viver em] Londres é mui caro e eu não posso com a despesa, apesar de andar com o prumo na mão, veremos se na França será melhor. Vou vender a minha prata e as joias para fazer um fundo, para poder viver e andar de camisa branca e engomada, sem dever a ninguém coisa alguma.[10]

Assim que voltaram de Windsor, d. Pedro, d. Maria II e d. Amélia retornaram imediatamente para a França. Na despedida, d. Maria II recebeu um presente muito simbólico, encomendado por seus súditos portugueses que haviam feito uma subscrição ainda em 1828, quando de sua primeira estada londrina, e que agora se achava pronto e lhe foi entregue: um cetro em ouro, acompanhado por um exemplar da Constituição. A rainha seria retratada com essa emblemática peça em diversas ocasiões ao longo de toda sua vida.

Em Paris, embora apertados

A chegada a Paris acabou sendo, como era de praxe para d. Pedro, repentina. Isso fez com que a Casa Real Francesa não tivesse tido tempo de preparar uma recepção de aparato para a rainha, como pretendiam. Ainda assim, foram muito bem recebidos pelo rei Luís Filipe e sua esposa, a rainha Maria Amélia, tia-avó de d. Maria II por parte de d. Leopoldina. O rei destinou a d. Pedro e sua família o Palácio de Meudon, não muito distante de Versalhes, aonde os Braganças chegaram no dia 20 de agosto de 1831. Essa residência, que duas décadas antes servira de abrigo para a imperatriz Maria Luísa e seu filho Napoleão II, primo de d. Maria da Glória, era um grande e luxuoso palácio, onde não faltavam nem cavalos especiais escolhidos para agradar ao ex-imperador. Localizado sobre um outeiro que oferece uma bela vista da cidade de Paris, os jardins da propriedade são a parte mais bem preservada do conjunto hoje, já que o edifício, destruído durante a guerra franco-prussiana, transformou-se depois num observatório astronômico.

Desde o primeiro dia se estabeleceu uma harmoniosa convivência entre as famílias Bragança e Orléans. Quando os reis e suas filhas chegaram a Meudon para se assegurar de que os convidados estavam bem alojados, logo foram envolvidos na comemoração pela chegada da notícia de que a ilha açoriana de São Miguel havia finalmente passado para o lado constitucional, garantindo o total apoio do arquipélago. A rainha era especialmente carinhosa com d. Maria da Glória, talvez tenha até lhe mostrado as muitas cartas e algumas miniaturas que recebera de d. Leopoldina quando d. Maria II ainda era pequena. As princesas logo fizeram amizade; dos oito filhos dos reis, três eram meninas, entre estas, a mais velha, Luísa, e d. Amélia se tornaram muito próximas, assim como d. Maria II e a caçula, a princesa Clementina, a querida "Clem", que seria sua melhor amiga para o resto da vida. Nascia ali um estreitamento de relações entre as duas famílias que geraria alianças pelas próximas gerações. Um dos filhos dos reis da França, o príncipe de Joinville, acabaria desposando a princesa brasileira d. Francisca; um dos netos de Luís Filipe, o conde d'Eu, se casaria com a princesa d. Isabel, neta de d. Pedro, e outras ligações uniriam as duas casas ao longo das gerações futuras.

Logo ficou estabelecido que os mesmos mestres que lecionavam para as princesas também ensinariam a jovem rainha, e os Braganças passaram a ser presença constante no camarote do rei no teatro, à sua mesa de bilhar, nos bailes da corte e à mesa da família real.

Mas, após menos de três semanas, as relações se estremeceram. D. Pedro teria recebido em Meudon alguns membros das alas mais radicais que faziam oposição ao governo do rei, pelo que foi censurado por alguns ministros que questionavam as relações repreensíveis de um hóspede real. Se tais encontros aconteceram de fato ou foram apenas boatos, é difícil comprovar, mas o que se sabe é que d. Pedro ficou furioso ao se sentir controlado e decidiu alugar uma casa particular por conta própria.

A despesa com o aluguel de uma casa mobiliada por seis meses num endereço mais central custou duzentos francos para d. Pedro,[11] o que talvez não fosse muito mais do que ele despendia entre criados e a manutenção de uma grande propriedade como Meudon. E assim, após uma estada de apenas dezoito dias no palácio, no dia 7 de setembro de 1831, aniversário da Independência do Brasil, a família se mudou para a *rue* de Courcelles, número 10.

Ali viviam cerca de vinte pessoas: os dois camareiros de d. Pedro, o marquês de Resende e Rocha Pinto; o médico dos imperadores, dr. Tavares; um oficial brasileiro, o capitão Bastos; o fiel Chalaça e os outros secretários, Isidoro Oliveira e Paulo Martins de Almeida. À pequena corte se somavam as damas da rainha e da imperatriz, Leonor da Câmara, Mariana Brusco, a baronesa de Sturmfeder e alguns funcionários da casa, como o cozinheiro, o cocheiro e afins. Para quem havia vivido em castelos e palácios por toda vida, a casa era relativamente modesta, mas, tendo em vista que o objetivo era financiar uma guerra, era preciso que fossem econômicos.

Havia, no entanto, uma outra pessoa da família que frequentava a casa aos finais de semana: a pequena duquesa de Goiás, que vivia no internato Sacré--Coeur desde que d. Pedro a enviara para a França por causa da chegada de

d. Amélia ao Brasil, dois anos antes. Isabel Maria, a essa altura com sete anos, fora uma das primeiras pessoas a serem comunicadas sobre a chegada do pai à Europa, para que não ficasse sabendo por terceiros. Imaginando que, após tanto tempo fora do Brasil, a menina não soubesse mais o português, d. Pedro escreveu para a filha em francês e terminava a carta carinhosamente, dizendo: "[...] desejo ardentemente ver-te, para poder abraçar-te e dar-te eu mesmo a benção como aquele que é teu pai e amigo".[12]

Casa onde d. Amélia e d. Pedro viveram em Paris, na *rue* de Courcelles, 10. Foto da autora.

Em que momento d. Pedro contou para d. Amélia sobre a filha legitimada, se, nessa ocasião, revelou quem era a verdadeira mãe da criança ou se manteve a versão oficial de que ela era órfã, nada disso se sabe. Os registros apenas mencionam que a pequena duquesa passou a frequentar a casa aos finais de semana. Uma testemunha chegou mesmo a se questionar como é que a imperatriz suportava tal situação, mas comentou que "pelo menos o imperador vivia caseiramente", ou seja, era fiel, e que "tudo leva a crer que a imperatriz o ama, chegando-se quase a temer que ela aos poucos esteja se tornando indulgente às suas maneiras indelicadas".[13]

A duquesa de Goiás, no entanto, não era a única descendente de d. Pedro desconhecida até então de d. Amélia que vivia em Paris naquela época. Havia também Pedro Saisset, fruto do relacionamento entre o imperador e a modista Clémence Saisset no Rio de Janeiro. Antes da chegada de d. Amélia, Saisset voltara para Paris com sua família e a criança nascera nessa cidade. Em 1831, o menino tinha cerca de dois anos e o pai quis vê-lo, o que se arranjou na casa de um conhecido, onde d. Pedro brincou com o pequeno Pedro sobre os joelhos e lhe deu bombons.[14] Ao que tudo indica, no entanto, naquele momento, d. Amélia não deve ter tido conhecimento desse encontro e, possivelmente, nem da existência dessa criança.

D. Pedro passou basicamente os meses de outono e do início do inverno em Paris, entre setembro e janeiro, quando tradicionalmente a vida cultural é mais viva e pulsante na Europa. Se, durante o verão, as famílias abastadas se refugiavam em suas residências no campo, o outono era a época de estarem todos de volta à capital para os bailes, concertos, balés, estreias teatrais e toda a atividade social parisiense. D. Pedro viveu intensamente essa experiência e era visto frequentemente com a esposa e a filha nos teatros e concertos, mas também sozinho.

Paris oferecia ainda a oportunidade para que d. Pedro e d. Amélia se encontrassem com pessoas que dificilmente iriam ao Rio de Janeiro, como o marquês de Lafayette, já septuagenário e ídolo do ex-imperador por ter participado tanto da Revolução Americana quanto da Francesa. Ou o compositor Rossini, a quem d. Pedro tanto admirava e que, para seu orgulho, chegou até mesmo a executar uma composição sua no Teatro dos Italianos. Também reviam antigos conhecidos, como os pintores Jean-Baptiste Debret e seu discípulo Araújo Porto-Alegre.

D. Amélia e d. Pedro procuravam aproveitar sua estada. Caminhavam com frequência pelo parque Monceau, ao final da rua onde moravam, que, na época, era um jardim particular da família Orléans. Passeavam também no jardim das Tulherias, onde as pessoas importantes iam para "ver e ser vistas", visitaram a fábrica de porcelanas de Sèvres, a tecelagem Gobelins e mandaram fazer seus retratos pelo renomado miniaturista François Meuret. Mas, acima de tudo, d. Pedro e d. Amélia frequentavam a ópera e o teatro, grandes paixões do casal.

Uma questão que envolvia pessoalmente as aparições públicas de d. Amélia nessa época era o fato de estar vigente na França uma certa nostalgia da era napoleônica, enaltecendo a contribuição de Bonaparte para a nação. Esse sentimento se revelava através de elogios históricos como o de Thiers na literatura, mas principalmente pelo interesse popular por tudo que dissesse respeito ao mítico Napoleão. Embora o momento político fosse uma monarquia liberal, havia esse saudosismo dos anos em que ele fora imperador da França. Os itens bonapartistas que apareciam para venda eram disputadíssimos, pessoas que tinham convivido na corte de Josefina lançavam suas memórias, as quais se tornavam imediatamente grandes sucessos. Até mesmo os nomes da família de Napoleão voltavam a ser moda. Por toda parte, bebês eram batizados como Léons, Napoleões, Josefinas, Eugênios, Hortênsias e Carolinas, nome da irmã mais bonita do antigo imperador.

Nesse contexto, d. Amélia se tornava praticamente uma celebridade na Paris de 1831. Ao chegar à França, lhe foram oferecidas o que se consideravam, na época, relíquias: uma cruz de honra que havia sido usada por Napoleão e um livro folheado, lido e anotado por ele.[15] D. Amélia, em peregrinação ao culto de seus antepassados, visitou mais de uma vez o palácio e os célebres jardins da Malmaison, onde sua avó Josefina vivera, assim como o túmulo dela em Rueil, acompanhada por d. Pedro. A propriedade tinha sido vendida pouco tempo antes de d. Amélia se casar, e, na época, sua mãe comentara que, de todos os filhos, ela e o irmão foram os que mais se entristeceram com a venda. É interessante imaginar que, caso a Malmaison não tivesse sido vendida e ainda pertencesse à família Leuchtenberg, ela e d. Pedro I possivelmente teriam ido morar lá em 1831. Durante o tempo em que d. Amélia viveu em Paris, antigos funcionários da corte de Bonaparte e do príncipe Eugênio a visitavam, como o barão de Darnay, que a carregara no colo através dos Alpes quando ela ainda era um bebê e sua família precisara fugir da Itália. Ou ainda a antiga dama de companhia da rainha Hortênsia, a srta. d'Avrillon, que comentou em seus diários ter se emocionado em conhecer a neta da imperatriz Josefina.

Como chegou a ser noticiado no jornal, teve quem, exageradamente, afirmasse: "Mesmo d. Pedro, [...] se não tivesse se casado com a bela e charmosa filha de Eugênio Beauharnais, teria merecido por parte dos parisienses a mesma consideração que eles dedicariam a um trapezista italiano ou a um engolidor de espadas indiano".[16]

Porém, nem tudo era admiração. Em Paris, havia uma grande quantidade de exilados liberais que apoiavam d. Pedro, mas também havia miguelistas que preferiam resolver a contenda entre as duas facções de maneira mais violenta. Provavelmente algum desses exaltados executou um plano para assassinar a rainha d. Maria II e, aproveitando-se de um momento em que ela se aproximou de uma janela que dava para a rua, disparou tiros em sua direção. Os tiros atravessaram a janela, perfuraram o cortinado do leito logo atrás da rainha e se cravaram na parede.[17] D. Maria da Glória escapou ilesa, mas certamente nunca mais se sentiu perfeitamente segura. A partir desse incidente, temendo tentativas de envenenamento, ela passou a só comer o que fosse preparado pelo cozinheiro de confiança da família, mesmo quando convidada fora de casa.

D. Pedro, por sua vez, cuidava dos preparativos para a guerra contra o irmão. Nada, no entanto, avançava com a velocidade desejada. Os navios que d. Pedro comprara com o dinheiro levantado através do empréstimo em Londres se encontravam embargados pelo governo inglês, e só a 25 de novembro conseguiram revogar a medida e começar a prepará-los.

Conforme o inverno se aproximava, começou a nevar em Paris, o que deve ter sido uma experiência inesquecível para d. Pedro, que não teve tantas oportunidades de ver neve em Lisboa quando criança. À medida que d. Amélia se aproximava do final da gravidez, ela ia se sentindo mais cansada e preferia ficar em casa, deixando de acompanhar o marido em seus passeios. Mas, para sua alegria, a duquesa de Leuchtenberg logo chegou para acompanhá-la no parto da criança que estava para nascer.

Augusta desembarcou no dia 9 de novembro em Paris e foi logo recebida por d. Pedro, que, efusivamente, lhe agradeceu pela felicidade que era viver com d. Amélia, desculpou-se por não ter sido possível conservar o trono de imperatriz para ela, já que a honra assim o exigira e, ganhando de vez o coração da sogra, afirmou que em suas principais decisões tomava sempre como exemplo o príncipe Eugênio.

Em seguida, a duquesa reviu a filha, que achou mais alta e mais bonita do que da última vez em que tinham se visto e, mais tarde, foi apresentada à rainha d. Maria II e à duquesa de Goiás. Os comentários sobre a rainha não foram muito lisonjeiros; achou a jovem de doze anos bastante alta para a idade, um pouco gorda e muito tímida. Augusta escreveu ainda: "Uma rainha precisa de tantas qualidades extraordinárias que não encontro nela, por isso não auguro grande êxito ao seu governo, se a isso chegar... Amélia faz todo o possível para a modificar, mas não encontra nenhuma espécie de predisposição para isso".[18] Já em relação à duquesa de Goiás, ela a considerou: "Uma criança encantadora que não se pode deixar de amar. Que pena que a rainha não seja como ela".[19] Se até então d. Amélia tinha qualquer dúvida sobre a identidade da mãe da duquesinha, Augusta sabia perfeitamente quem eram a menina e sua progenitora e é pouco provável que d. Amélia tenha continuado desinformada. De qualquer forma, a correspondência é clara, Isabel Maria foi completamente aceita tanto por d. Amélia como por sua mãe.

Os diários e as cartas da estada de Augusta em Paris nos dão muitas informações sobre a vida dos ex-imperadores em Paris nesse período. Augusta comenta, por exemplo, que: "[...] o imperador e a esposa vivem em Paris por sua própria conta, talvez um pouco apertados, mas numa casa bem mobiliada. [...] d. Pedro confia muito na expedição, acredita na causa da filha, mas tem esperança de um dia voltar ao Brasil, embora não como imperador".[20]

Como Augusta já tinha escrito algum tempo antes, ela alertava o genro de que, embora entendesse que ele quisesse defender os direitos da filha e recolocá-la no trono, ele não devia se esquecer de seus próprios interesses. E completava que sabia, por experiência própria, que era possível viver com menos recursos, talvez ser até muito feliz sem coroa, mas que era preciso ter uma existência assegurada e um bom patrimônio para viver dignamente. Ela se desculpava pela franqueza, mas se justificava dizendo que falava como mãe que conhecia o infortúnio e o mundo.[21]

Na realidade, embora estivesse na França apenas para acompanhar o parto da filha, a posição de Augusta na corte de Paris era ainda mais delicada que a de d. Amélia, pois ela era viúva do príncipe Eugênio e havia feito parte da corte bonapartista em diversas ocasiões. O rei Luís Filipe havia permitido sua presença na França, em nova exceção à lei de banimento que já beneficiava d. Amélia, mas ainda assim ela temia situações desagradáveis.

O maior constrangimento em relação à família Leuchtenberg era, no entanto, devido a outra questão, referente ao trono da Bélgica e, envolvendo Augusto, poucos meses antes. No início da década de 1830, a Europa se encontrava dividida entre absolutistas, sob liderança do primeiro-ministro austríaco Metternich, e liberais, que defendiam o constitucionalismo. Nesse contexto, a Grécia e a Bélgica procuravam reis liberais para assumir o governo monárquico e tinham convidado alguns nobres que julgaram adequados para o cargo.

A Bélgica tinha lançado três candidatos: o próprio rei da França, que, se vencesse, praticamente anexaria o país sob sua coroa; o filho do rei da França, duque de Nemours; e Augusto de Leuchtenberg, que, entre os três, era o único que tinha alinhamento político, fortuna e carisma suficientes para a posição. Foi feita uma eleição no congresso belga em que Luís Filipe recebeu 607 votos, seu filho, 644 e Augusto, 3.695.

A diferença de votos não deixava dúvidas quanto à preferência por Augusto, mas o rei francês não aceitou o resultado, considerando o Beauharnais como um inimigo da França. Era novamente o antigo temor de que alguém da casa Bonaparte, mesmo que um neto adotivo, pudesse tomar o trono da França. Nesse caso, o medo era que, da Bélgica, Augusto avançasse sobre Paris.

A França, então, sugeriu um novo candidato, o príncipe germânico Leopoldo de Saxe-Coburgo-Saalfeld, que assumiu a coroa belga em julho de 1831 e, no ano seguinte, em agradecimento a Luís Filipe, se casou com sua filha mais velha, a amiga de d. Amélia, princesa Luísa d'Orléans.

Tudo parecia ter se ajeitado, mas, para Augusta, pior que o veto do rei da França a que seu filho fosse rei da Bélgica, pesava a declaração, sem qualquer fundamento, de que ele fosse considerado inimigo da França. Uma acusação assim tão grave podia, inclusive, comprometer a herança em território francês que o príncipe Eugênio recebera da imperatriz Josefina e que passara para o novo duque de Leuchtenberg. Augusta não podia ignorar tão grande risco e tinha escrito para o rei Luís Filipe pedindo uma retratação para que tal mancha não arruinasse o futuro do filho.

Essa era a situação entre Augusta e Luís Filipe quando ela chegou a Paris para o nascimento da neta em 1831. Pisando em ovos e relatando minuciosamente o comportamento do rei para seu filho em Munique, ela escreveu contando que ele tinha lhe oferecido o camarote da rainha no teatro, que a haviam convidado para um jantar seguido de concerto no Palácio das Tulherias e que fora tratada com toda distinção. Ainda assim, naturalmente, Augusta não se sentia à vontade e passou a maior parte do tempo em casa com a filha.

Augusto, por sua vez, era um partido muito interessante para ser desprezado. Sabendo do final que tivera o episódio belga, em 2 de novembro de 1831, o marquês de Resende sugeriu a d. Pedro que, como "chefe de uma dinastia e pai de diferentes princesas", uma delas poderia subir ao trono da

Colômbia* desposando um príncipe "galante e interessante" como o cunhado Augusto.[22] Mas a verdade é que nem o trono da Colômbia viria a existir nem d. Pedro pretendia que o cunhado se casasse com uma das filhas que haviam ficado no Brasil. Seus planos envolviam, sim, se tornar sogro de Augusto, mas casando-o com sua filha rainha de Portugal.

Com a filha nos braços

Durante a madrugada do dia 1º de dezembro de 1831, d. Amélia começou a sentir as primeiras dores do parto. D. Pedro foi chamar a sogra, a baronesa de Sturmfeder e o dr. Tavares, que se posicionaram todos ao lado da parturiente.

Dar à luz era sempre um evento perigoso, não havia anestesias nem higiene por aqueles tempos. Mesmo a noção básica de que lavar as mãos antes de tocar um paciente podia reduzir o risco de infecções era um conceito que ainda não existia. A morte de mãe e bebê durante o parto era comum, e d. Amélia certamente deve ter se sentido melhor por ter o marido e a mãe a seu lado.

Mas o nascimento de um príncipe ou de uma princesa não era um parto qualquer; era preciso que houvesse um certo número de testemunhas para atestar que tinham visto o bebê ainda preso ao cordão umbilical e, com isso, certificar a cidadania da criança e sua condição como membro da família real. A questão é que ser uma dessas testemunhas era uma honra, e, assim, a partir das onze horas da manhã, começaram a chegar os quinze convidados que deveriam partilhar desse privilégio.

A cunhada de d. Amélia, a marquesa de Loulé, d. Ana de Jesus Maria, se juntou às mulheres que acompanharam o nascimento, e, às 14h25, os outros convidados entraram no quarto para atestar que o bebê era realmente filho da imperatriz. Havia quatro médicos presentes: o dr. Orphila, responsável pela saúde da duquesa de Goiás; os antigos médicos do paço no Brasil, o barão de Inhomirim e o barão da Saúde; e o dr. Tavares, que foi quem efetivamente auxiliou no parto.

---

* Na época, existia a ideia de que o Império Brasileiro poderia se expandir e passar a englobar países vizinhos, transformando-os em monarquias.

Além deles, diplomatas representantes das casas reais da Suécia, Áustria, Baviera, França e Brasil estavam presentes. O mais importante deles era o ministro do Brasil, José Joaquim da Rocha, pois a princesa que nascia havia sido concebida ainda durante o reinado de d. Pedro I como imperador, o que lhe assegurava a cidadania e os direitos de princesa brasileira.

Após todas as testemunhas verem a criança, o cordão umbilical finalmente pôde ser cortado pelo dr. François Joseph Moreau, cavaleiro da Ordem Real da Legião de Honra, enviado pelos reis da França para tão solene ato.

Orgulhoso e feliz, d. Pedro elaborou uma longa lista de reis e imperadores que deviam receber a notícia. Da Suécia à Sardenha, 23 cortes foram informadas do nascimento da primeira (e única) filha do casal. Para o filho no Brasil, ele comunicava o nascimento de mais uma irmã: "[...] meu querido filho. A divina providência quis aliviar a saudade que o meu coração paternal sente na separação de V.M.I., dando-me mais uma filha, e a V.M.I., mais uma irmã e um súdito, na infanta do Brasil Maria Amélia".[23]

No dia seguinte, 2 de dezembro, aniversário de d. Pedro II, praticamente todos os convidados da véspera voltaram para um banquete em comemoração à data. Só d. Amélia não compareceu, naturalmente.

Por nove dias e nove noites, a nova mãe não podia se levantar nem ser deixada sozinha por nenhum momento, cabendo à sua dama, a baronesa de Sturmfeder, todos os cuidados com ela. Augusta também passava a maior do tempo junto à filha, e duquesa e baronesa se revezavam nos aposentos da ex-imperatriz. Além delas, faziam parte do séquito de Augusta duas outras pessoas queridas: a antiga professora de piano e pintura de d. Amélia, a baronesa de Aretin, e a baronesa de Sandizell. Todas essas mulheres ajudavam a fazer companhia para d. Amélia enquanto ela não podia deixar seu quarto durante o primeiro mês após o parto.

D. Pedro também passava bastante tempo com a esposa e os dois ficavam "radiantes"[24] quando tinham a filha nos braços. A jovem mãe de dezenove anos logo estava perfeitamente recuperada do parto, mas, como era costume, foi só um mês após o nascimento da princesa d. Maria Amélia que a ex-imperatriz desceu de seus aposentos. Era um dia especial, em que, no almoço do primeiro dia do ano, fizeram uma loteria de presentes entre todos os moradores da casa. Nesse dia, foi feito também um pequeno retrato do bebê, hoje conservado nas coleções dos reis da Suécia com a data gravada de 1º de janeiro de 1832, ano--novo e dia de comemoração de seu primeiro mês de vida.

Durante esse tempo, podemos imaginar que a duquesa Augusta deve ter implementado o plano pós-parto que redigira antes de a filha deixar Munique.

A experiência da mãe não era de se desprezar: no baile em que ela compareceu à corte francesa, aos 43 anos, após sete partos, o comentário do embaixador austríaco foi que ela usava um vestido branco acinturado com flores e diamantes, muito decotado, e que ela parecia ter a cintura de uma menina de dezoito anos.[25]

Em relação aos cuidados com o recém-nascido, sabemos que d. Amélia não amamentou o bebê, tendo sido contratada uma ama de leite de nome Bourdi, que continuou sendo mencionada na correspondência da família até a princesa ter dois anos de idade.

O motivo pelo qual d. Amélia não amamentou pode ser compreendido se analisarmos a opinião de sua mãe a esse respeito. Numa carta que Augusta escrevera para seu irmão anos antes sobre esse tema, ela deixava claro seu posicionamento a respeito da amamentação entre mulheres da nobreza e da realeza:

> Para ser a própria mãe a amamentar a criança, é preciso que ela tenha uma saúde muito forte, caso contrário, a mãe acaba sofrendo e frequentemente também a criança. A mãe precisa viver como uma ama, ou seja, não pode conviver com o marido. Se não nascer um menino, tu desejarás logo ter um, mas as crianças precisam ser amamentadas por onze meses, nem mais, nem menos. Reflete sobre tudo isso e vê se não tenho razão em te aconselhar a pegar uma ama de leite. Ela, porém, tem que ter boas qualidades físicas e morais, pois isso tem uma inacreditável influência sobre as crianças. Essa escolha é mais importante do que se pensa, uma vez que a educação de uma criança começa no berço.[26]

Prometo restituir a espada

Em 6 de janeiro, dia em que se celebram os três reis magos, d. Pedro, sua irmã Loulé, d. Amélia, a duquesa de Goiás, d. Maria da Glória e toda sua pequena corte fizeram a brincadeira do bolo de reis naquele frio mês de janeiro em Paris. D. Pedro, no entanto, não aceitou uma fatia do bolo, dizendo que, nas circunstâncias em que estavam, ele não queria nem de brincadeira ser acusado de roubar a coroa da filha.[27] Por coincidência ou não, a amêndoa caiu para d. Maria II e considerou-se um bom augúrio que ela fosse coroada rainha em pleno Dia de Reis.

Considerando que, desde o dia 8 de janeiro, d. Pedro já sabia que sua frota se encontrava pronta para acompanhá-lo, assim como boa parte do exército liberal que ainda precisava ser treinado, é de se indagar o que ele fazia em Paris até o final do mês. É possível que o ex-imperador quisesse tentar engravidar novamente sua esposa, e, para isso, era preciso esperar passar o período do resguardo, que perfazia seis semanas após o nascimento. De fato, no dia 11 de janeiro, final exato desse prazo, foi oferecido um baile de despedida para a duquesa Augusta na corte do rei Luís Filipe, ao qual d. Amélia também compareceu e no qual até dançou. D. Pedro ficaria ainda mais duas semanas em Paris ao lado da esposa, coincidentemente o tempo exato recomendado para uma possível nova concepção. A provável intenção do casal de tentar um novo bebê seria a explicação para a contratação da ama de leite para a princesa d. Maria Amélia desde os primeiros dias.

Como a duquesa Augusta pretendia voltar para a Baviera ao fim do resguardo da filha e estabeleceu o dia 13 de janeiro para partir, além do baile de despedida no dia 11, agendou-se também o batizado da princesa d. Maria Amélia para o dia 12.

Os padrinhos da criança foram os reis Luís Filipe e Maria Amélia. À tarde, houve uma recepção nas Tulherias em comemoração pelo batizado, e a rainha deu de presente para a afilhada duas pulseiras de pérolas, uma com o seu retrato e outra com o retrato do rei, ambos circundados por diamantes.

Segundo o auto de batismo, a criança recebeu o nome de Maria Amélia Augusta Eugênia Josefina Luísa Teodolinda Heloísa Francisca Xavier de Paula Gabriela Rafaela Gonzaga.[28] Embora possa parecer que a escolha do nome fosse por causa da mãe, o "Maria Amélia" era uma homenagem à rainha da França, madrinha da criança. A grafia, em português, era proposital, uma vez que se tratava de uma princesa brasileira.

Após o batizado, antes de partir, a duquesa Augusta entregou para d. Amélia um objeto carregado de simbolismo para a família Leuchtenberg e que ela tinha levado consigo de Munique: a espada que tinha sido do príncipe Eugênio. D. Amélia, então, entregou a arma para d. Pedro, para que, com ela, ele libertasse Portugal. Suas palavras chegaram a ficar registradas: "Aqui tens a espada que trazia habitualmente meu pai, que foi chamado de 'soldado sem medo nem reprovação'".²⁹

Tão impactante foi essa entrega, que a cena seria imortalizada numa litografia intitulada "D. Pedro recebe das mãos da imperatriz a espada do príncipe Eugênio, seu pai".³⁰

Litografia do momento em que d. Amélia entregou para d. Pedro a espada que fora de seu pai, para que, com ela, o marido libertasse Portugal. Coleção da autora. Foto de Andreas Witte.

D. Pedro, de fato, se inspirava no sogro que nunca conhecera como exemplo de honra e integridade. No Brasil, ele já o homenageara publicamente com a escolha da divisa da Ordem da Rosa, com a publicação de seus feitos militares e encomendando um busto do príncipe. Agora, ao partir para a conquista de Portugal com a simbólica espada que fora do pai de sua esposa, ele novamente tomava o príncipe Eugênio como exemplo.

Após a despedida da mãe de d. Amélia, em meados de janeiro, começaram, de fato, os últimos preparativos para a partida de d. Pedro: ele posou para um retrato, organizou sua bagagem, separou os livros sobre táticas militares que queria levar consigo, redigiu um testamento e se despediu oficialmente dos reis da França.

Na manhã do dia 25 de janeiro de 1832, tinha chegado a hora. Era uma despedida em que a possibilidade de nunca mais voltarem a se ver era grande. A guerra era um empreendimento arriscado em que d. Pedro entrava em grande desvantagem. Em Paris, ficava d. Amélia incumbida de cuidar de três das filhas do marido: d. Maria da Glória, d. Isabel Maria e d. Maria Amélia. Como o autor Ivanir Calado uma vez tão poeticamente formulou: "[...] as três Marias, tal qual a constelação".[31]

Em uniforme de general português, os últimos gestos de d. Pedro antes de partir foram abraçar a esposa e se ajoelhar perante a filha rainha, pedindo que obedecesse à madrasta e prometendo-lhe que restituiria a espada em Lisboa à sua rainha quando a guerra estivesse ganha.

De Paris, d. Amélia escrevia para os enteados no Brasil dando notícias de seu pai e reafirmando que o coração de d. Pedro e o dela permaneciam "brasileiros e dedicados a esse país que goza da presença de nossos queridos filhos".[32]

Menos sentimental era a questão de sua dotação, que o marquês de Resende pleiteava que continuasse a ser paga pelo governo da regência brasileira, apesar da abdicação de d. Pedro e cuja discussão se estenderia por anos.[33] O contrato de casamento de d. Amélia previa, numa cláusula secreta, a continuidade do pagamento caso o imperador falecesse, mas não havia nada que garantisse qualquer dotação para a situação em que ela se encontrava.

Nove ilhas no Atlântico

Da França, d. Pedro se dirigiu aos Açores, única parte do território português não dominada pelo exército miguelista. Durante a viagem, a bordo da corveta *Amélia*, d. Pedro compôs o "Hino Novo Constitucional", que acabou também conhecido como "Hino da Amélia", por causa do nome da embarcação onde foi escrito. Alguns meses depois, na partida dos Açores para Portugal continental, essa composição se tornaria oficialmente o hino do exército libertador.

Os quatro meses que passou nos Açores foram um período em que d. Pedro teve uma liberdade da qual não desfrutava desde seus tempos como jovem filho do rei d. João VI, ainda no Brasil. Mas, ao contrário da juventude, ele agora gozava de grande poder político, já que não havia um poder legislativo para lhe tolher a iniciativa. Foi o que permitiu que d. Pedro implementasse mudanças que em nenhuma outra situação dependeriam apenas de sua vontade.

Essa sensação de liberdade, no entanto, não se restringia às decisões político-administrativas. D. Pedro também se sentia descompromissado em relação a seus votos de fidelidade conjugal, e, longe de d. Amélia, retomou os relacionamentos com outras mulheres. A primeira delas de que se tem notícia foi uma freira do Convento da Esperança,* em Angra, a irmã sineira Ana Augusta Peregrino Faleiro Toste, com quem d. Pedro teve um filho que morreu na infância. Haveria outras no Porto e em Lisboa até ele reencontrar a esposa.

Facções rivais sob o mesmo teto

Em Paris, num ambiente protegido, d. Amélia certamente não sabia de nada a respeito das traições do marido. A convivência da duquesa de Bragança se dava principalmente com a pequena corte que a cercava, com a cunhada, marquesa de Loulé, e com a marquesa de Palmela, d. Eugênia Teles da Gama. Também continuavam os convites para cerimônias na corte, fossem em Paris, ou, conforme o tempo melhorava, nas residências reais de verão em St. Cloud e Neuilly.[34]

D. Amélia também se encontrava às vezes com o marquês François Beauharnais, irmão do avô dela, Alexandre Beauharnais. Em 29 de maio de 1832, aniversário de dezoito anos da morte da imperatriz Josefina, d. Amélia retornou à Igreja de Rueil-Malmaison para uma missa junto ao túmulo da avó que não conheceu. O marquês, seu tio-avô, a acompanhou. Através da correspondência que eles mantiveram, percebe-se quanto d. Amélia valorizava esse contato com a família paterna e o carinho com que foi por eles recebida: "Envio-te minha litografia com minha filha, pois desejo que, ao olhares para

---

* Na ilha Terceira, não existe mais o convento de nome Esperança, transformado em sinagoga e atualmente uma repartição pública, o que leva muitas pessoas a confundi-lo com o Convento da Esperança que existe hoje em dia na ilha de São Miguel.

ela, penses que existe num pequeno ponto da Europa alguém que ama-te de todo o coração e não se esquece de todas as provas de afeto que recebeu de ti."[35]

D. Amélia em 1832, durante sua estada em Paris. Coleção da autora. Foto de Andreas Witte.

Durante o tempo que viveu em Paris, d. Amélia tinha que administrar duas cortes, uma casa e a convivência com a enteada, que não era sempre pacífica. Pelo que já se podia deduzir do comentário da duquesa Augusta quando estivera em Paris, no final de 1831, havia um conflito entre a educação que d. Amélia considerava mais adequada para a jovem rainha e a que suas damas entendiam como correta: "Amélia faz todo o possível para a modificar [referindo-se a d. Maria da Glória], mas não encontra nenhuma predisposição para tal".[36]

Criada na corte da Baviera, é de se supor que a madrasta quisesse impor princípios germânicos, como a valorização do início das atividades logo nas primeiras horas da manhã, a prática de exercícios físicos ao ar livre mesmo nos meses mais frios, a disciplina rigorosa de muitas horas de estudo, horários rígidos para dormir, menor consumo de doces, entre outros hábitos que d. Maria II, como qualquer adolescente de qualquer época, preferia evitar. Com a prerrogativa de sua posição como rainha e o apoio de sua corte, que fazia suas vontades, passava a ser muito difícil para d. Amélia impor a rotina que julgava mais apropriada para a enteada.

D. Pedro, de longe, era informado sobre os problemas domésticos e procurava reforçar a autoridade da madrasta sobre sua filha:

> Minha filha, não posso deixar de te significar quanto me custa o ver e saber que tu não estudas com gosto e que pouco aproveitas. Eu espero que te emendes e, para este fim, tenho escrito largamente à tua mãe [d. Amélia] a quem eu autorizei ainda mais, se é possível, para fazer o que entender que possa ser necessário para te obrigar, já que, por bem, tu não vais.[37]

A verdade é que era difícil para d. Amélia exercer autoridade sobre a enteada, mesmo que fosse chancelada pelas cartas que chegavam de d. Pedro, uma vez que não encontrava apoio entre as damas de d. Maria II e elas ainda questionavam os métodos da madrasta. Havia um choque cultural entre os hábitos germânicos e os portugueses, mas também um conflito de interesses, já que a corte da rainha procurava cair em suas graças ao não a contrariar, o que inviabilizava qualquer intenção de estabelecer limites para uma menina de treze anos.

A preceptora da rainha, d. Leonor da Câmara, na opinião de d. Amélia, também pretendia influenciar sua pupila para que ela escolhesse um marido português, o qual, então, teria uma eterna dívida de gratidão para com ela e, com isso, permaneceria no futuro sob sua influência. Como d. Pedro, d. Amélia e o marquês de Resende já tinham planos de casar d. Maria da Glória com Augusto, existiam, na realidade, não apenas duas cortes na *rue* de Courcelles, mas duas facções rivais sob o mesmo teto e muitos assuntos polêmicos a afastá-las.

Também era difícil para d. Amélia a distância dos enteados que haviam ficado no Brasil. Como ela escreveu numa carta para d. Francisca, que tinha, então, oito anos:

> Tua irmãzinha Amélia vai maravilhosamente. Ela anda sozinha desde a idade de onze meses e meio; está muito crescida e forte. Eu não a posso olhar sem

chorar, porque ela me faz lembrar de vós, meus bons filhos. Eu vos abraço de todo o coração, e sou por toda vida vossa dedicada mãe e amiga.[38]

Notícias do front

Em junho de 1832, finalmente a esquadra e o exército liberal estavam prontos para avançar em direção ao continente. A ideia era desembarcarem em algum lugar distante de Lisboa, ou seja, longe de onde as tropas miguelistas estavam concentradas, e engrossar o contingente com a população que se juntaria voluntariamente ao exército libertador conforme marchassem em direção à capital. Pelo menos esse era o plano.

Ingenuamente, os liberais estavam convictos de que convenceriam o povo a apoiá-los e que bastaria surgirem em solo português para que a população e mesmo os soldados a serviço de d. Miguel passassem para o seu lado.

Convencidos de que a guerra seria rápida após um pacífico desembarque na praia de Arnosa do Pampelido, no dia seguinte, 9 de julho de 1832, o exército entrava na cidade do Porto. Como d. Miguel usava as cores tradicionais de Portugal, verde e vermelho, d. Pedro decidira usar as cores do constitucionalismo, azul e branco, como símbolo de seu exército.

Os soldados colheram hortênsias ao longo do trajeto entre a costa e a cidade e entraram com essas flores azuis e brancas nos canos de seus fuzis, as quais foram entregando para as damas que assistiam ao desfile dos militares ao longo da rua da Cedofeita. Todas saudavam Almeida Garrett entre os soldados, a essa altura já um poeta famoso. A população, que se mostrava favorável aos "libertadores", usava lenços e fitas azuis para demonstrar sua filiação política. Em solidariedade a d. Pedro e seus homens, que haviam feito uma promessa de não se barbearem até que Lisboa estivesse conquistada, também muitos homens da cidade decidiram deixar a barba crescer. Tudo, então, parecia promissor: bandeira bordada pela rainha-menina, verão, sol, flores, homenagens, donzelas e poetas.

Mas a estada no Porto seria muito diferente do que essa auspiciosa entrada prometia. O que era para ser apenas uma etapa rápida da guerra, acabou por se revelar uma armadilha, onde os liberais ficariam presos por um ano inteiro.

Além de se verem cercados e sem poder avançar, a cidade do Porto passou a ser bombardeada. No dia 10 de setembro de 1832, algumas das bombas levavam mantas enxofradas e banhadas numa aguada que produzia fumaça, vapores sufocantes e insuportáveis. Era uma das primeiras vezes em que se usavam gases asfixiantes numa guerra.

Em meio aos horrores da guerra, d. Pedro mantinha d. Amélia atualizada de todos os pormenores que enfrentava. O marquês de Fronteira, nossa principal testemunha dessa época, conta que: "A vida do imperador era ativa, mas, apesar disso, muito sentia a ausência da imperatriz e dos filhos, de quem tinha grandes saudades, e escrevia volumes, que eram as cartas para Sua Majestade Imperial".[39]

De fato, d. Pedro admite que escrevia mais para a esposa que para a filha e até se desculpa por isso: "Eu bem desejava escrever-te todas as vezes que escrevo a tua *maman*, mas tenho tanto que fazer todos os dias".[40]

Infelizmente, não se conhece o paradeiro dessas numerosas e longas cartas para d. Amélia; apenas as que d. Amélia enviava para os enteados no Rio de Janeiro e para o irmão Augusto, contando o que ficava sabendo da guerra e relatando sobre a vida em Paris. Ela dava notícias de d. Maria da Glória e da filha d. Maria Amélia, que, aos dez meses de idade, por exemplo, já tinha oito dentes e sabia dizer papai e mamãe. D. Amélia, com muitas saudades dos "seus filhos", lhes enviava pequenos presentes, como livros escolhidos com carinho, coisas que poderiam ser úteis como materiais de costura para as meninas, e procurava sempre assegurar-lhes de que não tinham sido esquecidos.[41]

D. Pedro também escrevia para a filha mais velha em Paris e para os outros no Rio de Janeiro, sentindo falta da família e do Brasil: "Repetidas vezes desenrolo o panorama de São Cristóvão e passo bastante tempo a revê-lo e a verter lágrimas nascidas de um coração todo brasileiro",[42] ou ainda, "[...] meu coração se sente estalar de dor por me ver tão longe de ti e de tuas manas".[43]

Conforme a situação no Porto ia piorando devido aos ataques, às epidemias e à fome, d. Amélia auxiliou nas negociações para que um antigo militar napoleônico, o marechal Solignac, fosse para Portugal tentar ajudar com sua vasta experiência militar. O marquês de Resende e Gomes da Silva haviam feito o convite, mas d. Amélia, como filha do príncipe Eugênio, escreveu-lhe pessoalmente garantindo que o rei da França o autorizava a participar da expedição. Infelizmente, mesmo com toda sua experiência, o marechal não conseguiu reverter a situação crítica do exército liberal.

Mais eficiente, no entanto, foi a ajuda que Mendizábal enviou de Londres em novembro de 1832: cavalos, equipamentos e seiscentos mercenários escoceses.

Enquanto isso, em Munique, a irmã mais nova de d. Amélia, a princesa Teodolinda, começou a apresentar sintomas de tuberculose, e, na busca por um clima mais ameno, a duquesa Augusta se mudou para a Itália com a filha. Recebidas pelo Papa, Augusta tentou interceder por d. Pedro, cuja situação junto ao Vaticano era péssima desde que ele, nos Açores, promulgara leis expulsando os bispos de Portugal e se apossando de parte dos bens da igreja. O papa não quis nem ouvir falar no duque de Bragança, mas enviou uma carta para d. Amélia, abençoando-a e possivelmente pedindo que ela exercesse melhor influência sobre o marido.

"Tudo ganho ou tudo perdido"

A antiga preceptora de d. Amélia e de sua irmã Teodolinda, Fanny Maucomble, continuara incumbida da formação da irmã mais nova após o casamento de d. Amélia. Com a partida de sua pupila para a Itália na primavera de 1832, Maucomble foi requisitada por d. Amélia para assumir a função de aia de sua filha, a princesa d. Maria Amélia. Logo após sua chegada a Paris, temos notícia de que a princesinha, com apenas um ano e meio, já entendia perfeitamente o idioma português, falado por sua irmã rainha, o francês, falado por sua mãe, e também o alemão, falado por sua aia.

O primeiro semestre de 1833 foi um tempo de espera e incertezas para d. Amélia. Se, no início do ano, ela escrevia para o irmão que desejava logo retornar ao Brasil com d. Pedro assim que a rainha estivesse instalada no trono, esse sonho foi se tornando cada vez mais distante, conforme as notícias alarmantes sobre a situação no Porto iam chegando. Além dos bombardeios, da fome e do frio, a população e o exército tiveram que enfrentar também epidemias de cólera e tifo.

Em fevereiro, no auge da tragédia, d. Pedro escrevia para Paris: "Nos hospitais, morre uma em cada seis pessoas, sobretudo mulheres".[44]

Do Brasil ainda chegou para d. Pedro a terrível notícia de que sua filha Paula Mariana havia falecido pouco antes de completar dez anos, em janeiro de

1833. O pai, dilacerado, pediu que lhe enviassem um cacho de seu cabelo para guardar de lembrança e que a sepultassem junto à mãe, a imperatriz Leopoldina.

D. Amélia, ao saber da perda, escreveu para seu irmão: "Tu compreenderás a dor viva e profunda que sentiu meu coração, pois também conheces e amas essas pobres crianças e entendes a dor que se abate sobre esses três órfãos que ficaram lá".[45]

Litografia de d. Pedro no auge do Cerco do Porto. Palácio Nacional de Queluz. Foto da autora.

Para piorar, em Paris, chegavam notícias de que o exército liberal havia sido dizimado no Porto, o que d. Amélia desmentia para não correr o risco de o rei da França não acreditar mais nas chances de vitória de seu marido. Assim, ela escrevia para a rainha Maria Amélia em março de 1833: "Recebi ontem uma carta do imperador do dia 20 de fevereiro, ele está bem, graças a Deus, e vi com alegria que as más notícias divulgadas pelos jornais são completamente falsas".[46] Não seria a primeira nem a última vez que alguém teria que refutar uma *fake news* na história.

Mas a verdade é que, durante a primavera de 1833, se estabelecera um impasse em Portugal. Nem os realistas conseguiam entrar no Porto, nem os liberais conseguiam furar o cerco e avançar pelo restante do território. D. Pedro afirmava a essa altura que, "enquanto houver pólvora, bala e o que comer, o inimigo não entra cá dentro".[47] Nenhum dos dois lados cedia e a situação parecia insolúvel.

No dia 7 de abril de 1833, data que assinalava dois anos da abdicação de d. Pedro, d. Amélia escrevia para o irmão se sentindo arrasada e impotente ante as notícias que recebia: "Pobre homem [d. Pedro], doente, infeliz e sozinho com seus sofrimentos e sua dor e eu presa aqui. Só choro e rezo, é minha vida atual".[48]

Na realidade, tão sozinho assim d. Pedro não estava, porque, oito meses mais tarde, nasceria um filho concebido por ele pouco antes da data em que a esposa escrevia essa carta.

A incerteza sobre o futuro era imensa. Em Paris, a ex-imperatriz recebia cartas do irmão tentando acalmá-la e oferecendo a possibilidade de d. Pedro e d. Amélia viverem em Eichstätt ou em Navarra, ambas propriedades que ele havia herdado do pai, se fosse necessário.

Em maio de 1833, d. Pedro escrevia para d. Amélia dizendo que, no dia de seu nome, 10 de junho, ela receberia uma carta dele dizendo apenas "tudo ganho" ou "tudo perdido".[49] E, se a mensagem fosse pela vitória, em seu aniversário de 21 anos (31 de julho) "eles finalmente se abraçariam novamente". Era o lado dramático, romântico e heroico de d. Pedro, vinculando as datas pessoais de sua esposa aos acontecimentos históricos.

A vitória

Mas, quando o "tudo perdido" parecia cada vez mais inevitável, aconteceu o milagre pelo qual d. Amélia tanto rezara.

Duas pessoas se uniram para reverter a situação: o financista Mendizábal e o duque de Palmela. Correndo o risco de perderem tudo que já haviam investido até ali, decidiram arriscar suas fortunas pessoais numa última tentativa de salvar a causa da rainha. As vidas e os destinos desses dois homens poderosos estavam por essa altura tão comprometidos com o triunfo ou a derrota da guerra, que eles optaram por bancar uma nova esquadra: cinco vapores, centenas de marinheiros e soldados e até um experiente militar, pago adiantado, para liderar aquele último esforço: o britânico Charles Napier.

Assim que os reforços chegaram ao Porto, foi decidido dividi-los. Ao duque da Terceira foi confiada a missão de tomar o Algarve e dali subir por terra para a capital; a Napier, o comando da esquadra que chegaria a Lisboa pelo mar; e a Palmela, a administração dos territórios que fossem sendo conquistados. D. Pedro e Saldanha permaneceriam no Porto com poucos reforços. Era um plano arriscado, mas continuar indefinidamente na situação de impasse em que os dois exércitos se encontravam não era mais uma opção.

Napier venceu nos mares, o duque da Terceira em terra e, a 24 de julho de 1833, finalmente tremulava em Lisboa a bandeira azul e branca. Os liberais tinham conseguido tomar a capital. Quatro dias depois, d. Pedro chegava para se reunir às tropas vencedoras, deixando Saldanha na defesa do Porto.

O comandante das tropas de d. Miguel, em vez de tentar recuperar Lisboa, achou mais prudente reunir seus homens e partir com seus doze mil soldados para Coimbra, no que foram seguidos por muitos nobres, clérigos e funcionários públicos. A ideia era reunir reforços e voltar mais bem preparados assim que possível.

Ao saberem da tomada de Lisboa, a França e a Inglaterra finalmente reconheceram d. Maria II como rainha de direito e de fato.

"Nada pode abalar minha felicidade"

Uma das primeiras providências de d. Pedro, após chegar a Lisboa, foi enviar seu cunhado, o marquês de Loulé, a Paris, para buscar as famílias que ali estavam em exílio. Entre elas, a própria família real: Loulé ficava incumbido de repatriar a rainha, d. Maria II, e d. Amélia, que aguardavam ansiosamente por esse momento.

A duquesa de Bragança se despediu do tio-avô, o marquês de Beauharnais, e d. Maria da Glória, de sua melhor amiga, a princesa Clementina. Naquele momento, era uma despedida difícil para duas meninas de quatorze e dezesseis anos que tinham convivido cotidianamente por dois anos inteiros.

D. Maria II e sua madrasta partiram para Portugal nos últimos dias de agosto, onde, no entanto, nada ainda era estável. Os miguelistas estavam se preparando em Coimbra para voltar algumas semanas mais tarde. O Porto ainda precisava romper o cerco. Pelo interior do país, nada estava definido, mas d. Pedro precisava de sua filha a seu lado. A rainha pela qual tantas vidas foram perdidas tinha que ser aclamada em Lisboa o quanto antes. E por isso, mesmo com um futuro ainda incerto, terminava o exílio para d. Amélia e sua enteada.

Infelizmente, houve incidentes nos últimos momentos que indispuseram a coroa francesa com a família Bragança, apesar dos reis terem acolhido d. Pedro, sua esposa e filhas tão calorosamente por dois longos anos. Desde 1830, d. Pedro vinha tentando tratar um casamento de d. Maria da Glória com o segundo filho de Luís Filipe, o duque de Nemours, para consolidar o apoio francês à causa da rainha. Porém, durante todo o tempo em que o trono de Portugal não esteve garantido, o rei da França não concordou com a união. Só no momento em que o exército liberal tomou Lisboa, ele subitamente reconsiderou a proposta. Nesse meio-tempo, no entanto, d. Pedro tinha se decidido a dar a mão de sua filha para seu cunhado Augusto, duque de Leuchtenberg e Santa Cruz. Este, de férias com a família na Itália, recebeu e aceitou o convite repentino para ir se reunir imediatamente à irmã e à jovem rainha de Portugal, a fim de acompanhá-las durante a viagem entre a costa francesa e Lisboa e já desembarcar em Portugal como parte da família.

No entanto, quando Augusto chegou à cidade de Le Havre, no litoral francês, no final de agosto de 1833, onde deveria se encontrar com sua irmã, o vice-prefeito da cidade foi procurá-lo em seu quarto de hotel para comunicar que o duque estava ilegalmente em território francês e que devia se retirar imediatamente. Como o único motivo alegado era a famosa lei de banimento da família de Napoleão, Augusto tentou argumentar que, infelizmente, não tinha a honra de pertencer à família Bonaparte e, portanto, esperaria por sua irmã, com quem seguiria viagem para Portugal, único motivo pelo qual estava ali.

Como o rei da França não podia obrigar d. Pedro a escolher um príncipe francês para genro, ele ao menos podia se vingar no escolhido, impedindo que Augusto embarcasse da França para Portugal.

D. Amélia, que estava eufórica ante a perspectiva de rever o irmão e, sem saber de sua expulsão, sentia-se completamente feliz por finalmente ter acabado o longo tempo de espera e incertezas. Na carta para Augusto de 27 de agosto de 1833, ela transbordava de alegria: "Estou cheia de vida! Nada pode abalar minha felicidade!".[50]

Logo, d. Amélia também chegou a Le Havre e os irmãos tiveram um reencontro emocionado, já que não se viam desde a partida de Augusto do Rio de Janeiro mais de três anos antes. Procurando, no entanto, não criar um

FUTURO INCERTO

constrangimento ainda maior entre a França e Portugal, Augusto concordou em partir imediatamente após rever a irmã e deixou o país.

D. Amélia chegou a receber a ameaça de que, caso insistisse em ser acompanhada pelo irmão, não poderia embarcar num navio francês para Lisboa. O comentário da mãe em seu diário, ao saber do ocorrido, foi afiado: "Luís Filipe deve se sentir muito inseguro sobre seu trono para temer a presença de um jovem que tem o coração tão francês".[51]

D. Amélia ficou tão indignada com o que ela considerou praticamente uma deportação do irmão que não comunicou oficialmente sua partida da França e, alguns dias depois, escreveu para o rei Luís Filipe praticamente acusando-o de ter sido injusto para com sua família. Obviamente, ela foi considerada ingrata e arrogante e as relações com a família Orléans ficaram bastante abaladas. Para a mãe, d. Amélia escreveu que "esta terra pouco hospitaleira não merece realmente que Augusto aqui ponha seus pés e graças a Deus eu também estou partindo".[52] E, assim, no pior clima possível, encerrou-se o exílio de dois anos na França.

Nesse meio-tempo, chegou a notícia de que o exército miguelista havia se reorganizado e voltara a atacar Lisboa, tentando estabelecer um cerco à cidade, como tinha acontecido no Porto. Chegaram a cortar o abastecimento de água, interrompendo o fluxo do aqueduto das Águas Livres, principal sistema de fornecimento hídrico de Lisboa. A partir de 14 de agosto, a cidade passou a enfrentar batalhas dentro de seus limites, o que inviabilizava que a rainha e sua madrasta seguissem para a capital.

D. Amélia, aceitando o convite dos reis ingleses para que ela e a rainha passassem pela Inglaterra a caminho de Portugal e não querendo permanecer nem mais um dia em território francês, decidiu atravessar o canal da Mancha o mais rápido possível. Mas o clima estava contra sua vontade e uma terrível tempestade a manteve presa em terra até o dia 6 de setembro, quando finalmente foi possível partir. Sua irritação era visível quando deixou o hotel de braços dados com d. Maria II, sem aceitar ser acompanhada pelo oficial francês enviado para escoltá-las até o porto.

Ao longo dos quarenta anos seguintes da vida de d. Amélia, não há qualquer registro de que ela tenha voltado a pisar em território francês.

É impossível que, no momento de embarcar para a travessia do canal, a ex-imperatriz não tenha se lembrado de quando cruzara aquelas mesmas águas exatamente quatro anos antes, no final de agosto de 1829, cheia de sonhos e expectativas, a caminho de se tornar imperatriz do Brasil. Novamente, ela ia para um país desconhecido, para se unir ao marido e iniciar um novo capítulo de sua vida. A diferença é que, dessa vez, eles já se conheciam, e a nova soberana era sua enteada, e não mais ela própria.

Junto com d. Amélia, a filha pequena, a rainha e suas respectivas cortes, viajavam ainda as famílias do recém-nomeado duque da Terceira; a esposa e os filhos do marquês de Palmela; os Loulés; a esposa de Napier, agora viscondessa do Cabo de São Vicente, e tantos outros familiares de fiéis apoiadores da causa liberal.

Chegando a Portsmouth no dia 8 de setembro, a comitiva seguiu diretamente para o Palácio de Windsor, onde foram recebidos pelo rei Guilherme IV, muito satisfeito que a desagradável situação na França lhe dava a oportunidade de estreitar laços com os vencedores da guerra em Portugal. Ele não poupou esforços, fez recepções magníficas para suas hóspedes, banquete de gala em St. George Hall, colocou à disposição as melhores carruagens e, por uma semana, elas foram mimadas e homenageadas pela corte inglesa. Como presente para d. Amélia, o rei ofereceu uma caixa com uma dúzia de garrafas de licor produzidos na Martinica, nas terras que haviam sido da família da avó, a imperatriz Josefina. Definitivamente, a diplomacia inglesa tinha compreendido como agradar aquela família que tanto enaltecia seu passado napoleônico. D. Amélia estava tão encantada com a recepção na Inglaterra, que escreveu duas vezes para o irmão mencionando o presente e exortando-o a aprender o idioma inglês: "Não te esqueças da minha recomendação para estudar inglês. É muito fácil falar depois que se aprende. Imagina que após oito dias na Inglaterra já falo quase correntemente!".[53]

O rei também colocou à disposição uma fragata e um vapor para comboiarem a embarcação portuguesa que viria de Portugal para levá-las até Lisboa.

Ainda assim, era preciso aguardar que chegassem ordens para que pudessem partir, já que as batalhas em Lisboa tinham se tornado violentas no início de setembro.

Só no dia 14 de setembro de 1833, as tropas liberais conseguiram expulsar os miguelistas para longe da linha que defendia a cidade. Imediatamente, d. Pedro deu ordens para buscar a esposa e a filha na costa britânica.

D. Amélia e toda a comitiva já aguardavam em Portsmouth, onde tinham sido recebidas com todas as honras militares e, enquanto esperavam, habitavam a melhor casa do porto, pertencente ao almirantado. Foi ali que a futura rainha Vitória conheceu d. Amélia. Pelo diário da futura soberana inglesa ficamos sabendo a impressão que lhe causaram d. Amélia e d. Maria da Glória:

A rainha [d. Maria II] esteve na Inglaterra há quatro anos; ela é só um mês mais velha do que eu e muito amável comigo. Ela já era muito alta para sua idade na época e tinha uma bela figura; ela agora cresceu bastante, mas também se tornou muito robusta. A duquesa, como agora é chamada [d. Amélia], nunca esteve na Inglaterra antes [na verdade, Vitória nunca a tinha encontrado, mas d. Amélia estivera na Inglaterra em agosto de 1831]. [D. Amélia] tem apenas 21 anos e é muito agradável. Ela tem lindos olhos azuis e uma figura alta. Ela tem cabelos escuros e usava cachos na frente e o cabelo trançado atrás. Ela estava com um vestido simples, acinzentado.[54]

D. Amélia desenhada pela rainha Vitória em novembro de 1833, a partir de um esboço e de suas lembranças do encontro ocorrido dois meses antes. Royal Collection Trust/ © His Majesty King Charles III 2023.

"Nossa última hora tinha chegado"

No dia 16 de setembro de 1833, d. Amélia e sua comitiva deixaram Portsmouth, mas a viagem seria tudo menos tranquila. Já no primeiro dia, como prenúncio do que estava por vir, o mau tempo os obrigou a ancorarem na ilha de Wight e esperarem até o dia seguinte para poderem prosseguir.

A frota era composta por três embarcações: o vapor *Soho*, enviado de Lisboa, onde viajavam d. Amélia, d. Maria Amélia, d. Maria II e suas damas, o vapor *La Cité de Waterford*, onde seguiam todas as bagagens junto com o restante da comitiva, e um barco de guerra inglês para fazer a escolta, chamado *Le Salamandre*.

No terceiro dia de viagem, durante a noite, um barco a vela desconhecido chegou tão perto do *Soho,* que os dois navios se chocaram e o navio onde estava d. Amélia acabou danificado. No dia seguinte, como o *Cité de Waterford* era muito mais lento que os outros dois, e, com a aproximação do equinócio, havia o receio de pegarem tempestades, decidiram deixar o navio com a carga para trás e avançar com o *Soho* e o *Salamandre* para chegarem com o navio avariado o mais rápido possível.

Mas, no último dia, uma forte neblina cobriu o céu e o mar, e o *Salamandre*, ao virar de lado, o fez sem perceber que estava tão próximo do *Soho*, levando os dois navios a também colidirem. D. Amélia e d. Maria II acreditaram que "nossa última hora tinha chegado e que o navio estava submergindo".[55] Por sorte foi apenas parte da proa que se desprendeu e caiu no mar, embora estivessem muito próximos do Cabo da Roca e, com o nevoeiro, pudessem ter atingido algum dos muitos rochedos dessa parte da costa.

Finalmente, na tarde de 22 de setembro, a rainha, sua madrasta e todos que as acompanhavam entraram na barra do Tejo em segurança. Enquanto isso, no entanto, o barco *La Cité de Waterford*, que ficara na retaguarda com toda a bagagem, ao se aproximar de Peniche, também sofreu um acidente. Quem conta é a própria d. Amélia em carta a seu irmão:

> Estávamos persuadidos de que o *Cité de Waterford* estaria aqui dia 24 ou mais tardar 25. Qual não foi nosso terror quando, no dia 26, ficamos sabendo que esse barco a vapor havia naufragado perto de Peniche. Esse naufrágio foi uma coisa angustiante, segundo o relato de todos os infelizes passageiros que

se encontravam a bordo, pois logo que a embarcação se chocou contra a terra, a água entrou, os mastros desabaram, a caldeira se estilhaçou e a nau teria sido consumida pelas flamas se o mar furioso não quisesse invadir as suítes do lado direito, inundando o mal-afortunado barco. Felizmente, ninguém morreu e é à presença de espírito do senhor Rocha Pinto que eles devem sua salvação. Amarraram-se as mulheres com cordas ao redor de seus corpos e assim as jogaram na praia; as crianças foram também salvas dentro de cestos que foram lançados à terra. Enfim, mal ou bem, todo mundo chegou são e salvo. [...] Mas um novo pavor os aguardava em terra, pois eles se encontravam entre miguelistas que ameaçaram matá-los e, se não fosse mais uma vez a presença de espírito do senhor Rocha Pinto, eles não teriam sobrevivido, pois ele se fez passar por um inglês, assim como os outros senhores e senhoras.[56]

E assim, fazendo com que os soldados inimigos acreditassem que eles eram cidadãos ingleses, conseguiram ganhar tempo suficiente para que a guarnição do Forte de Peniche chegasse e salvasse os pobres náufragos. Os miguelistas apreenderam, no entanto, toda a tripulação e dois criados. Imediatamente, a diplomacia britânica em Lisboa ficou sabendo e reagiu, reclamando os tripulantes como súditos britânicos, que realmente o eram, e três dias depois, foram todos libertados.

Embora todas as pessoas tenham sobrevivido, o mesmo não aconteceu com a carga do navio. Absolutamente nada pôde ser salvo, a bagagem de todas as pessoas se perdeu. Naturalmente, as maiores perdas foram de d. Amélia e d. Maria da Glória, que estavam de mudança com tudo que tinham levado do Brasil, mais o que tinha sido comprado na França e lembranças pessoais que a ex-imperatriz ainda guardava de sua família na Baviera.

Para o irmão, d. Amélia relatou que perderam duas carruagens, muitas caixas com diversos objetos, o seu jogo de toalete em ouro, toda sua biblioteca com quatro mil volumes, os álbuns, o piano, a escrivaninha, documentos, todos os retratos a óleo, toda a roupa de cama, mesa e banho, os vestidos, mantos, trajes de corte, casacos, chapéus, uma quantidade enorme de coisas que afundaram ou, quando davam à praia, eram pilhadas pelos soldados inimigos. Refletindo sobre as perdas, ela comentou:

Não são os chapéus e os vestidos que eu lamento, com dinheiro eu poderei talvez um dia os obter de novo, o que faz minhas lágrimas correrem são os objetos de menor valor, mas que me são especialmente caros, lembranças de pessoas queridas. [...] Eu te garanto que muitas vezes sinto vontade de chorar quando penso em tudo que perdi, porque há perdas irreparáveis. Eu possuía duas cartas do Papa, o retrato da Paula, que não será possível substituir. [...] Eu admito também que tenho medo de me tornar totalmente estúpida sem um único livro.[57]

O extraordinário dessa lista de perdas é a menção a uma biblioteca de quatro mil volumes pertencente à ex-imperatriz, pois ela diz especificamente "meus livros" e eu contei pelo menos duas vezes se eram realmente três zeros que estavam registrados na carta. Essa quantidade é impressionante mesmo hoje, mas ainda mais significativa na época.

O acidente chegou a ser comentado noutros países, merecendo notícias no *Times*, e até num jornal italiano de nome *Notizie del Giorno*, onde foi estimado que o prejuízo da carga perdida perfazia 750 mil francos.[58]

Porém, em meio a tantas perdas, aconteceu algo inimaginável, que d. Amélia relatou na mesma carta: "Uma única coisa foi salva do naufrágio, ou melhor dizendo, se salvou por si só, pois foi encontrada na praia como que por milagre: foi o cetro em ouro e a Constituição Portuguesa que pertencem à Maria, e que os portugueses lhe deram há algum tempo em Londres".[59]

Essa história é quase uma metáfora de toda a guerra liberal, durante a qual houve momentos em que, por muito pouco, tudo esteve perdido, para então, quase que por milagre, a Constituição e a monarquia portuguesas serem salvas de submergir ou perecer em mãos inimigas.

Esposa do Libertador

NO DIA 22 de setembro de 1833, ainda sem saberem qualquer notícia sobre o naufrágio, d. Amélia e a rainha, sãs e salvas, chegaram a Lisboa. Um ano e meio depois da dramática separação em Paris, d. Pedro cumpria a promessa que fizera de joelhos antes de partir para os Açores: restituía à filha a espada com a qual reconquistara Portugal para seus descendentes. Quem nos conta sobre o reencontro é a própria d. Amélia em carta para sua mãe:

> O imperador veio imediatamente a bordo, e eu não tenho palavras para descrever como o encontro foi comovente. Maria soluçava, o imperador estava muito emocionado e eu quase não conseguia me manter em pé, de tanto que tremia. Eu o achei tão bom como sempre e tão amável como o tinha deixado. [...] A senhora não pode acreditar como ela [a pequena princesa Maria Amélia, de quase dois anos] foi gentil vendo o pai, ela se deixou abraçar, sem o menor medo de sua barba, que por sorte ele cortou depois. O imperador emagreceu um pouco, mas o encontrei melhor do que estava esperando. Ele me achou muito magra, o que não me surpreende, Deus sabe por quantas inquietudes passei.[60]

Napier, agora almirante e visconde do Cabo de São Vicente, também deixou um registro do momento, no qual, no entanto, sua impressão a respeito da reação da pequena d. Maria Amélia difere um pouco da de d. Amélia. Segundo ele:

> O imperador tinha preparado um magnífico escaler de vinte e quatro remos, e quarenta e oito homens, pintado de azul e branco, indo os homens vestidos das mesmas cores, onde embarcou no Arsenal com dois ajudantes de campo e eu, para ir receber a imperatriz e a rainha; e tão impaciente estava ele, que partiu sem corte nem ministros. Eu nunca o vi tão alegre e satisfeito; subiu para bordo pouco acima de Belém; foi recebido ao portaló pela imperatriz, que o abraçou e beijou com o maior afeto. A rainha estava muito comovida e não pôde conter as lágrimas. A pequenina princesa Amélia, sua filha mais nova, ocupou muito a sua atenção: ela ficou algum tanto assustada de lhe ver as barbas crescidas, e não correspondeu muito às suas carícias. [...] A imperatriz é de uma estatura acima da mediana, bela, aprazível e agradável no último ponto, não é altiva, ainda que conheça perfeitamente a sua alta hierarquia, efetivamente é uma senhora completa.[61]

Naquela tarde, eles jantaram a bordo para que houvesse tempo de preparar o desembarque para o dia seguinte com toda a pompa exigida para a chegada da rainha pela primeira vez a seu país. No dia 23 de setembro de 1833, seguindo o programa previsto pela mordomia-mor, d. Maria II foi acompanhada por seu pai, enquanto d. Amélia o era por Napier. Após o desembarque no cais das Colunas, no coração de Lisboa, a Guarda Real de Archeiros os esperava para escoltar as carruagens com as quais chegariam à Catedral da Sé.[62]

O Tejo estava coalhado de pequenas e grandes embarcações com bandeiras constitucionais azuis e brancas, assim como de pessoas que queriam finalmente ver a famosa rainha-menina carioca por quem haviam lutado durante tanto tempo e que nunca havia estado em Portugal antes. Em contraste com todas as bandeiras, laços e fitas azuis e brancos, ela usava um vestido cor-de-rosa. Em meio a vivas e tiros de canhão, a família assistiu a uma cerimônia religiosa em ação de graças na Sé e, de lá, seguiu para o Palácio das Necessidades, onde passariam a morar.

Litografia retratando d. Amélia com d. Pedro e a rainha d. Maria II juntos, como eram constantemente vistos. O documento exibido é a Constituição de 1826, pela qual se travara a guerra. Museu Imperial/IBRAM/MinC.

Os dias seguintes, assim como tinham sido os primeiros tempos de d. Amélia no Rio de Janeiro, seriam uma sucessão de festas. Como ela relatou para sua mãe na mesma carta escrita logo após sua chegada:

> No dia seguinte, [23 de setembro], meu bom imperador veio a bordo às 10h30 e nós desembarcamos ao meio-dia. A municipalidade pronunciou um discurso saudando Maria, ao qual o imperador respondeu, depois um para mim, ao qual eu mesma respondi. [...] Passamos por todas as ruas dessa capital. Na verdade, eu esperava uma recepção brilhante, mas aquilo que nós vimos superou em muito a nossa expectativa. Uma multidão imensa enchia as ruas e não parava de gritar "à rainha, ao imperador libertador de Portugal, ao generoso d. Pedro" etc. Enfim, era uma cena magnífica e um espetáculo comovedor. [...] Não tenho tido um instante que me seja reservado: constantes e intermináveis são as recepções e as reverências.[63]

O discurso ao qual d. Amélia se referia foi proferido pelo conde de Porto Santo, presidente da comissão municipal, ao que a duquesa de Bragança respondeu em perfeito português: "Agradeço muito cordialmente as expressões que me dirigis em nome desta leal cidade de Lisboa. Será a minha maior fortuna ser testemunha da vossa felicidade".[64]

A guerra ainda não está vencida

No entanto, a realidade era bem menos tranquila, como d. Amélia revelava para o irmão, com quem sempre era mais sincera e não tinha os mesmos cuidados que costumava ter com a mãe para não a preocupar: "Os miguelistas ainda não levantaram totalmente o cerco de Lisboa, a causa [liberal] de forma alguma está vencida e, no momento, é necessário ocupar-se apenas de pacificar o país".[65]

De fato, o exército miguelista, que no final de agosto recuara para Coimbra e voltara no dia 4 de setembro reforçado pelas tropas que deixaram o Porto, ainda não tinha sido derrotado. Mesmo após terem sido rechaçados da linha de defesa da capital, milhares de soldados continuavam aquartelados no limite norte de Lisboa; sem falar no restante do país. Os conflitos ao redor da cidade continuariam até o dia 10 de outubro.

Numa das vezes em que d. Pedro voltou para pernoitar com a esposa no Palácio das Necessidades, ele chegou com o uniforme todo ensanguentado, pois um artilheiro que estava exatamente a seu lado tinha sido morto por uma bala que pretendia atingi-lo. Assim como tinha sido soldado no Porto, ele continuava sendo em Lisboa. D. Amélia explicava a situação para seu irmão:

> As cortes foram convocadas, mas elas não poderão, creio, se reunir imediatamente; o imperador goza da melhor opinião aqui e vejo com prazer que se reconhecem os sacrifícios que ele fez, sobretudo os militares o adoram, parece que os portugueses que têm poder de decisão nas câmaras imploram para que o imperador conserve a regência até a maioridade de sua filha e decrete ao mesmo tempo que ele será livre para escolher o marido de sua filha. O desejo da maioria parece designar-te. Deixemos o tempo seguir e não apressemos nada.[66]

Mas não era só em Portugal que queriam d. Pedro para regente. Em meados de setembro, havia chegado uma proposta vinda do Brasil, da parte do partido português, convidando-o para voltar e assumir a regência do Império Brasileiro em nome de seu filho. Na mesma carta escrita no dia 4 de outubro, d. Amélia contava para o irmão:

> Eu espero voltar para o Brasil, aquela terra selvagem, mas deliciosa, e, nesse caso, tudo ficará bem. A deputação brasileira, à frente da qual se encontra o irmão de José Bonifácio, já tinha partido quando eu cheguei. Eu lamento muito, mas a resposta por escrito que o imperador lhes entregou é excelente, ele pede que mande lhes dizer que seu braço está pronto para servir ao Brasil e que, se a nação julgar necessário, ele não demorará para voltar pelo bem de seus filhos e de sua pátria; de qualquer forma, desde que esse seja um desejo nacional, e não proveniente de um partido. Os homens ficaram encantados com essa resposta e, no próximo mês de abril [de 1834], as câmaras se reunirão e é mais que provável que, no mês de agosto, nós teremos aqui uma deputação enviada pelos representantes da nação que pedirá ao imperador para esquecer o passado e assumir a regência durante a minoridade de seu filho. Quando eu puder, copiarei a resposta do imperador para te enviar; eu a achei uma verdadeira obra-prima, sem lisonja.[67]

Infelizmente, d. Amélia não voltaria para o "selvagem, mas delicioso" Brasil.

O Palácio das Necessidades se tornou o novo lar de d. Amélia e ela comentou com a mãe que estavam todos muito bem instalados e que a vista era magnífica. Claro que, dentro do palácio, as intrigas e jogos de interesses eram menos encantadores. Assim como a situação financeira dos duques de Bragança, que também se revelava bastante precária.

Napier comentou em seu relato sobre esses dias que o único jantar oferecido por d. Pedro para o corpo diplomático e oficiais militares em honra à rainha teve lugar no Paço da Bempostana no dia 25 de setembro. Foi quando d. Maria II, pela primeira vez, se sentou no trono, ladeada pela madrasta e pelo pai, dando beija-mão aos seus súditos. Mas, sobre o banquete que se seguiu, Napier registrou que foi muito simples e que o vinho nem era de boa qualidade.[68]

Em dezembro, quando as baixas temperaturas e a umidade já eram bastante incômodas, d. Amélia comentava com o irmão que sentiam muito frio mesmo dentro do Palácio das Necessidades, porque ainda não tinham sido construídas lareiras no paço.[69]

Sem desistir, no entanto, da ideia de que Augusto logo fosse a Portugal, d. Amélia encontrava pretextos para que ele a visitasse em Lisboa e, se possível, fosse arranjado logo o casamento entre o irmão e a rainha. Uma de suas ideias foi explicada por ela numa carta:

> O que achas de, quando eu tiver um filho, vires para o batizado? Eu gostaria que fosses o padrinho e mamãe a madrinha de meu futuro pequeno Eugênio ou de minha futura pequena Augusta. Graças ao céu até agora não tenho qualquer receio de estar grávida e te garanto que, por causa de nossa pensão atual, eu não o desejaria absolutamente, mas, enfim, quando for o caso, daqui a algum tempo, pensei em contar-te a ideia que me surgiu. Veja bem que, nesse caso, não seria mais que uma simples visita que estarias a me fazer, sem fins políticos, e ninguém se oporia.[70]

Enquanto ela não engravidava e o irmão não vinha para o batizado do sonhado bebê, d. Amélia procurava mantê-lo atualizado sobre a situação das nomeações da casa real. Caso Augusto realmente se casasse com d. Maria II, era importante que ele soubesse quem era quem, quais as intrigas e partidos, e, assim, aproveitasse os conhecimentos da irmã para não chegar de forma ingênua e despreparada a uma corte estrangeira. Graças a essas informações, também nós ficamos sabendo como funcionavam os bastidores da escolha das damas que acompanhavam de perto a rainha. Naturalmente, era preciso que fossem pessoas de total confiança, mas também que pertencessem a famílias influentes às quais fosse importante demonstrar reconhecimento por seu apoio.

Foi nesse contexto que d. Pedro decidiu mudar as pessoas que serviam diretamente a filha e demitiu d. Leonor da Câmara, que acompanhava d. Maria II havia cinco anos, desde sua estada na Inglaterra. Durante o tempo passado em Paris, suas atitudes protegendo e adulando a pupila tinham irritado d. Amélia, que não a considerava a melhor influência para a enteada. Assim, logo que elas chegaram, ainda em setembro de 1833, d. Leonor foi afastada. Interessante é a reflexão que d. Amélia fez a respeito em carta para seu irmão, afirmando que d. Maria II apenas gostava de não ser contrariada por sua preceptora, sem realmente respeitá-la:

> Pouco a pouco, o imperador organiza a casa da rainha e eu asseguro-te que a escolha das pessoas que a compõem teria também a tua aprovação. Maria

sentiu vivamente a separação de madame Da Câmara, ela chorou muito, mas, infelizmente, essa impressão não foi duradoura. Eu acredito naquilo que eu já sabia, que Maria não ama realmente madame Da Câmara, ela só se lisonjeava com todas as condescendências que esta lhe fazia. A rainha tem muito espírito para não estar ciente da fraqueza excessiva de sua ex-mentora e, onde não há respeito, não pode haver amizade real.[71]

Para o lugar de d. Leonor da Câmara, ou seja, dama de honra e governanta da rainha, d. Pedro escolheu a filha da nova camareira-mor. Membros da família Ficalho, as duas juntas, mãe e filha, passavam a ficar incumbidas da educação de d. Maria II.

A família Ficalho tinha sido sempre protegida pela tia-avó de d. Pedro, a infanta Maria Francisca Benedita, a qual, em testamento, pedira para que d. Pedro prosseguisse cuidando desses seus criados. Como a camareira-mor, a condessa de Ficalho, chegara a ser presa durante o regime de d. Miguel por apoiar abertamente d. Maria II, a nomeação era também uma forma de recompensar seu leal apoio.

A nomeação para cargos na corte era uma das maneiras de retribuir aos súditos fiéis. Uma outra maneira era dar-lhes privilégios e concessões, como foi feito com o conde de Farrobo, que financiara significativa parte da guerra liberal e foi recompensado com o monopólio do lucrativo comércio do tabaco em Portugal. Muitos outros receberam comendas, como o marquês de Resende, agraciado com a Grã-Cruz da Ordem da Torre e Espada.

"Cada golpe ressoava no meu coração"

Apesar das iniciativas de d. Pedro em logo agradecer e retribuir o apoio recebido, como d. Amélia havia explicado para seu irmão, a guerra ainda não estava ganha. Nos dias 9 e 10 de outubro de 1833, d. Pedro e d. Miguel se enfrentaram às portas da capital. O exército liberal se deslocou para a região do Campo Grande, estabelecendo uma base avançada no Palácio Valença-Vimioso, próximo ao atual estádio de futebol do Sporting. Dali, eles seguiram para atacar as tropas miguelistas aquarteladas a cerca de dois quilômetros adiante, no Paço do Lumiar. O Lumiar era, então, um dos limites da cidade, onde as fontes de água fresca haviam estimulado a construção de diversas quintas de veraneio de famílias abastadas. Até hoje, muitas delas ainda existem, com seus jardins magníficos e azulejos centenários, embora a maioria seja fechada ao público por abrigar colégios e condomínios de luxo.

O exército inimigo ocupava um grande edifício ao lado do Palácio do Marquês de Angeja, onde d. Miguel residia. Essa residência era a maior e mais luxuosa de todas as da região e, atualmente, é sede do Museu Nacional do Traje. Lá chegando, os liberais constataram que os miguelistas haviam acabado de partir, e, seguindo em seu encalço, o enfrentamento final aconteceu no dia seguinte, 10 de outubro, em Loures. Houve muitos mortos e feridos, logo transferidos para a casa do conde de Penafiel, o atual Palácio do Correio-Mor, que se transformou num hospital de campanha. Na falta de médicos e enfermeiros, os agricultores da região foram chamados para ajudar, o que acabou fazendo com que os soldados contaminados pela cólera disseminassem a epidemia entre a população camponesa. A um alto custo de perdas humanas, Lisboa estava livre e os inimigos fugiram para o norte por mais setenta quilômetros, até chegarem a Santarém, onde se aquartelaram pelos meses seguintes, sem nunca mais voltarem para a capital.

Quem conta o final do enfrentamento quase dentro da cidade é novamente d. Amélia para o irmão: "Ontem pudemos ouvir os canhões e os tiros com muita clareza, hoje, mal os canhões recomeçaram ao longe, cada golpe ressoava no meu coração".[72]

Alguns dias depois do fim do conflito, d. Amélia comentava sobre a situação em Lisboa:

> Os miguelistas são também de uma crueldade inominável mesmo com os seus. Imagina que logo após a batalha do dia 10 [de outubro de 1833], quando o inimigo fugiu, o imperador entrou em Lumiares, de onde d. Miguel acabara de sair e encontrou duzentos miguelistas à espera de um hospital, amontoados, semimortos. Por 48 horas, esses pobres desafortunados ficaram lá doentes, trancados sem comida alguma e, embora muitos estivessem mortalmente feridos, não receberam a menor ajuda. Toda a tropa de d. Miguel partiu sem pensar nesses doentes. Imagina que o imperador, com a maior pressa, fez administrar toda a ajuda que estava em seu poder. Ele próprio foi lhes levar palavras de paz e consolo, depois os mandou transportar por ambulância, de

onde foram posteriormente ao hospital. Por fim, o imperador nos conduziu, a mim e a Maria, para visitarmos todos os hospitais, onde nós vimos vários deles. [...] Muitos miguelistas passaram para o nosso lado, mas eu creio que aqueles que ainda estão sob a bandeira do usurpador aí permanecerão até o último suspiro. Essa constância seria louvável se fosse baseada no amor por seus deveres e por uma convicção íntima, mas, infelizmente, não passa de teimosia e [...] fanatismo.[73]

D. Pedro estabeleceu, então, suas tropas no Cartaxo, mais próximo de Santarém e não tão difícil de acessar subindo o rio Tejo. O deslocamento fluvial lhe permitia estar nos quartéis com relativa frequência, mas também poder cuidar dos negócios de Estado na capital e estar sempre com sua família. Essa seria a rotina de d. Pedro entre outubro de 1833 e o fim da guerra em maio de 1834.

Como sempre, d. Pedro estava em todos os lugares, procurava cuidar de tudo pessoalmente, não deixava nada para depois. Como Napier anotaria em suas memórias, ele era o único português que não conhecia o significado da palavra "amanhã".

Com a perda de Lisboa e a mudança para Santarém, d. Miguel passou a habitar o Palácio do Senhor Silva, atual câmara municipal, no antigo largo do Espírito Santo, um edifício robusto do século XVII para onde mandou chamar suas irmãs que estavam desde agosto reunidas em Coimbra. Assim, as infantas que o apoiavam, d. Maria d'Assunção, d. Maria Teresa, d. Maria Francisca e seu marido, d. Carlos Isidro, foram residir com ele.

D. Isabel Maria, no entanto, foi isolada na Quinta Vale de Nabais, não muito longe de Santarém. Mas ela não ficaria muito tempo ali; por algum motivo desconhecido, logo d. Miguel decidiu transferi-la para Elvas, na fronteira com a Espanha, onde a antiga regente de d. Maria II ficaria presa até o final da guerra, quando seria finalmente libertada pelo exército de d. Pedro.

Ao saber da chegada das infantas a Santarém, e conhecendo a natureza do marido, que acabaria perdoando as irmãs mesmo sabendo que elas tinham conspirado contra ele, d. Amélia comentou com Augusto: "As quatro irmãs do imperador estão em Santarém, eu ignoro para onde elas irão.[...] Toda essa família ficará sobre nossas costas daqui a algum tempo".[74]

Mesmo havendo um cisma na família e sendo as "manas de Espanha" apoiadoras de d. Miguel, a correspondência delas deixa transparecer um ódio tão grande contra d. Pedro que chega a ser perturbador. As incitações beirando o fanatismo contrastam com a impecável caligrafia, tão caprichada que, à primeira vista, poderia levar a crer se tratar de uma inocente mensagem familiar. No entanto, a contundência da ideologia absolutista ali explicitada permite compreender, de fato, o abismo que existia entre as duas formas de pensar que levaram à guerra. Esse é um exemplo de uma das cartas da "mana Maria Teresa para o mano Miguel" em 1833:

> Sua obrigação vem primeiro, cumpra bem com ela e dê cabo do mano [Pedro] e dos inimigos de Deus, e venha depois para nossa companhia coberto de louros [...] para cicatrizar as chagas, há tantos anos abertas, que tem esta pobre, porém fiel e valente nação. Esta época gloriosa estava reservada para o mano, regozije-se de que Deus nosso Senhor o escolheu para ela e dê-lhe as devidas demonstrações de agradecimento, procurando o aumento da nossa santa religião no seu reino e o extermínio de todos os que não a respeitam como devem.[75]

A ideia de que Deus teria escolhido d. Miguel para exterminar todos que pensassem de maneira diferente daquela que julgavam a única correta, inclusive o próprio irmão, chega a lembrar a argumentação de terroristas justificando "guerras santas".

Os deliciosos arredores de Lisboa

Com a saída dos miguelistas de Lisboa, em outubro de 1833, d. Pedro e d. Amélia passaram a fazer longos passeios a cavalo pela cidade e seu entorno. Com o fim das batalhas dentro da capital, a região deixava de ser perigosa, e d. Amélia, quase ingenuamente, se encantava com a nova liberdade e a descoberta do país onde passava a viver, conforme escrevia para seu irmão:

> Eu monto a cavalo muito frequentemente, e todos os dias nós fazemos lindos passeios pelos arredores de Lisboa, que são realmente muito bonitos, há lindos mirantes e mesmo os caminhos não são tão ruins. Há muitas perdizes e coelhos e o imperador me diz sempre que espera caçá-los com você.[76]

Os arredores de Lisboa são deliciosos, nós passamos recentemente dois dias em Sintra, que os ingleses chamam de "Suíça Portuguesa", o castelo do tempo dos mouros é muito curioso. Nós subimos a serra em mulas e chegamos a miradouros magníficos, visitamos um pequeno convento de cortiça, localizado num lugar selvagem e habitado por três ermitãos capuchos, e um deles está lá há 39 anos.[77]

Dos dois lugares citados, tanto o Castelo dos Mouros, com suas vistas deslumbrantes, como o Convento dos Capuchos, com seus revestimentos de cortiça em meio à natureza, ainda existem e podem ser visitados no alto da serra de Sintra.

No dia 16 de novembro, d. Pedro levou a esposa e a filha para conhecerem também Mafra, um dos lugares preferidos de seu pai, o rei d. João VI, em Portugal. E assim, aos poucos, o duque de Bragança relembrava sua infância, enquanto mostrava Portugal para sua esposa e sua filha. Era quase como nos primeiros tempos no Brasil, em que o casal saía em cavalgadas pelo Rio de Janeiro para d. Pedro apresentar o país para d. Amélia.

O último Pedro

Do modo como d. Amélia agiu em Paris ao abrir as portas de sua casa para a duquesa de Goiás, filha de d. Pedro com a marquesa de Santos, fica claro que ela desculpou as faltas passadas do marido, cometidas antes de eles se casarem. O problema seriam faltas atuais, as quais d. Pedro tratou de deixar em segredo. Esse foi o caso, por exemplo, do menino nascido na ilha Terceira durante os preparativos para a guerra.

Outro caso foi o nascimento, na véspera do último dia do ano de 1833, de um filho ilegítimo de d. Pedro, concebido em março, ainda durante o Cerco do Porto. Obviamente, ele não quis que sua esposa soubesse de sua traição, mas d. Pedro era um pai dedicado, e sua atenção se estendia a todos os filhos, fossem eles legítimos ou ilegítimos. Não querendo desamparar a criança nem a mãe, Maria Libânia Lobo, ele a nomeou como criada de d. Maria II, uma posição de não muito destaque, mas que lhe garantia a subsistência e o acesso ao paço.

Já quanto ao menino, era preciso haver uma boa desculpa para que d. Pedro pudesse protegê-lo sem levantar suspeitas por parte da esposa. Para isso, o duque de Bragança criou um verdadeiro teatro: no dia 31 de dezembro, ele decidiu fazer uma visita à Misericórdia, onde funcionava uma roda dos expostos, mecanismo através do qual era possível que uma mãe, de maneira incógnita, deixasse seu filho para ser cuidado pelas freiras. Lá chegando, enquanto d. Pedro vistoriava a instituição, coincidentemente, tocou o sino da roda e alguém entregou naquele exato momento um bebê recém-nascido. Imediatamente, muito compadecido com a situação, d. Pedro decidiu apadrinhar a criança, escolheu a filha, d. Maria II, para madrinha e deu-lhe o nome de Pedro; afinal, qual outro poderia ser? E, da mesma forma que viera, partiu com a criança no colo.

Através desse estratagema, esse último filho do duque de Bragança pôde ser oficialmente criado por funcionários do paço, receber algum amparo dos padrinhos, e, futuramente, se tornar ele próprio um servidor da rainha. Talvez d. Amélia tenha acreditado na história, mas várias pessoas no paço sabiam a verdadeira origem do menino e passaram a chamá-lo de "Pedro Real".

"País que eu amo tanto"

A situação financeira dos duques de Bragança era delicada; após a guerra e com tanto a ser feito, a família não tinha muitos recursos à sua disposição para gastos pessoais. Em agosto de 1833, d. Pedro promulgara um decreto através do qual extinguia diversos privilégios clericais e nobiliárquicos, o que afetou também a Casa de Bragança, reduzindo substancialmente as rendas que ele, como duque, recebia. É de se admirar a coerência e honestidade de d. Pedro, ao não poupar nem a própria subsistência.

Como d. Amélia já tinha comentado em carta para seu irmão, ela dava graças a Deus por não estar grávida em tal conjuntura. Nesse contexto, a possibilidade de receberem algum tipo de pensão do governo brasileiro como ex-imperadores se tornava uma esperança cada vez mais acalentada. No momento da abdicação, mais de dois anos antes, em carta para seu amigo

Gomes da Silva, d. Pedro já esperava que pelo menos d. Amélia recebesse alguma dotação do Brasil:

> Parece-me que a Assembleia não me manda dar renda porque eu não peço, antes morrer de fome, [já que são] cada vez mais ingratos para com quem lhes deu Independência e Constituição, mas, se darão alguma coisa à imperatriz receber, é o mesmo, porque o que é da minha adorada, virtuosa e corajosa esposa é meu e vice-versa.[78]

A questão seria abordada dois anos e meio depois por d. Amélia em carta para seu irmão:

> Recebi uma excelente notícia do Brasil. Após a demanda que o imperador fez, depois de consultar advogados de Paris, as câmaras decretaram que eu continuarei a receber minha dotação de cem contos de réis, o que me fora assegurado pelo contrato de casamento, e isso a partir do momento que deixei o Brasil. Pensa bem, nas minhas circunstâncias atuais, quanto estou contente com essa pequena fortuna, principalmente após o naufrágio, mas o que me agrada ainda mais é a maneira tocante como foi redigido esse decreto. Os termos empregados são os mais elogiosos a meu respeito e eu fiquei feliz de pensar que não fui completamente esquecida nesse país que eu amo tanto e o qual lamentarei por toda minha vida.[79]

Empolgada com a perspectiva de finalmente ter meios para financiar algumas aquisições, d. Amélia começou a fazer planos: "Para reparar o quanto possível a perda que elas [minhas damas] acabaram de experimentar, mandarei vir para cada uma delas um enxoval completo de Paris e para mim mesma mandarei vir o indispensável".[80]

> Tu serias muito amável de mandar fazer o mais rápido possível uma cópia do teu retrato para substituir o que provavelmente está agora na barriga de um tubarão? Faz para mim também, aos poucos, cópias dos retratos de papai, de mamãe e de Eugênia, a serem pagos todos os quatro com minha renda. Com a perspectiva que tenho de uma dotação do Brasil, poderei pagar tudo isso e não quero que nenhum de vós, nem mesmo mamãe, vos comoveis.[81]

Entre as coisas imprescindíveis que d. Amélia pretendia adquirir após as perdas do naufrágio estavam, além das roupas para suas damas e dos retratos de sua família, cópias de documentos, material para trabalhos manuais e partituras para piano. Também uma secreta e poderosa pomada para os cabelos, feita por um único boticário bávaro que detinha seu segredo, fazia parte das incumbências confiadas a seu irmão.[82]

Mas, infelizmente, embora o Senado tenha aprovado em agosto de 1833 que d. Amélia teria direito a uma dotação como ex-imperatriz, a decisão não era tão simples, como ela explicou pouco depois para Augusto:

> Eu me entreguei cedo demais à alegria no que se refere à minha dotação do Brasil; é verdade que ela passou pela Câmara do Senado e da maneira mais lisonjeira para mim, mas parece que, na Câmara dos Deputados, terão que adiar a discussão até a próxima sessão, o que é um mau sinal.[83]

De fato, era um péssimo sinal. A Câmara dos Deputados não só adiou como acabou por não ratificar a decisão do Senado. O pagamento de uma dotação para d. Amélia só seria aprovado muitos anos depois, em junho de 1838, e mesmo assim pela metade do valor inicialmente mencionado. E o dinheiro em si, ela só passaria a receber a partir de 1842.

Entre as partituras que d. Amélia pediu para que o irmão lhe enviasse, estão principalmente as de obras a quatro mãos de Rossini, compositor preferido do marido, e de óperas de cunho romântico, como *A vestal*, de Gaspare Spontini, que serviria de inspiração para composições de Berlioz e Wagner. Essa peça tinha sido patrocinada pela avó de d. Amélia, a imperatriz Josefina, e executada em homenagem ao casamento da irmã de d. Amélia, a princesa Josefina, quando esta chegou a Estocolmo, em 1823. Era, portanto, uma obra intimamente relacionada à história de sua família. As outras partituras que d. Amélia encomendou eram óperas compostas por Daniel Auber e Carl Maria von Weber, precursores dos grandes compositores românticos e grandes sucessos dos anos 1830 a 1833.

Quebrando um ciclo de vinganças

No início de 1834, embora d. Amélia, d. Pedro e a rainha estivessem havia meses instalados em Lisboa, a guerra se alastrava pelo resto do país sem perspectiva de término. Eles tentavam estabelecer uma rotina social em família, comparecendo juntos a alguns espetáculos no Teatro Nacional do Salitre e no Teatro São Carlos, onde eram encenadas as óperas. Havia poucos bailes ainda, d. Amélia e d. Pedro foram juntos a apenas um deles, oferecido pelo Arsenal do Exército em honra a d. Maria II, e há notícias de que dançaram muito.

Durante o dia, às vezes, d. Pedro buscava a pequena Maria Amélia e a levava para seu gabinete de trabalho no Palácio das Necessidades, onde a filha de pouco mais de dois anos ficava brincando sobre uma esteira no chão. Sempre um pai atento e carinhoso, ele pedia para seu secretário comprar em Paris uma bola "daquelas que pulam quando são jogadas ao chão para minha filha brincar".[84] Outras vezes, entretinha pessoalmente a criança chamando pombos domesticados que viviam num pombal no jardim para comerem em suas mãos, enquanto segurava a filha no colo, quando ela, então, se agarrava ao pescoço do pai. São as poucas cenas de que temos notícia da vida privada da família nesse último ano juntos.

Havia, no entanto, uma questão que certamente incomodava d. Amélia e obviamente a maior parte da população de Portugal naquele momento. Dizia respeito à relação de d. Pedro com o Papa. Desde as medidas adotadas pelo regente, ainda nos Açores, destituindo o clero de privilégios e poderes, a Santa Sé não via com bons olhos o governo que estava sendo implementado no país. D. Amélia, preocupada com o desentendimento entre o marido e o Vaticano, pediu para que sua mãe, que ainda se encontrava na Itália, tentasse nova audiência com o Papa, para interceder mais uma vez por d. Pedro. Mesmo sabendo que a reação da última vez, em 1832, tinha sido pouco favorável, a 27 de fevereiro de 1834, Augusta foi recebida em Roma por Gregório XVI. Ele muito lamentou a expulsão dos bispos partidários de d. Miguel, assim como a apropriação de bens da igreja por parte do governo liberal. Para não ser totalmente antipático, disse que estimava muito d. Amélia e lhe enviou sua benção. Mas as relações de d. Pedro com a igreja ainda iriam piorar.

A Inglaterra e a França, interessadas em que a Península Ibérica resolvesse de uma vez por todas a ameaça do absolutismo e estivesse alinhada a seus governos, e não à Áustria, assinaram um acordo com d. Pedro e a coroa espanhola instituindo o que ficaria conhecido como Quádrupla Aliança. A Espanha, então, enviou um reforço de quinze mil soldados e a Inglaterra mandou uma frota, garantindo a vitória das últimas batalhas aos liberais.

Litografia da princesa d. Maria Amélia em 1833, aos dois anos, segundo a legenda, estendendo os bracinhos para o pai. Coleção da autora. Foto de Andreas Witte.

Com a derrota definitiva dos miguelistas, assinou-se a Convenção de Évora-Monte a 26 de maio de 1834, o que estabeleceu o fim da guerra após quase dois anos de conflito.

Aos derrotados, era concedida anistia total por qualquer delito cometido desde 1826 e a devolução dos bens expropriados durante o conflito. A d. Miguel, pessoalmente, d. Pedro oferecia uma significativa pensão.

A população portuguesa, no entanto, não concordou com os termos da convenção. De maneira geral, acharam a atitude de d. Pedro generosa demais e não faltou quem se revoltasse contra a indenização oferecida a um inimigo e traidor. Também havia interesses pessoais em relação a certas expropriações e não faltava quem não pretendesse devolver o que já considerava como justa recompensa.

E, se d. Pedro a tudo perdoava, não lhe reconheciam como magnânimo, mas como fraco. Na verdade, essa talvez tenha sido uma das atitudes mais nobres de toda sua vida: não permitindo que houvesse retaliações ao antigo governo, quebrava-se um ciclo infindável de ódio, vinganças e futuros conflitos. Mas a maior parte das pessoas não conseguia compreender essa intenção. Entre as poucas pessoas que reconheceram a grandeza de seu gesto, estava a sogra. Augusta escreveu a respeito: "Finalmente a guerra em Portugal terminou. [...] O imperador deu provas de coragem e sabedoria, a anistia que ele concedeu no momento da vitória coroa esta grande empreitada".[85]

No dia seguinte à Convenção de Évora-Monte, quando a notícia da assinatura do tratado de paz chegou a Lisboa, d. Pedro, d. Amélia e d. Maria II compareceram ao Teatro São Carlos para a apresentação de uma ópera e de uma dança intitulada *O usurpador punido*. O problema é que a opinião pública não considerava que o inimigo tivesse sido castigado, muito pelo contrário, e, no caminho para o teatro, a carruagem da família real foi apedrejada e enlameada. Quando d. Pedro finalmente chegou ao teatro e apareceu em seu camarote, ele foi fortemente vaiado e ameaçado. Chegaram até mesmo a lhe atirar moedas. O ex-imperador, naturalmente, se exaltou, teve um acesso de tosse e, pela primeira vez em público, a mancha de sangue em seu lenço revelou que ele estava mortalmente enfermo.

No dia seguinte ao incidente no teatro, quase como que dando satisfação a quem o acusava de condescendência extrema, d. Pedro decretou a extinção das ordens religiosas em Portugal. As masculinas foram imediatamente dissolvidas, enquanto as femininas receberam um prazo que se extinguia quando a última religiosa de cada instituição falecesse.

A medida angariava fundos para um Estado falido após anos de guerra e materializava a convicção de que a saúde, o ensino e a assistência social deveriam ser da competência do Estado, e não mais responsabilidade da Igreja. Porém, a maneira abrupta como isso foi decretado causou uma situação desesperadora. Para muitos frades e monges, sem teto e sem rendimentos da noite para o dia, a solução foi tornarem-se mendigos, o que, naturalmente, indignou a população e não melhorou a opinião pública sobre d. Pedro.

"Fiéis portuenses"

Em junho, sem poder mais esconder o quanto sua saúde estava abalada, d. Pedro decidiu passar alguns dias no Palácio de Queluz, para onde se mudou com a esposa. No entanto, havia uma promessa que ele ainda pretendia cumprir: voltar para o Porto levando d. Maria II. Lá, ela devia ser apresentada à população que a defendera e conhecer o palco onde a guerra para colocá-la no trono enfrentara seus momentos mais trágicos.

D. Pedro, d. Amélia e d. Maria II deixaram Lisboa no dia 25 de julho de 1834 e chegaram ao Porto no dia 27, exatamente um ano após a partida de d. Pedro daquela cidade.

Eles desembarcaram no cais da Ribeira, num lugar hoje conhecido como "Escadas da Rainha", porque ali construíram uma escada em madeira toda atapetada que terminava num patamar enfeitado por obeliscos. Foi lá que entregaram para d. Maria II as chaves da cidade e a família real recebeu as primeiras manifestações de carinho da população. Tanto o cais quanto as ruas tinham sido enfeitados com hortênsias azuis e brancas, lembrando o desembarque das tropas liberais dois anos antes.

Montados a cavalo, d. Pedro, d. Amélia e d. Maria II se dirigiram para a Igreja da Lapa, onde assistiram a um *Te Deum*. Era o primeiro de muitos compromissos. Durante dez dias, d. Amélia, o marido e a enteada visitaram diversas instituições na cidade e em seus arredores. Foram ao Hospital de Santo Antônio, à Ordem Terceira de Nossa Senhora do Carmo, ao Recolhimento das Órfãs, ao Hospital Militar, ao Arsenal do Exército, ao Mosteiro da Serra do Pilar, à Associação Comercial e também a algumas apresentações no Teatro São João.

No dia seguinte à chegada, o ex-imperador, a filha e a esposa procederam à abertura pública do Museu Portuense, idealizado por d. Pedro ainda durante o cerco. Levaria ainda mais seis anos para que o museu estivesse realmente pronto e em funcionamento, sob proteção de d. Maria II, mas d. Pedro fez questão de estar presente em seu primeiro dia de abertura ao público. Seria para esse museu que d. Amélia doaria, no futuro, o uniforme, o chapéu e o monóculo que d. Pedro usara durante o cerco.

Como tão bem lembram Maria Lobato Guimarães e Ana Anjos Mântua, conservadoras do Museu Nacional Soares dos Reis, os primeiros museus públicos da Península Ibérica foram idealizados e criados por dois irmãos: d. Pedro, ao instituir o Museu Portuense, e sua irmã, a infanta Maria Isabel, duas décadas antes, quando se tornara rainha da Espanha por casamento e fundara o Museu do Prado.

Na noite de 31 de julho de 1834, aniversário de d. Amélia, além das salvas de artilharia e da cerimônia de beija-mão, houve um lindo baile nos Paços do Concelho, oferecido pela Assembleia Portuense. Era seu aniversário de 22 anos e foi, muito provavelmente, a última vez em que d. Amélia dançou com o marido.

Um dos objetivos de d. Pedro quanto à visita ao Porto era que a esposa e a filha compreendessem o mais realisticamente possível o que tinham sido os enfrentamentos e o cerco, e, para isso, organizou a simulação de uma batalha em 2 de agosto. Tomando parte ele também das encenações, d. Pedro foi acompanhado pelo marechal Saldanha e pelo duque da Terceira contra supostos miguelistas que atacaram os "bravos do exército liberal". Estes, após cenas previamente combinadas de luta, como seria de se esperar, venceram heroicamente o "inimigo". À noite, após toda a emoção e o esforço, d. Pedro passou mal e não ocorreram as comemorações agendadas pelo aniversário de cinco anos de casamento, mas nenhum dos compromissos previstos para os dias seguintes foi cancelado.

A partida, no dia 6 de agosto, foi emocionada: d. Pedro, já no navio, perguntou para a esposa e a filha: "Então, enganei-vos? Não são eles meus fiéis portuenses".[86]

Uma regência curta

Consciente de que dificilmente se recuperaria, d. Pedro voltou para Queluz, onde permaneceu entre os dias 8 e 14 de agosto. Mas ele não podia simplesmente esperar a morte chegar. Ainda faltava tomar algumas medidas políticas necessárias para garantir a estabilidade da filha no trono. Assim, numa sessão das Câmaras no dia 15 de agosto, d. Pedro fez um longo discurso almejando ser eleito como regente em nome de d. Maria II.

Enquanto deliberassem a respeito, ele preferia não estar na capital e, numa última tentativa de recuperar a saúde, foi com d. Amélia e a filha para Caldas da Rainha, em busca de águas milagrosas. Após uma viagem de carruagem de oitenta quilômetros, que havia sido desaconselhada por seus médicos, eles permaneceram na cidade por quase uma semana. No primeiro dia, ainda fizeram um passeio a cavalo, mas, quando começaram os banhos terapêuticos e a ingestão de águas medicinais sulfurosas, ao contrário do desejado, d. Pedro só piorou.

Assim, no dia 24 de agosto, os médicos desistiram do tratamento e decidiram voltar. A comitiva acabou tendo que pernoitar em Vila Franca, porque a viagem se tornara cansativa demais para ser realizada num único dia. Fazer mulas galoparem e arrebentar arreios de cavalos faziam parte do passado: o ex-imperador estava irreversivelmente enfermo.

D. Pedro e d. Amélia chegaram a Queluz no dia 25 de agosto, mas ele ainda não considerava sua missão cumprida e ordenou que fosse levado para Lisboa, onde queria tomar as últimas providências para assegurar a continuidade do governo nas mãos de d. Maria II. Ele temia que, se isso não estivesse resolvido, todo os esforços da guerra poderiam se perder e um governo acéfalo, fatalmente, mergulharia o país em nova crise.

O estado de saúde de d. Pedro já era tão crítico, que ele não tinha mais condições de subir a escadaria do Palácio de São Bento, onde as cortes se reuniam. Por isso, ele se mudou com a família para o Palácio da Ajuda, para, no dia 30 de agosto, ali prestar juramento na sala do trono como regente da filha. A Constituição que d. Pedro promulgara estava em vigor e ele se tornava oficialmente o representante legal da rainha, já que nem os opositores tiveram coragem de não o nomear, pois era óbvio que a regência seria um período curto e que, após sua morte, tudo teria que ser revisto.

Em 2016, fui convidada pelo então diretor do Palácio Nacional da Ajuda, o dr. José Alberto Ribeiro, para proferir uma palestra sobre d. Amélia. A ideia era contar a vida da personagem que estava biografando e adiantar algumas informações inéditas que tinha encontrado durante minhas pesquisas. Cheguei ao palácio no final da tarde e fui conduzida à sala onde seria minha apresentação. O diretor, gentilmente, tinha preparado uma surpresa: o salão escolhido para a palestra era a antiga sala do trono, o mesmo lugar onde, 182 anos antes, d. Pedro, ladeado pela filha e por d. Amélia, tinha prestado seu juramento à Constituição como regente da rainha.

D. Pedro, d. Amélia e a rainha ficaram por duas semanas no Palácio da Ajuda. No início, ainda fizeram alguns passeios aos arredores, visitando a praia de Pedrouços, Belém e a Junqueira, mas, percebendo que seu estado piorava dia a dia, a 10 de setembro, d. Pedro decidiu voltar para Queluz, onde escolheu morrer. Ele não se iludia quanto a seu estado, sabia que encerrar a vida no mesmo quarto onde a começara seria uma de suas últimas decisões.

Testamenteira, tutora e curadora

No dia 15 de setembro de 1834, d. Pedro redigiu seu segundo e último testamento, através do qual nomeava "minha testamenteira a Sua Majestade Imperial, a senhora duquesa d. Amélia Augusta Eugênia de Leuchtenberg, duquesa de Bragança, minha muito amada e prezada esposa".[87]

Afirmando amor e confiança em d. Amélia, ele a fazia tutora e curadora de suas filhas em Portugal, d. Maria II e d. Maria Amélia, assim como dos filhos que tinham ficado no Brasil, caso estes tivessem que deixar o país. D. Pedro também a nomeava herdeira de um terço de seus bens.

O segundo terço ficava para os cinco filhos legítimos e o terço de que podia dispor livremente, dividia entre os filhos tidos fora do casamento.

Em linguagem percentual, d. Amélia ficava responsável por um terço do total e mais os 6,6 % de sua filha, o que perfazia 40% do patrimônio herdado. Os filhos legítimos recebiam 6,6% cada e os ilegítimos, 5,5 % cada, com exceção da duquesa de Goiás, que ficava com quase 17% do total.

D. Amélia cumpriria a vontade do marido e se encarregaria de fazer com que todos os seus filhos recebessem o que lhes era de direito. Ela também se incumbiria da educação da duquesa de Goiás nos anos seguintes, sabendo que ela tinha sido a filha preferida de d. Pedro: "Não posso esquecer-me de como [a duquesa] era querida por teu pai".[88]

Três dias após assinar seu testamento, d. Pedro ainda precisava resolver a questão da sua sucessão. Procurando garantir estabilidade para o país, ele abdicou da regência e emancipou d. Maria II, apesar de seus quinze anos. Isso permitiu que as cortes antecipassem a maioridade da rainha e declarassem d. Maria II monarca em pleno exercício do poder real. Com essa medida, d. Amélia deixava de ser tutora da rainha, mantendo-se responsável apenas pela própria filha e, caso necessário, pelos enteados.

A perda do esposo

Os últimos dias de vida de d. Pedro foram desesperadores. D. Amélia, impotente, assistia às tentativas dos médicos de, não podendo mais salvar a vida do marido, pelo menos tentar amenizar seus sofrimentos. Seguiam-se aplicações de sanguessugas, sangrias, pílulas de mercúrio, injeções de goma de polvilho, cataplasmas e, quando nada mais surtia efeito, acabavam por sedá-lo com estramônio.[89]

No dia 24 de setembro de 1834, ao perceberem que o fim de d. Pedro se aproximava, mandaram chamar seu confessor, o padre Marcos. Embora sem permissão do papa, ele lhe ministrou os últimos sacramentos, o que fez com que d. Amélia mais tarde fizesse questão de registrar que d. Pedro "morreu como um santo mártir cristão".

Foi também para a esposa que d. Pedro pediu que seu coração fosse enviado para a cidade do Porto, como testemunho de que era para os portuenses que ele queria deixar sua eterna gratidão. Prova de seus sentimentos, o coração embalsamado devia permanecer para sempre naquela cidade. No próprio dia da morte, d. Amélia redigiu um documento legando para a Câmara Municipal do Porto o coração de seu marido, conforme ele havia lhe recomendado.[90] É possível que a ideia de d. Pedro de enviar o coração para uma cidade de sua escolha tenha sido inspirada pela tradição que vigorava na família de d. Amélia. Entre os Leuchtenbergs, cada vez que alguém falecia, seu coração era embalsamado, depositado numa urna e, então, reunido numa capela junto aos demais corações da família, para que assim, de alguma forma, permanecessem para sempre unidos, mesmo que fossem sepultados em locais diferentes.

Entre tantas despedidas e disposições, d. Pedro tentava ainda garantir o futuro das pessoas que estavam mais próximas de si e que ele sabia que deixava num momento instável. Era preciso que sua filha, rainha aos quinze anos, sua esposa, viúva aos 22, e sua filha de menos de três anos tivessem alguém em quem pudessem confiar, alguém que cuidasse delas. Também Portugal precisava de alguém que desse continuidade às reformas que d. Pedro pretendia implementar, motivo pelo qual ele tinha conduzido e vencido uma guerra. A família e o país não podiam ficar vulneráveis, e duas jovens mulheres e um bebê, mesmo apoiadas por seus generais, não estariam seguras sozinhas. Assim, ele recorreu ao único homem que poderia assumir boa parte dos papéis que ele deixava vago: seu cunhado, Augusto, duque de Leuchtenberg e Santa Cruz. D. Pedro, em seu leito de morte, escreveu, então, uma carta em que praticamente implorava para que Augusto fosse para Portugal, se casasse com sua filha d. Maria II e o substituísse como pai para a pequena princesa d. Maria Amélia. Simbolicamente, legava ao cunhado seu cavalo preferido e enviava, junto com a carta, a sua espada, para que, com ela, Augusto defendesse a família e a pátria que ele deixava ao morrer. Era quase uma mensagem numa garrafa lançada ao mar por um náufrago, com a diferença que tinha destinatário certo.

E, então, no dia 24 de setembro, às 14h30, d. Pedro faleceu rodeado pela esposa, pela filha, pelos fiéis companheiros Saldanha e Terceira, por seu confessor e algumas poucas outras pessoas que ficariam imortalizadas num quadro de seus últimos momentos.

D. Amélia, naturalmente destroçada, relatou a morte de d. Pedro para d. Januária, a mais velha dos enteados no Brasil:

> Escrevo com o coração retalhado de dor, não sabendo verdadeiramente como anunciar-te o terrível acontecimento que me torna desgraçada por todo o resto de minha vida. [...] O estado de teu infeliz pai, que, dia em dia, se tornava pior, era a causa do meu silêncio, porque eu não o deixava e me esforçava incessantemente em provar-lhe por meus cuidados e ternura quanto o amava. Minhas súplicas foram vãs; os socorros da arte, inúteis: Deus quis chamá-lo para si. Ele expirou em meus braços no Palácio de Queluz, a 24 de outubro, pelas 14h30, depois de longos e cruéis sofrimentos, que suportou com resignação e piedade, não se iludindo nunca a respeito de seu estado. [...] Morreu como um santo mártir e filósofo cristão e jamais houve morte mais tranquila. [...] tu não podes fazer ideia da tristeza que reina aqui; até os miguelistas choram, dizendo que eles perderam seu protetor, e é ao menos para mim uma consolação ver a maneira tocante com que os portugueses testemunham sua

veneração, seu amor e seu reconhecimento à memória do herói a que tive a sorte de ser unida, e que os livrou, sacrificando sua própria vida.[91]

E, explicando o motivo do óbito, d. Amélia citava os resultados da autópsia, feita no dia seguinte à morte: "A enfermidade de teu infeliz pai data do Porto; pela autópsia do corpo, viu-se que o pulmão direito estava cheio de água, que continha mais de dois litros e o esquerdo não existia. O coração estava dilatado".[92]

O responsável pela autópsia de d. Pedro foi o mesmo médico que havia feito o parto de d. Amélia menos de três anos antes, o dr. Tavares. Sobre ele passou a pesar, a partir de então, a suspeita de que pudesse ter envenenado d. Pedro, sendo acusado pelos liberais de agir a mando dos miguelistas, enquanto estes se defendiam colocando a culpa na maçonaria. O fato é que se procurava um bode expiatório para a morte de um homem jovem que deixava o país recém-saído de uma guerra nas mãos de uma menina de quinze anos.

Tanto d. Maria II como d. Amélia reconheceram a injustiça das acusações e tomaram para si a proteção do infeliz médico. A rainha o nomeou cavaleiro de Nossa Senhora de Vila Viçosa e a duquesa de Bragança conseguiu, anos depois, que ele fosse feito visconde de Ponte Ferreira. Era a forma como elas podiam inocentá-lo publicamente.

A verdade é que d. Pedro tinha a saúde comprometida já havia bastante tempo. Além dos cálculos renais que o atormentavam desde a adolescência, os dois acidentes que sofreu, ainda enquanto imperador do Brasil, podem ter comprometido seus pulmões. As terríveis condições durante o Cerco do Porto fizeram o resto: quando a tuberculose se instalou num órgão já debilitado, não houve salvação.

O cadáver de d. Pedro foi sepultado na madrugada seguinte, dia 27 de setembro, no jazigo dos reis, na igreja do Convento de São Vicente de Fora, em Lisboa.

Dor no coração

Quando d. Pedro se casou com d. Amélia, ele era um homem de 31 anos, e não mais o garoto de dezenove que tinha se casado com d. Leopoldina. Não que ao longo desse tempo ele tenha se tornado um modelo de fidelidade, como prometera na condecoração da Ordem da Rosa. Mas, pelo menos, conseguiu poupar sua segunda esposa dos escândalos e humilhações a que a primeira tinha sido submetida.

Graças a essa consideração, d. Amélia pôde guardar uma lembrança imaculada de seu esposo, a quem via como o herói que libertara dois países: o Brasil, do jugo colonial, e Portugal, das garras do absolutismo. Para d. Amélia, o marido seria, para sempre, um herói político e militar que tinha lutado pela liberdade, mas que acabara se tornando vítima da ingratidão de tantos que pouco reconheciam seus esforços.

Começava a se construir a imagem de um mártir que sacrificara a própria vida pelo ideal que defendia. Como se escreveu: "O preço do triunfo da liberdade era a vida do imperador".[93] Esta era a lembrança póstuma que d. Amélia cultivaria até o fim de sua vida, não deixando que a morte do marido fosse esquecida. Num país dividido pela guerra e polarizado como se encontrava Portugal, perpetuar a memória de d. Pedro passava a ser uma missão política em prol da consolidação do constitucionalismo. E d. Amélia tomaria isso como sua responsabilidade. Conforme relatou uma visitante britânica quatro décadas mais tarde:

> Enquanto a viúva vivia, este aniversário, sufragando a alma de d. Pedro IV [de Portugal, d. Pedro I do Brasil], era um dia de tristeza e luto para Lisboa. Desde o nascer até o pôr do sol, havia salva de cinco em cinco minutos, e os sinos todos da cidade tangiam funebremente o dia inteiro. Fechavam-se as lojas [e] toda a gente vestia de luto.[94]

Só após a morte de d. Amélia, 39 anos depois, é que se aboliram os rituais públicos em luto a d. Pedro e as cerimônias se reduziram a uma missa e visita dos descendentes ao jazigo de São Vicente de Fora.

Naquele final de setembro de 1834, após o sepultamento de d. Pedro, d. Amélia e d. Maria II retornaram para Queluz, onde dormiram uma última noite e de onde saíram no dia seguinte para acompanhar o coração de d. Pedro até a capela do Palácio das Necessidades. Lá, elas passariam a residir juntas. Nenhuma das duas voltou a se hospedar em Queluz. O palácio praticamente mergulhou num sono de Bela Adormecida e assim permaneceu até a geração dos netos de d. Maria II.

Anos mais tarde, d. Amélia relembraria que, no exato momento em que d. Pedro faleceu, ela sentiu uma pontada horrível no coração e, a partir de então, essa dor se tornaria crônica, voltando a incomodá-la a ponto de ela nunca mais conseguir subir uma escada com a vitalidade de antes. Nos anos seguintes, ela passaria a ter episódios de dores no coração e, muitos anos mais tarde, a evolução dessa condição cardíaca seria a causa de sua morte.

Segundo explicação do cardiologista paulista Victor Schubsky, existe na medicina uma patologia conhecida como "síndrome do coração partido". Apesar do nome romântico, ela pode ser uma explicação científica para o que aconteceu naquele 24 de setembro, quando d. Amélia tinha apenas 22 anos e, até então, perfeita saúde. Segundo estudos da cardiologia moderna, é possível que, numa situação de grande impacto emocional, o músculo cardíaco sofra uma lesão conhecida como cardiomiopatia adquirida primária. É raro acontecer em pessoas tão jovens, mas não impossível, e, embora normalmente a reversão ocorra de forma natural após algumas semanas, em poucas pessoas, a lesão pode se tornar um problema crônico, o que, infelizmente, parece ter sido o que aconteceu. Em 1834, no entanto, d. Amélia ainda não sabia que aquela dor no coração a acompanharia para o resto da vida, tanto no sentido figurado como no literal.

Senhora do seu destino

AINDA MUITO comovida com a morte do marido, foi do Palácio das Necessidades que d. Amélia escreveu uma carta para d. Pedro II, que tinha, na época, nove anos, falando de seus sentimentos pelos enteados órfãos. Obviamente, toda a correspondência para as crianças era lida pela regência e por seus responsáveis. Ao ser interceptada, essa carta foi mal interpretada, fazendo com que se iniciasse toda uma celeuma que levaria anos para ser superada. Na controversa carta do dia 14 de outubro de 1834, que deu origem a todo o mal-entendido, d. Amélia escreveu:

> Em seu testamento, [vosso] pai me nomeou tutora de todos vós, meus bons filhos, e essa prova de afeição me tocou muito, por provar que ele sabia apreciar a [afeição] que eu vos tenho. Quisessem os céus que me fosse possível voar de imediato para junto de vós, meus filhos bem-amados, para me dedicar inteiramente a vós, aliviando assim o meu pobre coração, e provar-vos que ainda existe uma mãe terna e devotada cuja única ambição neste mundo é fazer vossa felicidade. Mas de longe como de perto, só pensarei em vós e só me preocuparei em implorar a Deus que vele por vossas queridas cabeças, que vosso próprio pai abençoou antes de morrer, me encarregando de vos transmitir sua benção.[95]

D. Amélia, certamente, se referia estritamente a seus sentimentos, mencionando que o fato de ser sido nomeada tutora de todos os filhos do marido a comovia e que gostaria de poder cuidar deles. Não significava, absolutamente, que ela estivesse fazendo as malas para se mudar para o Brasil. Mesmo porque, enquanto d. Maria II não tivesse filhos, a herdeira presuntiva ao trono português era a princesa d. Maria Amélia, o que lhe impossibilitava sair do país com a filha. D. Amélia, infelizmente, não mencionou que o testamento de d. Pedro se referia a uma possível tutoria por parte da madrasta apenas e unicamente no caso de as crianças, por algum motivo, terem que deixar o país. Ou seja, todo o teor da carta era, na verdade, muito mais sentimental e espiritual que uma real intenção política.

Litografia de d. Januária, d. Francisca e d. Pedro II, órfãos de pai e mãe, em luto pela morte de d. Pedro, no Palácio de São Cristóvão. Museu Imperial/IBRAM/MinC.

Mas o problema dessa carta foi o fato de já haver algumas pessoas descontentes com a regência no Brasil, como o marquês de Itabayana, que havia até mesmo escrito para o marquês de Resende em Portugal, sugerindo que

d. Amélia fosse para o Brasil e assumisse a tutoria dos enteados e a regência do país, após contar com apoio inglês para tanto.[96]

Já existindo essa questão de que d. Amélia pudesse pleitear a tutoria das crianças, quando essa carta de outubro chegou ao Rio de Janeiro, no início de dezembro de 1834, acabou por desencadear uma enérgica reação por parte do governo regencial.

O ministro dos negócios estrangeiros da Regência Trina Permanente, Aureliano de Souza e Oliveira Coutinho, imediatamente se sentiu atacado, considerando que d. Amélia se tornava um risco para o império, e, preventivamente, a ameaçou com a proibição de sua entrada no país. No dia 9 de dezembro, ele redigiu um ofício ao encarregado de negócios do Brasil em Lisboa a respeito da situação:

> Consta ao governo imperial que o duque de Bragança, em seu testamento, constituiu a sua esposa tutora de todos os seus filhos, e a partir de cartas dessa princesa à família imperial, se depreende o mesmo: que ela pretendia transportar-se para o Brasil. Tal disposição testamentária é evidentemente nula, [...] além de que nunca tal qualidade poderia recair na duquesa de Bragança, por ser estrangeira de nascimento, viúva de um grande funcionário português e, além disso, madrasta dos tutelados. [...] É mister pois que [...] procurando falar à dita princesa, com a precisa delicadeza, lhe faça sentir que de nenhuma forma poderá realizar-se tal disposição e que o governo imperial se verá na dura obrigação de inibir-lhe o ingresso no Brasil, quando ali se apresente, pois o seu primeiro dever é prevenir qualquer ocorrência que possa perturbar a paz interna do império.[97]

Deve ter sido, para dizer o mínimo, muito desagradável para d. Amélia que sua carta tenha sido interpretada de forma tão equivocada, suscitando até uma proibição de seu ingresso no país. A duras penas, ela aprendia que suas palavras seriam distorcidas e interesses políticos se sobreporiam aos seus sentimentos.

Foi preciso que o marquês de Resende, em nome da duquesa de Bragança, assegurasse, mais de uma vez, que ela não tinha essa intenção e que jamais colocaria em risco a paz no Brasil tentando impor sua presença. O testamento de d. Pedro tinha sido claro: ela só se tornaria tutora dos filhos se estes, por qualquer motivo, deixassem o país. No entanto, o mal-estar persistiria por anos.

Infelizmente, essa desconfiança em relação a d. Amélia, de que ela pudesse a qualquer momento tentar destituir a regência, continuaria sendo discutida até 1840, como se depreende da correspondência diplomática da época.

Quem logo compreendeu que d. Amélia não serviria como instrumento para derrubar a regência foi Itabayana, que tratou de bolar outro plano para atingir seus objetivos. Sua nova ideia passou a ser que a mais velha das princesas no Brasil, d. Januária, na época com doze anos, deveria se casar com um príncipe maior de 25 anos, para que este, então, se tornasse o novo regente. Itabayana chegou até mesmo a procurar Augusto em janeiro de 1835 para que ele tentasse convencer d. Amélia a interceder junto à Inglaterra, a fim de conseguir apoio para a ideia de casar d. Januária, mas o plano não teve desdobramentos.

No Brasil, mais de um ano depois, os partidários do deputado Antônio Francisco de Paula e Holanda Cavalcanti e Albuquerque, assim como Itabayana, se posicionaram contra a regência do padre Feijó e, para isso, retomaram a ideia de que d. Amélia poderia destituir a regência e assumir a tutoria das crianças. Novamente, d. Amélia se via envolvida involuntariamente em planos conspiratórios contra o governo brasileiro. Mesmo não passando de especulações, o prejuízo desse fato para suas relações com a regência foi irreversível.

Existe apenas um argumento: é Amélia

Se, em relação ao Brasil, a situação de d. Amélia não era nada pacífica, também em Portugal começavam a surgir intrigas indispondo-a com d. Maria II. A verdade é que, sendo o imperador do Brasil, suas irmãs e a rainha de Portugal apenas crianças, havia muita gente interessada em tentar influenciá-los, e o afastamento de d. Amélia era o primeiro passo para que essas pessoas pudessem agir livremente. Até nos jornais ingleses saíam provocações: por exemplo, um poema dizia que a rainha e a ex-imperatriz competiam para ver quem tinha mais poder na corte de Lisboa.[98]

É dessa época a célebre frase que d. Maria II, ao ver d. Amélia elegante e usando suas joias, teria dito: "Lá vem mamã, sucumbida de enfeites".[99]

Para solapar a influência que d. Amélia poderia manter sobre a enteada, começou um movimento para desfazer as tratativas de casamento entre

Augusto e a rainha. Era óbvio que, uma vez que o irmão se tornasse marido de d. Maria II, d. Amélia sairia fortalecida. Assim, até Mendizábal, informado sobre as intrigas, insistia:

> Mantenham boa inteligência e harmonia entre S.M., a rainha, e S.M., a [ex-]imperatriz,* como um tributo devido ao respeito que merece a memória do grande príncipe. [...] Façam esse matrimônio [entre d. Maria II e Augusto] sem perda de um minuto. [...] Se o casamento não acontecer, adeus bancos, adeus estradas, adeus tudo.[100]

Augusto representava a continuidade das mudanças implantadas por d. Pedro e a manutenção dos aliados do duque de Bragança no poder. Já o duque de Palmela, presidente do ministério, assim como outros poderosos políticos, preferiam conduzir eles próprios as novas negociações do governo português. Mendizábal temia que a oposição triunfasse e se recusasse a pagar os juros dos avultados empréstimos que ele financiara desde 1831 para a causa da rainha. Ou seja, o bom entendimento entre d. Amélia e d. Maria II se tornava motivo de intrigas internacionais onde muitos interesses estavam em jogo.

Como bem intuía a mãe de d. Amélia, que anotou em seu diário ao saber da morte de d. Pedro: "Pobre filha, viúva com 22 anos num país estrangeiro, longe de sua família, sem amigos, cercada por intrigas. Por que não morri eu em vez de seu marido?".[101]

D. Maria da Glória, no entanto, mesmo com pequenos desentendimentos em relação à madrasta, não deixaria de acatar o desejo do pai em seu leito de morte, além de que um casamento com Augusto não parecia ser absolutamente um sacrifício para ela. Augusto era jovem, bonito, eles se conheciam desde a viagem para o Brasil, ocorrida cinco anos antes, onde ele havia permanecido por seis meses na corte, e a jovem rainha provavelmente tinha boas recordações dessa convivência.

Assim, logo em outubro de 1834, Ildefonso Leopoldo Bayard foi incumbido de levar a proposta de casamento da rainha para Munique. Era o mesmo mensageiro que a salvara em Gibraltar, quando d. Maria II se dirigia à Áustria e acabou por ter que desviar para a Inglaterra por causa da usurpação de d. Miguel. Bayard levava a espada de d. Pedro, a carta escrita por ele ainda antes

---

* Embora d. Amélia fosse ex-imperatriz desde a abdicação de d. Pedro, na época, era comum que continuassem a se referir a ela como imperatriz e Alteza Imperial.

de morrer, cartas de d. Amélia para o irmão e o pedido de casamento por parte de d. Maria da Glória, já que, como rainha, era ela quem tinha que fazê-lo, incluindo as condições oferecidas para o consórcio.

Embora a princípio houvesse uma restrição na Carta Constitucional quanto ao casamento de rainhas portuguesas com príncipes estrangeiros, ainda antes de falecer d. Pedro tinha conseguido que as câmaras votassem uma flexibilização nesse quesito, justamente já tendo em vista uma aliança entre d. Maria II e o duque de Leuchtenberg.

O maior obstáculo, na verdade, residia na resistência do próprio candidato a noivo. A liberdade que ele tinha como um jovem rico e solteiro lhe permitia viajar para onde quisesse, se relacionar com atrizes e cantoras, e decidir viver como lhe agradasse. Casando-se com uma rainha, sua vida passaria a ser regrada e controlada, pautada por cerimônias, obrigações e rígidos protocolos. Sua principal função seria produzir herdeiros para o reino e figurar ao lado da esposa. Era uma opção pouco atraente para o jovem Augusto.

Seu primo, o futuro imperador Napoleão III, ao saber da proposta de casamento, escreveu a respeito:

> A morte de d. Pedro me tocou de perto, pois ele foi um homem extraordinário, de grande utilidade para Portugal. Eu sei que Augusto não está muito animado para ir a este país, o que eu compreendo, pois suas mãos estarão atadas e, talvez, apesar de suas boas intenções, ele acabe recebendo apenas desconfiança e ciúmes.[102]

Mas, quando chegaram as cartas da irmã pedindo-lhe que fosse para Portugal, Augusto escreveu à mãe explicando:

> Dentre todos os argumentos "a favor" [do casamento com d. Maria II] citados pelo senhor Bayard, existe apenas um que é forte o bastante para mim: é Amélia. […] Estou bem inquieto porque penso nela de um lado e em todos vós de outro; num futuro incerto contra a minha felicidade atual.[103]

No final, a dúvida cedeu ante o amor fraternal que o unia a d. Amélia e Augusto aceitou o casamento. Assim que o contrato chegou a Lisboa, a união foi celebrada sem demora. Era preciso garantir o quanto antes que a rainha teria alguém a seu lado para apoiá-la e orientá-la, e que a sucessão do trono seria providenciada o mais rápido possível. O casamento de d. Maria II oferecia estabilidade a um país que precisava urgentemente de perspectivas seguras para o futuro. E, assim, no dia 1º de dezembro de 1834, suspendendo o luto que se guardava por d. Pedro, realizou-se por procuração o casamento da rainha na Sé de Lisboa.

No dia 9 de dezembro, ao completar 24 anos, mesmo sem saber ainda, Augusto já era "Sua Alteza Real, o príncipe consorte de Portugal, d. Augusto". Ele deixou Munique no dia 2 de janeiro, passando pela Bélgica e pela Inglaterra, a convite dos reis desses dois países, a caminho para Portugal. Obviamente, ele evitou passar pela França, onde não gostaria de enfrentar novos incidentes diplomáticos.

Enquanto esperavam a chegada de d. Augusto, d. Amélia e d. Maria II cuidavam dos preparativos, como comentou uma personagem da corte:

> A rainha dorme no quarto da [ex-]imperatriz enquanto se lhe arranjam os seus e logo que toma chá vai se deitar sem precisar mais das damas, do que elas muito gostam. Estão-se arranjando também quartos para o príncipe Augusto, que é como por cá se chama o duque de Leuchtenberg, no Paço das Necessidades. [...] A rainha imagina que ele chega com muita brevidade e está morrendo por casar. No dia do Ano-Bom, há beija-mão na Ajuda, a rainha não quer tirar o luto nem que ninguém o tire.[104]

A perspectiva da chegada de d. Augusto aproximava as duas jovens e, sendo necessário resolver a questão da dotação de d. Amélia, que acabara por não ser decidida no Brasil, d. Maria II estabeleceu uma pensão do governo português para a madrasta.

Como tão bem formulou uma vez a conservadora do Palácio Nacional da Ajuda, Cristina Neiva Correia, a posição da duquesa de Bragança, que não tinha sido esposa de d. Pedro durante o curtíssimo período em que ele fora rei e tampouco era mãe da rainha de Portugal, a colocava num limbo dentro da corte. Ela não era nem rainha-viúva nem rainha-mãe. A solução encontrada foi nomeá-la "viúva do comandante em chefe do exército libertador" e, com isso, conferir-lhe uma dotação anual de quarenta contos de réis e uma mesada de quatrocentos mil réis para sua filha.[105]

Do valor recebido, d. Amélia destinou dois contos de réis vitaliciamente para o Asilo dos Militares Inválidos, fundado em Runa pela tia-avó de d. Pedro, a princesa d. Maria Francisca Benedita. É interessante o documento pelo qual d. Amélia fez essa doação, pois ela se comparou à infanta, falecida no mês e ano de seu casamento com d. Pedro, agosto de 1829, dizendo que d. Maria Benedita era "como eu, viúva de um príncipe idolatrado da nação e tão prematuramente roubado ao amor dos portugueses".[106] Essa instituição em Runa, idealizada ainda em 1790 e concretizada em 1827, foi a primeira de seu gênero a ser criada em Portugal. A princípio, abrigava antigos combatentes das guerras peninsulares contra os exércitos napoleônicos, passando a receber vítimas das guerras liberais a partir de 1832, o que justificava a escolha de d. Amélia, já que muitos deles haviam lutado sob o comando de seu falecido marido.

Uma árvore derrubada pelos ventos

No dia 25 de janeiro de 1835, d. Augusto finalmente chegou a Lisboa. D. Amélia foi imediatamente recebê-lo a bordo. Com o irmão a seu lado, ela não estava mais sozinha. Ele era a pessoa em quem ela mais confiava no mundo e a perspectiva de tê-lo para sempre a seu lado deve ter sido uma felicidade e um alívio indescritíveis. Juntos, seguiram para o Palácio das Necessidades, onde d. Maria II esperava por eles. Novamente reunidos, como durante a viagem para o Brasil em 1829, apareceram na varanda, onde foram saudados pela população e seria assim, a três, que eles seriam vistos muitas vezes nas semanas seguintes.

Na prática, d. Amélia retomava a rotina que tinha vivenciado quando chegara a Lisboa um ano e meio antes, com direito a eventos, festas e passeios. A diferença é que, em vez do marido, quem passava a acompanhá-las era seu irmão.

Uma semana depois de sua chegada, d. Augusto escrevia para a mãe contando que estava feliz, que a esposa o agradava e que, pelo pouco que ele pudera ver, Portugal era lindo e que seu objetivo era fazer o país e a rainha felizes. Para seu espanto, ele ainda se lembrava da língua portuguesa e, ao ser feito par do reino, fez um elegante discurso na câmara em que seus conhecimentos do idioma foram muito elogiados.

Litografia retratando d. Augusto, duque de Leuchtenberg e Santa Cruz, irmão de d. Amélia e marido de d. Maria II. Museu Imperial/IBRAM/MinC.

D. Augusto pedia ainda que a mãe enviasse algumas pequenas joias de presente para d. Maria da Glória e para d. Amélia: um camafeu com pérolas e turquesas para a rainha e outro com granadas e pérolas para a irmã. D. Augusto tratava a esposa e d. Amélia com igual carinho, assim como contava que tinha ido com d. Maria II e a princesa d. Maria Amélia a um baile de carnaval fantasiados os três de camponeses alpinos. Ele tratava a pequena sobrinha da forma que d. Pedro lhe pedira, como um pai.

D. Amélia, certamente empolgada com o futuro, decidiu tomar algumas decisões que estavam ainda pendentes desde a morte de d. Pedro. Mandou que fossem feitas avaliações dos bens herdados pelo marido por parte de d. Carlota Joaquina e, finalmente, enviou o coração de d. Pedro para o Porto. Era como se ela finalmente terminasse de sepultar o marido e se dispusesse a retomar a vida.

No dia 4 de fevereiro de 1835, a duquesa de Bragança e a rainha de Portugal entregaram oficialmente a relíquia que ainda estava na Capela das Necessidades para ser enviada para seu abrigo final. A chegada do coração ao Porto foi saudada pela população emocionada, que o acompanhou em cortejo na subida desde o cais da Ribeira até a Igreja da Lapa. A cena seria reproduzida numa placa de bronze sobre a base de pedra da estátua de d. Pedro na praça da Liberdade: o ex-camarista de d. Pedro entregando a urna para o presidente da câmara municipal.

Na verdade, d. Pedro havia determinado que seu coração fosse doado à cidade do Porto, o que a princípio justificaria que a urna fosse depositada na câmara municipal. Porém, sendo um órgão humano, entendeu-se que ele teria que estar sepultado em terreno sagrado, e sendo a Igreja da Irmandade da Lapa o local onde d. Pedro costumava ouvir missa durante o cerco, d. Amélia e d. Maria II optaram por esse templo para abrigar o célebre coração.

Guardado a cinco chaves, duas a menos que as tradicionais sete chaves das lendas, hoje o coração de d. Pedro se encontra dentro de uma urna de vidro, encerrada num vaso de prata, dentro de um estojo, por trás de uma grade, protegida por uma placa de cobre, atrás de uma porta de madeira. São necessárias seis pessoas para abrir a relíquia em segurança, o que é feito com cada vez mais parcimônia. Mas o monumento que encerra o coração pode ser visitado no altar da Igreja da Irmandade da Lapa, relembrando a cumplicidade que uniu d. Pedro à cidade invicta e o fez proceder a essa doação praticamente única na história de Portugal.

Numa decisão controversa, o governo português permitiu que o coração de d. Pedro deixasse a cidade do Porto para ser homenageado durante as comemorações do Bicentenário da Independência do Brasil entre agosto e setembro de 2022. Foi a única vez, em duzentos anos, que a urna deixou seu abrigo na Igreja da Lapa.

Em Lisboa, no início de 1835, enquanto d. Amélia procurava retomar a vida e a alegria, a natureza desabrochava com as primeiras semanas de primavera. D. Augusto, contente por ter sido nomeado presidente da Academia das Ciências e encantado com a beleza do início da estação, escrevia para sua mãe no dia 16 de março:

> Como o tempo está muito bom, saímos muitas vezes a cavalo, todos juntos, e ainda todos os dias de carruagem. Enquanto aí ainda há neve, aqui aproveitamos o sol e todas as árvores estão cobertas de flores, e já têm quase todas as

suas folhas. Aliás, dizem que é a estação mais bonita em Portugal. O que eu sei é que, no nosso jardim, despontam flores por todo lado, mesmo quase sem nenhum cuidado, que em Florença e Nápoles só se veriam em maio e junho.[107]

Ao escrever essa carta tão poética, d. Augusto só teria mais doze dias de vida. Em meio a tantas festas, flores e esperanças, inesperada e subitamente, tudo acabou.

No dia 20 de março, d. Augusto foi nomeado marechal do Exército e comandante supremo, enquanto o duque da Terceira, de quem d. Augusto muito gostava, recebeu a chefia do Estado-Maior do Exército. Dois dias depois, o príncipe saiu cedo para uma caçada na Tapada, uma reserva de caça da família real próxima ao Palácio das Necessidades, quando se resfriou. Apesar da dor de garganta, ele ainda acompanhou a rainha a um evento ao ar livre no Campo Grande, à tarde. Como à noite a garganta continuava incomodando-o, ele mencionou a dor para d. Amélia. Ela imediatamente se alarmou, porque d. Augusto já tivera sintomas de tuberculose no ano anterior. Mas ele, acreditando ser uma simples amigdalite, só aceitou que lhe aplicassem sanguessugas por insistência de d. Amélia. Em vez de melhorar, d. Augusto apresentou febre e, a partir de então, a inflamação se estendeu à faringe e acabou por se revelar uma angina diftérica, para a qual não havia cura. Hoje conhecida como difteria, a doença que o matou se tornaria muito rara após a descoberta de sua vacina. No século XIX, no entanto, a medicina ainda não tinha armas para preveni-la ou combatê-la.

No dia 28 de março de 1835, após receber a extrema-unção, d. Augusto faleceu aos 24 anos, nos braços da jovem esposa e da irmã.

Difícil imaginar o desespero de d. Amélia, viúva havia seis meses, ao perder inesperadamente o irmão adorado, sobre o qual depositara tantas esperanças. O irmão que a levara a seu primeiro baile numa noite de Natal na corte de Munique. O irmão por quem ela aceitara o desafio de se casar com um imperador desconhecido do outro lado do mundo. O irmão com quem cruzara o Atlântico. O irmão que entendia as dificuldades, as tristezas e alegrias de ser imperatriz do Brasil. O irmão que compreendia o que significava não ser mais imperatriz. O irmão que tinha comido batatas escondido com ela. O irmão que sabia onde encomendar sua pomada secreta para o cabelo. O irmão que providenciava as músicas das quais ela sentia falta. O irmão que se dispusera a estar ao seu lado mesmo não fazendo questão alguma de ser rei. O seu melhor amigo. O seu confidente. De repente, sua morte deixava um vazio insubstituível.

O que, de fato, se passava no coração de d. Amélia, dificilmente conseguiremos mensurar. Uma pessoa da corte, que só via o que era possível ver, deixou o comentário de que: "A imperatriz também corta o coração, já antes de ontem estava como doida, velou-o durante toda a noite, deixou-o quando já não tinha nem um resto de vida, foi logo para a tribuna, e só depois é que foi para seu quarto".[108]

D. Augusto morreu quase da mesma forma que sua avó, a imperatriz Josefina. O jornal *A Guarda Avançada* do dia 30 de março publicou uma reflexão a respeito da morte de d. Augusto:

> Mais um nome ilustre riscado do livro da vida! Como Napoleão, como Eugênio, como d. Pedro, o príncipe d. Augusto desapareceu do teatro do mundo! Porém, mais infeliz do que eles, não teve o tempo de se eternizar na memória dos homens. [...] A tua existência nem ao menos chegou para poderes deixar em lágrimas o exército e o povo. [...] De ti, eles só terão aquela piedade com que se olha uma rosa desfolhada ainda em botão, ou uma árvore esperançosa derrubada pelos ventos do alto de uma colina.[109]

A farda que d. Maria II encomendara para a cerimônia em que d. Augusto assumiria o novo cargo de marechal-general do Exército foi inaugurada por ele, como previsto, no dia 30 de março. No entanto, em seu próprio funeral. Os mesmos soldados que haviam carregado o ataúde de d. Pedro tão pouco tempo antes carregaram também o de seu genro e cunhado. Segundo a tradição, foi d. Amélia quem acompanhou o corpo do irmão, tendo que ser amparada pelos marqueses de Resende e de Cantagalo durante o cortejo fúnebre na noite do dia 31 de março até a Igreja de São Vicente de Fora. É no panteão dessa igreja que os restos mortais de d. Augusto repousam até hoje.

Como memória da maneira que ela gostaria que o irmão fosse lembrado, d. Amélia encomendou, pouco depois, ao pintor inglês John Simpson um retrato em tamanho natural de d. Augusto, em que ele aparece com o uniforme que nunca usou em vida, a espada legada por d. Pedro e as ordens honoríficas que recebera.

Conforme a tradição familiar, o coração de d. Augusto foi retirado, embalsamado e colocado numa urna. O seu mais fiel amigo, o conde Mejan, recebeu a triste incumbência de entregá-lo à mãe em Munique. E assim, no início de maio de 1835, d. Amélia entregava o coração do irmão na mesma capela do

Palácio das Necessidades onde tinha se separado do coração do marido apenas três meses antes.

Chegando à Baviera, o coração de d. Augusto foi colocado na capela do Palácio Leuchtenberg, onde tinha sido celebrado o casamento de d. Amélia cinco anos antes. Augusta mandou fazer uma placa de mármore onde um relevo esculpido mostra d. Maria II entregando a urna com o coração de d. Augusto para a duquesa. Hoje, essa placa é a única peça original que sobreviveu às duas guerras mundiais e aos bombardeios de 1944, que destruíram completamente o Palácio Leuchtenberg. Colocada na entrada do edifício, hoje sede do Ministério das Finanças da Baviera, ela já não guarda mais as urnas com os corações. Quando o palácio foi vendido, os corações foram transferidos para a cripta da Igreja de São Miguel, junto aos túmulos de Augusta, do príncipe Eugênio e da irmãzinha de d. Amélia, Carolina, falecida ainda bebê. Em novembro de 2021, elas finalmente passaram a ser expostas ao público.

Placa de mármore retratando Augusta e d. Maria II com a urna contendo o coração de d. Augusto no Palácio Leuchtenberg, em Munique. Foto da autora.

O interessante nessa escultura é que, pela primeira vez, vemos um brasão unindo as armas da Casa de Leuchtenberg e de Portugal. D. Amélia passaria a usar a mesma arma heráldica para si, tanto nos sinetes que lacravam sua correspondência como no portal de pedra do palácio onde ela iria viver anos depois.

Desenho do brasão de d. Amélia unindo as armas Leuchtenberg com elementos heráldicos brasileiros e portugueses por Wasth Rodrigues. Coleção da autora.

Antes de partir para Lisboa, no mesmo dia em que assinou o contrato nupcial, d. Augusto tinha também redigido seu testamento. Aberto e lido após sua morte, ele deixava, na falta de filhos, praticamente tudo para seu irmão mais novo, Maximiliano, o próximo duque de Leuchtenberg. O irmão, do total que recebia de herança, devia prover uma renda para cada uma das quatro irmãs e, ainda, uma renda para a sobrinha, a princesa d. Maria Amélia. Segundo d. Augusto, a princesa continuaria recebendo-a mesmo no caso da morte de sua mãe, d. Amélia, já que esta não recebera do governo brasileiro o que havia sido combinado por ocasião de seu casamento. Dessa forma, ele procurava garantir a subsistência da sobrinha.

A posição da pequena d. Maria Amélia era, de fato, bastante indefinida em 1835. Nascida no exílio, em Paris, filha de um monarca que abdicara tanto do trono brasileiro como do português, ela não tinha qualquer título. Não era nem princesa imperial brasileira, nem infanta portuguesa. E enquanto d. Maria II não tivesse filhos, ela era herdeira de sua meia-irmã, embora isso não tivesse sido oficialmente reconhecido.

"Separar-me de Maria será penoso ao meu coração"

Além das perdas materiais e emocionais, a morte de d. Augusto colocava d. Maria II novamente numa posição vulnerável. Era urgente que ela tivesse um marido a seu lado e providenciasse herdeiros para o trono. Nesse sentido, duas semanas após sepultar o marido a rainha recebeu delegações da Câmara dos Deputados e da dos Pares, solicitando que ela autorizasse a diplomacia a procurar um segundo esposo.

A primeira escolha recaiu sobre o próprio irmão de d. Augusto e de d. Amélia, fazendo com que d. Maria II lhe enviasse logo em abril uma comenda da Ordem da Torre e Espada, do Valor, Lealdade e Mérito. As negociações, no entanto, não avançaram. Nem a duquesa de Leuchtenberg consentiu, nem a própria d. Maria da Glória fazia questão do noivo. Segundo ela chegou a comentar, Max tinha "cara de batata frita".[110] Para Max, mesmo pintado de ouro, faltavam o peso do desejo de d. Pedro em seu leito de morte e a intimidade que d. Maria II já tinha com d. Augusto.

Com a morte do irmão, d. Amélia perdia boa parte de sua influência, o que era exatamente o que parte da corte desejava. Cada vez mais isolada, não faltavam intrigas para novamente indispô-la contra a enteada. Acusavam-na de não querer que a rainha se casasse novamente para que, sem descendência, a coroa passasse para sua filha. Difícil crer que d. Amélia realmente defendesse essa hipótese, sabendo que d. Maria II acabara de completar dezesseis anos e que toda a estabilidade da monarquia pela qual d. Pedro havia lutado dependia da segurança que um casamento real proporcionaria à rainha. No entanto, foi o que fizeram com que d. Maria II acreditasse, conforme ela comentou com um diplomata de sua confiança: "Se mamã e a srta. Maucomble [dama de d. Amélia] se tivessem interessado pelo bom êxito do negócio [a negociação de seu novo casamento] como se têm interessado para o perderem, já estava casada há muito tempo e com um príncipe de França".[111]

Após cogitarem diversos candidatos, entre eles os filhos do rei Luís Filipe; o futuro Napoleão III e alguns outros príncipes católicos, finalmente chegaram a um nome que agradava à Inglaterra: d. Fernando de Saxe-Coburgo-Gotha, primo da futura rainha Vitória.

Uma vez definido quem seria o novo príncipe consorte, começaram os preparativos para sua recepção. D. Maria II, envenenada contra d. Amélia, comentava ironicamente com o mesmo diplomata: "Hoje mostrei os quartos à mamã e a madame Maucomble, as quais abriram a boca de tal maneira que tive muito medo de que ficassem com a boca aberta *per omnia saecula saeculorum*, mas felizmente tornaram-na a fechar".[112]

Tive uma vez o privilégio de fazer uma visita ao Palácio das Necessidades em Lisboa, atual Ministério dos Negócios Estrangeiros, guiada pelo embaixador Manuel Côrte-Real, responsável pela preservação histórica do local. Nessa ocasião, ele me mostrou os aposentos onde d. Pedro, d. Augusto, d. Maria II e d. Amélia tinham vivido. Quando chegamos aos apartamentos destinados a d. Fernando em 1835, o embaixador me contou que, de fato, ao restaurarem os adereços desses aposentos, verificaram que o que parecia talha de madeira dourada, na verdade eram peças em cobre recobertas de ouro, as quais após uma simples limpeza, tinham restaurado seu antigo esplendor. Ou seja, d. Amélia tinha ficado de boca aberta com toda razão.

Talvez tentando fugir da tristeza que lhe causavam todos aqueles preparativos tão pouco tempo após a morte de d. Augusto, d. Amélia e a filha foram pela primeira vez para a Real Quinta de Caxias, não muito distante da capital, para desfrutar de uma temporada à beira-mar, ocupando um palacete que não era usado pela família havia décadas.

Ao voltarem para o Palácio das Necessidades, no início do outono, a situação entre d. Amélia e d. Maria II embaixo do mesmo teto se tornou insustentável. Sob o pretexto de que seria constrangedor para o novo príncipe consorte viver junto com a irmã do falecido primeiro marido, foi decidido que a duquesa de Bragança deveria se mudar para outro palácio. Por um decreto de

18 de setembro de 1835, ela recebia à sua disposição um dos palácios da coroa. D. Amélia explicou para seu tio, em Paris, o que estava acontecendo:

> Eu estou em vias de me mudar para um outro palácio, pois como a rainha irá se casar, eu não posso mais ficar aqui. Está muito pequeno para nos comportar a todos do tempo de meu irmão. Me cabe deixar o apartamento onde fui tão feliz com o imperador, e, além disso, separar-me de Maria será penoso ao meu coração.[113]

A questão não era apenas o espaço físico. D. Augusto havia mantido os antigos servidores de d. Pedro a seu serviço. Agora, outras pessoas pretendiam ocupar esses cargos e era preciso se livrar deles. Se d. Amélia se mudasse para outro palácio, levaria consigo uma pequena corte, naturalmente composta pelos leais funcionários de d. Pedro, e isso abriria novas possibilidades para aqueles que bajulavam a rainha e esperavam ser recompensados. Como o marquês de Fronteira deixou registrado em suas memórias: "Tratava-se de organizar nova Casa Civil e Militar para d. Fernando. Os antigos ajudantes de campo de d. Pedro, que permaneceram durante d. Augusto, não convinham à situação, porque eram todos de [outro] partido".

A questão política do afastamento de d. Amélia da corte e, com ela, dos antigos aliados de d. Pedro teve consequências também econômicas, como a própria rainha registrou: "[...] deve saber que Mendizábal e Rothschild largaram tudo e que nós estamos para fazer bancarrota".[114]

Obviamente, também podemos imaginar que d. Maria II, aos dezesseis anos, rainha, órfã de pai e mãe e viúva, se considerava já madura o suficiente para não precisar mais da tutela da madrasta. Se qualquer jovem de sua idade deseja autonomia e independência, imagine ela, que já havia sobrevivido a tantas adversidades desde a infância. E, enquanto d. Amélia a lembrava o tempo todo do passado, do pai e do marido recém-falecidos, sua ausência abriria espaço para um futuro mais leve, mais livre e promissor. Nele, d. Maria II incluía o novo marido prestes a chegar, a família que eles formariam juntos e toda a vida com a qual ela certamente sonhava. Nesse cenário, certamente não havia espaço para a madrasta eternamente em luto, tentando manter vivo o culto da memória dos falecidos.

Começaram, então, as discussões sobre as possibilidades da nova residência de d. Amélia. Aventou-se o Palácio de Belém ou o da Bemposta, ambos de propriedade da coroa, e d. Amélia chegou a solicitar até mesmo planos para orçar algumas reformas no segundo.[115]

Porém, acabou ocorrendo um incidente desagradável, pois, quando d. Maria II ofereceu a Bemposta para d. Amélia, logo começaram a circular boatos de que a infanta d. Isabel Maria estava morando lá e que a ex-imperatriz queria expulsá-la de sua casa. Quem divulgou a informação sobre essa suposta maldade de d. Amélia contra a cunhada foi d. Leonor da Câmara, a antiga preceptora de d. Maria II, demitida por d. Pedro e desafeto de d. Amélia desde Paris.[116]

Na realidade, d. Isabel Maria, desde que retornara a Lisboa no início de junho de 1834, tinha ido viver em sua quinta em Benfica e, segundo uma carta dessa época do conde de St. Léger: "[A infanta d. Isabel Maria] está feliz de se reencontrar entre seus parentes e amigos e seu único desejo atualmente é viver tranquilamente em sua casa de Benfica e se manter distante de todas as intrigas nas quais tentam fazê-la se envolver".[117]

De qualquer forma, d. Isabel Maria continuou vivendo em sua quinta aos pés de Monsanto e d. Amélia, praticamente expulsa do paço, acabou por ir morar no Palácio dos Marqueses de Borba. Esse edifício, também conhecido como Palácio da Santa Marta, é atualmente a sede da Universidade Autónoma de Lisboa. No início de 1836, d. Amélia se mudou para lá com a filha e alguns fiéis servidores do tempo de d. Pedro. Foi já do novo endereço que ela escreveu para a rainha Maria Amélia na França:

> Madame, eu nunca esquecerei a afeição realmente maternal que me demonstrastes em Paris e eu adoro deixar meus pensamentos voltarem para aquele tempo tão triste para mim, desde que fui separada de meu excelente marido e sempre estava temerosa por ele, e quando vossa tocante amizade me consolava e conseguiu iluminar o peso em meu coração.
>
> Eu vivo agora no Palácio de Santa Marta, que pertence aos marqueses de Borba, pois o Palácio da Bemposta não está pronto para mim. Há muito trabalho por ser feito e eu receio que isso ainda tomará muito tempo. Eu desejava que o príncipe Fernando já tivesse chegado, será um grande consolo para mim, ver Maria feliz. [...] de acordo com as últimas notícias, ele deverá estar aqui na Páscoa.
>
> [...]

Vossa afilhada vos envia grandes beijos [a princesa d. Maria Amélia, na época com três anos]. Poderíeis me enviar uma cópia da certidão de batismo de minha pequena Amélia do dia 15 de janeiro [de 1832] na capela das Tulherias? [Esse era, provavelmente, um dos documentos perdidos durante o naufrágio.] [...] Como sei que tendes muito interesse por meus filhos no Brasil, graças aos céus, eles estão os três de boa saúde. Hoje, minha filha Januária completa seu décimo quarto ano de vida. Pobres crianças, suas cartas sempre me trazem lágrimas aos olhos.[118]

D. Fernando chegou num dia de primavera a Lisboa e a benção nupcial, na Sé, ocorreu logo no dia seguinte, a 9 de abril de 1836. Ele tinha dezenove anos e d. Maria II, acabado de fazer dezessete. Com o casamento, ocorreram, naturalmente, algumas cerimônias às quais toda a família devia comparecer e logo surgiu um impasse. D. Amélia, como viúva do pai da rainha, até então sempre tivera precedência sobre suas cunhadas, tias de d. Maria II. Houve, no entanto, contestações a respeito, sugerindo que d. Amélia, como ex-imperatriz estrangeira, estaria abaixo das infantas portuguesas e que, por isso, teria que lhes ceder o lugar. Talvez tudo isso pareça para nós, hoje, uma questão sem relevância. Mas não o era para uma sociedade de corte, na qual o que determinava o grau de importância social de uma pessoa era a posição ocupada publicamente por ela em relação ao soberano.

D. Amélia, indignada com o questionamento de seus direitos, escreveu para o duque da Terceira, chefe do gabinete que organizava o novo ministério, explicando que sua prerrogativa de preceder as infantas, suas cunhadas, não era questão de vaidade nem de ela ter tido a "cabeça coroada" e as outras não. Segundo seus argumentos, sua preeminência se devia à atitude de d. Pedro, que, após libertar o reino e ali recebê-la, colocou ele mesmo a esposa ao lado da rainha, tanto em beija-mãos como em todas as outras ocasiões, e que esse lugar tinha sido, até então, ocupado por ela sem qualquer contestação e que "só depois da morte do marido é que pretendiam lhe tirar [esse direito]".[119]

D. Fernando, quatro anos mais novo que d. Amélia e também um príncipe bávaro, aparentemente se entendeu bem com a madrasta de sua esposa, favorecendo uma reaproximação entre as duas. Pela correspondência entre d. Fernando e d. Amélia, se depreende que seria uma amizade para a vida toda, em que eles compartilhavam diversos interesses em comum. Claro que sempre havia quem se incomodasse com a influência que ela poderia exercer sobre o jovem casal e logo surgiu uma nova intriga procurando indispô-la com o príncipe consorte. Um jornalista em Munique chantageou o pai de d. Fernando para não publicar o que dizia saber: que a rainha e seu esposo eram odiados em Lisboa, porque d. Maria II não era fiel ao marido e teria se casado grávida de um oficial do paço, e porque d. Fernando era sempre comparado com o falecido príncipe d. Augusto, que lhe teria sido muito superior. Como o duque Ernesto simplesmente ignorou a chantagem, essas informações foram publicadas em Munique e acabaram chegando a Lisboa. Em Portugal, houve quem acusasse d. Amélia de haver protegido o tal repórter pelos elogios que ele fizera a seu irmão, havendo até insinuações de que as difamações teriam partido da própria duquesa de Bragança.

Devem ter sido tempos difíceis, em que d. Amélia certamente se sentia sozinha numa corte em grande parte hostil a ela. No entanto, enquanto d. Maria II não tivesse filhos, a ex-imperatriz continuava sem poder deixar Portugal, o que já era seu desejo. Com muita pena, d. Amélia não pôde acompanhar sua mãe e todos os seus irmãos durante a viagem que eles fizeram no verão de 1836 para visitar a irmã Josefina na Suécia. Fazia quatorze anos que a princesa não via sua família e duas razões motivaram a viagem: por um lado, era um projeto para animar a duquesa Augusta, inconsolável desde a morte do filho; por outro, para prestar apoio a Josefina durante a crise que ela vivia com seu marido Oscar, desde que este assumira publicamente um relacionamento extraconjugal.

"Aparente tranquilidade"

D. Amélia procurava se adaptar ao ritmo que a alta sociedade de Lisboa seguia. Como viúva, ela evitava a temporada de bailes do início do ano, que só eram interrompidos durante a Quaresma. Após a Páscoa, voltava a haver espetáculos nos teatros e saraus em casas nobres, novamente suspensos com a chegada dos meses mais quentes, julho e agosto, quando as famílias deixavam a capital e se instalavam em suas casas de campo. O casal real costumava se refugiar em Sintra, onde as temperaturas, normalmente dez graus abaixo da capital, favoreciam passeios pela serra. Em meados de setembro, iniciava-se a estação balnear, quando era costume que algumas pessoas tomassem banhos de mar terapêuticos. Só no dia 29 de outubro, aniversário de d. Fernando, regressavam todos para Lisboa, pois era o dia em que começava a temporada lírica, com as grandes estreias nas óperas e teatros.

D. Amélia não seguia com d. Maria II para Sintra, provavelmente por não ser convidada. Assim, decidiu passar tanto os meses quentes como o início do outono no Palacete de Caxias, que continuava disponível e onde ela já havia estado no ano anterior. Em 1836, ela permaneceu nessa residência por cinco meses, do início de junho até o começo de novembro, estabelecendo uma tradição de ali passar o outono, o que ela manteria até o final de sua vida sempre que estivesse em Portugal.

A Quinta Real de Caxias, não muito distante de Queluz, se localizava à beira-mar, na altura em que o rio Tejo chega ao oceano Atlântico. Na época, quando ainda não havia a atual avenida que separa a praia da propriedade, uma alameda levava da casa diretamente ao cais na praia da própria quinta. Os jardins e os lagos de mármore, que ainda existem, eram complementados por uma cascata que jorrava, descendo degrau a degrau até um grupo de estátuas que representam o banho da deusa Diana. Do pavilhão oitavado que d. Amélia habitava, a vista para os jardins e para o mar era belíssima.

Após a morte de d. Pedro, d. Amélia passou a mencionar enxaquecas, que ela atribuía ao fato de chorar com muita frequência e contra as quais lhe receitaram banhos de mar. Numa carta para seu tio-avô, ela contava que se dedicava principalmente à filha, agora que estava afastada da corte, reunida, sem ela, em Sintra:

> A pequena Amélia está comigo, somos inseparáveis. [...] minha vida se trata principalmente de me ocupar desta criança querida, que eu espero, um dia, será meu anjo consolador. [...] A jovem rainha continua bem, ela está em Sintra neste momento, com o príncipe Fernando, que voltou de sua viagem ao Porto, desde 23 de julho. Eles estão muito felizes juntos e espero que assim continuem para sempre.[120]

A pacífica vida de d. Amélia e sua filha no outono de 1836 foi interrompida por alguns dias no início de setembro, quando estourou uma revolução exigindo diversas reformas administrativas e a substituição da Carta Constitucional de 1826 pela de 1822. Com receio de que a família real pudesse ser atacada, d. Amélia foi levada para o Palácio de Belém, onde se encontrou com d. Maria

II, d. Fernando e suas cunhadas, já que ali eles estariam mais protegidos pelos navios britânicos que garantiam sua segurança. Foram poucos dias, porque logo se chegou a um acordo e a rainha cedeu, entregando o poder para Sá da Bandeira e Passos Manuel. E, assim, d. Amélia pôde voltar para Caxias, mas não sem que lamentasse o ocorrido: "Quem acreditaria que dois anos seriam suficientes para destruir toda a obra do imperador e que tantas dores, sacrifícios, até mesmo de sua própria vida, tudo terá sido em vão! Nós desfrutamos agora de uma aparente tranquilidade. Deus faça com que ela continue".[121]

Não era apenas a Constituição outorgada por d. Pedro que deixava de vigorar, também determinações suas implementadas por d. Maria II iam sendo derrubadas. Entre elas, por exemplo, caía a proibição de touradas em Portugal, decretada em 19 de setembro de 1836 e revogada em 30 de junho do ano seguinte.

D. Amélia, que alguns anos depois se tornaria membro da primeira sociedade contra maus-tratos aos animais na Baviera, ficou indignada com o retrocesso. O primeiro decreto promulgado por d. Maria II, proibindo as touradas, refletia a maneira como d. Pedro e a madrasta pensavam:

> Considerando que as corridas de touros são um divertimento bárbaro e impróprio de nações civilizadas, bem assim que semelhantes espetáculos servem unicamente para habituar os homens ao crime e à ferocidade, e desejando eu remover todas as causas que possam impedir ou retardar o aperfeiçoamento moral da nação portuguesa, hei por bem decretar que de hora em diante fiquem proibidas em todo o reino as corridas de touros.[122]

Pressionada pela população, a rainha recuou um ano após a proibição e tentou transformar os espetáculos em eventos beneficentes, ao reverter a renda arrecadada para a Santa Casa de Lisboa. Aos olhos de d. Amélia, no entanto, nada justificava a revogação da proibição. Assim, ela se recusou a comparecer às touradas que voltaram a acontecer a partir do final de 1837.

Em 1841, até a família real interromperia uma estada em Sintra para comparecer a uma tourada beneficente, cujo objetivo era arrecadar fundos para as vítimas do terremoto de Vila da Praia, na ilha Terceira. D. Amélia, alegando que não prestigiaria o evento porque tais espetáculos tinham sido proibidos por seu esposo, doou uma vultosa quantia para a causa, mas se recusou a comparecer.

"Estas palavras ainda soavam em meus ouvidos"

Tentando resolver a situação de sua dotação como imperatriz-viúva no Brasil, no outono de 1836, d. Amélia voltou a escrever para d. Pedro II, natural-mente, pretendendo que o governo regencial tomasse as devidas providências. Infelizmente, porém, a única reação que a carta suscitou foram novas descon-fianças de que ela pudesse ter a intenção de voltar para o Brasil e de assumir a guarda das crianças. Isso levou o marquês de Resende a elaborar uma resposta que foi enviada em 28 de janeiro de 1837 pela diplomacia brasileira em Lisboa e que ainda se encontra nos arquivos do Itamaraty:

> Aqueles que contam com Sua Majestade a duquesa de Bragança para pertur-bar a tranquilidade do Brasil, enganam-se miseravelmente. [...] Sua intenção, logo que acabe o inverno e o cólera-morbo, é ir passar alguns meses na Baviera com sua mãe, deixando aqui sua casa montada para quando retornar.[123]

Na correspondência de Resende, da mesma época, existe uma minuta de carta em que ele explicava a situação para o visconde de Itabayana com outras palavras:

> Outro seria o caso se a Assembleia investisse a imperatriz da regência durante toda a longa menoridade do imperador e se a mesma senhora quisesse aceitar, o que eu ainda não sei se ela aceitaria, estando todavia certíssimo de que ela não o faria sem pedir e receber todas as convenientes garantias, visto que nin-guém e muito menos uma pessoa tal cairia [no engano de] ir pela segunda vez fazer uma viagem de mais de duas mil léguas sem a certeza de que não sofreria insultos e não seria obrigada a uma segunda e desairosíssima retirada.[124]

Finalmente, a situação de d. Amélia junto à regência começou a se delinear melhor a partir de maio de 1837, quando o deputado Paulo Barbosa da Silva apresentou, na Câmara, um projeto para definirem a dotação de d. Amélia e reconhecerem a pequena d. Maria Amélia como princesa brasileira. Conforme Barbosa escreveu para seu amigo Carl Friedrich von Martius, em Munique, ele tomara essa iniciativa porque havia prometido à mãe da imperatriz, por ocasião de seu casamento com d. Pedro, que sempre iria protegê-la. Augusta lhe respondera que esperava que ele permanecesse sempre dedicado à filha, e, segundo Paulo Barbosa, "estas palavras ainda soavam em meus ouvidos".[125]

Mesmo com todo seu empenho, a situação continuaria se arrastando até junho de 1838. Eram poucos, por essa época, os que ainda se lembravam de d. Amélia e se mobilizavam por ela.

Somando-se às recentes perdas, no dia 5 de outubro de 1837, também faleceu a única tia paterna de d. Amélia, Hortênsia. Primeira a mencionar a sobrinha como possível candidata a imperatriz do Brasil, elas tinham se revisto pela última vez em Londres, seis anos antes.

"A viagem que planejo há muito tempo"

D. Maria II, por seu lado, tinha se reaproximado da madrasta. No aniversário de cinco anos da irmãzinha d. Maria Amélia, em 1º de dezembro de 1836, a rainha fez questão de que elas fossem jantar no Palácio das Necessidades para comemorar a data. A princesa, nesse dia, ainda era sua herdeira, porque a rainha só ficaria grávida algumas semanas depois. Os irmãos no Brasil, desde a lei regencial de 30 de outubro de 1835, não tinham qualquer direito ao trono português, e d. Maria da Glória abrira mão da sucessão ao trono brasileiro. Juridicamente assim definido, a única irmã da rainha de Portugal, que poderia sucedê-la enquanto ela não tivesse filhos, tinha passado a ser d. Maria Amélia.

Por isso, não só o casal real, como também d. Amélia esperavam ansiosamente o nascimento de um herdeiro do trono, primogênito de d. Maria II. Assim, d. Maria Amélia estaria liberada da obrigação de permanência em Portugal e elas poderiam visitar a família na Baviera, como d. Amélia já havia bastante tempo desejava. Em carta para seu tio-avô, de fevereiro de 1837, assim que se confirmou que um bebê real estava a caminho, ela explicava: "Logo devo empreender a viagem que planejo há muito tempo fazer para a Alemanha, se as esperanças da gravidez da rainha não me fizerem postergar por dever a viagem para o próximo ano".[126]

No dia 16 de setembro de 1837, nascia o futuro d. Pedro V. D. Amélia foi convidada para ser madrinha da criança, junto com d. Pedro II, representado pelo ministro do Brasil em Lisboa. O batizado, ocorrido na Capela das Necessidades em 1º de outubro, além da escolha dos padrinhos, ainda contou com a execução do *Te Deum* que d. Pedro compusera para o nascimento da própria d. Maria II, dezoito anos antes. Todo o simbolismo do ato era uma homenagem ao falecido pai da rainha. Em consideração à madrinha, o último dos dezessete nomes que a criança recebeu foi Amélio.

D. Amélia mandou providenciar a roupa em camadas para o batismo e dois berços para o afilhado, um em seda verde e outro em veludo azul bordado.[127] A pequena d. Maria Amélia, encantada em se tornar tia com menos de seis anos, escreveu a primeira cartinha para o irmão, d. Pedro II, no Brasil, contando que seu maior prazer era pegar o bebê no colo.

Com o nascimento de um filho, o status de d. Fernando mudava. De príncipe consorte, se tornava o rei d. Fernando II. Ele seria para sempre lembrado pelo seu envolvimento na conservação e ampliação do patrimônio histórico de Portugal.

Na Atenas ao norte dos Alpes

Na primavera de 1838, finalmente d. Amélia pôde concretizar o plano que acalentava desde a morte do irmão. Adiado enquanto aguardava o nascimento do príncipe herdeiro português e depois, novamente, devido à epidemia de cólera na Itália que atrasou o retorno de sua mãe para Munique, finalmente, em maio, a viagem à Baviera pôde ser realizada.

Desde seu casamento, em 1829, ela não tinha estado novamente "em casa". Deve ter sido com muita expectativa que d. Amélia embarcou em Lisboa acompanhada pela filha, a essa altura, com seis anos e meio. D. Amélia viajava incógnita sob o título de condessa do Mindelo,[128] mas, mal tinham deixado a costa portuguesa, a viagem teve que ser interrompida por uma perigosa tempestade, fazendo com que tivessem que se abrigar no porto de Vigo, na Espanha.

Uma aia da pequena d. Maria Amélia deixou um relato de que, nesse porto, "pequenos nativos pobres trouxeram grilos presos em gaiolinhas". A princesa aceitou esses exóticos presentes e distribuiu generosas esmolas. "Voltando à fragata, depois de serenada a tempestade, Maria Amélia pediu a um lacaio que levasse os grilos à terra, restituindo-lhes a liberdade; mas acrescentou, em voz baixa: 'Tome cuidado para não ser visto por esses meninos tão bons que me presentearam com os grilos; eles poderiam pensar que eu fiz pouco caso do seu presente'".[129] Assim como sua mãe, a princesa se preocupava com os animais e preferia vê-los livres.

Em menos de três semanas, sem maiores incidentes e nenhum grilo na bagagem, a comitiva de d. Amélia chegou à Baviera. Sua mãe e sua irmã Teodolinda foram esperá-la antes da entrada da cidade, na aldeia de Moosach, no dia 25 de maio. Teodolinda, que não via a irmã desde seu casamento, nove anos antes, vigiava ansiosamente a estrada com óculos de ópera, tentando avistar a chegada das carruagens. É de seu diário o relato sobre a irmã: "A sua vivacidade me surpreende, [Amélia] é animada, fala depressa [...]. A pequena é encantadora, muito alta para sua idade, tem um jeito charmoso, lindo rosto, olhos azuis e cabelos loiros com cachos naturais".[130]

Ao chegar a Munique, d. Amélia foi recebida por uma multidão e tropas incumbidas de providenciar música para sua recepção. Ao entrar no Palácio Leuchtenberg, ela logo subiu para o balcão, de onde recebeu vivas. Então chegaram outros familiares para cumprimentá-la: a rainha-viúva Carolina da Baviera, o tio Carlos e sua querida tia Maria Ana, há dois anos rainha da Saxônia. Finalmente, d. Amélia estava de novo com sua família, a quem, com orgulho, apresentou a filha.

Para desgosto de Augusta e de Teodolinda, no entanto, a antiga preceptora de d. Amélia e de sua irmã, e então aia da princesa d. Maria Amélia, também fazia parte da comitiva e se hospedou, naturalmente, junto com elas. Fanny Maucomble, detestada pela rainha d. Maria II, também não era benquista em Munique, o que facilmente se compreende pela descrição do diário de Teodolinda. Fanny fazia questão de que d. Amélia fosse tratada com honras de Alteza Imperial, mesmo no seio de sua família, o que significava que ela devia ser servida à mesa em primeiro lugar, ser sempre a primeira a entrar na carruagem e só podia descer as escadas acompanhada por suas damas, o que a irmã achava absolutamente ridículo dentro de casa.

Durante sua ausência naquela última década, muitos monumentos e instituições tinham sido construídos, segundo o plano do rei Luís I, tio de d. Amélia, de transformar Munique na "Atenas ao norte dos Alpes". Ela fez questão de conhecer a Pinacoteca, hoje conhecida como a velha Pinacoteca, que havia sido inaugurada um ano antes. A imperatriz-viúva, como d. Amélia era chamada, visitou depois a Gliptoteca, o primeiro museu público da Baviera dedicado a esculturas, onde centenas de peças de arte greco-romanas faziam parte do projeto de transformar Munique numa referência da arte clássica. Também lhe mostraram o obelisco da Karolinenplatz, em memória aos soldados bávaros que morreram na campanha da Rússia, o que era também um marco da história de sua família, já que fora o príncipe Eugênio quem liderara a trágica retirada em 1812. E o novo monumento em homenagem ao seu avô, Max I José, primeiro rei da Baviera.

Porém não era só nas ruas que havia novidades, também em Ismaning, na residência de verão de sua mãe, toda a decoração tinha sido remodelada e os salões nobres tinham acabado de ficar prontos. Nas cores dos Leuchtenbergs, azul e vermelho, as paredes tinham recebido afrescos em estilo pompeiano e alusões à dona da casa: o monograma AA, de Augusta Amélia, e imagens do deus Dioniso, protetor do teatro, uma das paixões da duquesa. Tão lindos ficaram os salões, que hoje são um dos lugares mais cobiçados para a realização de eventos na Baviera: são mais de trezentos casamentos nos salões principais por ano.

Do lado de fora do Palácio de Ismaning, Augusta tinha mandado construir uma nova estufa, onde passaram a cultivar laranjas, limões, loureiros, gerânios e palmeiras mesmo em pleno inverno, graças à inovadora tecnologia do uso de vidros como paredes.

Após comemorar o aniversário de cinquenta anos de sua mãe, no dia 21 de junho, d. Amélia e a filha partiram para Hechingen, a dois dias de viagem, onde vivia sua irmã Eugênia. Casada com o príncipe Constantino de Hechingen, Eugênia não conseguira engravidar e tinha decidido criar uma instituição para acolher crianças cujos pais precisavam trabalhar e não tinham com quem deixá-las durante o dia. Se hoje a ideia de creches infantis é algo prosaico, na época era um conceito bastante inovador. Um ano mais tarde, o projeto seria concretizado, acolhendo sessenta crianças que chamavam Eugênia de "mamãe-princesa". A fundação ainda existe hoje em dia e, na frente dela, se encontra um busto da irmã de d. Amélia.

A ex-imperatriz e sua filha permaneceram por seis semanas na pequena cidade e só regressaram a Munique no final de julho, a fim de comemorarem com a mãe e a rainha Carolina o 26º aniversário de d. Amélia. Dois dias depois, na data do aniversário de casamento de d. Amélia com d. Pedro, ela distribuiu pessoalmente os dotes para quatro moças do orfanato, conforme os estatutos da fundação criada em 1829.

Entre cabeças coroadas

Logo após o evento no orfanato, no início de agosto, a família toda se deslocou para o lago de Tegernsee a convite da rainha-viúva Carolina. Essa reunião no verão de 1838 chegou a ser comparada com uma versão reduzida do Congresso de Viena, tantas eram as "cabeças coroadas" reunidas ali naqueles dias. Após ser secularizada, a antiga abadia, distante cerca de sessenta quilômetros de Munique, tinha passado a servir de residência real e fazia parte dos locais preferidos da rainha-viúva. À beira de um grande lago e cercado por montanhas, o local não podia ser mais agradável.

O motivo oficial da reunião era a recepção aos czares Alexandra e Nicolau I, que vinham se hospedar nas termas de Bad Kreuth, praticamente vizinhos da residência da rainha-viúva Carolina. A czarina Alexandra estaria cuidando de alguma questão de saúde ao fazer um tratamento com o leite de determinadas vacas que só existiam naquele vale. Mas o motivo real da visita era acertar o casamento da filha mais velha dos czares, Maria Nicolaevna,* chamada em família de Mary.

Claro que esse não seria o único casamento a ser negociado naqueles dias e não faltaram reis, rainhas, príncipes e princesas com seus respectivos filhos no evento. A arquiduquesa Sofia, uma das "pequenas tias" de d. Amélia, a antiga companheira de brincadeiras de Augusto, crescera e agora estava casada com um arquiduque austríaco. Ela compareceu acompanhada pelos dois filhos mais velhos, o futuro imperador Francisco José e seu irmão Fernando Maximiliano. De idades próximas à da princesa d. Maria Amélia, os três primos passavam os dias juntos.

Entre as tias de d. Amélia presentes ao evento, estavam quatro das queridas "Amelisebibimalolo", suas amigas de infância: as gêmeas Amélia, princesa

---

* Essa Maria Nicolaeva (1819-1875), filha do czar Nicolau I e que se tornaria cunhada de d. Amélia, não é a mesma Maria Nicolaevna (1899-1918) filha do czar Nicolau II, que seria assassinada com sua família ao fim da Revolução Russa.

real da Saxônia, e Elise, princesa real da Prússia, e o segundo par de gêmeas, Maria Ana, rainha da Saxônia, e a arquiduquesa da Áustria, Sofia. Para completar o panteão de soberanas, havia ainda três imperatrizes reunidas em Tegernsee: d. Amélia, sua tia materna Charlotte, imperatriz-viúva da Áustria, e a czarina Alexandra.

Quem conta como transcorriam os dias nessa corte é o marquês de Resende, que acompanhava d. Amélia. Segundo ele, em lugar dos antigos 250 frades beneditinos que viviam naquele convento, havia príncipes e princesas de quase todos os Estados germânicos. Cada um deles acompanhado por seus mordomos-mores, camareiras-mores, damas camaristas e ajudantes de campo. Sem esquecer de mencionar os diplomatas, artistas, capelães católicos, protestantes e gregos, e um sem-número de criados, perfazendo uma corte gigantesca.

Pela manhã, todas essas pessoas almoçavam em seus quartos e, às três horas, qualquer que fosse o clima, saíam para passear. Às cinco da tarde, se reuniam para o café, depois do qual se recolhiam para descansar e se preparar para o jantar. Após a refeição, havia apresentações de teatro, chá, baile e ceia.

Mas d. Amélia não podia participar dos bailes. Para as viúvas, havia outro salão, onde podiam fazer trabalhos manuais, ver os álbuns umas das outras e se divertir com charadas. Com 26 anos recém-completados, d. Amélia tinha que estar com as outras viúvas, como sua tia Charlotte, vinte anos mais velha, ou a rainha-viúva da Baviera, praticamente sua avó, de 62 anos.

A pequena d. Maria Amélia só aparecia antes do jantar e preferia passar a maior parte do tempo com seu primo, o arquiduque Maximiliano da Áustria. Ela tinha seis anos, ele, cinco. Embora muita pequena, a princesa já tinha o sonho de conhecer o Brasil, onde viviam o irmão e as irmãs que nunca tinha visto, e onde havia muitas borboletas e beija-flores. Maximiliano sonhava em ser jardineiro e marinheiro. Anos mais tarde, eles iriam se reencontrar.

Em meio a tantos encontros e reencontros, os czares ofereciam especial atenção à família Leuchtenberg. Não era sem segundas intenções: eles estavam interessados em ter Max como genro, que tinham conhecido quando ele estivera em treinamento militar em São Petersburgo no ano anterior. Mas não se tratava de um casamento corriqueiro, pois Maria Nicolaevna se recusava a deixar a Rússia e, não querendo contrariá-la, era necessário achar um noivo que se dispusesse a deixar seu país, sua religião, e se mudar para São Petersburgo. A situação era delicada. Quando o czar se fechou numa sala com a duquesa de Leuchtenberg e o conde Mejan, já não havia grandes dúvidas quanto ao real motivo de sua visita à Baviera. Ao anunciarem que Max tinha sido convidado para visitar a corte russa após seu aniversário de 21 anos (quando poderia decidir sozinho se queria ou não se casar), ficou evidente que ele e Maria logo ficariam noivos.

Para a família Leuchtenberg, por mais brilhante que fosse uma união com a Casa Imperial Russa, havia um alto preço a ser pago. O título Leuchtenberg da família, inevitavelmente, se diluiria entre os outros mais altos que a filha do czar ostentava. Os descendentes seriam, necessariamente, criados na Igreja Ortodoxa russa. Max, como único filho varão, tinha representado, até então, o futuro do nome de sua família. Como Augusta registrou em seu diário, o casamento com a filha do czar seria o fim da continuidade dinástica da Casa de Leuchtenberg. Mas, além de não querer se indispor com o descendente daquele que protegera o príncipe Eugênio após a queda de Napoleão anos antes, Max e Maria tinham se apaixonado, e a duquesa acabou consentindo com o casamento do filho.

Também havia, na família Leuchtenberg, uma predisposição mística quanto ao casamento de Max na corte russa. Por causa da visão sobrenatural que o príncipe Eugênio tivera quando se retirava da Rússia em 1812, a família acreditava ser um desígnio do destino que seu filho se casasse na família imperial daquele país.

Em outubro, aceitando o convite de Nicolau I, Max viajou para São Petersburgo, onde foi, como era de se esperar, recebido com todas as honras e pompas. O czar já o apresentava para toda a corte como seu quinto filho.

Sabendo, então, que em breve deixaria sua família, Max decidiu voltar após o noivado para Munique, mesmo que em pleno inverno. Cavalgando sem trégua por dez dias, ele fez o trajeto que normalmente levaria pelo menos duas semanas e surpreendeu sua mãe e suas irmãs, que tinham se reunido na casa de Eugênia para as festas de fim de ano. D. Amélia, que ficou um ano inteiro na Baviera, vivenciou todo o dilema da família em relação ao casamento do irmão mais novo.

A outra filha

O início do ano em Munique, ainda nos meses frios, era época de bailes, quadrilhas, loterias e apresentações, e a temporada só se encerrava com as festas de Carnaval, antes do início da Quaresma. D. Amélia foi a alguns desses eventos, sempre usando vestidos pretos, dado o luto que guardava, mas enfeitada por diamantes. Embora não tenha participado das festividades carnavalescas, deixou que sua filha fosse com a tia Teodolinda. A pequena princesa logo tomou gosto pelo hábito da família de fazer apresentações teatrais e subiu ao palco com sua tia numa apresentação para a corte no teatro da Residência de Munique. Muito aplaudida, a princesa de sete anos foi a sensação da noite.

Por essa época, d. Amélia e a filha foram retratadas numa pintura a óleo pelo pintor da corte, Joseph Karl Stieler. Na coleção dos reis da Suécia, há uma tela retratando d. Maria Amélia com sete anos atribuída a Stieler e são conhecidas duas pinturas a óleo da imperatriz com a princesa na mesma postura, uma delas vendida em Dresden, enquanto a outra se encontra na coleção do Palácio Nacional de Mafra, em Portugal. A partir dessa composição, Friedrich Dürck, discípulo e sobrinho de Stieler, fez algumas cópias de telas de d. Amélia sozinha. Mas não foram realizadas apenas variações em óleo das duas Amélias. Ignaz Fertig transformou a tela de mãe e filha numa famosa litografia que foi largamente distribuída pela própria imperatriz, como se depreende de sua correspondência, e que seria copiada em nova versão de litografia quando ela chegasse a Lisboa, alguns meses mais tarde.

Em abril de 1839, desembarcou no Palácio Leuchtenberg uma jovem de grandes olhos escuros, muito parecida com d. Pedro, vinda de Paris. Era a duquesa de Goiás, a filha legitimada do imperador que vinha sendo criada no internato Sacré-Coeur desde o casamento de d. Amélia. Conforme d. Pedro decidira em seu testamento, ao completar sua educação em Paris, a filha deveria ser acolhida por d. Amélia, que cuidaria de sua instrução até ela se casar. Era o que acontecia agora que a menina tinha quase quinze anos. Nesse sentido, ela escreveu para o enteado, d. Pedro II, em 21 de março de 1839, explicando sua decisão:

> Confio-te que a esperança que tenho, de a casar convenientemente na Alemanha, contribuiu muito para me decidir a trazê-la para cá. [...] As vantagens que resultam dessa transferência são imensas para o seu futuro; e dá-me tranquilidade, quando eu tiver de voltar para Portugal, sabê-la aqui junto de minha boa mãe. [...] Eu me interesso tanto por tua irmã Isabelle,* que não

---

* Trata-se de Isabel Maria. Na época, era comum a tradução de nomes para o idioma em que se estava escrevendo, tanto na assinatura quanto na forma de se referir a alguém. (N. da E.)

quero negligenciar o que possa contribuir para sua felicidade, e, além disso, não posso me esquecer de como ela era querida por teu pai.[131]

O instituto em Munique onde ela iria completar sua formação, embora de língua francesa, era mais conhecido na Baviera como Fundação Max-José, por ter sido criado em 1813 pelo avô de d. Amélia. Pai de nove filhas, o rei tinha se preocupado com a educação feminina e decidira criar essa instituição nos moldes da famosa Casa Imperial de Educação em Paris. Assim, ao lado dos conventos onde as meninas menos privilegiadas podiam estudar, passava a haver também, na Baviera, uma opção para as filhas das famílias mais abastadas.

Quem ficou muito entusiasmada com a chegada da "prima" foi a princesa d. Maria Amélia, que não saía da janela esperando a carruagem e perguntava por que falavam tanto dos irmãos no Brasil, mas nunca tinham mencionado essa outra parente. Segundo os diários de Teodolinda, Isabel Maria era "linda, alta, bem-formada, com lindos olhos negros, dentes brancos como a neve e voz agradável".[132] Como já havia acontecido em Paris, quando a duquesa Augusta a tinha conhecido em 1831, todos se encantaram pela menina e passaram a recebê-la no Palácio Leuchtenberg durante feriados e férias. Logo após sua chegada, ela foi apresentada pela duquesa à rainha Teresa, que também ficou muito bem impressionada. O futuro da filha preferida de d. Pedro estava bem encaminhado.

Sob o sol da meia-noite

No final de maio de 1839, para aproveitar o verão com a irmã na Suécia, d. Amélia partiu de Munique. Elas não se viam desde o casamento de Josefina, em 1823, quinze anos antes. Mesmo entusiasmada com a perspectiva de rever a irmã mais velha, a partida foi difícil. Para a pequena d. Maria Amélia, além da despedida da avó e da tia com quem passara um ano inteiro, ela também teve que se separar de sua ama, que ficou na Baviera, e a quem ela chamava carinhosamente de Muni. Marie Zanner tinha cuidado da princesa desde 1833 e nunca seria esquecida por ela, a princesa passaria a lhe enviar cartas regularmente e até a incluiu em seu testamento anos depois.

Assumindo novamente o pseudônimo de condessa do Mindelo e após uma breve visita às tias em Dresden e em Berlim, d. Amélia, a filha e sua comitiva chegaram à Suécia no dia 7 de junho de 1839. Ao deixarem o continente para atravessar o Mar Báltico, elas foram recepcionadas pelo comendador Loureiro, cônsul geral de Portugal nos Reinos da Suécia e Noruega, que as acomodou num vapor de nome *Gylfe* e logo assumiu a função de cuidar da pequena d. Maria Amélia. Em seus relatos, ele conta que o tempo estava ótimo, permitindo que fizessem todas as refeições no convés e que a princesinha corria e brincava pelo navio sob sua supervisão. Misturando orgulho e carinho, foi ele quem deixou documentada toda a visita de d. Amélia à Suécia durante o mês que ela passou com sua irmã Josefina.[133]

Chegando à baía de Estocolmo, a princesa real Josefina e seu esposo Oscar já estavam esperando por d. Amélia na ilha de Landsort, de onde seguiram juntos até a capital. Apesar de desembarcarem quase à meia-noite, ainda era dia, pois em junho, na Escandinávia, o sol praticamente não se põe, e eles ainda foram recebidos na mesma madrugada pela rainha Desidéria, mãe do príncipe Oscar, no Palácio Real de Estocolmo.

No dia seguinte, com os viajantes já mais descansados, a rainha ofereceu uma ceia deslumbrante em homenagem a d. Amélia. Desidéria fora noiva de Napoleão, tendo sido preterida por ele quando Bonaparte conheceu Josefina, avó de d. Amélia e da princesa Josefina. Apesar do noivado desfeito, Desidéria acabara se casando com o general Bernadotte, que se tornou o rei Carlos XIV da Suécia, e seus descendentes continuam até hoje em diversos tronos europeus.

Nas semanas seguintes, d. Amélia e a princesa Josefina seriam vistas o tempo todo lado a lado, fosse passeando pelos jardins do palácio, sentadas conversando ou bordando. Para a princesa d. Maria Amélia, quase sempre a única criança da família, deve ter sido inesquecível conhecer os primos e conviver com uma família tão grande. Sua tia Josefina tinha cinco filhos, os príncipes Carlos, Gustavo, Oscar, Augusto e a prima Eugênia, apenas um ano e meio mais velha que d. Maria Amélia, e com quem ela rapidamente se identificou. As duas gostavam muito de tocar piano, desenhar e pintar. A princesa Eugênia faria dezenas de aquarelas ao longo de sua vida, composições para piano e escreveria alguns livros. Com nove e sete anos, as primas fizeram muitos desenhos naquele verão, brincaram e desfrutaram intensamente da companhia uma da outra. No dia em que d. Maria Amélia foi embora, a princesa Eugênia pediu para acompanhá-la até a saída da baía, e a prima foi embora levando de recordação um álbum com muitos desenhos feitos pelos primos suecos.

Mas, além das alegrias do encontro em família, a estada de d. Amélia na Suécia tinha também um caráter político, pois, como duquesa de Bragança, ela representava a Casa Real de Portugal e, como tal, devia receber os cumprimentos do corpo diplomático em nome de d. Maria II, a quem tratava como "sua filha". Havia, porém, uma questão delicada, porque a corte da Rússia ainda não tinha reatado relações com Portugal desde o fim das guerras liberais, cinco anos antes. Mesmo assim, d. Amélia permitiu que o diplomata russo lhe fosse apresentado, já que, por ocasião do noivado de seu irmão com a filha do czar, alguns meses antes, o diplomata russo na Baviera, fardado em grande gala, tinha lhe apresentado cumprimentos oficiais.

No dia 12 de junho, à noite, os encarregados de negócios estrangeiros na corte de Estocolmo se apresentaram um a um para prestar homenagens à "mãe" da rainha de Portugal: diplomatas dos Países Baixos, da Áustria, da Dinamarca, da França, da Inglaterra, da Espanha e da Bélgica o fizeram. Mas o representante da Rússia, o sr. Glincka, receando criar um incidente diplomático e ser repreendido pelo governo de São Petersburgo, deu uma desculpa de última hora, alegando estar adoentado e com febre. Isso criou um grande mal-estar entre a diplomacia russa, a portuguesa e a sueca, pois o rei Carlos XIV poderia entender a ausência do representante russo como uma desfeita. O comendador Loureiro, em contato constante com Lisboa, escreveu a respeito, dizendo que tudo aquilo era um absurdo, pois seria muito contraditório que o governo russo mandasse que seus diplomatas cumprimentassem a imperatriz-viúva numa corte, no caso a da Baviera, e em outra, a sueca, o proibissem de fazê-lo.

A situação constrangedora durou algumas semanas, que foi o tempo para chegarem ordens do czar instruindo o encarregado de negócios estrangeiros em Estocolmo a prestar suas homenagens à irmã do duque de Leuchtenberg, seu genro, como lhe era devido. A legação de Portugal em Estocolmo foi parabenizada por ter conseguido o triunfo do reconhecimento do governo de d. Maria II por parte da Rússia, o que, na realidade, só ocorreu dadas as circunstâncias de d. Amélia ter se tornado cunhada da filha do czar.

Na mesma data, d. Amélia e Josefina receberam notícias do casamento do irmão Max com Maria Nicolaevna, que tinha sido celebrado pouco antes, no dia 2 de julho, na capela do Palácio de Inverno em São Petersburgo. Como era de se esperar, a cerimônia tinha sido deslumbrante, com mil convidados e um salão de baile enfeitado com 1.500 magníficos arranjos de flores. A noiva, vestida de vermelho, ganhara um colar de seis fileiras de pérolas perfeitas e, para seguir pelo menos uma tradição bávara, usou flores de laranjeira nos cabelos junto com seu diadema de noiva. O casal recebeu de presente do czar o Palácio Mariinsky, hoje sede da Assembleia Legislativa em São Petersburgo, e uma propriedade de campo na baía de Kronstadt, chamada Sergiewska, que logo se tornou a residência favorita dos dois. Ambos os palácios foram decorados com quadros e esculturas da antiga galeria Leuchtenberg do príncipe Eugênio.

Nem a duquesa Augusta, nem ninguém da família do noivo compareceu ao casamento, mas Max, delicadamente, enviou algumas flores da grinalda de Maria para o herbário de sua irmã Teodolinda.

Um feliz retorno

No dia 15 de julho, após um mês na Suécia, d. Amélia deixou a irmã e continuou sua viagem, desembarcando na costa da Inglaterra uma semana depois.

A convite da rainha Vitória, d. Amélia chegou a Londres no dia 25 de julho, tendo sido logo recebida pela soberana. A duquesa de Bragança se hospedou dessa vez no Hotel Mivart's e passou uma semana cheia de compromissos na capital. No dia 28, a rainha Vitória recepcionou a comitiva de d. Amélia no Palácio de Buckingham, onde foi oferecido um jantar com a presença de muitas outras personalidades da corte. Dois dias depois, ela recebeu um convite para o camarote real no Teatro Italiano, com presença da duquesa de Kent, mãe da rainha Vitória. No dia 31, aniversário de d. Amélia, ela foi recebida pela rainha-viúva Adelaide no Palácio de Marlborough, sua residência.

A impressão deixada pelas duas Amélias foi muito boa. Em carta para o visconde de Melbourne, a rainha Vitória escreveu: "Embora bastante mudada, [d. Amélia] ainda é muito bonita e muito amável; ela parecia também bastante feliz por rever a rainha [Adelaide]. A criança [d. Maria Amélia] está crescendo e se tornando uma menina muito bonita".[134]

Nem todo mundo, no entanto, simpatizava com d. Amélia. Durante sua visita em Londres, houve duas pessoas que a criticaram. A primeira foi *lady* Cartwright, nascida condessa Maria Elisabeth de Sandizell e sobrinha de uma dama da duquesa de Leuchtenberg. Segundo o diário da rainha Vitória, ela censurou d. Amélia, considerando cruel sua atitude de ter demitido a baronesa de Sturmfeder depois que esta tinha acompanhado a imperatriz ao Brasil. A segunda pessoa foi o primo Napoleão Luís, futuro imperador Napoleão III, que escreveu para um amigo que: "O comportamento da minha prima Amélia me magoou, pois ela não me recebeu durante sua passagem por Londres. Mas a sorte muda e eu vou me lembrar disso".[135] A antipatia mútua entre os dois nunca seria superada.

Litografia da alegoria representando o regresso de d. Amélia e sua filha a Lisboa, após um ano de ausência devido à viagem à Baviera, Suécia e Inglaterra. Coleção da autora. Foto de Andreas Witte.

Deixando Londres no dia 1º de agosto de 1839 a bordo de um navio oferecido a ela pela rainha Vitória para o transporte até Lisboa, d. Amélia chegou a Portugal no dia 7, após mais de um ano fora do país. A rainha d. Maria II e o rei d. Fernando foram recebê-la e a imprensa tinha preparado até mesmo a publicação de uma gravura e um texto comemorando "o feliz retorno da senhora duquesa de Bragança", onde ela aparecia num medalhão nas mãos da figura alegórica identificada como "Lysia jubilosa", ou seja, Portugal, simbolizado por uma mulher (Lysia), se alegrava (jubilosa) com o retorno de d. Amélia. Os versos do texto começavam com: "Chegaste, enfim, querida mãe, chegaste! Há tanto te aguardávamos saudosos! Foi para nós, da ausência tua, um dia, mais que mil anos durou".[136]

"Meus lindos patrícios"

Chegando de volta a Lisboa em 1839, d. Amélia e a filha passaram a habitar o Palácio de Santos, pertencente ao marquês de Abrantes, atual sede da embaixada francesa em Lisboa. O aluguel, no valor de setecentos mil réis anuais, tinha sido pago até 1843 e seria, naquela data, prorrogado por mais quatro anos.

Nesse lindo edifício debruçado sobre o Tejo, a duquesa de Bragança passou a se dedicar à educação da filha de sete anos. Sua pequena corte, composta pelos fiéis Paulo Martins de Almeida, Francisco Gomes da Silva e pelo marquês de Resende, tinha ainda alguns outros funcionários que trabalhavam como "semanários". O termo significa que eles moravam no palácio durante uma semana inteira, para ficar a serviço de d. Amélia em tempo integral, e dispunham das outras três semanas do mês livres.

Tendo finalmente retratos atuais seus e da filha, d. Amélia mandou uma litografia para a rainha Vitória junto com um passarinho colorido de presente, agradecendo a recepção em Londres e o navio colocado a seu dispor. D. Amélia também enviou um exemplar da litografia para seu tio-avô, em Paris, explicando: "[Nossos retratos] ficaram muito semelhantes, embora o artista pretendesse nos dar alguns anos a mais".[137]

Mas não apenas para familiares queridos d. Amélia iria enviar a famosa litografia. Também para os diplomatas e políticos que se empenharam em conseguir o reconhecimento de d. Maria Amélia como princesa brasileira, em agradecimento por seu esforço, ela enviou um exemplar do retrato. Como o marquês de Resende informou numa carta:

> [O visconde de Pedra Branca] me diz que se doeu de que S.M.I. a senhora duquesa de Bragança não o incluísse no número daqueles a quem ela fez honra de brindar com as estampas do seu retrato e do de sua augusta filha; e creio que todos os honrados brasileiros ambicionam a mesma honra.[138]

Claro que o que fez grande diferença no processo do reconhecimento foi o fato de d. Pedro II ter tido sua maioridade antecipada aos quatorze anos e meio, em julho de 1840. Com o fim do período regencial e das indisposições entre d. Amélia e os regentes, tudo ficou mais fácil. A subida de d. Pedro II ao trono fez com que o processo passasse a ser analisado. Resolver a situação da irmã, que tanto angustiava sua querida madrasta, foi um dos primeiros assuntos dos quais ele cuidou.

Mesmo assim, a questão do reconhecimento de d. Maria Amélia como princesa brasileira só se resolveu quando ela já tinha quase dez anos de idade. Além da questão de seu nascimento durante o exílio, quando d. Pedro já não era mais imperador do Brasil, havia também a situação dinástica da família. Enquanto d. Maria da Glória não tinha tido herdeiros, e d. Maria Amélia não tinha sido reconhecida como princesa brasileira ou portuguesa, ela permanecera uma espécie de coringa. Se fosse preciso, ela poderia ter sido considerada infanta portuguesa e assumido a sucessão. Mas, a partir de 1838, com o nascimento do segundo filho de d. Maria II, isso dificilmente viria a ser necessário. E, assim, se abriu a necessidade de definir sua posição como princesa brasileira.

Num ofício reservadíssimo da diplomacia de 1840, o ministro do Brasil em Portugal, o senador Caetano Maria Lopes Gama, futuro visconde de Maranguape, explicou a mudança de planos. Ele mencionava que, ao contrário do que até então se acreditava, a princesa d. Maria Amélia não seria reconhecida como infanta portuguesa e, sim, como princesa brasileira. E relatou sobre uma audiência que teve com d. Amélia. Nessa ocasião, ela comentou que não sabia por que sua filha nunca tinha sido reconhecida como princesa do Brasil. Ao perguntar se ela já havia dado algum passo nesse sentido, d. Amélia respondeu que esse seria um ato de justiça da parte do Brasil e que, se ela pedisse, isso diminuiria seu valor. Ela prosseguiu afirmando que não duvidava dos brasileiros em assuntos de honra, mas oito anos já haviam se passado e deles esperava esse ato de justiça. O diplomata, então, perguntou se devia transmitir a conversa ao seu governo, e, como d. Amélia concordou, d. Pedro II ficou sabendo do desejo da ex-imperatriz e, após votação no ano seguinte, no dia 5 de julho de 1841, o imperador declarou sua irmã como princesa brasileira. A pequena princesa, assim que soube, escreveu agradecendo e dizendo que ficava muito feliz por pertencer ao país do mano Pedro e pediu uma coleção de borboletas e beija-flores brasileiros, prometendo cuidar bem deles: "Fica descansado que eu não hei de tirar uma só asa ou pena a estes meus lindos patrícios".[139]

Os presentes cruzavam o Atlântico: a princesa enviava com frequência pequenas lembranças para o irmão que não conhecia, tentando adivinhar do que ele poderia gostar. Assim, em 1838, ela mandou botões de pérolas e turquesas; aos dez anos, d. Maria Amélia fez uma bolsa para ele; no ano seguinte, enviou uma fita de cabelo com uma cruz de prata. Já mais velha, ela enviaria presentes mais caros, como um copo de cristal da Baviera, em 1846, ou um peso de papel em mármore, em 1850.

Algum tempo após o seu reconhecimento como princesa brasileira, no início de 1843, d. Maria Amélia recebeu medalhas de ouro comemorativas à coroação de d. Pedro II e duas ordens honoríficas do Brasil, enviadas numa caixa sobre cuja tampa uma chapa de ouro trazia a inscrição: "O imperador do Brasil d. Pedro II a sua querida irmã a princesa d. Maria Amélia. 2 de dezembro de 1842".[140]

A partir de 1843, portanto, a princesa passaria a usar as bandas das ordens portuguesas de Santa Isabel e de Nossa Senhora da Conceição de Vila Viçosa; a de Maria Luísa de Espanha, a de Santa Elisabete da Baviera e as brasileiras de d. Pedro I e da Rosa.

Embora a situação de sua filha ficasse resolvida, d. Amélia percebeu que, em toda a correspondência e nos decretos que se seguiram, em nenhum momento, ela recebia o tratamento de imperatriz-viúva do Brasil. Então, no dia 29 de dezembro de 1842, ela explicou a situação para d. Pedro II:

A razão que se quer que se dê a cada um o que é seu, não consente que se me tire um título que me deu o meu casamento, que me foi garantido por um tratado [matrimonial], e pelo qual tenho sido constantemente tratada na Europa, por todas as outras cabeças coroadas [...] da mesma sorte que o de duquesa de Bragança indica a minha qualidade de viúva do chefe das duas dinastias imperantes no Brasil e Portugal. [...] Medita, meu querido filho, [...] resolve como deve ser esta questão, em que estás interessado não menos do que o meu, o teu decoro e o do Império do Brasil.[141]

Novamente, assim como logo após a morte do marido, d. Amélia precisava se impor para fazer com que seus títulos e direitos fossem mantidos. Mas d. Pedro II compreendia a importância que tudo isso tinha para d. Amélia e a atendia sempre. Em sua resposta à carta anterior, ele praticamente se desculpava, afirmando que: "[...] sem dúvida, fora por inadvertência que um tal fato teria ocorrido. Os direitos de Sua Majestade a imperatriz são incontestáveis, e as suas distintas qualidades merecem o respeito da família imperial e de todos os brasileiros".[142]

A partir de 1844, quando passaram a ser publicados os *Almanaques Laemmert*, na relação da casa imperial, constavam as irmãs do imperador que viviam em Portugal, d. Maria II e a princesa d. Maria Amélia, assim como a "a viúva do augusto pai de Sua Majestade o imperador, Sua Majestade Imperial a sra. d. Amélia, duquesa de Bragança".

Reconhecidos títulos e direitos, elas passavam a ter direito também a dotações, e assim, a partir do ano de 1840, d. Amélia já recebia o valor de cinquenta contos de réis anuais e, desde 1841, outros seis contos para a princesa d. Maria Amélia, além do pagamento retroativo dos nove anos anteriores.[143]

Serra e mar

De alguma forma, com a situação da madrasta e da irmã resolvida no Brasil, d. Maria II talvez tenha se sentido menos desconfortável com a presença delas, que começaram a ser convidadas para passar o verão em Sintra com a família real nos anos seguintes. Já em 1840, eles se reuniram no Palácio da Vila entre junho e agosto, de onde acompanhavam as obras de infraestrutura necessárias para a construção do Palácio da Pena, novo e ambicioso projeto de d. Fernando.

Em 1838, o rei tinha comprado em hasta pública o antigo Mosteiro dos Monges de São Jerónimo, dedicado à Nossa Senhora da Pena, na parte mais alta da serra de Sintra. D. Maria II já conhecia o local desde o tempo em que seu pai era vivo, quando tinham visitado a igreja e d. Pedro havia ordenado que o impressionante retábulo fosse preservado.

Para d. Amélia, a estada em Sintra durou até o início de setembro de 1840, quando retornou para Lisboa a tempo de celebrar a Independência do Brasil no dia 7, visitando o Asilo de Órfãos mantido por ela e que abrigava crianças cujos pais haviam falecido durante as guerras liberais.

Em seguida, junto com a filha, foi para Caxias, para os tradicionais banhos de mar. No ano seguinte, d. Amélia voltou a se reunir à rainha e sua família em Sintra, retornando só em setembro para as exéquias em memória ao aniversário de falecimento de d. Pedro em Lisboa e logo voltando para a serra. Como ela explicou em carta para uma amiga: "Tencionamos demorar-nos em Sintra até outubro, pois o calor em Lisboa é insuportável no verão".[144]

Casamentos na Baviera

Após o casamento de Teodolinda, a irmã mais nova de d. Amélia e última filha solteira de Augusta, com o conde Guilherme de Württemberg, a duquesa de Leuchtenberg recebeu uma nova missão nupcial. D. Amélia incumbiu a mãe de começar os preparativos para casar a enteada, a duquesa de Goiás. Com dezessete anos, a jovem logo acabaria os estudos em Munique e estaria apta a encontrar um noivo. A linda duquesa brasileira chamava a atenção desde que tinha sido apresentada à corte bávara. Seus grandes olhos negros e sua perfeita educação conquistavam muitos admiradores, mas foi o conde Ernesto Fischler de Treuberg, quatorze anos mais velho que Isabel Maria, quem pediu sua mão em casamento. Filho de uma princesa Hohenzollern-Sigmaringen, o pai de Ernesto havia feito fortuna durante o Congresso de Viena, o que lhe conferia títulos e posses. Proprietário do antigo convento secularizado de Holzen, entre Augsburg e Donauwörth, o conde de Treuberg foi informado sobre o misterioso passado de sua noiva, que ainda acreditava ser órfã de mãe, embora soubesse que era filha reconhecida do primeiro imperador do Brasil. Para evitar escândalos, a união foi negociada durante visitas a Ismaning e os proclamas do casamento correram por Eichstätt, onde Augusta conseguia manter o sigilo sobre a origem da noiva, evitando associações entre a duquesa e sua mãe, a marquesa de Santos. D. Amélia, por seu lado, providenciou um bom dote para Isabel Maria, contando com a contribuição de seus meios-irmãos, o imperador do Brasil e a rainha de Portugal. Em carta para d. Pedro II do início de 1841, ela explicava como isso se organizaria:

> Como a fortuna de Isabel não é grande, a coisa é bastante difícil, e é por isso que eu, não duvidando de que tu tenhas a intenção de fazer à Isabel um presente de noivado em diamantes ou em dinheiro, venho-te pedir, então, que isso seja preferencialmente em dinheiro, e peço-te que me digas em qual valor montaria a soma que tu darias de uma vez. Como eu espero que tua irmã, a rainha, dê a mesma coisa que tu, essas duas somas reunidas constituirão uma espécie de dote da duquesa de Goiás, que, adicionada à sua pequena fortuna pessoal, poderão assegurar-lhe uma existência agradável.[145]

Além do dote, d. Amélia também pediu uma condecoração para o conde de Treuberg e a autorização para o casamento junto ao enteado. Como sempre, d. Pedro II consentiu com tudo que d. Amélia lhe pedia. Ele ofereceu cinquenta mil francos para a irmã e enviou a Grã-Cruz da Ordem Imperial da Rosa para o cunhado. Em 17 de abril de 1843, aos dezenove anos, Isabel Maria se casou na capela do Palácio Leuchtenberg. Além da família de d. Amélia, a diretora da escola onde a duquesa até então tinha estudado prestigiou a cerimônia como convidada da noiva e, após a ceia, os recém-casados seguiram de trem até Augsburg, de onde continuaram, no dia seguinte, para sua residência de Holzen. Assim, a duquesa de Goiás se tornava a condessa bávara de Treuberg.

Ao que se saiba, embora achassem exótica a origem brasileira imperial, ninguém das gerações seguintes visitou o país onde a nobre antepassada havia nascido até o ano de 2008. Dos quatro filhos e muitos descendentes que Isabel Maria teve, muito provavelmente a primeira pessoa da família a visitar o Brasil foi Sibylle von Neubronner. Eu a conheci numa tarde de setembro de 2004, na casa de um primo, na famosa cidade de Füssen, aos pés do lendário Castelo de Neuschwanstein. Após meses de correspondência com um dos membros da família, tínhamos organizado um encontro em que eu lhes contaria a história de Domitila e d. Pedro, os primeiros anos de vida da duquesa até se casar, e eles me contariam sobre a vida dela a partir de então. Além da troca de informações e de um tradicional almoço bávaro, cada um dos presentes tinha levado os objetos que ainda conservavam da antepassada brasileira. Assim, em 2004, tive em mãos uma bíblia que havia pertencido a d. João VI e que d. Pedro mandara brasonar para dar de presente à filha, com o escudo dos Braganças na diagonal, em sinal de bastardia. Vi um faqueiro de prata com o monograma DG, ou seja, duquesa de Goiás; alguns retratos, uma toalhinha de renda bordada por ela e outras pequenas lembranças. Doze anos depois, repetiríamos o evento com mais parentes, dessa vez no próprio Palácio de Holzen, onde a duquesa havia vivido.

A partir desse primeiro contato, Sibylle e seu marido Rüdiger passaram a planejar uma visita ao Brasil, que acabou se realizando durante a semana da Páscoa de 2008. Nos encontramos no Rio, de onde seguimos para Petrópolis. Visitamos o Museu Imperial e, em seguida, a museóloga Ana Luísa Alonso de Camargo nos recepcionou e mostrou a colcha em seda azul-celeste, toda bordada e brasonada, que tinha sido da duquesa de Goiás quando se mudou para Paris. Após ter sido vendida em leilão, a colcha acabara sendo doada para o museu. Sibylle ficou bastante emocionada, se lembrando que, na ocasião, sua trisavó tinha apenas cinco anos quando deixou o Brasil e nunca mais veria a mãe.

Casamentos no Brasil

Também no Brasil, no início da década de 1840, os outros filhos de d. Pedro I tinham chegado à idade de se casar. Através da diplomacia brasileira, no papel de mãe dos jovens príncipes, d. Amélia participava das escolhas que seriam feitas. As primeiras negociações envolveram a princesa d. Francisca, a qual, por ser a mais nova, não tinha tantas restrições matrimoniais como a irmã d. Januária. Até d. Pedro II ter filhos, a herança do trono brasileiro cabia à irmã mais velha, o que fazia com que fosse preciso encontrar um príncipe estrangeiro que se dispusesse a viver no Brasil, pelo menos até o imperador gerar descendência. Já d. Francisca, livre dessa obrigação, podia desposar qualquer príncipe e seguir com ele para seu país de origem.

Foi justamente o que aconteceu. No início do ano de 1837, Francisco d'Orléans, príncipe de Joinville, filho dos reis da França, tinha estado no Rio de Janeiro e conhecido as princesas imperiais. D. Francisca, que tinha treze anos na época, nunca o esqueceu, mesmo porque a passagem do príncipe pela corte fora absolutamente extraordinária. Num cotidiano em que os três irmãos estudavam muito, pouco se divertiam e nunca recebiam visitas de qualquer parente, a aparição de um primo jovem, capitão do próprio navio e cheio de aventuras para contar, foi talvez o evento mais marcante de toda a juventude do imperador e das princesas. Durante sua estada no Rio de Janeiro, Joinville tivera ideias inusitadas, como organizar a simulação de uma batalha pelas ruas da cidade para os primos. Ou o baile que ele ofereceu no convés de seu navio, uma embarcação francesa, onde valiam as regras daquele país, e não as da corte brasileira, permitindo que os príncipes, pela primeira vez na vida, dançassem com outras pessoas e não apenas entre si. O primo andava ainda acompanhado por um leão de estimação, que fora domesticado e o seguia docilmente. Obviamente, era impossível se esquecer de uma visita dessas.

Em 1840, d. Amélia, bem-informada a respeito da boa impressão causada pelo primo sobre as princesas alguns anos antes, cogitou pela primeira vez o casamento entre Joinville e d. Francisca.[146] A união acabaria se concretizando em maio de 1843, mas só após a aprovação pessoal de d. Amélia, que recebeu uma visita do príncipe em Lisboa em dezembro de 1841.

O dote que a princesa d. Francisca recebeu na forma de terras, no Norte do atual estado de Santa Catarina, ao ser vendido por ela anos depois, daria origem à cidade de Joinville.

O casamento foi realizado no Rio de Janeiro e, em seguida, seu jovem marido a levou para viver na França. A adaptação da princesa à corte francesa não seria um processo tão fácil quanto se poderia imaginar, mas a história romântica de uma linda jovem sendo arrebatada de seu exótico país por um príncipe que a leva para seu reino, em seu navio, através do oceano, povoou o imaginário de muitas moças por muitos anos.

Durante as negociações para o casamento da irmã mais nova, ficava claro que também d. Pedro II precisava encontrar uma noiva para ser a terceira imperatriz do Brasil. Sem nunca ter conhecido qualquer princesa europeia em seus dezessete anos de vida, quem o orientou sobre como proceder para escolher uma esposa foi d. Amélia. Ela lhe contou da existência de um catálogo de pretendentes entre a nobreza e a realeza, o célebre *Almanaque Gotha*. Enviou a d. Pedro II um exemplar e explicou que ele devia procurar uma princesa preferencialmente católica entre as casas reinantes, ou seja, na primeira parte da publicação, uma vez que ele era um imperador e chefe da antiga Casa de Bragança.[147] D. Pedro II acabou se casando com d. Teresa Cristina, princesa do

Reino das Duas Sicílias e d. Januária, com o irmão de d. Teresa, que a acompanhou na viagem para o Brasil.

Após os casamentos de d. Pedro II, d. Januária, d. Francisca e da duquesa de Goiás, restava uma última filha de d. Pedro que havia sido recomendada a d. Amélia. D. Pedro havia manifestado o desejo de que essa filha fosse educada na Europa como sua irmã, a duquesa de Goiás, sob responsabilidade de d. Amélia. Maria Isabel, nascida em São Paulo em fevereiro de 1830, portanto, após o casamento dos imperadores, não tinha sido reconhecida pelo pai, nem era mencionada em seu testamento. A situação, delicada, exigia que d. Amélia entrasse em contato com a marquesa de Santos para que ela enviasse também a outra filha a seus cuidados. Através do procurador e pessoa de grande confiança de d. Amélia, o financista Samuel Phillips, foi feito o pedido. Domitila, no entanto, alegando que a menina tinha a saúde muito frágil, compreensivelmente não quis se separar de mais uma filha, e, dessa forma, Maria Isabel continuou no Brasil.

Após os casamentos tanto de seus irmãos caçulas como de seus enteados, d. Amélia talvez tenha sentido que um ciclo se fechava. A partir desse momento, começam a haver registros de eventos em Lisboa que ela passou a frequentar. Embora ainda guardasse o luto pelo marido, d. Amélia finalmente voltava a ser vista em festas e eventos públicos, quando sua beleza e elegância eram sempre mencionadas.

Nenhuma comemoração na época, no entanto, se comparava às lendárias festas oferecidas pelo conde de Farrobo em sua quinta nas Laranjeiras, cujos jardins hoje abrigam o Jardim Zoológico de Lisboa. Dessas, uma das mais comentadas foi a recepção do final de fevereiro de 1843, oferecida em honra dos reis, da duquesa de Bragança e da sua cunhada, a infanta d. Ana de Jesus. O anfitrião gastou, numa noite, mais do que a dotação de d. Amélia num ano inteiro, organizando uma festa que entraria para a história de Lisboa. Após uma apresentação no teatro particular do conde, seguiram-se baile, ceia, e mais danças até o raiar do dia seguinte. D. Amélia, como uma das homenageadas, usando seus magníficos diamantes, foi uma das principais estrelas da noite.

Outro evento importante era a solenidade anual de Abertura das Câmaras pela rainha. Em 1842, um viajante estrangeiro registrou que a chegada de d. Amélia à Assembleia foi impactante. Acompanhada pelo marquês de Resende, ela estava muito elegante num vestido de luto cravejado de diamantes e usando um retrato do falecido marido ao peito.[148]

D. Amélia também passou a oferecer banquetes em seu belo Palácio de Santos. Alguns nobres, que se mantiveram fiéis a d. Pedro e se tornaram amigos da duquesa de Bragança, bem como o corpo diplomático costumavam frequentar seus concorridos jantares.[149]

Além de frequentar festas, D. Amélia também não deixava que a memória de seus queridos já falecidos fosse esquecida e, assim, além das exéquias pelos dias da morte de d. Pedro e de d. Augusto, ela também mandava que se rezassem missas pelas almas da pequena d. Paula e também de d. Leopoldina nas datas de suas mortes. Como mãe de seus enteados, a primeira imperatriz merecia toda sua devoção.

Os anos 1840 foram também uma época de grandes inovações tecnológicas, como a inauguração da primeira linha regular de paquetes a vapor ligando o Brasil à Europa. Passava a ser possível uma comunicação confiável e muito mais rápida, através da qual, em duas semanas, uma carta podia ser escrita de um lado do Atlântico e lida do outro. Também surgiam os primeiros daguerreótipos e d. Amélia, em julho de 1842, encomendava à livraria Plantier, em Lisboa, uma imagem de Paris.

A duquesa de Bragança, nessa época, costumava incumbir o pintor Maurício José do Carmo Sendim de executar regularmente cópias de retratos a óleo seus e do duque de Bragança, a partir dos originais pintados por Simpson entre 1834 e 1835. Essas cópias foram oferecidas à família e algumas instituições, fazendo com que existam hoje muitas telas, principalmente de d. Pedro fardado como general português, enfeitando as paredes de museus no Brasil e em Portugal, mas também em outros países.

"Fiz o que devia"

No final de 1842, houve uma situação muito delicada que voltou a indispor d. Amélia e d. Maria II. Um dos fiéis servidores de d. Pedro, o seu camarista Paulo Martins de Almeida, tinha permanecido a serviço de d. Maria II desde 1834, tendo se tornado guarda-joias da rainha. Ao contrário do que o título possa sugerir, o termo "joias" deve ser entendido como patrimônio. O guarda-joias era o funcionário responsável não só pelas joias, pratarias, ouro e diamantes brutos, mas também pela administração e conservação do interior de todos os palácios reais, bem como seus depósitos, todas as quintas e terras, prestando contas apenas ao mordomo-mor, cargo máximo dentro da administração da casa real. Com o segundo maior salário na hierarquia dos servidores reais, Almeida gozava de total confiança da rainha, a quem conhecia desde a primeira viagem de d. Maria da Glória ainda com nove anos à Inglaterra. Dessa época, aliás, ele guardou por toda a vida um bilhete que a menina lhe enviou a bordo do navio, convidando "Paulinho" para um jantar com a "duquesa do Porto",[150] o pseudônimo que ela tinha assumido enquanto estivessem fora do Brasil.

Apesar do carinho e da confiança, dentro do contexto de grandes mudanças em seu governo naquele ano, d. Maria II acabou por demitir Almeida do cargo que ele ocupava desde 1834, embora fazendo menção à honra e probidade com que ele sempre a servira.

Almeida não era uma figura unânime na corte. Por ser brasileiro, suas decisões costumavam ser criticadas como uma intromissão em assuntos portugueses que não lhe diriam respeito, mesmo que fizessem parte de suas atribuições. Sua nomeação, além do cargo, como conselheiro da rainha, em julho de 1841, fez com que sua influência fosse ainda mais questionada. A verdade é que, dos quatro grandes amigos de d. Pedro I, o marquês de Resende e Francisco Gomes da Silva já estavam afastados da rainha e trabalhando a serviço de d. Amélia desde sua saída do Palácio das Necessidades. Rocha Pinto tinha falecido em 1837 e, perto de d. Maria II, só restava Paulo Martins de Almeida. Demiti-lo equivalia a cortar o último vínculo com os amigos que d. Pedro tinha escolhido para aconselharem a filha. E, de todos os quatro, ele tinha sido o único a estar ao lado do ex-imperador durante todo o tempo que sucedeu a abdicação. Fora seu ajudante de campo durante o Cerco do Porto e nas batalhas de Lisboa e, até no leito de morte de d. Pedro, era o amigo que havia compartilhado todos os planos, receios, derrotas e vitórias da vida do ex-imperador na Europa.

D. Amélia, indignada com a decisão da enteada de demitir Almeida, imediatamente contratou o antigo funcionário de d. Pedro para ocupar o cargo de guarda-joias em sua corte, com o mesmo salário que ele recebia como guarda-joias da rainha. Claro que ficava implícita sua crítica à atitude de d. Maria II. Em carta para o funcionário, ela explicava que a decisão era uma prova de reconhecimento por seu sacrifício. Ela se referia à abdicação, quando Almeida abrira mão de uma estável carreira como diplomata brasileiro para seguir d. Pedro num futuro incerto, permanecendo, desde então, sempre seu fiel servidor. O cargo e a pensão eram oferecidos em caráter vitalício, e d. Amélia ainda acrescentava que esperava que sua filha pudesse continuar a fazê-lo quando ela falecesse.

Muito deve ter se comentado a respeito, porque d. Amélia escreveu para sua amiga, a condessa de Itapagipe, alguns meses depois, ao saber que havia sido elogiada no Rio de Janeiro por sua decisão:

> Mas eu fiz o que devia, pois não podia esquecer-me de que, no leito da sua morte, o imperador me recomendou o seu camarista Paulo Martins de Almeida, de quem ele era muito amigo, e que o tinha acompanhado nos seus trabalhos todos, e tinha partilhado os seus perigos na luta para o restabelecimento do trono da rainha. Por isso, logo que este fiel criado deixou de ter, na casa da rainha, o emprego que lhe havia sido dado pelo imperador, meu saudoso esposo, conferi-lhe a dita pensão.[151]

D. Amélia havia defendido um conselheiro brasileiro cuja lealdade era incontestável. A atitude foi justa e Almeida seria um funcionário devotado e eternamente grato, mas o relacionamento entre d. Amélia e d. Maria II saiu fortemente abalado desse incidente.

"Os ares pátrios"

Por sorte, logo apareceu um motivo para que d. Amélia se afastasse de Lisboa e da hostilidade que se instalara contra ela na corte. Sua mãe completaria 55 anos em junho de 1843 e as filhas se organizaram para estarem as quatro todas juntas, pela primeira vez, após vinte anos. A perspectiva e o planejamento da viagem mantiveram d. Amélia ocupada nos meses seguintes e sua ausência do país devia amenizar o mal-estar que sua presença poderia provocar após o caso Almeida.

A situação entre madrasta e enteada se tornou pública quando, no dia 8 de junho de 1843, apenas o rei d. Fernando foi se despedir a bordo do vapor que conduziria d. Amélia e a filha até Roterdã, a caminho da Baviera. A rainha, que recebia a visita de sua amiga Clementina, em viagem de núpcias, não foi nem à janela do palácio para acenar para a madrasta quando esta passou Tejo abaixo.

Como sempre, d. Amélia evitou atravessar a França, mesmo que desejasse muito reencontrar a princesa d. Francisca, que acabara de se casar e estava a caminho de Paris. De Roterdã, nos Países Baixos, a viagem seguiu pelo rio Reno, como das outras vezes, até a chegada a Munique, onde reencontrou a família.

A comemoração do dia do nome da mãe de d. Amélia, a duquesa de Leuchtenberg, a 3 de agosto, foi uma festa entre as mulheres da família: Josefina, que pela primeira vez voltava para Munique desde seu casamento, levara a filha, a princesa Eugênia, de treze anos; d. Amélia também estava acompanhada da princesa d. Maria Amélia, na altura com onze. Teodolinda chegou de Stuttgart com sua pequena Augusta, de um ano, e Eugênia também se reuniu às irmãs. Não faltaram festas e presentes. À noite, o rei Luís I abriu um baile na Residência de Munique, o palácio da cidade, dançando a *polonaise* com d. Amélia, que já havia algum tempo aliviara o luto que guardava por d. Pedro e voltara a dançar.

A irmã Josefina, no entanto, não pôde ficar tanto tempo com sua família, porque a saúde de seu sogro, rei da Suécia, piorava rapidamente. A despedida entre as primas Eugênia e Maria Amélia foi triste, porque as oportunidades de se verem eram sempre muito raras e, como lembrança, Eugênia deu para a princesa brasileira um anel em formato de serpente com cabeça de rubi, já que a serpente mordendo o próprio rabo simbolizava a eternidade.

D. Amélia e a filha continuaram em Munique mesmo depois de todas as outras irmãs já terem voltado para casa. Conforme ela escreveu para sua amiga, a condessa de Itapagipe: "Os ares pátrios têm me feito, como sempre, muito bem".[152] Sem nenhuma pressa de voltar para Lisboa, d. Amélia decidiu permanecer na Baviera por dois anos, até a primavera de 1845, passando os meses de outono e inverno em Munique e os de verão e outono em Ismaning, sempre perto de sua mãe. A duquesa de Goiás, tão querida, era presença constante: "Vejo a Isabel muitas vezes e ela veio ultimamente do campo para me cumprimentar no dia do meu nome [10 de julho]. Gosto muito dela, pois é tão boa menina e tão agradecida por tudo o que fiz por ela".[153]

Após tantos casamentos nos anos anteriores, era natural que começasse uma temporada de bebês na família e, assim, para o batizado do primeiro filho de d. Pedro II, o príncipe d. Afonso Pedro, d. Amélia era novamente convidada para ser madrinha, sendo representada por d. Januária na cerimônia no Rio de Janeiro. Tragicamente, a criança morreria dois anos depois.

Com treze anos completados em dezembro de 1844, a princesa d. Maria Amélia celebrou sua primeira comunhão em Munique na primavera seguinte. Assim como ela havia recebido dois batismos, segundo o costume francês, em que no primeiro é feito o sacramento e no segundo, a solenidade, também assim seria sua primeira eucaristia. A primeira cerimônia, a 25 de março de 1845, ocorreu no dia em que se comemorava a doação da primeira Constituição Brasileira por seu pai, 21 anos antes. A segunda ocorreu um mês depois, na data em que d. Pedro doara a Constituição Portuguesa, dezenove anos antes. D. Amélia e sua filha procuravam entrelaçar sua história às memórias de d. Pedro, para que, de alguma forma, sua presença entre elas fosse perpetuada.

Cervejaria Schlossbrauerei Stein, que pertenceu a d. Amélia entre 1845 e 1873. Era, na época, uma das maiores e mais rentáveis cervejarias da Baviera. Foto da autora.

Entre os motivos que mantinham d. Amélia na Baviera estava a questão referente à herança paterna que lhe cabia. Desde o Congresso de Viena,

ficara estabelecido que o príncipe Eugênio teria direito a diversas propriedades na Itália como compensação pela perda do vice-reinado napoleônico.
Essas terras, fronteiriças aos Estados papais, tinham passado a gerar um
mal-estar no Vaticano desde que o duque de Leuchtenberg se convertera à
fé ortodoxa para poder se casar com uma grã-duquesa russa. Para resolver a
situação, o papa se oferecera para comprar as propriedades. Após meses de
negociações envolvendo os advogados da família na Baviera e na Itália, Max
se decidiu pela venda, o que muito desgostou a mãe: "Meu coração sangra,
pois este era o último vínculo de meu filho com a Itália e o nosso belo e
glorioso passado".[154]

Efetuada a transação da venda dos bens na Itália, cada um dos filhos recebeu a parte que lhes cabia e d. Amélia, com seu quinhão, decidiu investir num
imóvel na Baviera. Assim, três dias antes de partir, ela assinou o contrato de
compra da propriedade de Stein, próxima ao lago de Chiemsee. Stein compreendia terras, floresta, as ruínas medievais de uma antiga fortaleza, o palácio
e a cervejaria adjacente. A venda só seria ratificada no dia 16 de setembro de
1845, quando d. Amélia já estava de volta a Portugal.

Um casamento improvável

Após dois anos no seio de sua família, d. Amélia partiu, em junho de 1845, para
Lisboa, mas não sem antes ter viabilizado a realização de um verdadeiro conto
de fadas. Seu novo funcionário, Paulo Martins de Almeida, ao acompanhar
d. Amélia à Baviera, tinha se apaixonado, no início de 1845, por uma prima
dela, Sofia de Bayerstorff. Era um relacionamento improvável.

D. Amélia, que muito estimava Paulo Martins de Almeida e certamente
acreditou em seus sentimentos, redigiu um consentimento formal em nome da
casa ducal de Leuchtenberg para o casamento. Esse era um documento importante, mas Almeida trabalhava na corte da imperatriz-viúva do Brasil e, como
tal, era funcionário da Casa Imperial Brasileira: sem autorização de d. Pedro II,
não poderia se casar.

D. Amélia, rapidamente, solicitou ao enteado que providenciasse toda a
documentação e ainda pediu que fosse conferido a Paulo Martins de Almeida

um título nobiliárquico. Imediatamente promovido a camareiro-mor, no ano seguinte, ele se tornaria visconde de Almeida.

Dificilmente um casamento tão desigual teria acontecido na realeza bávara, mas o príncipe Carlos, pai da noiva, tinha vivido uma situação semelhante ao se apaixonar por sua esposa, que não era nobre, e compreendia o que significava seguir o coração, e não as convenções e regras sociais.

Com a ajuda de d. Amélia, ele consentiu no casamento e Sofia e Almeida passaram a poder se corresponder com maior frequência. O casamento foi celebrado no dia 7 de julho de 1845 e, após a lua de mel, o casal partiu para Lisboa, passando a viver no Palácio de Santos junto com d. Amélia e sua corte. Sofia entrou a seu serviço como uma das damas da imperatriz-viúva, e a cada três anos, por contrato, era concedida ao casal uma estada na Baviera. Seria um casamento muito feliz, com cinco filhos.

Breve passagem por Lisboa

Enquanto Paulo e Sofia desfrutavam de sua lua de mel nos Alpes, d. Amélia chegava a Portugal no dia 9 de julho de 1845. Ela não desembarcou em Lisboa, mas em Cascais, onde foi recebida pelo embaixador do Brasil, Antônio Drummond, porém, não pela rainha, que estava no Palácio de Belém enquanto reformavam o das Necessidades. A duquesa de Bragança seguiu, então, diretamente para o palácio de verão de Caxias, onde permaneceu até outubro.

A distância não havia melhorado as relações com d. Maria II. Mas a rainha tinha, com certeza, mais com que se preocupar. Por um lado, havia os filhos que se sucediam: após o nascimento dos dois mais velhos, d. Pedro e d. Luís, vieram também os infantes d. João, d. Maria Ana e d. Antônia. Por outro, na política, as revoltas também se sucediam: após a restauração da Carta Constitucional em 1842, houvera uma rebelião em Torres Novas e, em março de 1846, a situação se tornava ainda mais instável com a Revolta da Maria da Fonte.

O descontentamento popular motivado por questões religiosas, políticas e econômicas era enorme.

Para que o povo percebesse que havia um esforço por parte da realeza face aos problemas que o país atravessava, os membros da família real abriram mão de parte de suas dotações. D. Amélia, por exemplo, em vez de cinquenta contos, passou a receber 42, dos quais quase tudo era revertido para obras sociais em Portugal.

Em meio às revoltas e epidemias, apesar da redução em sua dotação, d. Amélia reforçou os cuidados com as crianças atendidas pelas casas de apoio aos órfãos que ela administrava. Ela também se preocupava maternalmente com a saúde da rainha, pois, em 1846, ela estava grávida de seu sétimo filho. A madrasta, então, tentou se informar no Brasil se d. Maria II teria imunidade contra as enfermidades que se alastravam: "A rainha, quando era pequena, isto é, antes de eu a conhecer, teve sarampo, ou tosse convulsa, ou outra qualquer das doenças chamadas de crianças e próprias da primeira idade?".[155]

Apesar dos receios da madrasta, a gravidez de d. Maria II correu sem problemas e, em julho de 1846, nasceu o infante d. Fernando. Porém, logo chegaram notícias da Alemanha de que a irmã de d. Amélia, Eugênia, se encontrava gravemente doente. Fosse real a sua preocupação com a irmã, ou mera desculpa para voltar a Munique, fato é que d. Amélia tratou de mandar fazer as malas assim que chegou dos banhos em Caxias. Com o início da guerra civil nas batalhas da Patuleia, a imperatriz-viúva decidiu aproveitar o final do outono e partir para a Baviera antes que o inverno e a guerra não mais o permitissem. Ela deixou Lisboa no dia 15 de outubro, uma semana após o golpe palaciano que demitiu Palmela, e chegou a Munique no dia 26 de novembro de 1846.

Relíquias

Dessa vez, em vez da habitual comitiva reduzida, d. Amélia levou consigo treze pessoas que trabalhavam em seu palácio de Lisboa, possivelmente para a segurança deles, já que a situação em Portugal era bastante instável. No ano seguinte, o contrato de aluguel de seu Palácio de Santos não foi renovado.

Talvez sua saída de Portugal tenha tido também uma motivação política, pois d. Amélia era muito próxima da duquesa de Palmela, que supervisionava boa parte das obras mantidas pela duquesa de Bragança. Com a indisposição entre o duque de Palmela e o governo nomeado por d. Maria II, permanecer em Portugal colocaria d. Amélia numa posição delicada, e uma viagem naquele momento poderia evitar novos conflitos com a rainha.

Quem estava muito contente com a viagem à Baviera era o casal Almeida, pois puderam apresentar o filho Carlos Augusto, nascido no ano anterior, para a família de Sofia. Era mais um afilhado de d. Amélia.

Em 2012, ao visitar a Villa Almeida, à beira do lago Starnberg, próximo de Munique, em busca de documentos e correspondência referentes a d. Amélia, conheci a sra. Ruth, condessa de Almeida. Alguns meses depois, ela faleceu, mas, naquela tarde, entre cartas, objetos, quadros e livros que tinham pertencido a Paulo e Sofia, a condessa me deu alguns presentes. Pequenos livros que tinham sido oferecidos por d. Amélia para Carlos, seu afilhado, uma carta e uma fita em tecido onde quase já não se conseguia mais ler a inscrição: "Altura de minha filha Maria Amélia em 1846". Uma lembrança da princesa que Sofia e Paulo Martins de Almeida guardaram.

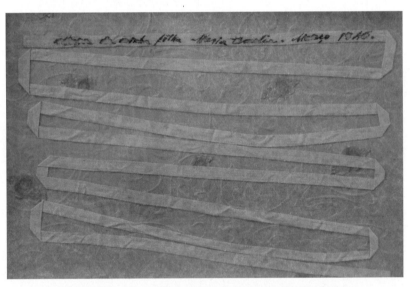

Fita assinalando a altura da princesa d. Maria Amélia em 1846, aos quatorze anos: 1,65m. Coleção da autora. Foto de Andreas Witte.

Naquela época, cada país adotava medidas próprias e não havia uma padronização por léguas, jardas, metros ou qualquer outro sistema, assim, as pessoas mediam as crianças com pequenas fitas. No sistema métrico, d. Maria Amélia tinha, aos quatorze anos, 1,65m. Do mesmo ano, existe uma carta na

Biblioteca Nacional no Rio de Janeiro em que d. Amélia comentava que a filha já estava quase da sua altura. Ou seja, d. Amélia devia ter 1,66m ou pouco mais. Qual altura a princesa Maria Amélia acabou atingindo, e se chegou a ultrapassar a mãe ou não, não sabemos. Mas 1,65m ou 1,66m de altura para o século XIX era uma estatura considerável.

Tempos difíceis

Já com intenção de que a estada na Baviera fosse mais longa que das outras vezes, d. Amélia logo providenciou professores para a filha. No início de 1847, d. Maria Amélia já tinha lições de canto e de desenho e ficou em Munique com a avó e seus professores quando a mãe foi visitar a irmã doente em Hechingen.

A princesa Eugênia sofria de tuberculose e, seguindo um heterodoxo tratamento, tinha sido colocada num cômodo logo acima do estábulo das vacas, onde um cano levava o cheiro de estrume para, pretensamente, curar suas vias respiratórias. Também queimavam materiais inflamáveis sobre seu peito numa tentativa de secar os pulmões. D. Amélia passou duas semanas com a irmã e ficou bastante impressionada com sua religiosidade e resignação. De fato, era preciso muito estoicismo para enfrentar não só a doença como o tratamento prescrito.

De volta a Munique, a ex-imperatriz e sua filha foram com a duquesa Augusta para Ismaning, onde passaram o verão. Enquanto isso, as reformas no Palácio de Stein, comprado dois anos antes por d. Amélia, estavam quase prontas.

No dia 1º de setembro de 1847, Eugênia acabou falecendo. Teodolinda, que voltava para Stuttgart, avisada de que a irmã tinha piorado, ainda tentou encontrá-la com vida, mas os trens atrasaram e, por apenas duas horas, ela chegou tarde demais. Quando d. Amélia recebeu a notícia, ficou tão abalada com a morte da irmã, que teve uma forte dor no peito. É possível que ela já sofresse de angina, o que acabaria se revelando a causa de sua morte, anos depois.

O ano seguinte, 1848, foi um dos períodos mais turbulentos de todo o século XIX. Em janeiro, as agitações começaram na França, levando a uma revolta que fez com que o rei Luís Filipe tivesse que abdicar. Ele, a rainha e mais algumas pessoas fugiram sob nomes falsos e se esconderam de aldeia em aldeia até conseguirem alcançar a costa da Normandia, de onde um navio britânico os levou em segurança à Inglaterra. Lá, a rainha Vitória lhes ofereceu como residência a Mansão Claremont. A princesa de Joinville, Francisca, seu esposo e os filhos estavam, nessa altura, no Norte da África, de visita ao irmão do príncipe, o duque de Aumale, governador-geral da Argélia. Ao saberem da revolução e da tomada das Tulherias, as duas famílias fugiram e foram primeiramente para Lisboa, onde a rainha d. Maria II, irmã de Francisca, os acolheu.

Foi tudo tão inesperado, que eles chegaram de surpresa no Palácio das Necessidades. Como d. Maria II contaria depois, eles estavam se sentando para jantar quando a irmã e sua família entraram pela porta. O marquês de Fronteira, presente à cena, deixou um relato do encontro:

> Presenciei, então, uma das cenas mais tocantes a que tenho assistido. Vi entrar no real paço os filhos e netos dum dos soberanos mais poderosos do mundo, errantes, sem as menores notícias de seus augustos pais, sem pátria nem fortuna, procurando um asilo no paço dum real parente que, poucos anos antes, sofrera a mesma sorte, indo bater à porta do palácio ducal do Palais-Royal, onde achara a mesma hospitalidade que dava agora aos seus ilustres parentes.[156]

De fato, dezessete anos antes, tinham sido os reis da França que acolheram a jovem d. Maria II, que, agora, retribuía a oferta de asilo para seus familiares. No entanto, ao saber que o restante da família Orléans estava na Inglaterra, os Joinvilles decidiram embarcar na mesma noite e seguir viagem.

Inteirada dos fatos, d. Amélia decidiu abrir um crédito para sua enteada, Francisca, junto ao banqueiro Samuel Phillips em Londres.[157] Logo começaram também as comunicações da diplomacia brasileira intercedendo a favor da princesa d. Francisca, para que, na condição de princesa estrangeira na França, pudesse, pelo menos, reaver seu dote.

A situação financeira dos Joinvilles ainda estava indefinida quando, em dezembro de 1848, Luís Napoleão Bonaparte foi eleito presidente da jovem República Francesa. Três anos depois, ele daria o golpe que lhe asseguraria o trono imperial da França. Os bens dos Orléans, incluindo os dotes das princesas estrangeiras, foram, então, oficialmente confiscados. Se d. Amélia já não simpatizava com esse primo, depois dessa decisão, sua consideração por ele só diminuiu. O medo do rei Luís Filipe de ser destronado por um Bonaparte ou um

Beauharnais, afinal, se concretizou duplamente. Napoleão III era Beauharnais por parte de mãe e Bonaparte pelo lado do pai.

Na esteira dos acontecimentos em Paris, em outros países da Europa também começaram a eclodir revoltas. Foi outra enteada de d. Amélia, a princesa d. Januária, quem se viu ameaçada em julho de 1848, quando começou uma revolução contra a dominação dos Bourbons em Nápoles. Também a Hungria, o Norte da Itália, diversos Estados da Alemanha e tantos outros lugares foram sacudidos por ondas revolucionárias.

Na Baviera, o descontentamento envolvia mais a pessoa do rei que questões referentes à monarquia constitucional em si. Desde o ano anterior, quando Luís I assumira publicamente um relacionamento com a atriz conhecida pelo nome artístico de Lola Montez, a população passara a questionar sua autoridade. A inflação e o descontentamento com a crise econômica se somaram aos escândalos pessoais do rei e fizeram com que sua popularidade ficasse irreversivelmente comprometida.

Embora se apresentasse como dançarina sevilhana, Lola Montez, na verdade, se chamava Maria Dolores Elisa Rosana Gilbert e havia nascido na Irlanda. Apaixonado, o rei a nomeou sua professora particular de espanhol, língua que, na realidade, ela pouco dominava, mas franqueando, com isso, o acesso da amante à residência real. Depois, ele lhe permitiu passear nos jardins do Palácio de Nymphenburg, cuja frequência era exclusiva da família real, o que foi visto como uma afronta à rainha e sua família. O rei, então, lhe concedeu o título de condessa de Landsfeld e a mandou retratar para sua célebre Galeria da Beleza. O poder de Lola aumentava e passaram a desconfiar de que ela tivesse influenciado a formação do gabinete que aconselhava o rei. Acusada de traficar influência política, Lola foi se tornando um símbolo de tudo que havia de errado no governo.

Cada vez mais imprudente, Luís I instalou Lola num novo endereço quase ao lado do Palácio da Cidade, causando tal indignação que alguns estudantes de Munique se manifestaram apedrejando a fachada da casa. O rei ameaçou fechar a universidade e só conseguiu causar mais tumulto. A situação piorou com as notícias das revoltas em Paris.

No dia 3 de março de 1848, d. Amélia e Augusta estavam com a rainha no Palácio da Residência quando chegou a informação de que havia camponeses às portas de Munique prontos para depor o rei, enquanto começavam a circular brados pela república. Ameaçavam incendiar o palácio se o parlamento não fosse convocado. Além da impopularidade que o caso com Lola Montez custara à monarquia, a população clamava por maior liberdade de imprensa e controle dos preços que não paravam de subir.

Augusta, de joelhos, tentou alertar o rei, seu irmão, de que ele teria que apaziguar os ânimos sacrificando a amante. Por algum motivo, Luís I quis, então, conversar com d. Amélia.[158] Não se sabe o que ela lhe disse, mas talvez a ex-imperatriz tenha mencionado o exemplo de d. Pedro I no Brasil e seu célebre caso com a marquesa de Santos.

De fato, havia paralelos entre as histórias e muitos componentes se repetiam: as duas favoritas, Domitila e Lola, tinham recebido acesso à corte e titulação na nobreza, tinham se envolvido na política e causado escândalo, foram acusadas de corrupção e acabaram gerando perigosa impopularidade para o monarca.

Finalmente, Luís I decidiu afastar Lola da corte, alegando que não podia mais garantir sua segurança, e, após súplicas e juras de amor, alguns dias depois, ela acabou se retirando para a Suíça. No dia 19 de março de 1848, após 23 anos no trono, Luís I abdicou em favor de seu filho, que foi aclamado dois dias depois como Maximiliano II.

Após deixar Munique, Lola voltou a se apresentar em Paris, Londres e Nova York com peças de teatro alusivas à sua aventura com o rei. Sua experiência na Baviera a fez famosa e permitiu que publicasse livros de sucesso com dicas de beleza e sedução. Após três casamentos e temporadas na Austrália e na Califórnia, ela faleceu nos Estados Unidos, vítima de uma pneumonia, aos quarenta anos.

Também na Áustria chegaram os ventos revolucionários, encerrando a longa influência de Metternich e depondo o imperador Fernando, irmão mais velho de d. Leopoldina. A princípio, a coroa deveria passar para o irmão mais novo, Francisco Carlos. Porém, sem condições físicas nem psicológicas de governar a Áustria, foi sua esposa, a arquiduquesa Sofia, tia de d. Amélia, quem decidiu a sucessão da coroa. Ela convenceu o marido a abdicar em favor do filho do casal, o arquiduque Francisco José, que, com dezoito anos, foi aceito como promessa de mudanças e modernização para o país.

Física, astronomia e música

Acalmada a situação em Munique após a abdicação de Luís I, d. Amélia e sua filha se mudaram para o Palácio de Stein, comprado dois anos antes e cuja reforma finalmente terminara. Elas passaram os meses mais quentes de 1848, entre agosto e outubro, na propriedade aos pés dos Alpes. Nessa paisagem magnífica, circundada por muitos lagos e montanhas, mãe e filha costumavam fazer longas caminhadas. D. Amélia também gostava de frequentar as termas, onde tomava banhos salgados pelo sal de rocha da região.[159]

Tanto em Lisboa como em Stein ou em Munique, d. Maria Amélia sempre dava continuidade a seus estudos. Isso era possível porque d. Amélia contratava professores para ministrarem aulas para a filha onde quer que elas estivessem. Entre eles, o mais importante era o dr. Friedrich Kunstmann, um dos intelectuais bávaros de maior prestígio na época, que acumulava os títulos de historiador, jurista, cartógrafo, professor de teologia e sócio da Academia Real das Ciências de Munique.

Contratado em 1841, quando d. Maria Amélia tinha nove anos, Kunstmann passaria os nove anos seguintes como o responsável pelo ensino de teologia, gramática, retórica, filosofia, literatura alemã, geografia e história universal, uma das matérias preferidas da princesa. Tendo vivido em Lisboa durante cinco anos, ele não só aprendeu impecavelmente o idioma, como reuniu uma coleção fabulosa de livros e mapas antigos portugueses, que foi doada para a Universidade de Munique quando ele faleceu. Como a língua era uma barreira, nos anos seguintes, as caixas com a biblioteca do professor acabaram indo parar num depósito nos porões, onde ficaram esquecidas. Foi o que permitiu que sobrevivessem às futuras guerras.

Após uma sólida formação com seus mestres, aos dezessete anos, a princesa d. Maria Amélia decidiu continuar seus estudos e cursar física e astronomia, para o que teria que frequentar a faculdade de ciências físico-matemáticas da Universidade de Munique. A instituição, no entanto, só admitiria mulheres entre seus estudantes 55 anos mais tarde, a partir do semestre de inverno de 1903. Em 1848, o desejo da princesa era quase um atrevimento para pessoas do seu gênero.

Com o impedimento de que mulheres frequentassem as aulas na universidade, d. Amélia procurou resolver a situação contratando o professor Thaddäus

Sieber, responsável pelo departamento de física, para conduzir os estudos da filha. Ele passou, então, a lhe ministrar aulas particulares em casa. A dedicação e o empenho de d. Maria Amélia fizeram com que lhe fosse aberta uma exceção: ao final do curso, a princesa pôde prestar os exames no gabinete de física da Universidade de Munique, os quais concluiu com louvor.

Infelizmente, os registros acadêmicos da princesa d. Maria Amélia, uma das primeiras, se não a primeira, mulher a prestar os exames da Universidade de Munique, se perderam quando a cidade foi severamente bombardeada durante a Segunda Guerra Mundial. Além de seu pioneirismo, é de se lembrar, também, que a área das ciências exatas permaneceria um território predominantemente masculino, mesmo quando as universidades flexibilizassem seu acesso para o público feminino.

Na época em que d. Maria Amélia prestou seus exames, os principais responsáveis pelo gabinete de física da universidade eram o dr. Sieber, seu professor, e os drs. Johann Gerzabeck e Georg Simon Ohm. Este último, hoje considerado um dos mais brilhantes físicos da história, foi imortalizado com a adoção de seu nome para a unidade de resistência elétrica e homenageado com uma estátua no antigo campus da Universidade Técnica de Munique. Muito provavelmente, foram eles os examinadores da princesa d. Maria Amélia em 1849.

Além de sua inclinação para as ciências, a princesa gostava muito de ler e tinha especial curiosidade pela poesia sacra, demonstrando "perseverante interesse" por *Messias*, de Klopstock, um poema, segundo o marquês de Resende, tão complexo que costumava ser mais citado que lido. As leituras da princesa Maria Amélia, no entanto, eram censuradas. O que não era considerado conveniente para uma jovem saber era-lhe ocultado:

O romance, como convinha, foi banido. Para a leitura das obras-primas da literatura antiga ou moderna, fazia-se uma seleção de trechos, deixando para mais tarde o conhecimento do poema inteiro, quando, sem nada perder do encanto, já não apresentava mais perigo.[160]

Fica bem claro nessa passagem que histórias de amor eram perigosas e deviam ser evitadas. Uma vez que as princesas teriam que fazer o casamento que melhor conviesse à sua família e posição, quanto menos elas sonhassem com romances e livres escolhas, melhor. Também para evitar paixões desnecessárias, os funcionários que serviam as jovens princesas eram criteriosamente escolhidos. É reveladora a passagem de uma carta de d. Amélia para d. Pedro II em que ela menciona que não queria um criado de 27 anos a seu serviço para que ele não convivesse com a filha.

Assim como o pai, d. Maria Amélia também era bastante musical, tendo especial talento e predileção pelo piano.

Enquanto se dedicava a seus estudos, d. Maria Amélia tinha atingido dezessete anos, idade em que normalmente eram negociados os casamentos nas casas reais. Como princesa brasileira, era preciso que o governo desse país primeiro definisse a dotação a que ela tinha direito, para que, então, qualquer tratativa pudesse ser iniciada. Como o tempo passava e nada acontecia, d. Amélia começou a se preocupar e escreveu para d. Pedro II: "Proponha incessantemente às cortes a lei que fixa à tua irmã Amélia um dote como o que tua irmã Francisca recebe. Eu gostaria de tratar de seu casamento e isto é impossível enquanto não estiver estipulado o dote que ela receberá do Brasil".[161]

Dois meses depois desse pedido, d. Amélia dava notícias da estreia da filha na corte e do famoso retrato realizado em Munique no aniversário de dezessete anos da princesa por Friedrich Dürck: "Maria Amélia foi, neste inverno, pela primeira vez a alguns bailes da corte e muito tem se divertido. Ela, geralmente, agrada pelas suas bonitas maneiras. [...] Mandar-te-ei o retrato a óleo de tua irmã e mais a sua litografia, ambos são muito parecidos".[162]

"No maior segredo"

Além da negociação do casamento da princesa d. Maria Amélia, havia outra filha de d. Pedro em idade núbil e d. Amélia também escreveu para d. Pedro II a respeito no final de 1848:

> A propósito, me digas se a estória que me contaram é verdade, que a jovem Maria Isabel, nascida em fevereiro de 1830, vai se casar com o conde d'Iguaçu? Nesta ocasião, meu querido filho, eu tomo a liberdade de te aconselhar a usares, neste negócio, de prudência e dignidade. [...] Se deres permissão para o casamento, pode-se pensar que tu consideras esta jovem Maria Isabel como

filha de teu pai. Ele jamais a declarou como tal, nada pode provar que ela o seja e é um dever dos filhos não a considerar como da família.

O caso é totalmente diferente para a jovem duquesa de Goiás, que esposou o conde de Treuberg, pois teu pai a reconheceu e declarou como sua filha por um ato formal. Seus únicos parentes são os que teu pai lhe deu, pois, por sua vontade expressa, ela ignora quem foi sua mãe.

Não deve haver relações de parentesco entre Isabel e Maria Isabel, pois a primeira só conhece seu pai e a segunda, só a mãe.[163]

Algum tempo depois, d. Amélia retomava a questão em outra carta para d. Pedro II:

A ti, meu querido filho, <u>direi no maior segredo</u>* que a terceira parte da metade da terça que teu pai, no seu testamento, determinou que me fosse entregue para eu lhe dar a aplicação que ele verbalmente me fez constar, foi destinada à menina Maria Isabel agora casada com o conde d'Iguaçu, mas não devendo eu revelar esta determinação do teu pai, acabo de mandar entregar, por via da Casa Samuel Phillips e cia. do Rio de Janeiro, a quantia em que consiste o legado à condessa d'Iguaçu, como proveniente de um anônimo, pois nunca deve ela vir no conhecimento do nome da pessoa que lhe deu o dito legado, nem do nome da outra que lho mandou entregar.[164]

Nessas duas cartas escritas por d. Amélia para d. Pedro II entre 1848 e 1850, fica finalmente elucidada a questão a respeito do reconhecimento da condessa de Iguaçu por parte de d. Pedro I. Por a criança ter nascido após seu casamento com d. Amélia e na tentativa de evitar novos escândalos, d. Pedro nunca perfilhou a última filha tida com a marquesa de Santos. Mesmo no testamento, ele a contemplou de forma anônima. D. Amélia cumpria, assim, a vontade do marido e fazia com que Maria Isabel recebesse o que o pai lhe legara sem revelar, no entanto, a origem da doação.

E, para proteger a duquesa de Goiás, casada na nobreza bávara sem que se soubesse de qualquer vínculo dela com sua mãe, d. Amélia mantinha o cuidado de não fazer conexões entre as duas irmãs. Ela respeitou a vontade de d. Pedro sem questionar e nunca contou para a duquesa de Goiás a respeito

---

* Trecho sublinhado por d. Amélia.

de sua origem, mantendo a enteada na ignorância de que tinha mãe e irmãos vivos no Brasil. D. Amélia explicou para d. Pedro II a forma como via essa omissão das informações:

> O nosso respeito e o nosso amor à memória de teu nobre pai nos impõem a rigorosa obrigação de nos conformarmos inteira e estritamente às suas últimas vontades, bem claramente expressas no seu testamento. [...] Reconhecer um [filho] a mais, seria [...] fazer-lhe depois da morte uma violência, revelando o que ele quis que ficasse duvidoso ou encoberto. [...] Se, pois, meu querido filho, o conde d'Iguaçu te tornar a falar n'alguma coisa a este respeito, deves perseverar em responder-lhe que não conheces outra filha natural de teu pai senão a duquesa de Goiás, que ignoras o que eu ouvi de teu pai e que não tens conhecimento de qualquer legado que, segundo diz o conde d'Iguaçu, foi deixado para sua mulher.[165]

D. Amélia se manteve, de acordo com suas convicções, totalmente discreta, e a condessa de Iguaçu recebeu a parte da herança paterna que lhe cabia sem a confirmação de que se tratava de um legado de d. Pedro e sem saber sequer quem lhe tinha enviado o dinheiro. Ela e seu marido, naturalmente, ficaram curiosos, e decidiram procurar a irmã de Maria Isabel na Europa. Porque no Brasil, obviamente, sabia-se que a duquesa de Goiás era irmã da condessa de Iguaçu, no mínimo por parte de mãe, mesmo sem a confirmação do reconhecimento paterno da mais nova.

Visitas de longe

O ano de 1849 trouxe outras preocupações para d. Amélia, porque, em abril, era sua irmã Teodolinda quem estava "muito doente com inflamações do peito e depois o tio Carlos com igual moléstia"[166] e, então, seu irmão Maximiliano adoeceu com sarampo e, em seguida, começou também a apresentar sintomas de tuberculose.

Conforme era costume, Max foi aconselhado a buscar melhores ares e temperaturas mais amenas e, com esse objetivo, empreendeu uma viagem para a ilha da Madeira, o ponto mais tropical da Europa. Foi ele a primeira pessoa da família a se hospedar na Quinta das Angústias, no Funchal, e tão bem lhe fizeram os ares do Atlântico, que Maximiliano voltou restabelecido no ano seguinte.

D. Amélia estava na Baviera, e não estaria em Lisboa para recepcionar o irmão em sua volta da Madeira, por isso, ela organizou que ele se hospedasse em seu palácio quando chegasse e fosse recebido pelos reis, d. Maria II e d. Fernando. Em carta para este, ela pedia que o rei mostrasse os jardins das Necessidades, Mafra, Sintra e as plantações da Pena.[167] Era a primeira vez que d. Maria da Glória via aquele que tinha sido seu cunhado e fora cogitado para ser seu segundo esposo. De quem ela dissera, a partir do retrato enviado em 1835, que tinha "cara de batata frita". D. Fernando não parece ter gostado muito do antigo "concorrente" e, em carta para sua família, escreveu sobre ele: "Agora temos cá o conde* de Leuchtenberg com muitos russos. O príncipe parece-me amável, mas tem algo do desassossego da sua irmã e da sua excessiva pontualidade. [...] mostrou prazer em ver os cavalos e elogiou a nossa cavalariça".[168]

Enquanto isso, d. Amélia teve uma feliz surpresa. O príncipe e a princesa de Joinville, acompanhados de sua filha Chiquinha, disfarçados sob o título de condes d'Arco, decidiram visitar d. Amélia na Baviera. Quando ela soube, encontrava-se no palácio de sua mãe em Munique e achou melhor ir para sua residência em Stein, onde poderia acomodá-los melhor. A emoção do reencontro foi grande: "Tive um gosto bem grande que foi a visita que o príncipe e a princesa de Joinville me fizeram aqui com a sua linda filhinha. É a primeira vez que eu tornava a ver a Francisca desde que saí do Rio, ela, então, tinha seis anos e agora tem 24!".[169]

As irmãs d. Francisca e d. Maria Amélia, que ainda não se conheciam e tinham na época 24 e dezessete anos respectivamente, se viram pela primeira vez nessa ocasião. Após a breve visita da enteada em junho, que ficou apenas cinco dias em Stein, d. Amélia recebeu em outubro sua mãe, que voltava de uma estada nos Alpes com seu irmão, o ex-rei d. Luís. As desavenças entre a mãe e o tio, que tanto marcaram a infância e juventude de d. Amélia, definitivamente tinham ficado para trás.

E então, novamente, no final de outubro, voltaram todas para Munique, onde a princesa d. Maria Amélia tinha que terminar suas "instruções de educação".[170]

---

*   Na realidade, d. Fernando se engana, Maximiliano era duque, e não conde de Leuchtenberg.

Sem dote, sem noivo

A 1º de dezembro de 1849, num dia de muito frio e neve, em que "as árvores sem folhas pareciam açucaradas pelo gelo",[171] foi o aniversário de dezoito anos da princesa Maria Amélia e sua avó anotou no diário: "Hoje é o dia do nascimento da minha neta Marie Amélie do Brasil. Ela faz dezoito anos. Às 9h30 sua mãe me chamou para levar meus presentes. Toda a família real veio felicitá-la".[172]

Muito querida pelos familiares, a rainha Teresa chegou a cogitar a mão de d. Maria Amélia para seu filho, Adalbert. Outro Adalbert, príncipe herdeiro da Saxônia, também foi aventado como pretendente, mas foi igualmente rejeitado. É compreensível que d. Amélia não queria se comprometer enquanto não estivesse estabelecido o dote da filha.

Enquanto aguardava uma definição a respeito, no início de 1850, para desgosto de d. Amélia, os diplomatas da Sardenha se adiantaram e sugeriram a d. Pedro II casar a princesa d. Maria Amélia com o príncipe de Montléart, cuja nobreza não era muito reconhecida. Era quase uma ofensa tal oferta, e d. Amélia indiretamente o diz a seu enteado: "Esse príncipe de Montléart é um astro tão pouco luminoso, que, por mais que se procure no *Almanaque Gotha*, [...] em parte alguma aparece".[173]

Era claro que d. Amélia enviava uma mensagem clara para d. Pedro II com tal comentário, ou seja, que não se contentaria com um candidato pouco expressivo para noivo de sua filha. Procurando ser mais direta e objetiva, d. Amélia explicou o que gostaria: que a posição da princesa d. Maria Amélia fosse equiparada à de suas irmãs, as princesas d. Januária e d. Francisca, as quais, pela lei de 29 de setembro de 1840, tinham tido direito a um dote de quatrocentos contos de réis, mais cem contos para o enxoval.

A situação, no entanto, acabou se arrastando durante muitos meses, e, embora d. Amélia voltasse a mencionar o assunto em quase todas as cartas, lembrando que "o dote da última filha do imperador seria uma demonstração de afeto pelo fundador do império", nada acelerou o processo. A fixação do valor foi votada no final de 1850, mas o projeto de lei só chegou à câmara, após aprovação pelo senado, em agosto de 1851.

D. Pedro II, durante esse tempo, chegou a sugerir que a madrasta e a princesa d. Maria Amélia fossem visitá-lo no Rio de Janeiro, o que poderia ajudar a deslindar o impasse, mas d. Amélia não aceitou o convite, alegando seu estado precário de saúde. Segundo ela, desde a morte de d. Pedro I, em 1834, sentia dores no coração e temia não suportar a viagem, pelo que, só após o casamento da filha teria coragem de correr o risco de atravessar novamente o Atlântico.

Em março de 1850, ainda na Baviera, d. Amélia escrevia para o rei d. Fernando já com saudades de Portugal, comentando que, nessa época, os jardins de Lisboa já deviam estar repletos de flores, enquanto em Munique ainda não as havia. Logo, ela começou a preparar o retorno. No final de agosto de 1850, d. Amélia saiu de Munique pela última vez. A ideia era voltar para Lisboa, aguardar por lá pela definição do dote da filha e preparar seu casamento. Provavelmente, depois das núpcias, ela retornaria para seu palácio na Baviera.

As janelas verdes

A viagem para Portugal no verão de 1850 foi extremamente rápida, em menos de uma semana, a comitiva da ex-imperatriz chegou a Ostende, porto belga de onde partiu o vapor escocês *Boyle*, fretado por d. Amélia com destino a Lisboa. As condições meteorológicas estavam tão propícias que a viagem marítima levou apenas quatro dias e, a 1º de setembro, mãe e filha já estavam em Portugal. Dessa vez, acompanhando as Amélias, seguia a baronesa Caroline de Stengel.

Essa pianista de 28 anos vivia um casamento bastante infeliz, quando foi convidada para ser dama de companhia da princesa Teodolinda. Mas, ao comparecer para a entrevista no Palácio Leuchtenberg, ela e a princesa d. Maria Amélia se entenderam tão bem, descobriram tantos interesses em comum, sobretudo a música, que d. Amélia propôs que Caroline as acompanhasse a Lisboa. Foi negociado um salário anual de três mil francos pagos parte em Portugal e parte na Baviera, como provisão para o futuro, e Caroline passou a integrar a corte de d. Amélia.

Corte essa que era constituída, na época, por dezesseis pessoas e mais jardineiros, cocheiro, moços das cavalariças, cozinheiros, carregadores de água e outras funções desempenhadas por pessoas cujos nomes poucas vezes eram citados.

A pessoa mais importante dessa corte continuava sendo seu mordomo-mor, o marquês de Resende. Abaixo dele, vinham a camareira-mor, a marquesa de Cantagalo, e os camareiros viscondes de Almeida e de Aljezur. Abaixo da marquesa de Cantagalo estava a antiga preceptora de d. Amélia e de Teodolinda, que havia desempenhado a mesma função para a princesa d. Maria Amélia, Fanny Maucomble. Abaixo dela, e em paridade com a viscondessa Sofia Almeida, estava a outra camareira, a condessa Anna Geldern. Faziam ainda parte da corte o secretário Francisco Gomes da Silva, outro fiel amigo de d. Pedro, e o contabilista Primislau Sperling. Completava o rol de pessoas que tinham contato direto com a duquesa de Bragança e sua filha, o capelão e o médico dr. Barral. A corte de d. Amélia era uma mistura de bávaros, portugueses e brasileiros, as três nacionalidades que faziam parte de seu próprio destino.

Embora a ex-imperatriz estivesse com saudades de Portugal, sua enteada, d. Maria II, continuava sem sentir falta da madrasta. Conforme ela escreveu para um amigo com quem tinha intimidade para ser tão sincera: "Saiba e imagine a minha raiva, vamos de todo para o forno de Lisboa no dia três para esperar a imperatriz. Ainda se fosse esperar alguém de quem eu gostasse, mas a ela não tenho paciência".[174]

D. Amélia se estabeleceu desde a chegada a Lisboa, em setembro de 1850, num novo palácio. A antiga residência em Santos fora devolvida para seus proprietários e, a partir de então, e até o final de sua vida, d. Amélia moraria no Palácio das Janelas Verdes.

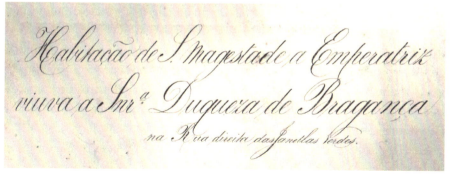

Endereço de d. Amélia em Lisboa, entre 1850 e 1873, no envelope de uma de suas cartas. Coleção particular, Lisboa. Foto da autora.

Conforme ela explicou em carta para d. Pedro II, o palácio em si não tinha as janelas pintadas de verde, mas diversas casas daquela rua o tinham, daí o nome rua das Janelas Verdes, que acabou batizando o edifício de "Palácio da

Rua das Janelas Verdes", o que, com o tempo, foi simplificado para "Palácio das Janelas Verdes".

Construído pelos condes de Alvor e alugado para d. Amélia, hoje esse edifício abriga o fabuloso Museu Nacional de Arte Antiga, porém, afora a monumental escadaria, pouco se reconhece do interior da residência da ex-imperatriz. A fachada sul, com vista para o Tejo, e os jardins, no entanto, parecem pouco ter mudado em comparação com as imagens que conhecemos da segunda metade do século XIX. A brisa que sopra do rio, o pôr do sol que dali se avista e a serra da Arrábida que se revela ao longe nos dias claros tampouco mudaram.

O palácio, uma construção muito grande, ainda abrigava um convento numa de suas alas, mas d. Amélia e sua corte ocupavam toda a parte leste do edifício. Os aposentos particulares da ex-imperatriz correspondem às salas hoje numeradas de 50 a 55 no atual Museu Nacional de Arte Antiga, e o quarto de dormir de d. Amélia ainda conserva o mesmo teto pintado. Nas salas contíguas, ela mantinha uma coleção de retratos de sua família, o piano da filha e sempre muitos, muitos livros.

De volta a Portugal, d. Amélia reencontrou uma de suas únicas amigas: Isabel de Sousa Botelho Mourão e Vasconcelos, condessa de Rio Maior por casamento. Nascida como d. Amélia, em 1812, a condessa de Rio Maior era uma amiga de sua total confiança e com quem a ex-imperatriz dividia a direção dos orfanatos sob sua responsabilidade. Foi para ela que d. Amélia deixaria uma de suas joias mais bonitas ao falecer, um broche em formato de buquê com pérolas e diamantes.

Como era costume entre a nobreza e a realeza, mesmo tendo concluído o curso em Munique, a princesa continuava seus estudos em Portugal. Estudar era algo que se fazia por toda a vida, havendo inúmeros registros de monarcas que continuavam tendo aulas de música, artes e outros temas mesmo depois de adultos. Em 1851, enquanto esperavam em Lisboa pela solução da questão do dote, a princesa passou a ter aulas de literatura portuguesa com o professor Francisco Freire de Carvalho, membro da Academia de Ciências de Lisboa, que havia morado no Brasil entre 1829 e 1834.

D. Maria Amélia também aproveitava o tempo para estar mais perto dos filhos da rainha d. Maria II. Numa de suas cartas para d. Pedro II, a princesa contava que tinha ido visitar o museu de seus sobrinhos mais velhos, d. Pedro e d. Luís, o qual consistia principalmente em coleções de conchas e pássaros. Ela era apenas, respectivamente, seis e sete anos mais velha que eles.

Alguns meses depois, mãe e filha prestigiaram a famosa Exposição Filantrópica ocorrida no Arsenal da Marinha em Lisboa. Os valores arrecadados com as entradas para esse evento se reverteriam para nove instituições de caridade apoiadas pela duquesa de Bragança, as chamadas "salas de asilo dos desvalidos". Diversas famílias e instituições colaboraram, emprestando pinturas, esculturas, relíquias e móveis. D. Amélia, naturalmente, enviou algumas peças que considerava relevantes. Entre elas, constavam um grande busto do príncipe Eugênio em mármore de Carrara, um jarro e uma pia em pórfiro, dois modelos para estátuas equestres em bronze, retratando d. Pedro, as esculturas da Caridade, em marfim, e de Nossa Senhora, em madeira. A ex-imperatriz enviou ainda uma cadeira bordada por ela própria e uma mesa em ébano, entalhada em marfim, trazida da Baviera.

A decoração da exposição era muito elaborada e a quantidade de peças desconhecidas que se encontravam pela primeira vez exibidas atraiu um grande público. Esse evento de 1851 foi o precursor da famosa Exposição de Arte Ornamental de 1882 que daria origem ao Museu de Arte Ornamental, futuramente Museu Nacional de Belas-Artes e Arqueologia e embrião do atual Museu Nacional de Arte Antiga. O qual, por coincidência, acabou sendo instalado na antiga residência da imperatriz no Palácio das Janelas Verdes, que, afinal, não eram verdes.

Novas perdas

OS ANOS seguintes fariam com que a correspondência de d. Amélia fosse sucessivamente tarjada de preto. O primeiro luto foi por sua mãe, falecida inesperadamente em Munique, no dia 13 de maio de 1851, aos 63 anos. Entre seus papéis, pouco antes de falecer, Augusta tinha redigido um balanço de sua vida:

> No início eu só me sentia feliz por ter provado para meu pai quanto eu o amava, assim como a minha família e a Baviera. Foi só quando conheci as lindas, boas e brilhantes qualidades de Eugênio que passei a me considerar feliz por ser sua esposa. […] Qual posição poderia ser mais resplandecente que a nossa na Itália. O futuro de meus filhos estava garantido, nenhuma preocupação turvava minha felicidade, até que a súbita queda de Napoleão nos fez perder não só o trono da Itália como também nossos títulos, posição e patrimônio. A felicidade doméstica que me restou foi destruída com a morte de meu marido. Eu tive que defender o patrimônio que restou para meus filhos contra o resto do mundo e permaneci sozinha com minhas preocupações e aborrecimentos.
>
> Por duas vezes, a família do príncipe Eugênio esteve à beira de recuperar sua antiga posição no mundo. A Bélgica elegeu meu filho como rei, mas Luís Filipe não o quis. Eu aceitei o golpe com resignação. O imperador d. Pedro, em seu leito

de morte, ordenou que sua espada fosse entregue para meu filho, para que, com ela, ele defendesse sua viúva, sua filha e Portugal. Augusto seguiu o chamado, se sacrificou e se casou com a rainha Maria da Glória. Ele conquistou o coração de todos os partidos, mas, após dois meses, a morte o ceifou com a idade de 24 anos.

Restou-me ainda um filho, mas ele ficou para o imperador da Rússia através do casamento com sua filha; o czar exigiu que seus filhos fossem educados na fé ortodoxa grega e que ele se tornasse russo. E assim o czar foi mais injusto com minha família do que todos que desejavam sua ruína.[175]

É reveladora essa passagem, porque, por meio de suas amargas palavras, percebemos o quanto significava para os Leuchtenbergs tentar recuperar o prestígio e a posição que o príncipe Eugênio mantivera durante o auge de Napoleão no poder. E faz todo o sentido o esforço que d. Amélia, na ingenuidade de seus dezessete anos, um dia fizera ao se casar com um imperador, mesmo sabendo que talvez nunca mais voltasse a ver sua família.

Dentro dessa lógica do peso que o reconhecimento da importância de sua família assumia, entendemos também a indignação de d. Amélia quando sua enteada, rainha de Portugal, não decretou luto por sua antiga sogra, considerando-a apenas mais uma princesa estrangeira que falecia. Em carta para d. Pedro II, d. Amélia, então, pediu que ele homenageasse a falecida duquesa de Leuchtenberg:

Ah, a minha dor aumentou ainda mais pelo desgosto de ver Maria se esquecer completamente que minha boa mãe era também a do seu primeiro marido e de só fazer o luto devido a uma princesa estrangeira! Tenho certeza de que tu não farás isso, meu querido filho, e sempre a considerarás como sogra de teu pai.[176]

A princesa d. Maria Amélia, que perdia a única avó que conhecera, também escreveu a respeito, novamente para sua antiga aia:

Eu não te posso exprimir a grande dor que senti ao saber da morte súbita, inesperada de minha querida vovó. As palavras são inexpressivas para descrever grandes e profundos sentimentos. [...] O sentimento de angústia que experimentei no ano passado, despedindo-me de vovó, era, então, um pressentimento! O pressentimento que eu a via, que eu a abraçava pela última vez![177]

"Tão aflita, que mete dó"

Ainda em luto, mãe e filha foram para Caxias, onde passaram os meses de julho até outubro de 1851. A princípio, parecia ser mais uma temporada de banhos como tantas outras. Em agosto, a princesa contava despreocupadamente para o irmão que ia muitas vezes passear na praia para apanhar conchas, porque havia muitas e muito bonitas. Porém, em setembro, tremores de terra alarmaram os habitantes de Lisboa e seus arredores. O terremoto acabou não sendo de grande magnitude, mas d. Amélia logo teria motivos para realmente se preocupar. Algumas semanas mais tarde, a filha foi acometida por um ataque de febres. Conforme o diplomata Drummond reportou: "[...] a febre tem tomado outro caráter menos benigno. [...] A imperatriz está tão aflita, que mete dó.[...] Ontem passei a maior parte do dia em Caxias, menos pela moléstia da princesa que pelo estado inconsolável que se acha a imperatriz".[178]

Não era à toa que a mãe se assustava. D. Maria Amélia contou depois, em carta para d. Pedro II, que sua fraqueza durante os ataques de febre era tanta, que tinham que lhe dar os alimentos às colheradas porque não tinha forças sequer para mexer os braços.[179]

De Lisboa, as notícias não eram muito melhores. A infanta d. Antônia, a filha mais nova de d. Maria II, contraíra escarlatina, doença perigosa num mundo ainda sem antibióticos. E a rainha, que se encontrava novamente grávida, perdeu, no dia 4 de outubro, um feto de dois meses e meio. Em Caxias, a princesa d. Maria Amélia passou treze dias de cama, com febres intermitentes e muito enfraquecida. O tratamento prescrito era à base de quinino e, quer tenha sido pelo medicamento, quer pelo ciclo natural da doença, no dia 31 de outubro, já restabelecida, pôde voltar com sua mãe para Lisboa. O final de outubro era a época em que toda a corte estava de volta à capital, pois comemorava-se o aniversário do rei d. Fernando.

Uma das sensações da volta a Lisboa foi a chegada da tela pintada por Krumholz retratando d. Pedro II. Hoje pertencente ao acervo do Palácio Nacional da Ajuda, o quadro foi um presente que o imperador enviou para sua irmã, a rainha d. Maria II, e que muito comoveu d. Maria Amélia por lhe terem dito que era bastante semelhante ao irmão.

Querendo crer que o pior havia passado e aliviada pela notícia de que o dote da filha finalmente havia sido definido, d. Amélia decidiu fazer uma nova aquisição imobiliária na Baviera. Talvez pensando em incluir a nova propriedade como parte do dote da princesa, talvez apenas para ampliar suas posses em Stein, ou simplesmente como investimento, a duquesa de Bragança adquiriu a 27 de novembro de 1851 a propriedade de Seeon, vizinha de Stein, transação completada um ano depois, a 23 de outubro de 1852.

Seeon é um antigo mosteiro secularizado no início do século XIX, localizado numa cênica península que avança para o lago de mesmo nome. Hoje um centro de cultura e desenvolvimento do governo bávaro, onde se realizam seminários e convenções, é também um cobiçado local para casamentos, já que, além do hotel e restaurantes, existe ali também uma linda igreja.

Propriedade de Seeon, na Baviera, que pertenceu a d. Amélia entre 1851 e 1873. Antigo cartão-postal da coleção de Josef Schönwetter. Foto de Josef Schönwetter.

D. Amélia nunca habitaria essa nova propriedade, mas, nos anos seguintes, investiria para que as termas ali existentes fossem modernizadas e ampliadas. Indicadas contra gota, artrite e reumatismo, as águas minerais eram a base do balneário, apto a receber hóspedes em 37 confortáveis quartos e 21 cabines de banhos. Dentro das mais modernas orientações da época, eram oferecidos também os inovadores procedimentos Kneipp, banhos de sol e mergulhos no lago, como parte do tratamento. O complexo contava com um médico que visitava os pacientes duas vezes por semana e uma programação de lazer complementar aos banhos que incluía caminhadas, excursões em carruagem, passeios de bote e pescaria. A ideia, inovadora para a época, era que o tratamento abrangesse os pacientes de forma a contemplar não apenas a moléstia que os levara até ali, mas uma experiência que incluía um saudável contato com a natureza do local.

Provavelmente parte dos recursos para essa compra e os investimentos realizados incluíram o valor proveniente das propriedades do espólio da avó de d. Amélia, a imperatriz Josefina, em Martinica, que foram vendidas em 1850 e repartidas entre os netos.

Com a morte da duquesa Augusta, o duque de Leuchtenberg, seu filho caçula, Maximiliano, recebeu praticamente a totalidade dos bens mais relevantes da família, incluindo os palácios, as obras de arte e os quatro grandes conjuntos de joias herdados também da imperatriz Josefina, em diamantes, pérolas, esmeraldas e rubis. Para as três filhas ainda vivas, Josefina, Amélia e Teodolinda, ficaram a outra metade das joias, livros e alguns objetos. Maximiliano logo mandou enviar todos os objetos do Palácio Leuchtenberg para São Petersburgo.

D. Amélia, por sua vez, recebeu como herança materna a propriedade do conjunto de esmeraldas do qual já tinha posse desde seu casamento, diversas joias em diamantes e pérolas e três conjuntos menores, em mosaico, escaravelhos e granadas. Era comum que joias muito valiosas integrassem o dote das filhas como parte do adiantamento da herança, o que aconteceu com as esmeraldas. Para d. Amélia ficaram também alguns leques, relógios e dezenas de joias menores. Ela ainda herdou o conjunto de toalete em prata dourada e os objetos de valor pessoal da mãe que tinham as iniciais AA, que tanto serviam para identificar a duquesa Augusta Amalia quanto Amélia Augusta. Isso incluía a grande biblioteca da duquesa de Leuchtenberg, cujos livros eram identificados com seu monograma.

Para a neta, d. Maria Amélia, Augusta deixou um conjunto em rubis, diamantes e pequenas pérolas e uma caixinha em ouro e aço.

Com exceção do conjunto de esmeraldas usado por d. Amélia em seu casamento, que se encontra atualmente na Casa Real da Noruega, pouco se sabe das outras joias que lhe couberam por herança da mãe.

"Teria passado a chamar de meu filho"

D. Maria Amélia, que tanto sofrera com a separação da avó e sua morte alguns meses depois, não podia imaginar que também ela, tão jovem e cheia de sonhos, teria pouco tempo de vida ainda.

Após a doença do outono de 1851, da qual a princesa aparentemente tinha se recuperado, veio, em fevereiro, outra forte dor de garganta que evoluiu para um quadro na época identificado como febre biliosa. Finalmente, a diagnosticaram com a mesma doença que a infanta d. Antônia tinha tido no ano anterior: escarlatina. Não só a escarlatina foi longa, obrigando-a a ficar três semanas de cama, como, em março, a princesa sofreu outra inflamação de garganta fortíssima.

No início de maio, não só a garganta ainda não havia melhorado como d. Maria Amélia passou novamente quatro dias de cama, com o que se acreditava ser uma gripe forte. Percebendo que era preciso alguma atitude e não havendo na época qualquer medicação que curasse definitivamente o que vinha debilitando a princesa, decidiu-se que ela precisava sair de Lisboa e ir para o campo, onde o ar mais puro poderia ajudar na sua recuperação. Assim, no dia 17 de maio de 1852, d. Amélia, a filha e suas damas partiram para a Quinta do Peres, em Benfica, na época, uma área de chácaras nos arredores da cidade.

Apesar de o local ser muito arejado e bonito, tinha um inconveniente, como a princesa mencionou em sua correspondência:[180] nos dias quentes, havia, ali, muitos mosquitos. Desesperada com o estado de saúde da filha, d. Amélia queria que a princesa descansasse e dormisse o melhor possível, e, não sendo os mosquiteiros nem os abanadores suficientes para não importunar o sono da convalescente, a mãe passou uma noite inteira como isca para os insetos, para que a filha pudesse dormir. Ao acordar e ver a mãe toda picada e ensanguentada, a princesa ficou muito comovida.

Mas nem o sono nem os bons ares pareciam capazes de fazer grande diferença. O que acabou melhorando o estado da princesa foi a visita de sua provável primeira (e última) paixão. O príncipe encantado era, na verdade, um arquiduque austríaco, o primo Maximiliano de Habsburgo, com quem a princesa tinha brincado quando criança durante os dias passados com a família no Tegernsee, quando falavam de jardins, barcos, borboletas e beija-flores.

Maximiliano chegou a Lisboa vindo de uma longa viagem pela Itália e Espanha e foi recebido pelos reis, que o levaram para conhecer uma tourada e visitar Sintra. Bastante impressionado, ele observou que o Palácio da Pena parecia uma ilha em meio à neblina. E então o arquiduque se dirigiu a Benfica, onde d. Maria Amélia e sua mãe estavam já desde maio, um mês antes de sua chegada. D. Amélia era prima de Maximiliano, já que suas mães, Augusta e Sofia, eram irmãs por parte de pai, embora a ex-imperatriz tivesse quarenta anos e ele, vinte. Na prática, eram Maximiliano e sua filha Maria Amélia que tinham quase a mesma idade, sendo ela um ano e meio mais velha que ele. Anos depois, Maximiliano escreveu sobre suas parentes em Lisboa:

> A mais gentil e, sem dúvida, a mais espirituosa figura na corte portuguesa é de longe a imperatriz-viúva Amélia, a segunda esposa de d. Pedro, uma mulher de raro caráter e grande cordialidade; o duro destino que esta princesa teve acompanhou-a desde a sua juventude. Ela vivia com a sua gentil e muito adorada filha, uma perfeita princesa, como raramente se encontra.[181]

Em seu diário, Maximiliano mencionou ainda que, nas horas tão agradáveis passadas com elas, eles visitaram a famosa e linda propriedade dos duques de Palmela no Lumiar. Esse palácio, comprado pela família Palmela em 1840, abriga atualmente o Museu Nacional do Traje e seus jardins se estendem pelo Parque Botânico do Monteiro-Mor.

Muito se tem idealizado sobre a famosa noite de verão sob o luar em que Maximiliano e d. Maria Amélia teriam ficado secretamente noivos. A verdade é que pouco se sabe de concreto sobre o que realmente aconteceu. Não se conhecem cartas entre d. Maria Amélia e Maximiliano e, pouco depois dos dias românticos, a princesa, que já estava doente, só veio a piorar.

Dificilmente eles tiveram oportunidade de estarem sozinhos durante as duas semanas em que conviveram, e, se chegaram a trocar juras de amor e planos de casamento, nada disso foi oficializado. Havia o impedimento de Maximiliano ser o segundo filho e não poder se casar antes do irmão imperador, e, mesmo que tal exceção lhe fosse feita, ele precisaria do consentimento da Áustria para fazer a proposta. O único documento conhecido a respeito de toda essa história é a carta de d. Amélia para d. Pedro II um ano mais tarde, de 12 de junho de 1853, relembrando a visita de Maximiliano e a possibilidade de um pedido de casamento para sua filha:

Faz exatamente um ano que nós tivemos aqui a visita do arquiduque Ferdinand Max, irmão do atual imperador da Áustria. Eu me indaguei, então, se aquela viagem estaria ligada a uma ideia de casamento. Quando eu o vi, eu o desejei para genro, pois ele me agradou muito, mas a grave moléstia de tua irmã e nossa partida para a Madeira fizeram com que minha correspondência com minhas tias na Áustria não tivesse mais prosseguimento. Por muito tempo eu ignorei o que desejava tanto saber. Mas, depois, tive certeza de que não estava enganada. O pedido da mão de tua irmã teria me sido feito quando a morte veio roubá-la de nossa ternura. Eu recebi cartas muito emocionadas daquele a quem eu teria confiado com tanta alegria e certeza a felicidade de tua irmã e que, a partir de então, eu teria passado a chamar de meu filho. Deus não o quis.[182]

Maximiliano nunca esqueceria a princesa com quem ele queria ter se casado. Em suas memórias e poemas nos anos seguintes, ele diversas vezes se recordaria emocionadamente de d. Maria Amélia.

"As febres desaparecem como por encanto"

Embora um possível plano de casamento fosse importante, a saúde de d. Maria Amélia era a prioridade absoluta naquele momento. Após a princesa ter sobrevivido à grave piora do início de julho de 1852, decidiu-se que o último recurso de que dispunham para salvar sua vida era levá-la para um clima mais ameno:

O [doutor] Barral quer que a princesa vá para a ilha da Madeira. Esta opinião foi aprovada pela junta de sete doutores, que consultaram a esse respeito. E S.M. a imperatriz está resolvida a partir para aquela ilha logo que a princesa puder suportar a viagem. Espero em Deus que a vida da princesa será salva, mas enquanto não vejo isso seguro não posso tranquilizar o meu espírito. Meu bom amigo, a morte da princesa seria a morte da imperatriz.[183]

O dr. Barral, que já havia sido o médico de d. Pedro e, nessa época, ocupava o cargo de presidente da Sociedade das Ciências Médicas, era um dos mais afamados e solicitados clínicos da capital.

D. Maria Amélia explicava para sua antiga aia: "Nada pode melhorar no meu estado de saúde antes da minha chegada à ilha da Madeira, para onde devemos ir; lá as febres desaparecem, dizem, como que por encanto!".[184]

A viagem para a ilha se deu numa antiga fragata da marinha portuguesa, de nome *Dom Fernando e Glória*. A escolha se devia à prudência de se evitar um barco a vapor, cuja fumaça seria nociva para os pulmões da princesa. Essa embarcação pode ser visitada hoje em dia não muito longe de Lisboa, ancorada em Cacilhas, e os aposentos que d. Amélia e sua filha ocuparam ainda estão decorados como na época.

Assim como sua mãe, d. Maria Amélia enjoou muito durante a travessia, embora o vento tenha sido favorável e a viagem não tenha chegado a durar uma semana.

Logo que a população reconheceu as bandeiras portuguesa e brasileira no mastro da fragata, todos os navios ancorados e as fortalezas do porto saudaram as ilustres visitantes. O desembarque foi agendado para o dia seguinte, seguindo o protocolo. Ao anoitecer, a cidade foi iluminada em honra à viúva e à filha do Libertador. No dia seguinte, novamente, d. Amélia desembarcava num cenário tropical cheia de sonhos e esperanças, embora dessa vez não tanto para si, mas para a filha que ainda poderia ter uma vida pela frente. Transferidas para uma galeota, elas foram conduzidas até o cais da Pontinha, onde desembarcaram.

Todas as autoridades da ilha, acompanhadas por uma guarda de honra militar, escoltaram d. Amélia, a filha e sua comitiva pelo caminho que hoje se chama justamente rua Imperatriz d. Amélia e leva até a Quinta das Angústias. O chão tinha sido salpicado de flores e ervas aromáticas e as janelas ornadas por damasco de seda. A princesa, muito debilitada, foi transportada numa cadeirinha. Na entrada da residência alugada por d. Amélia, enfeitada por hortênsias azuis, as simbólicas flores do liberalismo, havia uma mensagem pendurada dizendo "Aqui te adejem os risos, e te sorria a saúde".

A Quinta das Angústias, de nome pouco promissor, assim se chamava por abrigar a capela de Nossa Senhora das Angústias. Propriedade de Nicolau Hemitério de la Tuelliere, já havia hospedado outras personagens ilustres, como a rainha-viúva da Inglaterra, Adelaide, esposa de Guilherme IV, e o tio de d. Maria Amélia, Maximiliano, duque de Leuchtenberg, três anos antes.

Quinta das Angústias, no Funchal. Atual Quinta Vigia, sede do governo regional da ilha da Madeira, onde d. Amélia viveu com sua filha entre 1852 e 1853. Foto da autora.

Os meses de setembro e outubro, em que os dias não são nem tão quentes nem tão frios, e o sol ainda aquece as encostas da ilha da Madeira, foram tempos de alguma esperança. Cinco semanas após a chegada, d. Maria Amélia escrevia para o irmão contando:

> Receio só daqui a muito tempo poder suportar a por nós todos tão desejada viagem para o Brasil. Esta que acabamos de fazer, bem que a mais rápida e feliz possível, me tem abatido imenso; enjoei muitíssimo, como num vapor, e só agora é que posso dizer que já não sinto o grande abatimento que nos causou, mas ainda não sinto benefício do bom ar da ilha e ouvi dizer que muitos doentes havia que só depois de passados três ou quatro meses sentiam melhora! Paciência![185]

D. Amélia também escrevia para sua amiga no Brasil, a condessa de Itapagipe, lamentando que, desde a escarlatina, no início daquele ano, nunca mais a filha se recuperara totalmente, que sofrera muito na viagem por mar e estava de uma "magreza espantosa".[186]

"Onde as aranhas agora se sentem à vontade"

Com os dias mais frios e mais curtos e a saúde cada vez mais debilitada, d. Maria Amélia passou a ter cada vez menos distrações. A Quinta das Angústias era sempre enfeitada com flores e muitos pássaros tropicais e diversos vendedores de artesanato da ilha vinham mostrar seus trabalhos. A princesa e sua mãe compravam pequenos presentes, dos quais uma delicada carteira bordada com a letra A ainda existe nas coleções dos reis da Suécia. A fraqueza causada pela tuberculose, no entanto, não permitia que d. Maria Amélia fizesse muita coisa.

Além da piora do estado de d. Maria Amélia, novembro e dezembro também foram particularmente difíceis porque chegaram as notícias da morte de duas pessoas muito próximas: o irmão de d. Amélia, Maximiliano, a 20 de outubro, na Rússia, e Francisco Gomes da Silva, tão amigo de d. Pedro e funcionário de d. Amélia desde a morte do ex-imperador. O duque de Leuchtenberg, que vivera naquela mesma casa por quase um ano e se recuperara tão bem, acabava falecendo de tuberculose dois anos mais tarde. Não era um bom presságio. Como Paulo Barbosa, mordomo de d. Pedro II escreveu: "Infelizmente, estes senhores da Casa de Leuchtenberg são muito sujeitos a queixas do peito".[187] A ex-imperatriz escrevia para o enteado sobre a perda de seu irmão:

> Aqui na Madeira, onde Max fez tanto bem e passou quase um ano, ele foi chorado sinceramente e houve quem viesse se informar, angustiado, se era verdade a notícia da morte do benfeitor da ilha. A municipalidade mandou celebrar obséquias solenes e a catedral estava lotada de pessoas. Eu não paro de pensar em minha pobre cunhada e seus seis órfãos. [...] O ano de 1851 levou minha mãe, o de 1852 meu irmão e o ano de 1853 me arrancará minha criança querida, o que me resta de felicidade sobre a terra?[188]

Embora d. Amélia lamentasse por sua cunhada, a verdade é que a grã-duquesa Maria Nicolaevna estava bem consolada nos braços daquele que logo se tornaria seu segundo marido, o conde Stroganoff. As más línguas e a semelhança física denunciavam, inclusive, que o sexto e último dos filhos que Maria e Max tiveram poderia não ser um Leuchtenberg como os documentos diziam, mas, sim, um pequeno Stroganoff. Imediatamente após a morte de Max, Maria mandou que seus pertences fossem enviados para São Petersburgo, os bens na Baviera foram vendidos, e o que sobrou foi transportado para o Palácio de Seeon, de propriedade de d. Amélia. Foi assim que os documentos, cartas e livros da biblioteca Leuchtenberg passaram para a ex-imperatriz do Brasil.

O Palácio Leuchtenberg foi comprado poucos meses depois pelo príncipe Luitpold, descendente Wittelsbach, primo de Max e de d. Amélia, permanecendo nessa família até a queda da monarquia no século XX.

Para a família Leuchtenberg e alguns poucos funcionários fiéis, a viúva de Maximiliano devia enviar uma lembrança de sua escolha, segundo cláusula do testamento. Não se sabe o que d. Amélia recebeu.

Muito pouco sobrou dos Leuchtenbergs na Baviera a não ser as duas propriedades de d. Amélia, Stein e Seeon, próximas ao lago Chiemsee, e os "papéis" pelos quais Maria Nicolaevna não se interessou. Agradeço a ela de todo coração por esse desinteresse, pois foi o que permitiu que o Arquivo Leuchtenberg sobrevivesse às duas guerras e revoluções e chegasse aos dias de hoje. Sem essa documentação, este livro seria infinitamente menos completo.

O Natal de 1852 na Quinta das Angústias na ilha da Madeira foi de cortar o coração. Segundo o relato da aia de d. Maria Amélia, mãe e filha perdiam as esperanças e a princesa lamentava a iminente separação da mãe, com quem havia passado todos os dias de sua curta vida: "Pobre, pobre mamãe, eu desejava viver para você. Mas creio que Deus não me quer deixar muito tempo aqui. [...] Eu vos amo tanto [referindo-se à mãe e aos irmãos]. Não falemos de assunto tão triste. Isto me faz sofrer muito. [...] 'Paciência e indulgência', eis a minha divisa".[189]

Em dezembro daquele ano, a princesa redigiu um pequeno testamento, deixando suas joias e objetos mais importantes para os irmãos, cunhados, alguns parentes queridos, como a prima Eugênia da Suécia, para sua antiga e nunca esquecida aia, assim como suas damas. De tudo que ela deixou, apenas uma escultura de cachorro, um retrato de seu pai que ficou para d. Pedro II e uma escrivaninha de mesa para d. Fernando II ainda são conhecidos. O cachorro em bronze pertence a descendentes da família Almeida. O retrato, executado por François Meuret em 1832, é da coleção da família imperial brasileira[190] e o objeto deixado para o cunhado está exposto no Palácio Nacional da Pena, em Sintra, nos antigos aposentos do rei d. Fernando. O conservador dr. Hugo Xavier teve o cuidado de resgatá-lo das reservas técnicas, ao conseguir identificar o "pesa-papéis em *oxydule* com duas figuras, calendário, termômetro e areeiro",[191] e colocá-lo logo abaixo do retrato a óleo da princesa, onde todos os dias são vistos por milhares de turistas.

Objeto deixado pela princesa d. Maria Amélia para d. Fernando, seu cunhado, hoje no Palácio Nacional da Pena, em Sintra. Foto da autora.

Caderno de imagens

◈ Árvore genealógica
da imperatriz d. Amélia de Leuchtenberg.
Ligações com as Casas Beauharnais, Wittelsbach, Bragança,
Bernadotte e Romanov
© ELIAS LIMA

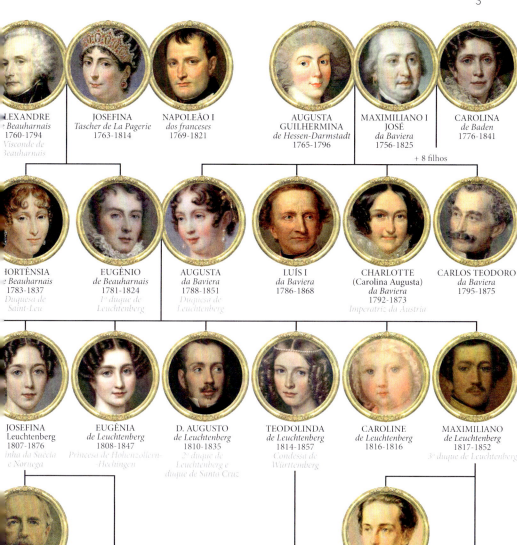

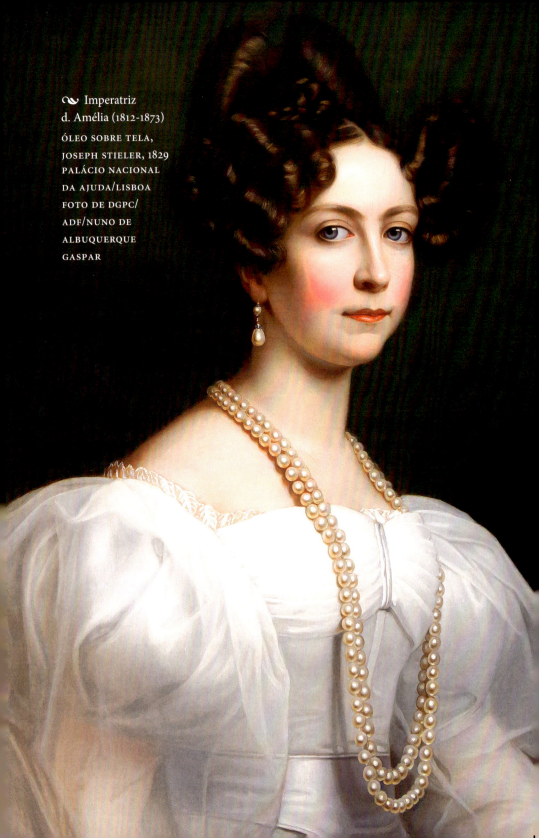

◦ Imperatriz d. Amélia (1812-1873)
ÓLEO SOBRE TELA, JOSEPH STIELER, 1829
PALÁCIO NACIONAL DA AJUDA/LISBOA
FOTO DE DGPC/ADF/NUNO DE ALBUQUERQUE GASPAR

❧ Augusta da Baviera (1788-1851), duquesa de Leuchtenberg, mãe de d. Amélia
ÓLEO SOBRE TELA, JOSEPH BERNHARDT, SEGUNDO ORIGINAL DE J. STIELER
PALÁCIO NACIONAL DA AJUDA/LISBOA
FOTO DE DGPC/ADF/NUNO DE ALBUQUERQUE GASPAR

❧ Príncipe Eugênio Beauharnais (1781-1824), duque de Leuchtenberg, pai de d. Amélia
ÓLEO SOBRE TELA, JOSEPH BERNHARDT, SEGUNDO ORIGINAL DE J. STIELER, C. 1820
PALÁCIO NACIONAL DA AJUDA/LISBOA
FOTO DE DGPC/ADF/NUNO DE ALBUQUERQUE GASPAR

❧ Pasta em seda bordada contendo os documentos relativos ao batizado de d. Amélia em Milão, 1813
THE ROYAL COURT/
SUÉCIA
FOTO DE LISA RAIHLE REHBÄCK

❧ D. Amélia no colo de sua mãe, rodeada pelos irmãos: Eugênia, Augusto e Josefina
MINIATURA DE GIOVANNI BATTISTA GIGOLA, 1812/1813
COLEÇÃO PARTICULAR
FOTO DE CHIARA PARISIO

❧ D. Amélia e seus irmãos retratados como anjinhos: em sentido anti-horário, Augusto, Eugênia, Josefina, Amélia (de asas cor-de-rosa) e Teodolinda
ÓLEO SOBRE TELA,
FRIEDRICH JOHANN
GOTTLIEB LIEDER, 1815
RESIDÊNCIA DE MUNIQUE
IMAGEM EM DOMÍNIO PÚBLICO

❧ Josefina de Leuchtenberg (1807-1876), futura rainha da Suécia e irmã mais velha de d. Amélia

ÓLEO SOBRE TELA, J. H. RICHTER, SEGUNDO ORIGINAL DE J. STIELER
PALÁCIO NACIONAL DA AJUDA/LISBOA
FOTO DE DGPC/ADF/NUNO DE ALBUQUERQUE GASPAR

❧ Eugênia de Leuchtenberg (1808-1847), princesa de Hohenzollern-Hechingen, irmã de d. Amélia

ÓLEO SOBRE TELA, J. BERNHARDT, SEGUNDO ORIGINAL DE J. STIELER
PALÁCIO NACIONAL DA AJUDA/LISBOA
FOTO DE DGPC/ADF/NUNO DE ALBUQUERQUE GASPAR

◈ Augusto de Leuchtenberg (1810-1835), duque de Leuchtenberg e Santa Cruz, irmão preferido de d. Amélia e primeiro esposo da rainha d. Maria II de Portugal. Retrato encomendado por d. Amélia logo após a morte do irmão
ÓLEO SOBRE TELA, JOHN SIMPSON, 1835
MNAA EM DEPÓSITO NO MINISTÉRIO DOS NEGÓCIOS ESTRANGEIROS/LISBOA
FOTO DA AUTORA

◆ Teodolinda de Leuchtenberg (1814-1857), condessa de Württemberg, irmã mais nova de d. Amélia

ÓLEO SOBRE TELA, J. BUTZ, SEGUNDO ORIGINAL DE J. STIELER
PALÁCIO NACIONAL DA AJUDA/LISBOA
FOTO DE DGPC/ADF/NUNO DE ALBUQUERQUE GASPAR

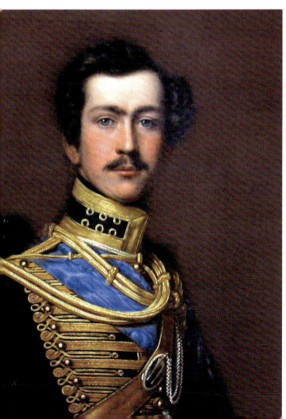

◆ Maximiliano de Leuchtenberg (1817-1852), duque de Leuchtenberg, irmão mais novo de d. Amélia

ÓLEO SOBRE TELA, J. BUTZ, SEGUNDO ORIGINAL DE J. STIELER
PALÁCIO NACIONAL DA AJUDA/LISBOA
FOTO DE DGPC/ADF/NUNO DE ALBUQUERQUE

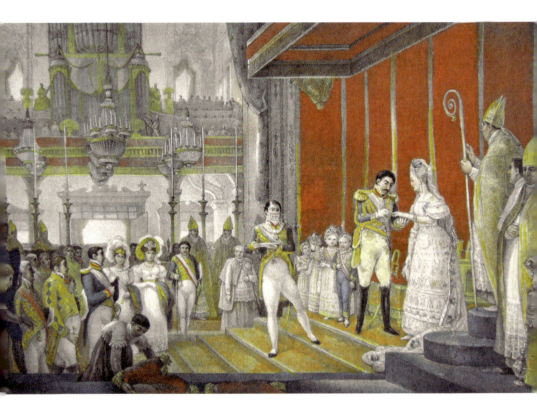

◖ Casamento de d. Amélia e d. Pedro I na capela imperial, no Rio de Janeiro, em 17 de outubro de 1829

LITOGRAFIA BASEADA EM ORIGINAL DE J. B. DEBRET, C. 1830
COLEÇÃO DA AUTORA
FOTO DE ANDREAS WITTE

❦ Cortejo da chegada de d. Amélia à Quinta da Boa Vista, acompanhada por d. Pedro I a cavalo, em 1829
AQUARELA DE A. J. PALLIÈRE
MUSEU IMPERIAL/IBRAM/MINC

❧ Retrato de apresentação de d. Amélia enviado para d. Pedro I
MINIATURA DE F. W. SPOHR, 1829
PALÁCIO NACIONAL DE QUELUZ/SINTRA
© PSML-EMIGUS

❧ Aliança do casamento de d. Amélia e d. Pedro I com a data da cerimônia por procuração em Munique: 2 de agosto de 1829. Descoberta por Jessica Söderqvist
HALLWYLSKA MUSEET/SHM CCBY – SA 3.0
FOTO DE HELENA BONNEVIER

❧ Aliança do casamento de d. Amélia e d. Pedro I, descoberta por d. Carlos Tasso de Saxe--Coburgo e Bragança na Suécia
MUSEU IMPERIAL/IBRAM/MINC

❧ Tiara de esmeraldas que pertenceu à imperatriz d. Amélia, tendo sido presente de casamento de sua mãe. Hoje, faz parte do Tesouro Real Norueguês
Foto © Bernhard Graf

❧ Prato em porcelana francesa, encomendado pelo irmão de d. Amélia, Augusto de Leuchtenberg, em 1829, como presente para d. Pedro I em agradecimento por sua condecoração como duque de Santa Cruz. Comumente chamado de "serviço de casamento de d. Amélia"
Coleção particular/são paulo
foto de andreas witte

❧ Protótipo da medalha comemorativa ao casamento de d. Pedro I e d. Amélia
coleção particular/lisboa
foto de andreas witte

◈ Leques comemorativos ao casamento de d. Pedro I e d. Amélia
MERCADO DE ARTE 2020. CORTESIA DA CASA DE LEILÕES COUTAU-BÉGARIE

MUSEU IMPERIAL/IBRAM/MINC

❦ Frente: cenas retratando o pedido de casamento, em Munique, a benção nupcial de d. Pedro I e d. Amélia e a chegada da imperatriz ao Rio de Janeiro
FUNDAÇÃO MARIA LUÍSA E OSCAR AMERICANO/SÃO PAULO

❦ Verso: decorações com leões e flores azuis, símbolos do reino da Baviera
FUNDAÇÃO MARIA LUÍSA E OSCAR AMERICANO/SÃO PAULO

Projetos não escolhidos para a Ordem da Rosa, por P. J. Pézerat
ARQUIVO HISTÓRICO DO MUSEU IMPERIAL/IBRAM/MINC

❧ Ordem da Rosa. Condecoração instituída por d. Pedro I para comemorar seu casamento com d. Amélia em 1829. Ao meio, lê-se "amor e fidelidade" e as iniciais dos imperadores entrelaçadas
MUSEU IMPERIAL/ IBRAM/MINC

❧ Verso da Ordem da Rosa com a inscrição "Pedro e Amélia" e a data do casamento por procuração: 2 de agosto de 1829
COLEÇÃO DA AUTORA
FOTO DE ISABELA WITTE

☙ Retrato de d. Amélia descoberto durante as pesquisas na Suécia, oferecido por ela como presente de aniversário para d. Pedro I durante o exílio. Dentro de um medalhão de prata, traz a inscrição "Amélie à Pedro. 12 Octobre 1831". A ex-imperatriz tinha dezenove anos e estava no final da gravidez de sua única filha. Fotografado em cores pela primeira vez para esta obra
MINIATURA DE F. MEURET
THE ROYAL COURT/SUÉCIA
FOTO DE LISA RAIHLE
REHBÄCK

☙ D. Maria Amélia (1831--1853), princesa do Brasil, ainda bebê, em 1832
MINIATURA SEM ASSINATURA
THE ROYAL COURT/SUÉCIA
FOTO DE LISA RAIHLE
REHBÄCK

❧ D. Amélia (de luto) e sua filha, a princesa d. Maria Amélia, em 1839
LITOGRAFIA A PARTIR DE ORIGINAL DE F. DÜRCK
COLEÇÃO DA AUTORA

❧ Fotografia da princesa d. Maria Amélia (à direita), com sua antiga aia, Maria Zanner, em 1850
COLEÇÃO PARTICULAR

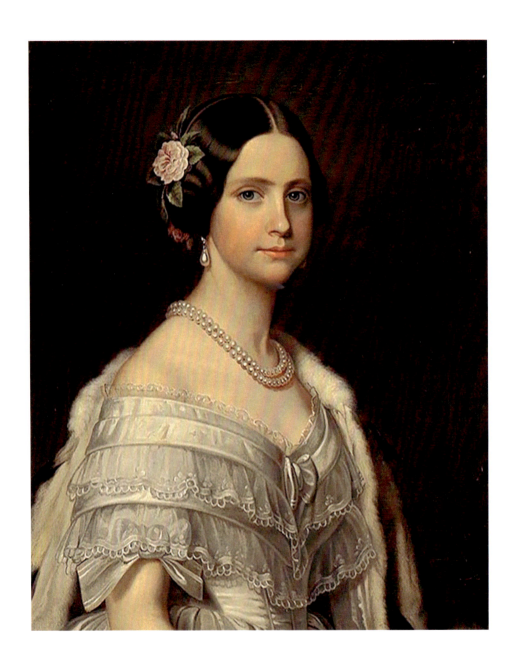

◌ D. Maria Amélia, princesa do Brasil
ÓLEO SOBRE TELA A PARTIR DO ORIGINAL PINTADO POR F. DÜRCK, 1848
MUSEU IMPERIAL/IBRAM/MINC

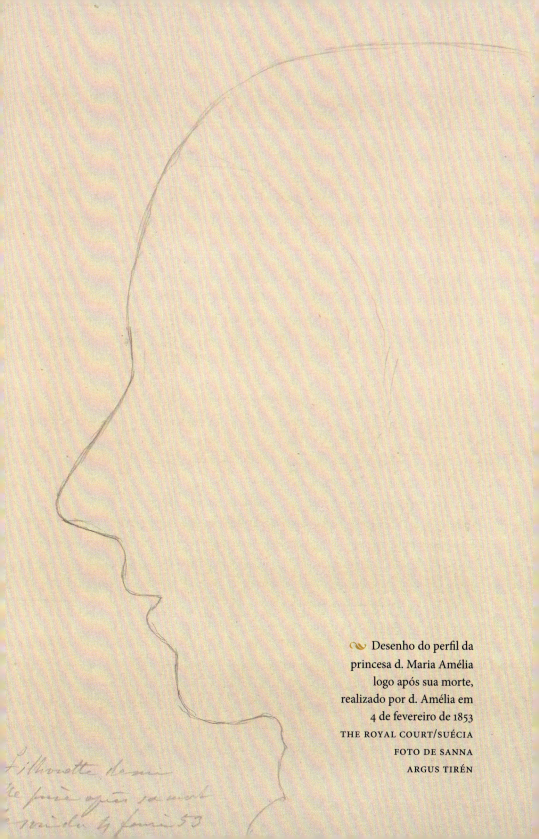

❧ Desenho do perfil da princesa d. Maria Amélia logo após sua morte, realizado por d. Amélia em 4 de fevereiro de 1853
THE ROYAL COURT/SUÉCIA
FOTO DE SANNA
ARGUS TIRÉN

❦ D. Maria da Glória
(1819-1853), rainha
d. Maria II de Portugal,
da série de retratos das
enteadas encomendados
por d. Amélia em 1829/1830
ÓLEO SOBRE TELA,
SIMPLÍCIO R. DE SÁ, 1830
PALÁCIO NACIONAL DE
QUELUZ/SINTRA
© PSML − EMIGUS

❦ D. Januária (1822-1901),
princesa do Brasil
ÓLEO SOBRE TELA,
SIMPLÍCIO R. DE SÁ, 1830
MNAA, EM DEPÓSITO NO
MINISTÉRIO DOS NEGÓCIOS
ESTRANGEIROS/LISBOA
FOTO DA AUTORA

◦ D. Paula Mariana (1823--1833), princesa do Brasil
ÓLEO SOBRE TELA, SIMPLÍCIO R. DE SÁ, 1830
MNAA, EM DEPÓSITO NO MINISTÉRIO DOS NEGÓCIOS ESTRANGEIROS/LISBOA
FOTO DA AUTORA

◦ D. Francisca (1824-1898), princesa do Brasil
ÓLEO SOBRE TELA, SIMPLÍCIO R. DE SÁ, 1830
MNAA, EM DEPÓSITO NO PALÁCIO NACIONAL DE QUELUZ/SINTRA
FOTO DA AUTORA

◦ D. Pedro II (1825-1891), segundo imperador do Brasil
GUACHE SOBRE PAPEL, A. J. PALLIÈRE, C. 1830
MUSEU IMPERIAL/BRAM/MINC

❧ D. Isabel Maria (1824-
-1898), duquesa de Goiás,
filha de d. Pedro I e da
marquesa de Santos
MINIATURA DA COLEÇÃO
DA FAMÍLIA/BAVIERA
FOTO DA AUTORA

❧ Duquesa de Goiás em
seu casamento, 1843
ÓLEO SOBRE TELA
COLEÇÃO PARTICULAR/
BAVIERA
FOTO DA AUTORA

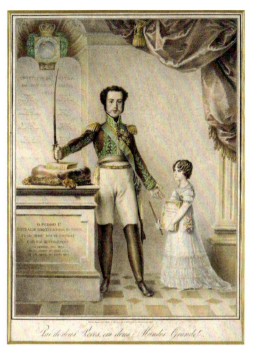

❧ D. Pedro I e
d. Maria da Glória em
litografia representando a
abdicação de d. Pedro I
do trono português em
favor de sua filha de
sete anos
COLEÇÃO DA AUTORA
FOTO DE ANDREAS WITTE

❧ D. Amélia,
d. Pedro I, d. Maria II e a
Constituição portuguesa
LITOGRAFIA
MUSEU IMPERIAL/IBRAM/
MINC

D. Maria II,
d. Pedro I e d. Amélia em visita ao Mosteiro dos Jerónimos
ÓLEO SOBRE TELA,
MAURÍCIO DO CARMO
SENDIM, 1834
CASA PIA DE
LISBOA, I. P./CENTRO
CULTURAL CASAPIANO/
ARQUIVO DE IMAGEM/
LISBOA

Pulseira trançada com mecha do cabelo de d. Amélia e seu retrato. Presente para a rainha d. Maria II, sua enteada, em 1832
PALÁCIO NACIONAL DA AJUDA/LISBOA
FOTO DE DGP/ADF/LUÍSA OLIVEIRA

Verso da pulseira, onde se veem as iniciais de d. Pedro I e d. Amélia ao centro e de d. Pedro II, d. Januária, d. Paula, d. Francisca e da princesa d. (Maria) Amélia feitas com finas mechas de cabelo, de cada um deles
PALÁCIO NACIONAL DA AJUDA/LISBOA
FOTO DE DGPC/ADF/LUÍSA OLIVEIRA

◈ Cena da morte de d. Pedro I em setembro de 1834. Raríssimo trabalho da época, bordado em seda com aplicações de litografia. Descoberto pela dra. Maria de Jesus Monge durante as pesquisas, em 2019, mostra d. Amélia, em pé, ao lado da cama.
© FUNDAÇÃO DA CASA DE BRAGANÇA, MBCB, PDVV 1351

❧ Fotografias de d. Amélia em 1861, aos 49 anos
COLEÇÃO PARTICULAR/BAVIERA
DOMÍNIO PÚBLICO © WIKI COMMONS/FOTO DA AUTORA

❧ Fotografia de d. Amélia
COLEÇÃO PARTICULAR/LISBOA/FOTO DA AUTORA

◌ Uma das duas únicas aquarelas conhecidas pintadas por d. Amélia: ramalhete de íris, narcisos, amores-perfeitos e anêmonas. Assinada e datada de 1832, permaneceu inédita por quase duzentos anos
GEMEINDE ISMANING/SCHLOSSMUSEUM
FOTO DE WILFRIED PETZI

❧ Prato em porcelana com o monograma de d. Amélia
COLEÇÃO PARTICULAR/SÃO PAULO
FOTO DE ANDREAS WITTE

❧ Cremeira em porcelana com o monograma de d. Amélia encimado pela coroa imperial
COLEÇÃO DA AUTORA
FOTO DE ANDREAS WITTE

❧ Prato usado por d. Amélia e d. Pedro I como duques de Bragança
COLEÇÃO PARTICULAR/PORTUGAL
FOTO DE ANDREAS WITTE

❧ Caixa para confeitos de d. Amélia em ouro e diamantes
MUSEU IMPERIAL/IBRAM/MINC

❧ Villa Belgiojoso Bonaparte em Milão, onde d. Amélia nasceu no dia 31 de julho de 1812. Atual Villa Realle
FOTO DE JOSEF SCHÖNWETTER

❧ Salão nobre do Palácio de Ismaning, residência de verão da família Leuchtenberg na Baviera. A decoração ainda é original da época da família, de autoria do arquiteto Johann Baptist Métivier
GEMEINDE ISMANING/SCHLOSSMUSEUM
FOTO DE WILFRIED PETZI

↬ Palácio Leuchtenberg na época em que d. Amélia e sua família ali viveram
AQUARELA DE J. B. KÜHN, 1840
MÜNCHNER STADTMUSEUM
IMAGEM EM DOMÍNIO PÚBLICO

↬ Decoração interna do Palácio Leuchtenberg, 1830, em Munique, onde d. Amélia viveu dos cinco aos dezessete anos. Na parede do lado direito, vê-se a tela que ilustra a capa deste livro. Aquarela do álbum que pertenceu a sua irmã Teodolinda
© VORLAGE UND AUFNAHME HAUPTSTAATSARCHIV STUTTGART GU 106 BD 18

Quinta de São Cristóvão, onde d. Amélia viveu entre 1829 e 1831
LITOGRAFIA AQUARELADA DE K. ROBERT VON PLANITZ, C. 1830

❧ Palácio de Santos, residência de d. Amélia entre 1839 e 1846 em Lisboa. Do lado direito, sob uma proteção de vidro, vê-se um modelo equestre representando d. Pedro I
AQUARELA DE FERDINAND LE FEUBURE, C. 1850
FOTO DA AUTORA

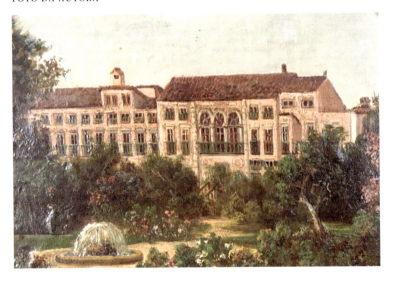

❧ Palácio das Janelas Verdes, em Lisboa, residência de d. Amélia entre 1850 e 1873. Esta tela foi presente dela para sua enteada, a duquesa de Goiás
COLEÇÃO PARTICULAR/BAVIERA
FOTO DA AUTORA

❦ Palácio de Stein, na Baviera, em 1845, tela da época em que d. Amélia vivia ali
FOTO © BERNHARD GRAF

❦ Palácio de Stein, na Baviera, propriedade de d. Amélia, onde ela viveu com a filha nos anos 1840, atualmente internato e residência privada
FOTO DA AUTORA

✢ Orfanato da cidade de Munique, beneficiado por d. Amélia em lembrança de seu casamento com d. Pedro I através de fundação que ainda existe
FOTO DA AUTORA

✢ Hospital que d. Amélia mandou construir na cidade do Funchal, ilha da Madeira, em memória de sua filha, ali falecida
FOTO DA AUTORA

D. Maria Amélia também escreveu uma pequena carta para os que estavam distantes, e, embora não soubesse, era uma despedida, pois não teria mais condições de escrever nas semanas seguintes. Para o irmão que ela nunca veria, e que o biógrafo da princesa, d. Carlos Tasso de Saxe-Coburgo e Bragança, tão bem definiu como "quase um amigo imaginário",[192] ela se despediu com as seguintes palavras:

> Mui querido mano Pedro, aproveito um momento em que me acho com mais forças para escrever-te, dando-te os bons anos. Desejo-te bem do fundo do meu coração toda a sorte e felicidade e peço mesmo a Deus que me dê saúde, para nos podermos ver um dia, o que é um desejo bem grande que tenho![193]

Para a outra irmã monarca, a rainha d. Maria II, d. Maria Amélia deixou de lembrança um pequeno anel de turquesa que usava sempre e um broche esmaltado com uma opala e diamantes. Infelizmente, nenhum dos dois consta do inventário das joias da rainha feito após sua morte, pouco tempo depois. Para a irmã rainha, d. Maria Amélia também escreveu nos últimos dias de dezembro uma última carta:

> Minha querida Maria, nos últimos tempos, minha saúde está muito fraca, o que me obriga há um mês a estar sempre de cama, com exceção de algumas horas que passo sobre um canapé, [...] eu passo muito tempo sem fazer nada a não ser olhar para o teto, onde as aranhas agora se sentem à vontade. [...] Crê-me, eu te envio com muito carinho, ao aproximar-se o novo ano, desejos de que seja tão feliz quanto possível e com tudo que tu possas desejar. Eu te peço de enviar igualmente votos de feliz ano novo de minha parte para Fernando e de abraçar por mim meus queridos sobrinhos.[194]

O mês de janeiro, últimas semanas de vida de d. Maria Amélia, transcorreram obviamente da forma mais triste possível. A morte era inevitável, mesmo que se rezasse por um milagre. D. Amélia, Caroline de Stengel e o dr. Barral faziam turnos para velar o descanso da princesa, mas todos eram impotentes perante o avanço da tuberculose, os acessos de tosse e sua prostração cada vez maior.

"Deus quer separar-me deste mundo pouco a pouco"

D. Maria Amélia faleceu no dia 4 de fevereiro de 1853. Alguns dias depois da morte da filha, d. Amélia, tomada pela emoção da perda, escreveu um relato sobre os últimos tempos com ela. Tentando garantir que não se esqueceria dos detalhes, embora embaralhando as datas e errando os dias da semana, ela anotou aparentemente tudo de que se lembrava: "Eu escrevi sobre muitas folhas de papel suas últimas palavras, suas últimas ações, enfim, tudo cheio de detalhes tocantes gravados no meu coração e que eu desejava conservar e poder reler de tempos em tempos para me dar força e resignação".[195]

Um mês depois, ela decidiu enviar uma cópia das suas lembranças para d. Pedro II. Sabendo que era um relato pungente e vívido, ela o alertou: "Imaginando que a leitura deste pequeno escrito poderia te interessar [...] eu te envio uma cópia e não tenho dúvida de que os teus olhos se molharão ao ler, em ver como minha criança querida morreu, [...] ela que tinha tanto amor à vida".[196]

Últimas palavras de minha querida filha morta quinta-feira [4] de fevereiro de 1853, às 4h15, aos 21 anos, dois meses e três dias.

Em 22 de janeiro, ela tinha recebido o viático e, após o dia 27, seu estado foi piorando; o padre não saiu mais de casa para estar perto e poder ministrar-lhe a qualquer momento a extrema-unção. Ela perguntou ao médico sua opinião e ele lhe disse: "Chegamos ao começo do fim!". Ela respondeu: "Percebo, minhas forças diminuem todos os dias; veja, há três semanas que estou no salão (nós a havíamos transportado para o cômodo maior porque lá o sol batia o dia todo e esta mudança lhe custou muito, porque ela gostava muito de seu quarto) e, após isso, só piorei. Tu te lembras, mamãe, que há três meses mais ou menos eu disse que viria o tempo em que eu não me levantaria mais? Pois bem, ele chegou, veja há quantas semanas não me levanto de meu leito".

Algumas semanas [d. Amélia escreve semanas, mas, na realidade, tinham se passado apenas alguns dias desde o início do mês] antes de sua morte, ela também me disse: "Estamos no início do mês de fevereiro, no [dia] onze é o aniversário da minha escarlatina, depois vem março, abril e maio, que eu não alcançarei mais!". Vendo rolar as minhas lágrimas, seus olhos também ficaram molhados, ela me abraçou e me acariciou dizendo: "Não te aflijas, pobre mamãe, talvez eu esteja enganada, eu te amo tanto, que te garanto que bem que queria curar-me para não te deixar". [...] E seus olhos se encheram de lágrimas. Ao fim de dezembro e começo de janeiro, ela ainda se esforçou para escrever a seu irmão, a suas irmãs, a sua prima da Suécia, à mme. Zanner, sua antiga criada em Munique, a Sofia Almeida em Lisboa. [...] Também no fim de dezembro ela escreveu aquilo que ela chamou de seu testamento. [...]

Na quinta-feira, véspera de sua morte, ela ainda se informou sobre como estavam seus seis passarinhos e [...] escolheu uma caixa de trabalho em madeira incrustada que ela desejava enviar para a prima da Suécia, pôs dentro uma bola de madeira e a embrulhou com papel escrito e desenhado a *crayon*: "Para minha prima Eugênia da Suécia". Essas foram as últimas palavras que ela traçou!

Sexta-feira, 3 de fevereiro: todo o dia foi bem penoso, os sufocos quase contínuos. Após seis noites, ela não conseguia dormir mais que um quarto de hora seguido. "Lembras, mamãe, meu grande prazer era tocar piano, neste pobre pequeno quarto de hora, em que o remédio me alivia condescendentemente, oh, eu gosto tanto de meu piano. Depois, meu único prazer era desenhar no meu canapé [...] e agora eu estou chegando ao ponto de não desejar mais do que um pouco de sono, parece que Deus quer separar-me deste mundo pouco a pouco!" [...] Quando eu a elogiava pela sua paciência, ela sacudia a cabeça e dizia: "Oh, eu não sou paciente como deveria! Mas é muito difícil ser realmente paciente". E então, com sua mais doce inflexão de voz, ela me chamava de "velhinho". Eu a chamava às vezes de "velhinha". Na sexta-feira, a expectoração de um líquido sanguinolento provava a decomposição do pulmão. [...] A pressão dos travesseiros a fazia tossir! [...] À meia-noite, o médico me declarou o perigo iminente. [...] Quando eu saí para chamar o confessor, ela disse em alemão para sua camareira: "Deus me ajude e console minha pobre mãe!". Vendo-a [a camareira] se debulhar em lágrimas, [d. Maria Amélia] disse: "Não chores, que a vontade de Deus seja louvada!". [...] Quando voltei para junto dela, ela me abraçou me pedindo perdão por todos os desgostos que ela tinha causado após ter vindo ao mundo. [...] Ela tinha os olhos quase constantemente fechados e os abria de tempos em tempos para olhar-me, sorrir para mim, consolar-me! [...] A comunhão teve lugar por volta das três horas e alguns minutos depois ela já não conseguiria mais engolir. [...] [mais tarde] ela pôs suas mãos dentro das minhas e eu as sentia esfriar pouco a pouco! [...] Depois, me olhando, ela me disse: "Não te esqueças de tirar [o anel] antes de que eles me ponham no caixão". Ela só tinha esse anel no dedo, tendo sido obrigada, durante as últimas semanas da doença, a tirar todos os outros seis que usava habitualmente, porque eles caíam de seus pobres dedos emagrecidos e este último anel era aquele destinado a sua mui amada irmã Chica, a princesa de Joinville. [Esse anel tinha pertencido à irmã Paula Mariana, falecida ainda na infância]. [...] Ela abriu os olhos após respirar profundamente, me procurou com suas duas mãos para me acariciar. [...] Acreditei que um milagre tivesse acontecido, que ela me tinha sido devolvida. Mas esse raio de esperança foi de curta duração. [...] Um quarto de hora depois, estava tudo acabado! Eram 4h15.

Na quarta-feira, [dia] 5, o corpo foi embalsamado pelo sistema Ganna. Eu mesma lhe cortei os cabelos e ajudei a vesti-la. Vesti-a com um vestido de seda branco, um véu e uma coroa de rosas brancas na cabeça, um ramalhete de rosas brancas nas mãos e um crucifixo no peito. Dispus a seus pés uma guirlanda de flores chamadas <u>saudades</u>.˙

Funchal, fevereiro 1853.

Uma vez, li um romance em que a autora usou uma comparação que me fez pensar no momento da perda sofrida por d. Amélia: "Algo dentro dela se partia, como se o seu corpo fosse de vidro fino e só mantivesse a forma porque a pele que o cobria impedia os cacos de se espalharem".[197]

Nos meses e anos seguintes, d. Amélia mencionaria repetidamente a filha, a sua perda e o significado, ou a falta dele, da vida sem ela. Foi uma dor que nunca passou. A ex-imperatriz mandaria fazer diversas cópias do retrato da filha a óleo para serem distribuídas entre parentes e instituições financiadas por ela, talvez na esperança de que mais pessoas se lembrassem da princesa e sua memória permanecesse por mais tempo na Terra.

Conforme os periódicos do Funchal noticiavam, o "imperial cadáver" ficou na mesma câmara onde a princesa tinha exalado os últimos suspiros desde o dia 4 de fevereiro até o fim da tarde do dia 8, quando foi transportado para a capela contígua ao paço, de maneira completamente privada.

Dois dias depois, d. Amélia finalmente teve coragem de escrever para d. Pedro II dando notícia da morte de Maria Amélia:

˙ A palavra "saudades" foi sublinhada e escrita por d. Amélia em português, ao contrário do resto do texto, redigido em francês.

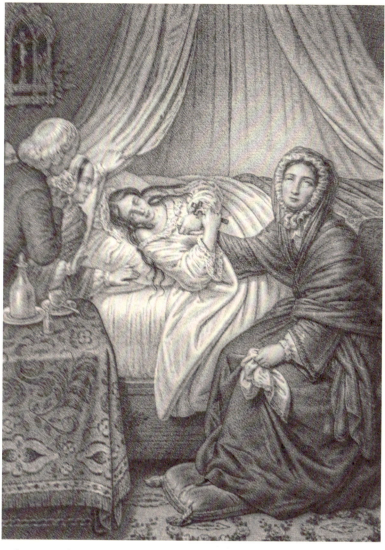

Litografia retratando a morte da princesa d. Maria Amélia, com a mãe à direita e sua dama, Caroline de Stengel, à cabeceira de seu leito de morte. Coleção da autora. Foto de Andreas Witte.

Seu anjo de irmã não existe mais. […] Deus a chamou para Si e me privou de minha alegria, de minha felicidade, de tudo que eu possuía de mais caro no mundo. Você não pode fazer ideia de como seus últimos momentos foram comoventes. […] As asfixias eram terríveis, […] segurando a mão do médico, ela o agradeceu por seus cuidados, despediu-se de todos e beijando o crucifico, rendeu sua alma. Até o fim ela conservou a consciência, sua paciência, sua doçura, e não as entregou nem mesmo em meio a seu horrível sofrimento. [...] Ela está agora numa capela da casa onde moro, até ser transportada a [...] São Vicente [de Fora]. É lá que, de acordo com a vontade de sua irmã, ela será depositada, ao lado de seu adorado pai, e é lá também que, se Deus quiser, logo mais encontrarei meu lugar.[198]

A condessa de Rio Maior, ao saber da situação de d. Amélia nos primeiros dias logo após perder a filha, comentava sobre o luto profundo que ela vivenciava:

A imperatriz assistiu a filha até o fim; depois não se tirou de ao pé do seu corpo, vestiu-a, ajudou a metê-la no caixão, e foi ela quem deu volta à chave; fez armar em capela o seu toucador e ali está depositada a princesa, dormindo a imperatriz no quarto ao pé. Eu não sei como tem tido e tem ânimo para tudo isto; mas parece que a sua única consolação é embeber-se na sua dor e em tudo que a pode aumentar. Pobre senhora.[199]

"Minha melhor disposição falhará"

Quatro dias após a morte de d. Maria Amélia, a mãe da princesa finalmente teve coragem de deixar que levassem o caixão para a capela da casa. Devotada a Nossa Senhora das Angústias, a capela da quinta é relativamente grande, em estilo barroco e decorada com cenas da vida de santo Antônio e de Jesus Cristo. Ali, d. Amélia passou a ficar por muitas horas nos dias seguintes.

Mas ela não poderia passar o resto da vida velando o corpo da filha. E, embora d. Amélia desejasse morrer o quanto antes e se reunir à filha, ao marido, à mãe e aos irmãos já falecidos, a ex-imperatriz ainda viveria por mais vinte anos.

E como a vida continuava, aos poucos, ela começou a ter que se ocupar da parte prática e inevitável dela. As primeiras providências envolviam responder os pêsames que chegavam de todas as partes do mundo e agradecer àqueles que haviam estado ao lado da filha durante sua doença e morte, como ela escrevia para d. Pedro II:

Não te esqueças, meu querido filho, de fazer expedir, na primeira oportunidade, a participação do falecimento de tua irmã, de acordo com o costume, para
as várias cortes europeias e também àquelas que me são aparentadas e onde tu
não tens ministros, como, por exemplo, aquelas da Baviera, de Württemberg,
Baden, Módena e Darmstadt. [...] Tenho um pedido a te fazer, meu querido
filho, e posso dizer em nome de tua irmã, já que ela era tão grata ao médico
que a tratava e desejava que eu lhe desse uma prova de nossa gratidão. Trata-se
de que dês uma condecoração, uma comenda, que poderia ser a da Rosa, ao
dr. Francisco Antônio Barral, como prova de nosso reconhecimento. [...] Vou
encaminhar o mesmo pedido a tua irmã Maria, pois esse excelente homem,
que pranteia tua irmã angelical do fundo de seu coração, merece essa prova
de benevolência. [...] [queria] pedir também uma condecoração ao digno clé-
rigo que a assistiu durante sua doença e em seus últimos momentos. [...] É o
cânone Antônio Joaquim Gonçalves d'Andrade, magistrado e vigário-geral do
bispado do Funchal.[200]

D. Pedro II atenderia prontamente aos pedidos da madrasta e ambos os
agraciados com as comendas permaneceriam próximos a d. Amélia até o fim
de sua vida, passando a fazer parte de sua corte pessoal. O dr. Barral como seu
médico e o vigário como seu capelão pessoal.

Nos meses seguintes, d. Amélia também providenciaria a entrega das lembranças deixadas pela filha para as pessoas queridas, como o retrato do pai para
d. Pedro II:

Aproveito para enviar-te o retrato em miniatura de teu pai que tua irmã me
recomendou te remeter após sua morte, do qual ela jamais se separou. Essa
miniatura foi feita em Paris no mesmo ano do nascimento de sua irmã [1831]
e era de uma semelhança perfeita. Após a abdicação, teu pai havia cortado o
bigode e as costeletas e não os deixou mais crescer até decidir-se pela expedição portuguesa em janeiro de 1832. [...] Esquecia-me de dizer que o nome
de teu pai, escrito no verso da miniatura, contém a letra de tua pobre irmã.[201]

Essa miniatura, que foi tão importante para a princesa que mal conheceu
o pai, acabou pertencendo, após sucessivas gerações, a d. Carlos Tasso de Saxe-
-Coburgo e Bragança, a quem coube também o lindo retrato a óleo de d. Maria
Amélia enviado três anos antes da morte da princesa para d. Pedro II.

D. Amélia lhe enviou ainda um daguerreótipo feito após a morte de sua filha, bem como um medalhão contendo duas mechas de seu cabelo, onde foi gravada a data de sua morte. Infelizmente, nenhuma das duas lembranças se encontra hoje em lugar conhecido: "Envio-lhe um retrato em daguerreótipo de sua irmã, feito após sua morte; não deu muito certo, a luz não estava muito boa naquele momento, mas ao menos isso lhe dará uma ideia de sua doce e bela fisionomia".[202]

D. Maria da Glória logo escreveu para o irmão imperador, contando sobre a notícia que recebera, com muita pena da madrasta e profunda dor pela perda da irmã:

> Meu querido Pedro. Não quero deixar de te escrever numa ocasião tão triste para nós todos. Não fazes ideia quanto sinto que tu nunca conheceste a nossa boa mana. Amélia era, na verdade, um verdadeiro anjo e a única consolação da pobre *maman*, a qual tem mostrado uma coragem incrível, eu, por minha parte, confesso que de certo não me acho com a força necessária para tudo quanto a *maman* fez. Eu tenho tido uma pena imensa, porque não só era uma irmã, mas sempre tinha estado com ela desde que nasceu e tinha tratado muito dela, por isso tinha-lhe dobrada amizade. Ela, por sua parte, coitada, também me tinha muita amizade. Tomara agora que a *maman* viesse cedo para Lisboa, ao mesmo tempo, tremo que este dia chegue, porque há de ser horrível. [...] Tremo por ela quando for o momento da última separação.[203]

A perda da irmã, que d. Maria II conhecera desde o momento em que nasceu e com quem compartilhara os primeiros anos de vida, a reaproximou de d. Amélia. Todos os documentos a partir dessa época mostram um maior carinho da parte de d. Maria da Glória para com a madrasta.

A duquesa de Goiás, ao saber da morte da irmã, também escreveu para d. Pedro II, dizendo quase o mesmo que d. Maria da Glória também sentia: "Tu, querido irmão, não conheceste 'Amélie' como eu, por toda a vida, e não pudeste apreciar as boas qualidades que lhe sorriam. Ah, que bela alma, que coração, ela era mais um anjo para o céu do que para esta terra, e ela não existe mais".[204]

Assim que d. Pedro II tomou conhecimento da morte da irmã e da tristeza de sua madrasta, tentou ajudar oferecendo a única coisa que poderia fazer alguma diferença real: uma família onde d. Amélia fosse acolhida. Num gesto de extrema sensibilidade e generosidade, d. Pedro II convidou "sua mãe" para ir viver com ele, sua esposa e suas filhas no Rio de Janeiro. Infelizmente, d. Amélia não conseguiu. Como ela tão bem explicou, mudar de país e recomeçar a vida exigiriam dela uma força e uma motivação das quais ela não mais dispunha:

> A oferta que tu me fazes de passar algum tempo perto de ti no Brasil e os apelos filiais tão tocantes que a acompanham penetram meu coração de reconhecimento e eu aproveitaria com alegria, desde que minhas forças permitissem empreender tal viagem e que eu tivesse aprendido um pouco a controlar minhas lágrimas, afinal, como poderia eu dar-te um constante espetáculo de choro?[205]

Talvez compreendendo que o luto era muito recente, d. Pedro II esperou alguns meses e reiterou o convite, dessa vez sugerindo que d. Amélia poderia assumir a educação das princesas suas filhas. Seria um novo objetivo para a vida da madrasta e resolveria um problema com o qual o imperador se deparava, já que não queria que sua herdeira, a próxima imperatriz, recebesse uma educação falha. Era preciso que as princesas d. Isabel e, na sua falta, d. Leopoldina estivessem aptas a assumir o trono e enfrentar o mundo predominantemente masculino do poder. Como d. Amélia havia sido bem-sucedida ao conduzir a educação da filha, ela podia ser uma boa preceptora para as princesas imperiais. Além disso, d. Amélia era católica, tinha muitos contatos e suficiente experiência na convivência em diversas cortes europeias, o que faltava aos cortesãos no Brasil. A ideia parecia perfeita: a "avó" reunia todas as qualidades necessárias para se tornar a responsável pela educação das princesas e passaria a estar no seio da família de seu enteado, ao mesmo tempo que encontraria novo sentido e motivação para sua vida. Mas, mesmo alguns meses depois, d. Amélia continuava não conseguindo vencer a dor e a tristeza a ponto de recomeçar sua vida no Brasil e sua resposta continuava sendo negativa:

> Minha melhor disposição falhará perante a dor do meu coração [...] não tenho, no momento, nem forças e nem saúde para empreender essa viagem e, assim, com sincero pesar e vivo sentimento de gratidão, vejo-me obrigada a dizer-te, com toda a franqueza, não poder aceitar a prova de confiança que queres me dar. [...] Como poderia eu prometer uma coisa que não saberia cumprir?[206]

Realmente, toda sua correspondência dessa época é de cortar o coração e talvez só quem tenha sofrido uma perda tão pungente possa compreender a profundidade de sua tristeza: "Deus arrebatou de mim essa criatura que já pertencia mais ao céu do que à terra, mas sofro tanto, que não posso fazer outra coisa senão chorar por esta que perdi. [...] Tua irmã me faz incrivelmente falta".[207] Ou: "Não me acostumo a viver sem ela, em não mais vê-la, a não mais ouvir sua voz, tão doce".[208] Também para d. Pedro II ela escreveria algum tempo mais tarde: "Ela era a joia da minha alma, a minha consolação neste mundo, tão minha amiga, e agora esta vida se tornou para mim um cruel desterro".[209] Ou ainda:

> Passo todos os dias triste, bem triste, e minhas saudades daquela que não está mais entre nós aumentam dia após dia, minha saúde se ressente de minha profunda dor, o que é natural; tenho frequentemente dores de cabeça e do coração, e minha vista se enfraqueceu de tal maneira, por causa de tanto chorar, que tenho dificuldade para ler e escrever.[210]

"Orfandade de mãe"

Se a correspondência de d. Amélia após a morte da filha, séculos mais tarde, já dá uma ideia do estado depressivo em que ela se encontrava, seu médico e seu confessor, responsáveis por sua saúde física e espiritual, naturalmente, deviam estar muito preocupados.

Talvez tenha partido deles a ideia de encontrar algum projeto ao qual a ex-imperatriz pudesse se dedicar e, assim, voltar a ter alguma motivação pela vida. Tenha sido iniciativa deles ou da própria d. Amélia, no mês seguinte à morte da filha, ela esboçou a primeira intenção de fazer algo de concreto pela memória de d. Maria Amélia e escreveu para a rainha, sua enteada:

> Desejando deixar nesta ilha, em proveito dos indigentes atacados da cruel enfermidade a que sucumbiu a princesa d. Maria Amélia, minha muito amada saudosa filha, algum vestígio da nossa estada na Madeira, que recorde os testemunhos que ambas recebemos dos seus bons habitantes, ocorreu-me a ideia

de estabelecer no Funchal, por ora unicamente a modo de ensaio para mais tarde, segundo me mostrar a experiência, ter a forma de uma fundação pia, um hospício [hospital] ou casa de caridade, para serem recebidas e tratadas vinte e quatro pessoas pobres e doentes de tísica pulmonar, debaixo da direção de uma comissão.

D. Maria II imediatamente concordou:

A tentativa de uma fundação que exprime de um modo tão digno de Vossa Majestade Imperial a ilustrada virtude que a inspira não podia deixar de provocar as minhas simpatias e merecer a minha plena aprovação, comprazendo-me em assegurar a Vossa Majestade Imperial que me empenharei em prestar-lhe toda a cooperação e auxílio que de mim depender, para se realizar o generoso propósito de Vossa Majestade Imperial.[211]

A intenção era demonstrar o agradecimento pela acolhida recebida na ilha e, ao mesmo tempo, eternizar a memória da filha através de uma obra de benemerência. A verdade é que a população carente da Madeira acabava por ter contato com os hóspedes que iam em busca de melhores ares para se curarem e terminavam contaminados pelos bacilos da tuberculose, ficando, por fim, doentes e sem qualquer assistência. A iniciativa de d. Amélia era, portanto, bastante pertinente, e, para que a ideia se transformasse em realidade, ela mandou alugar um edifício e nele instalar os meios necessários para que os doentes fossem logo acolhidos.

Escolheu-se provisoriamente uma casa na rua do Castanheiro e foram nomeados o médico madeirense dr. Antônio da Luz Pita, enfermeiras, um capelão e uma gerente, na época chamada de regente, a senhora Amélia Cândida Teixeira, para conduzir a instituição. D. Amélia assumiu as despesas de constituição, funcionamento e dotação da fundação e, a partir de 19 de julho de 1853, uma lei reconhecia sua existência oficialmente, concedendo privilégios legais para que a administração ficasse subordinada exclusivamente à fundadora e seus herdeiros, sem depender ou necessitar de fiscalização oficial. Em paralelo, buscava-se um terreno onde pudesse ser erguido um hospital definitivo, com todas as comodidades e modernidades que d. Amélia idealizava.

Três anos depois, no dia 4 de fevereiro de 1856, aniversário da morte de d. Maria Amélia, seria lançada a pedra fundamental do novo hospital idealizado por d. Amélia num local mais adequado. A construção do edifício seria a primeira obra portuguesa realizada por concurso internacional. O hospital ainda levaria alguns anos até estar concluído, segundo o projeto do arquiteto britânico Edward Buckton Lamb e sob o comando local de João Figueiroa de Freitas e Albuquerque. Mas a ideia de d. Amélia acabaria se concretizando e o hospital continua existindo até hoje, ainda que com outras funções.

Em 1853, no entanto, nada disso passava de um projeto. Porém, conforme se ocupava dos assuntos referentes à instituição do hospital, d. Amélia conseguiu reunir forças para se separar do corpo da filha. Assim como o coração de d. Pedro tinha ficado na capela do Palácio das Necessidades durante meses após sua morte, até finalmente ser enviado ao Porto, também o caixão com a princesa falecida ficaria três meses na Capela das Angústias, onde ela podia rezar todos os dias e sentir a filha ainda um pouco perto de si.

Por fim, no dia 7 de maio de 1853, d. Amélia e sua corte ouviram a última missa na Quinta das Angústias e se dirigiram ao porto acompanhadas pelo bispo do Funchal, pelo governador da ilha e por uma multidão à qual a municipalidade tinha mandado distribuir oitocentas velas. Doze marinheiros carregaram o singelo caixão até este ser içado à galeota e desta, à fragata, onde tinha sido armada uma câmara ardente mandada decorar em Lisboa por d. Maria II. A população, em silêncio, até o último minuto prestou sua solidariedade à inconsolável mãe. Quatro dias depois, chegaram a Lisboa e, no dia seguinte, após o desembarque, realizou-se o funeral em São Vicente de Fora, onde d. Maria Amélia foi depositada ao lado de seu pai, conforme seu desejo.

Uma vez sozinha em seu palácio, d. Amélia, obviamente, se sentia ainda mais desconsolada que na Madeira e, provavelmente, lhe ofereceram uma mudança de ares. Aceitando a sugestão, d. Amélia alugou uma residência e três casas para seus criados no Paço do Lumiar, onde pretendia passar o verão.

Durante muito tempo, esse foi um endereço misterioso. O que se denomina até hoje Paço do Lumiar, na realidade, compreende várias quintas e residências lindíssimas, apalaçadas, revestidas por belos azulejos, algumas delas particulares, outras transformadas em repartições públicas, condomínios e escolas. Em qual delas d. Amélia teria vivido durante o verão de 1853? Finalmente, um dia, consegui localizar o recibo do aluguel do palacete e o nome de seu proprietário: José Maria da Costa Bueno Cevallos de Villa Lobos. A partir dessa informação, foi possível descobrir que a casa habitada pela ex-imperatriz é a que hoje abriga o Real Colégio de Portugal, e, embora bastante modernizado, o lugar ainda tem uma fonte original da época, decorada pela delicada técnica dos embrechados. Oito anos depois, em 1861, o filho mais novo de d. Maria II também iria se hospedar ali, enquanto seus irmãos estavam gravemente doentes, e, em agradecimento, o proprietário do palacete receberia o título de conde do Paço do Lumiar.

Claro que a ideia quase pueril de que seria possível se livrar da dor da perda da filha simplesmente mudando de endereço não funcionou, e d. Amélia explicava para d. Pedro II:

> É verdade que choro muito [...] durante esta estada no interior, apesar de muito belo, me é tão penoso e aumenta minhas saudades e a aflição em meu coração, pela privação das lembranças da presença de tua irmã Amélia. Ela nunca morou nessa casa comigo, de modo que me parece estar mais longe, ainda mais separada dela, e conto voltar logo a Lisboa ou ir a Caxias, onde passei tantos verões com tua irmã. Eu sei que a chegada a esse endereço nos primeiros dias me causará um mal terrível, mas, em seguida, encontrarei entre as lembranças dela uma espécie de alívio para minha dor.[212]

A questão é que as saudades e a tristeza estavam dentro de seu coração, e não num um palácio onde ela tivesse ou não convivido com a filha. Como d. Amélia poeticamente explicou numa carta para a antiga aia de d. Pedro II: "As saudades que tenho de minha filha vão aumentando todos os dias [...] o seu amor filial era tão grande, e eu a amava tanto, nunca nos separamos e a morte dela veio dar-me a conhecer que também há orfandade de mãe!".[213]

Mais um pedaço de d. Pedro que se vai

Mesmo os órfãos, sejam de filhos ou de pais, precisam continuar vivendo e, aos poucos, d. Amélia passou a dar um novo sentido à sua vida se dedicando de corpo e alma à benemerência em Lisboa. Entre as instituições que ela abraçou, estavam principalmente aquelas dedicadas ao que se chamava na época "infância desvalida". Sempre acompanhada por Caroline de Stengel, que após a morte de d. Maria Amélia passara ao serviço de d. Amélia, ela visitava pobres, escolas e orfanatos e, inteirada de suas mais prementes necessidades, decidia como melhor direcionar suas doações. Em algumas dessas casas, como no Asilo da Junqueira, d. Amélia acompanhava pessoalmente o desenvolvimento das crianças.

D. Maria II e d. Fernando, tentando alegrar a ex-imperatriz, enviavam os filhos para visitá-la, como depreendemos das cartinhas em que d. Amélia agradecia ao rei: "Maria e Antonieta [as infantas d. Maria Ana e d. Antônia] vêm amanhã cear aqui comigo [...], Maria me trouxe os morangos de seu jardim e Antonieta um *bouquet* de flores [...] Pedro e Luís me fizeram uma pequena visita ontem".[214]

Não que d. Amélia e d. Maria II comungassem das mesmas convicções políticas. D. Amélia defendia tudo que seu falecido marido havia feito e apoiado, enquanto a rainha, que, necessariamente, precisava evoluir com o tempo e as exigências de seu cargo, nem sempre tinha a mesma opinião que a madrasta. Em carta inédita de d. Maria II para d. Pedro II, localizada e generosamente compartilhada para esta biografia por Paulo Rezzutti, essa delicada questão fica muito clara:

> Há pessoas bem pouco ajuizadas que acham que nós deveríamos chamar já, já o conde de Tomar. Basta isto para tu veres como o partido cartista está e infelizmente há de se suicidar com semelhantes e outros despropósitos que praticam. O que vou te dizer peço-te o maior segredo. Infelizmente mesmo alguém bem nossa parenta, a *maman*, pensa assim e o famoso marquês de Resende (bem conhecido no Brasil) faz-lhe fazer coisas que seria melhor que ela não fizesse. Se nos falássemos mais poderia dizer, mas por escrito tudo toma um aspecto muito mais sério. Torno a te pedir segredo do que acabo de escrever, mas é uma expansão que tenho contigo que és tão meu amigo.[215]

Ou seja, d. Amélia, influenciada pelo marquês de Resende, mas principalmente por fidelidade à memória de d. Pedro, defendia que o conde de Tomar voltasse ao governo, por ser ele o bastião do partido cartista, que tinha esse nome em referência à Carta Constitucional outorgada por d. Pedro em 1826. A carta em que d. Maria II fazia confidências ao irmão foi a última que lhe dirigiu, escrita dois dias antes de um parto que se revelaria fatal para a criança e a mãe.

Já há tempos bastante obesa, provavelmente diabética e alertada para que não mais engravidasse, após a perda dos últimos bebês, cada vez maiores, d. Maria II mesmo assim arriscou e engravidou uma última vez. No dia 15 de novembro, durante o parto, o bebê, enorme, que depois se constatou pesar o dobro de um recém-nascido normal, teve que ser morto e esquartejado para poder ser retirado do ventre da mãe. A tentativa de salvar pelo menos a vida da rainha foi em vão. D. Maria da Glória acabaria falecendo algumas horas depois. A seu lado, sobre a cama, estava a madrasta, d. Amélia, que foi quem mandou chamar o confessor enquanto era tempo. Sem saber que o procedimento lhe custaria a vida, d. Maria II pediu para descansar e, enquanto dormia, faleceu vítima de uma hemorragia interna. Com nove meses de intervalo, d. Amélia perdia a filha e a enteada.

D. Francisca, princesa de Joinville, estava a caminho de Lisboa para visitar d. Maria II, mas acabou chegando exatas 24 horas depois que a irmã tinha acabado de falecer. Estranhando os tiros de canhão das fortalezas e dos barcos de guerra ao entrar na barra do Tejo, d. Francisca não imaginava que eles anunciavam a morte de sua irmã rainha.

A despedida de d. Maria II foi, como se pode imaginar, pautada pela tristeza de seu esposo, que a pranteou sinceramente, e de seus sete filhos, ainda muito jovens. O mais velho, agora rei d. Pedro V, tinha só dezesseis anos, fazendo com que o rei-viúvo d. Fernando assumisse a regência, em seu nome, por dois anos.

O funeral de d. Maria II foi também um evento quase místico. A pomba, dentro do cristianismo, simboliza o Espírito Santo e, coincidentemente, uma pousou sobre o caixão da rainha e ali ficou até o cortejo se movimentar. Era inevitável a lembrança de outra pomba, que entrara no dia de seu batizado na capela imperial, 34 anos antes, no Rio de Janeiro, sobrevoando a pia batismal. O fato causou tanta comoção que chegou a ser composto um poema a respeito.[216]

D. Amélia, com a morte da enteada, perdia mais um pouco de sua própria vida. D. Maria da Glória, em gênio e coragem tão parecida com o pai, era mais um pedacinho de d. Pedro que desaparecia. Com certeza, sobrevinham a d. Amélia as lembranças da longa viagem para o Brasil, quando ambas eram ainda tão jovens, dos tempos como imperatriz, assim como dos difíceis anos de exílio em Paris em que, como se dizia na época, as duas não viviam "em harmonia celestial".[217] D. Amélia também, certamente, se lembrava dos últimos meses com o marido em Lisboa, quando estavam sempre os três juntos, mas também do curtíssimo espaço de tempo em que foram também cunhadas, e eram sempre elas duas e d. Augusto. Eram muitas as lembranças de todos os anos em que d. Amélia tinha tentado ser uma segunda mãe para a rainha, a menina que ela tinha conhecido com dez anos e com a qual a sua vida tinha se entrelaçado, irreversivelmente, até aquele dia.

Nos dois anos em que d. Fernando assumiu a regência, ficou decidido que se realizaria o projeto que ele e d. Maria II acalentavam de enviar os dois filhos mais velhos em viagem pela Europa. A ideia inicial era que isso acontecesse no futuro, quando ambos fossem mais velhos, mas a morte da rainha antecipou todos os planos. O intuito era que os meninos estreitassem os laços com os familiares em outras casas reinantes e vissem um pouco do que existia fora de Portugal, porque, após assumir o reino, dificilmente um monarca tinha tempo para viagens tão longas.

E assim, em 1854, d. Pedro V e d. Luís partiram para visitar as cortes onde tinham parentes: Inglaterra, onde o príncipe Albert, esposo da rainha Vitória, era primo de d. Fernando; Bélgica, onde o rei Leopoldo era tio de d. Fernando; Coburgo, na Baviera, onde vivia boa parte da família Saxe-Coburgo- -Gotha; e ainda França, Holanda e Prússia. No ano seguinte, voltaram à França e à Bélgica e visitaram também a Itália e a Suíça. No final de julho de 1855, d. Pedro V e o irmão estavam de volta a Lisboa, porque, em setembro, o rei atingiria a maioridade e começaria a reinar de fato.

D. Amélia, que considerava os descendentes do marido como seus e sempre foi carinhosa com os netos, encomendou em Paris, como presente para recebê-los, um relógio para cada um.

"Tua afetuosa avó"

Também as filhas de d. Pedro II no Brasil, as princesas d. Isabel e d. Leopoldina, passaram a receber cartas da "vovó Amélia". Hoje, só conhecemos as recebidas pela princesa Isabel, que integram o arquivo da família imperial em Petrópolis, mas certamente ela não teria ignorado a caçula. Assim como d. Amélia fizera com d. Pedro II e suas irmãs, ela enviava presentes, livros e escrevia em francês:

Minha pequena Isabel. Dessa vez eu escrevo em francês para te habituares a compreender esta língua, e te agradecer carinhosamente pela gentil carta que me escreveste no último dia 10 de novembro. Estou muito contente que o pequeno pássaro mecânico e os livros te agradaram e espero que eles te façam pensar às vezes naquela que te beija com todo o coração, tua afetuosa avó Amélia.[218]

O contato com o Brasil era constante, não apenas através das cartas que trocava com a família, mas também através dos diplomatas brasileiros em Lisboa e dos enviados do Brasil. Em abril de 1855, por exemplo, d. Amélia recebeu a visita do camarista de d. Pedro II, o visconde Nogueira da Gama, que deixou o seguinte relato: "Poucas ideias conserva a imperatriz dos pontos da província [de Minas Gerais] que percorreu [em 1831]. 'Estive lá tão pouco tempo', disse-me Sua Majestade, enxugando as lágrimas que lhe corriam pelas faces, 'e, como sabe, em meio a acontecimentos tão tristes [...]'".[219]

D. Amélia nunca perdoaria o que ela considerava uma ingratidão dos brasileiros: o fato de terem levado d. Pedro I a abdicar. É compreensível que a viagem por Minas com os sinos dobrando pela morte de Líbero Badaró não devia ser das melhores lembranças da ex-imperatriz.

D. Pedro II, por essa época, continuava tentando conseguir uma governanta para se encarregar da educação das filhas, e pediu para que d. Amélia o ajudasse a encontrá-la:

[...] uma senhora [...] alemã, católica romana e religiosa, viúva e sem filhos, maior de quarenta anos, [...] sem interesses na Europa, falando bem as línguas mais usadas, entendendo o português ou que venha depois [a] saber alguma coisa dele [...], tendo gênio dócil e maneiras delicadas e conhecendo perfeitamente os diversos místeres em que as senhoras passam as suas horas vagas.[220]

Tentando atender ao pedido do imperador, d. Amélia sugeriu uma tal baronesa de Wangenheim, mas a dita senhora não aceitou a preceptoria. A situação só seria resolvida pela princesa de Joinville, que intermediou a contratação da condessa de Barral, em 1856. D. Amélia a tinha conhecido quando a condessa ainda era criança, durante sua passagem pela Bélgica a caminho do Brasil para o casamento com d. Pedro I. Essa menina, filha do visconde de Pedra Branca, agora já adulta, se tornaria a aia das princesas, responsável pela educação da futura imperatriz do Brasil. Da convivência com d. Pedro II, enquanto vivesse no Rio de Janeiro, nasceria uma grande admiração mútua entre a preceptora e o imperador. Dessa admiração, surgiria uma íntima amizade pelo resto da vida, mas o relacionamento entre eles seria sempre marcado pela discrição.

"Um lugarzinho em teu coração"

D. PEDRO II não era uma pessoa impetuosa e transparente como seu pai, que primeiro fazia e falava para depois pensar. Ao contrário de d. Pedro I, o filho pensava muito, falava pouco e raramente deixava que suas emoções transparecessem, a ponto de chegar a ser comparado a uma esfinge. Desde cedo, ele aprendera a se fechar em si mesmo e não deixar que soubessem o que se passava em seu íntimo. O imperador seria sempre discreto e, para a maior parte das pessoas, distante e enigmático.

A formação de sua personalidade foi, certamente, marcada pelas perdas que ele sofreu tão cedo. A morte da mãe, quando d. Pedro II tinha apenas um ano, foi apenas a primeira delas. Ele sofreria muito mais, naturalmente, quando o pai e d. Amélia o deixaram na fatídica madrugada da abdicação, época em que ele contava apenas cinco anos. Idade suficiente para sentir, mas não para compreender. Naquele dia, quando as crianças acordaram, os pais não estavam mais lá. Nem nunca mais estariam.

É reveladora a passagem quando, meio ano após a partida de d. Pedro I, sua preceptora uma vez lhe comunicou que iriam para São Cristóvão, e perguntou se d. Pedro II gostava de ir passear naquela quinta. O pequeno imperador, então, respondeu que não. Insistindo para que ele falasse, ela perguntou por que não. Ao que a criança respondeu: "Porque tenho muitas saudades do papai e da mamãe".[221] E, por mais que ela tentasse, ele não quis mais responder a qualquer outra pergunta, como as crianças costumam fazer quando se sentem muito tristes e evitam continuar o assunto. O Palácio de São Cristóvão, para o menino, era onde ele tinha vivido, feliz, com seus pais, agora ausentes.

Para d. Pedro II, "mamãe" era d. Amélia. A única que ele conhecera. D. Leopoldina era a mãe sobre quem lhe contavam, cujos olhos azuis e cabelos loiros ele podia reconhecer ao contemplar a própria imagem refletida no espelho. A imperatriz pranteada, culta e estudiosa que lhe legara herbários, a coleção de mineralogia e tantos livros. Eram dela também as pérolas que, em sua homenagem, d. Pedro II mandara colocar na base de sua coroa. Em memória a d. Leopoldina, ele doaria uma grande coleção de livros para a Biblioteca Nacional com o nome da imperatriz. Ele a honrava e procurava ser digno de sua progenitora, que tanto amara e fizera pelo Brasil.

Mas a mãe de seu coração foi a madrasta. A linda e jovem princesa que um dia chegou num grande navio quando ele tinha três anos e que, imediatamente, o cobriu de atenção e carinho. Porém, do mesmo jeito que ela um dia chegara, algum tempo depois, enquanto ele dormia, de repente desaparecera, como uma fada encantada, deixando um vazio e saudades imensas.

Mas, ao longo da vida, mesmo de longe, d. Amélia e d. Pedro II continuariam sendo mãe e filho. Eles assim se chamavam privada e publicamente. Eles assim se sentiam e se comportavam. Quando ela faleceu, décadas depois, ele explicou a esse respeito: "Não conheço dor maior que a da perda de nossa mãe, embora não a sentisse daquela a quem devo a existência, senão pelo que outros dela me referiram, experimentando-a, contudo, tão profunda, creio eu, quando faleceu quem como tal consagrava-me seu amor".[222]

A separação

Deixar as crianças no Rio de Janeiro e partir para a Europa foi uma decisão que custou muito a d. Pedro I. Nos anos seguintes, nem ele, nem os filhos, nem d. Amélia conseguiram superar completamente essa separação.

A mãe de d. Amélia, ao saber da abdicação, comentou que a filha encarara toda a situação com muita maturidade e bom senso, mas que "a única coisa da qual ela nunca se consolará será de ter tido que deixar seus filhos no Brasil".[223]

Se para os adultos foi difícil, para as crianças as consequências seriam, naturalmente, indeléveis. D. Pedro II, o menorzinho dos filhos, ao se ver sozinho, passou a se proteger emocionalmente aprendendo a representar e dissimular. Talvez o medo de se apegar a alguém novamente e ser outra vez abandonado fizesse com que ele não confiasse facilmente nas pessoas. Para conseguir se manter mais isolado, ele logo descobriu que os estudos eram uma forma aceita pelos adultos para poder ficar sozinho. E assim, usando os livros como refúgio e escudo, aos seis anos ele já sabia ler em português e inglês e começava a estudar gramática. Pelo resto da vida, os livros seriam seus melhores amigos e companheiros mais fiéis. Na noite em que ele seria deposto do trono, em vez de se preocupar com ouro, joias ou obras de arte, o imperador só se lembraria de seu exemplar de *Os Lusíadas*. Era seu livro preferido e a única coisa que ele não suportaria deixar para trás.

Como consequência de crescer longe dos pais e desde cedo já ser um imperador, ele também logo aprendeu a importância de cultivar uma imagem de poder. Para isso, d. Pedro II passou a manter distanciamento, não expor suas fraquezas, demonstrar sabedoria e erudição e até, fisicamente, assim que possível, ele deixou sua barba crescer, sempre procurando parecer mais velho do que era. Há um comentário registrado pelo enviado diplomático austríaco no Rio de Janeiro no qual, ao mandar para Viena o retrato do imperador, pintado quando completou seis anos, ele explicava: "A expressão facial [do pequeno d. Pedro II] é séria demais, embora seja precisamente o olhar que o jovem príncipe assume quando dele se aproxima alguém a quem ele não conhece".[224]

Mas havia uma pessoa em quem d. Pedro II confiava e com quem ele podia despir suas armaduras. Era sua mãe, a quem, mesmo já adulto, ele continuava a fazer muitas perguntas, a pedir opiniões e conselhos. Para d. Amélia, ele podia permanecer sendo apenas filho.

Cartas cruzando o Atlântico

Com a partida, em 1831, d. Amélia imediatamente começou a escrever para seus filhos. Sua primeira preocupação era que eles não se sentissem abandonados, que tivessem certeza de seu amor e carinho; mas ela também escrevia para dar notícias do pai e da irmã d. Maria da Glória, que partira com eles.

Com exceção de uma visita de d. Pedro II a Portugal já no final da vida de d. Amélia, todo o relacionamento deles seria baseado em cartas. E foram muitas. Chegaram até nós as que ela enviou e que se encontram, em sua maioria, no acervo do Arquivo Grão-Pará, em Petrópolis. No total, são mais de oitocentas cartas, muitas bastante longas, com mais de dez páginas, mas no geral com pelo menos três ou quatro. A caligrafia de d. Amélia foi piorando consideravelmente ao longo dos anos, a ponto de as últimas cartas serem quase ilegíveis. Dirigidas direta e exclusivamente a d. Pedro II são 390 cartas, mas é preciso contabilizar também as que d. Amélia endereçava nos primeiros anos para d. Januária como irmã mais velha e representante das crianças, assim como as 454 enviadas para d. Teresa Cristina, a partir de seu casamento com o imperador em 1843, e que eram em grande parte dirigidas ao casal. A primeira carta de que temos notícia tem a data de 5 de julho de 1831, logo após a chegada à Europa:

> Meu querido e bem-amado filho, me apresso a te escrever algumas linhas, a fim de que tu vejas que tua mãe não te esquece [...]. Ah, filho querido, se tu e tuas irmãs não me faltásseis a cada instante de minha vida, eu me sentiria feliz; mas longe de vocês, longe do Brasil, que eu tanto amo, não há mais felicidade completa para mim nesta vida. Espero que tu também pensarás alguma vez em tua mãe, que te ama tanto, e que tu lhe guardarás um lugarzinho em teu coração. Adeus, meu filho querido, eu te abraço com todo o meu coração, e sou por toda vida, tua devotada e carinhosa mãe.[225]

Algum tempo depois, já instalada em Paris, d. Amélia passou a enviar presentes para os filhos, escolhidos e pensados com cuidado para cada um. Um dos primeiros de que temos notícia, remetido em 12 de setembro de 1832, foi um relógio, cuja pulseira tinha sido feita com os seus cabelos trançados, para que d. Pedro II pudesse ter um pouquinho dela junto dele. Para Januária, a mais velha, ela mandou, pouco depois, "uma pequena cesta de trabalhos, um pequeno necessário pau de sândalo e um trabalho começado que eu sei que tu desejavas e um par de suspensórios em pano de seda".[226] Para cada uma das meninas, mandou um bracelete de cabelos da irmã Maria da Glória, de quem elas também sentiam muita falta.

Quando a princesa d. Maria Amélia começou a crescer, longe dos irmãos do Brasil, d. Amélia fazia questão que ela visse retratos deles e aprendesse a falar seus nomes. Com um ano e meio de idade, ela já sabia reconhecê-los.

Mesmo quando as crianças no Brasil já estavam mais crescidas, d. Amélia continuava se preocupando com elas da mesma maneira. Em junho de 1840, por exemplo, ao saber pela condessa de Itapagipe que d. Pedro II tinha desmaiado, possivelmente por uma manifestação epilética, ela escrevia: "[...] deu-me muito cuidado [preocupação] a moléstia de meu filho".[227]

Enquanto d. Pedro I era vivo, d. Amélia acalentava a esperança de voltar para o Brasil e reassumir a educação dos filhos. Ela acreditava que, uma vez encerradas as guerras liberais, d. Maria II se casaria com seu irmão e os dois reinariam sobre Portugal, liberando d. Pedro para retornar ao Brasil como regente do filho. Como ela explicava para Augusto no início de 1833: "Tu conheces meu coração, por isso compreendes facilmente que, para minha felicidade, do imperador e sobretudo de nossos pobres filhos, eu desejo que nós retornemos para o Brasil, [...] sabendo que minha boa Maria [da Glória] estará feliz com um bom marido e, posso te assegurar, ele também".[228]

Após a morte de d. Pedro I, no entanto, d. Amélia se viu presa em Portugal, por um lado, porque sua filha era a herdeira da rainha até que esta tivesse filhos, mas também por causa da ameaça que recebeu do governo regencial. Este, receando que ela assumisse a tutoria das crianças e solapasse a influência que tinham sobre o jovem d. Pedro II, proibiu sua presença no Brasil. Qualquer intenção que ela tivesse de voltar para o Rio de Janeiro foi, assim, destruída. Embora nunca tenha havido um decreto a esse respeito, d. Amélia tinha sido banida do Brasil pela Regência.

Durante toda a menoridade de d. Pedro II, a correspondência entre d. Amélia e as crianças no Brasil, que já era, como previsível, violada, passou a ser, após esse constrangedor episódio, ainda mais rigorosamente controlada. E ela se tornou, claro, especialmente cuidadosa com o que escrevia. Através das cartas trocadas com a condessa de Itapagipe, no entanto, d. Amélia mantinha-se bem-informada sobre o dia a dia dos filhos.

A situação mudou a partir da maioridade antecipada de d. Pedro II, aos quatorze anos, em 1840. Com maior liberdade para escrever, ela assumiu completamente o papel de única pessoa da família responsável pelos filhos e passou a influenciar diretamente as próximas decisões que eles tomariam.

Educação à distância

A maior preocupação de d. Amélia, desde o início de sua correspondência, dizia respeito à educação das crianças. Não que ela não confiasse no rigoroso programa de ensino a que eles eram submetidos, mas, como mãe, ela tentava complementar o currículo acadêmico com outras informações que os tutores não saberiam transmitir para seus alunos.

Desde a chegada à Europa, ela se dedicou a escolher livros que pudessem agradar aos filhos e despertar neles o prazer da leitura, como d. Amélia escreveu para d. Januária nesta carta de 1º de março de 1833:

> Acrescento esta palavrinha [...] a fim de enviar-te alguns livros, assim como as tuas irmãs e ao teu irmão, os quais reúnem o útil ao agradável. Embora cada um de vossos nomes esteja marcado nos livros, a fim de que não haja confusão, faço aqui a lista dos mesmos e a quem eu vos destino:
>
> Para teu irmão Pedro: 1) *História de França*, de Colart, um volume; 2) *Máximas morais e políticas extraídas de Telêmaco*, um volume.
>
> Para ti: *Os anais da virtude*, de madame Genlis, cinco volumes.
>
> Para tua irmã Paula: *As conversações de Emílio*, dois volumes.
>
> Para tua irmã Francisca: *Entretenimentos, dramas e contos morais*, por *mlle.* De la Fitte, quatro volumes.
>
> Espero que estes livros vos deem prazer e que contribuam para vos dar gosto pela leitura. Se desejardes alguma coisa que eu vos possa enviar, escrevam-me francamente, pois será provar a minha ternura.[229]

Além de enviar livros, sempre em francês, também era nesse idioma que d. Amélia escrevia para os filhos. Ao contrário do que se costuma afirmar, ela não o fazia porque não soubesse português. Na correspondência com a condessa de

Itapagipe, no mesmo período, constata-se que ela dominava o idioma, mesmo que com raros erros, o que, na realidade, só prova que era ela própria quem escrevia. A escolha de se corresponder com os filhos em francês era uma decisão pedagógica, como ela já havia feito no Rio de Janeiro, ao determinar que as crianças deviam se comunicar na corte nessa língua. Era imprescindível para um membro da realeza no século XIX dominar fluentemente o idioma universal da época.

Havia, na educação de um imperador, questões cujos meandros apenas outros membros da nobreza e da realeza conheciam. Sabendo disso, d. Amélia procurava, nas cartas, instruir d. Pedro II sobre esses pormenores. Quando ele se preparava, por exemplo, para sua primeira viagem à Europa, ela explicou que era importante que ele providenciasse com antecedência presentes protocolares, de diferentes valores, para distribuir às pessoas que o hospedariam, ou com quem ele teria contato durante a viagem:

> É costume que os príncipes estrangeiros deem condecorações às pessoas que os servem, se não for, contudo, o caso, ofereça ricos presentes, como retratos seus com monogramas, em marfim, ou diamantes, grampos de cabelo, broches etc. Quando eu estive na Alemanha e na Suécia foram esses os presentes que eu dei.[230]

Dentro de uma monarquia, tais detalhes são mais relevantes do que podem parecer. Sabendo que um império no Brasil já teria a desvantagem de ser visto como algo exótico, d. Amélia não queria que o filho destoasse em outras cortes e tratava de instruí-lo sobre os costumes vigentes entre seus pares na Europa.

Num outro episódio, foi d. Amélia quem explicou para o jovem imperador sobre o cuidado que devia ter com documentos assinados por ele, reforçando a importância de sempre passar um traço sobre eventuais linhas em branco, para que não fosse possível incluírem informações posteriormente, adulterando o que ele escrevera.

Era também d. Amélia quem mantinha d. Pedro II informado sobre seus parentes na Europa. Além de relatar o desenvolvimento da princesa d. Maria Amélia, ela, muitas vezes, dava notícias de d. Maria II, d. Fernando II e seus filhos, com quem convivia em Portugal. Mas também repassava as informações que recebia das outras irmãs do imperador, a duquesa de Goiás, a princesa de Joinville e d. Januária, e até dos parentes Orléans, com quem se correspondia frequentemente. Assim, ela o mantinha a par do que ocorria com sua família na Europa e, às vezes, até das intrigas nas cortes europeias.

De todas as orientações e instruções que d. Amélia oferecia ao filho, talvez a mais significativa para ele fossem as lembranças que ela compartilhava a respeito do tempo em que convivera com d. Pedro I. Tendo se separado do pai tão cedo, d. Pedro II passaria o resto de sua vida procurando vestígios e lembranças deixados por ele.

Como seu biógrafo Paulo Rezzutti tão bem percebeu, cada viagem de d. Pedro II, quer no Brasil, quer no exterior, tinha sempre uma grande parte de procura por pessoas que haviam convivido com d. Pedro I. Não só no Brasil e na Europa, até mesmo nos Estados Unidos ele faria questão de se encontrar com um antigo diplomata que vivera no Brasil na época da Independência. Em sua primeira viagem à Europa, ele foi, logo no primeiro dia, visitar o túmulo do pai e prestar-lhe homenagens. Depois, d. Pedro II iria rezar junto à urna onde o coração de d. Pedro I tinha sido depositado.

O filho tentava, em todas suas viagens, refazer os passos do pai visitando os lugares onde ele tinha estado, do Rio Grande do Sul a Paris. D. Pedro II fez questão de visitar diversas cidades na França por onde d. Pedro I tinha passado, de conhecer não apenas a cidade do Porto, mas também os lugares onde ele havia dado combate durante o cerco, procurando, de alguma forma, se aproximar do pai por estar nos mesmos lugares onde ele, alguma vez, também tivesse estado.

D. Pedro II guardava preciosamente as cartas do pai que recebera na infância, os retratos e os objetos que lhe tinham sido por ele oferecidos ou legados, mas d. Amélia podia lhe dar mais que tudo isso: ela era sua memória viva.

E, para o filho, ela podia falar sem receio de ser repetitiva ou nostálgica sobre aquele que ambos amaram e tão cedo perderam. Sabendo que d. Pedro II tinha sede de suas lembranças a respeito de d. Pedro I, ela relembrava suas lutas, suas crenças, seus valores, e lhe contava sobre: "Teu pai, cuja alma sabia apreciar tudo que é belo e nobre".[231]

O filho da imperatriz

D. Pedro II, por seu lado, correspondia à atenção e ao carinho que d. Amélia lhe dedicava. Ele respondia a todas as suas cartas, atendia seus pedidos sempre que ela pedia para que ele concedesse algum título, condecoração ou recomendação para pessoas a quem ela queria agradecer de uma forma mais significativa, como em relação ao médico que cuidara de d. Maria Amélia.

Para o imperador, d. Amélia era sempre a primeira pessoa a constar na lista dos soberanos a serem comunicados pela mordomia imperial, fosse quando de sua maioridade, seu casamento, ou qualquer evento importante. Na lista das pessoas a serem avisadas sobre sua ascensão ao trono, por exemplo, ele listou em primeiro lugar "minha mãe".[232]

Ele também era, muitas vezes, extremamente carinhoso com a mãe, como ao enviar para ela algumas flores que encontrara sobre o túmulo dos pais de d. Amélia em Munique, ou ao lhe escrever dizendo que tinha muitas saudades dela.[233] Era um tratamento diferente do habitual em sua correspondência para outros membros da família, na qual costumava ser mais lacônico e direto e menos sentimental.

Em sua primeira carta após a abdicação, quando d. Pedro II ainda era muito pequeno, ela escrevera para ele: "[...] espero que tu guardarás [para tua mãe, que te ama tanto] um lugarzinho em teu coração".[234] Muito tempo depois, após 34 anos, D. Amélia retomaria as mesmas palavras ao constatar que eles tinham conseguido superar o tempo e um oceano de distância: "Meu querido filho, [tudo] me prova que eu conservei um lugarzinho no teu coração apesar da tua idade ser tão tenra quando eu deixei o Brasil em 1831".[235]

Quando d. Leopoldina faleceu tão jovem, deixando os filhos pequenos, ela certamente se preocupava com o futuro deles e se eles seriam amados e bem tratados por aquela que ocuparia seu lugar no trono brasileiro e no coração das crianças.[236] Se d. Leopoldina tivesse podido escolher, dificilmente ela teria encontrado alguém mais devotada a eles que d. Amélia.

Todos os anos, estivesse onde estivesse, d. Amélia mandava rezar uma missa em 11 de dezembro, dia da morte de d. Leopoldina, em intenção de sua alma.

Guardiã da memória

CONHECENDO A dimensão do relacionamento entre d. Pedro II e d. Amélia, é difícil, para quem se debruça sobre sua biografia, entender por que ela decidiu permanecer em Portugal após a morte da filha e da enteada em 1853. É compreensível que, num primeiro momento, o luto e o estado depressivo a impedissem de realizar grandes mudanças em sua vida.

Mas, conforme o tempo ia passando, resta a dúvida sobre o que, exatamente, prendia d. Amélia a Portugal e a impedia de voltar para o Brasil e assumir seu lugar como imperatriz-viúva na corte do filho. Ou mesmo a outra opção que ela tinha, de ir viver num de seus dois belos palácios aos pés dos Alpes bávaros.

Talvez pesasse a questão do clima mais ameno em Portugal que nesses outros dois países. Talvez o valor das pensões que d. Amélia recebia e seu respectivo poder aquisitivo em outros reinos. Porém, mesmo combinadas, essas explicações não bastam para que se compreenda a decisão da ex-imperatriz. Após tantos anos estudando e refletindo sobre a vida de minha biografada, e sendo repetidamente questionada a esse respeito, desenvolvi uma reflexão sobre isso.

Acredito que, da mesma forma como a mãe de d. Amélia passou toda sua vida cultuando Napoleão e o período áureo em que eles tinham estado no centro do poder europeu, circundados por glória, luxo e admiração, também d. Amélia reverenciaria por toda sua vida os feitos do marido e seu papel heroico na história de dois países.

No Brasil, d. Pedro II dava continuidade à dinastia e ao legado de d. Pedro I de forma natural. Mas, em Portugal, d. Amélia entendia que permanecer no país era a única maneira de assegurar que esse culto ao "libertador", ao "doador de duas constituições", ao "santo mártir cristão", segundo suas próprias palavras, não morresse. Era sua presença na corte que mantinha a memória de d. Pedro viva. Eram suas obras benemerentes em instituições com retratos de d. Pedro pendurados pelas paredes que faziam com que ele continuasse sendo lembrado. Eram as missas encomendadas por ela que garantiam que não deixassem de rezar por ele. Era por seus esforços que o dia da morte de d. Pedro continuava sendo um dia de luto em Lisboa. Em grande parte, foi por sua doação que os monumentos em Portugal e no Brasil em homenagem ao ex-imperador saíram do papel. Era ela quem estava por trás de toda e qualquer iniciativa que homenageasse o marido.

Nesse sentido, compreendemos que d. Amélia encomendasse repetidas vezes retratos do marido falecido, como um recibo que atesta, por exemplo, a compra de duzentas litografias coloridas do duque de Bragança de uma só vez.[237]

Num país dividido entre constitucionalistas e absolutistas, o culto à memória de d. Pedro tinha uma importância política imensa. O fundador do liberalismo em Portugal e seus ideais não podiam ser esquecidos. Por isso, d. Amélia tomou para si a difícil tarefa de ser uma guardiã da memória. Para desempenhar esse papel, ela tinha que permanecer viúva, a viúva do herói de dois mundos. E todo respeito que exigia para si era um reflexo do respeito pela memória de d. Pedro. Mesmo que o brilho e a importância do falecido marido refletissem algum poder sobre ela, o esforço, certamente, sempre foi maior que a recompensa. Triste e ingrata incumbência a que ela se impôs.

D. Amélia tomou como sua a missão não deixar que a lembrança de d. Pedro se apagasse. E, assim, passou a cobrir para sempre não só o corpo, mas também sua alma com o negro do luto.

A memória do que poderia ter sido

Durante os vinte anos seguintes de sua vida, após a morte da filha, d. Amélia nunca mais deixou Portugal, se dedicando a manter também a memória da princesa d. Maria Amélia viva.

Porém, não era só a mãe que não conseguia esquecê-la.

Também Maximiliano, que quase fora noivo de d. Maria Amélia, continuava pensando na princesa. Na primavera de 1856, tinha partido uma corveta enviada por ele para uma viagem em missão científica pelos principais portos da Europa, e o capitão, lorde Michielis, ia encarregado de, ao ancorar em Lisboa, levar uma carta e presentes para d. Amélia. Maximiliano se referia a ela como "nossa pobre e excelente imperatriz, a qual eu sempre serei inconsolável de não ter por mãe".[238] O capitão devia ainda visitar o túmulo de d. Maria Amélia em São Vicente de Fora e levar flores em seu nome.

Por coincidência, Maximiliano acabava de assumir o cargo que uma vez coubera ao pai de d. Amélia. Assim como o príncipe Eugênio fora vice-rei da Itália em nome de Napoleão, Maximiliano, meio século mais tarde, se tornava governador-geral das províncias da Lombardia-Veneza em nome do imperador da Áustria, seu irmão Francisco José. Na verdade, se tratava exatamente da mesma região, que passara a ser dominada pela Áustria desde o Congresso de Viena.

Assim, quando Maximiliano completou 24 anos, embora ele ainda escrevesse poemas em memória de d. Maria Amélia, foi decidido em Viena que já estava mais do que na hora do arquiduque se casar. Foi negociada, então, uma aliança com a Bélgica, e a noiva escolhida se chamava Carlota. Era a filha de uma antiga amiga de d. Amélia, a princesa Luísa de Orléans, que havia desposado o rei Leopoldo I da Bélgica. Ao saber do noivado, a ex-imperatriz escreveu para a princesa:

> Se soubesses, querida princesa, quantas vezes penso em ti, os laços familiares que nos unem, minha terna amizade pela finada rainha, tua mãe; minha veneração, meu profundo vínculo por tua santa avó, todos esses sentimentos são motivos para amá-la e agora que irás unir-te a meu bem-amado filho Maxi, como não partilhar entre os dois o meu carinho maternal! [...] É com emoção que aceito o nome de "mãe" pelo qual escolheste me chamar e eu te chamarei de filha, a quem eu junto minha benção como tua afetuosa mãe.[239]

D. Amélia, cuidadosamente, se referia à mãe e à avó de Carlota, respectivamente, a rainha Luísa da Bélgica e a rainha Maria Amélia de Orléans da França, e omitia qualquer referência à própria filha, que quase desposara Maximiliano. Essa bonita mensagem para Carlota, abençoando o casamento dela com aquele que teria sido seu genro, era quase uma carta de alforria para a alma atormentada de Maximiliano. Mesmo assim, antes de se casar com Carlota, ele ainda fez questão de passar por Lisboa a caminho de Bruxelas, onde recebeu a benção de d. Amélia pessoalmente em junho de 1857.

O jovem casal celebrou sua união no mês seguinte e foi habitar o Palácio Real de Monza, onde d. Amélia, 45 anos antes, tinha passado seus primeiros meses de vida.

O casamento, no entanto, nunca foi feliz. Maximiliano, que nunca deixara de usar um anel com uma mecha do cabelo da princesa d. Maria Amélia, decidiu, dois anos após seu casamento com Carlota, empreender uma viagem ao Brasil, sonho que a filha de d. Amélia tinha acalentado até o último momento.[240] E, para piorar, Maximiliano incluiu em sua viagem uma escala na ilha da Madeira, visitando o local onde ela tinha falecido.

Toda a viagem foi uma peregrinação em memória daquela que teria sido sua esposa. Porém, com a sua mulher em carne e osso a seu lado. Não é de se espantar que Carlota, mal-humorada, registrasse que nem as frutas da Madeira a agradavam: "Não existe nada, segundo a minha opinião, de tão desagradável ao paladar e ao olfato do que todos esses produtos tropicais. [...] Ou são detestáveis, como as bananas, ou então exalam, como as goiabas, um odor infecto, e possuem um gosto [...] horrível".[241]

Enquanto a esposa, de tanta irritação, mal conseguia suportar as deliciosas frutas tropicais, Maximiliano visitava a Quinta das Angústias, onde d. Maria Amélia havia falecido, e o hospital em sua homenagem, que acabava de ficar pronto.

O hospital tinha sido a forma encontrada por d. Amélia de perpetuar a memória da filha. Maximiliano quis participar da homenagem e, ao visitar o local, doou à capela uma imagem de Nossa Senhora das Dores e se comprometeu a manter, à sua custa, um quarto com dois leitos para jovens tuberculosos. Para a santa, ele ainda encomendou um coração em prata, que lá se encontra até hoje.

Coração de prata doado pelo arquiduque Maximiliano para a capela do hospital em memória de d. Maria Amélia na ilha da Madeira. Foto da autora.

Segundo a descrição de Maximiliano, o edifício, em funcionamento há três anos na data de sua visita, 1859, tinha sido concebido para albergar doze homens e mulheres que sofressem de "doenças do tórax". Cada pessoa doente teria o próprio quarto, alto, bonito, aberto e arejado, com uma bela vista para o oceano. O hospital seria o mais perfeito do gênero e não se poderia encontrar nada igual em toda a Europa. Ele também mencionou a placa em mármore preto com uma inscrição dourada recordando a princesa d. Maria Amélia. Em pleno século XXI, a placa continua exatamente no mesmo lugar, na escadaria do edifício:

> Hospício da princesa D. Maria Amélia, filha de d. Pedro I, imperador do Brasil e rei de Portugal, quarto do mesmo nome e duque de Bragança, e de d. Amélia, imperatriz do Brasil e duquesa de Bragança. Chegou a esta ilha a 30 de agosto de 1852. Faleceu a 4 de fevereiro de 1853, tendo de idade 21 anos, dois meses, e três dias. Em memória de tão amada e chorada filha, sua saudosa mãe levantou este

edifício para tratamento de pobres, doentes de moléstias de peito. Foi lançada a primeira pedra a 4 de fevereiro de 1856, e acabada a obra no ano de 1859.

Não bastasse todo o périplo em memória de d. Maria Amélia na Madeira, Maximiliano ainda decidiu deixar Carlota no Funchal e partir para o Brasil, onde acabaria ficando por alguns meses. Com a justificativa de se tratar de uma viagem de cunho científico, ele, na verdade, pretendia conhecer o país e a família daquela que teria sido sua noiva. D. Amélia, ao saber das intenções do arquiduque, escreveu para d. Pedro II: "Como tu sabes, eu tenho por ele uma afeição toda particular, pois, se minha filha tivesse se curado, ele teria se tornado meu genro e em todas as ocasiões ele não cessa de me testemunhar uma afeição filial".[242]

Após deixar a ilha da Madeira e fazer uma pausa em Tenerife, Maximiliano chegou a Salvador no dia 11 de janeiro de 1860. Completamente entusiasmado, ele anotava:

Banhada pelo vívido sol dos trópicos e recoberta por exuberante céu azul, é assim que, com o coração em festa, penetramos às dez horas, a importante e extensa baía de Todos os Santos. [...] Foi um desses momentos felizes em que, no sentido da palavra, se nos abre um mundo novo quando desejaríamos ter cem olhos para que absorvessem todas essas maravilhas desconhecidas que se nos revelam em sucessão ininterrupta de todos os lados.[243]

Após a estadia na Bahia, Maximiliano seguiu viagem para a província do Rio de Janeiro, onde conheceu as filhas de d. Pedro II, as princesas Isabel e Leopoldina, na época com quatorze e treze anos, respectivamente. As meninas, acompanhadas por sua preceptora, a condessa de Barral, o receberam no Palácio de Petrópolis, onde estavam passando o verão. Já d. Pedro II, Maximiliano só encontrou algumas semanas depois, pois o imperador estava em viagem pela província do Espírito Santo.

D. Amélia, que, assim como ele, nunca conseguiu esquecer "o que poderia ter sido", continuou a considerá-lo espiritualmente como genro e chegou a incluí-lo em seu primeiro testamento, redigido em 1863:

No caso em que, como tenho intenção, não possa dar em vida ao arquiduque Ferdinando Maximiliano da Áustria, como doação, minha propriedade Stein,

na Baviera, lego-lhe pelo presente testamento a mencionada propriedade. [...]
Com isso, desejo provar que eu o amo como a um filho, e que me teria sentido
feliz de o ter tido como genro, se Deus me tivesse conservado minha amada
filha Maria Amélia.[...] Além disso, estipulo para o arquiduque um capital
de quarenta mil florins da minha fortuna na Baviera, para a exploração da
propriedade e da cervejaria.[244]

Freiras e aristocratas

Ao longo de 1856 e 1857, surgiram novas epidemias em Lisboa, primeiro de
cólera e, no ano seguinte, de febre amarela. As duas doenças seguidas viti-
maram muitas centenas de pessoas e fizeram com que dezenas de crianças se
tornassem órfãs e precisassem de auxílio.

Fazia já mais de vinte anos desde que as ordens religiosas haviam sido
extintas e, supostamente, tanto hospitais como orfanatos tinham passado a ser
responsabilidade do Estado. Com as epidemias, provou-se, no entanto, que a
estrutura de que as instituições laicas dispunham era insuficiente, sendo indispensável o auxílio da caridade católica organizada pelas senhoras nobres.

Para a parcela feminina da aristocracia, obras de benemerência eram parte
da educação das meninas e da ocupação das mulheres. Fosse através de donativos ou trabalho voluntário, raríssimas nobres deixavam de contribuir de alguma
forma com os esforços para auxiliar os mais necessitados. À frente dessas instituições, estavam quase sempre as soberanas. Como tão bem definiu a marquesa
de Rio Maior* em suas memórias: "A iniciativa dos movimentos caritativos pertence quase sempre entre nós [aristocratas], às princesas e rainhas".[245]

O próprio rei, d. Pedro V, lançou mão desse recurso, incumbindo senhoras da alta aristocracia de abraçar a causa de cuidar dos órfãos e dos doentes.
Para isso, convidou a condessa de Rio Maior a fim de que esta assumisse a
administração dos asilos e orfanatos que se fizessem necessários. A condessa
era sobrinha, pelo lado materno, do duque de Palmela, e seu marido, era, por

---

* A marquesa de Rio Maior, Maria Saint Léger, era nora da condessa de Rio Maior, amiga de
d. Amélia.

sua vez, sobrinho do marechal duque de Saldanha, portanto duas das famílias mais importantes e aliadas da causa liberal desde o primeiro momento. A condessa de Rio Maior contava com outras seis colaboradoras, entre elas as duas infantas irmãs do rei e mais quatro senhoras da alta nobreza. Acima de todas elas, patrocinando a causa e coordenando a iniciativa, estava d. Amélia, como avó do rei.

E assim, em 1857, infantas, duquesas, condessas, marquesas e viscondessas tomaram para si a direção da instituição nomeada Sociedade Protetora dos Órfãos Desvalidos Vítimas do Cólera Morbus e da Febre Amarela.

Mas era preciso que alguém cuidasse efetivamente dos doentes, das crianças, lhes desse aulas, lavasse, alimentasse, e nada disso, naturalmente, seria incumbência das senhoras da nobreza ou da realeza. Em contato com a ex-imperatriz desde seus anos no exílio em Paris, foram as freiras francesas da Ordem de São Vicente de Paulo as escolhidas para a tarefa.

Quando ainda vivia na *rue* de Courcelles, d. Amélia estabelecera um forte vínculo com essa congregação, mantenedora da Igreja de São Felipe de Roule, logo em frente à casa onde ela e d. Maria da Glória moravam. As freiras certamente lhe prestaram valioso consolo espiritual durante os anos incertos em que ali viveram. Além disso, as irmãs de caridade francesas tinham larga experiência com assistência a enfermos e crianças, o que tornava a escolha bastante lógica.

Já em março de 1857, aportaram em Lisboa as primeiras freiras francesas, sendo imediatamente levadas para a quinta da duquesa da Terceira, onde a infanta d. Isabel Maria, tia do rei d. Pedro V, preparara as refeições da chegada. Assim, desde o primeiro momento, estabeleceu-se uma associação entre as religiosas e a aristocracia.

O rei, de sua parte, disponibilizou uma soma elevada para que logo fosse fundado um asilo destinado aos órfãos, o qual, a 14 de dezembro do mesmo ano, abriu as portas no bairro da Ajuda com quinze freiras e cada vez mais crianças acolhidas. Ali, elas recebiam um teto, alimentação, educação e orientação religiosa. Até o verão de 1858, tudo correu muito bem.

Para angariar mais fundos, eram organizadas quermesses, bazares e exposições, como a primeira grande festa do Passeio Público, chamada "rifa de sortes", onde todo o dinheiro arrecadado se revertia em favor do Asilo da Infância Desvalida. Em 1858, repetiu-se também a grande exposição de arte e antiguidades que acontecera com sucesso em 1851.

Dessa vez, encabeçando a iniciativa, d. Amélia não só emprestou suas obras de arte mais significativas como participou da administração do evento. Graças à generosa partilha de informação por parte do dr. Hugo Xavier, sabemos que foram expostas, entre as peças da ex-imperatriz, a estátua de bronze retratando d. Pedro IV (d. Pedro I), executada pelo famoso escultor bávaro Schwanthaler, a estátua equestre do marechal de Rantzan, provável presente do rei d. Fernando para ela, uma coleção de setenta amostras de madeiras exóticas da ilha da Madeira, uma mesa de bronze cuja superfície em mármore imitava mosaico, outra pequena mesa redonda com trabalho em marchetaria, também trazida do Funchal, uma terceira mesa em ébano com o retrato do rei da Prússia e ainda uma peça recebida de presente de sua irmã, rainha da Suécia, em pórfiro e bronze dourado.

Fosse através da venda de rifas ou entradas cobradas para a exposição, todos os eventos envolviam famílias da alta sociedade e mobilizavam recursos para o Asilo da Ajuda. Porém, logo a grande novidade deixou de ser a Sociedade Protetora dos Órfãos e passou a ser a chegada da nova rainha. D. Pedro V escolhera uma noiva e sua jovem esposa chegaria na primavera de 1858.

Cheia de vida

A eleita tinha sido d. Estefânia de Hohenzollern-Sigmaringen, aparentada com d. Amélia por parte de mãe, por ser neta da duquesa de Baden, de quem herdara o nome. A Estefânia avó era aquela que tinha ajudado nas negociações do casamento de d. Amélia, no longínquo ano de 1829.

D. Pedro V teria preferido a princesa Carlota da Bélgica, mas ela tinha escolhido se casar com o arquiduque Maximiliano e, assim, seria Estefânia quem se tornaria rainha consorte de Portugal. Após um casamento por procuração em Berlim, realizado simbolicamente a 29 de abril, aniversário da Constituição outorgada por d. Pedro I, ela chegou a Lisboa no dia 17 de maio de 1858.

Vestida de rosa-claro com bordados prateados, e enfeitada com murtas e flores de laranjeira, como se esperaria de uma tradicional noiva germânica, d. Estefânia estava toda coberta por diamantes. Além do colar e das pedras no decote, sobre o véu repousava o lendário diadema de quatro mil diamantes oferecido por d. Pedro V.

Por muitos anos, especulou-se sobre o paradeiro dessa joia, até que, em 2020, o pesquisador João Júlio Rumsey Teixeira, durante estudos para a abertura do novo Museu do Tesouro Real em Lisboa, localizou nas reservas do Palácio Nacional da Ajuda diversas peças com muitas pedras desengastadas, que conseguiu remontar, como um quebra-cabeças, e reconstituir a base do diadema, até então dado como perdido. A partir do estudo da documentação a respeito das joias reais, ele concluiu que, anos mais tarde, outra rainha de Portugal o mandou desmontar para aproveitar os diamantes com os quais mandou confeccionar um diadema mais moderno. Este acabaria por ser vendido após a implantação da República.

O tal diadema ofertado por d. Pedro V não teve muita sorte desde o início. Não só terminou seus dias desmontado e quase esquecido como nem pôde ser usado por d. Estefânia até o final da cerimônia do casamento na Igreja de São Domingos em Lisboa. Conforme o relato da condessa de Rio Maior: "O rei deu a sua noiva uma coroa de diamantes magnífica, mas uma brutalidade, pois a pobre senhora não pode com ela, e acho que até a pode matar se a continuar a trazer".[246]

A peça era, de fato, tão pesada e desconfortável, que não só a incomodava como chegou a ferir sua testa, e, a dada altura, d. Estefânia pediu que substituíssem o adorno da cabeça. No lugar do diadema, colocaram uma guirlanda de flores. A população, ao vê-la enfeitada como era costume fazer às jovens defuntas, começou a gritar: "Coitadinha! [...] Vai morrer, já vai amortalhada!".[247]

A lua de mel, de poucos dias, foi em Sintra e, em seguida, a rainha passou a assumir os compromissos que sua posição exigia. Estimulada pelo marido, d. Estefânia passou a visitar d. Amélia regularmente, a quem d. Pedro V considerava de coração como avó. Confiando em sua experiência de princesa alemã que também se casara com um monarca português, a jovem rainha logo a transformou em sua confidente. Em cartas para sua mãe, Estefânia tecia elogios a d. Amélia:

> Ela é tão boa, tão alegre. [...] A imperatriz vai partir para Caxias, onde costuma passar os verões. Eu costumo vê-la todas as semanas. Ela gosta de conversar, de rir, e isso lhe faz bem. [...] Foi ela que me incentivou a criar um salão para nós e sobretudo para o resto da família. [...] A imperatriz [...] é boa para

mim, realmente cheia de carinho! Eu confio a ela minhas pequenas e grandes dificuldades e ela me dá bons conselhos, e eu te garanto que estou muito feliz, porque são coisas em que é preciso se poder confiar numa mulher com experiência, que possa nos dar um bom conselho.[248]

O interessante dessa passagem é d. Estefânia descrever d. Amélia, aos 46 anos, tão alegre, novamente entusiasmada e integrada à família real.

Além das visitas e recomendações, d. Amélia também emprestava livros para d. Estefânia e entre elas cresceu uma confiança e uma relação de certa forma maternal. Para a ex-imperatriz, além do carinho e da presença constante, devia ser lisonjeiro que a jovem rainha tivesse em tão alta conta sua experiência e seus conselhos. Para d. Estefânia, a parente, mesmo que distante, se tornou uma referência e um ponto de apoio numa corte estrangeira. Numa de suas cartas, d. Estefânia foi ainda mais enfática: "A imperatriz [...] é sempre excelente para mim. Eu amo ir visitá-la. Ela é, no fundo, muito alegre e cheia de vida e participa vivamente de tudo que se passa".[249]

Foram exatamente as palavras que a própria d. Amélia tinha usado, em 1833, quando estava prestes a embarcar para Portugal: "Estou tão cheia de vida, que nada pode abalar minha felicidade".[250]

Uma das primeiras instituições que d. Estefânia visitou, logo que chegou a Lisboa, foi justamente o Asilo da Ajuda, administrado por d. Amélia e pelas outras senhoras da corte, passando a se inteirar da assistência aos órfãos das epidemias. Também seu marido continuava apoiando a instituição, a ponto de existir até um quadro histórico representando d. Pedro V visitando os doentes acompanhado por duas freiras. Com tanto apoio, eram abertos novos asilos em outros bairros e até em outras cidades próximas a Lisboa. Tudo parecia correr bem até que, passado o entusiasmo das núpcias reais, a imprensa passou a atacar a iniciativa de benemerência das aristocratas.

Inimiga de Alexandre Herculano

A partir de junho de 1858, o jornal *O Português*, dirigido por Alexandre Herculano, passou a publicar artigos difundindo a ideia de que, por trás da ajuda às vítimas das epidemias, se escondiam intenções de solapar o regime constitucional.

A ironia era grande, porque, tendo d. Amélia à frente da fundação dos asilos, acusava-se indiretamente a esposa de d. Pedro IV de encabeçar um movimento absolutista e clerical contrário aos ideais liberais defendidos por seu marido. Justo alguém que escolhera permanecer viúva e paladina da memória daquele que ela considerava um mártir da pátria. A ex-imperatriz, compreensivelmente indignada, considerou a acusação uma difamação e escreveu para d. Pedro II desabafando que Herculano tinha tirado a máscara do anonimato ao assinar um dos artigos em que insultava e caluniava as irmãs de caridade. E, ao mencionar as freiras, todos que as apoiavam eram indiretamente acusados também.

A oposição de Alexandre Herculano à questão das irmãs de caridade, no entanto, tinha um peso considerável. Liberal desde muito jovem, ele participara das fileiras do exército liberal ao lado de d. Pedro a partir do embarque das tropas saídas da França para os Açores em 1832, tendo combatido durante todo o Cerco do Porto e permanecido sempre fiel à Constituição de 1826. Com o fim da guerra, d. Pedro o nomeara bibliotecário da recém-inaugurada Biblioteca do Porto, o que conduziu Herculano a uma brilhante carreira como autor e jornalista. Da sua pena saíram, por exemplo, o famoso romance histórico *Eurico, o presbítero*, sucesso de público e crítica, e a monumental obra *História de Portugal*. Herculano foi, ainda, preceptor do rei d. Pedro V e um dos redatores do Código Civil Português. Um século após sua morte, seus restos mortais seriam trasladados para o Mosteiro dos Jerónimos, honra reservada apenas para os grandes nomes da história portuguesa. Tê-lo como inimigo, mesmo para a avó do rei, não era fácil.

A presença das poucas freiras francesas era denunciada por Herculano como o início de um suposto complô entre a nobreza e o clero, que, mancomunados, tinham por objetivo derrubar o governo liberal em Portugal. A situação levou o parlamento a entrar num debate para decidir se expulsavam ou não as freiras francesas do país.

Naturalmente, d. Amélia e as outras senhoras da nobreza tomaram, como ponto de honra, a defesa e manutenção das freiras nos asilos, as quais, a essa altura, cuidavam de cerca de setecentas crianças em Lisboa e seus arredores.

Tentando demonstrar que sua posição a favor das irmãs de caridade não significava uma ameaça aos princípios liberais defendidos por d. Pedro, d. Amélia, mais do que nunca, encomendava quadros com o retrato do marido. O artista Maurício do Carmo Sendim foi incumbido de fazer diversas cópias do "retrato do Libertador". Para a Casa Lopes na rua Nova dos Mártires, d. Amélia encomendava centenas de litografias e, assim, inundando as instituições que apoiava com retratos de d. Pedro IV, ela tentava desmentir as acusações de que era vítima.

Embora possa parecer pouco o que d. Amélia fazia para se defender, era inviável para uma personagem da realeza tomar atitudes mais contundentes. Qualquer oposição ostensiva que ela encabeçasse publicamente faria com que o caso se tornasse ainda mais político, podendo ser usado contra a família real.

No entanto, sem oposição concreta, a intriga foi tomando um vulto cada vez maior e, no dia 1º de agosto de 1858, a população, instigada pela imprensa, apedrejou, à saída de uma igreja, as irmãs de caridade. As polêmicas no parlamento continuavam. Herculano, então, iniciou um abaixo-assinado que começava dizendo que a permanência das freiras em Portugal devia ser considerada como um claro desafio à legalidade, já que as ordens religiosas tinham sido extintas por d. Pedro em 1834. O duque da Terceira, defendendo o outro lado, organizou um contra abaixo-assinado, em que os signatários uniam suas súplicas às da viúva de d. Pedro e às das direções da Sociedade Protetora dos Órfãos. O rei tentava explicar a situação em carta para o príncipe Albert na Inglaterra:

> É de certa forma ridículo ver um perigo numa instituição que se faz representar por um número tão restrito quanto o das irmãs, que se encarregaram do ensino da infância; formou-se por todo o lado à volta dessa instituição [...] uma nuvem que não cessa de ser uma causa de inquietação e de mal-estar.[251]

Como uma autora tão bem resumiu: "A pretexto da questão das irmãs de caridade, voltava a velha e insolúvel oposição entre radicalismo e liberalismo".[252]

D. Amélia, conforme mais crianças iam sendo atendidas, e sem objeções do rei, seu neto, mandou que mais quatro freiras embarcassem para Portugal em 1859 e outras dezesseis em 1860, acompanhadas por capelões lazaristas. As religiosas tinham a missão de alfabetizar, mas também de dar instrução religiosa para as crianças. A verdade é que, embora d. Pedro tivesse extinguido as ordens religiosas, duas décadas mais tarde, Portugal permanecia sendo um país eminentemente católico e a sociedade se encontrava dividida entre o receio do retorno do absolutismo e a satisfação em ter novamente padres e freiras educando seus jovens.

Como a maior parte dos políticos que deviam votar a permanência ou expulsão das religiosas eram casados com senhoras envolvidas nas obras das instituições da infância desvalida, a discussão era ainda mais delicada. Tentando manter a harmonia familiar ao não se indispor com as esposas, mas tendo que considerar os argumentos dos opositores às freiras, a questão foi sendo protelada até 1860. Nesse ano, o parlamento finalmente propôs que a situação fosse legalizada colocando as irmãs como professoras e funcionárias sob a autoridade de uma instituição laica superior nacional. Basicamente, transformá-las de freiras em funcionárias públicas. Naturalmente, a Ordem de São Vicente de Paulo não permitiu e, sem outra ideia melhor, a 5 de março de 1861, as freiras e os padres receberam uma intimação para abandonarem Portugal dentro de um prazo de quarenta dias.

D. Amélia, então, ameaçou retirar seu apoio às instituições caso as irmãs fossem efetivamente deportadas. As demais senhoras da nobreza seguiram seu exemplo. D. Pedro V, tentando convencer a ex-imperatriz a não fazer isso, lhe escreveu uma comovente carta, datada do dia da morte do duque de Bragança, em que começava lembrando que era graças a ele que, todos os anos, as cerimônias fúnebres em memória a d. Pedro IV continuavam ocorrendo, embora o protocolo previsse que, a partir da morte do monarca seguinte, o anterior deixasse de ser pranteado. Se era chantagem ou ameaça, é difícil dizer. Mas ele continuava com todo o tato, dizendo que não havia consentido que cessassem as homenagens a d. Pedro IV, mesmo depois da morte de d. Maria II, pois "acreditava que a dívida para com o Libertador ainda não estava paga" e que "o arrependimento ainda não tinha chorado todas as suas lágrimas sobre aquele que morreu com o coração magoado pela ingratidão".[253] Após tentar amolecer a avó, ele apelava dizendo que intercedia em favor das criancinhas "duplamente dignas de lástima, já porque são pobres, já porque não têm culpa da injustiça dos homens".[254] E procurava lisonjeá-la dizendo que as coisas não caminhariam sem sua ajuda. De certa forma, era verdade, porque d. Amélia colocava boa parte de sua fortuna e de sua influência a serviço do auxílio aos órfãos portugueses. D. Pedro V terminava a carta lembrando que as salas de asilo, as quais a avó presidia havia 25 anos, haviam sido fundadas ainda por d. Pedro, seu esposo.[*]

A ex-imperatriz se manteve irredutível e venceu a primeira batalha: para não perder seu apoio financeiro, a deportação foi suspensa e as freiras

---

[*] Hoje, com o nome de *Fundação Dom Pedro IV*, essas primeiras obras assistenciais continuam sua missão, iniciada em 1834.

continuaram em Portugal. Nomearam uma comissão para estudar o assunto, haveria, de qualquer forma, novas eleições para o parlamento e, assim, o assunto da expulsão era, mais uma vez, adiado.

D. Amélia deve ter ficado tão animada, que foi por essa época que decidiu mandar fazer fotografias suas. Dessa série fotográfica da primavera de 1861, existem diversos retratos de d. Amélia, os únicos sobre os quais temos certeza de que a retratada é ela mesma. No Arquivo Histórico do Museu Imperial, nas coleções reais da Suécia, entre os descendentes da duquesa de Goiás na Baviera e até em algumas coleções particulares encontramos a ex-imperatriz em diversas poses, sentada e em pé, com um álbum e um retrato da filha ao lado, o que sugere que ela deva ter distribuído muitas fotografias suas entre parentes e amigos.

D. Amélia, também empolgada com o hospital que tinha ficado pronto, comentava que seus planos incluíam uma nova viagem para a Madeira: "Meu projeto sempre foi ir à Madeira a esta casa [o hospital] e instalar eu mesma as irmãs de caridade de São Vicente de Paulo, a quem os cuidados com os doentes serão confiados".[255]

Também por essa altura, d. Amélia ainda conservava mais de uma dúzia de cavalos em suas estrebarias, quase todos com nomes franceses como Chasseux, Dragon, Brillant, Voltigeur, Prudent e Vaillant. Se ela ainda montava como tanto gostava em sua juventude, não há relatos, mas d. Amélia, finalmente, desde a morte da filha, estava entusiasmada e engajada no que considerava uma causa justa.

De qualquer forma, a alegria de d. Amélia por ter conseguido que as freiras vicentinas continuassem em suas funções, pelas felizes visitas de d. Estefânia e pela compreensão de d. Pedro V, que evitava contrariá-la, estava com os dias contados.

Uma pá de cal

Em 1859, após um ano e dois meses de sua chegada a Portugal, d. Estefânia adoeceu com difteria, a mesma doença que matara fulminantemente d. Augusto, 24 anos antes. Ainda não existia qualquer possibilidade de cura contra a implacável moléstia e a rainha faleceu a 17 de julho de 1859, dois dias após seu aniversário de 22 anos.

Rainha d. Estefânia, considerada por d. Amélia como uma segunda filha. Imagem em domínio público.

Novamente, d. Amélia estava à cabeceira de uma jovem de quem fora ou se sentira mãe, e que falecia tragicamente. Foi a ela que d. Estefânia pediu que enviasse uma mensagem para os pais: "Peço à avó que mande dizer aos meus pais que os dias mais felizes da minha vida eu os passei em Portugal".[256]

Devastada por mais essa perda, d. Amélia escreveu para d. Pedro II dizendo que "havia perdido uma segunda filha com a morte da Estefânia".[257] Para sua amiga, a condessa de Itapagipe, a ex-imperatriz dizia que "foi para mim um golpe bem sensível por ter nela uma segunda filha muito amiga".[258]

D. Amélia voltou de Caxias no final de outubro e, em novembro de 1859, recepcionou o irmão de d. Estefânia, o príncipe Leopoldo de Hohenzollern. Ele tinha sido incumbido de ir pessoalmente a Lisboa para buscar as joias e demais lembranças da irmã falecida, já que, sem filhos, o contrato de casamento estipulava a volta de seus pertences para a família materna. Somente o fabuloso diadema de quatro mil diamantes, que ela recebera como presente, não foi entregue por se tratar de uma joia de Estado e que, ainda por cima, nem estava completamente paga. Além da missão oficial, também já se aventava o casamento dele com a irmã caçula de d. Pedro V, a infanta d. Antônia, como comentou d. Amélia em carta para o enteado. De fato, dois anos depois, em setembro de 1861, eles acabariam se casando. Seus irmãos mais velhos abaixo do rei, d. Luís e d. João, a acompanharam na viagem para seu novo lar, em Sigmaringen.

Ainda bastante retraído desde a morte da esposa e ainda mais triste com a partida da alegre infanta d. Antônia, sua última irmã ainda solteira, d. Pedro V decidiu ir para o Alentejo no final de setembro, para caçar com dois de seus irmãos mais novos, d. Fernando e d. Augusto, que tinham, na época, quinze e quatorze anos. Em Vila Viçosa, ao beberem água de um poço que não sabiam estar contaminado, os três adoeceram com febre tifoide, que hoje se sabe ser uma infecção causada pela bactéria *Salmonella typhi*. Assim que possível, eles retornaram para Lisboa, mas d. Pedro V e d. Fernando não sobreviveram.

D. Luís, ao entrar na barra do Tejo de volta de sua viagem, foi recebido como "Sua Majestade". Foi como ele ficou sabendo que d. Pedro V tinha falecido três dias antes, a 11 de novembro de 1861. A diferença de apenas um ano de idade entre eles tinha feito com que, apesar da desigualdade de temperamento, os irmãos fossem absolutamente unidos. Como d. Luís tão bem definiu: "Pedro, o meu irmão mais velho, não era apenas um irmão; era para mim o meu melhor amigo, o meu segundo pai".[259]

D. Amélia, que estivera novamente à cabeceira do neto e afilhado durante os dois últimos dias que antecederam sua morte, perdeu com d. Pedro V a última pessoa da corte que a considerava realmente como família.

Apesar de não ter bebido do mesmo poço que os irmãos e nem ter ido com eles para o Alentejo, o infante d. João, recém-retornado da Alemanha, também adoeceu, o que, compreensivelmente, levantou rumores de que os príncipes estavam sendo, sucessivamente, vítimas de tentativas de envenenamento.

Sem saber exatamente o que estava causando as mortes, tanto d. Luís quanto d. Augusto foram afastados do Palácio das Necessidades. D. Augusto foi levado para a casa do Lumiar, onde d. Amélia havia estado após a morte da filha, e d. Luís seguiu para Caxias, onde a ex-imperatriz costumava passar os outonos. Como eram lugares que, de todos os membros da família, apenas d. Amélia frequentava, é praticamente certo que a sugestão tenha sido dela.

Apesar de nunca mais recuperar completamente a saúde, d. Augusto sobreviveu e passou a viver com o pai, o rei-viúvo d. Fernando. D. Luís, então o novo rei, viu sobre seus ombros toda a responsabilidade da continuidade da dinastia Bragança. Em menos de três meses, três de seus irmãos tinham falecido:

d. Pedro V, aos 24 anos, d. Fernando, aos quinze, e d. João, aos dezenove. Dos onze filhos que d. Maria II tivera e dos quais sete haviam chegado à idade adulta, restavam apenas dois em Portugal e duas filhas casadas no exterior.

O reinado de d. Luís começava de maneira trágica e, no entanto, era urgente que ele se casasse e desse herdeiros para o trono. D. Luís também tinha que abandonar sua adorada carreira na marinha e assumir imediatamente as funções administrativas do reino.

Iniciava o ano de 1862 e o jovem d. Luís, sob enorme pressão, tinha centenas de novas obrigações e problemas para resolver. Entre eles, a questão das irmãs de caridade, que se arrastava desde 1858. Tentando tirar de sua frente tudo que pudesse e informado do conflito que a permanência das freiras francesas vinha causando, ele nem tentou dialogar.

Sabendo que a principal opositora à expulsão das irmãs de caridade era sua avó, a ex-imperatriz d. Amélia, e que nem seu irmão, neto preferido dela, tinha conseguido um acordo, o novo rei lançou mão de uma estratégia incontestável. Escreveu ao imperador da França pedindo que este sugerisse à imperatriz Eugênia fazer o favor de requisitar o retorno das freiras para seu país. Dessa maneira, d. Amélia não poderia questionar um pedido de uma imperatriz reinante. A carta que Napoleão III escreveu para seu secretário é clara:

> O rei de Portugal me escreveu recentemente que eu lhe prestaria um grande favor se eu encarregasse a superiora das irmãs de caridade de chamar de volta as freiras de Lisboa. A superiora já viu a imperatriz e concordou em retirar as irmãs de Lisboa, uma vez que sua presença está causando inquietações. [...] Eu já dei ordem para o ministro da Marinha colocar uma embarcação à disposição com esse intuito.[260]

No final do mês de maio de 1862, chegava ao Tejo o navio *Orenoque* com o objetivo de recolher as irmãs.

A repercussão da partida das freiras entre as senhoras da nobreza foi péssima. A condessa de Rio Maior contou para seu filho o ocorrido:

> Vão-se as irmãs de caridade, chamadas pelo seu superior em consequência de uma carta de el-rei à imperatriz dos franceses, pedindo-lhe que consiga isso da comunidade. Não há maior vergonha, nem maior humilhação, para um rei [do que ter que pedir ajuda para outro soberano em questões internas]. [...]

Ficam só as [freiras] do hospital francês e da Madeira, e, portanto, acabam os estabelecimentos que elas dirigiam com tanto juízo e caridade. Eu já dei a minha demissão de diretora do Asilo da Ajuda, e estou só servindo interinamente, a pedido da imperatriz [d. Amélia], enquanto as irmãs não partem e Sua Majestade não escreve a el-rei pedindo a dissolução da sociedade. As aulas de Santa Marta fecham-se, os Cardais e Benfica também.

E terminava com grande ironia: "Agora suponho que reinará a idade de ouro em Portugal, pois há cinco anos que a única questão parece ser esta".[261]

Poucos dias depois, a 2 de junho, d. Amélia escrevia para d. Luís se demitindo da direção da Sociedade Protetora dos Órfãos Desvalidos e entregando a responsabilidade e os custos dos asilos para o Estado português.[262]

Se, em fevereiro, d. Amélia estava animada com a inauguração do novo prédio do hospital na ilha da Madeira, que, no dia 4, aniversário de morte da princesa d. Maria Amélia, tinha recebido os primeiros doze doentes e fazia até planos de ir para lá, a expulsão das irmãs de caridade no final de maio foi uma pá de cal em seu estado de espírito. Embora o novo hospital da Madeira pudesse manter as irmãs francesas em regime de exceção, d. Amélia preferiu fechar provisoriamente também a instituição no Funchal. E assim, após apenas quatro meses de funcionamento em seu novo endereço, o Hospício (como eram chamados os hospitais) da Princesa D. Maria Amélia fechava suas portas.

D. Amélia, no entanto, nunca desistiu do projeto. Prova disso foi a discussão que surgiu no ano de 1865, quando da ameaça de construção de uma fábrica de beneficiamento de açúcar e destilação de aguardente, logo ao lado do imóvel. D. Amélia entrou com um recurso perante o Conselho de Estado questionando a licença dada à instalação da fábrica. Segundo sua acusação, ela causaria barulho, mau cheiro, riscos de incêndio, desvalorização dos imóveis vizinhos e, principalmente, prejuízo para a saúde dos doentes, que dependiam sobretudo da limpeza e qualidade do ar para se recuperarem. O hospital teve ganho de causa e a fábrica não foi construída ali.

Novos desafetos

De qualquer maneira, começava mal o reinado de d. Luís para d. Amélia. Além de nunca ter havido entre eles o mesmo carinho e entendimento que existia com d. Pedro V, a atitude do novo rei, envolvendo os imperadores da França e expulsando as irmãs de caridade, criou um abismo entre a ex-imperatriz e a nova corte.

Sendo necessário que d. Luís se casasse e tivesse descendentes o quanto antes, logo foi negociado seu casamento com uma princesa da Casa de Saboia. Mas, quando a nova rainha, d. Maria Pia, chegou a Lisboa, em 1862, no frescor dos seus quase quinze anos e iniciou a vida em Portugal, d. Amélia não a orientou como tinha feito com d. Estefânia. Elas nunca criaram qualquer intimidade, nem desenvolveram relações mais que protocolares.

Na verdade, d. Amélia não concordara desde o início com a escolha da filha do rei Vítor Emanuel para rainha de Portugal, porque seu pai havia destronado a família da imperatriz do Brasil, d. Teresa Cristina, do Reino de Nápoles. A revolução encabeçada pelo norte italiano também havia indisposto Vítor Emanuel com o Papa, que, ao perder todos os territórios que possuía na Itália, ficando apenas com o enclave do Vaticano dentro de Roma, excomungara o rei. Como ela comentou com d. Pedro II, o pai e o irmão de d. Maria Pia não passavam de revolucionários e, ainda por cima, viviam uma vida escandalosa, referindo-se à amante do rei.

D. Maria Pia, que compensava a pouca idade com uma personalidade já bastante determinada, naturalmente, nunca fez questão de criar qualquer vínculo com a ex-imperatriz, que antipatizara com ela antes mesmo de conhecê-la.

Talvez tentando amenizar o mal-estar entre o trono e a viúva de d. Pedro IV, mas, obviamente, também reafirmando suas origens constitucionais, o rei autorizou, a 20 de junho de 1862, uma lei para a abertura de subscrições a favor da construção de uma estátua equestre em homenagem ao avô na praça do Rossio em Lisboa. Naturalmente, d. Amélia logo contribuiu com uma grande quantia. Também no Porto foi lançada a primeira pedra para que se erigisse um monumento semelhante, e tanto o rei d. Luís quanto o rei-viúvo d. Fernando pagaram somas avultadas para a construção da estátua, que só ficaria pronta quatro anos depois.

D. Amélia podia não gostar de d. Maria Pia, mas a jovem rainha, um ano após sua chegada a Portugal, e ainda antes de completar dezesseis anos, deu um herdeiro masculino à Casa de Bragança. A ex-imperatriz, no entanto, teria cada vez menos contato com essa nova família real.

As relações entre d. Amélia e o novo rei se davam quase apenas através de cartas, mesmo quando, segundo o protocolo, ela foi convidada na qualidade de avó paterna do rei para madrinha do segundo filho de d. Luís e d. Maria Pia. A ex-imperatriz, doente, não pôde comparecer e teve que ser representada, e tudo foi conversado por cartas. Para piorar, por ironia do destino, o padrinho escolhido para a criança era o imperador da França, Napoleão III, o que explica a escolha do nome do bebê: d. Afonso Henriques Napoleão. Quanto a esse afilhado, d. Amélia escreveu com bom humor que "ele era muito amável em ter escolhido nascer no dia do aniversário da madrinha [31 de julho de 1865]".[263]

Mas não foi apenas com o novo rei e a nova rainha que d. Amélia se indispôs. Também em relação a d. Fernando, com quem ela sempre se dera bem, ocorreu um afastamento nos últimos anos de sua vida.

O rei-viúvo tinha iniciado em 1860 um relacionamento amoroso público. Na altura, d. Fernando já tinha cumprido tudo que se podia esperar dele: dezessete harmoniosos anos de casamento com a rainha, dos quais resultaram onze filhos para a coroa, dois anos como regente até seu primogênito atingir a maioridade e sete anos de recatada viuvez. Aos 46 anos de idade e com um currículo desses, d. Fernando devia se considerar livre para viver o resto de sua vida como bem desejasse, o que incluía a companhia de sua escolhida.

O nome da moça que roubou o coração de d. Fernando era Elisa Hensler. Nascida na Suíça e criada nos Estados Unidos, vinte anos mais jovem que o rei-viúvo, ela era uma atriz que fazia sucesso nos palcos da Europa e tinha chegado a Lisboa para a temporada lírica de 1859-1860.

Se, a princípio, a relação entre a artista e o rei tinha sido considerada como algo passageiro, após a morte de três de seus filhos e a partida da última filha, d. Fernando deve ter ponderado que nada o impedia de assumir o relacionamento que mantinha com Elisa. Mas não foi bem assim que a sociedade entendeu, já que, além de ser considerada de uma classe social inferior, a moça se apresentava nos palcos de pernas de fora, um grande escândalo para a época. Imperdoável, também, era o grande "defeito" de ser protestante, e não católica.

D. Amélia considerou a atitude de d. Fernando uma falta de respeito para com a memória de d. Maria II. É de se imaginar que ele não deva ter se importado muito com a opinião da madrasta de sua falecida esposa, e quem mais saiu perdendo foi certamente d. Amélia, que se afastou de mais uma pessoa da família que a queria bem.

D. Fernando e Elisa passaram a fazer longas viagens juntos, a viver sob o mesmo teto, tanto em Lisboa como em Sintra, sem se importar com a opinião alheia, a escandalizar as famílias da corte com sua felicidade e sua liberdade. Apenas três pessoas apoiavam a escolha do rei-viúvo: d. Augusto, seu filho mais novo, que vivia com eles; a infanta d. Isabel Maria, tia da falecida rainha d. Maria II, e o imperador do Brasil, d. Pedro II, que trocava assídua correspondência com seu cunhado, de quem gostava muito.

Decidindo o futuro das netas do Brasil

D. Amélia, que passava a viver cada vez mais isolada, começou a sofrer com novos problemas de saúde além das enxaquecas e da angina. Em novembro de 1862, ela teve uma gripe seguida de alergias e, em dezembro, apresentou o que se diagnosticou como uma "febre maligna", tratada, como era de praxe, com quinino. Alguns meses depois, ela comentava que há seis semanas só se levantava por um dia, passando outros três ou quatro de cama.

Logo no início de 1863, aos cinquenta anos, a ex-imperatriz decidiu redigir seu primeiro testamento, e, como era de se esperar, os reis de Portugal não estavam entre os maiores contemplados. D. Amélia deixava suas propriedades mais valiosas para o arquiduque Maximiliano da Áustria.

Maximiliano, no entanto, logo se envolveu num projeto de alto risco ao aceitar a coroa do Império do México, oferecida por Napoleão III. Como d. Amélia tão bem profetizou: "Para poder governar, é preciso encontrar certos elementos, ministros capazes, entre outros meios para poder empreender e executar o que é necessário, [...] [e não] uma segurança feita unicamente pela presença de baionetas estrangeiras".[264]

Alguém que descendia do príncipe Eugênio, destronado na Itália, e ela própria uma ex-imperatriz, sabia o que dizia. E a aventura de Maximiliano como imperador do México, de fato, não duraria muito e terminaria da pior maneira possível.

Os anos seguintes foram de profunda solidão para d. Amélia. Ela deixou de ir à igreja, passando a frequentar as missas na capela de seu palácio, e, algum tempo depois, nem saía mais do quarto, onde montaram um altar para que ela pudesse rezar.

As únicas pessoas com quem d. Amélia realmente ainda mantinha contato, nessa altura, além de sua corte, eram d. Pedro II, a irmã Josefina e a duquesa de Goiás, mas apenas através de cartas. Entre todos aqueles com quem d. Amélia se correspondia, era d. Pedro II quem ainda a fazia se sentir importante, pois ele pedia seus conselhos e ela sabia que exercia real influência sobre as decisões do filho. Foi o que ocorreu, por exemplo, em 1864, quando se decidia o casamento da herdeira do trono brasileiro, a princesa d. Isabel, e de sua irmã, a princesa d. Leopoldina.

Uma princesa herdeira não poderia se casar com um nobre brasileiro, pois, além de nenhum deles ter o status necessário, isso geraria um desequilíbrio muito grande dentro da corte. Assim, era preciso procurar o candidato entre as famílias reais católicas na Europa. Naturalmente, cabia ao chefe da Casa Imperial Brasileira e pai das princesas essa escolha. Se já havia sido difícil encontrar uma preceptora que se dispusesse a ir para o Brasil assumir a educação das meninas dez anos antes, é de se imaginar a dificuldade em conseguir achar um nobre disposto a se tornar príncipe consorte do outro lado do Atlântico.

D. Pedro II fez a declaração oficial perante as câmaras da sua intenção de casar as filhas no dia 3 de maio de 1864. Para as meninas, seria o fim da vida rígida e regrada que levavam no "Convento de São Cristóvão",[265] como, ironicamente, uma vez a princesa mais nova se referiu à corte brasileira. De fato, a situação das meninas mudava com a perspectiva de logo se casarem. O próximo dia de gala da corte, a comemoração do aniversário da avó d. Amélia, a 31 de julho, foi a primeira vez em que elas tiveram permissão para se sentar à mesa num almoço oficial na companhia de ministros e dos pais. Dois dias antes, a princesa d. Isabel completara dezoito anos e, duas semanas mais cedo, sua irmã d. Leopoldina, dezessete.

A primeira ideia de quem poderia ser seu futuro marido partiu da própria princesa Isabel, que gostaria de se casar com o primo um ano mais velho, duque de Penthièvre, filho dos príncipes de Joinville. Porém, ele não compartilhava do entusiasmo da prima e declinou da proposta.[266]

O príncipe de Joinville, constrangido com a recusa do filho, tratou de logo sugerir alternativas e mencionou dois de seus sobrinhos que se enquadravam no perfil buscado: jovens, católicos, solteiros e de boas famílias nobres. Foi assim que surgiram os nomes do príncipe Augusto de Saxe-Coburgo, filho de sua irmã Clementina, e do príncipe Gastão, filho de seu irmão, duque de Nemours.

Prevendo que a missão seria difícil e querendo mais informações confiáveis, d. Pedro II incumbiu d. Amélia de ajudá-lo. Ela ficou imediatamente muito "comovida por ter sido incluída nas negociações de meu querido filho"[267] e logo começou uma intensa correspondência entre a ex-imperatriz, os Joinvilles e d. Pedro II.

O primeiro candidato, Augusto, era parente próximo das principais casas reinantes, por ser filho do príncipe de mesmo nome, Augusto de Saxe-Coburgo-Gotha, e, dessa forma, sobrinho do rei d. Fernando de Portugal, do rei Leopoldo da Bélgica e primo das rainhas Vitória e do príncipe Albert da Inglaterra. Ele era ainda filho da "querida Clem", a princesa Clementina, melhor amiga da falecida rainha d. Maria II. Augusto foi descrito pelo príncipe de Joinville como um rapaz com todas as qualidades desejáveis e alianças nas principais casas reais europeias, fazendo dele o candidato ideal para a herdeira.

Mas d. Amélia, por algum motivo desconhecido, preferiu o príncipe da Casa de Orléans, curiosamente, filho do duque de Nemours, aquele que havia sido cogitado para se casar com d. Maria II e acabara preterido quando a rainha se casou com d. Augusto, irmão de d. Amélia, quase trinta anos antes. Abertamente, ela sugeriu a d. Pedro II que Gastão, conde d'Eu, seria a melhor opção para a princesa Isabel: "Se tu pudesses ter para genro o príncipe Gastão, eu creio que seria uma grande felicidade para Isabel e para o Brasil. A educação de todos esses príncipes d'Orléans foi muito cuidada e eles têm sentimentos muito liberais, e isto é essencial".[268]

Como as cartas continuavam indo e vindo, sem que d. Pedro II se decidisse por qual príncipe seria mais adequado para qual filha, no mês seguinte, d. Amélia se tornava mais enfática:

> Eu o vi [príncipe Gastão] durante uma viagem que ele fez para cá com seu pai e gostei muito dele. Tem 21 anos, é um bonito rapaz, bom soldado, fez com distinção a campanha no Marrocos. Por causa de seu bom caráter, é amado por todos, muito instruído, muito estudioso. Seu único defeito é ser um pouco surdo, mas creio que desse defeito sofram atualmente muitos príncipes.[269]

Apesar da sinceridade em mencionar a surdez do conde d'Eu, mesmo que amenizada, o que deve ter sido persuasivo em sua descrição foi a escolha da palavra "estudioso", qualidade que d. Pedro II tanto prezava.

De qualquer forma, quando os dois jovens embarcaram para o Rio de Janeiro, nada ainda estava definido, mas os príncipes acreditavam que Augusto se casaria com a princesa d. Isabel e Gastão, com d. Leopoldina.

D. Pedro II fizera questão de que eles fossem ao Brasil antes de qualquer comprometimento, pois não queria que as filhas tivessem que se casar sem antes conhecer pessoalmente os pretendentes, como acontecera com ele próprio. A presença deles e uma certa convivência também permitiriam que o imperador avaliasse melhor a personalidade dos dois candidatos.

Quer tenha sido por influência de d. Amélia,[270] por escolha das filhas, por ter percebido que Gastão e d. Isabel combinavam melhor ou por todos esses motivos juntos, d. Pedro II acabou se decidindo pelo conde d'Eu para a herdeira e trocou os noivos, como a ex-imperatriz preferia.

Iniciava-se, assim, a união dinástica Orléans e Bragança na Casa Imperial Brasileira, com tantos descendentes até hoje dos filhos que a princesa Isabel e seu marido teriam.

D. Amélia, certamente satisfeita com os rumos que as negociações tomaram, enviou de presente para cada neta um conjunto de diadema e colar em diamantes.[271]

Frade de capucho

A lua de mel da herdeira do trono brasileiro seria passada na Europa, e d. Amélia previu que a situação dos recém-casados nas diversas cortes não seria fácil, uma vez que Gastão era neto de Luís Filipe, o rei francês deposto.

Tentando atenuar o constrangimento que essa posição poderia lhes causar, d. Amélia teve uma ideia perfeita. Ela sugeriu a d. Pedro II que desse a Gastão o título que havia sido de seu irmão, duque de Santa Cruz, e que desde sua morte permanecia vago. Dessa forma, d. Isabel e Gastão seriam apresentados às cortes europeias com um significativo título imperial brasileiro, e não como meros condes franceses provenientes de uma realeza destronada:

Por que tu não dás a Gastão o título de duque de Santa Cruz, o mesmo que teu pai deu a meu irmão Augusto quando ele me acompanhou ao Brasil na época de meu casamento? [...] Por toda a parte na Europa onde Gastão e Isabel forem, teriam esse título, mais conveniente nas circunstâncias atuais que o de conde e condessa d'Eu, que marca em Gastão sua qualidade de príncipe francês, com a circunstância de príncipe exilado. Enquanto que um título brasileiro o colocaria, antes de tudo, no lugar que lhe pertence.[272]

No entanto, como bem explica seu biógrafo Paulo Rezzutti, o imperador brasileiro não se importou com o que, para ele, parecia irrelevante:

D. Pedro [II] era destituído das sutilezas nobiliárquicas tão caras ao Velho Mundo. [...] Que o casal fosse para a Europa no início de 1865 e não fosse recebido oficialmente pelas principais cortes europeias, [...] [como] a da França, por [...] [Gastão] ser um príncipe exilado, não importava a d. Pedro. O que interessava era que d. Isabel e Gastão usassem o tempo para visitar fábricas e aprender mais sobre métodos e técnicas modernas de agricultura.[273]

Embora possa parecer futilidade o título pelo qual alguém seria tratado e as preocupações de d. Pedro II sejam muito mais compreensíveis, a questão é que toda a existência da instituição monárquica se baseia em hierarquias e representatividade. Desprezá-las é sempre um risco para a manutenção do trono ou, no mínimo, motivo para humilhação em outras cortes, situações com as quais d. Amélia convivera desde sua infância na Baviera e das quais ela procurava poupar a neta.

A princesa Isabel assinaria como condessa d'Eu pelo resto de sua vida, mas, pelo menos em Portugal, onde aportaram no dia 2 de fevereiro de 1865, ela era não apenas a herdeira do trono brasileira, mas também prima do rei d. Luís, justificando um desembarque com salvas de artilharia e tropas perfiladas. O rei e seu irmão d. Augusto subiram a bordo engalanados em suas respectivas fardas para saudá-los e, em seguida, Isabel e Gastão se dirigiram imediatamente para o Palácio das Janelas Verdes.

Como d. Amélia tão bem soube valorizar: "Tiveram a amável atenção de virem me ver logo que desembarcaram".[274] Em seguida, a ex-imperatriz escreveu para d. Pedro II contando do feliz encontro em que finalmente conhecera sua neta:

Quero te contar como fiquei feliz em abraçar minha bem-amada neta. Fiquei muito emocionada, profundamente tocada com a afeição que ela e Gastão testemunharam e por tudo que Isabel me disse de tua parte, meu querido filho. [...] Com tudo que conversamos, me emocionei tanto, que caí em lágrimas. Ao apertar Isabel em meus braços, eu pensei também em você, ela me lembra um pouco teus traços, imagina como fiquei feliz em vê-la. [...] Acho a fisionomia de Isabel muito agradável e simpática. Exprime bondade e muito juízo, reflexão, capacidade intelectual, e é uma grande felicidade possuir qualidades tão raras de se encontrar em nossos dias. Gaston é um príncipe muito distinto e parecem-me feitos um para o outro.[275]

Isabel, de sua parte, também relatou o encontro. Para o pai ela escreveu:

Fomos logo ver a vovó Amélia, [que] recebeu-nos na cama, tinha estado muito incomodada na véspera, mas parecia extremamente contente de ver--nos. Fez-nos muitas carícias; estava muito alegre e muito animada. Pareceu-me mais moça do que as fotografias a representam. [D. Amélia tinha, na ocasião, 52 anos]. [...] Vovó nos disse que é sempre muito sensível à amizade que papai sempre lhe mostra. [...] Falei-lhe muito do papai, disse-lhe que papai se lembrava muito dela, dos brinquedinhos que lhe mostrava, do frade de capucho.[276]

O que será que era o "frade de capucho"? Uma brincadeira em que um cobria a cabeça do outro? Um brinquedo? Um personagem de um livro? Uma canção de ninar? Provavelmente, nunca saberemos. Só temos a certeza de que era parte do amor que o pequeno d. Pedro II recebeu da única mãe de quem se lembrava e que ficou eternizado em seu coração.

Antes de retornarem para o Brasil, d. Isabel e Gastão ainda visitaram a avó uma última vez no final de junho. Eles chegaram ao Rio de Janeiro no dia 16 de julho de 1865, mas a situação que encontraram era muito diferente de quando tinham partido, seis meses antes. O conflito entre Brasil e Paraguai, iniciado pela invasão da província do Mato Grosso, no final do ano anterior, tinha evoluído para uma guerra em que o imperador e seus genros não podiam deixar de estar presentes. D. Pedro II e Augusto já tinham partido para o Rio Grande do Sul uma semana antes da chegada dos condes d'Eu. Gastão foi se juntar a eles logo em seguida.

A princesa d. Isabel, inconformada com a separação, contaria com o apoio de d. Amélia, que logo passou a escrever para o imperador defendendo que o lugar de Gastão era ao lado da esposa. Enquanto eles não tivessem filhos, sua principal função era gerar um herdeiro para a coroa, e não correr riscos numa guerra.

No ano seguinte, em maio de 1866, foi a vez da princesa d. Leopoldina conhecer a avó em sua viagem de núpcias, outro encontro muito aguardado por d. Amélia.

Um triângulo trágico

O ano de 1867 foi muito menos alegre para d. Amélia, pois, no início de julho, chegou a notícia de que o imperador Maximiliano tinha sido fuzilado no México. Era o fim de uma tragédia anunciada.

O que sobrava para ele em boas intenções faltava em senso de realidade. Desde o início, Maximiliano fora usado por Napoleão III e não soubera avaliar corretamente os momentos críticos, quando desistir teria sido a única opção sensata.

O México tinha se separado da Espanha em 1810 e, após uma longa guerra de independência, o país se vira cindido entre monarquistas e republicanos, cada um com o próprio projeto de governo e sem conseguirem chegar a qualquer consenso. Diversos governantes e guerras, incluindo um Primeiro Império, se sucederam nas primeiras décadas.

Numa experiência republicana, tinha subido ao poder em 1861 o presidente Benito Juárez, que, ao constatar a impossibilidade de honrar as dívidas assumidas pelo país, decretou uma moratória se desobrigando de pagar as dívidas externas. Foi quando seus principais credores passaram a se interessar com especial atenção ao futuro político do México.

Nesse contexto, Maximiliano foi convidado para assumir um segundo império. Num primeiro momento, além do imperador da França, Napoleão III, ele parecia contar também com o apoio da Espanha, da Bélgica e da Santa Sé. A intenção dessa aliança era clara: a pessoa que fosse colocada por eles no poder se comprometeria a pagar as dívidas pendentes e manteria as relações comerciais que interessavam para as potências europeias. Para o Papa, o intuito era proteger o catolicismo no continente americano.

Maximiliano, investido como novo imperador, chegou com toda gala e aparato em 1864 e logo deixou claro que pretendia instaurar uma monarquia constitucional e democrática no país. No entanto, seus projetos passaram a esbarrar em toda sorte de obstáculos. Por um lado, a França limitava seu interesse ao pagamento das dívidas que lhe eram devidas; a elite local, conservadora, não apoiava as ideias modernas de Maximiliano e os republicanos tampouco se comoviam com seus esforços.

Maximiliano permaneceu apenas três anos no poder. Quando a França retirou suas tropas do país, o imperador avaliou mal o risco que corria e permaneceu no México, convencido a lutar contra os republicanos. Mais uma vez, nos bastidores, era Napoleão III o responsável por uma grande perda para d. Amélia. Como ela fatidicamente havia previsto, o poder de Maximiliano assentava unicamente sobre a presença de baionetas estrangeiras. Sem elas, ele acabou encurralado em Querétaro e, recusando-se a se render, foi preso e condenado à morte.

No dia 19 de junho de 1867, pouco antes de ser fuzilado, Maximiliano teve algum tempo para se preparar. Após se confessar, ele foi autorizado a receber a visita de seu médico, que tinha salvo-conduto para voltar a Viena. Foi esse portador seguro que levou suas cartas de despedida para a família na Áustria e os últimos objetos que Maximiliano mantinha consigo. Em seus últimos momentos, Maximiliano tirou uma medalha sagrada que sempre usava e pediu para ser enviada como lembrança para d. Amélia. Para a mãe, destinou o anel que nunca tirava, com uma mecha de cabelo da princesa d. Maria Amélia. Ele morreu perdoando seus assassinos e bradando: "Viva o México! Viva a Independência!".

A repercussão de sua morte, a primeira execução de um monarca europeu desde a Revolução Francesa, foi imensa. Sua mãe, a arquiduquesa Sofia, nunca se recuperou da atrocidade cometida e d. Amélia, naturalmente, também ficou devastada. Ao receber a medalha que ele lhe enviara, decidiu mandar guardá-la dentro do coração de prata que Maximiliano havia doado para a imagem de Nossa Senhora das Dores, na capela do hospital do Funchal.

A imperatriz Carlota, esposa de Maximiliano, estava no Vaticano em audiência com o Papa, suplicando para que este apoiasse o marido e se salvou de ser executada. Apesar de ter escapado da morte, ela sofreu um colapso mental e acabou seus dias na sua Bélgica natal, onde faleceu sessenta anos mais tarde, sem nunca recobrar a razão.

A trágica história de Maximiliano e Carlota fechava um triângulo infeliz cujo primeiro vértice havia sido a morte precoce de d. Maria Amélia. O amor não vivido entre ela e seu prometido de alguma forma permanecera como uma sombra sobre o casal e nenhum deles sobreviveu à desgraça. Poucas histórias de ficção de maldições se atreveriam a ser tão cruéis como a realidade do destino desses três jovens.

Visitas nas Janelas Verdes

Com a morte de Maximiliano, surgia também uma questão prática: d. Amélia precisava de um novo herdeiro para seu palácio e propriedades em Stein. A oportunidade logo surgiu. Poucos meses mais tarde, no outono de 1867, ela recebeu a visita de seu sobrinho Nicolau, filho primogênito do irmão falecido na Rússia.

A semelhança do sobrinho com o pai, irmão de d. Amélia, o choque pela perda daquele que ela "teria [se] sentido feliz de [...] ter tido como genro" e sua solidão em Lisboa fizeram com que d. Amélia decidisse contemplar Nicolau em seu testamento e legar a ele o que pretendia ter deixado para Maximiliano. A possibilidade de abrilhantar o ducado de Leuchtenberg com suas propriedades certamente influenciou sua decisão, que garantia uma boa renda e terras na Baviera para os futuros duques de sua família.

Com a partida do sobrinho, d. Amélia voltava à melancólica solidão em que vivia. Às vezes, embora com cada vez menos frequência, alguém se lembrava da ex-imperatriz do Brasil. Foi o caso do artista Manuel de Araújo Porto-Alegre, em 1868.

Apesar de ter se afastado da direção das casas de asilo após a expulsão das irmãs de caridade francesas, d. Amélia nunca deixou de se dedicar a obras de benemerência. Normalmente, ela contemplava instituições portuguesas, mas, no final de 1868, a ex-imperatriz assumiu o patrocínio da Sociedade de Beneficência Brasileira, fundada por Porto-Alegre, para assistir brasileiros desamparados em Portugal.

Em comemoração à criação da sociedade, foi instituída, no dia 2 de dezembro de 1868 (aniversário de d. Pedro II), uma medalha com o retrato de d. Amélia e a data da fundação da instituição.

Essa seria a primeira de muitas outras medalhas. Em 1975, numa coleção chamada Ouro Preto, alusiva aos membros da família imperial, d. Amélia foi representada nos dois lados de uma das dez medalhas. Em 1979, por ocasião do sesquicentenário do casamento de d. Amélia e d. Pedro, e no âmbito da exposição comemorativa do evento, também foi feita uma medalha com uma cena do casamento do casal imperial. Em 1982, quando o corpo de d. Amélia foi trasladado para o Brasil, também se criou uma medalha com a inscrição "Trasladação dos despojos da imperatriz d. Amélia" e a data da chegada deles, 7 de abril de 1982.

Mas, de todas as medalhas em sua homenagem, a única instituída ainda durante a vida de d. Amélia foi a de 1868.

Medalha da Sociedade de Beneficência Brasileira em Portugal, patrocinada por d. Amélia. Coleção particular, São Paulo. Foto da autora.

As visitas de Nicolau e Porto-Alegre foram exceções à rotina solitária de d. Amélia, mas, dentre todas as pessoas que podiam um dia chegar para vê-la, o mais aguardado era o imperador do Brasil, que havia anos planejava uma viagem pela Europa. Em 1868, por exemplo, ela escrevia para d. Pedro II: "Meu coração transborda de alegria ante a perspectiva de tua viagem projetada pela Europa. Será um dos dias mais lindos de minha vida aquele em que eu voltarei a te ver!".[277]

Ainda tardaria mais alguns anos antes que o sonhado reencontro se concretizasse.

"Uma pouca-vergonha"

Em Lisboa, em 1869, o grande escândalo era o casamento do rei-viúvo d. Fernando com sua companheira, a cantora lírica Elisa Hensler. Após quase uma década vivendo e viajando juntos, ele finalmente tinha decidido oficializar o relacionamento que mantinham.

O casal foi apoiado pela infanta d. Isabel Maria, que, ponderando as circunstâncias, na qual tanto d. Fernando quanto Elisa eram desimpedidos, por ser ele viúvo e ela, solteira, achou melhor eles se casarem do que continuarem "vivendo em pecado". D. Isabel Maria tratou do assunto pessoalmente e organizou a celebração do casamento na capela da Quinta Devisme, sua residência em Benfica.

Se um casamento morganático, ou seja, a união de uma pessoa da nobreza com um plebeu, já era considerado um assunto grave e uma afronta à corte, imagine quando uma das pessoas envolvidas fazia parte da realeza e a outra era uma atriz. Tentando amenizar o abismo social que os separava, d. Fernando pediu para que seu primo, Ernesto de Saxe-Coburgo-Gotha, chefe de sua família, concedesse para a esposa um título de nobreza. E, assim, Elisa se tornou condessa d'Edla, o que não fez exatamente grande diferença na opinião que tinham sobre ela e o relacionamento do casal.

D. Amélia, verbalizando o que toda a corte pensava, relatou para d. Pedro II que estava muito "aflita" com o casamento de d. Fernando com a cantora americana e que fora a infanta quem "fizera" o casamento para cessar o escândalo da relação entre eles. Mas que ela, d. Amélia, não a receberia, pois considerava "uma pouca-vergonha" tudo aquilo e terminava afirmando que, se o rei d. Pedro V e a rainha d. Estefânia fossem vivos, o rei-viúvo nunca teria coragem de fazer tudo que fez.[278]

A rejeição era geral. D. Fernando tentou introduzir a esposa na sociedade oferecendo um jantar no Palácio das Necessidades. Compareceram seus dois filhos, o rei d. Luís e o infante d. Augusto, e apenas outras três ou quatro pessoas da corte, conforme noticiava o *Diário de Notícias* no dia seguinte ao evento. Lamentando a ausência da rainha, d. Fernando agendou uma visita oficial a d. Maria Pia em novembro de 1869, quando, então, sua esposa foi oficialmente apresentada à nora.

Elisa nunca seria aceita, mas d. Fernando e ela viviam uma vida à parte, passando boa parte de seu tempo no idílico chalé que ele havia mandado construir no parque da Pena, em Sintra. Ali, juntos, eles idealizaram e concretizaram o sonho de reflorestar a serra e criar um dos mais belos parques românticos de toda a Europa, cujo resultado ainda podemos admirar hoje em dia.

D. Pedro II, alguns anos depois, ao conhecer Elisa, se tornou um amigo que muito a apoiou, tanto durante a vida como após a morte de d. Fernando. Ele compreendeu perfeitamente o casamento dos dois e, talvez, tenha até invejado a oportunidade que o cunhado teve de ainda poder se casar uma segunda vez e viver com quem desejava. O imperador do Brasil, apesar de casado com d. Teresa Cristina, amava a antiga preceptora de suas filhas, a condessa de Barral, com quem trocou intensa correspondência durante décadas. Se, alguma vez, o relacionamento entre eles deixou de ser platônico é um dos mistérios da história íntima do império. Mas parece restar pouca dúvida de que, se d. Pedro II também fosse viúvo, ele tomaria uma atitude como a de d. Fernando e se casaria com a mulher que sonhava ter a seu lado.

Infelizmente, d. Amélia não conseguia ter a generosidade de entender a situação como d. Pedro II. Pelo fato de seu pai e seu marido terem sido exilados e ela saber na pele o que significava perder o estatuto de pertencer a uma casa reinante, a ex-imperatriz era sempre muito zelosa da imagem que um monarca devia transmitir. Mas essa intransigência fez com que a ex-imperatriz quase perdesse também a estima da duquesa de Goiás, a quem considerava como filha.

"Sua posição sempre foi falsa"

Em maio de 1867, Isabel Maria, a duquesa de Goiás, continuava vivendo em seu Palácio de Holzen, na Baviera, onde acabara de perder o marido, Ernesto Fischler, conde de Treuberg. Sobre seu casamento, ela confessou em carta para d. Pedro II, seu irmão, que tinha amado seu marido "como poucas mulheres amam os companheiros de suas vidas".[279]

Isabel Maria permanecia, como por toda sua vida até então, na ignorância sobre quem havia sido sua mãe, como explicava d. Amélia em carta para d. Pedro II: "Teu pai, como tu sabes, reconheceu Isabel como sua filha, lhe conferiu o título de duquesa de Goiás, e, por esta declaração, ela não tem outros parentes além de nossa família. Ela ignora quem foi sua mãe e deve sempre ignorar, pois foi a recomendação que teu pai me fez".[280]

De fato, Isabel Maria se considerava apenas membro da família Bragança, os únicos familiares que ela conhecia. Sua filha mais velha, batizada como Amélia, tivera como padrinhos d. Amélia e o imperador d. Pedro II. O segundo filho, Fernando Maria, recebera os nomes dos padrinhos reis de Portugal, d. Fernando e d. Maria II, irmã da duquesa de Goiás. A terceira filha, Augusta, tivera por madrinha a duquesa de Leuchtenberg, mãe de d. Amélia. E o filho caçula dos condes de Treuberg, Francisco Xavier, era afilhado dos príncipes de Joinville, Francisco e Francisca, também irmã de Isabel Maria.

No entanto, d. Amélia reconhecia que não haver revelado para Isabel Maria que sua mãe, na verdade, estava viva e era a antiga amante de d. Pedro I, a célebre marquesa de Santos, havia sido sempre uma mentira. E assumia para d. Pedro II: "Apesar de toda minha afeição por Isabel, eu reconheço que sua posição sempre foi falsa e, por isso, eu organizei seu casamento na Alemanha, para que assim ela fosse afastada de ti e das tuas irmãs".[281]

Ou seja, para cumprir o que d. Pedro I lhe pedira, d. Amélia tivera que mentir a vida toda para a enteada. Em 1869, no entanto, a verdade viria à tona. Embora Isabel Maria não soubesse, ela tinha uma irmã, filha de seu pai, d. Pedro, com sua mãe, a marquesa de Santos, de nome Maria Isabel, a condessa de Iguaçu, que vivia no Brasil.

Os condes de Iguaçu não desconheciam a existência da duquesa de Goiás na Europa e já tinham tentado estabelecer contato com ela quando a condessa, no Brasil, recebera uma misteriosa herança. Porém, como o conde de Treuberg, marido da duquesa de Goiás, ainda era vivo na época dessa primeira tentativa, provavelmente a correspondência foi interceptada por ele, que prometera a d. Amélia cooperar com a farsa de que a esposa seria órfã de mãe desde o nascimento. A conivência do marido fora o que tinha mantido Isabel Maria durante as décadas seguintes sem saber a respeito de sua família materna.

Em 1869, já viúva, Isabel Maria foi abordada em Carlsbad, onde fazia uma estação de águas, por um senhor Coats, que lhe trazia uma carta referente ao espólio de sua mãe, falecida em novembro de 1867. Foi o início de uma correspondência entre a duquesa de Goiás e seu cunhado, o conde de Iguaçu, que logo lhe enviou um retrato de sua mãe. Embora a marquesa de Santos usasse, no retrato enviado, um medalhão com a imagem da duquesa de Goiás ainda criança, aquilo não provava exatamente que aquela tivesse sido sua mãe. Para comprovar o que dizia, o conde de Iguaçu enviou para a duquesa de Goiás, então, um lote de cartas de d. Pedro I para sua amante, onde ele mencionava repetidamente a filha deles, chamando-a por vezes de duquesa de Goiás, mas muitas vezes apenas de Belinha.

Sem poder mais duvidar da história e ao saber que sua mãe tinha lhe legado por testamento parte de suas joias, a duquesa recomendou que elas lhe fossem enviadas por portador seguro e embrulhadas, para que ninguém antes dela visse as relíquias que iria receber. Não sabemos se Isabel Maria chegou a recebê-las, pois o inventário se estendeu por anos a fio e há apenas correspondência em que a duquesa reclama das joias ainda não terem chegado.

A troca de cartas entre Isabel Maria e seu cunhado durou cerca de um ano e meio. Até uma árvore genealógica ele chegou a lhe enviar, para que ela compreendesse quem eram os outros membros da família à qual ela, na verdade, pertencia. E então, no final de agosto de 1871, a duquesa de Goiás cessou abruptamente a correspondência. D. Amélia tinha sido informada de que a duquesa havia feito contatos no Rio de Janeiro a respeito de sua família materna. Isabel Maria se desculpava com o cunhado, justificando por que não poderiam mais se corresponder:

> [D. Amélia] foi um anjo da guarda para mim desde jovem, ela me demonstrou um amor que ia além do que minha posição merecia, ela sempre agiu com um coração nobre e desinteressado. Como tantos sabem, ela me tratou como filha e ainda demonstra isso de forma admirável em relação à minha família, com meus filhos. Eu lhe devo uma gratidão inalterável e, por isso, devo agir como ela me pede.[282]

Em 2021, após anos de contato com os descendentes de Isabel Maria na Baviera, finalmente criei coragem para pedir que um deles, proprietário de uma casa no terreno do antigo Palácio de Holzen, me permitisse procurar se haveria, entre os arquivos da família, alguma correspondência da época em que ela era viva. Foi um dia digno de filme. A casa, quase abandonada, tinha janelas quebradas, teias de aranha e uma escadaria praticamente desabando. O pó, a sujeira e a umidade eram parte do charme. Nunca tinha estado num lugar tão autenticamente antigo.

Após remexermos por horas em pastas, gavetas e livros, finalmente encontramos um retrato da marquesa de Santos, já idosa, usando um pingente com uma miniatura de uma menina pequena. Era certamente o retrato que tinha sido enviado pelo conde de Iguaçu para Isabel Maria. Nenhuma carta, infelizmente, acompanhava o retrato. Aliás, nenhum documento do século XIX ficara ali. No final dos anos 1920, com a crise econômica após anos de má administração, a família Treuberg perdera grande parte de seus bens, se vendo obrigada a vender o palácio e realizar diversos leilões com seus objetos. Encontrei apenas fotografias do palácio antes de ser esvaziado. Mas, entre todos os objetos empoeirados e entulhados pela casa, havia um pequeno tesouro: um busto de d. Pedro I em *biscuit*, enfeitado por uma guirlanda de flores secas. Eram as flores da grinalda usada pela duquesa de Goiás no dia de seu casamento, que ela ali colocou e nunca mais qualquer descendente seu teve coragem de tirar.

Busto de d. Pedro I que pertenceu à duquesa de Goiás com as flores do dia de seu casamento. Coleção particular, Baviera. Foto da autora.

Imortalizando d. Pedro em pedra

Mas não apenas em família havia esculturas representando d. Pedro. Em 1870, era inaugurada a estátua de d. Pedro IV em Lisboa, dentro do contexto dos monumentos nacionalistas que vinham sendo erguidos, como o arco triunfal da rua Augusta, de 1873, e a estátua de Camões, por Victor Bastos, de 1867.

Embora a ideia inicial de se construir um monumento ao Libertador tenha sido mencionada na Câmara dos Pares logo no dia seguinte à morte de d. Pedro, em 1834, a sua concretização em Lisboa demoraria 36 anos, com diversas idas e vindas e muitos concursos e projetos abandonados. A própria d. Amélia, a princípio bastante entusiasmada com a obra, ao saber que, em vez de um monumento equestre, como no Porto e no Rio de Janeiro, estavam planejando apenas uma estátua pedestre, retirara seu apoio.

Provavelmente, a imagem de seu marido que ela gostaria que estivesse no Rossio seria outra, da qual a ex-imperatriz guardou o modelo. É possível identificá-lo numa aquarela do interior do palácio onde d. Amélia viveu entre 1839 e 1846, em Lisboa. Nela, se reconhece, sob uma redoma de vidro, um modelo de uma estátua equestre de d. Pedro, feita por Schwanthaler, famoso arquiteto e escultor bávaro.

A falta de apoio da viúva do Libertador, no entanto, não inviabilizou a continuidade do projeto. No aniversário de 44 anos da outorga da Constituição Portuguesa por d. Pedro, em 29 de abril de 1870, Lisboa passava a ter um d. Pedro IV pairando sobre o Rossio.

No Rio de Janeiro, desde 1862, já havia, na então praça da Constituição, um d. Pedro sobre o cavalo, imortalizado não com sua espada, mas segurando um documento, que, embora todo mundo acredite ser a Constituição Brasileira, na realidade, diz apenas "Independência do Brasil". No Porto, desde 1866, também se podia admirar d. Pedro a cavalo, com seu chapéu e a Constituição Portuguesa nas mãos.

Negócios

Além dos cuidados com a memória de d. Pedro, sua viúva também era responsável pelos aspectos materiais de sua herança. Para os assuntos que tinham relação com o Brasil, ela confiava, assim como seu marido havia feito, na Casa Samuel Phillips. Samuel era o banqueiro representante dos Rothschilds de Londres no Rio de Janeiro. Após a abdicação, d. Pedro o havia nomeado seu procurador e, nessa qualidade, ele permaneceu tratando também dos interesses de d. Amélia no Brasil. Era pelo correio interno, que conectava os Rothschilds com os Phillips no Brasil, que ela muitas vezes enviava e recebia sua correspondência, por ser uma via mais segura que o correio normal e até mesmo que as malas diplomáticas.

Foi também essa empresa que cuidou, a partir de 1870, da venda da Fazenda dos Macacos e da libertação dos 160 escravizados que d. Amélia ainda tinha no Rio de Janeiro. A casa sede abrigou, por algum tempo, um orfanato. Em 1888, o barão de Drummond, João Batista Viana Drummond, conhecido pela invenção do jogo do bicho, adquiriu e loteou o terreno da antiga fazenda e transformou o empreendimento no futuro bairro de Vila Isabel, assim denominado em homenagem à princesa.

Talvez a venda da fazenda tenha tido relação com o estado de saúde de d. Amélia, que piorava ao longo de 1870. No final de janeiro do ano seguinte, seu coração estava tão comprometido, que ela chegou a receber a extrema-unção a 2 de fevereiro.

A situação ainda se agravou quando chegou a notícia da morte de sua neta, a princesa d. Leopoldina, em Viena, no dia 7 de fevereiro. Aos 23 anos, a princesa contraiu febre tifoide e faleceu, deixando o duque de Saxe-Coburgo viúvo com quatro filhos pequenos. D. Amélia ficou tão abalada quando soube, que teve febre e graves crises de falta de ar. O único consolo foi que a princesa d. Isabel, em viagem com o marido pela Inglaterra, ainda tinha conseguido chegar dois dias antes e estar com a irmã em seus últimos momentos. Antes de retornarem ao Brasil, d. Isabel e Gastão visitaram d. Amélia em Lisboa em abril uma última vez.

"Tão avelhantada e doente"

A perda da princesa d. Leopoldina foi uma tragédia para a família, mas o fato fez com que d. Pedro II finalmente realizasse a tão sonhada viagem para a Europa. Não seria, no entanto, nas circunstâncias planejadas, uma viagem de recreio e instrução como ele imaginava.

Com a morte da princesa, o objetivo principal de d. Pedro II passava a ser visitar o túmulo da filha em Coburgo e buscar os dois netos mais velhos. Nessa altura, o mais velho era o segundo na linha de sucessão ao trono brasileiro, já que, após sete anos casados, a princesa Isabel e o conde d'Eu ainda não tinham tido filhos. Assim, com a morte da mãe das crianças, d. Pedro II assumiria a educação de dois de seus primeiros netos, que passariam a ser criados na corte no Brasil. Desse modo, o primogênito, ou, na falta deste, o segundo menino, poderia se tornar um dia imperador do país.

Ao saber da iminência da chegada de d. Pedro II, d. Amélia começou a fazer planos e a tentar instruí-lo sobre a melhor maneira de ser recebido em Portugal. Segundo a ex-imperatriz, seria inadmissível que ele se hospedasse num hotel, sendo tio do rei e filho do Libertador. Sua visita a outros países poderia ter um cunho particular, mas não a Portugal. Segundo ela, o ideal seria ele se hospedar no Palácio de Belém, a meio caminho entre o Palácio da Ajuda, residência de d. Luís, e o Palácio das Necessidades, residência do rei-viúvo d. Fernando, e não muito distante de sua casa, o Palácio das Janelas Verdes.

D. Pedro II fez questão de cumprir os oito dias de quarentena no Lazareto, devido às epidemias que grassavam na América do Sul, como qualquer viajante, e, nesse período, recebeu a visita de Alexandre Herculano, o arqui-inimigo de d. Amélia, mas certamente uma personalidade incontornável. Dali, contrariando as recomendações maternas, o imperador se hospedou no Hotel Bragança, próximo ao atual Cais do Sodré, e não nos palácios reais que lhe tinham sido oferecidos. Nem sempre d. Pedro II fazia tudo que d. Amélia queria.

E então, no dia 20 de junho de 1871, aconteceu o reencontro com o qual tanto o imperador quanto d. Amélia tinham sonhado por quarenta anos. D. Pedro II, da última vez em que eles tinham se visto, era uma criança de cinco anos e d. Amélia, uma linda jovem de dezenove. Agora, ele era um imperador de 46, aparentando alguns anos a mais, devido à sua barba toda branca, enquanto ela era, para a época, uma anciã de quase sessenta anos, idade em que as mulheres, normalmente, já eram bisavós.

Ambos ficaram, naturalmente, muito emocionados, e d. Pedro II escreveu para sua filha, a princesa Isabel, relatando o encontro: "Eu chorei de alegria e também de dor por ver minha mãe tão afetuosa para comigo, mas também por vê-la tão avelhantada e doente".[283]

O imperador se impressionou com a aparência envelhecida de d. Amélia, mesmo tendo sido prevenido pela diplomacia, que lhe escrevera alguns meses antes:

GUARDIÃ DA MEMÓRIA

A imperatriz-viúva se acha há muitos anos num estado valetudinário [enfermo, enfraquecido] a tal ponto que Sua Majestade não pode receber no seu quarto senão os membros da família real, as suas damas, o seu médico e uma ou outra dama por exceção. [...] O próprio camarista, marquês de Resende, há mais de três anos [desde 1868] que não a vê.[284]

Sofrendo do coração havia tempos, d. Amélia só teria mais um ano e meio de vida após rever o filho. D. Pedro II comentou anos depois sobre esse reencontro, tão esperado por ambos, numa carta para seu amigo, o barão de Rio Branco, dizendo que pelo menos ele tinha tido a chance de rever sua mãe antes que ela falecesse: "Não conheço dor maior que a perda de nossa mãe, [...] experimentando-a [...] tão profunda [...] quando faleceu quem como tal consagrava-me seu amor, podendo eu ainda antes beijar-lhe a mão".[285]

Após a tão aguardada visita a d. Amélia, o dia continuaria sendo de fortes emoções para d. Pedro II, que se dirigiu ao panteão da família, em São Vicente de Fora. Lá, ele prestou homenagens junto aos túmulos do pai, das irmãs d. Maria da Glória e d. Maria Amélia e de tantos de seus antepassados. Em seu diário, ele só lamentaria não terem sabido lhe informar onde estava o avô, o rei d. João VI.

O rei d. Luís e a rainha d. Maria Pia ofereceram um jantar ao tio imperador, para o qual a condessa d'Edla não foi convidada, o que muito aborreceu d. Fernando. Mesmo assim, ele compareceu para prestigiar o cunhado com quem havia tantos anos se correspondia. Nos dois dias seguintes, o rei-viúvo cicero-neou d. Pedro II por Lisboa, mostrando-lhe as principais atrações turísticas, entre elas, especialmente, o monumento ao pai do imperador, recém-inaugu-rado no ano anterior. D. Pedro II, um grande admirador de Luís de Camões, fez questão também de depositar uma coroa de flores aos pés de sua estátua.

Após dez dias em Portugal, dos quais oito tinham sido passados no laza-reto, os imperadores do Brasil e sua comitiva seguiram viagem, partindo de trem da estação Santa Apolónia.

Ao passar por Munique, algumas semanas depois, d. Pedro II escreveu para d. Amélia lhe enviando flores prensadas que ele tinha pegado de cima dos túmulos dos pais dela, na cripta da Igreja de São Miguel. A ex-imperatriz agra-deceu, naturalmente, muito comovida, e contou que tinha ficado ainda mais emocionada por ele ter escrito que estava com saudades dela.

Em Munique, d. Pedro II também encontrou sua irmã, a duquesa de Goiás, que foi esperá-lo na estação de trem em sua chegada e depois visitá-lo no dia 26 de setembro de 1871 no Hotel da Baviera, onde os imperadores estavam hospedados. Um ano mais velha que o irmão, provavelmente nenhum dos dois se lembrava efetivamente de quando tinham quatro e cinco anos e brincavam juntos na ala das crianças do Palácio de São Cristóvão. Desde essa idade, quando Isabel Maria tinha sido enviada para a Europa, eles nunca mais tinham se visto.

A capital da Baviera foi ainda o lugar onde d. Pedro II prestou homenagem a um de seus ídolos, o famoso médico e botânico Carl Friedrich von Martius, autor da monumental obra *Flora brasiliensis* e antigo professor de d. Amélia. O cientista já havia falecido, por isso quem recebeu o imperador foi a sua viúva, que lhe orientou sobre onde o marido estava enterrado, para que d. Pedro II pudesse lhe levar uma flor.

Oito meses após ter deixado Lisboa e depois de percorrer diversos países da Europa e o Egito, o imperador voltou para Portugal. Dessa vez, com mais tempo, permaneceu por duas semanas, visitando primeiro o Porto, onde percorreu diversos lugares onde seu pai tinha vivido e combatido. Foi especialmente emocionante a visita à Igreja da Lapa, onde pôde ver a urna com o coração de d. Pedro I. Após atravessar o país parando em diversas cidades como Braga, Coimbra e Santarém, ele chegou de volta a Lisboa.

Dessa vez, d. Fernando levou d. Pedro II a Queluz e a Sintra, onde o imperador teve oportunidade de conviver com a condessa d'Edla. Encantado com ela, com a serra, com o palácio e com o parque da Pena, d. Pedro II lhe escreveria após a morte de d. Fernando, anos mais tarde:

> Querida Elisa, a infelicidade que nos atingiu só serviu para reafirmar a afeição que tenho por si. [...] Tinha a certeza de que Fernando lhe ia deixar o Castelo da Pena, onde nós três passamos momentos tão felizes. Dê-me sempre notícias suas e acredite verdadeiramente na amizade deste seu tão devotado Pedro.[286]

Antes de deixar Portugal, d. Pedro II recebeu um presente muito especial, ainda mais sendo ele próprio um grande amante da fotografia: o fotógrafo I. C. da Rocha lhe ofereceu um álbum com imagens dos principais lugares que ele havia visitado, entre os quais, o Palácio das Janelas Verdes, onde vivia d. Amélia.[287] Esse presente seria, entre tantos pertences, das poucas coisas que d. Pedro II requisitou para conservar consigo quando teve que deixar o Brasil alguns anos depois.

As últimas visitas de d. Pedro II foram a Mafra e à casa de d. Amélia, com quem esteve no dia 12 de março de 1872. Era uma despedida para sempre. Eles ainda manteriam a correspondência até dezembro daquele ano, mas d. Pedro só voltaria à Europa alguns anos depois, quando d. Amélia já não existiria mais.

O ônus e o bônus

Após a despedida do filho, houve um último reencontro, dessa vez com sua única irmã ainda viva, a rainha Josefina, no verão de 1872.

Preocupada com o estado de saúde de d. Amélia, a rainha Josefina, embora cinco anos mais velha, estava em melhores condições de empreender uma viagem para ver a irmã. Após deixar Estocolmo e atravessar a França e a Espanha por terra, a rainha-mãe da Suécia e da Noruega chegou a Lisboa no dia 24 de junho de 1872. Viajando incógnita como condessa Tullgarn, ela também preferiu evitar o protocolo real e qualquer trabalho para a irmã, e se hospedou no mesmo estabelecimento onde d. Pedro II havia estado: o Hotel Bragança, não muito distante do Palácio das Janelas Verdes. Sobre a chegada ao palácio de d. Amélia, a rainha Josefina escreveu:

> Eu tive uma terrível palpitação no salão, antes de entrar, pois eu temia pela agitação [da irmã] e queria me obrigar a permanecer calma. No final, eu a encontrei sentada em sua cama, nós abrimos os braços uma para a outra e ficamos muito felizes por nos reencontrarmos, mas, graças a Deus, não chora-mos muito. Minha irmã teve um ataque de tosse muito violento, seguido por falta de ar, até que tudo logo passou e ela conseguiu falar.[288]

Fazia 29 anos que elas não se viam, desde o aniversário de 55 anos da mãe, a duquesa Augusta, em 1843, quando todas as filhas tinham se reunido pela última vez. Assim como d. Pedro II havia feito, Josefina saiu da cabeceira da irmã diretamente para São Vicente de Fora, para onde levou duas coroas de flores encomendadas por d. Amélia: uma para o irmão delas, d. Augusto, e outra para a princesa d. Maria Amélia.

D. Amélia, orgulhosa das belezas de Sintra, pediu para que o visconde de Almeida levasse Josefina para conhecer a serra, recomendando especialmente que ela não perdesse Monserrate, um palacete neomourisco circundado por belíssimos jardins, de cujos terraços se descortina uma privilegiada vista para o mar. No total, Josefina passou duas semanas em Lisboa, durante as quais, a maior parte de seu tempo foi, naturalmente, junto com a irmã.

D. Amélia, sabendo que não lhe restava muito tempo de vida, conversou longamente com Josefina sobre o destino do hospital da Madeira, que, desde o ano anterior, voltara a funcionar, e sobre outras obras de caridade que apoiava. Em seu testamento, d. Amélia deixaria expresso o que pedira à irmã:

> Conhecendo a afeição da minha irmã Josefina por mim, e tendo-se os nossos corações sempre compreendido, recomendo-lhe instantemente a fundação permanente do pequeno hospital para doentes do peito: Hospício da Princesa D. Maria Amélia que fiz construir no Funchal, na ilha da Madeira, para aí perpetuar a lembrança da minha filha querida.[289]

Como é compreensível, não existe qualquer documentação a respeito dos detalhes dessas conversas em 1872, mas é possível que, ao confiar o destino de sua maior obra e grande homenagem à filha falecida, d. Amélia tenha dado para a irmã nesse momento (e não apenas após sua morte) as duas principais joias de seu patrimônio: as esmeraldas recebidas da mãe quando tinha se casado e os magníficos diamantes brasileiros, presente de seu esposo d. Pedro I.

A irmã Josefina assumia a responsabilidade pela continuidade das atividades do hospital, pelas diversas pensões com as quais d. Amélia arcava, mas também herdava as joias de d. Amélia. Eram o ônus e o bônus, os dois lados de uma moeda. Sabendo que podia confiar em Josefina e que uma casa real sempre teria um peso maior que qualquer pessoa física, os diamantes podem ser entendidos como uma garantia. As pedras constituíam um patrimônio líquido e transportável, do qual a irmã ou seus descendentes poderiam dispor, caso algum dia fosse necessário.

A rainha-mãe Josefina, ao chegar a Estocolmo, cuidou de instituir a Fundação Oscar II, nome de seu filho e então rei, e, alguns anos depois, ela incorporou os diamantes brasileiros a essa fundação, transformando-os em joias de Estado, portanto inalienáveis. O hospital também passava a ser responsabilidade da coroa. Fica claro, nessa atitude, que ela cuidava da perpetuação do legado da irmã já para as próximas gerações. A institucionalização de ambos, hospital e diamantes, parece estabelecer um vínculo entre eles.

13.992 dias sem o marido e 7.291 sem a filha

Após ter se despedido das duas pessoas mais importantes de sua vida que ainda estavam vivas, d. Pedro II e a irmã Josefina, e de ter deixado assegurado o futuro de sua fundação, d. Amélia estava pronta para partir. Ela ainda viveu alguns meses, até que, em janeiro de 1873, seu coração falhou definitivamente.

Graças, mais uma vez, à colaboração do pesquisador Paulo Rezzutti, que encontrou a seguinte carta e cedeu sua descoberta para esta biografia, temos um testemunho inédito da morte de d. Amélia. Quem nos conta sobre seus últimos momentos de vida é o rei-viúvo d. Fernando, que, generosamente, continuou se preocupando com d. Amélia, mesmo que esta nunca tenha aceitado seu segundo casamento:

> Nestes últimos tempos, a doença tinha se agravado. Eu ia lá todos os dias, sem a ver estes últimos em que [ela] não queria ver senão os seus criados, e ainda ontem, dia em que já estava tudo desenganado, quis lá passar a manhã, mas os de lá pediram-me que não o fizesse […]. Eu, quanto ao médico espanhol, eu ignorava de todo que ele fosse homeopata, profissão de fé médica que pouquíssima confiança me inspira e de mais a mais creio ter-te dito que nunca tal médico vi, que só recomendei por assim m'o pedir com aturadíssima insistência o maestro Manoel Inocêncio dos Santos.[290]

Sem deixarem que d. Fernando entrasse nos aposentos nos últimos momentos de d. Amélia, ele continuou relatando para d. Pedro II:

> Não a tendo visto ontem, porque não se deixava entrar ninguém, fui lá esta manhã vê-la. Já morta. […] Aqui tem toda esta triste história da morte de quem, por ser viúva do teu pai, e pelo grande bem que fazia, deixará aqui

eternas saudades. Ela não entrava muito nas tuas ideias, nem nas minhas, entretanto tinha uma cabeça admiravelmente organizada, e era em tudo d'um método como eu nunca fui, nem nunca serei, porque isto não está na minha natureza. [...] O semblante era plácido e nada contraído, o que prova que os últimos momentos passaram sem sofrimento.[291]

D. Fernando ainda assumiu o patrocínio que a ex-imperatriz mantinha de algumas publicações liberais,[292] imaginando que ela gostaria que alguém o fizesse.

D. Amélia faleceu no mesmo dia em que a carta foi escrita, 26 de janeiro, domingo, às cinco horas da manhã. Segundo o relato do marquês de Resende, responsável pela corte das Janelas Verdes: "A imperatriz passara o dia de sábado no mais grave estado. Suas aflições se tinham pronunciado havia quatro dias, quando a hidropsia [acúmulo de líquidos nos órgãos] subiu ao peito, e cresceram progressivamente".[293]

Segundo Resende, ela estava num estado de fraqueza extrema, só conseguindo nos últimos dias tomar como alimento um pouco de canja com vinho do Porto. Após alguns momentos de alívio nas últimas horas de vida, durante a madrugada, o estado da ex-imperatriz foi se agravando, até que, às cinco da manhã, sem agonia, e quase subitamente, "Sua Majestade rendeu a alma a Deus".[294]

Doze horas mais tarde, salvas fúnebres anunciavam oficialmente, do alto do Castelo de São Jorge, que se finava a viúva de d. Pedro IV.

A autópsia constatou lesões nos pulmões, edemas nas extremidades inferiores e na face e a causa morte foi identificada como um colapso cardíaco, decorrente da *angina pectoris* de que ela sofria havia muitos anos.

A junta médica que a assistia, constituída pelos drs. Manuel Carlos Teixeira, Manuel José Teixeira, António Maria Barbosa e Francisco António de Barral, fez o mesmo que a ex-imperatriz tinha optado por fazer quando sua filha tinha falecido: embalsamaram o cadáver.

Como testemunhas da morte da ex-imperatriz, estiveram presentes os seus testamenteiros, o marquês de Resende e o visconde de Aljezur, e sua amiga, a condessa de Rio Maior. Antes de fecharem o caixão, todos os outros membros de sua corte se despediram de d. Amélia: o visconde de Almeida, as damas e todos os criados.

Ela tinha sido vestida com "um vestido de seda preto liso, sem enfeites, com punhos e colarinhos de renda branca. Na cabeça, uma touca de cambraia branca bordada e, sobre esta, um véu de renda de seda preta, crucifixo nas mãos, meias brancas e sapatos pretos sem enfeites".[295]

Era uma de suas roupas habituais, como a vemos em suas fotografias de 1861, sempre de luto desde a morte do marido, havia quase quarenta anos. O negro interrompido apenas pelas rendas brancas nos punhos, na gola e no toucado, o chamado "luto aliviado".

O caixão onde d. Amélia foi depositada era de cedro, e este foi colocado dentro de outro de chumbo, parafusado com duas fechaduras e chaves de ferro e metal dourado. Por fora, foi tudo forrado com veludo preto, guarnecido por um galão de ouro fino, com uma cruz de tela de seda branca, bordada a ouro.

Como era costume, o velório durou três dias, ao fim dos quais a imperatriz foi levada em cortejo fúnebre ao panteão de São Vicente de Fora, para se reunir ao irmão, ao marido e à filha, conforme seu desejo. Em seus papéis, o marquês de Resende encontrou uma anotação em que a ex-imperatriz contabilizava estar havia 13.992 dias separada de seu marido e havia 7.291 da filha.[296] D. Amélia nunca superou a perda deles. Em 1866, por exemplo, ela escrevia para d. Pedro II: "Já faz treze anos desde que eu a perdi, o tempo voa, mas há as dores que permanecem sempre, pois estão gravadas no coração!".[297]

Finalmente, d. Amélia iria se reunir às pessoas que mais tinha amado em sua vida. O cortejo levando a falecida partiu do Palácio das Janelas Verdes às dez horas da manhã do dia 29 de janeiro de 1873, precedido por uma força de cavalaria e seis porteiros da corte, e foi conduzido por carruagens dos presidentes e membros dos tribunais, das câmaras de Lisboa, de membros da corte e pela família real.

Acompanhando o carro fúnebre, a Sociedade das Casas de Asilo da Infância Desvalida, mantidas havia décadas pela imperatriz, enviou uma deputação de crianças de cada um de seus albergues. Como o trajeto até São Vicente é muito longo, e as crianças eram pequenas para percorrer todo o caminho a pé, cada asilo mandou um antigo carro de bois transportando seis crianças cada e levando no lugar do condutor uma criança com a bandeira da sua instituição de beneficência. Do Asilo da Ajuda para os órfãos da febre amarela, por exemplo, foram trinta órfãs, acompanhadas por suas professoras. Muitas pessoas choraram ao ver o cortejo, principalmente pela presença das crianças representando as obras da ex-imperatriz.[298]

Na imprensa, o artigo que dava notícia do enterro dizia que "como tributo ao falecimento da senhora duquesa de Bragança, [seria bom que] nos revestíssemos um pouco menos de luto pela princesa ilustre que desapareceu da lista civil, e um pouco mais de respeito pela mulher digna e virtuosa que morreu".[299]

Cortejo fúnebre de d. Amélia chegando a São Vicente de Fora em janeiro de 1873. Imagem cedida por Elsa Cristina Caramelo.

Chegando a São Vicente de Fora, o ataúde contendo d. Amélia foi entregue oficialmente pelo marquês de Resende ao patriarca de Lisboa. Como testemunhas do termo de entrega, assinaram também o duque de Loulé, o duque de Palmela, o marquês de Fronteira e o marquês de Castelo Melhor.[300]

Não houve exposição em câmara ardente, nem orações fúnebres pela cidade, como ditava o protocolo, porque haviam sido recomendações da própria falecida. Conforme d. Amélia deixara por escrito, ela pedia ao rei d. Luís que seu enterro fosse o mais simples possível, que fosse vestida de preto com um véu sobre o rosto, e, naturalmente, que fosse sepultada junto a d. Pedro e à filha deles.

Após a entrega solene, seguiu-se uma missa presidida pelo patriarca e foi decretado luto de dois meses. Por oito dias, o despacho nos tribunais e nas repartições públicas, bem como qualquer espetáculo, foram suspensos.

O marquês de Resende providenciou um epitáfio em latim para ser colocado em São Vicente de Fora em seu túmulo e ali d. Amélia permaneceu sepultada por 109 anos.

Parte IV
Muito além de d. Amélia

Heranças e legados

O testamento

O TESTAMENTO de d. Amélia,[1] redigido originalmente em 16 de janeiro de 1863, com 58 páginas, e modificado em 9 de janeiro de 1873, com o acréscimo de mais dezoito páginas, foi aberto no final do próprio dia da morte de d. Amélia. Os três membros mais importantes de sua corte, o mordomo-mor marquês de Resende, os viscondes Almeida e Aljezur, acompanhados pelos ministros do Brasil e da Suécia, leram as disposições testamentárias da ex-imperatriz. Já no dia seguinte, os jornais publicavam o resumo das cláusulas.

O visconde de Almeida, o marquês de Resende, o marquês de Cantagalo e o médico pessoal da ex-imperatriz, o dr. Barral, recebiam as maiores pensões anuais e vitalícias. Abaixo deles, vinham as viúvas de seus antigos secretários, as senhoras Maria Gomes da Silva e Henriqueta Simas. D. Amélia também se lembrava dos descendentes do conde de Farrobo e da família Berquó, sucessores do marquês de Cantagalo. A Farrobo ela agradecia textualmente o apoio à causa liberal e lhe creditava grande parte do sucesso da campanha da rainha d. Maria II.

O sobrinho Nicolau, duque de Leuchtenberg, herdava as propriedades de Stein, na Baviera, incluindo o palácio, as florestas e a rentável cervejaria.

Então vinham listadas pensões para diversas damas e funcionários a seu serviço, antigas aias e professores da princesa d. Maria Amélia e uma infinidade de asilos, hospitais, conventos e igrejas em Lisboa, Porto, Coimbra, Viana do Castelo, Évora, Elvas, Vila Real, Aveiro, na ilha Terceira e no Funchal.

As instituições que recebiam as maiores pensões eram o Seminário da Sé do Funchal, a Casa da Infância Desvalida de Lisboa, o Asilo de Órfãos do Cólera e da Febre Amarela, o Hospital dos Militares Inválidos de Runa, que tinha sido fundado ainda por d. Maria Francisca Benedita, tia-avó de d. Pedro, e três diferentes asilos no Funchal. Ela também não tinha se esquecido das duas igrejas católicas existentes na Suécia, protegidas por sua irmã.

As irmãs de caridade francesas, que a essa altura já tinham sido novamente autorizadas a trabalhar em Portugal, receberam pensões e um cuidado especial: d. Amélia mandava edificar no Cemitério dos Prazeres, em Lisboa, um jazigo perpétuo para as freiras de São Vicente de Paulo e os padres Lazaristas que as acompanhavam. O projeto, encomendado a um arquiteto bávaro, foi executado e ainda hoje lá estão o jazigo e o monumento.

As criadas mais simples a serviço da ex-imperatriz recebiam seus vestidos e legados em dinheiro.

Para a querida baronesa de Stengel, além da maior pensão entre suas damas, ela deixava também o piano da princesa d. Maria Amélia, no qual as duas tantas vezes haviam tocado juntas.

Para a amiga condessa de Rio Maior, d. Amélia legava a única joia escolhida especificamente: um broche em pérolas e diamantes em formato de buquê, mencionando que era de grande valor.

As célebres joias de d. Amélia foram divididas de maneira que cada membro da família citado por ela recebesse uma peça à escolha dos testamenteiros. Assim, dezenas de parentes no Brasil, em Portugal, na Baviera, na Suécia e na Rússia receberam cada um uma joia não especificada no testamento. Além desses familiares, também a marquesa de Cantagalo e o deão da Sé do Funchal eram contemplados com uma joia nas mesmas condições.

Os filhos de d. Pedro I, o imperador do Brasil, d. Januária e d. Francisca, assim como os descendentes de d. Maria da Glória, dividiam os rendimentos das apólices da dívida pública brasileira, provenientes ainda do valor de seu dote, acrescido do montante que d. Amélia recebera pela venda da Fazenda dos Macacos no Rio de Janeiro, pouco tempo antes.

HERANÇAS E LEGADOS

Desses rendimentos, no entanto, os descendentes de seu marido deviam pagar diversas pensões estipuladas por ela. No ano de 1917, 44 anos mais tarde, ainda havia registros de pagamentos feitos pelo conde d'Eu referentes a essas pensões. O conde, que conheceu d. Amélia pessoalmente e sabia da importância de sua correspondência com d. Pedro II e d. Isabel, lamentou sua morte dizendo que "sua vivacidade de espírito e sentimento, [além de] muita perspicácia, faziam [com que] sua influência, onde podia exercê-la, [fosse] muito útil".[2]

Para a duquesa de Goiás, d. Amélia deixava uma grande quantia de dinheiro em libras esterlinas e em florins bávaros. As filhas da irmã Teodolinda e os filhos do irmão Maximiliano, ambos já falecidos, receberam quase dois terços de sua fortuna na Inglaterra. O valor era tão alto, que mereceu até um comentário do jornal *Times*.[3] Segundo a notícia, a fortuna de d. Amélia na Inglaterra perfazia 180 mil libras, o que, atualizado, corresponderiam a aproximadamente 22 milhões de euros. A ser verdade, cada sobrinho recebeu o equivalente a três milhões de euros atuais.

Todo o resto ficava para sua única irmã ainda viva, a rainha-mãe da Suécia. A lógica da divisão era que os bens herdados por d. Amélia de d. Pedro ficassem para os descendentes dele, enquanto a herança Leuchtenberg passasse para sua família de origem.

Herança na Escandinávia

Existe, naturalmente, uma grande discussão até hoje sobre o destino que d. Amélia deu para suas joias mais importantes. Se o conjunto de esmeraldas, presente de sua mãe, gera menos controvérsias ao ter sido destinado para a irmã, por ser uma peça Leuchtenberg, o famoso diadema em diamantes, a célebre "tiara Bragança", continua suscitando polêmica.

Enquanto os diamantes tinham pertencido a d. Amélia, eles permaneceram sua propriedade particular, por terem sido um presente oferecido por seu marido a partir de pedras compradas por ele, e não pelo Estado brasileiro. Nessa qualidade de joias pessoais, d. Amélia podia dispor delas como bem entendesse.

No testamento da rainha Josefina, em 1876, essa soberana mencionou "um grande conjunto de joias do Brasil composto por 113 grandes joias divididas, [um colar de] quatro voltas, um par de [brincos] pendentes, um grande diadema e um broche" e especificou que deixava "para o rei os seguintes itens [diamantes e pratas] expressando [...] especial desejo de que os mesmos sejam preservados dentro da família como uma propriedade a ser possuída por cada rei sem a faculdade de serem divididos ou vendidos pelos membros masculinos da família".[4]

Assim, os diamantes e as pratas foram transformados em joias de Estado, podendo ser usadas pelas sucessivas rainhas da Suécia, mas permanecendo como propriedade do Tesouro da Casa Real.

Destino diferente teve o conjunto de esmeraldas presenteado a d. Amélia por sua mãe, para seu casamento com d. Pedro I, em 1829. Provável presente do imperador Napoleão para Augusta, quando chegou a vez da filha Amélia se casar, as esmeraldas integraram seu dote e enfeitaram a noiva com o verde da dinastia Bragança em seu desembarque no Rio de Janeiro.

Anos depois, talvez durante a visita que a rainha Josefina fez à irmã em 1872, ou junto com o restante da herança recebida no ano seguinte, as esmeraldas foram para a Suécia. Não há registro delas no testamento da rainha Josefina, o que levanta a possibilidade de que a rainha-viúva tenha oferecido ainda em vida o conjunto de esmeraldas como presente pessoal para sua nora, a rainha Sofia. Existe até mesmo uma fotografia dessa soberana usando o diadema com as esmeraldas lapidadas em formas geométricas. Por terem sido presentes, as esmeraldas permaneceram como propriedade particular de suas novas donas, permitindo que elas dispusessem delas como quisessem. A rainha Sofia, por sua vez, daria o conjunto para sua nora, a princesa Ingeborg.

A segunda filha de Ingeborg, a princesa Marta, se casou na Casa Real Norueguesa. Quando a Alemanha invadiu a Noruega durante a Segunda Guerra Mundial e a família real norueguesa estava prestes a embarcar para se refugiar nos Estados Unidos, a princesa Ingeborg deu as esmeraldas para que a filha pudesse vendê-las no exílio, caso fosse necessário. Por sorte, não foi preciso, a família retornou para a Noruega e, desde então, o diadema de esmeraldas integra o tesouro real e continua a ser usado pela rainha deste país.

Em 1873, quando Josefina, rainha-mãe da Suécia e da Noruega, foi transformada na principal herdeira de d. Amélia, o cônsul sueco em Lisboa, o barão de São Jorge de Kantzow, se tornou o responsável pelo transporte das 34 caixas contendo a herança. A bordo de uma corveta da marinha de guerra sueca-norueguesa de nome *Belder*, foram embarcados os livros, as peles, as rendas, a prataria, as joias, os álbuns, os quadros, os documentos e muitas outras lembranças que se encontram ainda hoje no Palácio Real de Estocolmo.

A "prata brasileira", que a rainha Josefina também transformou em propriedade de Estado, inclui dois serviços em vermeil, um executado em Viena pela Casa Wuerth e o outro em Paris pela Casa Odiot. Em seu testamento, a rainha Josefina enumerou como peças de aparato inalienáveis apenas vinte itens, entre travessas e cestas de frutas e flores. Todas elas são vistas com frequência hoje em dia em recepções de Estado no Palácio Real de Estocolmo.

Além desses objetos mais importantes, havia outras peças menores herdadas de d. Amélia que não foram especificadas e que acabaram se dispersando. Atualmente, existem ainda nas reservas do Palácio Real de Estocolmo algumas delas com as armas de d. Pedro I, como pratos e salvas. Elas também costumam ser usadas em banquetes oficiais, como casamentos reais, recepções a chefes de Estado e outras cerimônias de gala da corte sueca. Há também talheres gravados com as armas e monogramas imperiais, embora alguns tenham o escudo da Suécia sobreposto ao do Brasil.

Também parte da prata brasileira foi herdada após a morte da rainha Josefina por sua neta, a rainha Luísa da Dinamarca, passando a integrar o tesouro deste país.

Mais tarde, um serviço de chá feito por Charles Odiot, que pertenceu a d. Amélia, foi oferecido como presente de casamento à rainha Astrid da Bélgica, país onde ainda se encontra.

Outras treze peças acabaram indo para a Casa Real da Noruega, país que, à época da morte de d. Amélia, ainda era unido ao Reino da Suécia.

Hoje, no Palácio Real de Estocolmo, além da maior parte das pratas e das joias, também se encontra a maior concentração de livros, documentos e objetos que pertenceram a d. Amélia. Foi nesse arquivo que encontrei boa parte das informações a respeito da infância, da família e de parte da vida da segunda imperatriz do Brasil.

Entre 1979 e 1980, realizou-se em Petrópolis e em São Paulo a exposição de nome *Pedro e Amélia, Amor e Fidelidade*, em comemoração aos 150 anos do casamento de d. Pedro I e de d. Amélia, reunindo um total de 207 itens, dos quais 27 foram emprestados pela Casa Real Sueca.

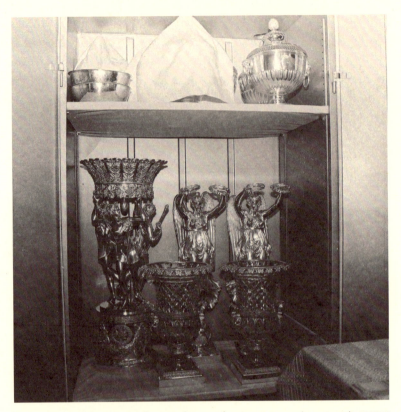

Fotografia das despensas reais com algumas das peças em prata que pertenceram a d. Amélia e que hoje se encontram no Palácio Real da Suécia. Foto da autora.

Herança em Portugal

De tudo que a rainha Josefina recebeu em 1873, houve alguns objetos que ela considerou como mais relevantes para a história de Portugal, ou de maior valor afetivo para os soberanos desse país, e logo os enviou de volta para Lisboa.

Foi assim que o mesmo barão de Kantzow que tinha embarcado com a herança de Lisboa para Estocolmo logo após a morte de d. Amélia em janeiro de 1873, a 30 de abril do mesmo ano, comunicava que voltavam para Portugal alguns itens devolvidos pela rainha da Suécia. As peças foram espalhadas entre vários palácios na época e se encontram hoje em diferentes instituições de Portugal.

Atualmente, em Portugal, além desses objetos, ainda existem alguns livros, muitas peças em porcelana do serviço brasonado com o monograma "A" encimado pela coroa imperial brasileira, alguns cristais e vez ou outra, objetos pessoais como o já mencionado calendário que pertenceu à princesa d. Maria Amélia. A maioria deles distribuídos entre coleções particulares, porque são oriundos do leilão que foi feito com as peças de menor valor que permaneceram no imóvel após a morte de d. Amélia.

Sendo, na época, o Palácio das Janelas Verdes um edifício alugado, os testamenteiros tiveram que esvaziá-lo para poder devolvê-lo aos proprietários e, para isso, organizaram, no início do segundo semestre de 1873, um grande leilão. O resultado apurado com a venda reverteu para a massa testamentária, sendo destinado à irmã, sua herdeira universal.

Segundo os diários de *lady* Jackson, uma viajante inglesa que esteve em Lisboa em julho de 1873, ao percorrer a cidade, ela chegou à região da rua das Janelas Verdes, onde se deparou com "um dos chafarizes mais formosamente esculturados de Lisboa". Bem em frente, se localizava o magnífico "palácio do marquês de Pombal [o Palácio das Janelas Verdes, que pertencia aos descendentes de Pombal], onde, por muitos anos, residira a imperatriz-duquesa de Bragança, viúva de d. Pedro IV".[5] A narradora, então, comenta que, após sua morte, o palácio havia sido fechado, com exceção da sala onde, em breve, iria ser leiloada sua vasta biblioteca. *Lady* Jackson continua dizendo que, ao falarem dessa princesa, costumavam se referir a ela como "excelente e piedosa". Mas que, a austera reclusão em que vivia e a maneira rígida como tinha educado a filha, tinham sido "motivo para perder muito da popularidade que algum tempo tinha gozado entre os portugueses como viúva do rei-soldado, restaurador da liberdade".[6]

Embora não se conheça um catálogo do leilão, existe uma descrição da venda, demonstrando que não apenas livros da ex-imperatriz foram colocados em hasta pública, mas diversos móveis, objetos e o conjunto de porcelana branca com o monograma da ex-imperatriz composto por 250 peças. É através de uma publicação da época de nome *As farpas* que ficamos sabendo não apenas sobre a venda, mas também muito sobre a decoração do palácio onde d. Amélia vivia:

Nas salas de honra, estofos de damasco e móveis do Primeiro Império, no estilo [...] pretencioso, mas rico, do século de Bonaparte. [...] As guarnições de chaminé, as taças, os candelabros, os lustres, tudo bronze, maciço, pesado. [...] Passa-se aos aposentos particulares da imperatriz. Lá fora, nos salões, revelava-se uma época poderosa. Aqui, transparece apenas uma individualidade feminil, delicada e modesta. [...] Nenhum aspecto de luxo, de pretensão ou de aparato. O chão é coberto com simples esteiras; todos os cortinados são de cassa branca. [...] Pequenas bibliotecas e pequenos armários dispostos por toda a parte. Uma infinidade de mesinhas de escrita, de leitura, de costura ou de bordado. [...] Defronte das janelas há pequenos biombos de chita franzida para impedir as correntes de ar. Há [...] mesas de desenho ao *crayon* ou à aquarela, e uma caixa cheia de lápis aparados, de diversas cores e de diferentes números. Uma grande secretária, larga, pesada, lisa e, defronte dela, uma enorme poltrona inglesa [...] que se vê em todos os seus últimos retratos. [...] Sobre uma mesa aparece um crucifixo, antigo, marchetado, trazido de Jerusalém, diante do qual, por muitas vezes, decerto, se ajoelhou a soberana.[7]

Segundo o autor, "não era somente um leilão aquilo, era uma liquidação pronta e solene dos últimos restos de um império extinto, [...] de um mundo inteiramente acabado e desfeito".

De fato, entre 1812, ano em que d. Amélia nasceu, e 1873, sua morte, a Europa tinha mudado de uma forma que nós, dois séculos mais tarde, mal avaliamos. As velas tinham sido substituídas pela iluminação a gás, os retratos, pelas fotografias, as velas dos navios, pelo vapor, muitas rotas de carruagens, pelas estradas de ferro e, naturalmente, a decoração das casas também tinha se modificado. D. Amélia, que tinha tentado manter viva a memória dos dias de glória de seu pai durante o império napoleônico e, depois, a lembrança de seu marido e de sua filha, mantinha o interior de seu palácio ainda no estilo império, que não estava mais na moda. O resultado foi que as pessoas presentes no leilão compraram as peças como velharias e muito pouco valor foi dado na época para tudo que ela havia conservado por tanto tempo.

Dois anos mais tarde, em 26 de setembro de 1875, um comerciante de nome Francisco Artur da Silva divulgou um catálogo com dezenas de livros e gravuras que tinha arrematado no leilão das Janelas Verdes e que colocava à venda. Além de litografias e outras reproduções, havia também desenhos originais, infelizmente não especificados.

Essas peças, vendidas entre 1873 e 1875, e sucessivamente revendidas, alimentam, até hoje, muitos leilões. Quando vemos menção a objetos que pertenceram a d. Amélia, principalmente móveis, livros, cristais, travessas e louças, é quase certo que sejam provenientes desse espólio.

Herança no Brasil

Muitas vezes, ao longo de tantos anos de pesquisa, constatei que d. Amélia ainda costuma ser criticada por não ter deixado seu patrimônio para d. Pedro II ou para os reis de Portugal. Além do dinheiro herdado de d. Pedro e de uma joia destinada para cada um deles, ela tinha oferecido um conjunto de diamantes para cada uma das princesas imperiais brasileiras, d. Januária, d. Francisca, e, mais tarde, para d. Isabel e d. Leopoldina, por ocasião de seus casamentos. Provavelmente, ela fez o mesmo quando as infantas portuguesas, d. Maria Ana e d. Antônia, se casaram, embora não tenha conseguido localizar documentação a esse respeito.

Mas, se d. Amélia não deixou em seu testamento prataria nem ouro para o imperador que ela sempre amou como filho, a ex-imperatriz determinou que ele ficasse com todos os papéis e objetos que tinham sido de d. Pedro I e que ela conservava como relíquias havia décadas. D. Amélia sabia que nenhuma outra coisa no mundo teria tanto valor para d. Pedro II. E que ninguém cuidaria tão bem delas.

Assim, em junho de 1873, d. Pedro II recebeu dois retratos de seu pai: um de quando o primeiro imperador ainda era pequeno, e outro feito já em seu leito de morte. Também foram entregues ao imperador do Brasil o crucifixo que d. Pedro I sempre usava, o seu relógio de mesa, as flores colhidas por ele durante a batalha de Ponte Ferreira e suas barbas, cortadas ao fim dos dois anos que duraram as guerras liberais, conforme sua promessa na época. Completavam o conjunto de memórias do pai, os lápis e a pena que o imperador usara durante o Cerco do Porto, um quadro com as miniaturas de d. Pedro II e suas três irmãs e outro quadro contendo os cabelos de d. João VI.

Para d. Teresa Cristina, d. Amélia deixava dois quadros ovais pintados sobre porcelana, representando Nosso Senhor e a santa Virgem. Não se sabe se tinham sido feitos pela princesa d. Maria Amélia ou por qual motivo justamente essas duas peças foram escolhidas.

A rainha da Suécia também enviou como presente, de tudo que recebeu da irmã, dois objetos para o imperador do Brasil: um busto do príncipe Eugênio em mármore sobre uma coluna de madeira realizado por Marc Ferrez em 1829 e uma valiosa insígnia de diamantes da Ordem de Pedro I. O busto, que ficou no Rio de Janeiro após a proclamação da República em 1889, foi colocado à venda no sétimo leilão do Palácio de São Cristóvão; não encontrando, porém, comprador, seguiu para o Castelo d'Eu em 1891.

Para a imperatriz d. Teresa Cristina, a rainha Josefina enviou o equipamento de montaria de d. Amélia, todo bordado a ouro, que se encontra no Museu Imperial atualmente.

A baronesa de Japurá, que viajou para o Rio de Janeiro em julho de 1873, foi a portadora de tudo que se considerou mais precioso: a insígnia em diamantes, o retrato de d. Pedro em seu leito de morte, seu relógio, os dois quadros sacros para a imperatriz e os documentos referentes à princesa d. Maria Amélia.

Com exceção dos documentos da princesa e da sela com os demais acessórios equestres, todos hoje no Museu Imperial em Petrópolis, não se sabe o paradeiro de nenhum dos outros objetos recebidos por d. Pedro II.

Alguns anos mais tarde, após o fim da monarquia no Brasil, d. Pedro II requisitou que alguns objetos pessoais fossem enviados à França, onde ele vivia em exílio, e mandou que fossem organizados diversos leilões para vender o resto do que havia nos palácios no Brasil até então habitados pela família imperial. No pregão do dia 19 de setembro de 1890, por exemplo, o jogo de porcelana encomendado por d. Augusto de Leuchtenberg para presentear d. Pedro I em 1829, e que ficaria conhecido como o "serviço de casamento de d. Amélia", foi vendido ao marquês de Itacuruçá por nove contos de réis. Os pratos rasos, que apresentam paisagens policromadas, e os pratos de sobremesa, com motivos florais ou frutas no centro, acabariam se dispersando nas décadas seguintes. Das 575 peças vendidas desse serviço, grande parte integra o acervo dos museus Imperial, Histórico Nacional e do extinto Museu do Primeiro Reinado. O restante encontra-se espalhado por outras instituições e coleções particulares anônimas.

Felizmente, no entanto, conhecemos o destino do verdadeiro legado que d. Amélia deixou para o Brasil: toda a documentação que pertenceu a d. Pedro I e que ela, por toda a vida, tinha conservado consigo. D. Pedro II assumiu a guarda deste espólio assim que o herdou.

HERANÇAS E LEGADOS

No dia 2 de maio de 1873, o navio *Douro* conduziu de Lisboa para o Rio de Janeiro um lote de seis grandes caixotes, um baú e uma caixa menor. Os oito volumes, preparados, trancados e lacrados pelo visconde de Almeida, seguiam acompanhados de um ofício com ordens severas para que não fossem abertos senão por "Sua Majestade o imperador d. Pedro II".[8] Conforme afirmava o barão de Japurá, o visconde de Almeida lhe tinha confidenciado serem os papéis de grande relevância para a história do Brasil e de Portugal, compreendendo o arquivo de d. Pedro I e de seu secretário também já falecido, Francisco Gomes da Silva. As chaves, separadas dos caixotes, foram enviadas em segurança pelo Ministério dos Negócios Estrangeiros.

Todo esse inestimável arquivo acabou ficando no Rio de Janeiro quando foi proclamada a República e só foi enviado pelo Governo Provisório brasileiro para d. Pedro II na Europa dois anos depois, pouco antes deste falecer, em 1891.

Os documentos, assim como os objetos devolvidos, passaram a integrar o acervo da família, que vivia no Castelo d'Eu, na França. Foi lá que o pesquisador Alberto Rangel catalogou a documentação e publicou o inventário nos Anais da Biblioteca Nacional do Rio de Janeiro, entre 1932 e 1933, autorizado pelo único filho sobrevivente da princesa d. Isabel, d. Pedro de Alcântara.

Conforme a dra. Maria de Fátima Moraes Argon apurou, anos depois, esse conjunto de documentos regressou para o Brasil como "Arquivo da Casa Imperial", quando parte dos descendentes de d. Pedro II já tinham voltado a viver em Petrópolis. Ocupando não mais os seis caixotes originais, o arquivo retornava então acondicionado em 21 latas e duas malas.

Em 1948, o príncipe d. Pedro Gastão de Orléans e Bragança, neto de d. Isabel, doou para o Museu Imperial, criado sete anos antes, boa parte dessa documentação, que passou, desde então, a integrar o arquivo histórico da instituição. O que foi considerado como correspondência pessoal ainda continua em propriedade da família imperial, constituindo o chamado Arquivo Grão-Pará. Foi graças à generosidade do príncipe d. Pedro Carlos de Orléans e Bragança, bisneto da princesa Isabel, que tive acesso, já no século XXI, também a essa documentação restrita e pude consultar as centenas de cartas trocadas entre d. Amélia e d. Pedro II, em sua maioria aqui publicadas pela primeira vez.

Cartas de d. Amélia enviadas para d. Pedro II ao longo de quarenta anos. Foto da autora.

A criação do Museu Imperial, em 1941, fez com que a diplomacia brasileira tivesse novo ímpeto em buscar objetos e documentos referentes ao Primeiro e Segundo Reinados que se encontrassem em outros países, já que passava a existir um lugar no Brasil onde faria todo o sentido que o passado imperial brasileiro estivesse reunido.

Nesse contexto, os embaixadores brasileiros Sebastião Sampaio e José Carlos de Macedo Soares conseguiram, em 1944, que o governo sueco doasse para o Brasil nove gravuras, 65 livros, treze pacotes e um baú com parte da documentação de d. Amélia. As estampas, retratando d. Pedro I, o príncipe Eugênio, a duquesa de Leuchtenberg, d. Augusto, duque de Santa Cruz, a rainha Josefina, o rei Oscar I da Suécia, d. Amélia e a princesa d. Maria Amélia, foram, então, entregues ao Museu Imperial. Já o restante da doação foi encaminhada ao Instituto Histórico e Geográfico Brasileiro, onde passou a ocupar dezesseis latas de seu arquivo. Foi esse material que serviu de base para a elaboração da mais completa biografia a respeito de d. Amélia publicada no século XX, a primorosa obra de Lygia Lemos Torres, de 1947.

Na década seguinte, a conservação da memória imperial passou a contar com um valioso colaborador. O príncipe d. Carlos Tasso de Saxe-Coburgo e Bragança, descendente da filha caçula de d. Pedro II, passou a se dedicar ao estudo e divulgação da história brasileira, contando para isso com sua formação como historiador e com a vantagem de ter à sua disposição coleções de família normalmente pouco acessíveis para outros pesquisadores. Empregando seus conhecimentos, seus contatos e seu interesse, ele tem passado as últimas sete décadas cumprindo a missão a que se dispôs, com dezenas de trabalhos publicados.

Um de seus primeiros grandes achados, ainda muito jovem, foi a aliança do casamento de d. Pedro e de d. Amélia. Em visita a sua prima, a princesa Sibila da Suécia, no ano de 1954, d. Carlos Tasso encontrou no Museu Nórdico uma das alianças usadas no casamento por procuração realizado em Munique em 1829. Graças aos seus esforços, o governo sueco doou o precioso achado para o Museu Imperial, onde até hoje se encontra.

Por muito tempo, essa foi a única das duas alianças localizada. Até que, em 2020, fui contatada pela dra. Jessica Söderqvist, que tinha assistido a um documentário para a televisão sueca do qual participei. Ela cedeu, então, a informação de que, na coleção da Halwyll House, em Estocolmo, havia o par da aliança de d. Amélia. Exatamente igual à do Museu Imperial, com a mesma inscrição "Pedro I imperador 2 de agosto de 1829 Amalia [seu nome de batismo] de Leuchtenberg" e o mesmo tamanho: 2,2 cm de diâmetro.

Os registros da proveniência da peça explicam como ela chegou até lá: após a morte de d. Amélia, a aliança foi herdada por sua irmã, que, por sua vez, deixou o anel para a filha, a princesa Eugênia da Suécia. Esta, a fim de levantar fundos para o hospital que fundara em prol de crianças com doenças incuráveis,* vendeu alguns de seus objetos pessoais de maior valor para o comerciante Jacob Engelorsk. Algum tempo depois, a aliança foi comprada e dada de presente para Wilhelmina von Hallwyl, fundadora da instituição onde ela atualmente se encontra. A data gravada e o tamanho exatamente igual dos dois anéis levam a crer que as alianças tiveram uma função meramente simbólica na cerimônia do casamento por procuração realizado em Munique.

---

* A princesa Eugênia da Suécia apoiava financeiramente escolas, orfanatos e hospitais e fundou ela própria um hospital para crianças com doenças incuráveis em Sundbyberg, cujo financiamento foi realizado com a venda de suas joias pessoais.

Herança na Baviera

Após a morte de d. Amélia e resolvida a expedição de seus bens para a Suécia e para o Brasil, suas damas passaram a não ter mais necessidade de permanecer em Portugal. Sendo a maioria delas bávaras, organizou-se para que pudessem voltar para Munique no final de maio de 1873.

Antes de partir, a antiga dama da princesa d. Maria Amélia, Caroline de Stengel, foi incumbida de tratar dos papéis pessoais da ex-imperatriz. Infelizmente, conforme transmissão oral na família Stengel e confirmado pelos descendentes do visconde de Almeida, é provável que Caroline tenha seguido as disposições recebidas de d. Amélia e tenha queimado a maior parte das cartas recebidas pela ex-imperatriz.

Caroline herdou, como mencionado, o piano que tinha sido da princesa d. Maria Amélia, no qual, tantas vezes, ambas tinham tocado juntas. Acredita-se que ele tenha sido destruído nos bombardeios da Segunda Guerra, porque a família não tem qualquer registro do instrumento. No Palácio Nacional de Queluz, existe um outro piano, que pertenceu à rainha d. Maria II e que, segundo documentação do fornecedor, foi encomendado na mesma data que o da imperatriz e era praticamente igual ao de d. Amélia.

Documentos pessoais de Caroline, muitos deles com referências à ex-imperatriz, integram o Fundo Stengel, hoje na seção dos Documentos Secretos do Arquivo Nacional da Baviera (assim chamada por exigir autorização das famílias para ser consultada).

No outono de 1873, após todos os assuntos referentes ao espólio de d. Amélia estarem resolvidos, também o visconde de Almeida voltou para Munique, onde vivia a família de sua esposa Sofia e onde mantinham dois palácios. Paulo Martins de Almeida, a pessoa de total confiança de d. Pedro I, de d. Maria II e da ex-imperatriz, se tornaria o guardião de boa parte da documentação referente ao imperador. Após despachar para o Brasil todos os papéis concernentes à história de d. Pedro naquele país, ele levou consigo para a Baviera os documentos referentes à história de d. Pedro em Portugal.

Esses papéis abrangem a correspondência do duque de Bragança durante as guerras liberais, os documentos encontrados no gabinete de d. Miguel após a assinatura da Convenção de Évora-Monte findando o conflito, os boletins médicos que antecederam a morte de d. Pedro, entre muitas outras preciosidades.

Difícil saber com certeza o que o visconde de Almeida pretendia fazer com esse arquivo, mas é de se supor que seu propósito fosse usá-lo para escrever um relato sobre as guerras liberais, ou suas memórias, tão entrelaçadas com a vida de d. Pedro I e de sua família. Também é plausível imaginar que, sendo Alexandre Herculano o então diretor da Biblioteca da Ajuda, local onde a documentação de um membro da casa real seria guardada, Almeida tenha preferido não depositar ali os papéis mantidos por d. Amélia. Durante anos, Herculano fora um inimigo da ex-imperatriz e dificilmente seu fiel servidor entregaria documentação tão importante, guardada por ela com tanto zelo, nas mãos de alguém em quem d. Amélia não confiava.

Infelizmente, se a redação de suas memórias era realmente a intenção do visconde de Almeida, não houve tempo para isso. Logo após voltar para Munique no final de 1873, ele adoeceu e acabou falecendo poucos meses depois, no dia 7 de abril de 1874. No dia da sua morte, completavam-se exatos 43 anos desde que d. Pedro tinha abdicado do trono brasileiro e ele próprio decidira abandonar sua carreira diplomática no Rio de Janeiro e seguir o ex-imperador. Naquelas quatro décadas, Almeida servira a d. Pedro durante todo o tempo que durou a guerra, sempre a seu lado, depois junto a sua filha e sua esposa.

As gerações seguintes da família Almeida perderam o contato com a língua portuguesa e os papéis acabaram ficando guardados num baú por muitos anos, durante os quais, a barreira do idioma fez com que ninguém se interessasse por eles. No final dos anos 1990, uma descendente do visconde, sem saber muito bem o que fazer com os "papéis em português" que estavam lá dentro, os enviou para um professor em Berlim, na esperança de que ele os identificasse. Sem conseguir decifrar a caligrafia nem a linguagem da época, a documentação foi devolvida. Em 2015, apenas parte dos documentos, aqueles assinados por d. Amélia, foram oferecidos e comprados pelo Arquivo Nacional da Baviera e, na ocasião, fui contratada para transcrevê-los, traduzi-los para o alemão e contextualizar seu conteúdo. Integrados ao Arquivo Leuchtenberg, as informações que contêm foram também fonte para este livro.

Anos depois, já em 2021, quando esvaziaram o último palácio ainda em propriedade da família, tive acesso aos mais de duzentos documentos que ainda continuavam às margens do lago Starnberg. Amarradas com fitas e identificadas com papeizinhos amarelados, quase oitocentas páginas manuscritas misturavam cartas de amor entre Paulo Martins de Almeida e sua esposa Sofia, decretos e cartas pessoais do visconde. Mas também se encontrava ali uma imensa parte da documentação referente aos anos que d. Pedro passou em Portugal entre 1832 e 1834. Tive o privilégio de poder estudar e usar todas essas informações em primeira mão, mas também informar, em Portugal, que essa inestimável documentação tinha sido localizada. Em julho de 2022, enquanto escrevo estas últimas linhas e após um ano de esforços, o diretor do Palácio Nacional da Ajuda, o dr. José Alberto Ribeiro, conseguiu adquirir para a Biblioteca da Ajuda esse precioso arquivo, que agora se encontra disponível para consulta. Dessa forma, o governo português repatriou os documentos referentes à história dos últimos anos de vida de d. Pedro que estavam havia quase 150 anos esquecidos na Baviera. Um dos dias mais emocionantes que estarão para sempre guardados em minha memória foi quando toquei a campainha da Biblioteca da Ajuda com uma grande caixa nas mãos e, ali, depositei as centenas de papéis que haviam pertencido a d. Pedro I e ao visconde de Almeida. Um misto de sensação de dever cumprido com a consciência do privilégio de fazer parte da história. O arquivo dos últimos anos de vida de d. Pedro, passados em Portugal, e por tantos anos guardado por d. Amélia, voltavam para casa.

Fada madrinha

De todas as vezes em que d. Amélia agiu como fada madrinha, nenhuma foi mais acertada para a sobrevivência dos próprios Leuchtenbergs que a herança que ela deixou para o sobrinho Nicolau, a quem ela legou sua principal propriedade na Baviera.

O que, exatamente, Nicolau tinha ido fazer em Lisboa quando visitou a tia em 1867 é um mistério, mas sabe-se que ele vivia um período bastante instável no final dos anos 1860. Tendo se apaixonado por uma moça casada, ele, como neto e sobrinho de czares, não podia simplesmente se unir a uma mulher separada e, então, eles passaram a viver juntos clandestinamente. Se d. Amélia chegou a saber disso, não há certeza.

Mesmo vivendo separada do marido, a amada de Nicolau, Nadine Annenkowa, não conseguia permissão para a dissolução de seu casamento, por ordens do czar, que assim preferia. Ela deveria permanecer comprometida para evitar que se casasse com um membro da família imperial. Quando se constatou que Nadine estava grávida, sem opção de oficializar a situação, o casal decidiu fugir da Rússia. Apesar das tentativas de impedi-los de sair do país, os dois conseguiram chegar à Suíça, onde logo nasceu o primeiro filho deles, outro Nicolau.

O escândalo da fuga e a trágica história de Nadine e Nicolau inspiraram León Tolstói a escrever a obra *Anna Karenina*, até hoje um dos romances mais populares já publicados.

Para viverem juntos, Nicolau teve que abrir mão dos privilégios que tinha em São Petersburgo e Nadine precisou deixar para trás as duas filhas com o marido. A paixão avassaladora os manteve juntos; porém, além das dificuldades financeiras, seus filhos não tinham qualquer direito aos títulos ou propriedades do pai. Em dezembro de 1872, nasceu o segundo filho do casal, dessa vez em Roma, onde tinham se estabelecido. Deve ter sido com grande alívio que, dois meses depois, Nicolau recebeu a notícia de ter se tornado herdeiro da propriedade de Stein por disposição testamentária de sua tia, d. Amélia, a quem só tinha visto uma vez na vida.

Nicolau e sua família imediatamente se mudaram para lá. A rainha da Suécia, Josefina, por seu lado, no mesmo ano lhe vendeu (provavelmente por algum valor simbólico) as propriedades vizinhas que tinha herdado de d. Amélia, Seeon e a Fazenda de Nährreit.

Além dos palácios, as terras arrendadas, a exploração da madeira e a produção de cerveja garantiam uma vida muito mais despreocupada ao casal. Ainda assim, eles continuavam sendo uma família ilegítima.

A situação só mudou em 1877, quando Nicolau, mesmo afastado havia anos da corte, reassumiu sua patente militar e participou da Guerra Russo--Turca. Durante o conflito, Nicolau perdeu seu irmão, mas conseguiu sobreviver e se destacar nas batalhas. Dessa forma, reconquistou a boa vontade de seu primo, o czar Alexandre II.

Assim, em 1879, após doze anos juntos, Nicolau e Nadine finalmente receberam permissão para se casarem e ela foi agraciada com o título de condessa de Beauharnais. Deve ter sido com orgulho que eles reformaram os salões do Palácio de Stein incluindo, na decoração, os monogramas do novo título de Nadine: GB (*Gräfin* Beauharnais). Os estuques com as letras em destaque estão até hoje na sala principal da edificação.

Os filhos do casal só seriam legitimados onze anos depois, passando, com isso, a finalmente ter direito aos títulos e à herança de seu pai. Nicolau, no entanto, não pôde desfrutar por muito tempo dessa alegria, pois faleceu poucas semanas depois da legitimação, com 47 anos. Nadine, devastada com a morte do marido, morreu cinco meses mais tarde. Os filhos, muito jovens na época, venderam o Palácio de Stein e passaram a viver na propriedade vizinha, Seeon, que também tinha sido da ex-imperatriz do Brasil.

Ao contrário da célebre Anna Karenina da literatura, Nadine e Nicolau tiveram um final mais feliz, juntos, e para o qual muito contribuiu a herança que d. Amélia lhes deixou.

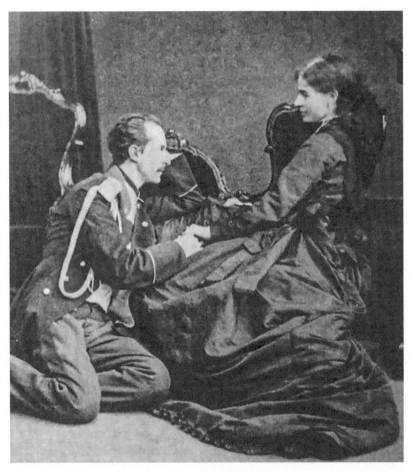

Fotografia de Nadine e Nicolau Leuchtenberg. A história de amor que inspirou o romance *Anna Karenina*, porém, com final feliz na vida real. Coleção particular, Baviera. Foto da autora.

Refugiados e impostores

A herança que garantiu um lar para os descendentes Leuchtenberg na Baviera foi especialmente importante após a Revolução Russa de 1917. Os membros da família combateram o Exército Vermelho e, derrotados, tiveram que fugir do país antes que fossem também assassinados ou presos como seus primos, os Romanovs. Foi em Seeon que a família encontrou abrigo. Mas não apenas a família Leuchtenberg passou a viver na Baviera. Muitos exilados da corte czarista foram por eles acolhidos e protegidos.

Cemitério junto ao Palácio de Seeon, onde estão sepultados diversos descendentes da família Leuchtenberg e a falsa Anastácia, na verdade, Anna Anderson. Foto da autora.

Entre esses, a mais famosa foi uma pretensa grã-duquesa Anastácia, suposta filha do czar Nicolau II, que teria conseguido sobreviver ao massacre de Ecaterimburgo. Embora pairassem grandes dúvidas sobre sua identidade, ela foi recebida em 1927 pela família Leuchtenberg em Seeon, onde passou alguns meses. A mulher, que ficou conhecida como "Anna Anderson", foi identificada posteriormente como sendo, na realidade, uma operária polonesa chamada Franziska Schanzkowska.

Encantada com a acolhida e a beleza do lugar, onde a família mantinha um pequeno cemitério ortodoxo, ela pediu para que pudesse ser enterrada ali quando morresse. O desejo foi atendido em 1984. Quinze anos antes, o Cemitério de St. Walburgo já tinha sido doado à comunidade local. Hoje, ali se encontram os restos mortais dessa controversa personagem.

A história chegou a servir de inspiração para diversos filmes e até um desenho animado no final do século XX, mantendo viva para as gerações seguintes a fantasia de que uma das filhas Romanovs tivesse conseguido sobreviver.

Grandes legados de d. Amélia

Duas fundações instituídas por d. Amélia subsistem e continuam cumprindo sua missão até hoje. A primeira delas, em prol do orfanato de Munique, conhecida como *Brasilianische Stiftung*, encontra-se desde 1968 sob administração da Prefeitura de Munique. A fundação contempla anualmente uma ou duas meninas vinculadas ao orfanato municipal com subsídios para sua formação acadêmica. Dos juros do capital doado em outubro de 1829, mesmo após quase duzentos anos, duas grandes guerras e tantas crises, a ideia de d. Amélia continua viva.

Mas é a segunda obra idealizada e deixada por d. Amélia que se tornou, sem dúvida, seu maior legado. O hospital construído em memória de sua filha na cidade do Funchal, na ilha da Madeira, não apenas ainda existe, como, adaptando-se às mudanças das décadas, cresceu e se expandiu.

Ao hospital, logo foi anexado um orfanato e, algum tempo depois, também uma escola para essas crianças, ideias já acalentadas por d. Amélia. Hoje, a Fundação Princesa D. Maria Amélia abrange o orfanato, um lar de idosos, um centro para convivência diária, um externato, uma creche e um jardim da infância, estes dois últimos fundados, já no século XXI, pela rainha Silvia da Suécia.

Litografia do Hospital da Princesa D. Maria Amélia, fundado por d. Amélia na cidade do Funchal e existente ainda hoje. Coleção da autora. Foto de Andreas Witte.

A administração continua a cargo das freiras da congregação de São Vicente de Paulo, conforme o desejo de d. Amélia. Os meios para que a fundação continue existindo e crescendo vêm da cooperação entre instituições governamentais e privadas portuguesas, regionais e nacionais, como o Instituto da Segurança Social da Madeira e a Secretaria Regional de Educação. O governo sueco, conforme a rainha Josefina prometeu a d. Amélia em 1872, continua se responsabilizando pela manutenção geral da fundação e financiando novas obras.

Mesmo a implantação da República e outras grandes mudanças políticas e econômicas não alteraram o funcionamento da instituição, graças às regras estabelecidas em 1877, quando foi fundada. O edifício principal, o jardim, a capela, tudo ali ainda lembra sua fundadora.

Hoje, centenas de pessoas são beneficiadas pela iniciativa de d. Amélia, que conseguiu que a memória de sua filha não fosse esquecida.

Se, no entanto, as fundações criadas pela ex-imperatriz continuam exatamente onde foram criadas, Munique e Funchal, o mesmo não se pode dizer dos seus restos mortais.

Duas vezes embalsamada

A primeira exumação

EM SEU testamento, d. Amélia tinha manifestado o desejo de que fosse sepultada junto ao marido e à filha, no Panteão dos Braganças, no Mosteiro de São Vicente de Fora, em Lisboa. Conforme suas disposições, foi o que aconteceu. Dezoito anos mais tarde, d. Pedro II se juntou a eles. Quando ele faleceu, em 1891, fazia dois anos que a República tinha sido proclamada no Brasil e, desde então, d. Pedro vivia no exílio. Seu último endereço foi um hotel em Paris, onde, vítima de uma pneumonia, o ex-imperador faleceu logo após completar 66 anos. Após ser velado com grande comoção, seu caixão foi levado em cortejo para ser embarcado com destino a Lisboa, aonde chegou no dia 12 de dezembro de 1891.

Depositado no Panteão dos Braganças, em São Vicente de Fora, d. Pedro II finalmente se reunia ao pai e à mãe Amélia. O que não aconteceu em vida, como ele deve ter sonhado tantas vezes na infância, se tornou realidade após a morte. Eles permaneceram juntos por trinta anos no mausoléu da família em Lisboa, até o corpo do segundo imperador e de sua esposa serem repatriados para o Brasil.

Em 1921, a tempo das comemorações pelo primeiro Centenário da Independência, d. Pedro II novamente se separou dos pais e seu corpo voltou para o Rio de Janeiro. Noventa anos após a noite da abdicação, dessa vez era ele quem atravessava o Atlântico e deixava d. Pedro I e d. Amélia para trás.

Mas eles também não ficariam para sempre em Lisboa. Noventa e nove anos após a morte de d. Amélia, coroando as comemorações dos 150 anos da Independência Brasileira, decidiu-se trasladar d. Pedro I para o Brasil. Em 1972, com todas as honras e pompas, o fundador da nação voltava para a cidade de São Paulo, às margens do riacho que o Grito da Independência imortalizara.

No Parque da Independência, no bairro do Ipiranga, onde a imperatriz d. Leopoldina já repousava desde 1954, foi depositado a seu lado o caixão de d. Pedro I. O espaço, sacralizado como capela imperial, passou a abrigar os primeiros imperadores do país, heróis da Independência. D. Amélia, no entanto, continuou em paz junto à filha e ao irmão em Lisboa.

Dez anos depois, surgiu um movimento para que também a segunda imperatriz fosse levada para o Brasil. Tudo começou quando o então diretor do Museu Imperial, Lourenço Luiz Lacombe, ao viajar para Lisboa em 1981, esteve no Mosteiro de São Vicente de Fora e visitou o panteão da família Bragança. Tendo estudado a documentação de d. Amélia existente no Brasil, ele sabia do desejo da imperatriz de ser sepultada junto a d. Pedro e a d. Maria Amélia e constatou que, desde a trasladação de d. Pedro I, ela e a filha estavam separadas do esposo e pai.

Ao entrar em contato com a diplomacia brasileira, o então ministro da Educação e Cultura, o general Rubem Ludwig, autorizou que Lacombe encaminhasse o caso para as autoridades estaduais. O governo do estado de São Paulo, onde se encontra a cripta do Monumento à Independência, fez, então, o pedido formal do traslado. O governo paulista, na época presidido por Paulo Maluf, incumbiu o deputado Antônio Henrique da Cunha Bueno, então secretário de Cultura do estado de São Paulo, para instituir uma comissão a fim de cuidar do assunto, o que ocorreu a 30 de dezembro de 1981.

O Ministério dos Negócios Estrangeiros em Portugal, ao saber da requisição por parte do governo brasileiro, consultou o testamento de d. Amélia, depositado na Torre do Tombo em Lisboa, e constatou que ela, efetivamente, pedira para ser sepultada junto ao marido e à filha. Foi o que fez com que consentissem na ida dos corpos da ex-imperatriz e da princesa para o Brasil.

Um dos diplomatas portugueses responsáveis pelo processo da trasladação de d. Amélia e de d. Maria Amélia para o Brasil, o embaixador Manuel Côrte-Real, gentilmente cedeu seu relato em primeira pessoa da cerimônia de abertura das urnas funerárias em Lisboa, em 1982, que transcrevo aqui pela primeira vez:

5 de abril de 1982,

Acho que, enquanto me lembro, devo escrever, ou melhor, descrever o que vi no dia 5 de abril de 1982, relacionado com a abertura dos caixões da imperatriz-viúva do Brasil e duquesa de Bragança, d. Amélia Eugênia Augusta de Beauharnais Leuchtenberg e de sua filha, a princesa d. Maria Amélia de Leuchtenberg de Bragança.

O governo do estado de São Paulo, no Brasil, pediu que os dois corpos fossem transladados para o Brasil, pois que a imperatriz-viúva sempre tinha manifestado a vontade de jazer ao lado do seu marido, o imperador d. Pedro I. Uma vez que ele foi transladado para o Brasil em 1972, pensou-se que d. Amélia também para lá deveria seguir de forma a ficar sepultada no Monumento do Ipiranga.

Foi para esse fim que se abriram os caixões para se reconhecerem os cadáveres. Pois reconheceram-se e bem! Primeiro reconheceu-se o da imperatriz: o exterior forrado a veludo com lindas ferragens em bronze cinzelado e uma inscrição identificadora em latim.[*] Depois o chumbo que se abriu e finalmente um caixão em sândalo. O caixão estava cheio de pequenas folhas castanhas que certamente contribuíram para o bom estado de conservação do cadáver e do vestido.

O seu corpo foi passado para um caixão novo forrado a seda branca. Provavelmente, agora o cadáver entrará em decomposição por ter estado exposto ao ar.

Não foi autorizado quer pelas autoridades presentes, quer pelos membros da família imperial, que fossem tomadas fotografias, o que muito lamento.

---

[*]   A inscrição que o marquês de Resende mandou fazer diz: "DEO OPTIMO MAXIMO Condvntvr. Hic. Mortalitatis exvviae Avgvstissimae Ameliae levchtenbergensis Principis. Evgenii. Filiae. Immortali Petro Primo. Brasiliae. ImperatoriQvarto. Vt. Portvgaliae. Regi desponsatae et insignis fide, spe et charitate Natae. Medio pridie Calendas Avgvsti Anno Domini Millesimo Octingentessimo Septigentessimo Tertio Sit illae Terra levis". Traduzindo: "DEUS TODO PODEROSO. Aqui estão reunidos os despojos mortais da Augustíssima Amélia de Leuchtenberg, filha do príncipe Eugênio. Do imortal Pedro Primeiro imperador do Brasil e quarto dos reis de Portugal foi esposa e sob a égide da fé, da esperança e da caridade. Nasceu em Milão a trinta e um de julho do ano do Senhor de mil oitocentos e doze. Por todos pranteada, faleceu a vinte e seis de janeiro do ano do Senhor de mil oitocentos e setenta e três. Que a terra lhe seja leve".

A imperatriz estava intacta! As feições eram exatamente iguais às retratadas em vários retratos e gravuras. Ou seja, eram muito corretas e podia-se adivinhar que tinha sido bela. A cor da pele, no entanto, era acastanhada. As faces, um pouco descarnadas, mas não muito. Nas orelhas, pequeninas argolas de oiro. O nariz aquilino um pouco saliente devido à pouca carne existente na face. A boca muito fina tal como se veem nas gravuras que mencionei. De perfil, parecia ainda nova e bonita. De frente, via-se que era uma senhora de idade.

Toda a indumentária estava perfeita. Na cabeça, tinha um toucado de viúva, ou seja, sobre a testa um *ruche* [véu] em organdi branco, ainda fresco, do qual caíam duas fitas de cada lado da face e, por cima do toucado e da cabeça, uma mantilha de renda preta que deixava ver os cabelos castanhos relativamente claros. O vestido era muito bonito, afogado no pescoço, de tafetá de seda preta e que se expandiu para fora do caixão quando este se abriu, mostrando assim que a saia tinha imensa roda e que acabava num folho. Ao ser transladado para o outro caixão ainda fazia "ruge-ruge"! As mangas eram *bouffantes*. Um folho branco junto ao pescoço e dois pequenos folhos brancos nas mangas junto às mãos. As mãos postas seguravam um crucifixo preto de madeira com um Cristo em metal dourado. Os sapatos de seda preta eram bicudos com pequeno salto. Os braços ainda estavam flexíveis.

A abertura do caixão da princesa d. Maria Amélia foi mais complicada que o da sua mãe.

O primeiro caixão era parecido com o da imperatriz. Também forrado a veludo e com ferragens em bronze e inscrição também em bronze cinzelado, mas o texto estava em português, e não em latim, como o da sua mãe.

Uma vez aberto, viu-se um outro numa linda madeira clara com uma inscrição identificadora em prata. Este caixão estava todo aparafusado, o que deu muito trabalho a abrir. Uma vez retirada a tampa, viu-se o chumbo cheio de resina do caixão em madeira. Aberto, viu-se que o corpo estava envolto numa mortalha de seda creme, talvez branca na origem. Afastada a mortalha, viu-se que o corpo e os cabelos estavam intactos. As feições, perfeitas, mas o rosto mais descarnado do que o da sua mãe. A cor era castanha escura. As feições não tinham a pureza das da sua mãe. Talvez devido à doença, estariam já um pouco desfiguradas e não correspondentes à beleza das suas representações iconográficas. As mãos magras e descarnadas seguravam um crucifixo em madrepérola com um Cristo em metal prateado. Estava vestida com um vestido, afofado no pescoço, de bastante roda, em damasco de seda,* de desenhos cor-de-rosa sobre fundo creme. Os sapatos eram do mesmo tecido do vestido, pontiagudos e com pequeno salto. Aos pés, tinha flores secas, mas intactas, que pareciam hortênsias. Não tinha qualquer joia.

Também a princesa foi transladada para um caixão novo.

À abertura por parte do caixão, para além do embaixador do Brasil, assistiram por parte da família imperial do Brasil, o príncipe d. Pedro Gastão de Orléans e Bragança e seu filho, o príncipe d. Manuel.

No final da cerimônia, o prior de São Vicente de Fora fez uma oração fúnebre e procedeu à encomendação dos corpos a que todos assistimos.[9]

Segundo o relato de Lourenço Luiz Lacombe, que acompanhou todo o traslado:

[...] na manhã seguinte [dia 6 de abril de 1982], foram os caixões, contendo os imperiais despojos, levados aos ombros de Cavaleiros de Malta, devidamente uniformizados, para a igreja do Mosteiro [de São Vicente de Fora], oficiando o núncio apostólico solene missa de réquiem, na presença da família imperial, corpo diplomático, personalidades do governo português e numeroso público que lotou toda a ampla nave da igreja.

Dali, foram os caixões levados para o aeroporto de Lisboa e embarcados para o Brasil, acompanhados da referida comissão.

No aeroporto do Rio de Janeiro, foram transferidos para um avião da FAB [Força Aérea Brasileira], que os transportou para São Paulo.

Desembarcados em São Paulo [no dia 7 de abril de 1982] com grande cerimonial, tropa formada e bandeiras em funeral, seguiram diretamente para a Sé Catedral no topo de cuja escadaria aguardava o excelentíssimo cardeal-arcebispo solenemente paramentado.

Depois de um ofício fúnebre celebrado por S.Em. com acompanhamento do coro e da orquestra, foram levados os caixões – o de d. Amélia para o Monumento do Ipiranga, no meio de alas formadas pelos Dragões da Independência, cujo uniforme é cópia do da Guarda de Honra de d. Pedro I – e o da princesa para o Convento da Luz, onde ficou provisoriamente depositado. [...]

---

* Tecido em seda ornamentado com figuras em alto-relevo.

O esquife da princesa Maria Amélia foi trazido para o Rio para ser depositado no *panteon* do Convento de Santo Antônio, onde foi recebido pelo Exmo. Cardeal-Arcebispo".[10]

Dessa forma, d. Amélia voltava ao Brasil 151 anos após o dia da abdicação, quando deixara de ser imperatriz. Na falta de espaço para colocarem seu caixão, optou-se por emparedá-la. A lápide indicando o lugar de seu sepultamento diz apenas "d. Amélia de Beauharnais, duquesa de Leuchtenberg II, imperatriz do Brasil". Na realidade, d. Amélia nunca foi duquesa de Leuchtenberg, título que pertenceu a sua mãe, à rainha d. Maria II por seu casamento com d. Augusto, e a outras futuras esposas de duques desse título, mas nunca a d. Amélia. Ela foi princesa de Leuchtenberg, imperatriz do Brasil e duquesa de Bragança.

No painel informativo, as desinformações continuam: o nome da imperatriz se torna Maria Amélia, na realidade, o nome de sua filha. O ano de sua morte, em vez de 1873, está 1876, e sua idade ao falecer, sessenta anos, se transforma em 64. Também o pai de d. Amélia, duque de Leuchtenberg, se torna conde. Impressiona como em tão pouco texto se encontram tantos erros.

Porém, muito pior do que terem emparedado a imperatriz e errado sua identificação, foi, sem dúvida, terem separado a princesa d. Maria Amélia de seus pais, contrariando o desejo de ambas. Em carta para d. Pedro II quando da morte da filha, d. Amélia dissera claramente que o desejo de d. Maria Amélia era ser sepultada: "[...] no Mosteiro de São Vicente [de Fora] [...] ao lado de seu adorado pai, e é lá também que, se Deus quiser, logo mais encontrarei meu lugar".[11]

A segunda exumação

A cripta do Ipiranga, infelizmente, não se revelaria o lugar mais seguro para abrigar os restos mortais dos primeiros imperadores do Brasil. Enchentes e infiltrações nas paredes levaram a que, trinta anos mais tarde, se procedesse a uma nova exumação para conservação dos despojos.

A historiadora e arqueóloga Valdirene do Carmo Ambiel conseguiu todas as autorizações necessárias e uma invejável equipe interdisciplinar para realizar seu projeto de mestrado. O apoio da família imperial e da Faculdade de

Medicina da Universidade de São Paulo foi decisivo para o sucesso da exumação dos três imperadores sepultados na cripta do Ipiranga.

Valdirene, que nasceu e cresceu no bairro, interessou-se desde pequena pela história dos imperadores e, assim que soube do risco que os remanescentes dos imperadores corriam por causa da umidade na cripta, passou a nutrir o sonho de melhor preservá-los.

Entre fevereiro e setembro de 2012, sob sigilo acadêmico, a arqueóloga realizou os trabalhos de campo dentro da cripta e, em 18 de fevereiro do ano seguinte, defendeu sua tese de mestrado, revelando, finalmente, ao público, suas descobertas. A notícia teve fulminante repercussão e foi tema também de um livro escrito por ela, *O novo grito do Ipiranga,* lançado em 2017.

Após as exumações de d. Leopoldina, no dia 27 de fevereiro, e de d. Pedro I, a 29 de março de 2012, a terceira e última personagem a ser exumada era d. Amélia. No entanto, se os túmulos de d. Pedro e de d. Leopoldina estavam expostos, a segunda imperatriz tinha sido emparedada, e, após obras no monumento para a construção de um espaço museológico em finais dos anos 1990, seu túmulo não estava onde se acreditava que deveria estar.

Embora muitas pessoas fossem da opinião de que d. Amélia não era relevante o suficiente para justificar maiores gastos, a perseverança de Valdirene Ambiel foi decisiva para que se contratasse um serviço de georradar a fim de localizar d. Amélia atrás da parede de granito. No entanto, para que a placa de pedra pudesse ser quebrada dando acesso ao túmulo, era preciso que houvesse outra igual para substituí-la. E não havia mais verba para a compra de uma peça do tal granito verde de Ubatuba.

Ante o impasse que se colocou e em total desespero de que d. Amélia acabasse por não ser exumada, fizemos um esforço entre mim, consultora histórica, Paulo Rezzutti, que colaborava no projeto como consultor histórico e arquiteto responsável, e o professor Luiz Roberto Fontes, consultor na área de medicina do projeto. Juntos, financiamos a compra da pedra. Quebraram o granito, mas o desânimo, quando se constatou que não havia nada ali além de terra, foi desolador.

Foi novamente a determinação da arqueóloga que fez com que ela conseguisse entrar em contato com um dos membros da antiga equipe que participara da comissão para o traslado da imperatriz e presenciara seu sepultamento em 1982. Dessa forma, conseguiu, finalmente, descobrir onde encontrar o esquife que brincava de esconde-esconde conosco.

Numa laje acima de onde se acreditava estar o caixão, lá estava ele, duzentos quilos e um metro e oitenta de tamanho. Estava num ângulo improvável e com o acesso dificultado por uma coluna, por isso foi preciso que a arqueóloga, o arquiteto e outros ali presentes pusessem literalmente a mão na massa para conseguirem retirar d. Amélia de trás da parede. Não fosse a perseverança e a determinação da equipe, a segunda imperatriz teria permanecido presa na umidade por trás da bonita fachada de granito. Poucos dias depois, a 26 de julho de 2012, mesmo sem ter feito força física alguma, fui convidada para participar da abertura do túmulo de minha biografada.

A emoção, como descrevi na abertura deste livro, foi intensa e, no momento em que tudo acontecia, eu sabia que seria daquelas lembranças que ficariam para sempre na minha memória, gravadas nos meus melhores neurônios.

A arqueóloga Valdirene do Carmo Ambiel (à direita) e a autora durante os trabalhos de exumação da imperatriz d. Amélia em 2012. Fotografia de Walter Diogo Muniz, cedida e autorizada pelo fotógrafo e pela arqueóloga.

Cinco dias após a abertura, 31 de julho de 1812, era o aniversário de duzentos anos de d. Amélia. Comemoramos entre algumas pessoas que tinham participado da exumação, com bolo, refrigerante e fotografias de retratos dos pais, irmãos, marido e filha de d. Amélia. Minha própria filha, que tinha, na época, quase cinco anos, não se conformava por não ter sido convidada para a festa da imperatriz. Para consolá-la, deixei que ela escolhesse as velas para o bolo. Sem saber que era a cor da Ordem da Rosa, mas como tantas meninas da sua idade, a Isabela comprou velas cor-de-rosa. Um número dois e dois números zero. Alguns dias depois, fui chamada no jardim de infância onde ela estudava para conversar sobre as histórias fantasiosas que ela tinha inventado, de velas que ela teria escolhido para a festa de uma múmia de duzentos anos. A pior parte foi tentar explicar que era tudo verdade e procurar agir com naturalidade.

Alguns dias depois, entre 9 e 10 de agosto, foi a vez de d. Amélia seguir para exames no Hospital das Clínicas. Era a última dos "pacientes" do grupo anônimo identificado como "Trio Parada Dura". Seu codinome: Melinha. Nada de novo para alguém acostumada a assumir pseudônimos durante suas viagens. D. Amélia já tinha sido condessa do Mindelo, duquesa de Santa Cruz e, daquela vez, Melinha. O trajeto da cripta do Ipiranga para o Hospital das Clínicas foi feito também de madrugada, como no caso dos outros dois imperadores nos meses anteriores, num veículo especial, com escolta e monitoração remota da polícia militar.

Os exames revelaram que ela não só estava mumificada como vários órgãos internos também estavam preservados, como os glóbulos oculares, o cérebro e o útero, onde se encontraram algumas calcificações, normais para a idade em que ela faleceu. Constatou-se também que ela sofria de grave escoliose, de osteoporose severa e conservava apenas cinco dentes, todos da arcada inferior.

Sua altura, calculada entre 1,60m e 1,66m, sabemos que devia ser por volta do máximo estimado, pois a fita em tecido com a qual d. Amélia mediu sua filha, e a fez afirmar que a menina estava quase de sua altura, tem 1,65m. Na época, ter 1,66m fazia dela uma mulher alta.

A grande pergunta que se fez após a exumação foi por qual motivo d. Amélia teria sido mumificada. Especialmente conhecendo-se a documentação testamental, em que ela pedia explicitamente ao rei d. Luís para que seu enterro fosse o mais simples possível, que não houvesse oração fúnebre, nem exposição do corpo em câmara ardente e que não fosse nem embalsamada, nem autopsiada.

Acreditou-se, a princípio, que teria sido por acaso: prepará-la para os dias de velório com um certo exagero de substâncias conservadoras e o fechamento hermético de seus caixões teriam levado a um processo não planejado de mumificação. Foi apenas em 2022 que localizei um jornal lisboeta onde a dúvida foi esclarecida: d. Amélia, pouco antes de falecer, "declarou verbalmente ao sr. visconde de Almeida que condescendia em ser embalsamada pelo sistema moderno, de injeção".[12] Foi justamente o que foi feito, o cadáver de d. Amélia foi submetido ao procedimento hoje conhecido como "método espanhol", na época chamado de Ganel, e que consistia numa inoculação através da jugular, por onde era injetada uma mistura de cânfora e mirra.

Após sua abertura, em 2012, optou-se por um processo semelhante e voltaram a prepará-la com uma receita parecida, usando naftalina, cânfora, manganato de potássio, álcool, formol e timol.

Para que seu corpo não sofresse mais riscos com a umidade, foi construído um novo nicho, de mais fácil acesso, com placa de granito removível na frente, e o ataúde foi colocado sobre um sistema de prancha com rodas para melhor monitoramento periódico. Sobre o novo caixão também foi instalado um visor de vidro e, no ano de 2014, a urna de zinco foi substituída por uma de aço inoxidável. Ainda assim, continua faltando um sarcófago para a imperatriz.

D. Amélia é, hoje, a múmia brasileira em melhor estado de preservação já descoberta.

O novo nicho, no entanto, tem um segredo: ele foi construído com altura suficiente para que, um dia, quem sabe, ali se instale uma prateleira como um "beliche" e o corpo da princesa d. Maria Amélia possa ser novamente colocado junto aos de seus pais, como ela e sua mãe tanto desejavam.

Últimas palavras

A HISTÓRIA não é feita de "se", nem d. Pedro I foi uma pessoa cujos atos fossem previsíveis, mas é inevitável, olhando retrospectivamente, cogitar o que poderia ter sido da vida de d. Amélia se, por exemplo, seu marido não tivesse falecido tão cedo.

Teriam eles retornado para o Brasil após consolidar a filha no trono de Portugal para que d. Pedro assumisse a regência em nome de seu filho, d. Pedro II, ainda menor, como d. Amélia mencionou numa carta de 1833 para seu irmão?

E se esse irmão, casado com d. Maria II após a morte de d. Pedro, não tivesse também falecido tão cedo? Como teria sido a vida de d. Amélia na corte em que seu irmão teria sido rei?

Ou se a princesa d. Maria Amélia tivesse sobrevivido à tuberculose e se casado na corte austríaca? Será que d. Amélia não teria retornado para seus palácios na Baviera, logo na fronteira com a Áustria?

E, se pelo menos o querido neto, d. Pedro V, e sua esposa, d. Estefânia, não tivessem também falecido tão jovens, não teria ela continuado na direção das obras de assistência, convivendo com outras senhoras da aristocracia, e não isolada em seu palácio?

A verdade é que, para cada caminho que se abria, a morte de alguém muito próximo a d. Amélia o fechava, e ela terminou seus dias sozinha, cercada apenas por seus fiéis servidores e suas memórias. Suas últimas alegrias foram o reencontro com a irmã e com o enteado queridos, únicas pessoas ainda vivas que ela realmente amava.

Apesar de sua solidão, foi d. Amélia a responsável pela viabilização de três histórias de amor, cujos descendentes vivem ainda hoje: a da duquesa de Goiás com o conde de Treuberg, dos viscondes Paulo e Sofia de Almeida e de Nadine e Nicolau, duque e duquesa de Leuchtenberg.

Foi também d. Amélia quem assegurou a existência de duas obras que continuam contemplando tantas pessoas: a fundação em prol do orfanato de Munique, mas, principalmente, a Fundação Princesa D. Maria Amélia. Talvez outras mães não tenham precisado chorar, como ela, a morte dos filhos, por estes terem tido a oportunidade de, nessa fundação, serem tratados e curados.

De sua perda devastadora, d. Amélia conseguiu que, através de tantos beneficiados, a memória da filha nunca fosse esquecida.

Que este livro também ajude a manter viva sua lembrança.

Lisboa, primavera de 2023.

Cronologia

1798

12 de outubro: nasce d. Pedro I, em Queluz, Portugal.

1806

13 de janeiro: casamento do príncipe Eugênio de Beauharnais com a princesa Augusta da Baviera em Munique, Alemanha.

1812

31 de julho: nasce d. Amélia, em Milão, Itália.

1814

16 a 28 de abril: transferência da família do príncipe Eugênio de Milão para Munique.

1817

13 de maio: casamento de d. Pedro I com a arquiduquesa d. Leopoldina por procuração em Viena, Áustria.

1819

4 de abril: nasce a princesa d. Maria da Glória, filha de d. Pedro I e d. Leopoldina, futura rainha d. Maria II, no Rio de Janeiro.

1822

7 de setembro: proclamação da Independência do Brasil por d. Pedro I, em São Paulo.

1826

11 de dezembro: morte de d. Leopoldina, primeira imperatriz do Brasil, no Rio de Janeiro.

1827

19 de agosto: partida do diplomata marquês de Barbacena para a Europa a fim de encontrar uma segunda esposa para d. Pedro I.

1828

24 de dezembro: apresentação de d. Amélia, aos dezesseis anos, na corte de Munique.

1829

30 de maio: celebração do contrato de casamento entre d. Pedro I e d. Amélia na Cantuária, Inglaterra.

2 de agosto: casamento de d. Pedro I e d. Amélia por procuração em Munique.

4 de agosto: partida de d. Amélia, acompanhada por seu irmão Augusto, duque de Leuchtenberg, de Munique.

27 de agosto: embarque de d. Amélia na fragata *Imperatriz*, no porto de Portsmouth, Inglaterra.

30 de agosto: partida de d. Amélia de Portsmouth para o Brasil.

16 de outubro: chegada de d. Amélia à baía de Guanabara.

17 de outubro: desembarque de d. Amélia no Rio de Janeiro, benção nupcial de d. Pedro I e d. Amélia na capela imperial e instituição da Imperial Ordem da Rosa em homenagem ao casamento dos imperadores.

CRONOLOGIA

24 de outubro: lançamento da corveta *Amália* em homenagem à nova imperatriz.

18 a 27 de novembro: viagem da família imperial à propriedade de Santa Cruz, no Rio de Janeiro.

4 de dezembro: formação do Ministério da Imperatriz.

7 de dezembro: acidente da família imperial na rua do Lavradio, no Rio de Janeiro.

1830

20 de janeiro: apresentação oficial de d. Amélia à corte brasileira em baile no Palacete do Senado.

1º de fevereiro a 1º de março: viagem de d. Amélia e d. Pedro I à serra da Estrela.

23 de abril: retorno da comitiva bávara e do irmão de d. Amélia à Baviera.

29 de dezembro: partida de d. Amélia e d. Pedro I para a província de Minas Gerais.

1831

11 de março: retorno de d. Amélia e d. Pedro I ao Rio de Janeiro após dez semanas em Minas Gerais.

7 de abril: abdicação de d. Pedro I ao trono brasileiro.

13 de abril: partida de d. Amélia e d. Pedro I, deixando definitivamente o Brasil a bordo da nau britânica *Volage*.

10 de junho: desembarque de d. Amélia e d. Pedro em Cherbourg, França.

2 a 16 de agosto: primeira estada de d. Amélia na Inglaterra.

20 de agosto: mudança para o Palácio de Meudon, perto de Paris.

7 de setembro: mudança para a *rue* de Courcelles, número 10, Paris.

1º de dezembro: nasce a princesa d. Maria Amélia, única filha de d. Amélia e d. Pedro I.

1832

25 de janeiro: partida de d. Pedro I para os Açores para iniciar os preparativos da guerra contra d. Miguel. D. Amélia fica em Paris com d. Maria II e d. Maria Amélia.

1833

26 de agosto: d. Amélia, d. Maria II e d. Maria Amélia deixam Paris.

6 de setembro: partida da França a partir do porto de Havre.

8 a 16 de setembro: segunda estada de d. Amélia na Inglaterra.

23 de setembro: desembarque de d. Amélia em Lisboa e reencontro com d. Pedro.

16 a 23 de novembro: estada em Mafra.

1834

D. Amélia assume a direção das casas de apoio à infância desvalida em Portugal.

27 de julho a 6 de agosto: d. Amélia visita a cidade do Porto.

24 de setembro: morte de d. Pedro em Queluz, deixando d. Amélia como sua testamenteira e principal herdeira.

1º de dezembro: casamento por procuração de d. Maria II com o irmão de d. Amélia, Augusto de Leuchtenberg.

1835

26 de janeiro: desembarque do irmão de d. Amélia, d. Augusto, em Lisboa.

28 de março: morte de d. Augusto.

1836

Janeiro: d. Amélia deixa o Palácio das Necessidades e passa a habitar o Palácio da Santa Marta, em Lisboa.

1838

5 de maio: partida de d. Amélia e a filha em viagem para a Baviera, Saxônia, Prússia, Suécia e Inglaterra.

1839

7 de agosto: chegada de d. Amélia e sua filha de volta a Portugal, indo habitar o Palácio de Santos, em Lisboa.

1841

5 de julho: reconhecimento de d. Maria Amélia como princesa brasileira.

1843

8 de junho: partida de d. Amélia e a filha para a Baviera.

1845

9 de julho: retorno de d. Amélia para Portugal, chegada a Cascais.

16 de setembro: d. Amélia compra a propriedade de Stein na Baviera: palácio, florestas e cervejaria.

1846

15 de outubro: partida de Lisboa com destino à Baviera.

1847

16 de setembro: d. Amélia passa a morar na sua propriedade de Stein an der Traun na Baviera.

1849

Final do ano: a princesa d. Maria Amélia presta os exames de física e astronomia na Universidade de Munique.

1850

1º de setembro: chegada a Lisboa, passando a viver no Palácio das Janelas Verdes.

1852

26 de agosto: partida para a ilha da Madeira.

23 de outubro: compra da propriedade de Seeon na Baviera.

1853

4 de fevereiro: morte da princesa d. Maria Amélia na cidade do Funchal, ilha da Madeira.

11 de maio: retorno de d. Amélia para Lisboa.

10 de julho: abertura do hospital no Funchal em memória à princesa d. Maria Amélia.

15 de novembro: morte da rainha de Portugal d. Maria II, enteada de d. Amélia.

1856

D. Amélia assume a direção do serviço de socorro aos órfãos de vítimas das epidemias em Lisboa.

1859

4 de fevereiro: inauguração do novo prédio do Hospital da Princesa D. Maria Amélia no Funchal.

1862

Maio: expulsão das irmãs de caridade francesas, protegidas por d. Amélia.

1863

16 de janeiro: elaboração do primeiro testamento de d. Amélia.

1868

2 de dezembro: fundação da Sociedade de Beneficência Brasileira em Portugal, patrocinada por d. Amélia.

1871

20 de junho: visita de d. Pedro II a d. Amélia em Lisboa.

1873

9 de janeiro: elaboração do segundo testamento.

26 de janeiro: morte de d. Amélia às cinco horas da manhã por colapso cardíaco.

27 de janeiro: embalsamamento de d. Amélia.

29 de janeiro: sepultamento de d. Amélia no Panteão dos Braganças em São Vicente de Fora, Lisboa.

1982

5 de abril: primeira exumação de d. Amélia, em Portugal.

6 de abril: traslado de d. Amélia para o Brasil em avião da Força Aérea Brasileira.

7 de abril: sepultamento de d. Amélia na capela imperial no Parque da Independência, na cidade de São Paulo.

2012

26 de julho: segunda exumação de d. Amélia, em São Paulo.

Cronologia dos locais onde d. Amélia de Leuchtenberg viveu

1812-1814

Itália: zero aos dois anos (durante dois anos) – Villa Bonaparte em Milão, Villa Real e Villa Augusta em Monza.

1814-1829

Baviera: dois aos dezessete anos (durante quinze anos) – Palácio da Schwabinger Gasse (1814-1816), Palacete de Berg am Starnbergersee (1816-1817), Palácio de Eichstätt, Palácio de Ismaning (1817-1821) e Palácio Leuchtenberg em Munique (1821-1829).

1829-1831

Brasil: dezessete aos dezoito anos (durante um ano e meio) – Quinta da Boa Vista, Paço da Cidade, Palácio de Santa Cruz.

1831-1833

França: dezoito aos 21 anos (durante dois anos) – Palácio de Meudon e *rue* de Courcelles, 10.

1833-1838

Portugal: 21 aos 26 anos (durante cinco anos) – Palácio das Necessidades, Palácio da Ajuda, Palácio de Queluz, Real Quinta de Caxias, Palácio da Santa Marta.

1838-1839

Baviera: 26 aos 27 anos (durante um ano) – Palácio Leuchtenberg e Palácio de Ismaning.

1839-1843

Portugal: 27 aos 31 anos (durante quatro anos) – Palácio de Santos e Real Quinta de Caxias

1843-1845

Baviera: 31 aos 33 anos (durante dois anos) – Palácio Leuchtenberg e Palácio de Ismaning.

1845-1846

Portugal: 33 aos 34 anos (durante um ano) – Real Quinta de Caxias e Palácio de Santos.

1846-1850

Baviera: 34 aos 38 anos (durante quatro anos) – Palácio de Stein, Palácio Leuchtenberg e Palácio de Ismaning.

1850-1852

Portugal: 38 aos quarenta anos (durante um ano e meio) – Palácio das Janelas Verdes e Quinta do Calhariz de Benfica (Quinta do Peres).

1852-1853

Ilha da Madeira: quarenta anos (durante nove meses) – Quinta das Angústias.

1853-1873

Portugal: quarenta aos sessenta anos (durante vinte anos) – Palácio das Janelas Verdes e Real Quinta de Caxias.

Agradecimentos

QUANDO COMECEI a pesquisa, há muitos anos, acreditava, ingenuamente, que este seria um trabalho solitário, debruçada sobre livros e documentos em arquivos, bibliotecas e escrivaninhas, longe de outros entes vivos. Logo descobri que, por sorte, estava completamente equivocada. Agradecer a todos que me ajudaram nesses mais de vinte anos de trabalho é como relembrar toda a trajetória que está por trás deste livro, uma retrospectiva carregada de emoção e gratidão. Alguns deles se tornaram grandes amigos, outros já se foram antes de poderem ver a obra terminada, mas cada um, de certa forma, tornou esta biografia possível. Desculpem a falta de títulos, omiti os senhores, senhoras, doutores e doutoras, não por falta de respeito, mas para facilitar a leitura.

Em primeiro lugar, agradeço a meu marido, Andreas Witte, que acompanhou todo o processo, desde o início, e cujo apoio inabalável foi fundamental ao longo desses anos. A ele também devo muitas das fotografias que ilustram esta obra. Obrigada a Isabela Witte, minha filha, que tantas vezes teve que dividir a mãe com a biografada, a ponto de uma de suas primeiras palavras ter sido "mélia". Mesmo antes de saber falar, ela já reconhecia retratos de d. Amélia em catálogos e livros. Nos últimos anos, já crescida, a Isabela me ajudou a fotografar itens para a pesquisa e a refletir sobre algumas passagens e a melhor forma de contá-las. A minha irmã, Valéria Thomé de Oliveira, que, desde que nasci, sempre me apoiou e inspirou, obrigada por tudo. E, especificamente, porque sem a ajuda dela dificilmente teria conseguido o primeiro contato na Casa Real da Suécia, o que foi decisivo para acessar uma imensa parte da documentação que usei para este livro. A minha mãe, Neusa, *in memoriam* (*i.m.*), agradeço por ter me encorajado a começar a pesquisa: quando duvidei se seria recebida no primeiro arquivo que pretendia consultar, foi ela quem contatou o Museu Imperial, explicou o meu projeto e fez um agendamento sem que eu soubesse. Em seguida, ela faleceu. Quando telefonei para o arquivo histórico do museu, eles já tinham uma data reservada por ela em meu nome. Foi a última coisa que minha mãe fez por mim e o primeiro lugar por onde comecei a pesquisa.

A Paulo Rezzutti, meu obrigada infinito pelas tantas horas, que, somadas, certamente dariam anos, discutindo ideias, dividindo fontes e amigos, cedendo documentos e descobertas, me orientando, ajudando muitas vezes na pesquisa e durante a escrita e, no final, revisando cada linha deste texto. Há documentos e informações que foi o Paulo que descobriu pesquisando para seus livros e, generosamente, manteve inéditos para que eu os usasse aqui. Muitos outros, ele procurou especialmente para mim. Há um pedaço imenso dele e da nossa amizade neste livro. A Paulo também agradeço pelo prefácio e por acolher esta obra em sua já consagrada coleção "A história não contada", compartilhando, assim, sua editora e seu público comigo. As palavras serão sempre poucas para lhe agradecer como ele merece.

Agradeço também à editora LeYa Brasil, na pessoa de sua diretora Leila Name, que tão prontamente acolheu esta biografia entre seus projetos e ajudou a pensarmos em como melhor apresentá-la ao público brasileiro; a Leila também agradeço a mais importante análise do papel político nas ações de preservação da memória de d. Pedro encetadas por d. Amélia, o que muito influenciou meu texto. A Izabel Aleixo, que conduziu importantes reflexões durante toda a cuidadosa revisão, em seu incansável trabalho de aprimoramento da obra, assim como toda sua dedicada equipe; obrigada a Carolina Vaz, Rowena Esteves e, em especial, a Ana Bittencourt. Agradeço ainda a Deborah Neri, Alfredo Loureiro, Kelson Spalato e a toda a equipe que possibilitou a concretização deste livro.

Parte importantíssima deste trabalho são as centenas de documentos que o compõem, em grande parte, inéditos até agora. Agradeço àqueles que me permitiram o acesso a esse material tão precioso, especialmente à rainha Silvia da Suécia e a d. Pedro Carlos de Orléans e Bragança, que, pessoalmente, autorizaram minha consulta aos arquivos de suas famílias.

A d. Carlos Tasso de Saxe-Coburgo e Bragança agradeço por todos esses anos de rica troca de informações, pela ajuda com as traduções do latim e por sua nobre atitude de nunca ter publicado qualquer obra a respeito de d. Amélia em consideração ao trabalho que sabia que eu preparava.

A Maria de Fátima Moraes Argon, na época diretora do Arquivo Histórico do Museu Imperial em Petrópolis, primeira pessoa a acreditar na seriedade e no potencial deste projeto, abrindo portas para minha pesquisa também em outras instituições, meu obrigada de coração.

A Pierre Georges Bauer, pesquisador suíço radicado no Rio de Janeiro, que tão generosamente me cedeu suas pesquisas inéditas a respeito dos diários do militar Seweloh, já até transcritas e traduzidas, muito, muito obrigada.

A Cássio Ramiro Mohallem Cotrim, a quem sou tão grata por todos os documentos, livros e ensinamentos que sempre me ofereceu.

A Maria de Jesus Monge, Rui Castilho de Luna, Hugo Xavier e Cristina Neiva Correia, obrigada por tantas trocas, conversas tão ricas e pela inestimável ajuda com algumas traduções.

A Manuel Côrte-Real e a Eduardo Alves Marques agradeço pela partilha generosa de tantos documentos e informações que sozinha jamais teria sequer imaginado que existiam.

A Sylvia Krauss-Meyl, antiga diretora do Bayerisches Hauptstaatsarchiv, agradeço todo o incalculável apoio durante as pesquisas na Baviera, as orientações a respeito da escrita, a ajuda com a caligrafia em Sütterlin, alemão arcaico, as viagens juntas procurando o que sobrou da família Leuchtenberg, a repatriação dos documentos do Arquivo Almeida para Portugal e as madrugadas em que apresentamos nossos textos uma para a outra.

A Sixt von Kapff, obrigada por ceder a imagem da capa deste livro, antes ainda da tela ter sido adquirida pelo Palácio Nacional da Ajuda. A escolha dessa imagem é muito significativa, pois reúne seu antigo proprietário, bávaro, a atual instituição onde ela se encontra, portuguesa, e esta obra, escrita por uma autora brasileira. Novamente, os três locais onde d. Amélia viveu estão reunidos através dessa escolha. Que essa tela que encontrei na Baviera se encontre hoje em Lisboa é fruto dos esforços de José Alberto Ribeiro e da determinação de Sixt von Kapff.

A Jessica Söderqvist agradeço a generosidade de guardar durante anos sua descoberta da aliança de d. Amélia no acervo do Museu Hallwyl para que eu pudesse publicá-la neste livro pela primeira vez.

Agradeço a Rosa Maria e Luiz Fernando Dutra, José Luís Garaldi (*i.m.*), Ana Maria Bocayuva de Miranda Jordão (*i.m.*) e Rogério Pires, que, em vez de tentarem me vender livros, documentos e objetos, sua profissão, tantas vezes me emprestaram preciosidades inéditas para que eu pudesse estudá-las e fotografá-las antes de serem expostas para venda.

A Valdirene do Carmo Ambiel agradeço pelo incomparável convite para participar da segunda exumação de d. Amélia e me propiciar o privilégio de estarmos, juntas, pessoalmente com minha biografada.

A João Moreira Garcez (*i.m.*), que não verá este livro pronto, mas que foi quem, pacientemente, me ensinou a pesquisar e, tantas vezes, me levou pela mão a um mergulho no século XIX, agradeço com saudades eternas de cada momento juntos.

A Elias Lima, que fez com tanta dedicação e esmero a árvore genealógica especialmente para esta publicação e com quem venho dividindo há anos a paixão por nossa imperatriz.

A Maria Amélia Lemos Torres agradeço a generosidade com que me cedeu materiais da pesquisa e da coleção de sua mãe, a biógrafa de d. Amélia, Lygia Lemos Torres (futuramente Lygia Ferreira Lopes). Foi uma ajuda preciosa.

Agradeço a Zoia Belyakova (*i.m.*), pelas traduções do russo para o alemão e por seu auxílio para contatar as instituições na Rússia. Sem sua ajuda, teria sido impossível.

À equipe do Museu Imperial, primeira instituição a me receber e encorajar, agradeço ao seu diretor Maurício Vicente Ferreira Júnior e aos queridos colaboradores Ana Luísa Alonso de Camargo, Neibe Machado, Claudia Maria Souza Costa, Alessandra Fraguas e Aline Maller Ribeiro.

A José Alberto Ribeiro, diretor do Palácio Nacional da Ajuda, agradeço pelas histórias inesquecíveis que dividimos, pelo apoio e reconhecimento de minhas pesquisas desde o início, assim como aos seus colegas Cristina Neiva Correia, Maria José Gaivão de Tavares, Gabriela Cordeiro, Teresa Maranhas, Maria João Botelho Moniz Burnay, Inês Ferro e Manoela Santana.

Aos colegas do Freundeskreis Leuchtenberg, Nicolaus Herzog von Leuchtenberg, Helmut Wittmann, Josef Schönwetter, Carla Michel, Christine Heinz e Angelika Ziegler, que, generosamente, compartilharam tantas informações e me acolheram durante as viagens de pesquisa na Baviera, meu sincero agradecimento. A Angelika agradeço a especial delicadeza de me receber como sua hóspede e amiga no Palácio de Stein, onde d. Amélia morou, para que eu pudesse "acordar e ver a vista que ela via", subir as escadas, andar pelos aposentos, percorrer as trilhas preferidas da imperatriz e ter a experiência inesquecível de passar alguns dias no palácio onde d. Amélia viveu. Atualmente, é a única das residências da imperatriz ainda original e habitada.

A Sibylle von Neubronner, descendente da duquesa de Goiás, agradeço a amizade e as tantas viagens que empreendemos juntas, refazendo os passos de d. Amélia e de d. Isabel Maria pela Baviera. Não fosse por sua apresentação, também jamais teria tido acesso a outras famílias nobres bávaras e suas coleções particulares, que tanto enriqueceram minha pesquisa.

A Josef Ranke agradeço a disponibilidade de viajar centenas de quilômetros para abrirmos juntos os arquivos remanescentes dos descendentes de d. Pedro I na Baviera e o carinho com que me presenteou com objetos até então guardados como relíquias por gerações de sua família.

À equipe do Bayerisches Staatsarchiv, que, ao longo de vinte anos, sempre facilitou de todas as formas minhas pesquisas em Munique e à distância: Sylvia Krauss-Meyl, Gerhard Immler, Josef Anker e Andreas Leipnitz, muito obrigada!

À equipe da Parques de Sintra-Monte da Lua, que imediatamente apoiou minhas pesquisas em todos os arquivos e palácios sob sua responsabilidade, agradeço a inestimável parceria de seu diretor António Nunes Pereira, de Fernando Montesinos, José Marques Silva e dos conservadores Hugo Xavier e Conceição Coelho.

À equipe da Fundação da Casa de Bragança, agradeço pelo apoio irrestrito de sua diretora Maria de Jesus Monge, de Elodie Noruegas, Carlos Saramago e Marta Páscoa.

À equipe do Palácio Real de Estocolmo, agradeço a recepção e o auxílio de Göran Alm (*i.m.*), Antoinette Ramsay Herthelius, Kerstin Hagsgård, Tiina Björkbacka, Arvid Jakobsson, Jonas Wallin, Maria Larsson, Karin Frykholm e Helena Larsson.

E meu muito obrigada a cada um de vocês que, tenho certeza, bem sabem quanto me ajudaram a escrever este livro:

Adriana Moura, Alberto Penna Rodrigues, Alex Colvin, Alexandra Markl, Alexandra Smetana, Alexandre Detolvo, Ana Anjos Mântua, Ana Cristina Francisco, Ana Helena Tibiriçá Ramos Goldstein, Ana Isabel e

Marc Hudson, Ana Isabel Portugal, André Afonso, André Luiz Rigo, André Varela Remígio, Ângela Moliterno de Oliveira, Aníbal Pinto de Castro, Anísio Franco, Antônio Aprígio Pereira Rodrigues, Armando Seixas Ferreira, Barbara Hawksley, Bärbel Gutermann, Bernhard Graf, Carl Graf von Soden-Fraunhof, Celi Fujihira, Celina Bastos, Celso Lafer, Charlotte Zeepvat, Chiara Parisio, Christian Herstal, Cinara Jorge, Cláudia Vada Souza Ferreira, Cristina de Orléans e Bragança, Cristina Gomes, Dominik Gügel, Dominique Paoli, Dora Cherkassky, Eliane Junqueira, Elisabeth e Rüdiger von Neubronner (*i.m.*), Elsa Cristina Caramelo, Eva-Maria Reinert, Felisa Perez, Fernando Montesinos, Francisco Amado Rodrigues, Francisco Lemmo, Frei Róger, Goldete Priszkulnik, Heinrich von Spreti, Henrich Fischler von Treuberg (*i.m.*), Irmã Maria Esperança, Jean Menezes do Carmo, Joaquim Caetano, Jörg Sommerlath (*i.m.*), Jorge Yunes (*i.m.*), José Mário Andrade, José Pereira da Costa, Josef Ranke, Kamila Prokopová, Kelvyn Vital, Klaus Stock, Leonor Melo Nogueira, Levy e Edith Rubinstein, Licínio Fidalgo, Luís de Andrea, Luís Felipe Paiva Marino, Luiz Carlos Gomes, Luiza Sawaya, Madalena Brás Teixeira, Manfred von Stengel, Manuel José Marques Ribeiro de Faria, Maria Almada Cardoso, Maria Antónia Pinto de Matos, Maria Cristina Volpi, Maria Helena Brancante (*i.m.*), Maria de Lurdes Henriques, Maria Gorete dos Santos, Maria João Melo, Maria Lobato Guimarães, Maria Schmidt, Marilda Teixeira, Max Hartl, Michael Hakenmüller, Michael Stephan, Mônica Zayas, Moritz von der Heydte, Oswaldo Biato, Patrícia Telles, Paulo Gomes, Paulo Kuczynski, Pedro de Freitas, Pedro Urbano, Petra e Bodo Hörnemann, Ramiro Gonçalves, Renata Bertozzi, Ricardo Charters d'Azevedo, Ricardo Werneck, Rodrigo Neves, Rosa Weis, Ruth Gräfin Almeida (*i.m.*), Sabine Heym, Sara Bull, Sara Dixon, Sebastian Jansson, Simone Trindade Vicente da Silva, Solange Godoy (*i.m.*), Tarcísio Herberth Via, Tassilo von Sandizell, Thomas Horst, Tiago Louriçal, Trond Norén Isaksen, Uwe Oster, Valéria Piccoli, Vera Quagliato, Victor Schubsky, Vítor Escudero, Viviane Tessitore (*i.m.*), Walburga d'Áustria-Toscana Tasso de Saxe-Coburgo e Bragança, Wesley Celestrino, Ygor Kassab.

Notas

1 "Es ist eine alte Geschichte. Doch bleibt sie immer neu". HEINE, Heinrich. *Tragödien nebst einem lyrischen Intermezzo*, 1823.

Prefácio: A imperatriz Amélia redescoberta

1 VALÉRY, Paul, *Eupalinos ou o arquiteto*. São Paulo: Editora 34, 1996, p. 169.

Introdução

1 CALMON, *História de d. Pedro II*, v. 3, p. 1006.

Parte I: Princesa de Leuchtenberg (Europa, 1812-1829)

1 REISER, *Ismaninger Schloss*, p. 17.
2 LINNENKAMP, *Leo von Klenze*: das Leuchtenberg-Palais in München, p. 14.

3 Idem.

4 HANOTEAU, *The Memoires of Queen Hortense*, p. 339.

5 SCHROLL, *Prinzessin Auguste Amalie von Bayern*, p. 182.

6 LINNENKAMP, *Leo von Klenze*: das Leuchtenberg Palais in München, p. 14.

7 BAYERN, *Eugen Beauharnais*: der Stiefsohn Napoleons, p. 331.

8 Carta da imperatriz Josefina para o príncipe Eugênio, 25 fev. 1806. HANOTEAU, *Les Beauharnais et l'Empereur*: lettres de l'Impératrice Joséphine et de la Reine Hortènse au Prince Eugène. FRBNF 34030249.

9 GÜGEL, *Napoleons Liebesbriefe an Josephine*, p. 183.

10 Carta de Augusta Amália, 20 set. 1812. BStaBi, Setor de Manuscritos, Monascencia.

11 Carta de Milão, 1º ago. [1812]. HANOTEAU, *Les Beauharnais et l'Empereur*: lettres de l'mperatrice Joséphine et de la reine Hortènse au prince Eugène.

12 Processo Verbal do nascimento do quarto filho de Suas Altezas Imperiais, o príncipe vice-rei e a princesa vice-rainha da Itália. Arquivo Real em Estocolmo.

13 BHSA, Abt. V, Arquivo Leuchtenberg, 212.

14 BAYERN, *Eugen Beauharnais*: der Stiefsohn Napoleons, p. 276.

15 BHSA, Abt. V, Arquivo Leuchtenberg, 73.

16 SCHULER, *Napoleon und Bayern*, p. 242-243.

17 WILLIAMS, *Josefina*, p. 430.

18 Carta de Augusta Amalia para Max I José de Milão, 17 out. 1813. Hauptstaatsarchiv Stuttgart. GU 106 Bü 7.

19 SCHROLL, *Prinzessin Auguste Amalie von Bayern*, p. 260.

20 TORRES, *A Imperatriz dona Amélia*, p. 13.

21 GRAUPE, *Katalog Auktion 87 am 15. und 16. April 1929. Die Bibliothek des Herzogs Gergij N. von Leuchtenberg Schloss Seeon*.

22 REISER, *Alte Häuser grosse Namen*, p. 74.

23 SCHROLL, *Prinzessin Auguste Amalie von Bayern*, p. 252.

24 BHSA, Abt. III Geheimes Hausarchiv, Nachlass Prinz Adalbert von Bayern. Tagebücher von Augusta Amalia.

25 Verzeichniss der Bildergalerie seiner königlichen Hoheit des Prinzen Eugen, Herzogs von Leuchtenberg in München.

26 Diário da rainha Josefina da Suécia. Arquivo Real em Estocolmo.

27 História de Max Ludwig Wolf recontada por Josef Ettle. Eichstätter Kurier de 11 dez. 2010.

28 MANN, *Palais Leuchtenberg*, p. 90.

29 SCHROLL, *Prinzessin Auguste Amalie von Bayern*, p. 258.

30 BHSA, Abt. III, Geheimes Hausarchiv. Nachlass Prinz Adalbert von Bayern, Tagebücher von Augusta Amalia em 9 nov. 1824.

31 BUCKENMAIER, Eugenie Fürstin von Hohenzollern-Hechingen *Zeitschrift für Hohenzollerische*, p. 36.

32 KRAUSS-MEYL, *Das "Enfant terrible" des Königshauses*, p. 288.

33 Carta de Teodolinda para a prima Luísa, de Baden, 31 out. 1827. Baden-Württemberg Staatsarchiv Sigmaringen. Nachlass Louise von Baden.

34 BHSA, Abt. III, Nachlass Prinz Adalbert von Bayern, Tagebücher von Amalia Augusta.

35 Carta de 10 dez. 1816. KANN, *D. Leopoldina, Cartas de uma imperatriz*, p. 265.

NOTAS

36 REZZUTTI, *D. Pedro*: o homem revelado por cartas e documentos inéditos, p. 152.

37 REZZUTTI, *D. Leopoldina*: a mulher que arquitetou a Independência do Brasil, p. 233.

38 REZZUTTI, *D. Pedro*: o homem revelado por cartas e documentos inéditos, p. 155.

39 REZZUTTI, *D. Leopoldina*: a mulher que arquitetou a Independência do Brasil, p. 298.

40 Ibid., p. 292.

41 Carta de Barbacena a Aracaty, 7 fev. 1829. AGUIAR, *Vida do marquez de Barbacena*, p. 569.

42 RODRIGUES, On the Hunt for an Empress. *Royalty Digest Quarterly*, mar. 2013.

43 COSTA, *As quatro coroas de d. Pedro I*, p. 138.

44 LACOMBE, *O mordomo do imperador*, p. 53.

45 COSTA, *As quatro coroas de d. Pedro I*, p. 92.

46 AGUIAR, *Vida do Marquez de Barbacena*, p. 449.

47 COSTA, *As quatro coroas de d. Pedro I*, p. 92.

48 SOUSA, *A vida de d. Pedro I*, p. 803.

49 DALMASSY, Comment Amélie de Beauharnais devint imperatrice. In: *Revue des Questions Historiques*, p. 65.

50 MASUYER, *Memoires, lettres et papiers*, p. 36.

51 Documentos originais que comprovam a intervenção do Coronel Brack na negociação secreta que preparou o augusto consórcio de S.M. o imperador do Brasil com a princesa Amélia de Leuchtenberg, Arquivo Histórico do Itamaraty, Rio de Janeiro.

52 Carta de Horténse de Beauharnais a Aglaé. Coleção particular, vendida por La Gazette Drouot em 2019.

53 HASLINGER, *Erzherzogin Sophie*: Eine Biografie nach den persönlichen Aufzeichnungen der Mutter Kaiser Franz Josephs, p. 191.

54 BHSA, Abt. V, Arquivo Leuchtenberg, 107.

55 AFONSO; DIAS; VILAÇA, *D. Pedro d'Alcântara de Bragança, 1798-1834*: Imperador do Brasil, Rei de Portugal, p. 198.

56 AHMI, I-POB-19.05.1829-Sai C.

57 BAYERN, *Die Herzen der Leuchtenberg [...]*, p. 39.

58 Ibid., p. 35.

59 DALMASSY, Comment Amélie de Beauharnais devint imperatrice. In: *Revue des Questions Historiques*, p. 91.

60 Ibid., p. 92.

61 Ibid., p. 93.

62 Ibid., p. 94.

63 TORRES, *A Imperatriz dona Amélia*, p. 27.

64 DALMASSY, Comment Amélie de Beauharnais devint imperatrice. In: *Revue des Questions Historiques*, p. 95.

65 SOUSA, *A vida de d. Pedro I*, p. 794.

66 Carta da princesa Teodolinda de Leuchtenberg para sua prima, Luísa de Baden, 2 abr. 1829. Baden-Württemberg Hauptstaatsarchiv Sigmaringen. Nachlass Louise von Baden.

67 DALMASSY, Comment Amélie de Beauharnais devint imperatrice. In: *Revue des Questions Historiques*, p. 98.

68 Ibid., p. 103.

69 BHSA, Abt. V, Arquivo Leuchtenberg, 107.

70 BARREIRA, *A imperatriz desterrada*, p. 137.

71 BHSA, Abt. V, Arquivo Leuchtenberg, 19.

72 BHSA, Abt. III Geheimes Hausarchiv, Nachlass Prinz Adalbert von Bayern. Tagebücher von Augusta Amalia.

73 AGUIAR, *Vida do Marquez de Barbacena*, p. 660.

74 Ibid., p. 661.

75 RAMIREZ, *As relações entre a Áustria e o Brasil, 1815-1889*, p. 61.

76 Ibid., p. 63.

77 BHSA, Abt. V, Arquivo Leuchtenberg, 19.

78 Carta de Planat de la Faye para a duquesa de Leuchtenberg, da Cantuária, 30 maio 1829. BHSA, Abt. V, Arquivo Leuchtenberg, 107. Korrespondenz über die Verheiratung Amélie.

79 BHSA, Abt. V, Arquivo Leuchtenberg, 106.

80 PINTO, *Apontamentos para o direito internacional*, v. 6, p. 252.

81 AGUIAR, *Vida do Marquez de Barbacena*, p. 669.

82 Ibid., p. 670.

83 Carta de Augusta Amália para d. Pedro I, 2 ago. 1829. AHMI, I-POB-12.04.1829-A.B.c 1-2.

84 Cartas de 19 maio e 5 jul. 1829. BHSA, Abt. V, Arquivo Leuchtenberg, 107. Korrespondenz über die Verheiratung Amélie.

85 *Revista do Instituto de Estudos Brasileiros da Universidade de São Paulo*, n. 5, p. 141-144.

86 Carta de Planat de la Faye para a duquesa de Leuchtenberg, 19 maio 1829. BHSA, Abt. V, Arquivo Leuchtenberg, 107. Korrespondenz über die Verheiratung Amélie.

87 AGUIAR, *Vida do Marquez de Barbacena*, p. 670.

88 Carta do marquês de Barbacena ao marquês de Resende, 9 jul. 1829. Correspondência do marquês de Resende. In: *Revista do Instituto Histórico e Geográfico Brasileiro*, v. 80, p. 295.

89 Carta do marquês de Barbacena para d. Pedro I, 3 jul. 1829. AGUIAR, *Vida do Marquez de Barbacena*, p. 668.

90 AGUIAR, *Vida do Marquez de Barbacena*, p. 660.

91 REZZUTTI, *Domitila*: a verdadeira história da marquesa de Santos, p. 166.

92 Ibid., p. 170

93 COSTA, *As quatro coroas de d. Pedro I*, p. 94.

94 Carta ao marquês de Barbacena, 29 jul. 1829. AHMI, II POB 1829-PI.B. do 1-100.

95 Idem.

96 FRANCO, *O Palacete do Caminho Novo, Solar da Marquesa de Santos*, p. 43.

97 Carta ao marquês de Barbacena, 29 jul. 1829. AHMI, II POB 1829-PI.B. do 1-100.

98 *Diário Fluminense*, 16 out. 1829.

99 AHMI, II-POB-12.09.1829-PI.B.d.

100 TELLES, *Retrato entre baionetas*: prestígio, política e saudades na pintura do retrato em Portugal e no Brasil entre 1804 e 1834, p. 147.

101 Hauptstaatsarchiv Baden Württemberg, Stuttgart, E 50/05 Bü 73 Brief 21 de Philipp Moritz Freiherr von Schmitz-Grollenburg.

102 BHSA, Abt. V, Arquivo Leuchtenberg, 107. Korrespondenz über die Verheiratung Amélie.

103 Idem.

104 *Münchner Conversationsblatt*, 28 jul. 1829.

105 *Münchner Tagesblatt*, 31 jul. 1829.

106 SCHMELLER, Tagebücher *(1801-1852)*, p. 86-87.

107 *Allgemeine Zeitung*, 7 ago. 1829, n. 219.

108 SEIXAS, *A emblemática oitocentista da Casa de Bragança nos tronos de Portugal e do Brasil*, p. 66.

109 *Münchner Tagesblatt*, 2 ago. 1829.

110 Carta da duquesa de Leuchtenberg para o rei Luís I, Ismaning, 10 set. 1829. Rudolf Reiser. Die Prunkräume im Ismaninger Schloss, p. 28.

111 CALÁBRIA, *Memórias de Corumbá a Berlim*, p. 256.

112 KRAUSS-MEYL, *Das "enfant terrible" des Königshauses*, p. 288.

113 Idem.

114 BAYERN, *Die Herzen der Leuchtenberg [...]*, p. 40.

115 KRAUSS-MEYL, *Das "enfant terrible" des Königshauses*, p.163.

116 BAYERN, *Die Herzen der Leuchtenberg [...]*, p. 39.

117 Carta do marquês de Barbacena para d. Pedro I, de Laleham, 11 ago. 1829. Biblioteca Nacional do Rio de Janeiro, Q1.0. DIL. 564.

118 Carta do marquês de Resende para d. Pedro I, 25 ago. 1829. Correspondência do marquês de Resende. In: *Revista do Instituto Histórico e Geográfico*, v. 80, p. 357.

119 Correspondência do marquês de Resende. In: *Revista do Instituto Histórico e Geográfico*, v. 80, p. 353.

120 Idem.

121 BHSA, Abt. V, Arquivo Leuchtenberg, 212.

122 BHSA, Abt. V, Arquivo Leuchtenberg, 211.

123 BHSA, Abt. V, Arquivo Leuchtenberg, 183.

124 PINCEMAILLE, *Auguste Amélie De Leuchtenberg, Lettres au Baron Antoine Darnay [...]*, p. 245.

125 Carta do marquês de Barbacena para d. Pedro I, 11 ago. 1829. Biblioteca Nacional do Rio de Janeiro, Q1.0.DIL.564.

126 Correspondência do marquês de Resende. In: *Revista do Instituto Histórico e Geográfico*, v. 80, p. 355.

Parte II: Imperatriz do Brasil (Brasil, 1829-1831)

1 BRAGANÇA, *A Princesa Flor d. Maria Amélia*, p. 15.

2 KRAUSS-MEYL, *Das "enfant terrible" des Königshauses*, p. 367.

3 *Münchner Tagesblatt*, 7 ago. 1829.

4 Carta de d. Amélia para d. Maria II, de Louvain, 15 ago. 1829. ANTT, CCR, Cap 135-1.

5 Sobre a condessa de Barral, ver: FRANCISCO, Entre cadernos e pincéis [...].

6 BHSA, Abt. III, Nachlass Prinz Adalbert von Bayern, Tagebuch Marie Elizabeth Augusta Carhought Sandizell, ago. 1829.

7 Gerhard König. Die Schwierigkeiten der Einwanderer, Wolhynien Forum. Vortrag über die Auswanderung deutscher Siedler nach Brasilien, 2003.

8 Carta de Augusto para a duquesa Augusta, 2 out. 1829. BHSA, Abt. V, Arquivo Leuchtenberg, 105.

9 AGUIAR, *Vida do Marquez de Barbacena*, p. 701-702.

10 BHSA, Abt. V, Arquivo Leuchtenberg, 105.

11 SECKENDORFF, *Das Reisejournal des Grafen Friedrich von Spreti [...]*, p. 139.

12 KANN, *D. Leopoldina, Cartas de uma imperatriz*, p. 313.

13 SECKENDORFF, *Das Reisejournal des Grafen Friedrich von Spreti [...]*, p. 140.

14 Idem.

15 AGUIAR, *Vida do Marquez de Barbacena*, p. 704.

16 BHSA, Abt. V, Arquivo Leuchtenberg, 78, p. 65.

17 SECKENDORFF, *Das Reisejournal des Grafen Friedrich von Spreti [...]*, p. 141.

18 SILVA, *Pedro I, o português brasileiro*, p. 164.

19 ESHER, *The Girlhood of Queen Victoria*: a Selection from Her Majesty's Diaries between the Years 1832 and 1840, v. 2, 25 jul. 1839.

20 BHSA, Abt. III Geheimes Hausarchiv, Nachlass Prinz Adalbert von Bayern. Tagebücher von Augusta Amalia.

21 PINCEMAILLE, *Auguste Amélie De Leuchtenberg, Lettres au Baron Antoine Darnay [...]*, p. 129.

22 SECKENDORFF, *Das Reisejournal des Grafen Friedrich von Spreti*, p. 141.

23 Carta do barão de Mareschal para o príncipe de Metternich, 26 out. 1829. Biblioteca Nacional do Rio de Janeiro. Coleção Tobias Monteiro. Cota I – 09,11,061.

24 SECKENDORFF, *Das Reisejournal des Grafen Friedrich von Spreti [...]*, p. 151.

25 LAGO, *Medalhas e Condecorações Brasileiras*, p. 95.

26 TORRES, *A Imperatriz dona Amélia*, p. 89.

27 DALMASSY, Comment Amélie de Beauharnais devint imperatrice. In: *Revue des Questions Historiques*, p. 115.

28 Carta de Carolina Juanicó de Callado, do Rio de Janeiro, out. 1829. AHIHGB – DL 500.3.

29 FAZENDA, *Antiqualhas e Memórias do Rio de Janeiro*, p. 317.

30 *Petit Courrier des Dames*, 5 maio 1829, n. 636

31 Carta de d. Amélia para sua professora de piano, Rosa de Aretin, 30 nov. 1829. BHSA, Abt. V, Arquivo Soden-Fraunhofen, 788.

32 SECKENDORFF, *Das Reisejournal des Grafen Friedrich von Spreti [...]*, p. 155.

33 Carta de Augusto para Augusta, duquesa de Leuchtenberg, do Rio de Janeiro, 24 out. 1829. BHSA, Abt. V, Arquivo Leuchtenberg, 105.

34 Carta de Augusta Amália para d. Pedro I, 2 ago. 1829. AHMI. I-POB-12.04.1829-A.B.c1-2.

35 Carta do marquês de Barbacena para o marquês (futuro duque) de Palmela, 21 out. 1829. AGUIAR, *Vida do Marquez de Barbacena*, p. 704.

36 FRANCO, *O Palacete do Caminho Novo, Solar da Marquesa de Santos*, p. 31.

37 SECKENDORFF, *Das Reisejournal des Grafen Friedrich von Spreti [...]*, p. 172.

38 SEIDLER, *Dez anos no Brasil [...]*, p. 412.

39 DALMASSY, Comment Amélie de Beauharnais devint imperatrice. In: *Revue des Questions Historiques*, p. 114.

40 Idem.

41 SECKENDORFF, *Das Reisejournal des Grafen Friedrich von Spreti [...]*, p. 163.

42 Ibid., p. 166.

43 Biblioteca Nacional do Rio de Janeiro. Setor de Manuscritos. Diários de Anton Adolphe Friedrich Seweloh, 08.04.005-008.

44 SECKENDORFF, *Das Reisejournal des Grafen Friedrich von Spreti [...]*, p. 167.

NOTAS

45 Ibid., p. 168.
46 TORRES, *A Imperatriz dona Amélia*, p. 68.
47 SODRÉ, Imperatriz Amélia. In: *Anuário do Museu Imperial*, v.2, p. 123.
48 TORRES, *A Imperatriz dona Amélia*, p. 52.
49 ALMEIDA, *Cônego Benigno José de Carvalho*: Imaginário e Ciência na Bahia do século XIX, p. 49.
50 BHSA, Abt. V, Arquivo Leuchtenberg, 78, p. 61.
51 Carta de Augusto para Augusta, duquesa de Leuchtenberg, do Rio de Janeiro, 24 out. 1829. BHSA, Abt. V, Arquivo Leuchtenberg, 105.
52 Carta de Teodolinda para a prima, Luísa de Baden, 11 jan. 1830. Baden-Württemberg Staatsarchiv Sigmaringen. Nachlass Louise von Baden.
53 Carta de d. Amélia a d. Pedro II, 10 nov. 1871. Arquivo do Grão-Pará.
54 Carta do príncipe Eugênio para o czar, 20 abr. 1814. I-POB-1822-1834-Euc.c e Princeton University Library. Documentos referentes a Eugênio e Augusta de Beauharnais.
55 SODRÉ, Imperatriz Amélia. In: *Anuário do Museu Imperial*, v. 2, p. 124.
56 Carta de 18 abr. 1818. KANN, *D. Leopoldina, Cartas de uma imperatriz*, p. 332.
57 Carta de d. Pedro I para a marquesa de Santos, 13 dez. 1827. RANGEL, *Cartas de Pedro I à Marquesa de Santos*, p. 365.
58 Biblioteca Nacional do Rio de Janeiro. Setor de Manuscritos. Diários de Anton Adolphe Friedrich Seweloh, 08.04.005-008.
59 Idem.
60 Idem.
61 Idem.
62 Idem.
63 Idem.
64 Idem.
65 Idem.
66 Idem.
67 SECKENDORFF, *Das Reisejournal des Grafen Friedrich von Spreti [...]*, p. 159.
68 Ibid., p. 160.
69 Ibid., p. 169.
70 Ibid., p. 166.
71 Ibid., p. 172.
72 Carta de Teodolinda para a prima, Luísa de Baden, 31 out. 1827. Staatsarchiv Sigmaringen. Nachlass Louise von Baden.
73 BHSA, Abt. III, Nachlass Prinz Adalbert von Bayern, Tagebücher von Amalia Augusta, 1825.
74 AHIHGB, lata 524, pasta 12.
75 REZZUTTI, *D. Pedro II*: o último imperador do Novo Mundo revelado por cartas e documentos inéditos, p. 70.
76 Despacho de Eduard Pontois para o ministro francês de Relações Externas, 19 nov. 1829. Biblioteca Nacional do Rio de Janeiro, Arquivo Tobias Monteiro, 63, 05, 003 n. 026.
77 Carta de João Loureiro ao conselheiro Manoel José Maria da Costa e Sá, 30 out. 1829. RIHGB Tomo LXXVI, parte II, p. 335.
78 Carta do barão de Mareschal para o príncipe de Metternich, 26 out. 1829. Biblioteca Nacional do Rio de Janeiro, Arquivo Tobias Monteiro, Cota I – 09, 11, 061.

79 WALSH, *Notícias do Brasil (1828-1829)*, v.2, p. 205-206.

80 Ibid., p. 206.

81 Carta da duquesa Augusta de Leuchtenberg para o conde Mejan, 15 jan. 1830. BHSA, Abt. V, Arquivo Leuchtenberg, 107.

82 Carta de Augusto para Augusta, duquesa de Leuchtenberg, de 19 out. 1829. BHSA, Abt. V, Arquivo Leuchtenberg, 105.

83 SECKENDORFF, *Das Reisejournal des Grafen Friedrich von Spreti [...]*, p. 172.

84 Carta do barão de Mareschal, Felipe Leopoldo Wenzel para o príncipe de Metternich, 26 out. 1829. Biblioteca Nacional do Rio de Janeiro, Fundo Tobias Monteiro, 64.01.006 n. 102.

85 SECKENDORFF, *Das Reisejournal des Grafen Friedrich von Spreti [...]*, p. 172.

86 Carta do marquês de Barbacena para o marquês de Resende, 21 out. 1829. Correspondência do marquês de Resende. In: *Revista do Instituto Histórico e Geográfico*, v. 80, p. 371.

87 AHMI. II-POB-23.09. [1829]-IM.c1-18.

88 RANGEL, *Textos e Pretextos*, p. 160.

89 BHSA, Abt. V, Arquivo Leuchtenberg, 105.

90 Carta de d. Pedro I para o rei da Baviera, Luís I, 17 nov. 1829. MARTINS, D. *Augusto de Leuchtenberg e Santa Cruz*, p. 101. A resposta do rei a esta carta encontra-se no AHMI. I-POB-18.06.1830 – LI.B.c.

91 REZZUTTI, *D. Pedro II*: o último imperador do Novo Mundo revelado por cartas e documentos inéditos, p. 42.

92 SECKENDORFF, *Das Reisejournal des Grafen Friedrich von Spreti [...]*, p. 205.

93 MARTINS, D. *Augusto de Leuchtenberg e Santa Cruz*, p. 97.

94 Carta de Augusto para Augusta, duquesa de Leuchtenberg, 24 fev. 1830. BHSA, Abt. V, Arquivo Leuchtenberg, 105.

95 SECKENDORFF, *Das Reisejournal des Grafen Friedrich von Spreti [...]*, p. 224.

96 RIOS FILHO, *O Rio de Janeiro Imperial*, p. 92.

97 SECKENDORFF. *Das Reisejournal des Grafen Friedrich von Spreti [...]*, p. 237.

98 Ibid., p. 237.

99 Ibid., p. 233.

100 Ibid., p. 180.

101 SOUSA, *A vida de d. Pedro I*, p. 826.

102 RAMIREZ, *As relações entre a Áustria e o Brasil, 1815-1889*, p. 61.

103 Idem.

104 ANTONINI, *Relatórios sobre o Brasil, 1828-1831*, p. 79.

105 SCHROLL, *Prinzessin Auguste Amalie von Bayern*, p. 105.

106 SOUSA, *A vida de d. Pedro I*, p. 847.

107 *Aurora Fluminense*, 11 jan. 1830.

108 SECKENDORFF, *Das Reisejournal des Grafen Friedrich von Spreti [...]*, p. 230.

109 Ibid., p. 236.

110 *Diário Fluminense*, 2 jan. 1830.

111 Carta de Augusto para Augusta, duquesa de Leuchtenberg, 7 jan. 1830. BHSA, Abt. V, Arquivo Leuchtenberg, 105.

112 VIANNA, *D. Pedro I e d. Pedro II, acréscimos às suas biografias*, p. 93.

113 Ibid., p. 91.

114 BHSA, Abt. V, Arquivo Leuchtenberg, 107.

115 REZZUTTI, *D. Pedro*: o homem revelado por cartas e documentos inéditos, p. 258.

116 LACOMBE, *Biografia de um palácio*, p. 18.

117 OBERACKER, *O Duque de Santa Cruz [...]*, p. 192.

118 Ibid., p. 197.

119 SOUSA, *A vida de d. Pedro I*, p. 849.

120 SODRÉ, Um dia de gala no Primeiro Reinado. In: *Anuário do Museu Imperial*, v. 13, p. 5-12.

121 COSTA, *As quatro coroas de d. Pedro I*, p. 103.

122 *A Astréa*, 30 out. 1830.

123 AGUIAR, *Vida do Marquez de Barbacena*, p. 809-810.

124 BRAUN, *Josephine von Schweden*, p. 103.

125 AHMI, I-POB-22.04.1830 – PI.b-c e Paulo Rezzutti. *D. Pedro*: o homem revelado por cartas e documentos inéditos, p. 261.

126 Correspondência do marquês de Resende. In: *Revista do Instituto Histórico e Geográfico*, v. 80, p. 398.

127 Despacho n. 78, 12 nov. 1830. ANTONINI, *Relatórios sobre o Brasil,1828-1831*, p. 84-85.

128 AHMI-II POB – 26.12.[1830].

129 SOUSA, *A vida de d. Pedro I*, p. 892.

130 Carta de d. Pedro I para d. Maria da Glória, de Ouro Preto, 22 fev. 1831. ANTT, CCR, cx. 7321, cp. 134, c. 8.

131 Declaração do dr. Tavares, médico da imperatriz. AHMI-II-POB-01.12.1831 MA.B.do 1-41.

132 *A Notícia*, 14 e 15 abr. 1905.

133 REZZUTTI, *D. Pedro II*: o último imperador do Novo Mundo revelado por cartas e documentos inéditos, p. 57.

134 AHMI, III-DMI, 7/04/1831 PI.B.c.

135 REZZUTTI, *D. Pedro II*: o último imperador do Novo Mundo revelado por cartas e documentos inéditos, p. 58.

136 FERREIRA JR., A abdicação de d. Pedro I nas coleções do Museu Imperial. In: *Anuário do Museu Imperial*, 2020, p. 26.

137 Carta inédita de d. Pedro I para Francisco Gomes da Silva, a bordo da nau *Warspite*, 9 abr. 1831. Coleção particular, Lisboa.

138 KOEBEL, *British Exploits in South America*, p. 340-363.

139 Ibid., p. 346.

140 Arquivo Grão-Pará. Miscelânea. Cópia de atos públicos e cartas particulares manuscritos por d. Pedro (códice C 163 / Alberto Rangel / Castelo d'Eu).

141 Carta do barão de Daiser, ministro da Áustria no Rio de Janeiro, 26 abr. 1831. *Revista do Instituto Histórico e Geográfico Brasileiro*, tomo 84, p. 302.

142 KOEBEL, *British Exploits in South America*, p. 352

143 II-POB-MA.B.1831 do 1-41

144 SODRÉ, A ação política do conselheiro Jobim. In: *Anuário do Museu Imperial*, v. 14, p. 157.

145 LANGSDORFF, *O diário da viagem de d. Francisca de Bragança*, p. 199.

146 AHMI. I-POB – 12.04.1831 – PI.B.c. 1-7.

147 ALMEIDA, *Uma filha de D. Pedro I, dona Maria Amélia*, p. 39. (Panfleto original publicado em 1831 no Rio de Janeiro por Typografia de R. Ogier).

148 AHMI, Diário de d. Pedro II, 29 out. 1859.

149 SOUSA, *A vida de d. Pedro I*, p. 1137.

150 AHMI, I-POB-12.04.1831-PI.B.c 1-7.

151 AHMI, II POB – [1831] – PI.B.c 1-5.

152 SOUSA, *A vida de d. Pedro I*, p. 963.

153 AHMI, II POB [1831] – PI.B.c 1-5.

154 SOUSA, *A vida de d. Pedro I*, p. 965.

Parte III: Duquesa de Bragança (Europa, 1831-1873)

1   Instituto de Estudos Brasileiros Universidade de São Paulo. Arquivo Lamego. Carta doc. 92 – 128-10.

2   Carta de d. Amélia para d. Maria II, 11 jun. 1831. ANTT, CCR, Cx 7321, cap. 135.

3   SOUSA, *A vida de d. Pedro I*, p. 975.

4   ABREU E LIMA, *Correspondência Oficial [...]*, p. 712.

5   PIMENTEL, *A corte de d. Pedro IV*, p. 65.

6   Diários de Anton Adolphe Friedrich Seweloh. Biblioteca Nacional do Rio de Janeiro. Setor de Manuscritos, 08.04.06.

7   Carta de d. Leonor da Câmara para o conde do Lavradio, 7 ago. 1831. PEREIRA, *As Camareiras- -mores das Rainhas Portuguesas*, p. 13-14.

8   APPONYI, *Journal du comte Rodolphe Apponyi*, p. 444.

9   The Royal Exiles Dom Pedro and Dona Amelia Eugenia of the Brazils. In: *The World of Fashion and Continental Feuilletons*, 1º ago. 1831.

10 TORRES, *A Imperatriz dona Amélia*, p. 142.

11 Recibo de 5 nov. 1831. Instituto Histórico e Geográfico Brasileiro, Fundo d. Amélia de Leuchtenberg, lata 524, Pasta 1.

12 SOUSA, *A vida de d. Pedro I*, p. 970.

13 Diários de Anton Adolphe Friedrich Seweloh. Biblioteca Nacional do Rio de Janeiro. Setor de Manuscritos, 08.04.006.

14 RANGEL, *Cartas de Pedro I à marquesa de Santos*, p. 504.

15 CELLIEZ, *Les Impératrices*, p. 605.

16 LUSTOSA, O séjour de d. Pedro I em Paris e a imprensa francesa: familiaridade e exotismo.

17 Carta de 21 dez. 1831. BHSA, Abt. V, Arquivo Leuchtenberg, 183-188.

18 BAYERN, *Die Herzen der Leuchtenberg [...]*, p. 77.

19 Idem.

20 Carta de Augusta para o filho Augusto, 18 nov. 1831. BHSA, Abt. V, Arquivo Leuchtenberg, 183- -188.

21 Cópia da carta de Augusta, duquesa de Leuchtenberg, para d. Pedro, 24 jul. 1831. BHSA, Abt. V, Arquivo Leuchtenberg, 217.

22 Correspondência do marquês de Resende In: *Revista do Instituto Histórico e Geográfico* Brasileiro, v. 80, p. 371.

23 BARREIRA, *A imperatriz desterrada*, p. 231-232.

NOTAS

24 Carta de 21 dez. 1831. BHSA, Abt. V, Arquivo Leuchtenberg, 183-188.

25 APPONYI, *Journal du comte Rodolphe Apponyi*, p. 263.

26 Carta da duquesa de Leuchtenberg para o rei Luís I, 4 ago. 1811. BHSA, Abt. III, Geheimes Hausarchiv, Fundo Witteslbach, carta n. 164.

27 SOUSA, *A vida de d. Pedro I*, p. 1020.

28 A grafia do nome foi atualizada. No auto de batismo estava: Maria Amelia Augusta Eugenia Josephina Luiza Teolinda Eloi Francisca Xavier de Paula Gabriela Raphaela Gonzaga. II--POB-01.12.1831 MA.B.do 1-41.

29 AHMI, maço 206, doc 9383.

30 Litografia de Masson, segundo desenho de Th. Guerin.

31 CALADO, *Imperatriz no fim do mundo*, p. 162.

32 Carta de Paris, 10 fev. 1832. AHMI, II POB 1829-PI.B. do 1-100.

33 Exposição dos direitos que a Constituição e as leis civis do Brasil asseguram a Suas Majestades Imperiais o duque e a duquesa de Bragança. AHMI, maço 98, doc. 4801.

34 APPONYI, *Journal du comte Rodolphe Apponyi*, p. 304.

35 Carta de d. Amélia para o marquês Beauharnais, 19 jan. 1840. BHSA, Abt. V, Arquivo Leuchtenberg, 215.

36 BAYERN, *Die Herzen der Leuchtenberg [...]*, p. 77.

37 Carta de d. Pedro para d. Maria II, 27 maio 1832. ANTT, CCR, caixa 7321, cap. 134.

38 TORRES, *A Imperatriz dona Amélia*, p. 156.

39 BARRETO, *Memórias do marquês de Fronteira [...]*, p. 295.

40 Carta de d. Pedro para d. Maria II, 12 jan. 1833. ANTT, CCR, caixa 7321, cap. 134.

41 Carta de d. Amélia para d. Pedro II, 12 set. 1832. Arquivo do Grão-Pará.

42 SOUSA. *A vida de d. Pedro I*, p. 1128.

43 Ibid., p. 1127.

44 Carta de d. Pedro para d. Maria II, 24 fev. 1833. ANTT, CCR, cx. 7321, cap. 134.

45 Carta de d. Amélia para seu irmão, Augusto, de Paris, 7 abr. 1833. BHSA, Abt. V, Arquivo Leuchtenberg, 192.

46 Carta de d. Amélia para a rainha d. Maria Amélia, 15 mar. 1833. Fundação Maria Luísa e Oscar Americano.

47 SOUSA, *A vida de d. Pedro I*, p. 1106.

48 Carta de d. Amélia para seu irmão, Augusto, de Paris, 7 abr. 1833. BHSA, Abt. V, Arquivo Leuchtenberg, 192.

49 Carta de d. Amélia para seu irmão, Augusto, de Paris, 28 maio 1833. BHSA, Abt. V, Arquivo Leuchtenberg, 192.

50 Carta de d. Amélia para seu irmão, Augusto, de Paris, 27 ago. 1833. BHSA, Abt. V, Arquivo Leuchtenberg, 192.

51 BAYERN, *Die Herzen der Leuchtenberg [...]*, p. 88.

52 Carta de d. Amélia para sua mãe, a duquesa Augusta, de Le Hâvre, 30 ago. 1833. BHSA, Abt. V, Arquivo Leuchtenberg, 109.

53 Carta de d. Amélia para seu irmão Augusto, de Portsmouth, 15 set. 1833. BHSA, Abt. V, Arquivo Leuchtenberg, 192.

54 ESHER, *The Girlhood of Queen Victoria, a Selection from Her Majesty's Diaries Between the Years 1832 and 1840*, v. 2, p. 46.

55 Carta de d. Amélia para a duquesa de Leuchtenberg, 24 set. 1833. BHSA, Abt. V, Arquivo Leuchtenberg, 109.

56 Carta de d. Amélia para seu irmão, duque de Leuchtenberg, 4 out. 1833. BHSA, Abt. V, Arquivo Leuchtenberg, 192.

57 Idem.

58 *Notizie del Giorno*, 31 out. 1833.

59 Carta de 4 out. 1833. BHSA, Abt. V, Arquivo Leuchtenberg, 192.

60 Carta de 24 set. 1833. BHSA, Abt. V, Arquivo Leuchtenberg, 109.

61 NAPIER, *Guerra de sucessão em Portugal pelo Almirante Carlos Napier*, p. 334-346.

62 Programa para o desembarque da rainha d. Maria II, documento da Secretaria d'Estado dos Negócios do Reino, de 15 de setembro de 1833. Arquivo Louriçal.

63 Carta de 24 set. 1833. BHSA, Abt. V, Arquivo Leuchtenberg, 109.

64 TORRES, *A Imperatriz dona Amélia*, p. 173.

65 Carta de 4 out. 1833. BHSA, Abt. V, Arquivo Leuchtenberg, 192.

66 Idem.

67 Idem.

68 NAPIER, *Guerra de sucessão em Portugal pelo Almirante Carlos Napier*, p. 334-346.

69 Carta de 21 dez. 1833. BHSA, Abt. V, Arquivo Leuchtenberg, 192.

70 Carta de 18 out. 1833. BHSA, Abt. V, Arquivo Leuchtenberg, 192.

71 WITTE, *D. Maria da Glória, uma princesa brasileira no trono de Portugal [...]*, p. 144.

72 Carta de 11 out. 1833. BHSA, Abt. V, Arquivo Leuchtenberg, 192.

73 Carta de 18 out. 1833. BHSA, Abt. V, Arquivo Leuchtenberg, 192.

74 Carta de 11 out. 1833. BHSA, Abt. V, Arquivo Leuchtenberg, 192.

75 Carta de d. Maria Teresa para d. Miguel, de Coimbra, 22 jun. 1833. Arquivo Família Almeida.

76 Carta de 18 out. 1833. BHSA, Abt. V, Arquivo Leuchtenberg, 192.

77 Carta de 9 nov. 1833. BHSA, Abt. V, Arquivo Leuchtenberg, 192.

78 Carta de d. Pedro para Gomes da Silva, 9 abr. 1831. Arquivo Família Almeida.

79 Carta de 9 nov. 1833. BHSA, Abt. V, Arquivo Leuchtenberg, 192.

80 Carta de 4 out. 1833. BHSA, Abt. V, Arquivo Leuchtenberg, 192.

81 Carta de 15 nov. 1833. BHSA, Abt. V, Arquivo Leuchtenberg, 192.

82 Idem.

83 Carta de 7 dez. 1833. BHSA, Abt. V, Arquivo Leuchtenberg, 192.

84 Carta de d. Pedro para Francisco Gomes da Silva, 4 maio 1834. Arquivo Família Almeida.

85 Carta de Augusta para Darnay, 2 jul. 1834. PRINCEMAILLE, *Auguste Amélie de Leuchtenberg Lettres au baron Darnay*, p. 259.

86 PIMENTEL, *A corte de D. Pedro IV*, p. 237.

87 BARREIRA, *A imperatriz desterrada*, p. 243.

88 TORRES, *A Imperatriz dona Amélia*, p. 209.

89 Papéis relativos à moléstia do imperador. Arquivo Família Almeida.

90 RESENDE, *Elogio histórico do Senhor rei d. Pedro IV*, p. 128.

91 TORRES, *A Imperatriz dona Amélia*, p. 188-190.

92 Ibid., p. 190.

93 PIMENTEL, *A corte de D. Pedro IV*, p. 209.

94 JACKSON, *A Formosa Lusitânia [...]*, p. 426.

NOTAS

95 Carta de d. Amélia para d. Pedro II, 14 out. 1834. Arquivo Grão-Pará.
96 Correspondência do marquês de Resende. In: *Revista do Instituto Histórico e Geográfico*, v. 80, p. 473.
97 VIANNA, D. Amélia, duquesa de Bragança. In: *Jornal do Comércio*, 19 jul. 1968.
98 BOTELHO, *Dom Pedro I navegando nos Açores*, p. 294.
99 PIMENTEL, *A corte de D. Pedro IV*, p. 266.
100 BOTELHO, *Dom Pedro I navegando nos Açores*, p. 295-298.
101 BHSA, Abt. V, Arquivo Leuchtenberg, 78.
102 Carta de Napoleão III para Alexandre Buchon, 28 out. 1834, p. 124. KÜHN, *Napoleon III*.
103 Carta de Augusto para Augusta, duquesa de Leuchtenberg, 26 out. 1834. BHSA, Abt. V, Arquivo Leuchtenberg, 78.
104 CASTELO BRANCO, D. *Maria Thereza de Sousa Botelho, condessa da Ponte, e suas filhas [...]*, p. 34.
105 Biblioteca Nacional de Lisboa, Setor de Reservados, cota: COD. 599, fl. 24.
106 Carta de d. Amélia para d. Maria II, 17 dez. 1834. ANTT, CCR, cx. 7321, cap. 135.
107 Carta de Augusto para a duquesa de Leuchtenberg, 16 mar. 1835. BHSA, Abt. V, Arquivo Leuchtenberg, 78.
108 CASTELO BRANCO, D. *Maria Thereza de Sousa Botelho, condessa da Ponte, e suas filhas [...]*, p. 58 e 59.
109 *A Guarda Avançada*, n. 38, 30 mar. 1835.
110 BONIFÁCIO, D. *Maria II*, p. 67.
111 LEMOS, *D.Maria II [...]*, p. 83.
112 Idem.
113 Carta de d. Amélia para seu tio, François Beauharnais, 18 dez. 1835. BHSA, Abt. V, Arquivo Leuchtenberg, 215.
114 Carta de d. Maria II para o conde do Lavradio, 11 jul. 1835. LEMOS, *D. Maria II [...]*, p. 77.
115 Carta de d. Amélia para Paulo Martins de Almeida, de Caxias, ago. 1835. BHSA, Abt. V, Arquivo Leuchtenberg, 217.
116 PEREIRA, *As senhoras infantas [...]*, p. 122-123.
117 PEREIRA, *As senhoras infantas [...]*, p. 122.
118 Spanic Society. Carta de d. Amélia para a rainha da França, Maria Amélia, 11 mar. 1835. Esta transcrição foi gentileza do pesquisador Paulo Rezzutti, que a localizou quando estudava a correspondência da família imperial brasileira neste arquivo, em 2010.
119 Carta de d. Amélia para o duque da Terceira, 27 abr. 1836. Instituto de Estudos Brasileiros, Universidade de São Paulo, Arquivo Lamego. Documento 128.9 n. 91.
120 Carta de d. Amélia para seu tio, François Beauharnais, 5 ago. 1836. BHSA, Abt. V, Arquivo Leuchtenberg, 215.
121 Carta de d. Amélia para seu tio, François Beauharnais, 25 fev. 1837. BHSA, Abt. V, Arquivo Leuchtenberg, 215.
122 BOLÉO, D. *Maria II: a rainha insubmissa*, p. 294.
123 Arquivo Histórico do Itamaraty, Legação do Império do Brasil em Lisboa, 213/4/2, ofício de 28 jan. 1837.
124 Correspondência do marquês de Resende. In: *Revista do Instituto Histórico e Geográfico*, v. 80, p. 485.

125 LACOMBE, *O mordomo do imperador*, p. 135.

126 Carta de d. Amélia para seu, tio François Beauharnais, 25 fev. 1837. BHSA, Abt. V, Arquivo Leuchtenberg, 215.

127 Carta de d. Amélia para Paulo Martins de Almeida, de Caxias, 25 jul. 1837. BHSA, Abt. V, Arquivo Leuchtenberg, 217.

128 *Eco*, 3 maio 1838.

129 ALMEIDA, *Uma filha de D. Pedro I, Dona Maria Amélia*, p. 56-57.

130 BAYERN, *Die Herzen der Leuchtenberg [...]*, p. 174.

131 Carta de d. Amélia para d. Pedro II, 21 mar. 1839. Arquivo Grão-Pará.

132 BAYERN, *Die Herzen der Leuchtenberg [...]*, p. 211.

133 SOUSA, Viagem de Sua Majestade a Imperatriz Viúva à Suécia. In: *Revista Ocidente*, v. LIV, p. 282-301.

134 Carta da rainha Vitória para o visconde de Melbourne, 30 jul. 1839. BENSON, *Letters of Queen Victoria: 1837-1871*.

135 KÜHN, *Napoleão III*, p. 224.

136 *O Mosaico*, n. 28, 1839.

137 Carta de d. Amélia para seu tio, François Beauharnais, 19 jan. 1840. BHSA, Abt. V, Arquivo Leuchtenberg, 217.

138 Correspondência do marquês de Resende. In: *Revista do Instituto Histórico e Geográfico*, v. 80, p. 493.

139 Bragança, *A Princesa Flor d. Maria Amélia*, p. 46.

140 Arquivo Histórico do Itamaraty, Legação Imperial Brasileira em Lisboa, 213-4-05, jan. 1843.

141 VIANNA, D. Amélia e o título de imperatriz. In: *Jornal do Commercio*, 9 ago. 1968.

142 VIANNA, D. Amélia e D. Pedro II. In: *Jornal do Commercio*, 23 out. 1968.

143 BOTAFOGO, *O Balanço da Dynastia*.

144 Carta de d. Amélia para a condessa de Itapagipe, 26 jun. 1841. Biblioteca Nacional do Rio de Janeiro, Divisão de Manuscritos, I-09.11.001.

145 Carta de d. Amélia para d. Pedro II, 16 jan. 1841. Arquivo Grão-Pará.

146 Arquivo Histórico do Itamaraty, ofícios de Lisboa 213-4-03, reservadíssimo número 1, escrito em 16 mar. 1840 e lido no Rio de Janeiro em 19 maio 1840.

147 Carta de d. Amélia para d. Pedro II, 12 ago. 1842. Arquivo Grão-Pará.

148 As informações a respeito dos relatos de viagem de Felix Lichnowsky em 1842 por Lisboa me foram gentilmente cedidas pelo dr. Hugo Xavier.

149 BARRETO, *Memórias do marquês de Fronteira [...]*, v. V-VI, p. 289-291.

150 BHSA, Abt. V, Arquivo Leuchtenberg, Arquivo Almeida, 217.

151 Carta de d. Amélia para a condessa de Itapagipe, 1 mar. 1843. Biblioteca Nacional do Rio de Janeiro, Divisão de Manuscritos, I-09.11.001.

152 Carta de d. Amélia para a condessa de Itapagipe, 20 jul. 1844. Biblioteca Nacional do Rio de Janeiro, Divisão de Manuscritos, I-09.11.001.

153 Idem.

154 BAYERN, *Die Herzen der Leuchtenberg [...]*, p. 268.

155 Carta de d. Amélia para a condessa de Itapagipe, 14 mar. 1846. Biblioteca Nacional do Rio de Janeiro, Divisão de Manuscritos, I-09.11.001.

156 BARRETO, *Memórias do marquês de Fronteira [...]*, v. VII-VIII, p. 296-297.

NOTAS

157 Carta da duquesa de Bragança ao rei d. Fernando, de Munique, 29 mar. 1848. ANTT, CCR, Cx 7324, cap. 185.

158 BAYERN, *Die Herzen der Leuchtenberg [...]*, p. 287.

159 Carta de d. Amélia para a condessa de Itapagipe, 20 set. 1848. Biblioteca Nacional do Rio de Janeiro, Divisão de Manuscritos, I-09.11.001.

160 ALMEIDA, *Uma filha de D. Pedro I, Dona Maria Amélia*, p. 64.

161 Carta de d. Amélia para d. Pedro II, 2 dez. 1848. Arquivo Grão-Pará.

162 Cartas de d. Amélia para d. Pedro II, 2 dez. 1848 e 22 fev. 1849. Arquivo Grão-Pará.

163 Carta de d. Amélia para d. Pedro II, 2 dez. 1848. Arquivo Grão-Pará.

164 Carta de d. Amélia para d. Pedro II, 22 fev. 1850. Arquivo Grão-Pará.

165 Carta de d. Amélia para d. Pedro II, 20 abr. 1850. Arquivo Grão-Pará.

166 Carta de d. Amélia para a condessa de Itapagipe, 20 ago. 1849. Biblioteca Nacional do Rio de Janeiro, Divisão de Manuscritos, I-09.11.001.

167 Carta de d. Amélia para o rei d. Fernando II, 17 abr. 1850.ANTT, CCR, Cx 7324, cap. 185, maço 10 A.

168 LOPES, *Dom Fernando II: um rei avesso à política*, p. 174.

169 Carta de d. Amélia para a condessa de Itapagipe, 20 ago. 1849. Biblioteca Nacional do Rio de Janeiro, Divisão de Manuscritos, I-09.11.001.

170 Carta de d. Amélia para o rei d. Fernando II, 16 ago. 1849. ANTT, CCR, Cx. 7324, cap. 185.

171 Carta de d. Maria Amélia para seu irmão, d. Pedro II, 2 dez. 1849. AHMI, Pasta D. Maria Amélia, LV.

172 BHSA, Abteilung III, Nachlass Prinz Adalbert von Bayern, Tagebücher von Amalia Augusta.

173 Carta de d. Amélia para d. Pedro II, 22 fev. 1850. Arquivo Grão-Pará.

174 Carta de d. Maria II para o conde de Tomar, de Mafra, 27 ago. 1850. BOLÉO, *D. Maria II: a rainha insubmissa*, p. 328.

175 PANZER, *Wittelsbacherinnen*, p. 158-159.

176 Carta de d. Amélia para d. Pedro II, 10 jun. 1851. Arquivo Grão-Pará.

177 ALMEIDA, *Uma filha de D. Pedro I, Dona Maria Amélia*, p. 70.

178 *Anuário do Museu Imperial*, v. 14, p. 100.

179 Carta da princesa d. Maria Amélia para d. Pedro II, 11 nov. 1851. AHMI, Pasta d. Maria Amélia, LV.

180 ALMEIDA, *Uma filha de D. Pedro I, Dona Maria Amélia*, p. 72.

181 BRAGANÇA, *A Princesa Flor d. Maria Amélia*, p. 53.

182 Carta de d. Amélia para d. Pedro II, 12 jun. 1853. Arquivo Grão-Pará.

183 Carta do conselheiro Antonio de Menezes Vasconcelos de Drummond, ministro do Brasil em Lisboa, para o dr. José Martins da Cruz Jobim, médico da Casa Imperial e conselheiro de d. Pedro II, 13 jul. 1852. *Anuário do Museu Imperial*, v. 14, p. 100.

184 ALMEIDA, *Uma filha de D. Pedro I, Dona Maria Amélia*, p. 73.

185 BRAGANÇA, *A Princesa Flor d. Maria Amélia*, p. 50.

186 Carta de d. Amélia para a condessa de Itapagipe, do Funchal, 10 nov. 1852. Biblioteca Nacional do Rio de Janeiro, Setor de Manuscritos, I-09.11.001, c. 20.

187 AHMI, I-POB, maço 117, doc 5794.

188 Carta de d. Amélia para d. Pedro II, 15 jan. 1853. Arquivo Grão-Pará.

189 ALMEIDA, *Uma filha de D. Pedro I, Dona Maria Amélia*, p. 81.

190 BRAGANÇA, *A Princesa Flor d. Maria Amélia*, p. 157.

191 Arquivo Real da Suécia. Fundo Drottning Josefina.

192 BRAGANÇA, *A Princesa Flor d. Maria Amélia*, p. 48.

193 Última carta escrita por esta princesa. Carta de d. Maria Amélia para d. Pedro II, 9 jan. 1853. AHMI, Pasta d. Maria Amélia, LV.

194 Carta de d. Maria Amélia para d. Maria II, 29 dez. 1852. ANTT, CCR, Cx. 7321, cap 140.

195 Carta de d. Amélia para d. Pedro II, 14 mar. 1853. Arquivo Grão-Pará.

196 Anexo à carta de d. Amélia para d. Pedro II, 14 mar. 1853. Arquivo Grão-Pará.

197 NORTON, *O segredo da bastarda*, p. 60.

198 Carta de d. Amélia para d. Pedro II, 10 fev. 1853. Arquivo Grão-Pará.

199 Carta da condessa de Rio Maior para seu filho, Antonio, 14 fev. 1853. LOPES, *Dom Fernando II: um rei avesso à política*, p. 184.

200 Cartas de d. Amélia para d. Pedro II, 10 e 16 fev. 1853. Arquivo Grão-Pará.

201 Carta de d. Amélia para d. Pedro II, 20 mar. 1853. Arquivo Grão-Pará.

202 Idem.

203 Carta de d. Maria II para d. Pedro II, 12 fev. 1853, localizada por Paulo Rezzutti e gentilmente compartilhada para esta biografia. Arquivo Grão-Pará.

204 Carta de d. Isabel Maria para d. Pedro II, 30 mar. 1853. AHMI. Pasta Isabel Maria, duquesa de Goiás.

205 Carta de d. Amélia para d. Pedro II, 15 abr. 1853. Arquivo Grão-Pará.

206 Carta de d. Amélia para d. Pedro II, 12 ago. 1853. Arquivo Grão-Pará.

207 Carta de d. Amélia para d. Pedro II, 14 mar. 1853. Arquivo Grão-Pará.

208 Carta de d. Amélia para d. Pedro II, 15 abr. 1853. Arquivo Grão-Pará.

209 Carta de d. Amélia para a condessa de Itapagipe, 10 jun. 1853. Biblioteca Nacional do Rio de Janeiro, Divisão de Manuscritos, I-09.11.001.

210 Carta de d. Amélia para d. Pedro II, 12 jun. 1853. Arquivo Grão-Pará.

211 BRAGANÇA, *A Princesa Flor d. Maria Amélia*, p. 71.

212 Carta de d. Amélia para d. Pedro II, 12 ago. 1853. Arquivo Grão-Pará.

213 Carta da imperatriz d. Amélia para d. Mariana Carlota de Verna Magalhães Coutinho, condessa de Belmonte, 11 jun. 1853. Biblioteca Nacional do Rio de Janeiro. Fundo Tobias Monteiro, I-09,11,61.

214 Correspondência de d. Amélia com d. Fernando. ANTT, CCR, Cx 7324, cap. 185, maço 10.

215 Carta de d. Maria II para d. Pedro II, 13 nov. 1853. Arquivo Grão-Pará.

216 AMORIM, *O funeral e a pomba*, p. 1-15.

217 NORONHA, *O rei marinheiro*, p. 124.

218 AGUIAR, *Princesas Isabel e Leopoldina: mulheres educadas para governar*, p. 137.

219 NOGUEIRA DA GAMA, *Minhas Memórias*, p. 15.

220 LACOMBE, *Isabel, a princesa redentora [...]*, p. 59.

221 REZZUTTI, *Dom Pedro II*: o último imperador do Novo Mundo revelado por cartas e documentos inéditos, p. 71.

222 Carta de d. Pedro II a José Maria da Silva Paranhos Júnior, barão do Rio Branco, por ocasião da morte da mãe do barão. VIANNA, D. Amélia e D. Pedro II, nota 38, apud CALMON, *História de d. Pedro II*. v. 3, p. 1006. In: *Jornal do Commercio*, 23 out. 1968.

223 PINCEMAILLE, *Auguste Amélie De Leuchtenberg, Lettres au Baron Antoine Darnay [...]*, p. 253.

NOTAS

224 O pintor foi identificado pelo diplomata como tendo sido Sousa Lobo. A tela se encontra ainda hoje em Viena. A informação foi generosamente cedida por Paulo Rezzutti, que a encontrou durante suas pesquisas para a elaboração da biografia de d. Pedro II. Biblioteca Nacional do Rio de Janeiro, Divisão de Manuscritos, Fundo Tobias Monteiro, 63, 05, 005 – n. 021, Leopold von Daiser-Silbach ao príncipe de Metternich, n. 1, Rio de Janeiro, 10 jan. 1832.

225 TORRES, *Imperatriz dona Amélia*, p. 138.

226 SODRÉ, Imperatriz Amélia. In: *Anuário do Museu Imperial*, 1941, p. 125.

227 CALMON, *História de d. Pedro II*, v. 1, p. 91.

228 Carta de d. Amélia para Augusto, 5 fev. 1833. BHSA, Abt. V, Arquivo Leuchtenberg, 192.

229 SODRÉ, Imperatriz Amélia. In: *Anuário do Museu Imperial*, 1941, p. 125.

230 Carta de d. Amélia para d. Pedro II, 27 fev. 1866. Arquivo Grão-Pará.

231 Carta de d. Amélia para d. Pedro II, 10 nov. 1871. Arquivo Grão-Pará.

232 LACOMBE, *O mordomo do imperador*, p. 300.

233 Carta de d. Amélia para d. Pedro II, 9 jul. 1871. Arquivo Grão-Pará.

234 TORRES, *Imperatriz dona Amélia*, p. 138.

235 Carta de d. Amélia para d. Pedro II, 11 fev. 1865. Arquivo Grão-Pará.

236 KANN, *D. Leopoldina, Cartas de uma imperatriz*, p. 451.

237 Recibos assinados por d. Amélia, duquesa de Bragança, entre 1840 e 1872. Compra de jan. 1851 ao litógrafo Ignaz Fertig. AHIHGB, lata 529, Pasta 5.

238 Carta de Maximiliano, arquiduque da Áustria, para Paulo Martins de Almeida, 24 abr. 1856. Arquivo Família Almeida.

239 Carta de d. Amélia para a imperatriz Charlotte, 27 jan. 1857. Gabinet du Roi, Archives Royales, Bruxelles. Archives du Mexico, n. 35.

240 Carta de d. Maria Amélia para d. Pedro II, 10 out. 1852. Arquivo Grão-Pará.

241 Diário de Carlota, princesa da Bélgica, durante sua estadia na ilha da Madeira entre 1859 e 1860. Transcrito e traduzido por Duarte Mendonça. In: *Memórias da minha vida*: um inverno na Madeira, p. 92.

242 Carta de d. Amélia para d. Pedro II, 12 dez. 1859. Arquivo Grão-Pará.

243 ALMEIDA, *Uma filha de D. Pedro I, Dona Maria Amélia*, p. 123.

244 AHMI, II-DMI-09.02.1863-A.B.-te.

245 COLAÇO, *Memórias da Marquesa de Rio Maior*, p. 80.

246 Carta da condessa de Rio Maior para seu filho, José, 19 maio 1858. MÓNICA, *Isabel, condessa de Rio Maior [...]*, p. 216.

247 LOPES, *Rainhas que o povo amou [...]*, p. 50.

248 VILHENA, *Cartas inéditas da Rainha d. Estefânia*, p. 127.

249 Ibid., p. 218.

250 Carta de d. Amélia para Augusto, 27 ago. 1833. BHSA, Abt. V, Arquivo Leuchtenberg, 192.

251 MÓNICA, *Correspondência entre d. Pedro V e seu tio, o príncipe Alberto*, p. 363.

252 BONIFÁCIO, *Apologia da História Política*, p. 241.

253 VILHENA, *D. Pedro V e o seu reinado*: novos documentos e suplementos, p. 12-13.

254 Idem.

255 Cartas de d. Amélia, imperatriz do Brasil, para a imperatriz Charlotte. Carta de d. Amélia para Carlota, 15 fev. 1860. Gabinet du Roi, Archives Royales Bruxelles. Archives du Mexico, n. 35.

256 TORRES, *A Imperatriz dona Amélia*, p. 253.

257 Carta de d. Amélia para d. Pedro II, 9 ago. 1859. Arquivo Grão-Pará.

258 Carta de d. Amélia para a condessa de Itapagipe, 10 set. 1859.Biblioteca Nacional do Rio de Janeiro, Setor de Manuscritos, I-09.11.001.

259 PEREIRA, *A vida privada dos Bragança*, p. 231.

260 Carta do imperador Napoleão III para Thouwenel, 21 maio 1862. KÜHN, *Napoleão III*, p. 632.

261 Carta de 31 maio 1862. MÓNICA, *Isabel, condessa de Rio Maior [...]*, p. 310.

262 Carta de d. Amélia para o rei d. Luís, 2 jun.1862. ANTT, CCR, Cx. 7335, cap. 16.

263 Carta de d. Amélia para d. Luís, 31 jul. 1865. ANTT, CCR, Cx 7335.

264 Carta de d. Amélia para d. Pedro II, 12 out. 1863. Arquivo Grão-Pará.

265 BRAGANÇA, *A intriga [...]*, p. 23.

266 Ibid., p. 31-32

267 Ibid., p. 30.

268 Carta de d. Amélia para d. Pedro II, 24 jan. 1864. Arquivo Grão-Pará.

269 Carta de d. Amélia para d. Pedro II, 7 fev. 1864. Arquivo Grão-Pará.

270 Para saber os meandros dessa negociação, ver *A intriga [...]*, de d. Carlos Tasso de Saxe-Coburgo e Bragança, descendente de d. Pedro II, onde consta a documentação que atesta a influência de d. Amélia nessa decisão.

271 Carta de d. Amélia para d. Pedro II, de Lisboa, 25 nov. 1864. Arquivo Grão-Pará.

272 Carta de d. Amélia para d. Pedro II, de Lisboa, 10 jan. 1865. Arquivo Grão-Pará.

273 REZZUTTI, *Dom Pedro II: o último imperador do Novo Mundo revelado por cartas e documentos inéditos*, p. 252.

274 Carta de d. Amélia para d. Pedro II, de Lisboa, 11 fev. 1865. Arquivo Grão-Pará.

275 Idem.

276 Carta da princesa d. Isabel para d. Pedro II, de Lisboa, 5 fev. 1865. LACOMBE, *Isabel, a princesa redentora [...]*, p. 96-97.

277 Carta de d. Amélia para d. Pedro II, de Lisboa, 25 nov. 1868. Arquivo Grão-Pará.

278 Carta de d. Amélia para d. Pedro II, de Lisboa, 27 jun. 1869. Arquivo Grão-Pará.

279 Carta da duquesa de Goiás para d. Pedro II, 8 dez. 1867. AHMI.

280 Carta de d. Amélia para d. Pedro II, de Lisboa, 10 jan. 1865. Arquivo Grão-Pará.

281 Carta de d. Amélia para d. Pedro II, de Lisboa, 11 maio 1867. Arquivo Grão-Pará.

282 Informação gentilmente cedida por Paulo Rezzutti e transcrita por Adriana Moura. Biblioteca Nacional do Rio de Janeiro, Divisão de Manuscritos, I-04,15,56.

283 REZZUTTI, *D. Pedro II: o último imperador do Novo Mundo revelado por cartas e documentos inéditos*, p. 303.

284 Carta da diplomacia brasileira em Lisboa para d. Pedro I, 3 fev. 1871.AHMI, maço 160, doc. 7394.

285 VIANNA, D. Amélia e d. Pedro II. In: *Jornal do Commercio*, 23 out. 1968.

286 RAMALHO, *Os criadores da Pena: Dom Fernando II e a Condessa d'Edla*, p. 93.

287 WITTE, A primeira visita do Imperador D. Pedro II a Portugal. In: *Mafra Sacra*, p. 159.

288 BRAUN, *Josephine von Schweden*, p. 270.

289 ALMEIDA, *Uma filha de D. Pedro I, Dona Maria Amélia*, p. 151-152.

290 Carta de d. Fernando II para d. Pedro II, de Lisboa, 26 fev. 1873. O documento foi localizado pelo pesquisador e escritor Paulo Rezzutti durante seus estudos para a biografia referente a d. Pedro II e generosamente mantido inédito para que fosse usado nesta obra. Arquivo Grão-Pará.

NOTAS

291 Carta de d. Fernando II para d. Pedro II, de Lisboa, 26 fev. 1873. Arquivo Grão-Pará.

292 Arquivo do Paço Ducal de Vila Viçosa, NNG 4203, fl. 72, no 1874.

293 AHMI, maço 206, doc. 9383.

294 Idem.

295 ANTT, CCR, Gaveta 16, maço 3, doc. 47.

296 AHMI, maço 206, doc. 9383.

297 Carta de d. Amélia para d. Pedro II, de Lisboa, 11 fev. 1866. Arquivo Grão-Pará.

298 *Diário Illustrado*, 29 jan. 873.

299 ORTIGÃO, O enterro da senhora duquesa de Bragança. In: *As Farpas*, jan.-fev. 1873, p. 13-14.

300 ANTT, CCR, Gaveta 16, maço 3, doc. 47.

Parte IV: Muito além de d. Amélia

1   ANTT, CCR, Gaveta 16, maço 3, doc. 47.

2   CALMON, *História de d. Pedro II*, v. 3, p. 1006.

3   *Times,* 7 jun.1873.

4   Arquivo Real em Estocolmo. Bernadotte Archives. Drottning Josefina.

5   JACKSON, *Formosa Lusitânia [...]*, p. 62-63.

6   Idem.

7   ORTIGÃO, A Sociedade. In: *As Farpas*, p. 161-166.

8   AHMI, maço 168. Doc 7724.

9   O depoimento manuscrito inédito feito pelo embaixador Manuel Côrte-Real por ocasião da primeira abertura dos caixões contendo os restos mortais de d. Amélia e da princesa d. Maria Amélia foi gentilmente cedido por ele para esta obra.

10   LACOMBE, Trasladação dos restos mortais da Imperatriz D. Amélia e de sua filha D. Maria Amélia. In: *Revista do Instituto Histórico e Geográfico Brasileiro*, n. 337, out/dez 1982, p. 270.

11   Carta de d. Amélia para d. Pedro II, do Funchal, 10 fev. 1853. Arquivo do Grão-Pará.

12   *Jornal da Noite*, 29 e 30 jan. 1873, ed. 646.

Bibliografia

Fontes primárias

ALEMANHA
Archiv des Schlossmuseums Ismaning
Ilustração intitulada "Quadrille de son altesse royale Madame la Duchesse de Leuchtenberg [...]".
Aquarela pintada por d. Amélia.

Arquivo Família Almeida – Starnberg

Bayerisches Hauptstaatsarchiv (BHSA) – Munique

Departamento III – Arquivo Secreto de Famílias/ Abteilung III – Geheimes Hausarchiv:
- Diários de Augusta Amália da Baviera (microfilmes)/ Tagebücher Augusta Amalia.
- Titulações nobiliárquicas/ Hausurkunden.
- Arquivo Família Stengel/ Nachlass Familie Stengel.
- Arquivo Príncipe Adalberto da Baviera/ Nachlass Prinz Adalbert von Bayern.
- Arquivo Rei Luís I da Baviera/ Nachlass König Ludwig I.

BIBLIOGRAFIA

- Arquivo Rei Maximiliano I José da Baviera/ Nachlass König Maximilian I Joseph.

Departamento V – Arquivos e coleções/ Abteilung V – Nachlässe und Sammlungen:
- Arquivo Família Leuchtenberg/ Nachlass Familienarchiv Leuchtenberg.
- Arquivo Família Soden-Fraunhofen/ Nachlass Familienarchiv Soden-Fraunhofen.
- Arquivo Conde Friedrich von Spreti/ Nachlass Friedrich von Spreti.
- Correspondência de Rosa d'Aretin/ Korrespondenz Rosa d'Aretin.

Hessische Hausstiftung – Museum Schloss Fasanerie

Landesarchiv Baden-Württemberg Hauptstaatsarchiv – Stuttgart
Arquivo Teodolinda de Beauharnais/ Nachlass Théodolinde Gräfin Württemberg.
Arquivo Philipp Moritz Freiherr von Schmitz-Grollenburg/ Nachlass Philipp Moritz Freiherr von Schmitz-Grollenburg.

Landesarchiv Baden-Württemberg Hausarchiv Staatsarchiv – Sigmaringen
Arquivo Princesa Luísa de Baden/ Nachlass Prinzessin Louise von Baden.

Staatliche Graphische Sammlung – Munique

Staatsarchiv für Oberbayern – Munique
Arquivo Sandizell/ Nachlass Sandizell.

Staatsbibliothek – Munique
Departamento de manuscritos/ Manuskriptenabteilung:
- Arquivo Richard Sexau/ Nachlass Richard Sexau.
- Martiusiana.
- Monascencia.

Stadtarchiv – Eichstätt
- Inventário/ Bestand Leuchtenberg.
- Inventário duquesa de Goiás – condessa de Treuberg/ Bestand Herzogin von Goyaz – Gräfin Treuberg.

Stadtarchiv – Munique
Fundações beneficentes/ Wohltätigkeitsstiftungen: Fundação Brasileira/ Brasilische Stiftung.

Stadtmuseum – Munique

ÁUSTRIA
Arquivo D. Carlos Tasso de Saxe-Coburgo e Bragança

Haus- und Hofarchiv
Chancelaria do Brasil/ Staatskanzlei Brasilien.

Österreichische Nationalbibliothek
Setor de manuscritos.
Setor de iconografia.

BÉLGICA
Archives du Mexico
Correspondência de d. Amélia com a imperatriz Charlotte do México.

Archives du Palais Royal – Gabinet du Roi

BRASIL
Arquivo do Instituto de Estudos Brasileiros da Universidade de São Paulo – São Paulo
Arquivo Lamego.

Arquivo do Instituto Histórico e Geográfico Brasileiro (IHGB) – Rio de Janeiro
Fundo d. Amélia de Leuchtenberg.
Fundo Hélio Vianna.
Álbum de desenhos de Luís Aleixo Boulanger.

Arquivo Grão-Pará – Petrópolis
Correspondência da família imperial.
Miscelânea (caderno de anotações de d. Pedro I em 1831).

Arquivo Histórico do Ministério das Relações Exteriores (SAH) – Rio de Janeiro
Papéis da Casa Imperial.
Ofícios das legações do Império do Brasil na Europa: Lisboa, São Petersburgo, Londres, Paris, Estocolmo (Consulado Geral da Suécia, Noruega e Dinamarca), Berlim e cidades hanseáticas.
Despachos para as Legações do Império do Brasil na Europa.
Documentos originais que comprovam a intervenção que teve o coronel Brack na negociação secreta que preparou o augusto consórcio de S.M. o imperador do Brasil com a princesa d. Amélia de Leuchtenberg.
Papéis referentes à missão do marquês de Barbacena entre 1828 e 1829.
Papéis referentes às despesas relativas ao casamento honradas pelo marquês de Barbacena.
Papéis referentes ao nascimento da princesa d. Maria Amélia.
Papéis referentes ao reconhecimento da senhora d. Maria Amélia enquanto princesa brasileira.
Exposição dos direitos que a Constituição e as leis brasileiras asseguram a SS.MM.II. o duque e a duquesa de Bragança.

Arquivo Histórico do Museu Imperial (AHMI) – Petrópolis
Arquivo da Casa Imperial do Brasil (POB).
Fundo Luiz Lourenço Lacombe.

Arquivo Nacional (AN) – Rio de Janeiro
Fundo da Casa Real e Imperial.
Fundo Marquês de Barbacena.
Fundo Alberto Rangel.

Biblioteca Nacional (BN) – Rio de Janeiro
Coleção Tobias Monteiro.
Coleção Marquês de Barbacena.
Coleção Araújo Porto-Alegre.

Correspondência da condessa de Itapagipe.
Correspondência do conde de Iguaçu.
Diários de Anton Adolph Friedrich Seweloh.
Q 1. O. DIL. 564

Coleção Família Lemos Torres – São Paulo

Coleção João Moreira Garcez – São Paulo

Coleção Jorge Yunes – São Paulo

Estados Unidos
Princeton University Library
Departamento de livros raros e coleções especiais: documentos referentes a
Eugênio e Augusta de Beauharnais/ Department of rare books and special
collections: Papers Eugène and Augusta de Beauharnais.

Spanic Society
Correspondência da rainha da França Maria Amélia d'Orléans.

França
Archives des Châteaux de Malmaison et Bois-Préau

Archives du Ministère des Affaires Étrangères
Memórias e documentos: Eugênio de Beauharnais (1809-1814)/ Memoires et
documents: Eugène de Beauharnais (1809-1814).

Archives Nationales
Arquivo Beauharnais: correspondência com Napoleão, Hortênsia e Josefina/
Archives Beauharnais: Correspondence avec Napoleon, Hortènse et Joséphine.

Coleção La Gazette Drouot

BIBLIOGRAFIA

ITÁLIA
Archivo di Stato – Milão
Documentos referentes ao período do vice-reinado napoleônico.

Archivo storico civico – Milão

PORTUGAL
Arquivo da Fundação da Casa de Bragança – Vila Viçosa
Museu-biblioteca.
Arquivo da Casa de Bragança.

Arquivo do Cemitério dos Prazeres – Lisboa
Referências ao monumento e túmulo para irmãs vicentinas e missionárias
lazaristas.
Arquivo Embaixador Manuel Côrte-Real – Lisboa
Relato sobre a exumação da imperatriz d. Amélia e de sua filha em Lisboa, em
1982.

Arquivo Família Almada – Funchal

Arquivo Família Louriçal – Sintra

Arquivo Fundação Princesa Dona Maria Amélia – Funchal

Arquivo Nacional da Torre do Tombo (ANTT) – Lisboa
Fundo Palmela.
Cartório da Extinta Casa Real (CCR).

Biblioteca da Ajuda – Lisboa
Correspondência de d. Amélia para Henriqueta Sofia da Costa e Simas.
Correspondência de d. Amélia para d. Pedro V.
Correspondência de d. Amélia para d. Luís I.
[A partir de 2022: Arquivo Almeida.]

Biblioteca Municipal do Funchal – Centro de Estudos da História do Atlântico – Funchal
Documentação referente à estadia de d. Amélia e d. Maria Amélia na ilha da Madeira entre 1852 e 1853.

Biblioteca Nacional – Lisboa
Setor de reservados:
cod. 599, F-2844, f. 24
Cx. 235, n. 41
Mss. 223 n. 69
Setor de iconografia.

Museu Militar – Porto
Carta aos portuenses.

SUÉCIA
Arquivo Real em Estocolmo/ Royal Collections
Arquivo Bernadotte/ Bernadotte Archiv.
Arquivo rainha Josefina/ Drottning Josefina.

Hallwyn Museum

SUÍÇA
Schlossmuseum Arenenberg
Setor de iconografia.

Fontes secundárias

Livros, artigos e documentos

A IMPERATRIZ Maria Leopoldina: documentos interessantes publicados para comemorar o primeiro centenário da sua morte, ocorrida no dia 11 de dezembro de 1826. Rio de Janeiro: Arquivo Nacional, 1926.

ABRANTES, Duchesse de. *Memoires de la Duchesse d'Abrantès*. 12. ed. Paris: Société d'éditions littéraires et artistiques, 1902.

ABREU e LIMA, Luiz Antonio de. *Correspondência oficial de Luiz Antonio de Abreu e Lima, atualmente conde da Carreira, com o duque de Palmella*: regência da Terceira e Governo do Porto de 1828 a 1835. Lisboa: Imprensa Nacional, 1871.

ADEOSES da imperatriz Amélia ao menino imperador adormecido. Rio de Janeiro: Tipografia Ogier, 1831.

AFONSO, Simonetta Luz; DIAS, Inês Enes; VILAÇA, Teresa Cancela (org.). *D. Pedro d'Alcântara de Bragança, 1798-1834*. Imperador do Brasil, rei de Portugal. Lisboa: Palácio de Queluz, 1987.

AGUIAR, Antônio Augusto de. *Vida do marquez de Barbacena*. Rio de Janeiro: Imprensa Nacional, 1896.

AGUIAR, Jaqueline Vieira de. *Princesas Isabel e Leopoldina*: mulheres educadas para governar. Curitiba: Appris, 2017. *E-book*.

ALBIZZO, Marquis Fréderic degli. *Zusammenstellung von Briefen und persönlichen Erinnerungen des Herzogs Georg von Leuchtenberg*. Baden-Baden: [s.n.], 1911.

ALM, Göran. *Prinsessan Eugénie*. Estocolmo: Bokförlaget Signum, 1987.

ALMEIDA, Sérgio Luiz Muricy de. *Cônego Benigno José de Carvalho*: imaginário e ciência na Bahia do século XIX. Salvador: UFBA, 2003.

ALMEIDA, Sylvia Lacerda Martins de. *Uma filha de d. Pedro I, dona Maria Amélia*. São Paulo: Companhia Editora Nacional, 1973.

AMBIEL, Valdirene do Carmo. *O novo grito do Ipiranga*. São Paulo: Linotipo Digital, 2017.

AMORIM, Francisco Gomes de. *Garrett*: memórias biográficas. Lisboa: Imprensa Nacional, 1884. 3 v.

AMORIM, Francisco Gomes de; LEMOS, João de. *O funeral e a pomba*: poema em 5 cantos, extraído do nº 1836 do jornal *A Nação*. Lisboa: Editora Francisco Xavier de Sousa, 1853.

ANTONINI, barão de. *Relatórios sobre o Brasil, 1828-1831*. São Paulo: Instituto Cultural Ítalo-Brasileiro, 1962.

APPONYI, Rodolphe. *Journal du comte Rodolphe Apponyi*. Paris: Éditions Tallandier, 2008.

ARAÚJO, Francisco Duarte de Almeida e. *Crônica da Rainha, a senhora Dona Maria Segunda*. Lisboa: Typographia de Antonio José Fernandes Lopes, 1861.

ARGON, Maria de Fátima Moraes. Reflexões sobre o arquivo da família imperial e o papel de d. Pedro II na sua formação. *Tribuna de Petrópolis*, 8 abr. 2001.

ARGON, Maria de Fátima Moraes; CERQUEIRA, Bruno da Silva Antunes de. *Alegrias e tristezas*: estudos sobre a autobiografia de d. Isabel do Brasil. São Paulo: Linotipo Digital, 2019.

ARMITAGE, João. *História do Brasil*: desde o período da chegada da família de Bragança, em 1808, até a abdicação de d. Pedro I, em 1831 [...]. Belo Horizonte: Itatiaia/São Paulo: Edusp, 1981.

ASSUMPÇÃO, Maurício Torres. *A história do Brasil nas ruas de Paris*. São Paulo: LeYa Brasil, 2014.

AUS EINEM Album um 1850: Aquarelle aus der Zeit König Ludwig I. Munique: Galerie Biedermann, 1981.

AVELLA, Aniello Angelo. *Teresa Cristina de Bourbon*: uma imperatriz napolitana nos trópicos. Rio de Janeiro: EdUERJ, 2014.

AVRILLON, Marie-Jeanne Pierrette. *Mémoires de Mademoiselle Avrillon [...]*. Paris: Garnier, 1896. 2 v.

BABIN, Aleksandr et al. *Russkie potomki frantsuzskoi imperatrisii*. São Petersburgo: Statemuseum of History, 2012.

BARATA, José. *A doença e as mortes dos reis e rainhas na Dinastia de Bragança*. Lisboa: Verso da Kapa, 2012.

BARMAN, Roderick J. *Princesa Isabel do Brasil*: gênero e poder no século XIX. São Paulo: Unesp, 2005.

BARREIRA, Lauro. *A imperatriz desterrada*. Rio de Janeiro: Editora Cia. Brasileira de Artes Gráficas, 1979.

BIBLIOGRAFIA

BARRETO, José Trazimundo Mascarenhas. *Memórias do marquês de Fronteira e d'Alorna, partes VII-VIII*. Lisboa: Imprensa Nacional/Casa da Moeda, 1986.

BARTA, Ilsebill. *Maximilian von Mexiko*: der Traum vom Herrschen. Viena: Museen des Mobiliendepots, 2013.

BASTOS, Haydée di Tommaso. Em torno das ordens de Pedro I e da Rosa. In: *Anuário do Museu Imperial*: primeira fase. Petrópolis: Museu Imperial, 1947. p. 237-258.

BAYERN, Prinz Adalbert von. *Die Herzen der Leuchtenberg Chronik einer napoleonisch-bayerisch-europäischen Familie*. Munique/Viena: Nymphenburger, 1992.

BAYERN, Prinz Adalbert von. *Eugen Beauharnais, der Stiefsohn Napoleons*. Munique: Verlag F. Bruckmann, 1950.

BEAUHARNAIS, Hortense. *The Memoirs of Queen Hortense*. Nova York: Cosmopolitan Book Corporation, 1927. 2 v.

BEIRÃO, Caetano Maria de Abreu. *Dona Maria I, 1777-1792*. 4. ed. Lisboa: Empresa Nacional de Publicidade, 1944.

BENSON, Arthur Christopher; ESHER, Viscount. *Letters of Queen Victoria, 1837-1871*. Londres: John Murray, 1908. 3 v.

BIKER, Júlio Firmino Júdice. *Notícia biográfica do conselheiro Ildefonso-Leopoldo Bayard com vários documentos comprovantes*. Paris: Rignoux, 1856.

BOLÉO, Luísa V. de Paiva. *D. Maria II*: a rainha insubmissa. Lisboa: A Esfera dos Livros, 2014.

BONIFÁCIO, Maria de Fátima. *Apologia da História Política*. Lisboa: Quetzal Editores, 1999.

BONIFÁCIO, Maria de Fátima. *D. Maria II*. Lisboa: Círculo de leitores, 2005.

BONIFÁCIO, Maria de Fátima. *O primeiro duque de Palmela*. Alfragide: Dom Quixote, 2015.

BOTAFOGO, A. J. S. *O Balanço da Dinastia*. Rio de Janeiro: Imprensa Nacional, 1890.

BOTELHO, Cândida de Arruda. *Dom Pedro I navegando pelos Açores*. São Paulo: Árvore da Terra, 2008.

BRAGA, Paulo Drumond. *À cabeceira do rei*: doenças e causas de morte dos soberanos portugueses entre os séculos XII e XX. Lisboa: A Esfera dos Livros, 2014.

BRAGA, Paulo Drumond. *A princesa na sombra*: dona Maria Francisca Benedita. Lisboa: Colibri, 2007.

BRAGA, Paulo Drumond. *D. Maria II*: uma mulher entre a família e a política. Lisboa: CTT, 2019.

BRAGANÇA, Carlos Tasso de Saxe-Coburgo e. *A intriga*: retrospectos de intrincados acontecimentos históricos e suas consequências no Brasil Imperial. São Paulo: Senac, 2012.

BRAGANÇA, Carlos Tasso de Saxe-Coburgo e. *A princesa flor d. Maria Amélia*: a filha mais linda de d. Pedro I do Brasil e IV do nome de Portugal. Funchal: Drac, 2009.

BRAGANÇA, Carlos Tasso de Saxe-Coburgo e. *D. Maria Amélia de Bragança*. Lisboa: Quidnovi e Autores, 2011.

BRAGANÇA, Carlos Tasso de Saxe-Coburgo e. *Dom Pedro II na Alemanha*: uma amizade tradicional. São Paulo: Senac, 2014.

BRAGANÇA, Carlos Tasso de Saxe-Coburgo e. Imperatriz d. Amélia, princesa italiana. *Instituto Histórico de Petrópolis*, 2020.

BRAGANÇA, D. Carlos Tasso de Saxe-Coburgo e. A princesa Leopoldina. *Revista do Instituto Histórico e Geográfico Brasileiro*, Rio de Janeiro, v. 243, p. 70-93, 1959.

BRAGANÇA, D. Carlos Tasso de Saxe-Coburgo e. Precioso achado: a aliança nupcial de d. Pedro I na Suécia. *Revista do Instituto Histórico e Geográfico Brasileiro*, Rio de Janeiro, v. 224, jul./set. 1954.

BRANDA, Pierre. *Le Paradoxe du cygne*. Paris: Perrin, 2016.

BRAUN, Robert. *Josephine von Schweden*. Viena: Amandus-Edition, 1948.

BRITO, J. Soeiro de; RODRIGUES, Ana Maria. *D. João VI e o seu tempo*. Lisboa: Comissão Nacional para as Comemorações dos Descobrimentos Portugueses, 1999.

BRUCE, Evangeline. *Napoleão e Josefina*. Rio de Janeiro: Record, 1997.

BUCKENMAIER, Anton Heinrich. *Eugenie Fürstin von Hohenzollern--Hechingen, Zeitschrift für Hohenzollerische*. v. 88. Sigmaringa: Geschichtsverein, 1965.

CALÁBRIA, Mário. *Memórias de Corumbá a Berlim*. Rio de Janeiro: Record, 2003.

CALÁBRIA, Mário. *Memórias de um diplomata*. Belo Horizonte: Tessitura, 2011.

CALADO, Ivanir. *Imperatriz no fim do mundo*. Rio de Janeiro: Rio Fundo, 1992.

CALMON, Pedro. *História de d. Pedro II*. Rio de Janeiro: INL, 1975. 5 v.

CALOGERAS, João Pandiá. *O marquês de Barbacena*. São Paulo: Companhia Editora Nacional, 1936.

CARVALHO, João Antonio Rodrigues de. *Ode ao faustíssimo dia 31 de julho, aniversário de S.M. Imperatriz D. Amélia*. Rio de Janeiro: Typographia Imperial e Nacional, 1830.

CARVALHO, José Murilo de. *D. Pedro II: ser ou não ser*. São Paulo: Companhia das Letras, 2007.

CASSE, A. Du. *Mémoires et correspondance politique et militaire du Prince Eugène publiés, annotés et mis en ordre*. Paris: Michel Lévy Frères Libraires Éditeurs, 1858.

CASTELLO BRANCO, Theresa M. S. de (org. e coord.). *D. Maria Thereza de Sousa Botelho, condessa da Ponte, e suas filhas*: correspondência, 1834- -1890. Lisboa: Alêtheia, 2013.

CASTILHO, António Feliciano de. A morte da princesa d. Amélia de Bragança. *Seleta Nacional*, Lisboa, p. 257, 1905.

CASTILHO, António Feliciano de. *Novo Anjo, dedicado à sua majestade impe- rial, a duquesa de Bragança*. Lisboa: Imprensa Nacional, [s.d.].

CASTILHO, António Feliciano de. *Tributo português à memória do libertador*. Lisboa: Impressão Galhardo e Irmãos, 1836.

CASTILHO, José Feliciano. A Morte do Libertador: *A Aguia*, Lisboa, n. 64, p. 253, 26 set. 1834.

CATÁLOGO de livros antigos da Biblioteca da Universidade de Coimbra e da falecida imperatriz do Brasil. Lisboa: Imprensa J. G. de Sousa Neves, 1875.

CELLIEZ, A. *Les Impératrices*: France, Russie, Autriche, Brésil. Paris: Eugéne Ducrocq, 1860.

CENTENÁRIO do hospício da princesa dona Maria Amélia (1862-1962). Lisboa/ Funchal: Tipografia da LCGC, 1964.

CHEVALLIER, Bernard. *Malmaison guide de visite*. Paris: Artlys, 2001.

CHEVALLIER, Bernard; PINCEMAILLE, Christophe. *L'Impératrice Joséphine*. Paris: Presse de la Renaissance, 1988.

CLARKE, John; SOUSA, José Baptista de. The Reception of the Braganças in England as Recorded in the British Press, 1827-1851. *Revista de Estudos Anglo-Portugueses*, Lisboa, p. 147-176, 2015.

COELHO, Maria Teresa Pinto. *O Portugal de 1834 e a guerra civil vistos por um inglês*. Lisboa: Livros Horizonte, 2003.

COIMBRA, Álvaro da V. Noções de Numismática: Condecorações (VI). *Revista de História*, v. 32, n. 65, p. 231-247, 1966.

COLAÇO, Branca de Gonta. *Memórias da marquesa de Rio Maior*. Lisboa: Parceria António Maria Pereira, 2005.

CORRESPONDENCIA do Marquez de Rezende (1823-1854). *Revista do Instituto Histórico e Geográfico*, Rio de Janeiro, t. 80, p. 155-516, 1917.

CÔRTE-REAL, Manuel. *Palácio das Necessidades*. Lisboa: By the Book Edições Especiais, 2021.

COSTA, Sérgio Corrêa da. *As quatro coroas de D. Pedro I*. Rio de Janeiro: Paz e Terra, 1995.

COSTA, Sérgio Corrêa da. *Every Inch a King*: a Biography of Dom Pedro I, First Emperor of Brazil. Londres: Hale, 1972.

COUTINHO, B. Xavier. O coração de D. Pedro I. *Boletim Cultural Amigos da Cidade do Porto*, p. 5-36, 1975.

CUNHA, Xavier da. *A excelsa rainha d. Maria II na intimidade*. Lisboa: Bibliothecas e Archivos Nacionaes, 1904.

D'ERIL, Francesco Melzi. *Ricordo di Monaco*: Eugenio Beauharnais e Augusta di Baviera. Documenti inediti. Munique: Verlag Von Christian Kaiser, 1897.

DALBIAN, Denyse. *Don Pedro, empereur du Brésil, roi de Portugal (1798-1834)*. Paris: Librairie Plon, 1959.

DALBIAN, Denyse. *Le Sejour de L'Empereur d. Pedro a la cour de Louis--Philippe*. In: *D. Pedro I e dona Leopoldina perante a história*: vultos e fatos da Independência. São Paulo: IHGSP, 1972. p. 218-227.

DALMASSY, Henri Chavane de. Comment Amélie Beauharnais devint Imperatrice. *Revue de Questions Historiques*, Paris, p. 80-134, jul./set. 1937.

DEBRET, Jean-Baptiste. *Viagem pitoresca e histórica ao Brasil*. Belo Horizonte: Itatiaia, 1978. (Coleção Reconquista do Brasil, v. 56-57).

DEBRET, Jean-Baptiste. *Voyage pittoresque et historique au Brésil*. Paris: Firmin Didot Frères, 1839.

DEL PRIORE, Mary. Amor e fidelidade num casamento imperial: Dom Pedro I e Dona Amélia. *Gazeta Imperial*, ano XVI, n. 189, ago. 2011.

DEL PRIORE, Mary. *História das mulheres no Brasil*. São Paulo: Contexto, 1997.

DEL PRIORE, Mary; HORTA, Maria de Lourdes Parreiras. O bocado do Rei. *O Globo*, 17 out. 2009.

DESTINS souverains: Joséphine, la Suède et la Russie. Paris: Éditions de la Rmn-Grand Palais, 2011.

DOCUMENTS sur l'origine, la fondation et l'administration de L'Hospice de la Princesse Dona Maria Amelia à Funchal. Lisboa: [s.n.], 1914.

DORNAS FILHO, João. Dona Amélia de Leuchtenberg. *O Estado de Minas*, 13 set. 1980.

EGAS, Eugênio. D. Amélia: a segunda imperatriz do Brasil. *Revista do Instituto Histórico e Geográfico de São Paulo*, São Paulo, v. XIII, p. 229, 1908.

ERHARDT, Marion. *D. Fernando II*: um mecenas alemão regente de Portugal. Porto: Paisagem, 1985.

ESBOÇO da vida e campanhas do príncipe Eugenio de Leuchtenberg. Rio de Janeiro: Tipografia Imperial de P. Plancher-Seignot, 1829.

ESHER, Viscount Reginald Brett. *The Girlhood of Queen Victoria*: a Selection from Her Majesty's Diaries between the Years 1832 and 1840. Londres: John Murray, 1912.

EUGÈNE de Beauharnais: honneur et fidélité. Paris: Réunion des musées nationaux, 1999.

FARIA, Ana Leal de; AMORIM, Maria Adelina (coord.). *O reino sem corte*: a vida em Portugal com a corte no Brasil. Lisboa: Tribuna, 2011.

FAYE, M. Planat de La. *Le Prince Eugene en 1814*. Paris: Libraire Nouvelle, 1857.

FAZENDA, José Vieira. Antiqualhas e memórias do Rio de Janeiro. 4 v. *Revista do Instituto Histórico e Geográfico Brasileiro*, Rio de Janeiro, t. 86, v. 140, 1919; t. 88-89, v. 142-143, 1920-1921; t. 93, v. 147, 1923; t. 95, v. 149, 1924.

FELDHAHN, Ulrich. *Fürstin Eugenie von Hohenzollern-Hechingen*. Hechingen: Stadt Hechingen, 1997.

FERNANDES, Paulo Jorge. *D. Luís*. Lisboa: Temas e Debates, 2009.

FERREIRA JR., Maurício Vicente. A abdicação de d. Pedro I nas coleções do Museu Imperial. In: *Anuário do Museu Imperial*: nova fase. v. 1. Petrópolis: Museu Imperial, 2020. p. 26.

FERREIRA-ALVES, Joaquim Jaime B. A visita ao Porto de d. Maria II e dos duques de Bragança d. Pedro de Alcântara e d. Amélia Augusta. Separata de: *Revista de Genealogia & Heráldica*, Porto, Universidade Moderna, p. 37-78, 1999.

FRANCISCO, Ana Cristina Borges López Monteiro; VASCONCELOS, Maria Celi. Entre cadernos e pincéis: a obra inacabada na educação da princesa "flor". *Revista Brasileira de Pesquisa (Auto)biográfica*, v. 3, n. 8, p. 578-590, 2018.

FRANCO, Afonso Arinos de Melo. *O Palacete do Caminho Novo, Solar da Marquesa de Santos*. Rio de Janeiro: Universidade do Estado da Guanabara, 1975.

FRONTEIRA, marquês de. *Memórias do marquês de Fronteira e d'Alorna d. José Trazimundo Mascarenhas Barreto ditadas por ele próprio em 1861*. Coimbra: Imprensa da Universidade, 1928-1932. 5 v.

GALVÃO, José. Os Planat de la Faye e o imperador d. Pedro II do Brasil: dezenove cartas inéditas de d. Pedro II a madame F. Planat de la Faye (1872-1888). *Arquivo do Centro Cultural Português*, v. 11, p. 517-538, 1977.

GASTÃO, Marques. *A entrega dos restos mortais de d. Pedro IV à nação brasileira*. Lisboa: [s.n.], 1972.

GENTILI, José Carlos. *Isabel Maria, a duquesa de Goiás*. Brasília: Instituto Histórico e Geográfico do DF, 1987.

GONZALEZ, Alvar. *The French Empire Style*. Feltham: Hamlyn House, 1970.

GOUVEA, José Fernando de Oliveira Leitão de. *Versos, que por acasião do feliz consórcio da rainha fidelíssima a senhora d. Maria II com o S.A.R. o príncipe de Eichstaedt, duque de Leuchtenberg*. Lisboa: Imprensa Nacional, 1835.

GRAÇA, Mário Quartin. O imperador do Brasil em Lisboa. *Revista Municipal de Lisboa*, Lisboa, p. 5-31, 1972.

GRAF, Bernhard. *Napoleons Erben in Bayern*: Die Herzöge von Leuchtenberg. Munique: Allitera Verlag, 2021.

GRAHAM, Maria. *Diário de uma viagem ao Brasil e de uma estada nesse país durante parte dos anos 1821, 1822, 1823*. São Paulo: Ed. Nacional, 1956.

GRAHAM, Maria. *Escorço biográfico de dom Pedro I*. Rio de Janeiro: Fundação Biblioteca Nacional, 2010.

GRAUPE, Paul. *Katalog Auktion 87 am 15. und 16. April 1929. Die Bibliothek des Herzogs Gergij N. von Leuchtenberg Schloss Seeon*. Berlim: [s.n.], 1929.

GRILLO, Wanda F.; COLACURCIO, Paola (cur.). *Teresa Cristina Maria*: a imperatriz silenciosa. Rio de Janeiro: Instituto Italiano di Cultura, 1997.

GÜGEL, Dominik. *Napoleons Liebesbriefe an Josephine*. Frauenfeld: Hueber, 2003.

GULLAND, Sandra. *Kaiserin Joséphine*. Frankfurt am Main: Fischer Taschenbuch Verlag, 2002.

BIBLIOGRAFIA

HABSBURG, Maximilian. *Aus meinem Leben*. Leipzig: Dumper und Humbolt, 1867.

HABSBURG, Maximilian. *Reise-Skizzen*: Sicilien, Lissabon, Madeira. Viena: Kaiserl. Königl. Hof- und Staatsdruckerei, 1856.

[HABSBURG, Maximilian] *Gedichte*. Viena: Kaiserl. Königl. Hof- und Staatsdruckerei, 1864.

HABSBURGO, Maximiliano de; BÉLGICA, Carlota da. *Memórias da minha vida*: um inverno na Madeira. Trad. de Duarte Mendonça. Parede: Sopa de Letras, 2011.

HALLER, Elfi M.; LEHMBRUCH, Hans; MANN, Golo. *Palais Leuchtenberg*: Die Geschichte eines Münchner Adelspalais und seines Bauherren. Munique: Bayerischer Vereinsbank, 1987.

HAMMER, Carl Maria von. *Friederike von Wurmb*: Ein Zeit und Lebensbild von Rokoko bis zu Napoleons Tagen, nach alten Briefen erzählt. Munique: Beck, 1929.

HAMMOND, Graham Eden. *Os diários do almirante Graham Eden Hammond*. Rio de Janeiro: J.B., 1984.

HANOTEAU, Jean. *Les Beauharnais et l'Empereur, lettres de l'Imperatrice Joséphine et de la reine Hortènse au Prince Eugène*. Paris: Plon, 1936.

HANOTEAU, Jean. *The Memoires of Queen Hortènse*. Nova York: Cosmopolitan Book Corporation, 1927.

HASE, Ulrike von. *Joseph Stieler, 1781-1858*: Sein Leben und sein Werk. Reutlingen: Prestel Verlag, 1971.

HASLINGER, Ingrid. *Erzherzogin Sophie*: Eine Biografie nach den persönlichen Aufzeichnungen der Mutter Kaiser Franz Josephs. Salzburgo/Viena: Residenz Verlag, 2016.

HERSTAL, Stanislaw. *D. Pedro I*: estudo iconográfico. São Paulo/Lisboa: Empresa Nacional de Publicidade, 1972.

HEYDENREUTER, Reinhard. *Das Palais Leuchtenberg*: vom Adelssitz zum Finanzministerium. Munique: Prestel, 2003.

HINTERMAYR, Leo. *Das Fürstentum Eichstätt der Herzöge von Leuchtenberg 1817-1833*. Munique: C. H. Beck'sche Verlagsbuchhandlung, 2000.

JACKSON, *Lady*. *A formosa Lusitânia*: Portugal em 1873. Lisboa: Caleidoscópio, 2007.

JAMESON, Anna. *Sketches of Germany*: Art, Literature, Character. Frankfurt: Charles Jugel, 1837.

KAMEKE, Claus von. *L'Hôtel de Beauharnais*. Stuttgart: Deutsche Verlags--Anstalt, 1968.

KANN, Bettina; LIMA, Patrícia Souza (org.). *D. Leopoldina, cartas de uma imperatriz*. São Paulo: Estação Liberdade, 2006.

KAUDER, Friedrich. *Baviera Brasil*. Joinville, SC: Ed. Univille, 2001.

KOEBEL, W. H. *British Exploits in South America*. Nova York: The Century CO, 1917.

KOROBCHENKO, Julia. D. Maria II e d. Augusto, duque de Leuchtenberg e de Santa Cruz: o primeiro casamento régio da monarquia constitucional portuguesa. In: SILVA, Manuela Santos; RODRIGUES, Ana Maria S. A.; FARIA, Ana Leal de (coord.) *Casamentos da família real portuguesa*: diplomacia e cerimonial. Lisboa: Círculo de Leitores, p. 243-281, 2017. 4 v.

KRAUSS-MEYL, Sylvia. *Das "enfant terrible" des Königshauses*. Regensburg: Verlag Friedrich Pustet, 2014.

KÜHN, Joachin. *Napoleón III*. Weinfelden: Napoleon-Museum Arenenberg, 1993.

L'ARDECHE, Laurent. *Réfutations des Mémoires du Duc de Raguse*. Paris: Plon, 1857.

LA REINE Hortense, une femme artiste. [S.l.]: Napoleon Museum Arenenberg, 1993.

LACOMBE, Américo Jacobina. *O mordomo do imperador*. Rio de Janeiro: Biblioteca do Exército, 1994.

LACOMBE, Lourenço Luiz. *A primeira visita do imperador do Brasil D. Pedro II a Portugal*. Lisboa: Sepro, [s.d.].

LACOMBE, Lourenço Luiz. *Biografia de um palácio*. Petrópolis: Museu Imperial, 2007.

LACOMBE, Lourenço Luiz. *Isabel, a princesa redentora*: biografia baseada em documentos inéditos. Petrópolis: Instituto Histórico de Petrópolis, 1989.

LACOMBE, Lourenço Luiz. Trasladação dos restos mortais da Imperatriz d. Amélia e de sua filha d. Maria Amélia. *Revista do Instituto Histórico e Geográfico Brasileiro*, Rio de Janeiro, n. 337, p. 270., out./dez. 1982.

LAGO, Laurenio. *Medalhas e Condecorações Brasileiras*. Rio de Janeiro: Imprensa Nacional, 1935.

LAMEGO, Luís. *Dom Pedro I, herói e enfermo*. Rio de Janeiro: Editora Zélio Valverde, 1939.

LANGSDORF, Baronesa E. V. de. O diário da viagem de d. Francisca de Bragança. Lisboa: Aletheia, 2006.

LAVRADIO, Francisco de Almeida Portugal, conde do. *Memórias*. Coimbra: Imprensa da Universidade, 1933.

LEMOS, Esther. *D. Maria II (a rainha e a mulher) no centenário da sua morte*. Lisboa: Fundação da Casa de Bragança, 1954.

LEUCHTENBERG Zeit des Adels in Seeon und Stein. Kirberg: Kloster Seeon Kultur- und Bildungszentrum des Bezirks Oberbayern, 2008.

LEVATI, Giuseppina; MANGIAGALLI, Giorgio. *Invito a Monza*. Milão: Associazione Pro Monza, [s.d.].

LICHNOWSKY, Príncipe Felix. *Portugal, recordações do ano 1842*. Lisboa: Frenesi, 2005.

LIGHT, Kenneth. *A viagem marítima da família real*: a transferência da corte portuguesa para o Brasil. Rio de Janeiro: Zahar, 2008.

LIMA JR., Augusto de. *Cartas de d. Pedro I a d. João VI relativas à independência do Brasil*. Rio de Janeiro: Oficinas Gráficas do Jornal do Comércio, 1941.

LIMA, Manuel de Oliveira. *D. João VI no Brasil, 1808-1821*. 2 v. Rio de Janeiro, Jornal do Commercio, 1908.

LIMA, Manuel de Oliveira. *D. Miguel no trono*. Coimbra: Imprensa da Universidade, 1933.

LIMA, Manuel de Oliveira. *Dom Pedro e dom Miguel*: a querela da sucessão. Brasília: Edições do Senado Federal, 2009.

LINNENKAMP, Iris. *Leo von Klenze*: das Leuchtenberg-Palais in München. Munique: Komissionsverlag UNI-Druck, 1992.

LOPES, Maria Antónia. *D. Fernando II*: um rei avesso à política. Lisboa: Temas e Debates, 2016.

LOPES, Maria Antónia. *Rainhas que o povo amou*: d. Estefânia de Hohenzollern e d. Maria Pia de Saboia. Lisboa: Temas e Debates, 2013.

LOUREIRO, João. Cartas de João Loureiro escritas do Rio de Janeiro ao conselheiro Manoel José Maria da Costa e Sá, de 1828 a 1842. *Revista do Instituto Histórico e Geográfico Brasileiro*, Rio de Janeiro, t. LXXVI, pt. II, 1914.

LOUSADA, Maria Alexandre; FERREIRA, Maria de Fátima Sá e Melo. *D. Miguel*. Lisboa: Círculo de Leitores, 2011.

LUSTOSA, Isabel. *D. Pedro I*: um herói sem nenhum caráter. São Paulo: Companhia das Letras, 2006.

LUSTOSA, Isabel. O séjour de D. Pedro I em Paris e a imprensa francesa: familiaridade e exotismo. *Revista História (São Paulo)*, v. 31, n. 2, p. 171-190, jul./dez. 2012.

LYRA, Heitor. *Ensaios diplomáticos*. São Paulo: Monteiro Lobato & Cia Ed., 1922.

LYRA, Heitor. *História de d. Pedro II, 1825-1891*. São Paulo: Ed. Nacional, 1938-1940.

LYRA, Maria de Lourdes Viana. *A utopia do poderoso império, Portugal e Brasil*: bastidores da política, 1798-1822. Rio de Janeiro: Sette Letras, 1994.

LYRA, Maria de Lourdes Viana. *O império em construção*: Primeiro Reinado e Regências. São Paulo: Atual, 2000.

MACAULAY, Neill. *Dom Pedro I*: a luta pela liberdade no Brasil e em Portugal, 1798-1834. Rio de Janeiro: Record, 1993.

MACLAY, Edgar Stanton. *A History of the United States Navy from 1775 to 1902*. Nova York: D. Appleton & Co., 1907.

MAGALHÃES, Aline Montenegro; MARTINS, Álvaro; BEZERRA, Rafael Zamorano (org.). *D. Leopoldina e seu tempo*: sociedade, política, ciência e arte no século XIX. Rio de Janeiro: Museu Histórico Nacional, 2016.

MALERBA, Jurandir. *A corte no exílio*: civilização e poder no Brasil às vésperas da Independência (1808 a 1821). São Paulo: Cia. das Letras, 2000.

MARMONT, Auguste F. L. V. de. *Mémoires du Maréchal Marmont, duc de Raguse de 1792-1841*. Paris: Perrtoin, 1857.

MARQUES, Eduardo Alves. *Se as joias falassem*. Lisboa: Esfera dos Livros, 2009.

MARROCOS, Luís Joaquim dos Santos. *Correspondência de Luís Joaquim dos Santos Marrocos*. v. 56. Rio de Janeiro: Anais da Biblioteca Nacional, 1934.

MARTELO, David. *Cerco do Porto (1832-1833)*: a cidade invicta. Lisboa: Prefácio, 2011.

MARTINS, Maria Manuela Pereira Pera Lourenço. *D. Augusto de Leuchtenberg e Santa Cruz*. Lisboa: Colibri, 2001.

MARTINS, Rocha. Duas imperatrizes desditosas. *Ilustração Portuguesa*, n. 134, 14 set. 1908.

MASSON, Frederic. *Josephine de Beauharnais*. Paris: Editions Litteraires et Artistiques, 1909.

MASUYER, Valérie. *Mémoires, lettres et papiers.* Paris: Plon, 1937.

MAUL, Carlos. *Vida da condessa de Iguaçu.* Rio de Janeiro: Valverde, 1942.

MAZZARIOL, Emma Stojkovic. *Klassische Reiseziele*: das Schloss Malmaison bei Paris. Trezzano: Atlantis, 1989.

MELLO, barão Homem de. Viagem do imperador d. Pedro I a Minas Gerais em 1830 e 1831. *Revista do Instituto Histórico e Geográfico Brasileiro*, Rio de Janeiro, t. 60, v. 95, p. 305-383, 1897.

MEMÓRIA sobre a sucessão da coroa de Portugal, no caso de não haver descendentes S.M.F. a rainha d. Maria II. Lisboa: Tipografia de Eugênio Augusto, 1836.

MONGLAVE, Eugène de. *Correspondance de Don Pèdre Premier, empereur constitutionnel du Brésil, avec le feu roi de Portugal Don Jean VI, son père, durant les troubles du Brésil; traduite sur les lettres originales; précédée de la vie de cet empereur et suivie de pièces justificatives.* Paris: Tenon, 1827.

MÓNICA, Maria Filomena. *Correspondência entre d. Pedro V e seu tio, o príncipe Alberto.* Lisboa: Quetzal, 2000.

MÓNICA, Maria Filomena. *D. Pedro V.* Lisboa: Tema e Debates, 2007.

MÓNICA, Maria Filomena (org.). *Isabel, condessa de Rio Maior*: correspondência para seus filhos 1852/1865. Lisboa: Quetzal, 2004.

MONTEIRO, Nuno Gonçalo (coord.). A Idade Moderna. In: MATTOSO, José (dir.). *História da vida privada em Portugal.* 2 v. Lisboa: Temas e Debates, 2011.

MONTEIRO, Tobias. *História do Império*: a elaboração da Independência. Belo Horizonte: Itatiaia/São Paulo: Edusp, 1981. 2 v.

MONTEIRO, Tobias. *História do Império*: o Primeiro Reinado. Belo Horizonte: Itatiaia, 1982. 2 v.

MUXEL, Johann Nepomuk. *Gemälde Sammlung in München seiner königlichen. Hoheit Herzog von Leuchtenberg [...].* Frankfurt: Baer, 1851.

MUXEL, Johann Nepomuk. *Gemäldesammlung in München des Dom Augusto Herzogs von Leuchtenberg [...].* Munique: Weber, 1835.

NAPIER, Carlos. *Guerra da Sucessão em Portugal pelo almirante Carlos Napier.* Lisboa: Typographia Commercial, 1841. 2 v.

NASCIMENTO, Eduardo de Jesus Moraes do. A capela imperial de São Paulo. Separata de: *Revista do Arquivo Municipal*, São Paulo, n. 175, [s.d.].

NOBRE, Eduardo. *Paixões reais.* Lisboa: Quimera, 2002.

NÓBREGA, Januário Justiniano de. *Visita de Sua Majestade a imperatriz do Brasil, viúva, duquesa de Bragança, à ilha da Madeira*. Funchal: Tip. Flor do Oceano, 1867.

NOGUEIRA DA GAMA, visconde de. *Minhas memórias*. Rio de Janeiro: Magalhães & Cia, 1893.

NOGUEIRA, Francisca L. *Carlota Joaquina, cartas inéditas*. Rio de Janeiro: Casa da Palavra, 2007.

NORONHA, Eduardo de. *O rei marinheiro*. Lisboa: João Romano Tores, 1924.

NORTON, Cristina. *O segredo da bastarda*. Rio de Janeiro: Record, 2005.

NORTON, Luís. *A corte de Portugal no Brasil*. 2. ed. São Paulo: Nacional, 1979.

NOTA biográfica sobre Dona Maria Amélia de Bragança, princesa do Brasil. Lisboa: Tipografia Liga dos Combatentes, 1984.

NOTICE Biographique sur Son Altesse Impériale Dona Marie-Amélie de Bragance, Princesse du Brésil. Leipsic: Teubner, 1857.

O CERCO do Porto em 1832 para 1833. Porto: Typographia de Faria & Silva, 1840.

OBERACKER JR., Carlos H. *A imperatriz Leopoldina, sua vida e sua época*: ensaio de uma biografia. Brasília: Conselho Nacional de Cultura, 1973.

OBERACKER JR., Carlos H. O duque de Santa Cruz: Augusto Duque de Leuchtenberg e o Brasil. In: *Jahrbuch für Geschichte von Staat, Wirtschaft und Gesellschaft Lateinamerikas, Bd. 26*. Colônia/Viena: Böhlau Verlag, 1989. p. 173-200.

OBRY, Olga. *Grüner Purpur*: Brasiliens erste Kaiserin Erzherzogin Leopoldine. Viena: Röhrer Verlag, 1958.

OLLIVIER, Albert. *Memoiren der Herzogin von Abrantes*. Stuttgart: Koehler K.F Verlag, 1961.

OMAN, Carola. *Napoleon's Viceroy*: Eugène de Beauharnais. Nova York: Funk & Wagnalls, 1966.

ORTIGÃO, Ramalho. O enterro da senhora duquesa de Bragança. In: *As Farpas*. Lisboa: Empresa Literária Fluminense Ltda., jan./fev. 1873.

ORTIGÃO, Ramalho. O espólio de uma imperatriz derrocada de um mundo. In: *As Farpas*. v. 6. Lisboa: Empresa Literária Fluminense Ltda., 1873.

OSTER, Uwe. *Villa Eugenia*. Hechingen: Glücker Druck und Grafik, [s.d.].

OTTOMEYER, H. *Wittelsbach und Bayern*: die Enkel König Max Josephs, Bd III, 2. Munique/Zurique: [s.n.], 1980.

[OWEN, Hugh]. *A guerra civil em Portugal, o sítio do Porto e a morte de don Pedro*: por hum estrangeiro. Londres: [s.n.], 1836.

PAGERIE, Louis Robert Pierre Claude de Tascher de. *Le Prince Eugene*: réfutation des mémoires du duc de Raguse [...]. Paris: Panckoucke, 1857.

PALMELA, duque de. *Despachos e correspondência [...]*. Lisboa: Imprensa Nacional, 1851. 4 v.

PANZER, Marita A. *Wittelsbacherinnen*. Regensburg: Verlag Friedrich Pustet, 2012.

PASSOS, Carlos de. *D. Pedro IV a d. Miguel I*. Porto: Simões Lopes, 1936.

PEIXOTO, Afrânio. Rosa Amélia. In: *Anuário do Museu Imperial*: primeira fase. Petrópolis: Museu Imperial, 1943. p. 79-95.

PEREIRA, Ana Cristina; TRONI, Dana. *A vida privada dos Bragança*: de d. João IV a d. Manuel II: o dia a dia na corte. Lisboa: A Esfera dos Livros, 2011.

PEREIRA, Ângelo. *As camareiras-mores das rainhas portuguesas*. Lisboa: Tipografia Augusto Duarte, 1912.

PEREIRA, Ângelo. *As senhoras infantas filhas d'El Rei d. João VI*. Lisboa: Editorial Labor, 1938.

PEREIRA, Ângelo. *D. João VI, príncipe e rei*. Lisboa: Empresa Nacional de Publicidade, 1953-1958. 4 v.

PEREIRA, Ângelo. *Os filhos d'El Rei d. João VI*. Lisboa: Imprensa Nacional de Publicidade, 1946.

PERROT, Michel. *História das mulheres, o século XIX*. Lisboa: Afrontamento, 1998.

PERUTA, Franco Della. Napoleone e Milano. In: *I cannoni al Sempione*: Milano e la "Grande Nation" (1796-1814). Milão: Cariplo, 1986.

PIMENTEL, Alberto. *A corte de d. Pedro IV*. Porto: Imprensa Portuguesa, 1896.

PINCEMAILLE, Christophe (ed.). Auguste Amélie De Leuchtenberg, Lettres au baron Antoine Darnay (1824-1837): correspondances. Rouen: Édition des Falaises, 2020.

PINTO, Albano da Silveira. *Resenha das famílias titulares e grandes de Portugal*. Lisboa: Empreza Editora de Francisco Arthur da Silva, 1883.

PINTO, Antonio Pereira. *Apontamentos para o direito internacional*. Brasília: Editora Universidade de Brasília, 1980. (Coleção Memória Jurídica Nacional, v. 6).

PINTO, Augusto Cardoso. *Notas para a história do Palácio das Janelas Verdes*. Lisboa, 1943.

PLANCHER-SEIGNOT, P. *Funcções do casamento de sua majestade imperial o senhor Dom Pedro I com a seréníssima senhora princeza Amélia de Leuchtenberg*. Rio de Janeiro: Typographia Imperial de P. Plancher-Seignot, 1830.

PONS, Bruno. *L'Hôtel de Beauharnais*. Paris: Éditions de la Caisse Nationale des Monuments Historiques, [s.d.].

PRANTNER, Johanna. *Imperatriz Leopoldina do Brasil*. Petrópolis/Rio de Janeiro: Vozes, 1997.

PROGRAMA para o desembarque da rainha d. Maria II, documento da Secretaria d'Estado dos Negócios do Reino de 15 de setembro de 1833.

PUTZ, Hannelore. *Die Leidenschaft des Königs*: Ludwig I und die Kunst. Munique: C. H. Beck, 2014.

RADIT, Valéry. *Vie de Planat de la Faye [...]*. Paris: Paul Ollendorf Editeur, 1895.

RAMALHO, Margarida de Magalhães. *Os criadores da Pena, Dom Fernando II e a Condessa d'Edla*. Sintra: Parques de Sintra-Monte da Lua, 2013.

RAMIREZ, Ezekiel Stanley. *As relações entre a Áustria e o Brasil, 1815-1889*. São Paulo: Ed. Nacional, 1968.

RANGEL, Alberto (notas); ARAÚJO, Emanuel (coord.). *Cartas de Pedro I à marquesa de Santos*. Rio de Janeiro: Nova Fronteira, 1984.

RANGEL, Alberto. *Dom Pedro I e a marquesa de Santos*. 2. ed. Tours: Arrault, 1928.

RANGEL, Alberto. *Textos e pretextos*. Tours: Arrault, 1926.

RANGEL, Alberto. *Trasanteontem*: episódios e relatos históricos. São Paulo: Martins, 1943.

REAL, José Alberto Corte et al. *Viagem dos imperadores do Brasil em Portugal*. Coimbra: Imprensa da Universidade, 1872.

REISER, Rudolf. *Alte Häuser Grosse Namen*. Munique: Stiebner, 2009.

REISER, Rudolf. *Das Ismaninger Schloss*. Ismaning: Braun Verlag, 1992.

REISER, Rudolf. *Der Schlosspark in Ismaning*. Ismaning: Braun Verlag, 1995.

REISER, Rudolf. *Die Prunkräume im Ismaninger Schloss*. Ismaning: Braun Verlag, 1994.

RESENDE, marquês de. *Elogio histórico do senhor rei d. Pedro IV*. Lisboa: Typographia da Academia, 1867.

RESENDE, marquês de. Sua Alteza Imperial a princesa dona Maria Amélia. *O Panorama*, Lisboa, v. II, n. 3, p. 185-192, 11 jun. 1853.

RESENHA das famílias titulares do Reino de Portugal. Lisboa: Imprensa Nacional, 1838.

REZZUTTI, Paulo. *D. Leopoldina*: a mulher que arquitetou a Independência do Brasil. São Paulo: LeYa Brasil, 2017.

REZZUTTI, Paulo. *D. Pedro II*: o último imperador do Novo Mundo revelado por cartas e documentos inéditos. São Paulo: LeYa Brasil, 2019.

REZZUTTI, Paulo. *D. Pedro*: o homem revelado por cartas e documentos inéditos. São Paulo: LeYa Brasil, 2015.

REZZUTTI, Paulo. *Domitila*: a marquesa de Santos revelada por cartas e documentos inéditos. São Paulo: LeYa Brasil, 2023.

REZZUTTI, Paulo. *Titília e o Demonão*: a vida amorosa na corte imperial: mensagens de d. Pedro I à marquesa de Santos. São Paulo: LeYa Brasil, 2019.

REZZUTTI, Paulo. Versalhes brasileira: como Petrópolis se tornou uma das primeiras cidades planejadas do país. *Revista Aventuras na História*, n. 130, maio 2014.

RIOS FILHO, Adolfo Morales de los. *O Rio de Janeiro imperial*. Rio de Janeiro: A. Noite, 1946.

ROBERTS, Jenifer. *D. Maria I*: a vida notável de uma rainha louca. Lisboa: Casa das Letras, 2012.

RODRIGUES, Alberto Penna. On the Hunt for an Empress. *Royalty Digest Quarterly*, jan. 2013.

RODRIGUES, Ana Duarte. *Quinta Real de Caxias*: história, conservação e restauro. Oeiras: Câmara Municipal, 2009.

ROEDERER, Comte P. L. *Journal du conte P.-L. Roederer [...]*. Paris: H. Daragon, 1909.

RUSSIAN descendents of the French Empress, the Dukes of Leuchtenberg in St. Petersburg. St. Petersburg: Statemuseum of History, 2012.

SÁ, Victor de. *Lisboa no Liberalismo*. Lisboa: Livros Horizonte, 1992.

SANT'ANNA, Nuto. *Documentário histórico*. v. 1. São Paulo: Departamento de Cultura, 1950. (Coleção Departamento de Cultura, v. 39).

SANTOS, Amilcar Salgado dos. *A imperatriz d. Leopoldina*: mãe do imperador Pedro II. São Paulo: Escolas Profissionaes do Lyceu Coração de Jesus, 1927.

SANTOS, Eugénio. *D. Pedro IV*. Lisboa: Temas e Debates, 2008.

SANTOS, Francisco Marques dos. Aspectos da primeira viagem dos imperadores do Brasil à Europa e Egito. *Revista do Instituto Histórico e Geográfico Brasileiro*, Rio de Janeiro, n. 188, p. 55-91, jul./set. 1945.

SANTOS, Luís Gonçalves dos Santos. *Memórias para servir à história do Reino do Brasil*: divididas em três épocas da felicidade, honra e glória. Lisboa: Impressão Régia, 1825.

SCHAD, Martha. *Bayerns Königinnen*. Munique: Puster Verlag, 1992.

SCHIAVO, José. A família real portuguesa. In: *Anuário do Museu Imperial*: primeira fase. Petrópolis: Museu Imperial, 1953. p. 111-247.

SCHLICHTHORST, C. *O Rio de Janeiro como é (1824-1826)*: uma vez e nunca mais [...]. Brasília: Senado Federal, 2000.

SCHMELLER, Johann Andreas. *Tagebücher (1801-1852)*. Munique: Beck, 1954.

SCHMIDT, Maria Junqueira. A segunda esposa de d. Pedro I. *Revista do Instituto Histórico e Geográfico Brasileiro*, Rio de Janeiro, t. 107, v. 161, p. 27-44, 1930.

SCHMIDT, Maria Junqueira. *A segunda imperatriz do Brasil*. São Paulo: Melhoramentos, 1927.

SCHROLL, Armin. *Prinzessin Auguste Amalie von Bayern*. Munique: Martin Meidenbauer Verlagbuchhandlung, 2010.

SCHUBERT, Mons. Guilherme (coord.). *200 anos*: Imperatriz Leopoldina. Rio de Janeiro: IHGB, 1997.

SCHULER, Thomas. *Auf Napoleons Spuren*. Munique: C. H. Beck, 2019.

SCHULER, Thomas. *Napoleon in Bayern*. Weissenhorn: A. H. Konrad, 2010.

SCHULER, Thomas. *Wir sind auf einem Vulkan*: Napoleon und Bayern. Munique: C. H. Beck, 2015.

SCHWARCZ, Lilia Moritz. *As barbas do imperador*: d. Pedro II, um monarca nos trópicos. São Paulo: Companhia das Letras, 1998.

SECKENDORFF, Suzane Freifrau von. *Das Reisejournal des Grafen Friedrich von Spreti*: Brasilianische Kaiserhochzeit 1829. Munique: [s.n.], 2008.

SEIDLER, Carl. *Dez anos no Brasil*: eleições sob Dom Pedro I, dissolução do Legislativo, que redundou no destino das tropas estrangeiras e das colônias alemãs no Brasil. Brasília: Senado Federal, Conselho Editorial, 2003.

SEIXAS, Miguel Metelo de. A emblemática oitocentista da Casa de Bragança nos tronos de Portugal e do Brasil. In: SEIXAS, Miguel Metelo de. *Heráldica, representação do poder e memória da Nação [...]*. Lisboa: Universidade Lusíada Editora, 2011.

SEPP, Christian. *Ludovika*: Sisis Mutter und ihr Jahrhundert. Munique: August Dreesbach, 2019.

SERRÃO, Joaquim Veríssimo. *História de Portugal (1832-1851)*. Lisboa: Verbo, 1995.

SIEBERTZ, Paul. *Dom Miguel e sua época*: a verdadeira história da guerra civil. Lisboa: Actic, 1986.

SILVA, Joaquim José Ventura da. *Descripção topográfica da nobilissima cidade de Lisboa, e plano para a sua limpeza, e conservação da saude de seus habitantes [...]*. Lisboa: Imp. de Melitão José, 1835.

SILVA, Luiz Alves da. O Conde Frierich von Spreti: fontes inéditas de uma testemunha ocular das atividades musicais na corte imperial do Rio de Janeiro e na Fazenda de Santa Cruz em 1829. In: *Actas do II Encontro Ibero--Americano de Jovens Musicólogos*. Porto: Tagus-Atlanticus Associação Cultural, 2014. p. 401-406.

SILVA, Paulo Napoleão N. B. Nogueira da. *Pedro I, o português brasileiro*. Rio de Janeiro: Forense, 2000.

SISSON, S. A. *Galeria dos brasileiros ilustres*. Brasília: Senado Federal, 1999.

SMITH DE VASCONCELOS, barão; VASCONCELOS, barão. *Archivo Nobiliarchico Brasileiro*. Lausanne: La Concorde, 1918.

SOARES, Clara Moura; RODRIGUES, Rute Massano. A cultura artística dos imperadores do Brasil: contextos para a valorização, salvaguarda e difusão do patrimônio português. In: VALLE, Arthur; DAZZI, Camila; PORTELLA, Isabel Sanson (org.). *Oitocentos*: intercâmbios culturais entre Brasil e Portugal, tomo III. 2. ed. Rio de Janeiro: Cefet, 2014.

SODRÉ, Alcindo. A ação política do conselheiro Jobim. In: *Anuário do Museu Imperial*: primeira fase. Petrópolis: Museu Imperial, 1953. p. 5-110.

SODRÉ, Alcindo. Imperatriz Amélia. In: *Anuário do Museu Imperial*: primeira fase. Petrópolis: Museu Imperial, 1941. p. 113-130.

SODRÉ, Alcindo. Um dia de gala no Primeiro Reinado. In: *Anuário do Museu Imperial*: primeira fase. Petrópolis: Museu Imperial, 1952. p. 5-12.

SORIANO, Luz. *História da guerra civil e do estabelecimento do governo parlamentar em Portugal compreendendo a história diplomática militar e política deste reino desde 1777 até 1834*. Lisboa: Imprensa Nacional, 1866--1890. 19 v.

SORIANO, Simão José da Luz. *História do cerco do Porto. Porto*: A. Leite Guimarães, 1889-1890. 2 v.

SOUSA, José de Campos. Viagem de Sua Majestade a imperatriz viúva duquesa de Bragança à Suécia, no ano de 1839. *Revista Ocidente*, Lisboa, p. 286, 1958.

SOUSA, Octávio Tarquínio de. *A vida de d. Pedro I*. Rio de Janeiro: José Olympio, 1954.

SOUSA, Octávio Tarquínio de. *História dos fundadores do Império do Brasil*: fatos e personagens em torno de um regime. Belo Horizonte: Itatiaia/São Paulo: Edusp, 1988.

SPENGLER, Karl. *Hinter Münchner Haustüren*. Munique: Münchner Zeitungsverlag, 1959.

TAVARES, João Fernandes. *Autos da autópsia do corpo de d. Pedro de Alcântara, duque de Bragança*. Lisboa: Impressão de João Nunes Esteves e Filho, 1834.

TAVARES, Silva. *A vida amorosa de d. Pedro IV*. Lisboa: Livraria Clássica Editora, 1934.

TESSITORE, Viviane. A primeira imperatriz no novo mundo. In: REZZUTTI, Paulo. *D. Leopoldina*: a mulher que arquitetou a Independência do Brasil. São Paulo: LeYa Brasil, 2017. p. 357-389.

TORRES, Lygia Lemos. *A imperatriz dona Amélia*. São Paulo: Tipografia Elvino Pocai, 1947.

TRIGUEIROS, António Pacheco. Observações sobre as insígnias honoríficas exumadas dos restos mortais do senhor d. Pedro duque de Bragança e primeiro imperador do Brasil. *Boletim da Sociedade de Geografia de Lisboa*, Lisboa, série 131, n. 1-12, p. 25-47, jan./dez. 2013.

TULARD, Jean. *Napoléon*: lettres d'amour à Joséphine. Paris: Fayard, 1981.

URBANO, Pedro. *A Casa Palmela*. Lisboa: Livros Horizonte, 2008.

VALÉRY, Paul. *Eupalinos ou o arquiteto*. São Paulo: Editora 34, 1996.

VASCONCELLOS, Joaquim Ricardo da Trindade e. *Resposta aos fundamentos do recurso interposto perante o Conselho de Estado por sua majestade a imperatriz d. Amélia e outros do despacho pelo qual o Governador Civil concedeu licença para a fundação de uma fábrica de assucar e de distillação d'aguardente na cidade do Funchal*. Funchal: Imprensa da Revista Judicial, 1867.

VENTURA, António; LYRA, Maria de Lourdes Viana. *Carlota Joaquina e Leopoldina de Habsburgo*: rainhas de Portugal no Novo Mundo. Lisboa: Temas e Debates, 2012.

VERZEICHNISS der Bildergallerie seiner königlichen Hoheit des Prinzen Eugen, Herzogs von Leuchtenberg in München. Munique: [s.n.], 1826.

VIANNA, Hélio. *D. Pedro I e d. Pedro II, acréscimos às suas biografias.* São Paulo: Ed. Nacional, 1966.

VIANNA, Hélio. *D. Pedro I jornalista.* São Paulo: Melhoramentos, 1967.

VILHENA, Júlio. *Cartas inéditas da rainha d. Estefânia.* Coimbra: Imprensa da Universidade, 1922.

VILHENA, Júlio. *D. Pedro V e o seu reinado*: novos documentos e suplementos. Coimbra: Imprensa da Universidade, 1922.

WALSH, R. *Notícias do Brasil (1828-1829).* Belo Horizonte: Itatiaia, 1985. (Coleção Reconquista do Brasil, v. 74-75).

WEHRS, Carlos. A princesa Leopoldina de Bragança e Bourbon e a Casa Ducal de Saxe-Coburg. *Revista do Instituto Histórico e Geográfico Brasileiro*, Rio de Janeiro, v. 437, p. 275-289, 2007.

WELSH, Charles. *The Language, Sentiment, and Poetry of Precious Stones.* Nova York: The Platt & Peck Co, 1850-1914.

WILCKEN, Patrick. *Império à deriva*: a corte portuguesa no Rio de Janeiro (1808-1821). Rio de Janeiro: Objetiva, 2004.

WILLIAMS, Kate. *Josefina*: desejo, ambição, Napoleão. São Paulo: LeYa Brasil, 2014.

WITTE, Cláudia Thomé. A imperatriz de luto. *História Viva*, n. 114, abr. 2013.

WITTE, Cláudia Thomé. A imperatriz esquecida. *Revista de História da Biblioteca Nacional*, Rio de Janeiro, n. 60, set. 2010.

WITTE, Cláudia Thomé. A visita do imperador d. Pedro II do Brasil a Portugal. In: HENRIQUES, Tiago (coord.). *Mafra Sacra*: memória & patrimônio. Sintra: Zéfiro, 2017. p. 152-162.

WITTE, Cláudia Thomé. Amélia e dom Pedro I, um casamento imperial há 180 anos. *Revista Ponto de Vista*, Juiz de Fora, abr. 2010.

WITTE, Cláudia Thomé. Amélia, uma imperatriz desconhecida. In: *Anuário do Museu Imperial*: nova fase. v. 2. Petrópolis: Museu Imperial, 2021.

WITTE, Cláudia Thomé. Amelie, an unknown Empress. *Royalty Digest Quarterly*, fev. 2012.

WITTE, Cláudia Thomé. *Amélie von Leuchtenberg.* Eichstätt: Freundeskreis Leuchtenberg, 2021.

WITTE, Cláudia Thomé. Jewels in Sweden. *Royalty Digest Quarterly*, fev. 2020.

WITTE, Cláudia Thomé. *Leuchtenberger Kinder als Engel in der Kunst.* Munique: Freundeskreis Leuchtenberg, 2016.

WITTE, Cláudia Thomé. O doutor era inocente. *Revista de História da Biblioteca Nacional*, Rio de Janeiro, n. 101, fev. 2014.

WITTE, Cláudia Thomé; MONGE, Maria de Jesus (coord.). *Maria da Glória, uma princesa brasileira no trono de Portugal: seus primeiros anos no Brasil, em Inglaterra e em França.* Lisboa: Fundação da Casa de Bragança, 2019. (Coleção Livro de Muitas Cousas, n. 8).

ZERBINI, Eugenia. A imperatriz invisível. *Revista de História da Biblioteca Nacional*, Rio de Janeiro, 2007.

ZICO, José Tobias. *Caraça e a família imperial.* Belo Horizonte: O Lutador, 1991.

ZUQUETE, Afonso Eduardo Martins. *Nobreza de Portugal e do Brasil.* Lisboa: Editorial Enciclopédia, 1960.

Teses e dissertações

AMBIEL, Valdirene do Carmo. *Estudos de arqueologia forense aplicados aos remanescentes humanos dos primeiros imperadores do Brasil depositados no Monumento à Independência.* 2013. Dissertação (Mestrado em Arqueologia) – Museu de Arqueologia e Etnologia, Universidade de São Paulo, São Paulo, 2013. Disponível em: https://www.teses.usp.br/teses/disponiveis/71/71131/tde-27032013-173516/pt-br.php. Acesso em: 30 maio 2013.

MARTINS, Henrique Manuel Lopes Escudeiro Pereira. *O Museu Nacional de Arte Antiga, o edifício e a sua história*: contributos para um projeto de comunicação. 2014. Dissertação (Mestrado em Museologia) – Faculdade de Ciências Sociais e Humanas, Universidade Nova de Lisboa, Lisboa, 2014. Disponível em: http://hdl.handle.net/10362/14697. Acesso em: 05 maio 2023.

PEDRO, Carlota Maria Conceição Aires. *Educação Feminina no século XIX em Portugal*: em busca de uma consciência. Tese (Mestrado em Ciências da Educação) – Faculdade de Psicologia e Ciências da Educação,

Universidade de Lisboa, Lisboa, 2006. Disponível em: http://hdl.handle.net/10451/32374. Acesso em: 05 maio 2023.

SILVA, Walter Luiz Alves da. *Heinrich e Cécile Däniker-Haller*: a música doméstica na vida de um casal de negociantes suíços entre Zurique e o Rio de Janeiro na primeira metade do século XIX. 2015. Tese (Doutorado em Musicologia Histórica) – Faculdade de Ciências Sociais e Humanas, Universidade Nova de Lisboa, Lisboa, 2015. Disponível em: http://hdl.handle.net/10362/16219. Acesso em: 19 abr. 2018.

TELLES, Patrícia D. *Retratos entre baionetas*: prestígio, política e saudades na pintura do retrato em Portugal e no Brasil entre 1804 e 1834. 2015. Tese (Doutorado em História da Arte) – Universidade de Évora, 2015. Disponível em: http://hdl.handle.net/10174/14542. Acesso em: 15 jun. 2017.

Palestra

KÖNIG, Gerhard; WEISSHEIMER, Egídio. Die Schwierigkeiten der Einwanderer. In: Wolhynien Forum. Vortrag über die Auswanderung deutscher Siedler nach Brasilien. Porto Alegre, Igreja Martin Luther, 25 jul. 1999.

Sites

http://www.freundeskreis-leuchtenberg.de/. Acesso em: 30 jul. 2018.

http://www.hdbg.de/napoleon/napoleon_hochzeit_wer_ist_wer.php. Acesso em: 20 set. 2019.

https://www.parquesdesintra.pt/pt/aprender-em-casa/experiencias-digitais/biografia-cronologica-de-d-pedro-iv/. Acesso em: 12 dez. 2020.

Multimídia

PEDRO I: um brasileiro. Direção: Maria Lourdes Pereira Horta. Petrópolis: Ministério da Cultura-Iphan-Museu Imperial, 1998. 1 CD-ROM.

Jornais

ÁUSTRIA
Österreichischer Beobachter, 08 ago. 1829.

BAVIERA
Allgemeine Zeitung, 07 ago. 1829.
Eichstätter Kurier, 11 dez. 2010.
Laibacher Zeitung, 11 jul. 1829.
Münchner Conversationsblatt, 01 ago. 1829.
Münchner Conversationsblatt, 02 ago. 1829.
Münchner Conversationsblatt, 28 jul. 1829.
Münchner politische Zeitung, 15 jul. 1829.
Münchner politische Zeitung, 30 jul. 1829.
Münchner politische Zeitung, 31 jul. 1829.
Münchner Tagesblatt, 02 ago. 1829.
Münchner Tagesblatt, 07 ago. 1829.
Münchner Tagesblatt, 31 jul. 1829.
Regensburger Zeitung, 01 ago. 1829.

BRASIL
A Astréa, 30 out. 1830.
A notícia, 14 abr. 1905.
Aurora Fluminense, 05 maio 1830.
Aurora Fluminense, 11 jan. 1830.
Aurora Fluminense, 11 nov. 1829.
Aurora Fluminense, 12 ago. 1833.
Aurora Fluminense, 15 set. 1830.
Aurora Fluminense, 16 maio 1831.
Aurora Fluminense, 21 out. 1829.

Aurora Fluminense, 23 maio 1834.

Aurora Fluminense, 24 maio 1830.

Aurora Fluminense, 26 out. 1838.

Aurora Fluminense, 30 ago. 1833.

Aurora Fluminense, 30 set. 1829.

Correio Oficial, 1º ago. 1840.

Diário de Pernambuco, 18 fev. 1873.

Diário do Rio de Janeiro, 06 jul. 1841.

Diário do Rio de Janeiro, 09 ago. 1833.

Diário do Rio de Janeiro, 09 jun. 1853.

Diário do Rio de Janeiro, 10 fev. 1853.

Diário do Rio de Janeiro, 10 jul. 1873.

Diário do Rio de Janeiro, 13 jan. 1853.

Diário do Rio de Janeiro, 14 fev. 1873.

Diário do Rio de Janeiro, 20 set. 1817.

Diário do Rio de Janeiro, 24 ago. 1842.

Diário do Rio de Janeiro, 26 mar. 1853.

Diário Fluminense, 02 ago. 1830.

Diário Fluminense, 02 dez. 1833.

Diário Fluminense, 03 ago. 1830.

Diário Fluminense, 10 out. 1829.

Diário Fluminense, 16 out. 1829.

Diário Fluminense, 19 out. 1829.

Diário Fluminense, 20 out. 1829.

Diário Fluminense, 23 set. 1833.

Diário Fluminense, 24 set. 1833.

Diário Fluminense, 26 jan. 1830.

Diário Fluminense, 27 mar. 1830.

Diário Fluminense, 30 dez. 1830.

Folha de S.Paulo, 20 fev. 2013.

Jornal do Commercio, 02 ago. 1968.

Jornal do Commercio, 02 out. 1829.

Jornal do Commercio, 03 out. 1969.

Jornal do Commercio, 03 set. 1858.

Jornal do Commercio, 07 jan. 1831.

Jornal do Commercio, 09 ago. 1968.

Jornal do Commercio, 09 dez. 1829.
Jornal do Commercio, 10 out. 1969.
Jornal do Commercio, 12 jul. 1968.
Jornal do Commercio, 13 maio 1855.
Jornal do Commercio, 16 ago. 1968.
Jornal do Commercio, 17 out. 1969.
Jornal do Commercio, 18 jun. 1843.
Jornal do Commercio, 19 jul. 1968.
Jornal do Commercio, 21 jan. 1835.
Jornal do Commercio, 21 nov. 1833.
Jornal do Commercio, 22 out. 1829.
Jornal do Commercio, 23 ago. 1968.
Jornal do Commercio, 24 out. 1969.
Jornal do Commercio, 26 jul. 1968.
O Cruzeiro, 16 dez. 1829.
O Cruzeiro, 29 jul. 1830.
O Cruzeiro, 31 jul. 1830.
O Estado de Minas, 13 set. 1980.
O Estado de S. Paulo, 19 fev. 2013.
O Estado de S. Paulo, 20 fev. 2013.
O Estado de S. Paulo, 21 fev. 2013.
O Estado de S. Paulo, 24 fev. 2013.
Voz Fluminense, 19 out. 1829.

INGLATERRA
Times, 25 jul. 1829.
Times, 07 jun. 1873.

ITÁLIA
Notizie del Giorno, Roma, 31 out. 1833.

PORTUGAL
Diário da Madeira, 15 set. 1916.
Diário Illustrado, 29 jan. 1873.
Eco, Lisboa, 03 maio 1838.
Gazeta de Lisboa, 02 dez. 1833.

Gazeta de Lisboa, 23 set. 1833.
Gazeta de Lisboa, 24 set. 1833.
Gazeta de Lisboa, 30 jun. 1831.
Jornal da Noite, 30 jan. 1873.

Revistas

BAVIERA
Almanach de Gotha.
Almanach Vergiss mein nicht.

BRASIL
Anuários do Museu Imperial, v. 2, 1941; v. 13, 1952; v. 14, 1953.
Istoé, 27 fev. 2013.
National Geographic Brasil, ano 13, n. 157, abr. 2013.
Revista do Instituto de Estudos Brasileiros, n. 5, 1968.
Revista do Instituto Histórico e Geográfico Brasileiro, v. 80, 1917; v. 84, 1918.

FRANÇA
La Mode: Revue du Monde Élégant, Paris, n. 241, 1831; n. 245, 1831.
Le Follet Courrier des Salons, Lady's Magazine, n. 157, mar. 1832.
Petit Courrier des Dames, n. 636, maio 1829.
Revue des Questions Historiques, n. 5, 1937.

INGLATERRA
The World of Fashion and Continental Feuilletons, Londres, 1º ago. 1831.

PORTUGAL
A Guarda Avançada, n. 38, 30 mar. 1835.
O Mosaico, n. 28, 1839.
O Panorama, 11 jun. 1853.

Em www.leyabrasil.com.br você tem acesso a novidades e conteúdo exclusivo. Visite o site e faça seu cadastro!

A LeYa Brasil também está presente em:

 facebook.com/leyabrasil

 @leyabrasil

 instagram.com/editoraleyabrasil

 LeYa Brasil

Este livro foi composto em Minion Pro,
corpo 11 pt, para a editora LeYa Brasil